U0613941

中国图书馆学会年会论文集
（2019 年卷）

中国图书馆学会　编

国家图书馆出版社

图书在版编目(CIP)数据

中国图书馆学会年会论文集. 2019 年卷/中国图书馆学会编. —北京:国家图书馆出版社,
2019.8

ISBN 978 – 7 – 5013 – 6813 – 6

Ⅰ. ①中… Ⅱ. ①中… Ⅲ. ①图书馆学—学术会议—文集 Ⅳ. ①G250 – 53

中国版本图书馆 CIP 数据核字(2019)第 154655 号

书　　名　中国图书馆学会年会论文集(2019 年卷)
著　　者　中国图书馆学会　编
责任编辑　王炳乾　高　爽　张　顾　唐　澈
封面设计　耕者设计工作室

出版发行　国家图书馆出版社(北京市西城区文津街 7 号　100034)
　　　　　(原书目文献出版社　北京图书馆出版社)
　　　　　010 – 66114536　63802249　nlcpress@ nlc. cn(邮购)
网　　址　http://www.nlcpress.com
排　　版　凡华(北京)文化传播有限公司
印　　装　北京鲁汇荣彩印刷有限公司
版次印次　2019 年 8 月第 1 版　2019 年 8 月第 1 次印刷

开　　本　787 × 1092(毫米)　1/16
印　　张　34.75
字　　数　850 千字
书　　号　ISBN 978 – 7 – 5013 – 6813 – 6
定　　价　200.00 元

版权所有　侵权必究
本书如有印装质量问题,请与读者服务部(010 – 66126156)联系调换。

目　　录

《公共图书馆法》视野下的图书馆服务创新研究

比较图书馆学的理论与方法

新时代少数民族图书馆的转型发展

全媒体时代的图书馆资源建设

数据智能化改造——图书馆信息组织转型、发展的必由之路

从资源揭示到知识组织——在知识图谱环境下编目业务的进化

环境对儿童阅读的影响

阅读推广：在新时代图书馆转型中创新发展

从"林州共识"到"德清共识"*

——由"百县馆长论坛"看县级图书馆事业发展

秦丽娜　王茉瑶(天津图书馆)

　　"百县馆长论坛"是中国图书馆学会为推动我国县级公共图书馆事业发展而创立的品牌学术活动之一,约每两年召开一次,从2005年至今已经成功举办了六届。每一届论坛紧密围绕基层图书馆事业时下聚焦的主要发展问题设立主题(详见表1),邀请全国各县级图书馆馆长分享经验、交流困难,并形成反映县级图书馆"诉求"的文本性"共识"。它既是一个学术性会议,也是一个行业工作会议,改变了县级图书馆长期被忽视的状况,在中国图书馆发展史上具有重要的历史意义[1]。本文将以六届"百县馆长论坛"的主题及其形成的"共识"为切入点,分析研究十几年来县级图书馆事业的发展脉络。

表1　历届"百县馆长论坛"主题一览

届次	时间	地点	主题
第一届	2005年	河南林州	县级图书馆的生存与发展
第二届	2007年	江苏常熟	社区乡镇图书馆建设与发展
第三届	2010年	江苏江阴	构建体系、提升服务、持续发展
第四届	2012年	陕西神木	免费开放环境下县级图书馆的建设与服务创新
第五届	2015年	福建晋江	县级图书馆在构建现代公共文化服务体系中的地位和作用
第六届	2018年	浙江德清	学习贯彻《中华人民共和国公共图书馆法》

1　从"求生存"到"谋发展"的转变

1.1　生存困境中来自县级图书馆的集体呼吁

　　2005年,首届"百县馆长论坛"召开之际,我国大部分县级图书馆实际正处在岌岌可危的困境中挣扎生存。北京大学李国新教授在中国科协2005年学术年会上报告了他在衡阳调研中的发现:县级图书馆存在"人吃书"与"书吃人"的现状,全国有700多个县市图书馆没有一分钱购书费,而且大部分集中在中西部地区[2]。据统计,2005年我国有2762个公共图书馆,其中县市级图书馆有2385个,近四分之一的县级图书馆如此,长久以往这种状况不仅会使县级图书馆无法发挥正常职能,也严重影响公共图书馆整体事业的可持续发展。

　　购书经费短缺、基础设施薄弱、人员专业素质较低、东西部发展不均衡等成为参加第一届

---

　　* 注:本文所有统计数字来源于2005—2017年《中国文化文物统计年鉴》。

"百县馆长论坛"的馆长们一致抛出的问题与矛盾。他们就"县级图书馆的生存与发展"这一会议主题达成"林州共识",呼吁各级政府正确认识、定位县级图书馆,制定政策法规,解决经费短缺这一根本性问题。

1.2 政策支持下不断发展的县级图书馆事业

首届"百县馆长论坛"在图书馆人的强烈呼吁和行业组织的有力推动下,在社会上引起了极大反响,也得到了党和国家的迅速反应:2006 年国家"十一五"规划纲要提出要"加大政府对文化事业的投入,逐步形成覆盖全社会的比较完备的公共文化服务体系"。2007 年党的十七大报告强调要"推动社会主义文化大发展大繁荣"。文化事业的发展受到重视,并被上升到国家政策高度,成为综合国力的重要组成部分,这无疑引领了公共图书馆事业前进的步伐,也成为县级图书馆突破困境、寻求发展的重大机遇。

2005—2010 年这五年时间,全国县市级图书馆年度收入合计增长了 123%,其中财政拨款占据绝大部分,2010 年县市级图书馆购书专项总经费已达 29305 万元,经费保障水平的改善使得县级图书馆的整体面貌大为改观(见表 2)。县级图书馆逐渐走出困境,2007 年和 2010 年两次论坛形成的"共识"中体现了这一点:"常熟共识"已经指出"县级图书馆处于历史上最好的发展时期","江阴共识"更是表明"县级图书馆发展面临的主要问题已由'求生存'转变为'谋发展'"。

表 2 2005—2010 年县市级公共图书馆基本情况

年份	机构个数	总藏量 (千册)	公用房屋建筑面积 (千平方米)	阅览室座席数 (千个)
2005	2385	191407	3554	322
2006	2391	197360	3864	333
2007	2414	212000	4020	350
2008	2444	221681	4114	358
2009	2491	247045	4609	401
2010	2512	261219	4906	428

2011 年《关于推进全国美术馆、公共图书馆、文化馆(站)免费开放工作的意见》的下发标志着公共图书馆免费开放时代的到来,中央和地方财政共同承担的免费开放经费保障机制建立,这一举措揭示了公共图书馆公益于民的特性。同时,意见中提到对中西部地区地市级和县级图书馆实行补助,这一倾斜性政策更有助于县级图书馆(特别是欠发达地区)满足基层民众的文化需求。

在图书馆事业不断利好的局面下,县级图书馆自身也不再拘泥于馆舍、馆藏这些维持生存的硬件条件,开始朝着图书馆服务的建设与创新转变努力。从第三届"百县馆长论坛"开始,每次"共识"中提及的服务强度不断加深,而如何促进专业化服务水平的提高、探索资源与服务融合提升效能成为当下县级图书馆发展的重点,这对于进一步巩固县级图书馆在公共文化事业的地位至关重要。图 1 反映出近年来县级图书馆开展服务水平的稳步提升。据统计,县级图书馆的发展速度甚至快于全国公共图书馆的平均发展速度[3],越来越多基层群众可以享有图书馆提供的优质、便捷的文化服务。

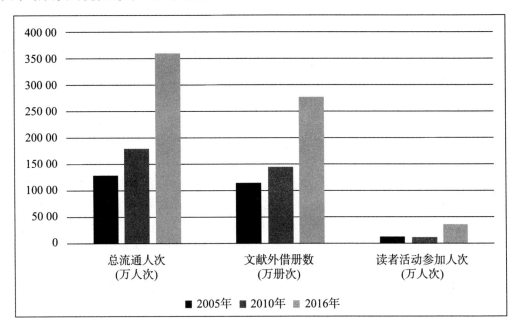

图1 2005 年以来县市级图书馆开展服务情况

2 公共文化服务体系下的县级图书馆

地域辽阔,人口众多,城乡、地区间发展不平衡始终是我国文化事业发展中的掣肘。构建覆盖全社会的公共文化服务体系旨在促进城乡基本公共文化服务均等化,使全体人民平等、无障碍地享有基本文化权益,公共图书馆服务体系便是其中的重要组成部分。

2.1 充分发挥县级图书馆的"枢纽作用"

县级图书馆在公共图书馆服务体系中具有承上启下的枢纽作用[4],我国县级图书馆占公共图书馆数量总和的百分之八十以上,既要承接省市级图书馆的理念职能,又要在所辖街道/乡镇、村居/社区图书馆建设中发挥积极作用,服务于最广大基层群众。值得欣喜的是,县级图书馆一直对自身在公共文化服务体系中的地位和职责有着精准的定位,这可以从历届论坛形成的"共识"中探知。

表3 历届论坛"共识"中涉及公共文化服务体系的表述

名称	文本表述
林州共识	作为"覆盖全社会的比较完备的公共文化服务体系"的重要组成部分,县级公共图书馆处于承上启下的枢纽地位
常熟共识	充分发挥县级图书馆在社区乡镇图书馆建设中的核心作用
江阴共识	县级图书馆是我国最基层的独立建制的公共图书馆,在做强自身的基础上以因地制宜的模式形成区域性服务体系

名称	文本表述
神木共识	保持公共图书馆在公共文化服务体系建设中的领先地位,创建公共文化服务体系示范区和示范项目
晋江共识	县级公共图书馆在我国公共图书馆服务体系中处于事业基石、体系枢纽、服务前端和总分馆中心的地位
德清共识	推进以县级图书馆为中心的总分馆制建设

从表3可以看出,县级图书馆对其在公共文化服务体系中拥有不可替代作用的判断始终没有发生变化,这是由构建公共文化服务体系的重点在基层这一客观事实决定的;同时,对其职责的表述又随着自身发展和政策环境的变化,沿着从认识到实践,从个体到体系的路径不断"升级":"林州共识"着重在解决县级图书馆"认识与定位","常熟共识"在此基础上关注下游社区乡镇图书馆建设的实际,从"江阴共识"开始从整体上构建服务体系。

2011年,国家公共文化服务体系示范区(项目)创建工作开始启动,一大批县级图书馆作为示范典型,有力推动着公共文化服务体系建设。而随着《关于加快构建现代公共文化服务体系的意见》《中华人民共和国公共图书馆法》的颁布实施,县级图书馆的地位也得到了进一步明确与巩固。

2.2 以县级图书馆为中心的总分馆制建设

21世纪以来,总分馆制在我国公共图书馆界得到了认可与大量实践,成为公共服务体系建设和实现公共图书馆普遍均等服务理念的最有力手段。而以县级馆为中心构建总分馆体系被认为是既符合总分馆制的基本规律,又立足我国国情的合理选择[5]。推进总分馆制建设,促进资源服务延伸下沉,成为县级图书馆当下发展的重点性工作。

2015年,中办、国办印发了《关于加快构建现代公共文化服务体系的意见》,明确要求以县级图书馆为中心推进总分馆制建设,同年举办的第五届"百县馆长论坛"专门围绕此问题设立分会场展开讨论,深圳市宝安区图书馆服务体系建设等多个基层图书馆创新案例获奖并得以总结推广。2016年《关于推进县级文化馆图书馆总分馆制建设的指导意见》将县级图书馆总分馆制建设的目标和任务具体细化,2018年《中华人民共和国公共图书馆法》又从法律意义上予以确认。各地县级图书馆也在积极探索,如浙江嘉兴、重庆市大渡口、苏州吴江等都建立起了适合自身的发展模式,扩大服务半径,提高本地区群众的文化满意度。

3 依托全民阅读和数字化建设提升服务效能

我国县级图书馆在多年的发展过程中已然实现"量"到"质"的转变,如何突破瓶颈,提升服务效能以满足群众日益增长的文化信息需求是每个县级图书馆反复思考的问题,《"十三五"时期全国公共图书馆事业发展规划》也将"服务基层、提升效能"作为基本原则之一,全民阅读和数字文化建设无疑是解决这一问题的两把"利剑"。

3.1 做好全民阅读主阵地

到 2019 年,全民阅读已经连续 6 年被写入政府工作报告,这体现了国家对全民阅读以及国民阅读素养的高度关切与重视。公共图书馆肩负着阅读推广的使命,又拥有专业化服务优势,历来是开展全民阅读活动的主阵地,县级图书馆亦是不应落后。

纵观几届论坛"共识",全民阅读作为县级图书馆开展服务的重要环节被频频提及,已然成为其长期性、基础性的工作。尤其是县级图书馆覆盖广大乡镇农村地区,如何利用自身优势与农家书屋融合、促进农村留守儿童和少数民族阅读推广等问题是当前其深入研究的重点内容。2015 年中国图书馆学会发布了书香城市(县级)标准指标体系,并举办了两次"书香城市(区县级)"发现活动,为县级图书馆倡导全民阅读提供了科学参考依据,各类型的阅读推广服务惠民成效显著。

3.2 推进县级图书馆公共数字文化建设

现代信息技术使得公共图书馆服务有了飞跃式变革,数字化建设可以实现偏远地区广大群众公共文化服务均等化,也能有效缩小城乡之间的"信息鸿沟"[6],这对服务于广大基层的县级图书馆来说,既是机遇,也是挑战。在几届论坛"共识"中,虽然县级图书馆在发展数字化建设上的思路不断调整,但有两点始终是其核心内容,一是肯定数字化信息化建设对县级图书馆的重要性,二是要依托数字文化惠民工程实现发展。

县级图书馆(特别在贫困地区)存在着经费缺乏、基础设施薄弱等"先天不足",借助外部力量开展数字化建设显得尤为必要,以政府为主导公共数字文化建设给它们注入了强有力的保障。国家从 2002 年起陆续启动实施了全国文化信息资源共享工程、数字图书馆推广工程和公共电子阅览室建设计划三大公共数字文化惠民工程推进数字化基础设施建设与文化资源共建共享,并印发了《关于进一步加强公共数字文化建设的指导意见》《"十三五"时期公共数字文化建设规划》等政策文件重点扶持基层公共文化服务,县级图书馆便是其中受益者之一。以数字图书馆推广工程为例,截至 2016 年底,服务范围覆盖达 2900 多个县级图书馆,这有效带动了县级图书馆的数字资源保障服务水平[7]。

4 走向法治时代的县级图书馆事业

2018 年《中华人民共和国公共图书馆法》正式实施,图书馆人多年来呼吁立法的诉求得以实现,这标志着我国的公共图书馆事业正式走向法治化。这给予了县级图书馆法律层面上的保障,也对其提出了更高的要求。县级图书馆只有准确把握新方向,在转型中实现发展,才能在法治时代长远立足。

4.1 依托行业组织的推动

2019 年是中国图书馆学会成立 40 周年,作为我国图书馆界的全国性社会组织,中国图书馆学会承接政府转移职能,充分发挥桥梁作用,围绕县级图书馆事业展开交流与帮扶,解决公共图书馆发展不均衡问题,是县级图书馆保持持续健康发展的强大后盾。

在当时县级图书馆发展的紧要之际,正是"百县馆长论坛"的召开使得县级图书馆累积多年的困境开始被社会广泛关注,而后的每一届论坛都致力于解决县级图书馆发展过程中遇到的最实际的问题,为基层图书馆提供发声的平台。此外,中国图书馆学会多年来面向基层图书馆先后组织了"志愿者行动""全国基层文化队伍示范性培训——全国县级图书馆馆长培训班""阅读推广人"培育行动等活动,通过专业化培训的方式健全县级图书馆服务管理方式,加强人才队伍建设。

在法治环境下,中国图书馆学会在开展学术探讨、为政府决策献言献策、对行业加强管理等方面不断丰富与拓展学会职能[8]。新时期县级图书馆仍应紧密依托中国图书馆学会,在行业组织支持下,依法履行职责,树立合作共享理念,推动公共图书馆事业迈向新征程。

4.2 坚持以评估为导向

自 1994 年起,我国已经连续组织开展了六次全国县级以上公共图书馆评估定级工作,每一次都帮助公共图书馆及时发现并解决自身问题,制定适应新形势新要求的发展规划,实现了"以评促建""以评促管""以评促用"的良好效果。

最新的第六次评估定级工作对县级图书馆提出了更高的评估标准,更加侧重服务效能,鼓励其在保障基层公共文化服务的提供之外,主动发挥优势,特别是将乡镇级别图书室等基层服务点纳入对县级图书馆总分馆制评估细则中,这都为面向基层的县级公共图书馆的业务规范和创新发展指明了新的方向[9]。

当前,公共图书馆进入"后评估时代",即由依靠政策管理和标准化管理向依靠法治化管理转变[10]。县级图书馆应重视评估工作的导向作用,转变惯有服务方式,重点贯彻落实《公共图书馆法》中"以县级公共图书馆为总馆的总分馆制"的要求,落后地区的县级图书馆更需要以此为契机争取各级政府投入重视与保障支持,以更好地为广大人民群众服务。

4.3 在融合与创新中实现转型

近年来,为满足社会多元化需求,融合发展已经成为公共文化服务建设的新方向。县级图书馆在今后的发展过程中应适应这种新形势、新思维,创新服务与管理模式,为县级图书馆事业注入新的活力,以下几点可以作为其转型过程中的着力点。

(1)与现代科技融合:这是公共图书馆有效提升自身服务效能的重要手段。当前移动互联网、人工智能、云服务这些新技术与人们日常关系愈发密切,县级图书馆理应将其应用于自身管理与服务中,这同样也是《公共图书馆法》提出的要求。县级图书馆经费技术虽然有限,但应充分利用国家建立的数字服务网络实现资源互联互通,通过大数据及时分析读者信息需求,以便为基层群众提供更为智能化个性化的服务。

(2)促进文旅融合:这是随着国家文化和旅游部的成立,全新体制改革带给转型发展过程中的公共图书馆的新思路,与学界近年来致力于推广"第三空间"的图书馆目的一致,即充分发挥公共图书馆"公共文化空间"的作用。对于县级图书馆而言,文旅融合赋予了其新的使命,应创新机制,将文化旅游资源纳入自身的资源体系,通过展览、阅读推广活动等与文化旅游服务相结合,以多元化的手段吸引更多群众走进图书馆。

(3)实现社会化融合:《公共图书馆法》全面贯彻了"政府主导、社会力量参与"的新时代公共文化服务建设原则[11]。探索社会力量参与是县级图书馆建设的必然选择,能够大大提高其服务水平,同时弥补基层人财物力量的薄弱环节。文献捐赠、志愿者服务、服务项目合作外包等在不同地区的县级图书馆已经有了诸多实践。未来,县级图书馆应在总分馆建设中与社会机构合作办馆、推广图书馆理事会制度、吸纳社会公众参与,在与社会力量融合方面寻求更深更广的变革与创新。

改革开放不断深入的 40 年也是中国图书馆人不断求新、求变、求发展的 40 年。时至今日,距离首届"百县馆长论坛"上"林州共识"的提出已经过去了十四年时间,值得欣喜的是,"林州共识"中提到的愿景在图书馆人的不懈努力下已经一步步实现。如今,县级图书馆事业已经进入新的历史发展时期,县级图书馆仍应以构建现代公共文化服务体系、满足广大群众基本文化需求为使命,全面贯彻落实《公共图书馆法》,谋求创新,实现飞跃与发展。

参考文献

[1] 李超平."百县馆长论坛"的历史意义[J].中国图书馆学报,2013(2):27 – 35.

[2] 李润文,李健.不是"书吃人"就是"人吃书"——全国 1/4 县级图书馆没钱购书[N].中国青年报,2005 – 8 – 21(1).

[3] 傅才武,岳楠.公共文化服务体系建设中财政增量投入的约束条件——以县级公共图书馆为中心的考察[J].中国图书馆学报,2018(4):19 – 39.

[4] 李旎.县级图书馆在公共图书馆服务体系中的定位——兼议三届百县馆长论坛的收获[J].晋图学刊,2012(6):60 – 63.

[5] 李国新.新阶段 新目标 新任务——《关于推进县级文化馆图书馆总分馆制建设的指导意见》解读[J].图书馆杂志,2017(3):7 – 8.

[6] 王兆辉,唐红,闫峰.我国基层公共图书馆的使命与发展路径研究[J].图书馆研究与工作,2019(2):29 – 35.

[7] 郑云霞.图书馆数字资源的共建共享——以数字图书馆推广工程为例[J].新世纪图书馆,2018(1):48 – 51.

[8] 马彦飞,陈雅.法治环境下我国公共图书馆社会运行机制分析研究[J].图书馆,2018(8):36 – 41.

[9] 胡银霞,张海玲,徐青.县级公共图书馆评估标准解读[J].图书馆,2017(6):14 – 18,59.

[10] 柯平."后评估时代"公共图书馆的战略重点与发展方向[J/OL].图书馆论坛,2019:1 – 11[2019 – 03 – 26].http://kns.cnki.net/kcms/detail/44.1306.G2.20190310.2342.004.html.

[11] 金武刚.跨界 VS 越界:新时代公共图书馆社会化发展的定位、边界与突破[J/OL].图书馆杂志:1 – 15[2019 – 03 – 26].http://kns.cnki.net/kcms/detail/31.1108.g2.20190309.2245.002.html.

文旅融合视阈下的公共图书馆站位

——以河北省公共图书馆为例

田宏瑞(河北省图书馆)

近年来,公共图书馆的发展在高屋建瓴的顶层设计下步稳蹄疾。中共中央办公厅、国务院办公厅于 2015 年 1 月 14 日印发《关于加快构建现代公共文化服务体系的意见》,对公共图书馆提升服务效能、建设县级总分馆、组建理事会等提出了明确要求。2015 年 5 月 5 日,国务院办公厅转发文化部等部门《关于做好政府向社会力量购买公共文化服务工作意见的通知》,发布购买目录清单,公共图书馆提供的图书阅览服务、管理服务等赫然在列。2016 年 12 月 29日,文化部等部门印发《关于推进县级文化馆图书馆总分馆制建设的指导意见》,为县级图书馆总分馆制建设指明了具体推进的发展方向。2017 年 3 月 1 日实施的《中华人民共和国公共文化服务保障法》、2017 年 11 月 4 日第十二届全国人民代表大会常务委员会第三十次会议通过的《中华人民共和国公共图书馆法》都将我国公共文化服务建设纳入规范化、标准化、均等化、体系化轨道,是民众基本文化权益从行政性维护到法律性保障的重要跨越。

公共图书馆已然走到了新时代的关键节点,文化和旅游部的成立是提高国家文化软实力和中华文化影响力的必然抉择,亦是公共图书馆承担新使命、做出新作为的巨大机遇。

1 从旅游现状看公共图书馆

河北省地处华北平原,省内含括高原、山地、丘陵、平原、湖泊和海滨,旅游资源十分丰富。宝贵的自然资源是河北省旅游发展的重要载体,但是根据公开数据显示,河北省的旅游竞争力仍需提高。

表 1　2015 年 A 级旅游景区情况对比

	A 级旅游景区总数	接待总人数(亿人次)	营业收入(亿元)	门票收入(亿元)
全国	8954	37.77	3479.08	801.16
河北省	339	0.98	84.18	19.5
山西省	143	0.47	96.88	15.38
山东省	921	3.39	226.36	61.97
河南省	362	1.32	82.91	29.11

表 2　2016 年 A 级旅游景区情况对比

	A 级旅游景区总数	接待总人数(亿人次)	营业收入(亿元)	门票收入(亿元)
全国	9824	44.32	3858.2	906.2
河北省	365	1.14	86.98	20.4
山西省	155	0.63	105.38	17.74
山东省	1054	3.89	234.04	76.84
河南省	385	1.86	101.06	45.15

表中选取了在地理位置上与河北省毗邻的山西省、山东省和河南省做比较。可以看到,2015 年和 2016 年河北省的 A 级旅游景区平均接待人次,低于全国平均水平,在周边省份中排名垫底。2015 年和 2016 年河北省 A 级旅游景区平均营业收入同样低于全国平均水平,在周边省份中排名靠后。河北省作为资源大省的旅游竞争力还有很大潜力可挖。下面笔者试从公共图书馆的角度找到一些出路。

河北省现有 5A 级旅游景区 9 家,4A 级旅游景区 62 家。服务半径覆盖景区的公共图书馆共有 38 家。根据第六次全国县级以上公共图书馆评估定级结果,其中一级公共图书馆 10 家,二级公共图书馆10家,三级公共图书馆15家(详见表3)。

表3 4A级以上旅游景区公共图书馆等级

序号	公共图书馆	等级
1	涞水县图书馆	一级
2	乐亭县图书馆	一级
3	秦皇岛市图书馆	一级
4	涉县图书馆	一级
5	唐山市丰南区图书馆	一级
6	唐山市图书馆	一级
7	武安市图书馆	一级
8	易县图书馆	一级
9	遵化市图书馆	一级
10	保定市图书馆	二级
11	昌黎县图书馆	二级
12	平山县图书馆	二级
13	秦皇岛市抚宁区图书馆	二级
14	石家庄市藁城区图书馆	二级
15	石家庄市鹿泉区图书馆	二级
16	吴桥县图书馆	二级
17	邢台县图书馆	二级
18	张家口下花园区图书馆	二级
19	赵县图书馆	二级
20	承德市图书馆	三级
21	阜平县图书馆	三级
22	沽源县图书馆	三级
23	邯郸市永年区图书馆	三级
24	井陉县图书馆	三级
25	廊坊市安次区图书馆	三级
26	临城县图书馆	三级
27	灵寿县图书馆	三级
28	滦县图书馆	三级
29	内丘县图书馆	三级
30	秦皇岛山海关区图书馆	三级
31	秦皇岛市海港区图书馆	三级
32	石家庄市裕华区图书阅览中心	三级
33	正定县图书馆	三级

序号	公共图书馆	等级
34	蔚县图书馆	无等级
35	武强县图书馆	无等级
36	安新县图书馆	未参评
37	涞源县图书馆	未参评
38	赞皇县图书馆	未参评

可以看到,33 家定级的公共图书馆的服务范围涉及 4A 级以上旅游景区。其中涉及河北省 34.48% 的一级馆、37.04% 的二级馆和 24.59% 的三级馆。从绝对数字和比例上来说,旅游景区的公共文化服务是略显单薄的。

2 公共图书馆的现状

2019 年全国文化和旅游厅局长会议指出,文化和旅游融合发展总的思路是坚持"宜融则融、能融尽融",会议提出了六大着力点,着力推进理念融合、职能融合、产业融合、市场融合、服务融合、对外和对港澳台交流融合,为公共图书馆在文旅融合视阈下的站位提出了指导意见。然而,打铁还需自身硬,河北省公共图书馆在现阶段仍面临着补短板、促均衡、兜底线的严峻形势。

2.1 运行经费匮乏,服务能力不足

随着城市化进程的推进,加上部分地区受服务人口众多、服务范围较大、服务条件有限等因素影响,公共图书馆文献总量和服务能力与人民群众的文化需求之间还存在一定差距。河北公共图书馆,特别是县级图书馆投入不足,运行经费匮乏。全省县级图书馆中,年均财政拨款达到 25 万元以上的总共 104 家,其中达到 150 万元以上的 42 家,占比 40.38%。但是绝大多数的拨款用于新馆建设。例如沧州献县图书馆,2016 年财政拨款 1474 万元用于新馆建设和装修费用,27 万元用于人员经费,文献购置费为零。甚至出现了一些极端情况:"个别图书馆不但没有地方配套的免费开放补助资金,就连中央的免费开放补助经费也不能全部到位,致使图书馆运行困难。"经对比分析,各级财政投入主要偏重于新馆建设经费、人员经费,用于文献资源购置和开展阅读推广活动的经费十分有限。以上情况导致的直接后果是馆藏文献陈旧,年新增文献量严重不足。读者活动,尤其是针对未成年人和特殊群体的读者活动活力不足。另外,县级图书馆经费管理不规范,影响了图书馆运行经费的合理利用。河北省大部分县级图书馆没有独立财权,财务工作由当地主管部门文广旅新局管理,存在经费被挤占挪用或使用不当的现象。这些都严重制约了基层公共图书馆的业务活动开展。

2.2 专业人才缺乏,发展后劲不足

近年来,沧州市图书馆、廊坊三河市图书馆等一批公共图书馆新馆相继建成投入使用,馆舍建筑面积与服务空间有了大幅度增加。与之形成鲜明对比的是各馆人员编制并没有相应增长,现代化服务设施水平的提高与人员短缺的矛盾非常突出。市级图书馆中,邢台市图书馆职

工人均服务人口 20.7 万,石家庄市图书馆职工人均服务人口 15.6 万,唐山市图书馆职工人均服务人口 12.4 万,负荷严重。县级公共图书馆的情况更加堪忧。另一方面,随着文化信息资源共享工程、数字图书馆推广工程、中华古籍保护计划、民国时期文献保护计划等重点文化工程的推进,公共文化服务体系建设的步伐加快,公共图书馆的功能不断拓展,基层图书馆的任务越来越重。尽管全省公共图书馆人员学历状况改善明显,但其专业知识和业务技能仍与事业的发展要求有着较大差距。有的基层馆虽然建了新馆,但由于缺乏专业知识,功能分区与业务布局不尽合理。

2.3 区域发展不平衡,协同程度不足

受经济发展水平影响,公共图书馆建设和发展过程中存在明显的地区差异。经济发达地区的公共图书馆发展普遍较快,建设规模和投资数额较大,文献资源较为丰富,如沧州、唐山、石家庄等;而经济欠发达地区公共图书馆建设水平普遍较低,设施简陋、资源匮乏,如张家口、承德等。市级馆中沧州市图书馆馆舍面积 3.17 万平方米,而承德市图书馆不足 5000 平方米。县级图书馆中出现了 9200 平方米的邢台威县图书馆、8601 平方米的唐山市丰南区图书馆,但还有至少 10 个县、区图书馆没有独立馆舍。部分地区总分馆建设相对滞后,尽管各地都通过建立基层分馆或服务点来拓展服务范围,但从总体上来看,图书馆服务网络建设进程与先进地区相比进展缓慢。缺乏专项资金,很多县馆存在历史欠账,有的没有实现信息化管理,总分馆工作开展困难。分馆人员严重缺失,县级图书馆本身就面临着服务人口众多、人员不足的问题,不能保证每个分馆有专职服务人员。再加上人才队伍建设情况堪忧,分馆的服务质量亟待加强。资源共享后劲不足,各馆并没有统一、严谨的资源配备制度,现阶段采取的是不定期配送图书的方式,分馆的馆藏不能保证。各馆间的协作协调工作在制度设计与实施保障方面仍需得到更高程度的重视,希望能够因地制宜提出具体措施并予以落实。

除以上几个主要问题外,服务创新活力不足,数字化程度仍需提高等问题也是制约河北省公共图书馆事业整体发展的沉疴痼疾。从总体效能来看,公共文化服务还处于保障基本公共文化需求的初级阶段,公共文化服务和公共文化服务机构作为培育社会主义核心价值观的主要途径和主阵地,以文化人、以文育人的作用还不显著①。

3 公共图书馆的新作为

公共图书馆在现阶段下应有的新作为是主动承担文旅融合重大使命,发挥资源优势与区位优势,在更高层面、更广领域,以更高站位、更大势能拥抱全社会,主动融入公共文化服务补短板、提效能的发展态势中去,用精神价值层面的文化软实力服务国家发展大局。

3.1 清源固本,切实提高服务效能

在主动将文化和旅游相融合的服务创新上,河北省公共图书馆已经迈出了令人欣喜的一

① 王离湘. 立足新时代着力解决现代公共文化服务体系发展不平衡不充分问题——学习习近平新时代中国特色社会主义思想体会[EB/OL]. [2017 - 12 - 18]. http://www.hebwh.gov.cn/common/content.jsp? articleId = 4028815d5f5049e7016068c1ba4510f5.

步。河北省图书馆依托现有资源优势和区位优势,创办了燕赵红色记忆馆和京津冀协同发展主题馆。燕赵红色记忆馆汇集多种载体、形态的文献,是一个实体文献与数字资源相融合的展示平台和爱国主义教育基地。京津冀协同发展主题馆是河北省委、省政府及各级党政机关部门推动"京津冀协同发展"的决策信息服务中心、专家学者研究的数据参考中心和京津冀三地关于"协同发展"的专题文献中心。两个专题馆是河北省图书馆拓展社会教育职能、创新数字资源建设模式和打造特色文化品牌的有益尝试,同时也是具备地方特色、文化灵魂的旅游目的地。

沧州图书馆举办的"中国梦·沧州情——海外华文作家看狮城"活动是文化与旅游在图书馆相融合的最好注释。沧州图书馆邀请包括沧州籍海外作家戴小华在内的13位优秀华文作家访问沧州。活动内容包含推介分馆、城市书吧,文化座谈,专场签售等。沧州图书馆在馆内设戴小华作品专藏区,并特聘来访作家为"驻馆作家"。活动在极大层面上促进了沧州市与世界文化的融合交流,向沧州市民提供了高标准的文化大餐,向世界文化领域发出了沧州声音,种下了沧州故事、河北故事的种子。

打铁必须自身硬。河北省公共图书馆服务创新尚有欠缺。各馆应该打破传统图书馆服务模式的禁锢,充分创新服务模式,提高知识收集的能力和共享能力,充分发挥图书馆博大精深的教育、娱乐作用。建议各馆着手研究服务创新策略,朝着全新的服务理念、高科技的管理手段和服务技术设备、与时俱进的内容、查阅方式创新、图书馆储集能力大范围提升、建立知识信息共享平台的方向发展。特别要重视加强古籍保护工作,深挖古籍展示、研究、利用的内涵。加强馆员培训,鼓励业务创新,优化管理结构,为公共图书馆事业发展注入新的活力。

3.2 握指成拳,主动融合旅游公共服务

开放是一切发展的必由之路。公共图书馆必须勇于试水,敢于领跑,向旅游公共服务开放,向更多群众开放,向世界开放。

3.2.1 主动融合旅游公共服务是突破口

旅游公共服务按照内容可分为旅游公共信息类服务、旅游要素保障类服务以及旅游公共安全类服务三大类①。

旅游公共信息类服务和旅游公共安全类服务都是公共图书馆以现有资源就可以完成的服务。覆盖城乡、便捷实用的公共图书馆服务网络已经基本建成。根据公开资料,截至2016年底,全国共有3153家公共图书馆,其中县级图书馆占87.03%。公共图书馆图书总藏量为90162.74万册。可以说在我国每一个旅游目的地都有一个公共图书馆。在我国每一个旅游目的地都有一个亟待挖掘的旅游公共信息宝藏。图书馆本身就具有参考咨询、情报开发的职能,以此为切入点积极提供既成系统又便于检索、从始至终贯穿旅游过程的信息服务是公共图书馆责无旁贷的使命。河北省秦皇岛图书馆推出的"秦图说"项目,依托地域旅游资源,精选秦皇岛市历史人文景观,详细讲述历史沿革、神话传说、路线导引及书目推荐,利用文字、图片、视频等多种形式展示旅游目的地。既能激起旅游欲望,也为旅游途中的行人增添文化趣味,最后将被美景吸引的旅人吸引到图书馆中去,使其最终变为读者。这不失为图书馆主动与旅游公共服务相结合的典型案例。

---

① 李爽.旅游公共服务:内涵、特征与分类框架[J].旅游学刊,2010(4):20-26.

旅游要素包含食、住、行、游、购、娱。河北省图书馆引进了香港鼎珺茶餐厅、呈明咖啡等特色美食,它们已成为市民争相驻足的饮食场所。泰国苏梅岛图书馆酒店,既是酒店,亦是图书馆。藏书量惊人,适宜的阅读空间遍布酒店。宁波图书馆与当地泊宁酒店合作,将酒店完美打造成了自己的分馆。就像宣传语说的"这家酒店,就是想让你住进图书馆"。说到"行",河北省现有的省市级图书馆基本都坐落于城市中心,交通便捷,四通八达。图书馆是城市的会客厅,各种活动精彩纷呈,这里并不缺乏娱乐。这里有内容各异的展览、大师云集的讲座,更不要提几乎每天都在进行的各种阅读推广活动,不管是成年人、儿童还是特殊群体,在公共图书馆都可以找到一方栖息之地。旅游六要素中包含的"购",是公共图书馆主动承担旅游公共服务的突破口,下文将详细说明,这里不再赘述。

可以看到,在稳步提升图书馆公共服务的同时,主动同旅游公共服务有机衔接,将图书馆这一公共文化设施社会化、旅游化,是目前阶段公共图书馆亟待加强的业务内容。

3.2.2 积极引入社会力量是闪光点

国家发展改革委、文化和旅游部等十八部门联合印发《加大力度推动社会领域公共服务补短板强弱项提质量 促进形成强大国内市场的行动方案》,明确指出要"鼓励引导社会力量参与,扩大公共服务有效供给,推动非基本公共服务市场化、多元化、优质化"。我们知道,社会力量参与公共文化服务是当前解决公共文化供给不足的创新型方式。河北省公共图书馆已经做出了有益的尝试,借助社会力量办会。2016 全国公私藏书与经典阅读论坛就是河北省图书馆、河北阅读传媒有限公司及《藏书报》共同筹办的全国性藏书交流论坛。此后它们又相继合作举办河北省首届藏书家评选活动、2018 京津冀地方文献建设论坛等,既加强了图书馆的专业性又发挥了媒体的影响力,做到了双赢。正定县图书馆吸引社会力量联合开办了电子阅览室。沧州图书馆"晓岚阁"分馆由文化企业提供建筑设施,图书文献借阅、管理应用等仍由图书馆负责。香河县图书馆采用政府购买服务、三方托管的形式将图书馆"全托"给社会力量。这些尝试都为建设政府主导、社会参与、重心下移、共建共享的公共文化服务体系做出了贡献。

3.2.3 加强文创产品开发是增长点

馆藏资源是公共图书馆的宝库。河北省图书馆在文创产品研发方面走在了全省前列,组建专门部室创意工作部,推动工作开展,牵头成立了全国图书馆创意工作委员会。依托馆藏古籍文献、地方特色文化、中国传统文化等元素已试开发出冀图书签、诗笺系列,唐女郎鱼玄机系列,百花诗笺谱系列,山海经系列,书法、美术、印章系列,手绘系列等多个系列的文创产品。各市馆也积极试水文创开发。依托本土资源,秦皇岛图书馆举办 3D 打印旅游创意作品设计大赛。石家庄市图书馆利用馆藏文献资源,影印出版珍贵古籍,并在网站上提供古籍文献创意元素,供读者使用,取得了一定的社会效益。将文创产品与发展旅游紧密结合起来,就为旅游六要素中的"购"提供了丰富的内容。在今后的工作中,仍需依托国家公共文化服务体系示范区、示范项目、城市旅游服务中心、全域旅游服务中心等,将带有强烈文化气息的图书馆文创产品推介出去。在服务好本馆读者、当地群众的同时,面向游客提供引得来、拿得走的文化意味。

3.3 守正明德,努力加强对外合作

河北省古称"燕赵",历史沉淀深厚,文化资源富集。依托国家重大发展战略京津冀协同发展、雄安新区规划建设和北京携手张家口筹办 2022 年冬奥会,为公共图书馆发扬自身优势、

加强对外合作提供了千载难逢的机遇和窗口。日本鸟取县立图书馆与河北省图书馆的友好交换关系可追溯到 1995 年,两馆在馆藏文献交流、业务工作探讨、馆员交换培训等事宜中都有着长期的良好互动。2017 年是泰国—河北文化年,河北省图书馆在曼谷中国文化中心举行了赠书仪式。泰国国家图书馆设有专门的中文图书角,此次活动之后又专设了河北书屋。这些文化交流活动都为促进两国的文化融合做出了贡献,也为促进两国的旅游发展提供了支持。

目前河北省内市、县级公共图书馆的对外文化交流尚处于空白。但可以预见的是,在文旅融合的视阈下,公共图书馆将推进更高层次的对外开放,主动同京津冀协同发展等国家重大战略配合,完善公共文化服务体系的空间布局及纵深内涵,就可以最终使自身崛起为具有全省、全国乃至全球竞争力的公共图书馆。我们应坚定信念,携手并进,乘着文化和旅游融合的东风,主动作为,共创公共服务发展新辉煌。

参考文献

[1] 于光远. 旅游是现代人的特殊生活方式[N]. 上海:世界经济导报,1985 – 11 – 25.

[2] 喻学才. 试论旅游文化与旅游经济[J]. 江汉论坛,1996(12):74 – 76.

[3] 王离湘. 立足新时代着力解决现代公共文化服务体系发展不平衡不充分问题——学习习近平新时代中国特色社会主义思想体会[EB/OL]. [2017 – 12 – 18]. http://www.hebwh.gov.cn/common/content.jsp? articleId = 4028815d5f5049e7016068c1ba4510f5.

[4] 王云龙. 区域旅游业竞争力评估——基于中国 31 个省域的比较研究[D]. 上海:复旦大学,2010.

[5] 杨秀平,翁钢民,赵本谦. 旅游产品竞争力分析及预警研究[J]. 经济与管理,2005,19(6):76 – 78.

图书馆文旅融合策略研究

钟　戈(辽宁科技大学图书馆)　李　蓬(鞍山市图书馆)
韩　秋(鞍山市铁东区图书馆)

1　现状

1.1　理论

笔者通过文献统计的方法,于 2019 年 4 月 2 日,在 CNKI 中以文献为数据源,在篇名中以"文旅融合"或"文旅深度融合"为检索词,一共检索到 104 篇文章,最早的文章发表于 2011 年,2018 年有 56 篇发表,是发表文章数最多的年份;在篇名中加上"图书馆",只检索到 1 篇,发表于 2019 年。这些数据说明了关于"图书馆文旅融合"的理论研究才刚刚开始,未来的空间巨大。

1.2　实践

国外图书馆文旅融合早在 18 世纪就开始了,而我国是近几年才陆续兴起,具体见表 1。

表 1　国内外图书馆文旅融合现状

图书馆	文旅融合措施
新加坡国家图书馆	大面积绿化庭院,设置休闲观光区,包括咖啡、电影和鸟瞰新加坡全景等[1]
大英图书馆	形成图书馆、博物馆和天文馆等建筑群吸引游客
卡塔尔国家图书馆	与博物馆、大学图书馆和遗产文献馆融合
法国图书馆	1793 年,在塞纳河畔建立了国家自然历史博物馆,聚图书馆、展览馆、古建筑、实验室、动物园、植物园、高山公园于一体,荟萃众多稀世珍宝,呈现出奇特的大自然景观
中国国家图书馆	成立"国家典籍博物馆",举办与旅游相关的活动
上海图书馆	成立会展中心,推出特色文献展等吸引游者
广州图书馆	举办国际学术研讨会,与国外图书馆进行文化和学术交流
浙江图书馆	书吧嵌入景点、街头和民宿

由表 1 可以看出,国外在图书馆文旅融合上起步较早,比较成熟;国内起步相对较晚,虽然有一些探索和实践,也取得了一定的成绩,但仅限于少数发达地区,还有很长的路要走。

2　图书馆在文旅融合中的难点

2.1　制度

图书馆虽然是面向大众的服务机构,但传统的图书馆体制决定了其封闭性。前不久文化和旅游部成立,下属各级单位也已经进行了行业重组和职能的划分,文旅融合的大好机遇已经来临,但长久以来形成的制度障碍不是短时期内能解决的,而且有关图书馆文旅融合方面的相关制度和措施还比较欠缺,需要在实际运行过程中不断总结经验,不断磨合。

2.2　社会认可度

图书馆在进行文旅融合过程中,会形成新型的产品推向市场,这就面临着市场是否愿意接受、是否有能力接受的问题,如果不被市场接受,那么产业融合将很难形成,需要供给方进行有效引导,采取创新营销手段,培养一批学习能力强并且愿意尝试新鲜产品的游客群体,并使其规模不断壮大[2]。

2.3　基础设施老旧

2017 年 10 月 1 日,天津滨海图书馆正式开放,这座由荷兰 MVRDV 设计工作室与天津规划设计院合作设计的现代化图书馆,因其独具特色的设计风格,已经被誉为"中国最美图书馆",虽然远离市中心,但是每天仍然吸引了大量的市民和游客,已经成为知名的旅游景点,是图书馆文旅融合的典范。但是,我国多数图书馆是不具备这样的硬件条件的,如何根据各自的具体实际进行升级改造,适应文旅融合发展的要求,是图书馆普遍面临的问题。

3 图书馆文旅融合策略体系研究

笔者认为,图书馆文旅融合需要从以下五方面展开,如图1所示。

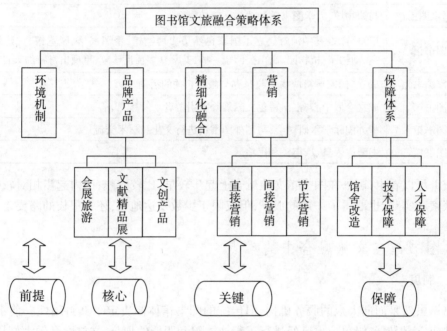

图 1 图书馆文旅融合策略

3.1 抓改革创新,建立有效的环境机制

图书馆缺乏文旅融合的实践经验,应该深化图书馆文旅体制改革,创新工作机制,形成科学合理的管理体制、多元化的投入机制和市场化的运作机制,强化组织领导,构筑融合平台,建立融合发展的长效协调机制和综合治理机制,激发活力;加强顶层设计,科学制定出具体的实施框架,建立文旅融合发展的指标体系、标准体系、统计体系和评价体系。

3.2 抓载体建设,打造特色品牌产品

3.2.1 会展旅游
图书馆可以根据本馆和地方特色举办国际会议、学术研讨会等,打造属于自己的会展旅游品牌,推动图书馆会展旅游,国家图书馆、上海图书馆和广州图书馆等已经做了很好的示范。

3.2.2 特色文献精品展
文献资源是图书馆的核心资源,每个图书馆也都有自己独特的资源类型,如何收集和充分加以利用是关键问题,通过举办特色文献精品展是一个好的方法,比如,国家图书馆推出的"红色记忆"纪念中国共产党成立95周年馆藏文献展,吸引了大量游客参观学习,既有教育意义,又促进了旅游业的发展。

3.2.3 文创产品
"文创产品"又称文化创意产品,如果进一步解读就会有完全不一样的理解,"文创产品 =

16

文化＋创新＋产品"[3]，图书馆界文创起步较晚，2017 年"全国图书馆文化创意产品开发联盟"在京成立，揭开了文创产品大规模开发的序幕，在这方面国家图书馆走在了前列，专门成立了文创设计团队，该团队成员均为 90 后，更擅长从"幽深"的典籍之中，找到年轻人感兴趣的"点"，2017 年共有 270 多种文创产品在国图文创商店"上线"，产品种类达到近 700 种，吸引了大量读者和游客购买，经营收入达 5900 多万元。

3.3 抓过程控制，注重精细化融合

人们耳熟能详旅游的六大要素是，吃、住、行、游、购、娱[4]，2015 年全国旅游工作会议上，国家旅游局长李金早提出了新的旅游六要素：商、养、学、闲、情、奇，图书馆应该嵌入旅游各要素和全过程中。国家图书馆已经将阅读融入宾馆客房、走廊和电梯等处；重庆图书馆开设咖啡吧等休闲区域；天津滨海新区图书馆本身就是地标建筑；纽约公共图书馆有自己的纪念品商店，琳琅满目的文创商品足够让观光客驻留好一段时间，值得我们学习。

3.4 抓宣传推广，实施旅游文化营销

与其他行业的营销一样，旅游业的市场营销也要以市场需求为导向，在实施旅游业文化营销的整个过程中，图书馆应该发挥自身优势，深入挖掘文化资源吸引消费者[5]，具体可以从以下几方面展开：

3.4.1 直接营销

主动掌握客源，直接与客户建立联系，如澳大利亚阳光海岸图书馆举办了"阳光海岸图书馆快闪"活动，6 次活动选择了居民普遍关心的主题，如读书、健康和生活等，交流互动的对象是传统图书馆环境外的人们，每次都经过精心策划，创意服饰、标志性语言和关键信息等都能和每次行动巧妙配合。以"图书馆让我的生活丰富多彩"这次"快闪"行动为例，为了突出主题，采用了将跑步和色彩聚合在一起的"缤纷色彩跑"(The Swisse Color Run)形式，与传统的跑步竞速相比，它更强调参与、娱乐和色彩。在每一次"快闪"行动中，热情参与的当地人和游客都会带上相机，把精彩的瞬间留在镜头里。活动取得了巨大的成功，近 12000 张照片被上传至 Face book，产生了巨大的轰动效应。该活动被评为 2016 年 IFLA－BibLibre 国际图书馆营销三等奖，"快闪"行动堪称最聪明的营销活动，改变了大家对图书馆的传统印象，值得我国图书馆界借鉴。

3.4.2 间接营销

(1)公共媒体

公共媒体覆盖面广，影响力大，图书馆应加强与这些机构的合作。重庆图书馆通过报纸、电视、电台、网络等媒体手段，调研读者对图书馆资源的需求情况，宣传图书馆的资源，吸引更多的读者和游客走进图书馆。

(2)中间商

主要包括书店和旅行社，随着科技的进步，书店也已经摆脱传统模式的束缚，共享书店、智慧书房也相继出现，因其优美的环境和方便的借阅手续，成为当地人和游客休闲的去处。2017年 7 月 16 日全球首家共享书店"合肥三孝口书店"正式亮相，读者注册 APP，交 99 元押金，扫一下书的条形码，可免费把书带回家。每次可借 2 本，10 天内归还，借书不限次数，押金可随时退还，它受到了社会各界的广泛关注，图书馆可以通过合作的方式，将部分馆藏资源与书店

共享,实现文旅融合。此外,图书馆可以和旅行社合作,打造具备本地特色的文化游路线品牌。

3.4.3 节庆营销

节庆活动本身就是一种旅游文化产品,也是非常有效的促销手段[5]。南宁图书馆在2019年新春来临之际举办"同筑中国梦·共度书香年"读者联谊活动。活动内容十分丰富,有名家春联笔会、扎染手工阅读实践活动、灯谜贺岁有奖竞猜、"庆祝嫦娥四号登月·太空之旅"童阅森林科普课堂等,起到了很好的宣传推广作用。当然,节庆营销活动不应局限在图书馆内部,应该走向景点、商场和公园等人流密集场所。

3.5 抓基础建设,完善保障体系

3.5.1 馆舍改造

馆舍的新旧程度、装修风格和生态环境等对于到馆读者的休闲文化体验起到至关重要的作用,好的馆舍环境会让读者有再次来馆的愿望。现阶段,我国大多数图书馆都面临馆舍老旧的问题,虽然陆续也有新馆落成,但由于资金和人力的限制,大多数老馆舍还会继续使用,应该在不破坏大格局的前提下,进行升级改造,首先是墙面和灯光等工程;其次,将废弃不用或利用率很低的空间进行重新规划,通过空间再造,打造休闲阅读空间、特色文化展示空间和娱乐空间等,最大限度利用现有的馆舍资源;最后,在馆内、外建造环境景观,营造良好的生态环境。

3.5.2 现代技术的应用

现在的人们除了知道自己需要读什么书以外,其实读书的氛围也很重要,应该加强图书馆文献资源、旅游信息化和文化消费大数据平台建设,提升智慧旅游和智慧文化发展水平,应用AR、VR、MR和人工智能等现代科技丰富游客体验,提高图书馆文旅产品科技含量,为图书馆文旅融合创新供技术支撑。早在2017年,上海浦东图书馆数字阅读体验中心成立,它的三大亮点是:"智慧阅读角",其理念是"让任何一个角落都能成为一间书店";"耳机森林",用耳朵取代眼睛,你能在这里体验不一样的阅读之旅;"互动沉浸式阅读体验空间"涵盖互动阅读、电影播放和远程会议三大功能,浓浓的科技感,不仅吸引了一些读者和游客的好奇,也吸引了SMG全纪实以及旅游频道的记者们。

3.5.3 重视人才培养。

坚持人才战略优先布局、人才资源优先开发、人才机制优先建立,加大图书馆文旅人才引进和培养力度,不断扩大人才总量、提高质量,努力培养和储备一支高素质、专业化的复合型图书馆文化旅游人才队伍,为有效推动文旅融合,走向更有诗意的远方提供核心支撑和可靠保障。

图书馆文旅融合是当下图书馆界的研究热点,作为一项系统工程,需要全体图书馆人及社会各界的共同努力才能完成,同时,应该认识到该项工作在我国的研究还处于起步阶段,应该借鉴国外成熟的实践经验总结,探索开展图书馆文旅融合的长效机制。

参考文献

[1] 王世伟.关于公共图书馆文旅深度融合的思考[J].图书馆,2019(2):1-6.

[2] 李锋.文化产业与旅游产业的融合与创新发展研究[M].北京:中国环境出版社,2014.

[3] 孙红强.图书馆文化创意旅游项目开发探究[J].图书馆工作与研究,2018(8):96-99.

[4] 陈国生,陈晓亮,魏勇.旅游文化学概论[M].武汉:武汉理工大学出版社,2017.
[5] 中共海南省委宣传部,海南省社科联(院).让旅游插上文化的翅膀[M].北京:人民出版社,2014.

文旅融合背景下我国公共图书馆服务路径创新研究*

黄安妮　陈　雅(南京大学信息管理学院)

2018 年 4 月文化和旅游部正式挂牌,实现了文化与旅游行政管理部门的整合[1],标志着我国文旅融合步入了新时代。党的十八大以来,习近平总书记就如何推动文化和旅游高水平融合、高质量发展发表了一系列重要论述[2]。文旅融合的总任务在于解决社会基本矛盾、更好地满足人民日益增长的美好生活需要以及实现中华民族伟大复兴、提高国家文化软实力和中华文化影响力[1]。

文旅融合要按照文化和旅游部部长提出的"宜融则融,能融尽融,以文促旅,以旅彰文"的原则全面深入推进[1]。2019 年文化和旅游部确立了文旅融合发展的五大路径,包括理念融合、职能融合、产业融合、市场融合、服务融合与交流融合,要依据这五大路径推动文化与旅游在各领域、多方位、全链条的深度融合[3]。具体举措包括鼓励文化机构与旅游企业对接合作以促进产品融合;支持开发集文化创意、度假休闲等主题于一体的文化旅游综合体,推出更多研学、寻根、文化遗产等专题文化旅游线路和项目以促进业态融合;鼓励非遗项目进旅游景区;统筹公共资源服务配置等[3]。

全域旅游的概念自 2008 年提出以来经历了由地方试点到国家示范推进再到产业政策的转变。2015 年原国家旅游局(现文化和旅游部)正式启动了"国家全域旅游示范区"创建工作。2017 年,全域旅游被列入政府工作报告并成为重点工作任务之一[4]。

全域旅游是实现区域资源有机整合、产业融合发展的一种区域协调发展理念和模式。全域旅游通过整合区域内各类文化资源充实旅游内容、提升旅游产品品质从而实现文旅深度融合,通过对旅游资源、相关产业、生态环境、公共服务、体制机制等进行全方位优化提升,形成"景区、乡村、小镇、城市"四位一体的全域旅游布局模式[5],打造旅游风情小镇、乡村旅游、A级旅游景区、旅游度假区、旅游带等[6],以旅游为推手推动当地文化相关产业的发展。所以全域旅游与文旅融合是密不可分的,发展全域旅游模式是实现区域文旅融合的重要途径之一。

文化治理通过主动寻求一种创造性文化增生范式实现文化的包容性发展,强调政府主导与社会共治相结合[7]。文旅融合是文化治理的一种手段,可以从文化治理的几个方面去理解文旅融合的内涵与目的。

①文化需求导向治理:文旅融合致力于满足人们在休闲旅游中的文化与信息需求,通过公

---

* 本文系 2017 年江苏省高校哲学社会科学研究重大项目"公共文化服务效能提升的路径与模式研究"(项目编号 2017ZDAXM001)研究成果之一。

共文化服务平台与旅游服务平台资源的整合健全旅游公共服务体系,让游客在旅行中体验到深层次的精神享受。②文化融合路径治理:文化是旅游的核心资源,所以要促进文化与旅游产业深度融合发展,挖掘地域特色文化,继承与发扬我国传统文化,通过融合的方式增强我国传统文化的生命力,在全球化背景下树立文化自信。③文化氛围营造治理:通过公共文化服务机构与旅游相关部门的合作,充实旅游内容、优化旅游产品、打造文化场景、营造旅游文化氛围的同时也能扩大文化机构的社会影响力以及文化产品和服务的受众群体和覆盖面[3],提升公民素养。

1 公共图书馆与文旅融合的耦合点

1.1 相关研究回顾

由于文旅融合这一政策出台时间还不长,所以以此为背景研究公共图书馆的相关文献较少,其中王世伟在《关于公共图书馆文旅深度融合的思考》一文中介绍了图书馆文旅融合的理论与国内外相关实践并提出要把握公共图书馆文旅深度融合的发展新机遇,要有新理念、新机制、新路径作为保障[8]。

以往的相关研究主要是对图书馆旅游休闲功能的研究,研究对象分为高校图书馆与公共图书馆两类,高校图书馆的旅游休闲功能强调旅游信息资源数据库建设,公共图书馆则是要打造旅游景点,成为游客旅行路线中的一部分,从而发挥其旅游休闲功能。总体来说以往的研究更偏重于旅游信息资源的建设而且主要着眼于对高校图书馆的研究,而缺乏从服务方式、环境氛围、用户体验视角切入并以公共图书馆为主体的研究。

程川等人对近 30 年国内图书馆旅游休闲研究文献成果进行了分析,结果表明尽管旅游休闲与图书馆有着深刻的联系,但相关研究热度与深度却始终不尽如人意,这也与旅游业飞速发展的客观状况形成了强烈的反差。文章梳理出了国内图书馆旅游休闲的发展路径以及目前研究存在的弊端,诸如学科视角不全面、缺乏对本地居民群体的关注、策略过于主观以及研究主体不明等[9]。

1.2 公共图书馆参与文旅融合的可行性

1.2.1 公共图书馆的职能属性

图书馆作为重要的文化阵地,无论是在提升区域文化品位还是满足人民群众的文化需求方面都具有重要作用。图书馆是承载着国家文化事业的重要场所,旅游业的发展离不开文化事业在精神和内容层面上的引导,要以文化要素推动旅游业走向特色化、品质化,为旅游发展插上腾飞的翅膀。区别于高校图书馆,公共图书馆的服务群体更加广泛,服务需求更加多样,服务内容更加丰富,公共图书馆所提供的全覆盖、多层次的全域服务与旅游相结合能够充分实现全域旅游的发展理念与发展模式,所以说公共图书馆是文旅融合中的重要主体之一。从本质上来说图书馆与旅游休闲在文化属性上"同源"[10],正因如此二者才能够互促互进,融合发展。

1.2.2 公共图书馆的各类服务功能

公共图书馆提供的服务功能包括文化服务、空间服务、体验服务、教育服务、知识服务、延伸服务等。相较于博物馆、美术馆等其他文化机构,公共图书馆的一系列服务功能形成了其参与文旅融合的独特优势以及核心竞争力。其服务所具有的公益性、基本性、均等性和便利性的特点也为旅游公共服务提供了保障。诸如教育服务所具有的社会导向功能可以助力文明旅游,而空间服务与体验服务作为近年来公共图书馆服务的研究热点在文旅融合背景下也有巨大的发展空间。

置于文化治理视角下的图书馆公共文化空间在可及性、参与度上能满足公众多元文化的需求,公共图书馆致力于打造出舒适宜人、富有吸引力和感染市民心境、展示城市人文关怀的文化空间[7]。这样具有文化氛围与地域特色的空间环境与服务不仅能够满足当地市民的需求而且也能吸引游客参与其中,在休闲旅游的同时给他们带来文化享受,有效拓展了旅游空间。

公共图书馆依托于其自身所具有的环境资源、信息资源、文化资源等打造出各类体验服务,其中的信息资源不仅包括文献信息资源更包含口语、体语、实物类信息资源,图书馆的展览、音乐会等都属于图书馆体验服务的模式。在文旅融合的情境下,公共图书馆体验服务能够强化游客在旅行中的情感体验包括怀旧情感体验、求知情感体验、娱乐情感体验以及社会体验[11]。例如"游学阅读"这一体验式阅读推广模式就将阅读融于用户的体验之中并与旅游相结合,又如上海嘉定区图书馆推出的"微阅读·行走"的微阅读模式[12],都是由图书馆引导组织,以用户为主体开展,将阅读学习融入文化与旅游场景之中的体验服务。这类体验服务算是公共图书馆参与文旅融合的生动实践,不仅满足了参与者的阅读与娱乐体验,也实现了人生情感体验的升华,体现出了公共图书馆的人文关怀。

1.2.3 阅读与旅游的联系

旅游和阅读本质上都是一种体验,好奇心与求知欲是驱动旅游和阅读的重要动因,区别在于旅游是直观的直接的,当来到一个目的地,会看到、听到、吃到、闻到,所有这些都是旅游所带来的直观体验。而阅读是间接的体验,是经由文字、图片、视频、电影等唤起心中的想象力从而给人带来心灵的愉悦[13]。当下的阅读形态已不局限于图文阅读、有形阅读的方式,阅读正成为一种更多意的形态[13],聆听一场讲座、欣赏一个民俗表演其实都可以看成是一种阅读,这也让阅读与旅游有了更多融合的可能。"阅读+行走"或者说"走读"就是阅读与旅游相结合的方式之一。"读万卷书,行万里路","阅读+行走"的模式以阅读促进旅游内涵的提升,以旅游促进对阅读的理解与感悟,同时也能够实现阅读推广的跨区域协作。公共图书馆作为阅读推广的主阵地,在阅读与旅游相结合的过程中发挥着关键的组织和引导作用,图书馆能够组织与旅游相关的文化资源,并设计开展各类相关活动,从而推动阅读与旅游共同发展。

1.3 公共图书馆参与文旅融合的必要性

1.3.1 文化的传承与复兴

中华文化源远流长,博大精深,在现代化与全球化的浪潮中,文旅融合是实现文化传承与复兴,增强文化自信的一种手段。将文化根植于旅游之中,不仅能够传承发扬优秀中华文化,还更加能够促进中华文化与其他文化的交流与碰撞,推动优秀的文化作品、旅游产品走向海外,让世界了解中华文化,让亿万游客成为中国故事的生动讲述者、自觉传播者[3]。

不论是公共图书馆的馆藏资源,还是其建筑空间本身都具有一定的历史文化价值,是各地的文化名片,公共图书馆在继承和发扬中华文化以及地方特色文化中扮演着重要的角色。虽说目前智慧化是图书馆发展的一大趋势,可即使到了智慧图书馆时代"支持人类文化传承与发展"依旧是图书馆所应该承担的社会责任之一[14]。图书馆是社会记忆的守护者,是文献遗产及其蕴藏的思想和创造力的主要储存库[15]。一本书打开一种向往,一次旅行打开一种文化,人们透过公共图书馆这个文化视窗,找到了中华文脉中最迷人的那个部分。

1.3.2 时代的耦合

公共图书馆正处在转型的重要时期,第三代图书馆注重人的需求、可接近性、开放性、生态环境和资源融合[16]。以人为本的发展理念、泛在化的发展方向、开放融合的发展路径不仅是图书馆转型的目标,也同时贯穿于文旅融合的过程之中。吴建中在 2016 年提出的第三代图书馆的概念,受到了图书馆界的广泛关注与认可。文旅融合势必会大力推动第三代图书馆的发展与普及,充分适应图书馆转型的需求。

1.3.3 人文休闲旅游的兴起与旅游公共服务体系建设的需要

随着文化内涵发掘与旅游品位的提升,人们越来越注重文化场景的体验,游客们从购物场所走向文博场所,看民俗、看历史、看文化。那些能够体现文化独特性、鲜活性、多样性的文化场景,越来越具有吸引力和感染力[6]。旅游相关机构已经难以满足现代旅客的文化、信息、精神需求,图书馆作为游客与旅游机构之间的联结纽带[17]可以充实旅游内容、提高旅游产品品质、推动旅游产业发展。

我国的旅游公共服务内涵模糊,旅游公共服务体系没有像公共文化服务体系那样纳入国家公共服务体系之中,缺乏稳定的资金来源。公共图书馆是地方公共文化服务体系建设和地方特色文化传统的重要载体[17],是旅游公共服务领域社会化的重要组成部分,应当参与到旅游公共服务体系建设中来。"行、吃、住、购、娱、游"可以归纳为旅游中 6 大类信息需求,详细的旅游信息分类主要有 11 个大类,具体包括城市基本信息、游览、餐饮、购物、娱乐、住宿、交通、权益保障、社会服务、游览风险和救助机构[18]。公共图书馆有义务与旅游相关机构共同提供旅游信息服务,保障游客的基本信息需求。

2 文旅融合下公共图书馆服务创新路径与实践

2.1 公共图书馆在文旅融合中的定位

公共图书馆是文化机构的组成部分,在推动文旅深度融合发展中有义不容辞的责任,但不能在参与文旅融合中丢失基本职能以及自身特质,例如不能在为游客提供服务的同时忽视对本地居民的服务。文旅融合给公共图书馆带来了新的发展机遇,并不意味着图书馆要不断拓展自己的旅游功能,而是要积极利用当地旅游资源开展创新服务,借助文旅融合这一契机提升图书馆的社会影响力,还是要以文化的传承与推广为最终目的。公共图书馆是面向社会大众的图书馆,不可能把游客当成重点服务对象而丢失了服务的均等性。以往有些相关研究中提出图书馆要参与旅游部门的决策及法规的制定并与旅游企业合作,优化并充实企业的服务内容,这些做法在一定程度上容易导致公共图书馆的职能混乱,本末倒置。公共图书馆要以创新改善自身服务为目标与旅游相关机构开展合作,所以在研究与实践中都应始终坚持公共图书馆的主体地位。

2.2 国家图书馆的成功实践——文旅融合的领路人

2018 年 11 月 24 日国家图书馆总馆南区以其突出的历史价值、艺术价值、科学价值以及对中国社会发展所产生的深远影响被评为"中国 20 世纪建筑遗产",这座既有民族特色,又有现代风采的经典建筑,为传承弘扬中华优秀传统文化发挥了重大价值[19]。国家图书馆凭借自身的历史文化底蕴能够直接成为旅游资源,同样的我国的藏书楼也属于旅游资源,如天一阁、文澜阁等,长期以来也深受游客的青睐。

国家图书馆还与海淀区旅游发展委员会联手打造研学旅游季系列活动,这是贯彻落实"文化事业、文化产业与旅游业的融合发展"的具体举措。目的在于进一步推动文化文物资源单位、旅游资源与学校教育资源的交流融合,丰富面向青少年为主的研学旅游文化内涵,弘扬中华优秀传统文化[20]。此外,国家图书馆定期组织的古籍特展也受到广泛的好评。国家图书馆利用馆藏特色资源以及其建筑空间资源,深入挖掘本馆的历史文化价值并且积极寻求社会化合作,是文旅融合环境下公共图书馆服务创新的领路人。

2.3 主题图书馆——馆藏信息资源的有效利用

数字化时代对图书馆的纸质资源形成了巨大的冲击,图书馆的空间价值不断凸显,但是图书馆里的书籍不能变成毫无意义的陈列品。在区域文化发展背景下要求公共图书馆对文化名人作品以及地方信息资源进行整合,这样才能够充分发挥这些文献资源的价值。主题图书馆就可以集合与地方文化、名人相关的各类信息资源,加之能直接建设在景区附近,充分适应了文旅融合的需求,继承与弘扬了地方文化。

主题图书馆又叫专题图书馆,其定义可以概括为:通过特定主题或密切相关的系列主题的图书馆馆藏资料(包括数字馆藏与实体馆藏)满足读者与知识受众对专类知识和信息的需求[21]。主题图书馆的建设主题会充分考虑到用户需求以及公民素养这两方面,各图书馆也会根据本馆特色或者城市特点、商业特点等选择个性化的建设主题。建设模式主要可以归纳为以下三种:馆中馆(即主题馆设在图书馆总馆内部,相当于一块主题区域)、独立分馆以及馆外体验点。其中独立分馆以及馆外体验点由于是建设在总馆之外的,所以在地理位置的选取上通常以因地制宜为原则,会考虑到选址周边的人群特征以及合作机构的位置。

上海图书馆"中国文化名人手稿馆"就是以馆中馆的方式展示馆藏的名人手稿,这些名人手稿都是上海图书馆的珍贵馆藏,已然成为文化遗产和历史文物,值得游览者细细鉴赏[22]。而周恩来图书馆、韶山毛泽东图书馆、庐山图书馆、黄山风景区图书馆这类图书馆都属于主题图书馆中的独立分馆,从这些主题图书馆的名字中就能够看出其与当地的风景名胜以及文化名人是密不可分的,这些主题馆的选址一般在旅游景点的内部或是临近位置,让游客在游览景点的同时能够去主题馆了解风景区的历史文化或者名人的作品事迹。由此,主题图书馆中的馆藏资源就发挥了其效用,不再是束之高阁的装饰品,而是提供了精准的文化服务。与此同时,人们也能在主题馆里放松身心,充分感受当地的文化氛围。

在文旅融合背景下,红色旅游彰显出了独特的时代魅力,党和国家都十分重视红色旅游,习近平总书记说每一个红色旅游景点,都是一个常学常新的生动课堂,它蕴含着丰富的政治智慧和道德滋养[23]。红色旅游与文化旅游的结合必然会助力红色主题图书馆的发展,可以预见在文旅融合时代,主题图书馆在公共图书馆服务体系中会占据越来越重要的地位。

2.4 "阅读+行走"——城市图书馆跨区域协作新形态

2018年大运河阅读行动计划以大运河为主题,以阅读为承载,开展运河城市阅读接力活动,形成了具有强大动力和活力的全民阅读推广方式,这不仅仅是一场场的阅读活动,更是提供优质公共文化服务,满足人民群众对美好生活新期待的有益尝试。接力城市包含18个大运河沿岸的枢纽城市,这次的"阅读＋行走"阅读推广活动融合多种形式,丰富立体地呈现了大运河文化的风貌[13]。持续举办的大运河阅读接力活动在大运河沿岸带动了全民阅读的新热潮,各站点的活动现场邀请了当地的知名作家、运河文化名家以及书画家等现场来进行演出,这些当地的文化名人们满怀热诚,以极大的热情和自豪为大家讲述了京杭大运河和本地的历史渊源以及故事传说,这场"阅读＋行走"活动掀起了讲运河、读运河、游运河、写运河的新热潮。

公共图书馆是"阅读＋行走"活动的参与方及承办单位之一,组织与策划了与以运河为主题的讲座及阅读推广活动等。扬州作为主办城市之一,积极筹划阅读接力活动,继续发挥其在大运河文化带建设中的引领作用。扬州市图书馆组织了多场运河主题的讲座以及诗朗诵活动,邀请文化名人为大家讲述运河与扬州的历史文化[24]。大运河阅读行动计划自通州启动后,目前已经走过天津、沧州、临清、聊城、徐州、淮安、苏州、宿迁等站,每一站既体现了鲜明的地域特色,又反映了大运河文化源远流长的风貌,不仅发现和连接了一批对大运河有深入研究的读书会、文化机构和文化名家,还通过各具特色的阅读活动丰富了各地群众的精神文化生活,活跃了大运河沿线的全民阅读氛围[13]。这种"阅读＋行走"的阅读接力模式开辟了城市图书馆跨区域协作新形态。

2.5　图书馆延伸服务模式——全域服务与全域旅游的融合

图书馆延伸服务为全域服务的形成奠定了基础,全域服务不仅提升了服务理念和服务管理,也倒逼公共图书馆服务全要素的转型升级,促使公共图书馆进一步打破边界,以更开放的姿态融入时代潮流[12],与全域旅游的融合就是其中的典型。公共图书馆全域服务的具体模式包括图书馆 MALL 模式、城市书房、农家书屋、酒店微图书馆等,总结起来就是采取"图书馆＋"以及"＋阅读"的模式在服务的时间与空间上进行延伸。

图书馆 MALL 模式根植于城市商城的社区图书馆,能够有效覆盖各类人群、发挥图书馆的阅读功能、娱乐休闲功能以及宣传功能而且建设在商场内部也在一定程度节约了占地[25]。商业街区是全域旅游过程中必不可少的环节,全域服务对商业街区的覆盖就促进了文旅融合的发展。杭州拱宸书院位于京杭大运河杭州沿岸,拱宸书院通过两层小木楼将公共阅读服务与现代商业文明和古老传统文化巧妙联结,书院内的藏书均与大运河有关[12],这种"＋阅读"的公共图书馆延伸服务模式完美地整合了当地的文化与旅游资源。酒店微图书馆模式也是"＋阅读"的延伸服务模式之一,目前的酒店微图书馆大都依赖于图书资源,但是在酒店中加入图书资源有其不便之处,比如管理困难等,其实对于游客来说非书资料或者说数字化的图片文献资料可能会给他们带来更加直观的体验,诸如播放民族民俗风情片、摄影作品、图书馆宣传片等。此外城市书房、农家书屋进景区也是全域服务与全域旅游相融合的一大趋势。

3 公共图书馆文旅融合背景下的服务创新发展策略

3.1 基于四要素服务创新模型的公共图书馆文旅融合下服务创新分析

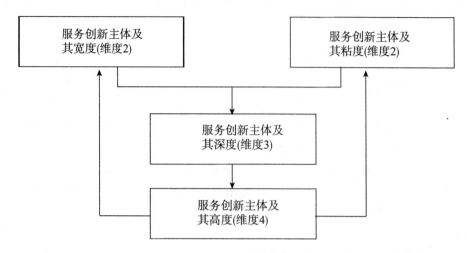

图 1 四要素服务创新模型[26]

该模型主要从服务创新的主体、工具、实践以及价值这四个角度对服务创新模式进行评价分析。其中服务创新主体的宽度以及服务创新工具的黏度决定了服务创新实践的深度,服务实践创新的深度决定了服务的创新价值及高度,服务创新的价值又会反作用于服务创新的主体与工具,由此形成一个循环。

近年来,公共图书馆不断推出各类型创新服务,研究者应该从多个角度对这些创新服务进行创新分析,评估其创新价值,这样才能让图书馆的创新服务具有持久的生命力以及推广价值。文旅融合环境下公共图书馆的创新服务与实践也是如此,创新价值低,创新实践深度浅的服务路径难以实现可持续发展。例如图书馆若仅仅在建筑外观设计上创新,市民或游客会把图书馆当成一个网红景点来参观,而忽略其原本的职能和文化属性,这样的创新价值和实践深度是有限的,其生命力难以长久,只能成为一时的噱头。空间的创新不仅要重视外观设计的新颖性更重要的还是空间功能的融合多样,这样才能给公共图书馆的发展带来更多可能性。

天津滨海新区图书馆算是在建筑设计上非常成功的案例,由于建筑场景的美感以及独特的设计使其名扬海外,在国内也有良好的口碑。在建筑设计的创新即创新工具方面天津滨海新区图书馆可以说达到了非常高的程度,可是支撑资源还是较为单一,这就导致虽然该图书馆的社会影响力大大提升,但这种模式实际上是比较难以推广的。如果单单把图书馆打造成为一个旅游景点,其竞争力可想而知。相比较而言国家图书馆的支撑资源就比较丰富,无论是建筑空间、古籍资源、专业人员的配备以及社会影响力等方面都能够与旅游资源相融合,其文化资源支撑力、文化价值引领力都是十分出色的。只有当一个图书馆将创新的着眼点放在文化价值的提升上,才能形成高创新价值的服务,为文旅融合的成功实践打下坚实的基础。

"阅读 + 行走"这一模式成功将城市内部的创新实践推广到多个城市,形成区域间的良好协作。在创新主体上成功实现主体的多样化,动员了政府部门、文化机构、社会组织共同参与到这一活动的组织中。在创新工具方面,充分利用了区域内共同的旅游文化资源,并以此为联结纽带串联起多地的阅读推广与旅游宣传活动,不止提升了民众对于历史文化的认知也带动了旅游的发展,提升了景点以及相关机构的社会影响力,形成了良好的服务成效。由此足以见得这一模式具有较高的创新价值,值得推广。在文旅融合的环境下公共图书馆不仅仅应该成为此类活动的参与者,更应该成为引导者和组织者,因为公共图书馆是阅读推广的主阵地,也有传承与发扬文化的社会责任,所以要将"阅读＋行走"的服务模式品牌化、体系化,成为公共图书馆的创新服务之一。

随着人文休闲旅游的兴起,主题图书馆将会成为公共图书馆文旅融合下的发展重心之一。主题图书馆不仅能提供文献服务,还能提供更多体验服务,将体验服务与文化场景相结合就能在文旅融合中发挥重要的作用。在服务创新主体方面,主题图书馆一般由公共图书馆与其他社会机构合作建立,合作对象比较广泛。在服务创新工具方面,其支撑资源包含文献、口语、体语、实物类信息资源以及相关专业人员的参与,从而可以提供多种类型的服务,满足民众与游客的旅游与文化需求,提供精准的个性化服务。从已有的创新服务实践来看,民众的参与性很高,服务效能较好,充分凸显了公共图书馆的文化教育职能,是深度的创新服务实践,所以主题图书馆在文旅融合环境中的服务创新价值是值得肯定的。

公共图书馆的全域服务在服务创新主体与服务创新工具的宽度和黏性上都有很大突破,体现了中国公共图书馆从模仿式创新、渐进式创新正在迈向原创性创新、深度创新[12]。总体来说,文旅融合下公共图书馆发展的服务创新模式和路径都有比较高的服务创新价值,具有一定的可持续发展能力并且值得推广。

3.2 多元化社会合力与协作

在文旅融合背景下公共图书馆在建设主题图书馆时,要以继承与发扬当地传统文化为目标定位主题馆,并且积极寻求社会化合作。苏州运河图书馆虽然不是由公共图书馆建造而成,但其建设思路与合作模式很值得借鉴。苏州运河图书馆是一家公益性质的民营图书馆,合作单位有苏州昆剧院、苏州昆剧习所,苏州昆曲遗产抢救保护促进会,是一家全面收藏运河文化和昆曲文化书籍的专题类图书馆。它是苏州第一个昆曲主题的图书馆,地址位于运河沿岸,场馆面积约1200平方米,藏书8万多册,运河图书馆还时常举办沙龙,邀请众多昆区名家参与。运河图书馆以传承和发扬苏州本土文化为理念,专注收录苏州本土文化书籍,全面收藏昆曲、园林两大特色主题书籍,让"昆曲＋园林＋运河＋阅读"重新构筑苏式生活美学[27]。这是一座典型的苏州城市文化主题图书馆,从建设初期就有针对性地选择合作对象,得到了专业支撑,在馆藏建设以及活动开展方面紧扣城市文化主题,为继承与复兴当地传统文化做出了贡献。

在文旅融合时代,主题图书馆还应该着眼于满足用户的体验,例如怀旧情感体验、求知情感体验、娱乐情感体验等。旅游本质就是一种情感体验,人们怀着不同的期待、带着不同的情绪踏上旅途,以期在旅行中得到精神和心灵的释放。在这一情境下就诞生了一些基于情绪主题的图书馆与书房,如被誉为"最孤独图书馆"的三联书店海边公益图书馆以及由"南京失恋博物展"催生的"失恋书房"等。"南京失恋博物展"的创始人高雨生,从2018年下半年开始在公众号上面向粉丝众筹这间书房,目前已经拥有了300多名众筹会员和近200册的首批馆藏图书,这里的每一本书都是经过精心挑选的高分图书。未来的失恋书房不只是一个网红打卡地、一个观展场所,更是一个阅读空间、一个文化客厅。这类基于情绪主题的图书馆与书房虽不是由公共图书馆打造,但其独特的建筑风格、特色的馆藏资源对用户的吸引力是毋庸置疑的,公共图书馆利用其资源优势可以与书店等机构展开合作共同建设社区的主题图书馆,借助书店、旅游平台的宣传功能提供个性化服务,让图书馆能够成为人们真正意义上的精神空间。

3.3 主动融入文创产品的设计与开发

文创产品的开发在文旅融合时代迎来了新的发展机遇,公共图书馆作为公益性的文化机构参与到文创产品的开发与设计中能提高文化产业竞争力以及区域文化创新力,并为旅游公共服务体系注入新的活力。人们在旅行过程中依然需要一些实体的纸质的产品去留存记忆,南京先锋书店所设计的与旅行有关的文创产品——"一本城市"系列涂鸦本就是一个创新案例。

南京先锋书店被美国 CNN 称为"中国最美书店",被英国广播公司 BBC 评为"全球十大最美书店",被英国卫报评为"全球十二家最美书店",是一张南京著名的文化名片。先锋书店的座右铭是"大地上的异乡者",寓意人的精神永远在寻觅一个无所在的故乡,好的书店应该是阅读者的故乡,而先锋书店则致力于成为读者们的一处心灵家园[28]。先锋书店推出"一本城市"系列涂鸦本,以介绍南京市的涂鸦本——"一本南京"为例,内容如下:

你是怎样来到这座城	南京机场、南京站等、南京旅游攻略、南京主要景点地铁、青年旅社介绍
古城南京	南京著名景点、小吃等介绍
时尚南京	南京有名的商业街区介绍
人文南京	南京重点高校、文化机构诸如图书馆、博物馆等介绍、南京话简介

其实所谓的介绍只是简短的几句话,大部分页面留白较多并配以形象生动的景点手绘图,再加上先锋书店的 logo 等,旨在让用户自己记录所见所感或是贴上一些图片,这样的旅行文创产品可以说是非常实用且有纪念价值的。

一座城有属于它的独特记忆与文化,一座城、一个人、一本书,图书馆就是联结他们的媒介。公共图书馆在设计文创产品或者进行阅读推广活动时应该掐中一方城市文学的命脉,像贾平凹之于西安,张贤亮之于银川,找到了最合适的切口,城市的"锁"就被文学这把"钥匙"打开了。图书馆是一座城市的文化注脚,公共图书馆在参与设计文创产品时应该考虑将旅游及当地文化要素融合在其中,打造精美实用的旅游文创产品。

在文旅融合背景下,公共图书馆迎来了新一轮发展机遇,图书馆要时刻以传承复兴文化为己任,利用好当地的旅游与文化资源,积极参与到文旅融合的进程中。但与此同时,公共图书馆也应感到危机,图档博一体化的趋势在文旅融合时代尤为明显,当图书馆展览、音乐会等成为图书馆服务的主流时,图书馆与其他文化机构之间的界限也开始变得模糊,公共图书馆的专业性也就淡化了。所以说,无论如何公共图书馆都应该明确职责并努力保持自身特质,要厘清支撑资源以及提供旅游服务时的相关关系,例如游客与本地读者的关系、单独发展与联合发展的关系、基础服务与延伸服务的关系。公共图书馆在文旅融合的浪潮中要抓住机遇,迎接挑战,从而实现转型目标。

参考文献

[1] 宋瑞. 推进文旅融合发展做好"四合"尤为重要[N]. 中国旅游报,2019 – 01 – 07(3).

[2] 推动文旅融合发展从理念走向行动[EB/OL]. [2019 – 01 – 18]. http://www. ce. cn/culture/gd/201901/18/t20190118_31295710. shtml.

[3] 文旅部确定 2019 年文旅融合发展 5 大思路[EB/OL]. [2019 – 01 – 14]. http://www. mbxd. com/cn/exchange/73. htm.

[4] 王佳果,韦俊峰,吴忠军. 全域旅游:概念的发展与理性反思[J]. 旅游导刊,2018,2(3):66 – 80.

[5] 张洋,倪书一,张跃. 对建设特色图书馆助力全域旅游的几点思考[J]. 传播力研究,2018,2(21):251 – 253.

[6] 杨志纯. 推动文旅融合发展从理念走向行动[N]. 中国旅游报,2019 – 01 – 18(3).

[7] 何盼盼,陈雅. 文化治理视角下图书馆公共文化空间建设模式选择研究[J/OL]. 图书馆建设,2019:1 – 8 [2019 – 04 – 07]. http://kns. cnki. net/kcms/detail/23. 1331. G2. 20181229. 1039. 002. html.

[8] 王世伟. 关于公共图书馆文旅深度融合的思考[J]. 图书馆,2019(2):1 – 6.

[9] 程川,周凤飞,张春草. 国内图书馆旅游休闲研究回顾与展望——基于(1987—2016 年)的文献分析[J]. 河北科技图苑,2017,30(5):80 – 86.

[10] 马晓伟. 图书馆的人文休闲旅游功能表现及发挥[J]. 度假旅游,2018(8):107,110.

[11] 张宁,李雪. 用户体验服务模式在图书馆中的应用实践——以国家图书馆数字图书馆体验区为例[J]. 图书情报知识,2017(2):33 – 41.

[12] 王世伟. 论公共图书馆的全域服务[J]. 图书馆建设,2018(4):39 – 52.

[13] "阅读 + 行走"对话——如何用阅读"打开"一座城市?[EB/OL]. [2018 – 12 – 10]. http://www. sohu. com/a/280943794_210950.

[14] 夏立新,白阳,张心怡. 融合与重构:智慧图书馆发展新形态[J]. 中国图书馆学报,2018,44(1):35 – 49.

[15] 徐路,姜晔,徐雅宁. 我们的愿景,我们的未来——国际图联《全球愿景报告》核心内容解读与分析[J]. 图书馆杂志,2018(9):13 – 19.

[16] 吴建中. 走向第三代图书馆[J]. 图书馆杂志,2016,35(6):4 – 9.

[17] 毛近菲. 公共图书馆在人文休闲旅游中的功能和对策研究[J]. 浙江教育学院学报,2010(3):108 – 112.

[18] 安宗玉. 面向游客的图书馆信息服务研究[D]. 保定:河北大学,2014.

[19] 国家图书馆总馆南区入选第三批中国 20 世纪建筑遗产项目[EB/OL]. [2018 – 12 – 04]. http://www. nlc. cn/dsb_zx/gtxw/201812/t20181204_174358. htm.

[20] 文化牵手旅游 开启融合新篇章,国图启动首届海淀区研学旅游季系列活动[EB/OL]. [2018 – 08 – 06]. http://www. nlc. cn/dsb_zx/gtxw/201808/t20180806_171355. htm.

[21] 苏静芹,马英,李正祥. 我国公共图书馆专题图书馆建设与发展简述[J]. 图书馆建设,2011(10):80 – 82,89.

[22] 字里行间觅乾坤——走进上图中国文化名人手稿馆[EB/OL]. [2015 – 04 – 22]. http://www. library. sh. cn/news/listnew. asp? id = 136.

[23] 红色旅游|发挥文化效能,实现红色旅游创新发展[EB/OL]. [2018 – 09 – 26]. http://www. sohu. com/a/256317777_808363.

[24] 书香运河·风雅扬州|大运河阅读行动计划 18 城阅读接力走进扬州[EB/OL]. [2018 – 09 – 13]. http://k. sina. com. cn/article_5077747311_12ea8466f01900c5eo. html.

[25] 付少雄,陈晓宇. 全民阅读背景下公共图书馆的城市化运营模式——来自新加坡 Mall 图书馆的启示[J]. 图书与情报,2018(1):81 – 87.

[26] 孙文清. 基于服务创新四维度模型的拓展研究[J]. 科学管理研究,2016,34(2):13 – 16,94.

[27] 跟着阅读君一起去苏州,运河岸上的图书馆在等我们[EB/OL].[2018 - 08 - 23]. http://k. sina. com. cn/article_5077747311_12ea8466f01900blev. html.

[28] 南京的网红"先锋书店"——大地上的异乡者,文青们的聚集地[EB/OL].[2018 - 10 - 13]. https://bai-jiahao. baidu. com/s? id = 1614179798469263035&wfr = spider&for = pc.

"图书旅游"
——国外图书馆和旅游融合的实践和探讨

张雅琪(南开大学商学院)

基于图书馆的众多因素,图书馆自身正在成为游客心目中的旅游景点。不论是宏伟的宫殿式建筑还是潮流的现代化建筑,越来越多的公共图书馆正以其令人惊叹的建筑设计吸引着游客的目光。图书馆内丰富的藏书、古籍、制作工艺、制作过程等也吸引着图书爱好者。公共图书馆提供了各种免费有趣的游戏或活动以及视频游戏、录音设备、新设备(如3D打印机)或工艺品,这些尤其适合那些可能在某个地点停留较长时间的游客。图书馆的氛围同样具有吸引力,有些游客认为图书馆是一个大城市中安静、清新和平静的所在,如同外部世界的"避难所"[1]。有国外游客列出了需到图书馆游览的7个理由,包括城市旅行、建筑和设计、免费 Wi-Fi、打印中心、社交场所、多媒体、游戏和活动[2]。

近年来,我国政府出台了多项政策文件强调要大力推进旅游与相关产业和行业的融合发展。融合性是旅游业的本质属性,产业融合是旅游业的形成基础和主要的发展动力[3]。在图书馆和旅游融合方面,当前的研究多集中在国内的实践探讨,包括公共图书馆文旅深度融合案例和实践[4],图书馆和民宿共建"城市书房"[5],图书馆文创旅游项目开发和实施策略[6],旅游主题图书馆建设[7],图书馆旅游休闲功能[8]等,但还尚未有对于国外图书馆旅游融合的系统研究。本文对国外当前开展的图书馆和旅游相关服务和实践进行探讨,以期为国内图书馆的探索和实践提供经验借鉴。

1 "图书旅游"

赫芬顿邮报(Huffington Post)的一篇文章中提到,对于游客来说,图书旅游(Bibliotourism)可能是最新的趋势,因为世界各地都有许多令人惊叹的图书馆[9]。"就如同乡村旅游、美食旅游、体育旅游、志愿者旅游等近些年来兴起的以不同活动为目的的旅游,图书旅游或许会成为下一个旅游增长点"。目前,有国外游客将前往图书馆称为 Bibliotourism。Bibliotourism 为前缀 biblio 和 tourism 的复合字,biblio 意为"书"或"圣经"(希腊语 biblion,纸或卷之意)或"作为一部大型作品一部分的一本书"。tourism 的定义为个人利用其自由时间并以寻求愉悦为目的而在异地获得的一种短暂的休闲体验[10]。Bibliotourism 通常会被用于描述游客在图书馆和书店等文学场所的暂时性的游览行为和经历。但实际上,Bibliotourism 有时也会被用于描述以书为内容的"旅行"。例如,麦迪逊郡公共图书馆(Madison County Public Library)举办的"在50本书籍中环游世界"的阅读活动,鼓励读者阅读50个不同国家的书籍,馆员还为读者准备了所谓的"护照"和贴纸,为读者"访问"(阅读)到的国家进行盖章,并注明所读图书的作者和标题,这样的活动也曾被称为"图书旅游"。这就表明,图书馆和旅游的融合是具有多种可能性的。另外,与Bibliotourism类似的词汇还包括Biblio-tour等。

2　国外图书馆和旅游融合形式

通过搜索Bibliotourism、Biblio-tour等关键词,我们可了解到国外图书馆开展的面向旅游和游客的一些服务和活动。在图书馆和旅游融合的背景下,图书馆发挥的作用是多种多样的,即图书馆或许会建立特色馆藏,或许会成为提供旅游信息服务的重要平台,也或许会成为游客到当地的"打卡"地之一等。就国外的发展情况看,大致分为以下几种:

2.1　游客游览

游览是图书馆在旅游环境下提供的最为常见的服务方式,国外一些图书馆为此专门制定了游客守则并组织了相关活动。

其一,在游览规则方面,以国会图书馆为例,国会图书馆作为世界知名的国家图书馆之一,每年吸引了来自世界各地众多的参观者。托马斯·杰斐逊大楼目前每天接待5000至9000名访客。图书馆对此进行了规定,即杰斐逊大楼的公共游览实行先到先得,无须事先预订,少于10名成员的个人和家庭可以参加公共游览,但需要在游览前30分钟向信息台咨询是否可行,但超过10名成员则需要提前预约。另外,在访问量高峰时期,图书馆建议进行自助旅游。

其二,在游览活动方面,国会图书馆在游览高峰阶段组织了各种主题的游览,定期开展"家庭建筑之旅""家庭神话之旅",方便家长和儿童共同出行;开展"法语之旅""西班牙之旅""探索书籍演变""探索杰斐逊建筑演变";为使任何一位游客都有机会了解杰斐逊大楼的历史,专为特殊人群组织了"触摸历史之旅:盲人和视力障碍游客之旅"。同时,图书馆还专为游客尤其是儿童开展一些趣味性的活动,例如探索杰斐逊大楼装饰的小任务,通过规划路线来引导游客主动发现各个楼层的雕塑壁画,使游客在体验建筑和装饰定向探索活动的同时了解图书馆历史。

其三,在游览服务方面,考虑到不同身体状况、语言背景的游客需求,为便于不同国家的游客到访,国会图书馆提供了12种语言的自助游览指南,涉及历史沿革、各楼层平面图、建筑雕塑壁画介绍等。埃及新亚历山大图书馆也提供了英语、法语、德语、西班牙语、阿拉伯语等语种的讲解服务。

其四,在游览方式方面,讲解服务、自助游览和虚拟游览是当前国外图书馆主要开展的三种游览方式。如国会图书馆、圣地亚哥中央图书馆、阿布扎比的Khalifa公园图书馆、Al-bahia图书馆、Al-marfa图书馆等都已实现了线上虚拟游览。德国斯图加特市中央图书馆在游客自由参观时为其提供免费讲解器,还配有语音导游手机应用。圣地亚哥中央图书馆的讲解服务分为一般游览、建筑之旅、教育工作者和团体访问之旅、儿童或青少年之旅等。其中,一般游览主要应用于主题馆、阅览室、馆藏中心等区域,建筑之旅则主要针对庭院、大堂、雕塑等设计和建筑材料进行参观和介绍,儿童之旅和青少年之旅都由导游带领游客来游览图书馆建筑。

2.2 城市旅游

公共图书馆为用户提供免费的城市之旅,用户可以在休闲健身的同时,了解相关图书馆的信息或有关该地区的历史和传说。美国俄亥俄州的哈德逊图书馆和历史学会(The Hudson Library and Historical Society,HLHS)组织的公众徒步旅行,以各历史事件为主题,公众徒步参观建筑、遗址、街道,历史学会档案学者介绍该地区的历史和传说[11]。波士顿公共图书馆(The Boston Public Library)还提供艺术和建筑之旅,游客不仅可以参观波士顿公共图书馆,还可以参观位于波士顿中心的图书馆的周边地区。

亚利桑那州图森市皮马县公共图书馆(Pima County Public Library)[12]于2019年2月和3月推出的首个社区自行车之旅,名为Tour de Biblio,围绕县公共图书馆开展两个不同线路的自行车骑行活动。该活动目的在于引导居民发现更多的图书馆,包括新改建、位置偏僻或外表不显眼的图书馆,使居民能够了解该图书馆的存在、位置和骑行路线,吸引居民使用这些图书馆的服务。皮马县公共图书馆负责规划安全路线、提供食物和水、进行安全须知和小组内骑行者介绍,同时,图书馆亦和生活街道联合会(Living Streets Alliance)进行合作,为骑行者提供免费的自行车修理服务。该地多次被评为美国最佳自行车城市之一,形成了骑行传统。同时,该县图书馆也早已使用自行车开展了移动图书项目即Bookbike,这个项目主要由志愿者参与执行,除流动图书车外,皮马县公共图书馆系统有27个分馆。利用该县独有的骑行优势和图书馆系统,同时将结伴同游、踏春外出、休闲运动等结合起来,形成了该图书馆发现之旅。

2.3 旅游信息服务

在图书馆内建立游客信息中心,能够为游客提供该地区或周边地区的信息服务。在英格兰的多切斯特,其旅游信息中心设立于多切斯特图书馆和学习中心(Dorchester Library & Learning Centre),工作人员可以提供有关多切斯特及周边地区的信息,以帮助游客规划行程,同时还出售介绍当地的书籍。伯明翰图书馆(The Library of Birmingham)可以为游客免费提供各种传单和地图以及涵盖当地主要景点、剧院、电影院等的旅行指南。

2.4 图书馆旅游指南

针对尚未有专门的以图书馆为对象的旅游指南的现状,一个关于世界图书馆的旅行指南的运动兴起,即图书馆星球(Library Planet)项目。该项目旨在激励图书馆旅行者探索精彩的图书,开启在各个图书馆、城市和国家的世界之旅,为游客提供全世界图书馆的旅游指南[13],由丹麦罗斯基勒市图书馆和公民服务部主任Christian Lauersen和IFLA部门常务委员会成员Marie Engberg Eiriksson创建。"图书馆星球"这个项目名起源于图书馆员和游客期望拥有"图书馆的'孤独星球'",《孤独星球》是世界最为知名的旅行指南之一。

该项目目的在于使以图书馆为对象的旅行变得更为便利,同时分享游客在参观图书馆时的快乐。由于一般的旅行指南通常不会将图书馆纳入其中,除非是那些非常有名的地标性的图书馆或具有历史性的图书馆,然而该项目为那些小型图书馆和奇特的图书馆的推广提供了可能。该项目面向所有人群收集和分享有关图书馆的游记、摄影和故事,收集了各种类型的图书馆旅游信息,既包含那些著名的图书馆,也有农村的小型图书馆。

3 讨论和策略

通过对国外图书馆和旅游融合的服务的研究,我们发现在旅游背景下,图书馆的发展是具有多种形式的,图书馆既可以作为一种旅游资源面向游客开放,供其参观游览,图书馆自身也在旅游背景中不断拓展和完善自身的服务。前者是通常意义上对于图书馆文旅融合的认知,是能够作为旅游业或旅游学界讨论的内容,而后者或许可以作为广义上的理解,作为图书馆在旅游背景下的新的发展方向。旅游学界常常将旅游本身及旅游所引起的现象和各种相关现象之间的关系作为研究内容,研究对象以旅游者活动为主[14]。然而,在图书馆语境下讨论旅游融合这个命题,还需要从图书馆视角,以图书馆为主导兼有旅游的指导来进行研究。这或许是"图书旅游"一词既用于表述图书馆实地游览,也能用于图书馆开展的阅读活动的原因之一。

3.1 "图书馆+旅游"

从游览角度而言,游客的游览是有其目的性的,只有那些在建筑、历史、环境等某些方面具有突出特色的图书馆才具有吸引力。从拥有游览规定的图书馆如美国国会图书馆、纽约公共图书馆,到国内成为网红"打卡"地的图书馆如天津滨海新区图书馆、深圳盐田区图书馆听海分馆,大多拥有独具特色或本身历史悠久的馆舍,可看出当前图书馆的游览仍是以观光游为主。

在提供面向观光游的服务方面,图书馆需从提供游览讯息,规划游览路线、游览时间等方面为游客提供便利性的游览。其一,定制化服务方案。图书馆根据不同的游览目的设计游览方式,面向建筑、设计、图书馆各功能区域、历史印记等不同内容制定游览路线和介绍。同时,考虑到不同国家和语言背景的游客的需求,提供不同语言版本的指南。此外,针对不同年龄阶段、生活背景的人群开展针对性的服务。其二,开辟多重游览方式,丰富游览体验,包括线上虚拟游览、自助语音指南等。其三,无障碍的游览方式,需考虑到特殊人群的旅游需求,采用多种方式提高游览质量,如国会图书馆组织的"建筑触摸之旅"。其四,图书馆文创产品。图书馆文创产品是当前的热门话题之一,各类文创产品包括书签、书立、挂饰等,其上统一的图书馆标识凝结了图书馆的服务理念,文创产品也常被作为旅行纪念品,如国会图书馆在做宣传时,特意提及其图书馆商店及产品。

但同时,出于安全性、馆藏和建筑保护以及不影响其他读者使用等方面的考量,图书馆需要对包括游览人群数量、游览规则、游览方式等进行规定。国会图书馆的游客须知涉及安全性(如安检、禁止携带物品、楼梯间停留、家长陪同)、环境控制(如食物、静音),并且规定在公共区域允许摄影,但在主阅览室和展区等区域则禁止使用闪光灯,禁止使用摄影设备,包括三脚架和自拍杆。

作为一个地区的文化地标,新修建的馆舍除追求功能性等,美观性也是一项重要评判标准。然而,从图书馆构成要素而言,图书馆的建筑、设计、空间只是为了更好地实现图书馆文献信息和社会服务的功能,是图书馆发挥作用的物质条件;从功能上讲,图书馆内部装修风格的人文性、美观性,是图书馆的软性再造,目的是提升读者的阅读体验[15]。这表明建筑外观和内部装饰设计对于图书馆而言并非是必需的,这也就是当前国内大多数图书馆其实并不具备"观光游"特质的原因。另一方面,图书馆所开展的游览服务以及其他旅游服务还需在充分衡量其基本职能的基础上展开,这是由图书馆的本质属性和一般属性决定的。从图书馆的依附性角度而言,图书馆的经济依附性决定了其服务性[16],如公共图书馆依托地方财政建立,因而其重点服务对象是具有一定范围和数量的,第六次全国公共图书馆评估定级标准就明确提出了"服务人口数"这一概念。同时,基于我国公共图书馆发展尚不均衡不充分的现实情况,发展旅游服务还需根据图书馆自身实际情况开展。

3.2 "图书馆服务 + 旅游环境"

从历史角度而言,图书馆的服务内容、服务方式、服务途径是不断随着技术应用、政策要求、人民需求等因素的变化而变化的。在旅游环境下,图书馆为适应新的时代趋势完善服务和开拓新的服务形式,如设立游客信息中心,为游客提供旅游信息咨询,建立旅游主题馆等便是在旅游环境下服务的拓展。

其一,开展馆外的本地或异地活动。一方面,图书馆可以联合文博院馆、著名院校、景区景点等文化场所开辟特色文旅路线,如哈德逊图书馆和历史学会档案学者进行合作开展的地方之旅。另一方面,图书馆也可以基于总分馆体系、图书馆联盟在图书馆之间开展旅程,如皮马县公共图书馆在公共图书馆系统内开展的骑行之旅,佛山市图书馆也曾举办过面向馆员和读者的联合图书馆骑行活动"书香佛山·联合行动"。从 2011 年起,罗马尼亚的图书馆就定期举办国际图书馆骑行之旅,2018 年罗马尼亚的全国图书馆员和公共图书馆协会(ANBPR)、罗马尼亚图书馆协会(ABR)和进步基金会(Progress Foundation)联合发起的 CicloBiblio 活动共为期 6 天,穿越多瑙河三角洲等多地,行程 350 公里[17]。虽然该活动主要面向的是图书馆员,目的是通过聚集荷兰语、法语和德语等多语种的图书馆员,以便他们相互了解并与同人分享经验。不过,这也为图书馆组织异地活动提供了思路,即依托地方图书馆学会或全国性图书馆学会,以各地区具有吸引力的图书馆为对象,组织图书馆用户的全国图书馆之旅。

其二,丰富宣传途径。在各式推广打卡的媒体时代,图书馆的宣传不应仅限于图书馆平台,还需要主动与其他社交媒体包括具有影响力且相关的微信公众号和微博公众号合作。如皮马县公共图书馆的骑行活动和其他众多有关阅读、讲座的活动便发布在一个以介绍图森市各类活动为主的集中式网站上,涵盖了该地的公园、画廊、学校、度假场所等的介绍、各类活动以及旅行指南,并列出了公共图书馆及其各分馆的介绍、吸引点、周边餐饮。集中式的宣传不仅有助于吸引游客,而且极大地便利了当地用户了解各机构活动信息,以便进行时间安排。

当前国外图书馆和旅游有多种融合形态,最为常见的便是作为游览场所的图书馆所提供的各类游览服务,同时,还包括城市旅游、旅游信息服务、图书馆旅游指南等多种服务方式。在近几十年来,图书馆历经数字图书馆、复合图书馆、智能图书馆、智慧图书馆、融合图书馆等多形态变化,图书馆的服务场所、服务形态和服务技术等随社会、技术发展和公众需求而变化,始终贯彻其中的是图书馆的服务使命和理念。图书馆的时代变迁表明,在坚定图书馆理念的基础上,寻求改变以便更好地适应时代和公众需求是图书馆的发展机理。图书馆和旅游的融合是图书馆在新环境下新的发展趋势,这不仅是应社会和公众需求做出的回应,也将有助于图书馆自身的发展,推动发展新的服务形式和吸引更多的用户群体。但基于图书馆的属性、个体图书馆之间的差异性以及是否有无游客吸引力,图书馆的旅游服务并不能同一视之,还需根据图书馆自身情况采取合适的服务方式。

参考文献

[1] Faena. What if the mission of each trip was the library of every place we visit?［EB/OL］.［2019 – 04 – 08］. http://www. faena. com/aleph/articles/why-practice-bibliotourism-and-six-of-its-most-beautiful-destinations/.

[2] Princh. Bibliotourism:7 reasons why tourists should visit the library［EB/OL］.［2019 – 04 – 08］. https://princh. com/bibliotourism-reasons-why-tourists-should-visit-the-library/#. XKv3 – 3aFfzd.

[3] 蒙睿. 旅游融合发展经典案例［M］. 北京:中国环境出版社,2016:1.

[4] 王世伟. 关于公共图书馆文旅深度融合的思考［J］. 图书馆,2019(2):1 – 6.

[5] 张学福. 文化旅游背景下的图书馆＋民宿的跨界合作研究——以重庆市渝中区图书馆为例［J］. 公共图书馆,2018(4):53 – 56.

[6] 孙红强. 图书馆文化创意旅游项目开发探究［J］. 图书馆工作与研究,2018(8):96 – 99.

[7] 郭春燕. 浅谈旅游主题图书馆建设［J］. 公共图书馆,2018(2):24 – 28.

[8] 唐峰陵,黄付艳. 对图书馆旅游休闲功能的思考［J］. 图书馆,2010(6):92 – 94.

[9] Fleur Morrison. Library tourism could be the next big travel trend［N/OL］.［2019 – 04 – 08］. https://www. huffingtonpost. com. au/fleur-morrison/library-tourism-could-be-the-next-big-travel-trend_a_22491123/? guccounter = 1.

[10] 谢彦君. 基础旅游学［M］. 北京:商务印书馆,2015:56.

[11] The Hudson Library and Historical Society. Walking tours［EB/OL］.［2019 – 04 – 08］. https://www. hudsonlibrary. org/historical-society/walking-tours/.

[12] Pima County Public Library. Tour de Biblio（bike tour of local libraries）［EB/OL］.［2019 – 04 – 08］. https://www. tucsontopia. com/event/tour-de-biblio-bike-tour-of-local-libraries/2019-03-09/.

[13] Library Planet. About［EB/OL］.［2019 – 04 – 08］. https://libraryplanet. net/about-library-planet/.

[14] 谢彦君. 基础旅游学［M］. 北京:商务印书馆,2015:11.

[15] 霍瑞娟,张文亮,敦楚男. 我国公共图书馆空间类型及其演化特征分析［J］. 图书馆建设,2018(4):96 – 103.

[16] 吴慰慈,董焱. 图书馆学概论(第4版)［M］. 北京:国家图书馆出版社,2019:77.

[17] Cycling for libraries. CicloBiblio 2018［EB/OL］.［2019 – 04 – 08］. http://www. cyclingforlibraries. org/? page_id = 10543.

文旅融合时代,少数民族欠发达地区图书馆"跨界合作"服务新模式的实践与思考

——以景宁畲乡民宿书房为例

刘淑萍(浙江省景宁畲族自治县图书馆)

景宁,地处浙西南山区,是全国唯一的畲族自治县,也是华东地区唯一的少数民族自治县。畲族传统文化历史悠久,底蕴深厚。畲族人民勤劳、朴实、善良,他们在漫长的历史演变过程中创造和形成了具有本民族特色的文学艺术、民风民俗、传统工艺及传统风格建筑、宗教信仰、生活生产习俗。随着体验式旅游的发展,建在景宁大山深处的畲乡民宿,凭借其绝佳的生态优势、古朴的秀美风光及独特的畲乡风情,逐渐成为人流集中的场所。而景宁图书馆一直在关注

文化和旅游的发展,努力结合畲乡特色,着力寻求文旅融合的着力点、契合点和融入点,并创新推出了"民宿＋书房"的"跨界合作"服务模式,让诗与远方相伴,阅读与旅游相融,有效延伸了公共图书馆的工作,在满足文化追求和用户需求的基础上,更好以文化助力乡村振兴。

一、"书房＋民宿"跨界合作的特殊意义

乡村旅游是文化的载体,文化是乡村旅游的灵魂。"民宿书房"的推出,是推动畲乡景宁公共文化"均等化"的一项创新举措,也是文化跨界服务"休闲旅游"的一大创新品牌,体现了公共图书馆"创新式""下沉式""嵌入式"的服务,既有利于推进全民阅读,让阅读成为畲乡新时尚,又能让文明浸润乡土、让文化滋养乡情,让文化惠民成果实现人人共享。

(一)民宿书房是文旅融合时代经济发展的需要

文化是旅游的灵魂,文化和旅游需"宜融则融、能融尽融",只有将文化内涵贯穿到人们的衣、食、住、行、游、娱各个环节,充分发挥旅游资源功效,用独特文化魅力诠释旅游,才能实现以文促旅,以旅彰文。景宁地处浙南山地中部,这里山清水秀,群山环绕,并以畲族文化为大背景,吸引了大量的外来游客,较好实践和打通了"两山"转换通道。为了让更多的外来游客慕名而来、留得下来、走了还来,作为公共文化体系重要组成部分之一的景宁畲族自治县图书馆,有责任也有义务在文旅融合的大背景下更好打造服务新模式,发挥图书馆的引领作用,以文化之美助力美丽经济发展。这就要求我们完善公共图书馆服务网络,创新服务模式,寻找合适的服务载体和平台,将公共文化服务融入经济发展、城乡旅游、乡村振兴中。民宿书房的推出,既拉近了文旅融合与经济发展的距离,又增加了书屋的附加值、延伸了书屋服务职能,在带动经济发展的同时还能带动村民致富。

(二)民宿书房是文旅融合时代全域服务的业态

不管是"读万卷书,行万里路"的历史传统,还是"诗和远方"的现代追求,文化和旅游都是人民美好生活需要的重要组成部分。畲乡民宿书房正是图书馆在文旅融合发展背景下的一种服务新业态,通过建成覆盖城乡、便捷高效、保基本、促公平的公共文化和旅游服务体系,较好满足了居民和游客美好生活需要。把书房建在民宿中、建在景区里,将民宿和阅读、文化和旅游完美融合,这种因地、因时、因需而建的畲乡民宿书房改变了图书馆传统的服务模式,让远道而来的游客能够游玩在畲乡、享受在畲乡、阅读在畲乡,既为游客、村民提供了丰富多样、快捷便利的公共文化服务,又满足了他们多元化、多层次的精神文化需求。

(三)民宿书房是文旅融合时代文化引领的具化

近年来,景宁县提出了"文化引领"的战略定位。随着乡村旅游的发展,为满足游客休闲旅游的需要,景宁充分发挥畲族特色,利用畲族文化这个无价之宝,把民宿产业发展为农民增收的主要致富产业。文化部门深挖畲族文化元素、推进民族文化创新、提升文化惠民水平,将文化融入畲乡旅游、乡村振兴中,全力推进全域旅游,让文化产品实现资源共享,努力打造"文化引领"的共同体。民宿书房的建设,正是"文化引领"的具体化呈现,在创新了图书馆与文旅融合新路径的同时,也为图书馆的特色发展提供了生动实践。

（四）民宿书房是文旅融合时代全民悦读的创新

在公共文化建设中,以公众满意度、文化价值功能及社会效益的实现程度为核心,构建公共文化绩效评估框架,提升文化民生绩效,这既是政府文化管理改革创新的需要,也是满足群众日益增长的精神文化需求、进一步提升公共文化服务能力和水平的必然选择。从"全民阅读"到"全民悦读",一字之差,却是意义不同,路径不同。虽然,景宁县之前的农家书屋覆盖了全县254个行政村,但很多农家书屋的图书在架上是无人问津。但图书馆整合农家书屋,按需建设民宿书房,推出文化物流点单式服务,一方面,大大激发了村民的阅读兴趣;另一方面,提高了公共图书馆资源利用率,优化了文化民生绩效,拉近了村民与书本之间的距离。

（五）民宿书房是文旅融合时代文化普惠的阵地

文化普惠均等化服务不仅仅是体现在为大众服务,为普通人服务,更是体现在为各类特殊群体服务上。民宿书房以自主申报、菜单服务的模式把图书馆服务的选择权和评价权交给读者,让读者真正成为图书馆的主人,充分发挥读者在公共文化服务中的主体地位,让图书馆目标人群覆盖率、持证率、到馆率、点击率等服务核心指标跨越式提升。县、乡、村三级联动网络,将服务渗透到畲乡各个角落,让偏远山区的畲民共享文化发展成果,让畲乡公共文化均等普惠,为实现公共文化服务均等化,实现"文化小康"生活奠定了坚强的基础。

二、图书馆"跨界合作"之畲乡民宿书房的实践

2015年,景宁畲族自治县图书馆率先推出了以畲族文化特色为主题的畲娘特色书屋和雅景特色书屋,收到了很好的社会效果。2017年,景宁畲族自治县图书馆大力推动文化旅游产业融合发展,在大均、茯叶、深垟、李堡、大赤坑等风格不一、乡土文化各异、接待对象各具特色的民宿中建设书房。"民宿＋书房"的建设,让游客在欣赏沿途风景和独具特色的畲族文化的同时,也能享受到了阅读的乐趣。它的推行是畲乡景宁推进"均等性"公共文化服务的重要举措。

（一）精准服务对象,提升"远方客人"的归属感

近年来,景宁县图书馆以"读者需要、群众满意、社会认可"为目标,创新载体、做强服务、塑造品牌,努力让公共图书馆服务成为畲乡景宁最耀眼的文化明珠。为使公共图书馆服务能更精准地为民众服务,我们围绕受惠群体、阅读需求、内容设计等方面,认真开展了前期调查研究,结合文旅融合大背景,迅速推出并实施了"民宿＋书房"的服务模式。为使民宿书房的建设能实现供需对接的完美结合,让远道而来的客人能有归属感,景宁图书馆选择了在有着浓厚农耕文化的云耕生活、古朴自然的云鹤水岸、畲族风情型的清泉石上居、充满田园诗意的茯田一叶等风格不一、各具特色的民宿建立书房。这种图书馆出书、民宿出空间的"按需建设"跨界合作模式,将公共文化服务与休闲旅游、乡村振兴进行了完美融合,有效实现了公共文化服务的均等化。

(二)精准服务机制,提升"跨界合作"的获得感

景宁县文化部门根据申报点的读者量、人文阅读环境、地域等条件进行分批次的有序布点。目前,已建设了"云耕生活书房""畲娘书屋""云鹤水岸书房""莜田一叶书房"等不同风格的民宿书房6个。景宁图书馆不仅仅为这些特色书屋提供了15000多册图书,还以"文化物流"为载体,设置了图书馆服务菜单。只要游客和民宿业主有需求,县图书馆就会第一时间将菜单里详列的图书赠送、展览、讲座、培训、阅读推广等服务送到书屋。同时,该馆根据民宿书房的特色,量身定制了专题服务活动,如在深垟村,因为当地畲民占比较多,畲族氛围比较浓厚,"畲族祭祀""畲族婚俗"等传统礼俗活动开展得多,我们就根据这个特点,为他们提供了一些有关畲族风俗礼仪类的书籍,让游客能了解当地的风土人情以及灿烂丰富的畲族文化,让书房成为传播畲族的主阵地。又如清泉石上居民宿书房,它是一家以书画为主题的精品民宿,业主又是一位国学启蒙老师,经常为当地村民、游客开展国学讲座。景宁县图书馆就根据其特点,精心准备了国学、书画欣赏、书法等系列图书,让书房成为传承优秀传统文化的新载体。通过系列活动的谋划与开展,真正让民宿书房成为文旅深度融合的"网红之作",让远道而来的游客在身心得到放松的同时,还能享受畲乡公共文化建设的成果。

(三)精准服务抓手,提升"特色阅读"的幸福感

近年来,景宁县图书馆沿着全民阅读"书香景宁"建设路径,依托民宿书房,以触手可及的书籍打通"书"与"人"的最后一公里,打造满眼美景伴随满城书香的特色阅读圈。如:云中公社民宿的云耕书房,藏书5000册,它以还原原始的农耕文化、纯正的畲族风情为特色,讲究景与书合。书海漫漫,于深山小村里,于田园小舍中,都能享受"悦读"的美好。大赤坑村民宿中的云鹤水岸书屋,坐拥美丽的大均溪,藏书3000册,书房环境幽美,舒适简约,有着浓郁的畲乡色彩。手捧一杯咖啡,翻阅一本喜欢的书籍,漫享左手咖啡,右手书的美好时光,犹如自家书房般的闲适自在。书屋又名叫云书,意喻书屋里书的丰富与内涵,让民众可以用云卷云舒的轻松态度去快乐阅读。伏叶村的莜田一叶书屋,由农村自家老房子改建而成,古朴雅致,更加接近畲乡风情,能让人心境返璞归真,融入和谐生态,享受田园阅读之美。同时,民宿书房通过图书馆网站、微信公众号、手机APP服务平台、移动图书馆等新媒体、新技术,让民众阅读"触手可及",让"数字阅读"带动数字经济。"线上+线下"的阅读推广,大大提升了畲乡景宁"特色阅读"的幸福感,为广大阅读爱好者带来了新的阅读体验。

三、图书馆"跨界合作"服务新模式的思考

虽然景宁图书馆通过建设民宿书房在推进"均等性"公共文化服务上做了一些有益的探索,但还存在品牌服务少、本土特色不够浓等问题。对于"跨界合作"的服务新模式,笔者从"三紧扣三特色"上做了一定的思考。

一是紧扣时间节点抓好特色活动。充分发挥畲乡景宁的资源优势和文化优势,整合有效资源,牢牢抓住时间节点来开展特色活动,让书屋融合当地的风俗民情,开展独具地方特色的服务,拓展书屋的服务功能,让书屋更好地服务于民。如:结合"世界读书日""毛垟红色文化节""云耕书屋的南瓜节""农民丰收节"等节点,把民宿书房以更有趣味、更有仪式感的形式进

行推广,提高民宿书房的影响力和吸引力。

二是紧扣本土文化抓好特色传承。针对如何更好在阅读中传承和践行畲族独具特色的本土文化,县图书馆要做好统筹协调工作,抓好各个书屋的本土特色,在为他们为送去反映本土文化的书籍、光盘的基础上,还要及时组织开展"畲语培训班""畲族文化大讲坛""畲族服饰展览""畲歌、畲舞表演"等活动,进一步传承、弘扬和开发特色文化。通过村民、游客等群体的全民阅读,画好传承和弘扬景宁畲族本土文化的"最大同心圆",并以弘扬和传承特色文化为载体,找到推广民宿书房的"最大公约数"。

三是紧扣读者需求抓好特色品牌。品牌是一种识别标志、一种精神象征、一种价值理念,是品质优异的核心体现。因地制宜,继续根据各个民宿书房的特色做大做亮品牌读者活动,使读者服务"亮点纷呈,百花齐放",并以读者需求为出发点,打造品牌升级的 2.0 版本。如"云耕生活"民宿书房举办农耕体验节、南瓜节,"云鹤水岸"民宿书房在大赤坑举办室外朗诵活动,"茯田一叶"民宿书房举办少儿军事夏令营活动,"珑月居""凤凰山居"民宿书房举办大均畲乡三月三民俗婚俗活动等都已经在读者群体中有很大的认同感和参与感,民宿书房还应继续根据不同的读者群,按需为他们提供个性化服务,激发他们的阅读兴趣,让全民"读好书""多读书"。

参考文献

[1] 王世伟.关于公共图书馆文旅深度融合的思考[J].图书馆,2019(2):1-6.
[2] 陈丽红.民宿图书馆探索与实践[J].图书馆研究与工作,2016(4):26-28.
[3] 王向明.加快推动文化与旅游融合发展[J].攀登,2015(5):4-8.
[4] 大山深处的书香——丽水民宿书吧遍地开花[EB/OL].[2018-12-19].http://www.xunart.com/d578342.html.

文化旅游合并背景下的图书馆服务创新研究

——基于资源的视角

杨　雁(武汉图书馆)

1　文化旅游合并——公共图书馆发展的新契机

中国共产党十九届三中全会审议通过了《中共中央关于深化党和国家机构改革的决定》和《深化党和国家机构改革方案》[1]。随着文化部和国家旅游局的合并,各级相关部门也开始进行机构重组,从重组后的文化和旅游部在多个场合的发言来看,加强文化产业和旅游业的融合是后续工作的重点。而对于公共图书馆来说,文化和旅游部的成立意味着什么呢? 笔者认为,意味着公共图书馆下一阶段的工作中必然会有与旅游业融合的任务。其实,就我国公共图书馆发展的历史来看,很早就有公共图书馆开展与旅游景点相关的合作及相关研究。例如将庐山图书馆办成旅游图书馆[2];上海南市区图书馆成立过旅游文化博览部,为市民提供旅游文化服务[3];王世伟阐述了图书馆与旅游六大要素与三大资源体系的关系,提出了发挥图书馆旅游功能的一些构想[4];钟琼等人提出通过开发旅游信息的方式,提升图书馆服务旅游业的能力[5];徐莉等人论述了图书馆与旅游事业之间的关系[6]。文旅合并以后,图书馆界的研究大多集中在以文化旅游创意项目和开发[7]以及图书馆文化旅游方面[8]。

其实近年来,跨界合作一直都是公共图书馆发展的助推引擎,无论是通过跨界合作设立图书馆,还是通过跨界合作打造创新服务等。在文旅合并的形势下,和旅游业的跨界合作势必成为公共图书馆未来发展的重头戏。而就其本身来说,这两者之间的合作已经具备了非常好的基础,旅游以及阅读已经成为人们日常休闲娱乐的主要方式,无论是公共图书馆还是旅游景点,都已拥有相当数量的粉丝,因此两者之间的合作只可能打造出更加便民,更加让社会大众满意的创新服务。对于公共图书馆来说,文化旅游的合并可以推动其进一步与社会的融合,这将是公共图书馆发展的新契机。

而公共图书馆的跨界合作其本质是一种社会资源的整合方式,接下来我们分析一下公共图书馆与旅游景点合作的资源基础。

2　公共图书馆与旅游景点的合作资源分析

公共图书馆和旅游景点所包含的资源是非常丰富的,且各有各的特点。而可用于合作的资源仅指其中的一部分。

2.1　公共图书馆资源

图书馆资源有广义和狭义之分,广义上的图书馆资源是指图书馆为了资源整合利用而组织起来的相互联系的多种资源的动态有机整体,这里所说的图书馆资源包括信息资源、人力资源、图书馆馆舍、硬件设备、技术以及资金等,狭义的图书馆资源仅指馆藏的信息资源[9]。

对于本文来说,这里所说的公共图书馆资源指的是广义的概念,笔者认为其由以下几个元素构成:

- 信息资源:即指狭义的图书馆资源,包含各类载体的文献资源。
- 图书馆员资源:即指公共图书馆内的人力资源,这里主要指的是其能提供的各项图书馆服务。
- 空间资源:包括图书馆内可供读者使用的各个服务空间,例如报告厅、阅览室、读者活动室和展厅等。
- 设备资源:包括图书馆内所提供的各类设备,对于合作来说,尤指服务器设备等。
- 技术资源:包括图书馆相关专业的各类技术,例如搜索引擎技术、目录生成技术、文献数字化技术等。
- 活动资源:包括图书馆内所开展的各类读者活动。
- 读者资源:包括使用图书馆服务的所有读者群体。
- 资金资源:包括用于保证图书馆运行的所需资金,这里尤指用于开展读者活动的相关经费。

2.2 旅游景点资源

旅游资源一般包含自然旅游资源和人文旅游资源,自然资源包括地文景观、水域风光、大气及太空景观及生物景观;人文旅游资源包括文物古迹、古典园林、文学艺术、宗教文化、城乡风貌、现代设施、风俗民情、饮食与旅游商品[10]。除此之外,旅游景点的资源还应包括景区的活动资源、导游资源及游客资源等。将这些归纳起来,我们可以认为旅游景区所拥有的资源包含以下内容:

- 景观资源:包括自然景观和人文景观,是景区吸引游客的关键所在。
- 文化资源:包括与景区相关的历史、传说、风俗民情等。
- 空间资源:包括景区内所有供游客游览的空间。
- 技术资源:包括景点的园艺技术、导览技术等各类旅游景点内使用的相关专业技术。
- 活动资源:包括在景区内举办的表演类节目、游客互动等各类活动。
- 导游资源:包括与景区有合作关系的各大旅行社的导游群体。
- 游客资源:包括所有到景区旅游的人群。

根据公共图书馆和旅游景点在合作过程中可能提供的相关资源,我们就可以设计在这两者融合过程中可能会产生的新的服务模式了。

3 公共图书馆在文化旅游合并背景下的创新服务设计

3.1 空间的相互融合

我们可以很好地将旅游景点的空间资源和公共图书馆的空间资源融合起来,使这两种空间实现相互渗透。这里可以设计两种相关的服务,首先是在旅游景点设立图书馆空间,提供图书馆的相关服务,景区图书馆或景区图书室就是一个很好的合作场景,例如设立在韶山景区内的毛泽东图书馆,就为游客更好地了解毛主席的相关思想和相关事迹提供了很好的帮助;其次是在图书馆内设立具有旅游景点功能的区域,例如天津滨海新区图书馆里的"天堂之眼",吸引了很多游客专门前往驻足拍照。

3.2 客户资源的融合

如前所述,公共图书馆和旅游景点一般都集中了大量的客户资源,我们可以通过一些简单的方法实现这些用户的引流,将公共图书馆的读者变成旅游景点的游客,让旅游景点的游客成为公共图书馆的读者。例如图书馆可以在旅游景点举办现场宣传和办读者证的活动,旅游景点可以在图书馆设立景区售票点,公共图书馆也可以和相关部门合作,在馆内开展市内旅游宣传并开设旅游年卡的办理服务等。同时,公共图书馆还可以通过提升读者证附加值的方式,利用读者证来进行引流,例如永嘉县图书馆与永嘉县狮子岩龙瀑仙洞旅游服务有限公司合作,凭温州地区图书馆读者证到永嘉县狮子岩龙瀑仙洞购买门票可打五折[11]。这些合作可以更好地对市民的休闲生活方式进行引导。

3.3 文化元素的融合

每个旅游景点都有自己具有代表性的文化元素,例如武汉的黄鹤楼,其白云黄鹤的传说、黄鹤楼上历代文人的题诗等都能代表黄鹤楼的特定文化内涵。公共图书馆也有着自己行业性的文化元素，例如各类图书的形象，古籍的样式，包括各地图书馆的馆标都是公共图书馆的文化元素。文创产品在设计上可以很好地将这些文化元素融合在一起，例如可以设计有黄鹤白云形象的书签，还可以设计印有"黄鹤楼送孟浩然之广陵"的诗句以及图书馆馆标的笔筒等。例如金陵图书馆设计的南京方言帆布包、红楼梦四春古风笔记、金陵十二钗系列文件夹等与南京旅游文化元素紧密相连，深受读者欢迎[12]。

3.4　活动资源的融合

无论是公共图书馆的读者活动还是旅游景点的一些表演类活动，都可以脱离具体的背景空间而开展。这样可以很好地拓展活动的举办时间和空间，让相关活动变得更加丰富多彩。例如我们可以将读书会活动策划到景区内举办，结合具体的景点设计相关主题的读书会活动，这将会使读者会活动的内容更加饱满和充实。同样，我们也可以将景区内的能够反映各民族特色的表演引入图书馆内举办，在丰富图书馆的活动内容的同时，也能够更好地对景区进行宣传。例如厦门市图书馆"寻找老厦门"自然阅读亲子活动，每年举办4—5期，以大自然为讲堂，在各个景点举办，引导家长和孩子关注同一主题，丰富互动交流的话题，从而达到通过户外自然阅读推动图书馆纸本阅读，通过家庭阅读推动社会阅读的目的[13]。

3.5　技术资源的融合

在跨界思维不断发展的今天，通过技术合作来实现创新的案例已经数不胜数。公共图书馆在近年来的发展过程中，也充分开展与社会力量的合作，通过技术引入的方式实现了自己的服务创新，例如武汉图书馆的支付宝信用办证服务等。与此类似，我们同样能够将旅游业的相关技术引入图书馆的发展中来，同时，也能够利用图书馆相关的专业技术服务于景区。例如，公共图书馆可以引入旅游景点的导览技术，将其应用到新读者对图书馆的了解和图书馆举办的展览活动中，对图书馆的功能以及展览的内容进行专业的讲解，同时，还可以将景区内的园林技术应用到图书馆中来，使得图书馆周围的绿化更有艺术感。另外旅游景点也能够结合公共图书馆的知识搜索功能，让游客在游览景区的同时能够了解更多关于景区的信息。例如桂林图书馆与桂林市象山景区合作建立的APP旅游信息服务平台，能够为读者提供他们所需的各种旅游信息，也拓宽了图书馆服务的渠道和项目[14]。

以上所述的方式大多基于"嵌入"式的模式，将公共图书馆和旅游景点的资源进行融合，除此以外，还可以将各类资源整合起来进行深入的融合和创新，例如武汉市江汉区图书馆正在筹划的江汉路特色文化资源库项目，准备将江汉路附近的建筑信息、商贸信息和历史文化信息等内容进行充分融合，最终形成的信息平台可以为公共图书馆及江汉路上的百年老字号以及各个品牌专卖店共同使用，该平台将有效传播武汉市的市民文化、增加江汉路商圈的文化内涵、加大武汉百年老字号的宣传效果、提升江汉路品牌连锁店的营销效果，并为建筑艺术的研究提供有价值的参考。由于此项目还没有进入实施阶段，笔者将在项目实施完毕以后再专门介绍，本文仅以武汉图书馆为例，介绍一下公共图书馆通过与旅游景点合作的具体服务创新方式。

4 武汉图书馆在旅游景点的服务创新

4.1 深入旅游景点,打造特色分馆

汤湖公园是武汉市经济技术开发区的一个旅游景区,由于周围是工业园区,因此当地除了汤湖公园以外,没有更多的地方供周边居民休闲娱乐。每逢周末,这里便成为周围居民集中的地方。为了更好地为当地市民提供文化休闲服务,开发区管委会在当地建设了文化中心,包含图书馆、美术馆和戏院三个文化设施。武汉图书馆充分利用这个机会和开发区管委会合作,将汤湖图书馆打造为自己的特色分馆。汤湖图书馆建筑面积4375平方米,馆舍建筑造型优美,呈园林式风格,与周边美丽的自然风景和良好的生态环境融为一体,成为武汉经济技术开发区一道靓丽的文化景观。该馆于2015年2月对外开放,馆内设有开架借阅区、特藏阅览区、中文报刊阅览区、外文阅览区、公共电子阅览室、文化信息资源共享工程专区、创新空间、少儿借阅区、24小时自助借阅室、报告厅等多个功能区,与武汉地区市区级公共图书馆实现文献资源通借通还[15]。

截至2018年12月31日,汤湖图书馆已办理读者证28282个,外借图书达635099册次,每年举办各类读者活动近千场,已成为周围居民周末必去之处,同时作为"最美基层图书馆",也成为图书馆界同仁来汉必去参观之地。

除了汤湖图书馆以外,2017年,武汉图书馆还在武汉市著名景点江汉路上与社会力量合作开设了物外书店分馆,利用武汉图书馆的资源优势和物外书店的经营理念,打造公共阅览服务与特色书店相结合的特色公共阅读空间。由于江汉路是外地游客来汉的重要一站,因此,物外书店分馆的人气从开馆之初就居高不下,每逢节假日,更是一座难求。物外分馆已成为江汉路商圈的一处靓丽的文化风景。

4.2 开发文献资源,嵌入景区服务

中山大道江汉路的一段以前属于租界区,很多建筑都是欧式风格,除此之外,更多的建筑,尤其是里分建筑,全部是武汉近现代历史建筑的代表,这些建筑里也反映了老武汉的商贸历史文化。为了更好地对中山大道的历史文化进行宣传,增加中山大道景点的文化内涵,在2017年中山大道重新开街的时候,武汉图书馆在武汉市文化局的领导下,从该馆地方文献中查找了相关的历史内容,并和武汉广播电视台以及本地知名艺术家合作,将这些内容录制成了音频,以二维码的方式提供给来此参观的游客们。同时,还将所有的音频上传到微信公众号,供该馆读者们欣赏。这些嵌入在建筑里的二维码,将图书馆服务永远融合进了这一片区域。

4.3 举办摄影沙龙,记录城市风光

从2015年起,武汉图书馆推出了摄影沙龙系列活动,利用摄影沙龙普及摄影知识,提升市民摄影技能,树立市民正确的摄影理念,并通过现场摄影的方式,让市民感受武汉的美,增强市民对城市的自豪感和关注度。每次活动都会邀请湖北省摄影家协会的成员与读者进行互动交流。自从摄影沙龙推出以来,先后在汉口江滩景区、汉口老租界景区和中山大道景区等地点开展了外拍活动。此外,武汉图书馆在摄影沙龙活动的基础上举办了摄影大赛,将读者优秀的摄影作品放到馆内展览。这种读者沙龙的形式将公共图书馆的活动资源融入景区,对景区风光

进行了宣传。

4.4 利用馆外资源,增强景区功能

武汉图书馆于 2012 年和 2013 年共在全市推出 50 台 24 小时自助图书馆,为市民日常阅读提供了便利。为了提升 24 小时自助图书馆的服务效果,最初选址的地点都设置在人群密集的地方,覆盖了市中心的各大旅游景点,包括汉口江滩、东湖风景区和各大公园等。随着景点内 24 小时自助图书馆的推出,市民日常旅游踏青时的休闲选择就更丰富了,时常可以看到一些读者在公园内的亭台楼榭中专注地阅读,这为景区营造了很好的文化氛围。武汉图书馆还不定期将流动服务车开进景区内,进行现场办证和服务,这种资源和服务嵌入的方式,将公共图书馆的服务延伸到景区,同时也通过这些馆外服务增强了景区的服务功能。

随着文化旅游部门的合并,公共图书馆与旅游景区的跨界合作势必成为日后的发展趋势。本文从资源的视角出发,分析了公共图书馆和旅游景点在合作过程中所能提供的相关资源,并在此基础之上设计了公共图书馆和旅游景点进行服务融合的一些具体方式,最后以武汉图书馆为例,介绍了公共图书馆与旅游景点开展合作的一些实践经验,希望能为我国公共图书馆日后的相关工作提供参考,并为从事公共图书馆跨界合作的研究人员提供一些思路。囿于各方面的条件,本文提供的相关案例有限,在日后的研究中,笔者将会继续跟踪我国公共图书馆与景区合作的优秀案例,逐步完善公共图书馆和旅游景点之间基本资源的合作框架的研究。

参考文献

[1] 中共十九届三中全会在京举行[EB/OL].[2018 – 12 – 17].http://paper. people. com. cn/rmrb/html/2018-03/01/nw. D110000renmrb_20180301_2 – 01. htm.

[2] 徐效钢,张莲娣,刘庐松.把庐山馆办成旅游图书馆[J].图书馆杂志,1990(1):28 – 29.

[3] 杨勤.图书馆开展旅游文化服务初探[J].图书馆建设,1994(4):65.

[4] 王世伟.论图书馆旅游功能的发挥[J].图书馆杂志,1995(6):33 – 34,32.

[5] 钟琼.开发旅游信息 服务旅游经济[J].图书馆建设,2000(5):70 – 71.

[6] 徐莉.浅谈图书馆与旅游事业的关系[J].图书馆理论与实践,2003(4):38 – 39.

[7] 孙红强.图书馆文化创意旅游项目开发探究[J].图书馆工作与研究,2018(8):96 – 99.

[8] 王世伟.关于公共图书馆文旅深度融合的思考[J].图书馆,2019(2):1 – 6.

[9] 刘荻,陈长英,刘勤.现代图书馆资源管理与推广[M].北京:光明日报出版社,2017.

[10] 彭璟,项玉枝.旅游资源概论[M].北京:北京理工大学出版社,2016.

[11] 凭温州地区图书馆读者证(已开通借阅功能的市民卡)到永嘉县狮子岩龙瀑仙洞门票可打五折!![EB/OL].[2018 – 11 – 14].http://www. sohu. com/a/275306253_737554.

[12] 屈菡.图书馆文创:根基牢一点,创新多一点[EB/OL].中国文化传媒网.[2018 – 09 – 26].http://www. ccdy. cn/chanye/201809/t20180926_1394305. htm.

[13] 马小勇,陈孙鑫.我馆举办"寻找老厦门"自然阅读亲子活动[EB/OL].[2017 – 03 – 10].http://www. xmlib. net/xtdt/xtjx/201703/t20170310_1014477. htm.

[14] 王兴华.图书馆 APP 旅游信息服务平台的开发——以桂林市象山景区为例[J].河南图书馆学刊,2016,36(10):69 – 71.

[15] 武汉图书馆.分馆介绍[EB/OL].[2014 – 12 – 17].http://www. whlib. org. cn/node/453. jspx.

图书馆在新时代文化旅游发展中的方略研究

——以陕西为例

杜小荣（陕西省委党校图书馆）

1 文旅融合背景下图书馆面临的挑战和机遇

党的十八大以来,以习近平同志为核心的党中央高度重视文化旅游建设发展,发表了一系列关于文化旅游工作的重要论述,科学地阐释了文化建设和旅游发展的全局性、方向性、根本性问题。党的十九大又将建设"网络强国、数字中国"等作为中国特色社会主义的重大战略目标和发展蓝图,从顶层设计上指明了信息技术发展的新方位。陕西省委书记胡和平 2018 年 7月 10 日在陕西省文化产业发展现场会上指出,要充分发挥陕西文化资源优势,坚持创新发展,持续壮大文化产业规模,推动文化旅游深度融合,真正把文化产业打造成支柱产业。可见,推动文化旅游深度融合发展,成为下一步陕西文化产业发展的重要工作。这为图书馆信息化服务提出了新的挑战、创建了新的发展机遇[1]。文化是旅游的灵魂,旅游是文化的具象表现和传播的重要途径。同样,图书馆是文化的载体,是文化的风景。一个地区的图书馆既是地方文化资源集大成者,也是地方文化建设与经济建设的参与者,理应为促进本地区文化旅游融合和振兴社会经济发展做出贡献。新时期图书馆要抓住历史新机遇,利用自身的优势,挖掘、整合文化旅游资源,做好文化旅游融合发展这道新命题。

图书馆在新时期如何与时俱进地发挥各种资源优势为文化旅游建设提供更好的服务,从而"有为有位",是巩固自身地位紧迫的问题。把握发展文化旅游的有利时机,跟上文旅变革时代节奏,挑战现有结构和工作模式,在"夹缝"中进一步加强为旅游文化建设服务的深度和力度,以需求驱动为导向,以用户为中心,变必要服务为充分服务,增进广大读者对图书馆的了解与信任,扩大其社会的影响力,使政府相关管理部门及时了解图书馆对社会的贡献和成就,进而得到更为广泛的理解与支持,为图书馆的生存和发展争取良好的政策环境和财政支持[2]。

2 图书馆在文化旅游融合发展中的优势

2.1 文献信息资源优势

陕西拥有 96 座高校图书馆,100 余所公共图书馆。各大图书馆馆藏丰富,拥有得天独厚的海量文献信息资源。如:陕西师范大学图书馆现有纸质藏书 428 万册,其中馆藏古籍线装图书 25 万余册,古籍善本 700 余部,且有 114 部古籍善本入选《国家珍贵古籍名录》;历代石刻拓片 12000 余通;尤其是陕西地方志及涉及陕西文化旅游书籍的收藏较为完备;另外,大型古籍丛书、古今名人字画收藏等,为文化旅游事业提供了丰富的纸质资源。陕西省图书馆藏书门类齐全,目前馆藏总量达 525 万余册(件),其中图书 415 万余册,古籍 32 万余册,另有电子图书 359 万余册,视听文献、缩微制品等其他文献 15 万余册。与本省政治建设、经济建设、文化建设、社会建设相适应的重要典籍基本齐全,对陕西文化旅游融合发展、科研生产、经济建设、科学决策具有较强的支撑力。西北大学图书馆特色馆藏 16 万册线装古籍的收藏在西北地区独具特色,具有很高的文物价值和学术研究价值。其收藏范围除中国各朝代刻本、印本外,还有日本文本、朝鲜文本等,内容包括敦煌佛经写本、宋元明清刻本、明清抄本、稿本等,已被确认的 460 部善本古籍堪属馆藏珍品。以上的馆藏资源为陕西文化旅游的发展提供了丰富的信息资料。同时,各大图书馆每年利用各类研讨会互相沟通、互相学习,共享其信息资源。

2.2　网络信息服务平台优势

随着时代的发展、科技的进步,信息科技时代数字图书馆也逐渐成为日常生活的一部分。以互联网、大数据、人工智能等信息技术为驱动,以数据服务为推手,构建多样化、快速迭代、交叉融合、多维数据的云计算、大数据、虚拟数据等各种技术的融合加工处理和超级计算的数据服务中心,为文化旅游管理部门、文化旅游企业、社团等相关机构提供有效的数据服务,是新时代图书馆的重要标配。陕西拥有文化旅游方面得天独厚的技术资源优势,各级相关文化旅游管理部门非常重视文化旅游资源的开发利用。陕西有八所 211、985 大学,陕西省图书馆也是全国文化信息资源共享工程陕西分中心,四次被国家文化部授予"一级图书馆"称号。这些高校图书馆和公共图书馆以自身数据资源为依托,通过搭建文化旅游数据服务平台及文化旅游数据链群,为各文化旅游管理部门、旅游企业(包括景点、社团宾馆、旅游教育培训单位、餐厅等)及广大游客提供数据发布和存储;为用户提供精准的数据检索、数据定制、数据分析及数据可视化展示等服务[3]。如:延安大学图书馆建成了红色文献数据化平台建设项目,对《红色中华》《新中华报》《解放日报》等党中央在延安时期的文献进行了数字化加工,实现了数据库全文检索功能及分类展示功能,同时通过分类等从多个维度挖掘和展示中国共产党革命的风雨历程,为延安革命圣地红色文化旅游提供了有力支撑,受到了陕西省委宣传部的肯定。

2.3　信息服务人才资源优势

一个地区文化旅游资源的开发与利用,除了文化旅游业内人士外,还需要图书馆人员的共同参与,这将有利于旅游受众者从不同的侧面和视角科学利用当地文化旅游资源。图书馆的从业人员在长期工作实践中积累了大量的文献开发能力,在收集、鉴别、综合、利用文献资源方面具有得天独厚的优势[4]。陕西省既是文化旅游大省、科技大省,亦是人才大省,陕西图书馆业界更是有一大批的高层次、高素质的文献信息咨询人才长期耕耘于信息咨询服务平台的前沿,他们具有专业的文献检索与整理能力和丰富的文献分析加工经验,能将分散的各类陕西文化旅游信息进行有序集成、整合和分析处理,系统地、多侧面、多角度、全方位为游客、旅游业者以及政府相关管理部门提供统一的标准化旅游云服务,使繁杂的信息有序化,从而保证信息的准确性、实用性。

2.4　特色文化旅游专题数据库优势

陕西有延安革命纪念馆、延川梁家河村革命纪念馆、马栏革命旧址、陕甘边照金革命根据地、旬阳县红军纪念馆园区、八路军驻西安办事处、洛川会议纪念馆、渭华起义纪念馆、鄂豫陕苏维埃政府葛牌镇纪念馆等众多红色革命教育基地以及秦兵马俑、法门寺等著名的旅游景点。陕西省文化旅游厅还以文化旅游跨界融合的方式,推出了一批以《延安保育院》《延安保卫战》等为代表的红色文化旅游项目,以《长恨歌》为代表的历史文化旅游项目,以礼泉县袁家村为代表的民俗文化旅游项目,以《道·梦空间》为代表的宗教文化旅游项目,以青木川古镇为代表的文化艺术作品旅游项目,以"大华1935"为代表的工业文化与旅游项目。各地各图书馆和资料室都针对自有的红色旅游基地或本地旅游景点、文化旅游项目建设了专题特色数据库。如陕西省委党校图书馆自建特色数据库有:"习近平与梁家河""党中央在延安十三年及延安精神研究""陕西省情与地方志文库"等;陕西省图书馆建有"陕甘宁边区红色记忆多媒体资源库"等。这些数据库让游客"娱其目、博其学",在虚拟的世界里游山玩水的同时纵贯古今、丰富学识、增长见识,透彻了解地域文化,从而满足其旅游的深层需求。而且长期以来,图书馆和众多社会用户之间建立了相对固定的联系,社会用户熟悉图书馆为他们提供的服务窗口与多种服务渠道,这增强了图书馆为他们服务的效果。

3 图书馆开展文化旅游信息服务的方略

3.1 图书馆开发文化旅游文献资源的三个原则和三种意识

三个原则:(1)区域性与整体性相结合的原则;(2)自然资源和文化资源相结合的原则;(3)普遍化与特色专业化相结合的原则。

三种意识:(1)收集、整理区域文化旅游资源要有全面意识;(2)编辑文化旅游专题资料要有前瞻意识;(3)提供文化旅游信息资源服务要有精品意识。

3.2 拓展图书馆文化旅游服务功能

文化旅游融合时代,图书馆除了进行信息采集、收藏、数字加工,具备传播、检索、产品展示、教育功能外,还需依托馆藏文化资源打造相关衍生品。图书馆应面向本地区社会经济发展的要求,胸怀全局,发挥自身优势,最大限度地拓展社会服务功能。陕西的秦岭地区文化积淀厚重,分布有众多各个历史时期的文化遗存。习近平在陕视察讲话中,将大秦岭的定位提高到"中华地理的精神标识和自然标识"的新高度。秦岭地带文化旅游资源的开发利用,给全省的文化旅游工作者和图书馆人提供了广阔施展空间。如:陕西省委党校图书馆与省政府政策研究室沟通,整合已有的碎片信息资源,统筹各方机构资源,开辟了文化旅游专栏,开发运营在线视频项目"大秦岭",为党政机关、文化部门、旅游社团提供又一文化大餐。精神和物质的融合,实现了文化载体和自然载体的有机结合,使潜在的旅游资源得到了较为充分的开发。图书馆开发文创产品,是增强自我发展能力,主动掌握文化旅游市场发展规律的表现,可以吸引更多的社会力量参与其中,进而向社会传播声音,实现图书馆的社会功能。

3.3 创新服务机制,拓宽文化旅游信息资源价值链

信息资源的全球化、多元化、数字化、知识化、个性化等多种信息渠道的获取,使得图书馆不再是唯一的首选。图书馆拓宽信息资源价值链最大化是当务之急,应在文化旅游的服务形式上创新服务机制,在既有竞争又有协作环境中寻找新的模式,积极拓宽文化旅游服务领域,巧借外力,扩大合作,"嵌入社会、资源整合、馆际联盟",最大限度地满足文化旅游

市场需求。

3.4 深度开展文化旅游文献资源挖掘与整理

陕西拥有厚重的历史文化底蕴,孕育了以周、秦、汉、唐为代表的灿烂古代文化,有着丰富的文化旅游资源,现有世界文化遗产3处,全国重点文物保护单位235处,国家级非物质文化遗产名录项目74项、省级441项、市级1415项、县级4150项。西安鼓乐、延川剪纸、合阳皮影戏、安塞腰鼓成功入选联合国人类非物质文化遗产名录。文化歌舞剧"国风·秦韵"系列先后在澳大利亚、丹麦、新加坡、德国、奥地利、意大利等20多个国家和地区进行文化交流,为促进"一带一路"沿线及关联国家文化交融发挥了积极作用。为了让文化旅游元素在新时代发展中彰显魅力,展现新元素、新气象,首先要发挥文化旅游信息中心作用,利用现代信息平台技术,深度挖掘自身潜力,系统整合包装当地优秀传统文化与旅游资源优势。其次要主动挖掘决策者的隐性需求,要有对信息有特殊敏锐的感受力,能从普遍的事物和社会现象中捕捉到"弱信息",全力打造陕西精品文化[5]。如:延安作为革命圣地,拥有红色革命遗址445处,是国务院首批命名的中国历史文化名城。图书馆可结合红色旅游资源,建设延安红色旅游板块、黄土风情文化旅游板块、黄帝陵文化旅游板块、黄河自然遗产旅游板块和自然绿色生态旅游板块的特色数据库,进行红色旅游资源的再次开发升级利用。

3.5 营造良好的文化旅游资源氛围

图书馆作为地方文化中心,是文化旅游环境的重要组成部分,它具备了为文化旅游线路提供信息资源服务的背景要素。图书馆必须充分利用场所、技术设备、咨询服务方面等诸多优势,营造良好的文化旅游资源氛围。首先,图书馆文化旅游专业工作者可结合陕西省的文化旅游资源进行读者感知效用研究,分析得出陕西省文化旅游相关资源优劣,储备文化旅游资料,用以探讨、研究文化旅游事业的发展;其次,文化旅游社团企业(旅行社、酒店)需要举办可操作的文化旅游读者沙龙,开展定期的推介活动,邀请资深导游和旅行专家来图书馆组织交流活动,让读者更好地了解各目标景区内容和景区文化。陕西省图书馆曾多次举办此类活动,将文化旅游大型丛书、善本、特藏、手稿、名画复制件等陈列于大厅,向读者演示、解说图书馆的性质、服务内容、读者权益、现代化信息知识获取技术、各种虚拟载体、工具书、文献等,展示公众感兴趣的内容,收到了良好的效果。

3.6 借助名人的影响打好名人效应牌

一个区域的独特文化往往是通过名人名家集中呈现出来的,其事迹、遗存和作品作为文化载体成为民族精神的特殊标记,是区域文化的灵魂和象征。陕西西安有13个王朝的历史文化,帝王将相、历史名人数不胜数,如:黄帝、秦始皇、唐太宗、汉武帝、孙思邈、白居易等;党中央在延安13年,红色革命人物更是不胜枚举,毛泽东、朱德、刘少奇、周恩来、任弼时、董必武、刘志丹、习仲勋等都留下了光辉足迹。颇为值得骄傲的是习近平总书记多次向国际友人介绍陕西是他的故乡,习总书记在陕北延安度过了难忘的知青岁月。陕西人文资源底蕴积淀丰富而厚重,历史文化旅游资源种类齐全、分布广泛,不仅有名人故居、名人建筑、纪念场馆、烈士墓园等物质文化资源,还有革命英雄事迹、革命文艺作品等精神文化资源。基于以上资源,图书馆应借助名人史料资源,系统地梳理,综合性地开发利用,分门别类地利用名人影响,纵深挖掘整理陕西名人优势资源,并建立完整的名人资源数据库,印制名人录手册,绘制科学规范的名人游览线路图,结合名家讲座、图片展、读书会、诗友会、故事会等形式向有关政府管理部门、社会各文化旅游团体以及旅游爱好者推介宣传,以阅读推广旅游发展,打好陕西文化旅游名人效应这张牌。

图书馆服务文化旅游融合,构建地方文化旅游文献系统特色数据库,多渠道进行文化旅游融合的宣传,营造良好的旅游文化氛围,充分满足用户的文化旅游需求,既可以促进文献信息的增值,又可以促进地方文化旅游事业的发展。陕西作为"一带一路"的起点,丝绸之路经济带的重要核心区域,有着非凡的影响力。陕西各区域图书馆要着力创新思维、开阔眼界,拓宽服务功能,大力挖掘陕西历史文化、丝路文化、秦岭文化、红色文化等文化旅游内在资源潜力,提高文化旅游品位,满足广大游客的文化需求,促进文化与旅游的互相渗透,创造和传播文化旅游品牌,把文化旅游融合这篇大文章做深、做实、做精彩,讲好陕西故事。

参考文献

[1] 王新利.公共图书馆服务文化旅游、建设旅游文化的实践[J].图书馆学研究,2004(1):81-83

[2] 解金兰.常琛,新时代图书馆数据服务面临的机遇、挑战与发展方位[J].山东图书馆学刊,2018(5):11-15,96.

[3] 吴君全,龙熠.公共图书馆阅读推广品牌的塑造及其与地方旅游文化的协同——以贵州省锦屏县图书馆为例[J].贵图学苑,2018(2):14-15.

[4] 惠玉洁.对公共图书馆阅读推广活动的思考——以陕西省图书馆为例[J].新西部,2014(21):26-27.

[5] 苏秋侠.大学图书馆参与城市文化建设研究[J].农业图书情报学刊,2017(1):86-88.

新媒体环境下公共图书馆移动服务质量评价研究

徐　娜(宁夏回族自治区图书馆)

1　研究背景

CNNIC 发布第 43 次《中国互联网络发展状况统计报告》显示,截至 2018 年 12 月,我国网民规模为 8.29 亿,较 2017 年底提升 3.8%。我国手机网民规模达 8.17 亿,网民中使用手机上网的比例由 2017 年底的 97.5% 提升至 2018 年底的 98.6%①。报告还显示,用户使用移动设备主要表现在社交网络、即时信息、购物、看视频、听音乐等。由此可见移动端互联网在当下信息交流传播中具有巨大作用和影响力。随着新媒体环境的发展,用户的阅读习惯逐渐转移到不同的媒体渠道上。对于公共图书馆来说,在做好图书馆线下实体服务的同时,必须要重视移动服务端的服务提升工作。随着用户通过移动端口获得信息的比例大幅增加,图书馆移动服

---

① CNNIC:2019 年第 43 次中国互联网络发展状况统计报告[EB/OL].[2019-03-10].http://www.199it.com/archives/839412.html.

务的内容也在不断变化,公共图书馆纷纷选择建立微信公众号、微博公众号,开发移动软件等形式满足公众的不同需求。

同时,用户通过移动端链接到公共图书馆后,希望看到的是美观的界面、快速的搜索、设备的兼容、实用的内容等。这也是图书馆移动服务的主要努力方向①。但是,由于各地居民差异、资金差异、环境差异等,不同地区公共图书馆的发展也呈现出较明显的差距,提供移动服务的质量也不尽相同。新媒体环境下,公共图书馆迫切需要找到服务内容和服务形式的创新,然而公共图书馆移动服务质量缺少一套统一的服务标准和质量评价体系来促进公共图书馆的理性健康发展,进而促进整个行业的整体稳步前进。图书馆界的服务质量评价体系具有不同的类型,包括 SERVQUAL、LibQUAL +、ISO 11620 以及各国发布的图书馆服务质量评价模型,但这些对于当下新媒体环境下的移动服务体系适用性不强,主要表现在移动服务形式、移动服务的交互性和移动服务的媒介等内容与传统的图书馆评价指标差别较大。图书馆所提供的的服务以读者需求为导向,其服务质量好坏直接影响到读者对其的评价和使用频率。因此,在新媒体环境下,公共图书馆亟待解决的问题是寻找和建立一套符合我国公共图书馆实际情况的服务质量评价体系,本文以此为出发点,希望在对已有服务质量评价指标体系研究的基础上,通过引入新媒体环境这一关键背景条件,扩充和修改现有的评价指标体系,使其更加适应当下环境的发展,为公共图书馆评价自身服务质量提供参考。

2 国内研究现状

结合国内图书馆发展现状,图书馆移动服务质量评价主要分为两类,一是重点借鉴国外 LibQUAL + 等比较成熟有效的评价指标,并使其在移动服务和本土化方面进行应用;二是从不同角度出发,建立图书馆移动服务评价指标,进而进行实证研究。

王利君②(2013)以高校图书馆的移动服务为研究对象,在对图书馆 LibQUAL + 服务质量评价模型进行了修改的基础上,设计了一个新的高校移动图书馆服务质量评价模型,并探讨了不同因素对移动图书馆服务质量的影响。

严浪③(2014)分析了影响移动图书馆服务质量因素,结合层次分析法构建图书馆移动服务质量评价体系。

王秀香、宋姝④(2014)从服务方式、服务内容、服务效果及服务成本 4 方面构建了包括 19 个二级指标的移动图书馆服务评价指标体系,并根据国家图书馆移动阅读服务平台使用情况介绍了相应的指标。

廖瑶许、智敏⑤(2015)运用德尔菲法,在 LibQual + 图书馆服务评价模型的基础上,从网络环境、信息获取、服务效果 3 方面,尝试性地构建了高校移动图书馆服务质量评价指标体系,在

① 覃凤兰."211 工程"高校图书馆移动服务调查分析与对策研究[J].国家图书馆学刊,2013,22(1): 26 – 32.

② 王利君.基于 LibQUAL + 的高校移动图书馆服务质量评价研究[D].南京:南京大学,2013.

③ 严浪.基于模糊综合评判的图书馆移动服务质量研究[J].图书馆理论与实践,2014(3):87 – 89.

④ 王秀香,宋姝.移动数字图书馆服务质量评价研究[J].数字图书馆论坛,2014(7):19 – 24.

⑤ 廖瑶许,智敏.基于 LibQual + 构建高校移动图书馆服务质量评价指标体系——运用德尔菲法的调查分析[J].情报理论与实践,2015(3):59 – 62,48.

服务效果方面突出关注个性化服务的评价。

轩双霞[①](2015)从用户需求角度出发,结合移动图书馆 APP 服务的特点构建了一个包含功能质量、技术质量和用户关怀质量 3 个主维度、27 个有效题项的测评量表,并对 3 所985 高校和 1 所公共图书馆的移动 APP 服务进行调研,发现目前移动图书馆 APP 服务存在的问题。

公言奎[②](2015)结合图书馆移动服务经验和图书馆服务质量评价模型,构建了新的高校图书馆移动服务质量评价模型,模型包括服务内容、服务方式、服务技术保障、服务效果 4 个服务维度、20 个评价指标,并在高校内对评价模型进行了问卷调查,发现了影响图书馆移动服务质量的因素。

高海涛等[③](2016)采用专家调查法和层次分析法确定移动图书馆服务质量影响因素和各因素的权重,利用数据包络分析法构建移动图书馆服务质量的评价模型,并对东北三省部分高校移动图书馆服务质量绩效进行了实证研究。

张晓晓[④](2017)在总结国内外经典的图书馆服务评价模型的基础上,提出基于理论模型创新、指标调整、定量分析和定性分析相结合的方式构建图书馆移动信息服务评价模型。

通过梳理国内图书馆服务质量评价的文献我们可以发现,研究初期缺少统一的评价标准,主要是在探索阶段。随着 LibQUAL 模型、SERVQUAL 等经典模型的出现,文献研究大多以这些标准评价指标为基础进行研究。近期的研究则在经典评价模型的基础上,从用户角度、网络环境角度、网站角度、技术角度等出发进行指标修改和研究。由于移动服务大环境的改变、智能手机的迅猛发展和人们阅读习惯的改变,图书馆服务质量评价由传统的线下评价逐渐转向新媒体和网络环境下的线上评价研究。本文在前人研究基础上,将评价指标和评价权重都往新媒体和移动服务方向进行倾斜,这也是图书馆服务评价领域发展的热点和趋势。

3 新媒体环境下公共图书馆移动服务质量评价模型构建

3.1 影响移动服务质量的相关要素

新媒体环境下影响移动服务质量的主要因素包括硬件因素和软件因素。硬件因素有和服务器稳定性、设备兼容性、信息安全性等。软件因素有服务平台设计、服务内容、服务方式、服务效果等。其中,针对目前公共图书馆所开展的一系列移动信息服务,主要分为 5 类,即推送、问询、导航、检索和个性化服务。移动服务方式除了传统的短信服务、邮件服务、WAP 服务等内容,新媒体环境下还包括了微信与微博等社交端口的服务、客户端平台服务、智能服务等多种形式。

① 轩双霞.基于用户感知的移动图书馆 APP 服务质量测评研究[D].南京:南京农业大学,2015.
② 公言奎.高校图书馆移动服务质量评价模型及实证研究[D].长春:东北师范大学 2015.
③ 高海涛,徐恺英,盛盼盼,等.基于 AHP－DEA 的高校移动图书馆服务质量评价模型研究[J].情报科学,2016(12):88－91,101.
④ 张晓晓.图书馆移动信息服务评价体系研究[J].情报探索,2017(4):26－30.

3.2 评价指标的选择过程

在进行指标选择的过程中,本文参考权威的质量评价模型 SERVQUAL、LibQUAL 等,同时结合新媒体环境的因素,参考相关学者关于图书馆服务质量评价体系的研究,初步确定了本文的评价指标集合。然后从宁夏图书馆邀请 5 位宁夏图书馆馆员,就有关指标对其进行访谈,最终得到了新媒体环境下公共图书馆移动服务质量评价指标。

3.3 新媒体环境下公共图书馆移动服务质量评价指标

公共图书馆移动服务质量评价指标体系表,主要包括了 2 个一级指标,10 个二级指标和 33 个三级指标,其中,一级指标用 Ai 表示、二级指标用 Bi 表示、三级指标用 Ci 表示,如表 1 所示。

表 1   新媒体环境下公共图书馆移动服务质量评价指标表

编号	一级指标	编号	二级指标	编号	三级指标
A1	硬件	B1	安全	C1	网络环境
				C2	信息安全
		B2	技术	C3	硬件技术支持
				C4	软件技术支持
				C5	后端设备多样性
				C6	与其他终端接口服务
A2	软件	B3	图书馆资源	C7	馆藏资源丰富、专业
				C8	网络数据库资源健全
		B4	图书馆管理	C9	图书馆服务机制
				C10	馆员服务理念
		B5	基础服务	C11	基础信息服务
				C12	移动阅读服务
				C13	移动网站服务
		B6	问询服务	C14	即时咨询
				C15	专业解答
		B7	推送服务	C16	短信等即时通信服务
				C17	微信服务
				C18	微博服务
				C19	APP 客户端服务
				C20	邮件订阅服务
				C21	WAP/WEB 服务
				C22	智能化服务
				C23	用户交流平台

51

续表

编号	一级指标	编号	二级指标	编号	三级指标
				C24	个性化主页
		B8	个性化移动服务	C25	智能个性推送服务
				C26	移动信息服务培训
				C27	阅读延伸服务
				C28	移动服务整体情况
		B9	服务效果	C29	用户使用频率
				C30	内容完整性
				C31	不同板块的满意度
		B10	移动服务界面	C32	操作便利
				C33	界面全面

3.4 新媒体环境下公共图书馆移动服务质量评价指标的权重

本文应用层次分析法进行权重的选择,一是因为层次分析法对指标权重的分析是从系统出发,较为全面地表现整个评价指标的特性,二是因为与其他方法相比,此方法操作较便捷,准确度高。本文以二级指标的数据为例说明权重的计算过程。

3.4.1 构建指标对比矩阵

首先,先来定义重要性打分标准。$b_{ij}=1$,元素 i 与元素 j 对上一层次因素的重要性相同;$b_{ij}=3$,元素 i 比元素 j 略重要;$b_{ij}=5$,元素 i 比元素 j 重要;$b_{ij}=7$,元素 i 比元素 j 重要得多;$b_{ij}=9$,元素 i 与元素 j 相比极其重要;构建对比矩阵,如表 2 所示。

表 2　对比矩阵

编号	B1	B2	B3	B4	B5	B6	B7	B8	B9	B10
B1	1	1/9	1/10	4	1/7	3	1/8	1/6	1/5	2
B2	9	1	1/9	4	7	3	8	6	5	2
B3	10	9	1	4	7	3	8	6	5	2
B4	1/4	1/4	1/4	1	1/6	3	1/7	1/5	1/4	2
B5	7	1/7	1/7	6	1	3	1/6	5	4	2
B6	1/3	1/3	1/3	1/3	1/3	1	1/5	1/4	1/3	2
B7	8	1/8	1/8	7	6	5	1	4	3	2
B8	6	1/6	1/6	5	1/5	4	1/4	1	3	2
B9	5	1/5	1/5	4	1/4	3	1/3	1/3	1	2
B10	1/2	1/2	1/2	1/2	1/2	1/2	1/2	1/2	1/2	1

3.4.2 计算特征向量

对矩阵按列求和,并进行归一化处理后得到下表,其中 $Bij = \dfrac{bij}{\sum bij}$,结果如表 3 所示。

52

表 3　归一化处理后的数据

	B1	B2	B3	B4	B5	B6	B7	B8	B9	B10
B1	0.02	0.01	0.03	0.11	0.01	0.11	0.01	0.01	0.01	0.11
B2	0.19	0.08	0.04	0.11	0.31	0.11	0.43	0.26	0.22	0.11
B3	0.21	0.76	0.34	0.11	0.31	0.11	0.43	0.26	0.22	0.11
B4	0.01	0.02	0.09	0.03	0.01	0.11	0.01	0.01	0.01	0.11
B5	0.15	0.01	0.05	0.17	0.04	0.11	0.01	0.21	0.18	0.11
B6	0.01	0.03	0.11	0.01	0.01	0.04	0.01	0.01	0.01	0.11
B7	0.17	0.01	0.04	0.20	0.27	0.18	0.05	0.17	0.13	0.11
B8	0.13	0.01	0.06	0.14	0.01	0.14	0.01	0.04	0.13	0.11
B9	0.11	0.02	0.07	0.11	0.01	0.11	0.02	0.01	0.04	0.11
B10	0.01	0.04	0.17	0.01	0.02	0.02	0.03	0.02	0.02	0.05

3.4.3　获得指标权重

通过计算每一行的数据综合,然后对每一行再次进行归一化处理,公式为 $W_j = \dfrac{B_j}{\sum B_j}$,结果如表4所示。

表 4　指标权重表

编号	W
B1	0.04
B2	0.19
B3	0.29
B4	0.04
B5	0.10
B6	0.03
B7	0.13
B8	0.08
B9	0.06
B10	0.04

3.4.4　矩阵一致性检验

(1)计算矩阵的最大特征根。矩阵 B 和 W 相乘,得到 BW,再除以 W,求和后除以 N 就可以得到最大特征根,公式为 $X = \dfrac{\sum \dfrac{BW_i}{W_i}}{n}$,结果如表5所示。

53

表5 运算结果

编号	BW	(BW)/W
B1	0.41	9.14
B2	2.90	15.06
B3	4.38	14.76
B4	0.35	8.46
B5	1.28	11.75
B6	0.33	8.91
B7	1.80	13.01
B8	0.88	10.61
B9	0.66	10.45
B10	0.43	10.22
SUM	112.37	
SUM/10	11.24	
(SUM/10 − 10)/9	0.14	
(SUM/10 − 10)/9/R	0.09	

（2）计算一致性指标。Y = (SUM/10 − 10)/9/R = 0.09 < 0.1，通过一致性检验，其中 R 为查表所得数据，为 1.49。

同理，一级指标和三级指标的权重也可通过上述计算获得。

3.5 新媒体环境下公共图书馆移动服务质量评价体系

通过运用德尔菲法逐步确定新媒体环境下移动服务的评价指标，然后运用层次分析法确定了不同指标的权重，并经检验确定了指标和权重的合理性。评价体系总表如表6所示。

表6 公共图书馆移动信息服务质量评价体系

编号	一级指标	一级权重	编号	二级指标	二级权重	编号	三级指标	三级权重	说明
A1	硬件	0.23	B1	安全	0.04	C1	网络环境	0.019	主要是指图书馆服务器能力、无线网络覆盖率、宽带接入等内容
						C2	信息安全	0.021	保障用户个人资料得到有效保护
			B2	技术	0.19	C3	硬件技术支持	0.013	服务器稳定性强、设备兼容性高
						C4	软件技术支持	0.053	图书馆相关软件系统如搜索软件高效

编号	一级指标	一级权重	编号	二级指标	二级权重	编号	三级指标	三级权重	说明
						C5	后端设备多样性	0.031	PC端、手机端、平板电脑端等渠道均可轻松访问,设备利用率高
						C6	与其他终端接口服务	0.093	与微信、QQ等其他界面可以实现账号共享功能
A2	软件	0.77	B3	图书馆资源	0.29	C7	馆藏资源丰富、专业	0.179	馆藏资源能够满足绝大多数用户要求,馆际之间借阅方便快捷,主要包括总藏量、电子文献藏量、图书馆数字资源等
						C8	网络数据库资源健全	0.111	移动服务端提供的数据库资源能够满足读者的要求
			B4	图书馆管理	0.04	C9	图书馆服务机制	0.028	服务机制健全、完善,能够以读者为中心
						C10	馆员服务理念	0.012	一是移动服务平台中解答问题专业、快速有效;二是每千人图书馆对应馆员数量符合要求
			B5	基础服务	0.1	C11	基础信息服务	0.021	基本借阅、历史查询、天气、导航、交通等内容
						C12	移动阅读服务	0.048	用户移动端阅读舒适,并具有相关阅读的推荐延伸
						C13	移动网站服务	0.031	公共图书馆在移动端可以获得与电脑端网页访问的同样的内容和便利性
			B6	问询服务	0.03	C14	即时咨询	0.021	提供多样化咨询服务,如专题专家咨询、技术咨询和基础文献咨询
						C15	专业解答	0.009	对于某些领域的专业问题收集整理请专家解答

续表

编号	一级指标	一级权重	编号	二级指标	二级权重	编号	三级指标	三级权重	说明
						C16	短信等即时通信服务	0.004	利用短信推送服务信息
						C17	微信服务	0.031	建立微信公众号,定期推送图书馆相关文章,并提供读者服务平台
						C18	微博服务	0.031	作为图书馆宣传的媒体渠道,收集读者意见等,与读者保持互动性
						C19	APP读者端服务	0.027	开发公共图书馆的APP,作为图书馆的移动载体,提供配套服务
			B7	推送服务	0.13	C20	邮件订阅服务	0.004	定期发送相关服务推荐
						C21	WAP/WEB服务	0.008	图书馆服务内容在不同移动终端快捷便利地使用
						C22	智能化服务	0.013	积极结合物联网、大数据等信息,智能匹配读者和图书资源,提供智能化的量身服务
						C23	用户交流平台	0.012	一是指的图书馆通过QQ、微信、微博或者自身平台提供用户解惑的能力;二是根据大数据分析,匹配相似用户之间的沟通平台
			B8	个性化移动服务	0.08	C24	个性化主页	0.041	定制化信息推送、对个人不同特点针对性较强,同时提供个性化的专业领域专题讲座信息等
						C25	智能个性推送服务	0.017	根据个人阅读记录推荐相关信息

编号	一级指标	一级权重	编号	二级指标	二级权重	编号	三级指标	三级权重	说明
						C26	移动信息服务培训	0.013	一是对员工的培训,二是对读者用户的定期培训
						C27	阅读延伸服务	0.009	讲座培训、展览、图书推广、分享会等,通过交流拓展读者的人脉资源
			B9	服务效果	0.06	C28	移动服务整体情况	0.017	用户对于移动服务的总体评价情况
						C29	用户使用频率	0.017	包括使用移动端图书馆的频率
						C30	内容完整性	0.017	移动信息服务推送是否及时、专业、贴合读者兴趣
						C31	用户不同板块满意度	0.009	用户对于提供的不同服务的满意度排序
			B10	移动服务界面	0.04	C32	操作便利性	0.015	读者可以轻松获得检索的内容
						C33	界面全面性	0.025	布局简洁大方、功能设置清晰

4 新媒体环境下公共图书馆移动服务质量评价模型的实证研究

4.1 宁夏图书馆的移动服务现状

(1)移动图书馆。宁夏图书馆(以下简称为"宁图")顺应时代发展,于2011年8月开通了移动图书馆。作为数字图书馆的延伸和深化,移动图书突破时间和地域限制,让读者在任何时间和地点,使用各种移动设备,随时随地接受或访问图书馆信息资源和服务,使图书馆在服务功能上得到了极大的提高和完善。

由于开发经费有限,技术人员匮乏等原因,宁图采用超星公司开发的成熟产品——超星移动图书馆系统。该系统可以对本馆图书资源管理,实现馆藏资源的一站式检索。超星移动图书馆为移动用户提供最新的报纸、上万本热门书籍和有声读物的在线阅读;实现图书馆馆藏书目的在线检索,获取图书馆文献全文资源。读者通过"我的图书馆"个性化服务,可以获取借阅历史、当前借阅、图书续借、预约、检索历史等信息。公共图书馆用户具有广泛性和普遍性等特点,宁图充分考虑这一特点,还开通了"短信服务平台",将宁图证号与手机号绑定,为手机用户提供图书超期催还提醒、图书续借、读者借阅查询、读者欠款查询、图书馆公告信息、读者更换手机号信息等短信服务,保障了所有读者均能享受到对应服务。

(2)微博。宁图于2015年2月开通新浪微博平台,并且通过实名认证,以宁图馆徽作为头像,页面背景采用图书馆"回"字形建筑,庄重大方,具有民族风格又展现出现代气息。截至2019年2月底,其新浪微博发布消息802条,已有粉丝1899人。宁图微博项内容中,作为公告的内容占所有信息的27.7%;本馆新闻占10.0%;分享交流占35.9%;业界动态占4.6%;知识普及占2.8%;服务推介占15.7%;活动传播占0.7%。可以看出,宁图微博主要以信息发布和分享交流这两类信息为主,并且其中许多信息都是线下活动的报道,能够直接在微博平台上参加的线上活动不多。

(3)微信。宁图于2016年2月开通微信公众号,开通时间较晚。宁图的微信公众号从2016年7月开始正式运营,定期发送图文消息。宁图微信公众号主要分为微服务大厅、云悦读和常用服务三大模块。其中微服务大厅主要包括馆藏查询和借阅信息两部分内容,云悦读则主要包括移动端口提供的"好书推荐""微刊""公开课""热门图书""订阅图书"五大模块,常用服务则主要包括了客户端下载、官方微博链接和宁图的联系方式。不同模块根据各自特性又具有不同的划分,如公开课板块下分为文学、历史、文化、社会科学、名人访谈、礼仪与技巧、休闲娱乐、哲学心理等。

4.2 宁夏图书馆移动服务质量评价的调查

(1)问卷设计。本文以前文研究所得到的公共图书馆移动服务的评价指标模型为依据,在设计调查问卷中,除了基本的年龄、学历、职业、知情率等信息,对宁图移动服务硬件和软件相关因素的调研主要从指标体系中的二级指标出发,依次选择了10个具有代表性的服务内容,对应着B1—B10指标。

(2)调查对象。调查人群为宁图读者。

(3)调查方法。本文主要采用的是网络调研和问卷调研相结合的方式。

本次问卷调研共发出问卷200份,回收189份,其中有效问卷181份。

4.3 宁夏图书馆移动服务质量评价的调查结果分析

4.3.1 个人信息分析

(1)性别分析。一共有83名男性和117名女性参与了此次问卷调查,女性略多于男性,结合现实条件认为,性别因素符合调查要求,对结果影响较小。

(2)年龄分布。从统计结果可以看出,被调查者中主要集中在18—25岁和26—30岁两个区间,分别占比为39%和36%,说明年轻人对移动图书馆的使用程度明显较高,主要原因是年轻人对新事物的接受能力强、碎片化时间阅读需求较高等因素决定,该项分析符合调研需求。

(3)学历分析。从调查结果可以看出,调研对象中占据比例最大的为本科生,其次为专科生、研究生。这是由于宁图的读者中,大学本科和专科的学生由于学业压力较大,课程紧张,对阅读的需求更多,而硕士博士研究生由于基数少而且对纸质资源依赖性更强,相对比例也有所减少,因此,对图书馆移动服务需求更多的群体是20岁左右的年轻人,这符合现实情况。

(4)职业分析。从调研数据可以发现,调查对象中全日制学生占据了1/4的比重,其次是教师、专业人士、财务审计等职业。由于学生肩负学习任务,会选择图书馆移动服务作为学习的主要渠道,并从中获得学习所需要的各种资源;教师和专业人士对于图书馆某些专业领域的服务有需求,使得他们访问图书馆新媒体移动服务的次数较多。

4.3.2 硬件因素分析

(1)安全性。问题设计为"读者放心将个人信息录入宁图移动服务的平台中",目的是用来检测读者对宁图移动服务安全性的感知度。从调查结果可以看出,调查对象中78%以上的人数对宁图移动服务的安全性比较放心,也十分乐意将个人信息录入移动服务平台中去。按照从非常不同意到非常同意打分计算,平均值约为4.62分,安全性能够满足广大读者的要求。

(2)技术性。技术性主要是指宁图移动服务设备兼容性,硬件软件技术的先进性等内容,对于图书馆移动信息化设备,本文主要调研图书馆移动服务端对于不同设备的兼容程度,以及是否采用了当下移动服务较为先进的技术(如 RSS),读者根据使用体验综合评价,宁图移动服务在不同设备上的兼容性较高,同时硬件软件相关技术能够满足读者需求。但调研中了解到对于新技术的采用方面,宁图较为欠缺,例如 QR 识别技术、3D 图书馆实景模拟技术等,在创新性方面需要进一步加强。

4.3.3 软件因素分析

(1)图书馆资源。宁夏公共图书馆馆藏除以当年的宁夏常住人口,得到了宁夏公共图书馆人均藏书指标。2017 年宁图馆藏书目 200 万多册,服务总人数约 660 万人,人均藏书量约为 0.3 册/人,远远无法满足国际图联关于人均图书册数的要求。

关于图书馆馆藏资源的统计,通过调研"宁图移动服务数据库健全,资源丰富"这一问题,得到的读者满意程度也较低。新媒体环境下,读者对宁图的馆藏资源丰富程度满意度较差,主要是由于馆藏资源有限,尤其经过调查发现线上资源较少,经常搜索不到需求的资源,下一步宁图在推行移动服务的过程中可以将重点放在馆藏资源的丰富和完善中。

(2)图书馆管理。对于图书馆管理这个二级指标,主要是指管理的机制和馆员的服务理念等软因素。通过查资料和实际现场观察、采访等形式,了解到现在宁图服务理念意识较强,会定期对馆员进行相关专业和理念方面的培训工作。在新媒体环境下,宁图移动服务在该方面主要体现在后端服务的及时性和准确性,这与馆员的培训密不可分。"移动服务机制完善,馆员服务观念较强"这一问题,调研结果非常不同意、不同意、不确定、同意、非常同意分别占8%、11%、28%、42%、11%。虽然根据统计结果可以看出大部分读者对于宁图移动服务的管理指标的满意度较高,但不满意的情况仍占据较大比例,这说明宁图在图书馆管理方面工作还需要进一步加强,尤其是对线上及时反馈和咨询工作等的重视。

(3)基础服务。对宁图移动服务的基础服务调研主要包括基础信息服务(如天气等)、移动阅读体验服务、移动网站相关服务等。宁图新媒体移动服务尚处于不断完善的过程中,基础服务相对健全,读者能够比较容易地找到需要的移动服务内容的板块,读者对基础服务指标的满意度较高。

(4)问询服务。问询服务主要是指移动平台后端的客服及时咨询服务和专业解答等内容,该部分内容需要与图书馆管理结合共同发挥作用。经过调研发现,大多数公共图书馆能够提供基础的客服服务,但是缺乏涉及专业领域的解答服务项目。通过对宁图移动服务中"即时咨询和专业解答服务"的调查发现,宁图的问询服务整体水平较高,但是约12%的读者表示该部分需要提高,作为移动服务的推广者来说,应继续加强该项服务的投入力度。

（5）推送服务。推送服务主要指利用短信、微信、微博、APP、邮件等多种渠道推送图书馆信息服务，尤其是新媒体环境下以微博和微信为代表的核心 SNS 平台的作用不容小觑。新媒体环境下推送服务占据较大的质量评价比重，这也与当下实际切合。宁图在移动推送服务方面开始时间较晚，因此许多配套服务还不健全，但从现有的推送服务中可以体现今后的发展方向。通过调查发现，对推送服务的满意程度，读者大多选择"不确定"这个选项，仔细翻阅一下"宁图"微博和微信公众账号服务可以发现，微博账号粉丝量少，推送的内容基本只有单一的文本格式，而微信公众号方面推送消息也不多。这反映出宁图对新媒体移动服务这方面重视程度不高，因此读者满意程度较低。

（6）个性化移动服务。个性化推送服务主要是与大数据结合，建立个人个性主页服务，并根据系统的历史数据推测该读者感兴趣的大致内容、感兴趣的讲座信息。同时，读者个人主页上可以建立与后端的链接，提交个人对于图书馆移动服务的需求，如希望听到何种类型的讲座、希望获得哪方面的培训内容等。该项指标是公共图书馆新媒体移动服务逐渐成熟后需要加强的方向。通过调查发现，40%的读者对该问题的答案选择了不确定的选项，45%的读者却认为宁图移动服务的个性化服务远远没有达到他们的要求。调研中还发现，宁图推出个人中心馆藏资源查询、借阅查询等基础的资料，但进一步的个性推送服务方面还有所欠缺。

（7）服务效果。服务效果即用户使用频率、向他人推荐、各个板块的使用频率等内容。该项指标与问卷最后一部分整体满意度调查略有重复，因此具体分析在下文中会详细说明。

（8）移动服务界面。宁图移动信息服务的操作界面设计清晰，使用起来干净、整洁，并且很容易就找到想要的内容。通过调查发现，读者对移动服务界面整体的满意程度较高。

4.3.4 整体满意度分析

对宁图读者体验做了一个总体满意度调研，其中 1—7 的满意程度依次增加，得到了 1−7 的满意度占比依次为 3%、18%、27%、23%、14%、10%、5%。宁图移动服务存在多种问题，读者对移动服务的总体得分为 3.77 分，处于基本满意的水平。在开放式问题的作答中，读者大多对移动服务的发展趋势比较看好，希望移动图书馆能提供更多个性化、人性化的服务。

4.3.5 结论

通过调查新媒体环境下宁图移动服务的满意程度可知，读者的满意程度较为一般，主要存在服务宣传不到位、内容较为陈旧无趣、后台客户服务不周到、信息服务体系缺乏创新、资源浪费严重等问题。

5 提高公共图书馆移动服务质量的建议

5.1 扩大宣传力度

本次调研采用问卷方式，主要在宁夏公共图书馆。在调查初期发现，有许多读者及市民表示未听说宁图移动服务，对于移动平台服务内容更是知之甚少。这说明了宁图对移动服务的宣传没有到位，加强宣传需要作为下一步移动图书馆发展的首要任务。

首先，公共图书馆应加大移动服务的宣传培训力度与广度，通过宣传栏、印发小册子等方式进行宣传，并开办专题讲座进行演示讲解，让更多的用户了解和掌握移动服务的功能和使用方法。其次，要完善移动服务的访问界面，丰富页面内容，同时使界面美观大方且易于操作使用。最后,要及时更新移动服务的内容资源,拓宽用户对内容资源的获取渠道,满足用户的需求。

从对宁图的调查还发现,宁图的移动服务平台具有多种不同类型的数据库,而这些数据库的整理背后需要大量的人力和财力的支持。所以,对于图书馆来说,让更多读者知道并访问移动服务平台,才能够将这些数据库资源真正发挥其价值。

5.2 加强管理体制的建设

5.2.1 强化图书馆服务新理念

移动服务新理念的建立是提高服务质量水平的第一步。图书馆从上到下应逐渐改变传统模式下在图书馆内部通过整理书籍、借书还书等基础服务的观念,自身应认识到移动服务使用的重要性。首先,作为馆员应对提供的移动服务平台特别熟悉;其次,应建立"读者就是上帝"的服务意识,通过学习新技术、了解资源位置,在工作中经常"换位思考",根据读者的需求提供服务。

图书馆移动服务应多吸收行业优秀的案例,馆员也应不断学习先进的服务案例,不断充电提高服务意识,并通过图书馆之间的合作,查找自身的不足,促进共同进步[①]。

5.2.2 加强图书馆队伍建设

新媒体环境下,馆员的重要性表面上不如之前实体图书馆重要。但是,转到"后台"的馆员在应对读者的询问、相关服务介绍时,专业素质的重要性明显提高,因此,图书馆开展常态化的培训对馆员至关重要。

公共图书馆应对不同功能服务岗位的馆员建立不同的培训体系,从基本的线上服务礼仪、软件硬件操作培训、移动服务基础业务知识、不同学科的专业知识培训。其中重点就是不同学科的专业培训,术业有专攻,根据每个人的擅长学科分别进行培养,最终目的是每个馆员在提供服务的过程中,能够尽可能地满足读者的一切需求。

5.2.3 建立读者培训机制

对图书馆的读者定期推出主题培训活动,一方面培训内容是关于移动图书馆平台的使用,另一方面,对于读者关心的时下热点问题邀请专家进行讲解,并互相讨论、研究。

5.3 拓展服务内容

5.3.1 增加图书馆移动服务的深度与广度

第一,不断增加移动图书馆资源。线上移动资源作为图书馆提供给读者的第一印象,应重点加强内容的丰富性和独特性。第二,增加移动服务的兼容性。公共图书馆应不断完善自身技术水平,保障服务平台能够兼容大多数的移动设备。第三,加强服务形式。公共图书馆需要提供主要时间段的服务热线,保证读者能够方便地得到相关问题的解答;还应该提供多种交流渠道,例如视频通话交流、社交媒体交流等形式。第四,提供图书馆的精准定位服务。公共图书馆服务平台需要智能化识别条形码、二维码等技术,保证读者能够根据二维码在平台上很快寻找到对应书籍相关信息。第五,不断增加信息检索、文献智能推荐、个性化服务等内容,使得

① 黄长著.在国家的现代化进程中加强信息资源的开发利用[J].湘潭大学学报(哲学社会科学版),2005(9):36-40.

移动服务能够实现网络化连接,保障所有读者的阅读需求。

5.3.2 规范移动服务名称和栏目设置

全国的公共图书馆应该建立标准化移动服务的相关模式。一是移动服务平台命名实现标准化,如以"某某移动图书馆"命名;二是共性服务尽量保持一致名称,防止读者在访问不同公共图书馆相同资源时产生混淆;三是个性化服务保持规范,针对特定受众的定制化服务内容,应该以保证读者理解为前提。

5.3.3 拓宽数字资源的获取渠道

首先,要拓宽数字资源的获取渠道,增加电子书、电子期刊、电子报纸、音视频等移动阅读的种类和数量,提升其质量,切实加强数字文献资源保障力度,为移动服务提供资源保障。其次,保障馆藏资源检索的移动服务平台,方便用户利用移动终端检索下载馆藏书目、电子书及数据库资源等。

5.3.4 重视个性化服务

在现代社会,读者对服务的要求呈现出多元化特点,原有的图书馆机械式的服务已经难以满足读者不同要求的增长。图书馆应充分利用移动服务平台,了解用户需求,推行满足不同人群的针对性服务,服务形式应随着受众而灵活变动等。

首先,个性化推送服务。目前,大多数图书馆能够做到将新书到达、讲座活动等内容推送到读者的移动设备上,但这种推送过于广泛。新媒体和大数据等技术的支持下,图书馆需要根据读者的访问记录和需求提供更加符合个性化的推送内容。其次,定期提醒服务。该内容不仅包括结束到期提醒服务,还应改变传统的提醒方式,通过更加活泼的方式提醒读者还书,如,效仿段子手通过编写有趣的信息让读者在开心之余得知需要还书的提醒。最后,注重与读者的交互。馆员与读者建立"一对多"的服务模式,一个馆员负责一批读者的服务工作,通过定期访问、专业咨询、干货推荐等与读者之间建立亲密的关系。同时,重视微信和微博公众号的文章的推送,以读者为中心推广相关活动,定期组织抽奖、图书传阅等活动,真正帮助读者提高阅读的积极性和便利性[①]。

5.4 开拓移动服务创新渠道

公共图书馆除了提供电子书、电子期刊、讲座等传统的服务方式,还应顺应新媒体环境提供多样化形式的服务。如,在平台中增加高质量的音视频资源,增加与当地文化相符合的主题阅读服务等形式。

首先,在移动平台方面要继续完善短信、QQ、MSN 现代媒介的即时通讯服务,保障用户对通知、消息类咨询的快速获取。其次,图书馆应广泛利用微信、微博、博客、论坛等流行的社交媒体及 APP 客户端软件等,拓宽移动服务的方式和手段,实现视频、音频聊天等社交功能,方便快捷向用户提供人性化、特色化服务。最后,引入智能化服务,利用大数据、云计算等逐步向用户提供智能化服务。

在新媒体的时代,公共图书馆应利用高新技术提供个性化的服务,如,目前普遍应用于其他行业的可视化服务,即通过手机或者平板视频通话的方式与图书馆馆员取得联系,咨询相关专业的问题。图书馆还应主动与各项技术厂家合作,保障移动服务工作更加顺畅,并且不断提

---

① 陈小卫.省级公共图书馆移动图书馆的发展现状及对策[J].图书馆研究,2014,44(1):14-17.

供创新化的服务。

5.5　建立公共图书馆移动联盟

调查结果显示,大多数公共图书馆建立了移动服务平台,读者可以随时随地通过浏览器获得相关图书馆的网络资源。但是,许多公共图书馆之间的资源存在着明显的交叉,造成了空间和人员的浪费。因此,未来公共图书馆移动服务如果能够建立资源共享的接口,即同样的资源可以通过互相链接访问,通过合作互赢的原则,必将推动整个图书馆行业移动服务的快速前进。

清末东文学潮下的教辅图书分析
——以福州东文学堂藏书为例

胡彩云(三明学院图书馆)

在 1895 年甲午中日战争中,自诩为“天朝上国”的清朝一败涂地,这对清朝统治者不啻为当头一棒。清朝统治阶级内部尤其是一些有识之士发起了自上而下的向日本学习先进工业技术的热潮。留日热潮兴起,有识之士意识到学习日语的重要性,于是以教习日语为主要目的的东文学堂在全国如雨后春笋般涌现出来。同一时期各省官方与民间均创办东文学堂或东文学社,如 1897 年同文馆设立的东文馆、1863 年设立的上海广方言馆、1864 年设立的广州广方言馆、1893 年设立的自强学堂、1904 年设立的云南方言学堂等,福州东文学堂便是其中一所。面对突如其来的东文学潮,各个学堂配备了相应的教辅图书。笔者就福州东文学堂藏书为例进行剖析,旨在管窥清末东文学潮下教辅图书的具体情况。

一、福州东文学堂藏书

1895 年甲午中日战争后,力钧、陈宝琛等福州当地的有识之士意识到向日本学习先进工业技术的重要性,于 1898 年 9 月在原仓霞精舍日文班的基础上创办福州东文学堂。它是福建最早的一所私立日语学校。学堂主要教习日语,同时还开设其他较简易、浅显的课程。为了满足日常教学及当时学习西方科学知识的需要,学堂购置了一批日文原版书。根据书中钤印的“福州东文学堂藏书印”,笔者经过整理与统计,得知保存较完好的藏书有 53 种 54 册,部件缺失或严重破损有 56 种 56 册,二者加起来共 109 种 110 册。当然,这只是学堂藏书的一部分,另一部分在辗转搬迁与炮火洗礼中遗失。目前在福建省内的各高校图书馆和公共图书馆均未发现该学堂的藏书,这凸显了这批藏书的重要历史意义。该学堂的日文藏书大都为日本明治时期东京博文馆、东京富山房、东京金港堂书籍株式会社等出版的洋装图书,是难得一见的外文古籍。虽然留存至今的数量不多,但是通过分析,我们仍然可管窥清末东文学潮下教学辅助图书的具体情况。

二、福州东文学堂藏书分析

现代图书馆学界对某一藏书机构的馆藏分析,一般都会从图书覆盖年份、图书来源(即是否为核心出版社)、图书购置费用、图书的学科覆盖率等角度进行剖析,由此综合考量馆藏文献资源的科学性。在此笔者以福州东文学堂藏书为例,通过上述角度对其进行分析。

(一)从图书覆盖年份进行分析

对馆藏图书覆盖年份的分析,一方面可以反映馆藏图书的延续性,一方面可以反映图书的更新率。我们将现存的福州东文学堂的 109 种图书分析汇总,制作了表1"福州东文学堂藏书出版年份、种类及比重统计表"。

表1 福州东文学堂藏书出版年份、种类及比重统计表

出版年份	藏书种类	占百分比(%)
明治十六年(1882)	1	0.92
明治十八年(1885)	2	1.83
明治十九年(1886)	1	0.92
明治二十二年(1889)	1	0.92
明治二十三年(1890)	1	0.92
明治廿五年(1892)	1	0.92
明治廿六年(1893)	3	2.75
明治廿七年(1894)	2	1.83
明治二十九年(1896)	2	1.83
明治三十年(1897)	5	4.59
明治三十一年(1898)	7	6.42
明治三十二年(1899)	17	15.60
明治三十三年(1900)	11	10.09
明治三十四年(1901)	14	12.84
明治三十五年(1902)	14	12.84
明治三十六年(1903)	5	4.59
出版年份不明	22	20.18

从表1可以看出:一,福州东文学堂的藏书主要涵盖明治十六年(1882)至明治三十六年(1903)共 21 年间陆续出版的图书。从现有藏书来看,并不是从明治十六年(1882)至明治廿六年(1894)期间都有相应的书籍,但是从明治二十九年(1896)至明治三十五年(1903)年这 7 年时间里每年都有购置图书,并且呈逐年增加之势:分别从明治二十九年(1896)的 2 种增加至 17 种,所占百分比从 1.83% 增加到 15.60%。出版年份不明有 22

种,占 20.18%,这主要是因为有相当一部分藏书部件缺失,信息不全。二,结合福州东文学堂的独立存在时间(1898—1903)来看,其所购置的图书基本上符合学校建设发展的需要,这更说明了福州东文学堂图书更新较快,尤其是东文学堂成立当年及其之后的 4 年所购置的图书都与出版比较同步。

(二)从图书来源进行分析

现代图书馆在图书采购时一般都会选择核心出版社作为自己主要的图书采购来源,如高等教育出版社、机械工业出版社、电子工业出版社等都被作为高校图书馆采购的主要来源。参照此原则,我们对福州东文学堂藏书的来源进行分析,整理出表2"福州东文学堂藏书出版社、种类及比重统计表",由此可以看出隐藏在其背后的一些信息。

表 2　福州东文学堂藏书的出版社、种类及比重统计表

出版社	图书种类	占百分比
春阳堂发行	2	1.87
东京博文馆	31	28.97
东京东华堂	1	0.93
东京富山房	8	7.48
东京光融馆	1	0.93
东京金港堂书籍株式会社	5	4.67
东京同文馆藏版	3	2.80
东京文武堂藏版	1	0.93
东京有斐阁书房	3	2.80
东京政文社	1	0.93
东京专门学校出版部藏版	2	1.87
经营社发行	1	0.93
四圣堂藏版	1	0.93
早稻田大学出版部藏版	1	0.93
哲学书院发行	1	0.93
东京陆军大学校出版	1	0.93
中川藤四郎铅印本	1	0.93
群马县警察本部	1	0.93
陆军士官学校学科部	1	0.93
东京修文馆	1	0.93
东京丸善	1	0.93
东京数书阁铅印本	4	3.74
东京裳华房	1	0.93
东京三省堂	1	0.93

出版社	图书种类	占百分比
东京内田老鹤圃	1	0.93
东京警醒社	1	0.93
东京经济杂志社	1	0.93
东京光风馆书店	1	0.93
东京攻玉社铅印本	1	0.93%
东京岛村利助	1	0.93%
大日本图书株式会社	7	6.54%
出版机构不详	20	18.69%

结合表 2 的统计数据我们可以得出以下结论:一,福州东文学堂藏书的来源主要包含了包括春阳堂、东京博文馆、东京东华堂在内的共 31 个出版社。虽然分析的数据只是福州东文学堂藏书的一部分,但基本上能反映出图书来源的基本情况。从表 2 中的数据可以看出福州东文学堂藏书的来源主要为东京博文馆、东京富山房、大日本图书株式会社,分别有 31 种、8 种、7 种,所占比重为 28.97%、7.48%、6.54%。

随着 1868 年成立的明治政府的"脱亚入欧,富国强兵"政策的推行,近代日本出版业迎来其春天。博文馆便是代表性机构之一。"值得一提的是于 1887 年创立的博文馆,它构建了杂志王国。创立者大桥佐平(1835—1901)凭借各种杂志的惊人发行量在出版史上缔造了博文馆时代,留下了浓墨重彩的一笔。"[1]东京博文馆在明治时期的出版业可谓为核心出版社,而福州东文学堂购置的藏书近一半出于该出版社,东京富山房、东京有斐阁书房亦是明治时期日本出版界举足轻重的出版机构之一,"博文馆、富山房(1886 年创立)、同文馆(1896 年创立)等实力雄厚的出版社相继创立,推出了大量书籍类广告"[1]。由此可以得知福州东文学堂的藏书的购置遵循了图书购置注重来源的原则,所购图书很大一部分出自当时的核心出版社。

(三)从图书购置费用进行分析

现代图书馆的评价指标中除了对藏书类型、完整性等有特定的要求之外,通常在图书购置经费中也会有所要求。尤其是近些年,信息需求日益增加,各类图书馆的图书购置经费日益增加。而为了了解在一百多年前的福州东文学堂,购置图书是否得到重视,有多少经费用于图书购置,我们通过对日本国立国会图书馆网站搜索和现存图书的整理,获取了其中 51 种图书在当时的售价,整理出表 3"51 种图书价格汇总表"。

表 3　51 种图书价格汇总表

册数	版次	价格	册数	版次	价格
1	原版	定价金七拾钱	1	原版	定价五十钱
1	原版	定价金贰拾钱	1	原版	定价金六拾钱
1	原版	定价金四拾钱	1	原版	定价金五拾五钱
1	原版	金五拾钱	1	原版	定价金叁拾五钱

册数	版次	价格	册数	版次	价格
1	原版	实价金二十钱	1	原版	定价金七十五钱
1	原版	金拾三参钱	1	原版	定价金三拾钱
1	原版	金五拾钱	1	原版	定价金六拾钱
1	原版	定价金七拾五钱	1	原版	定价金八拾钱
1	原版	金五拾钱	2	原版	定价金五拾钱
1	原版	定价金壹圆五拾钱	1	原版	定价金壹圆四拾钱
1	翻译版	定价金贰拾五钱	1	原版	定价金三十五钱
1	第二版	定价金壹圆	1	原版	定价金八拾钱
1	原版	定价金一圆二十五钱	1	原版	定价金三拾五钱
1	原版	定价金五拾钱	1	原版	最近财政学奥付
1	原版	定价五拾钱	1	翻译版	定价金一圆二十一钱
1	原版	定价金五拾钱	1	原版	正价金十二钱
1	原版	正价金五拾钱	1	原版	不详
1	原版	金拾三参钱	1	原版	定价金五十钱
1	原版	金五拾钱	1	原版	不详
1	原版	金五拾钱	1	原版	不详
1	原版	定价金参拾贰钱	1	原版	定价二圆五拾钱
1	原版	定价金六拾钱	1	原版	不详
1	原版	定价金贰圆	1	原版	定价金贰圆五拾钱
1	原版	定价金壹圆六拾钱	1	翻译版	不详
1	原版	定价金三拾钱	1	原版	实价金叁拾钱

据表 3 我们可以得出如下结论：一，价格明确的有 45 种 46 册；二，把上述的价格相加，总共是金拾贰圆一千八百五十二钱。据《日本国志》载，"王政维新，特于大阪设造币局，于明治四年始金、银、铜三货并铸。一仿外国之式，其称谓从圆数起，由一圆而二圆、三圆，至于千万亿，皆以圆计。一圆百分之一为一钱，千分之一为一厘。厘十为一钱，钱十为十钱，十钱者则为一圆。金货有值二十圆者，有值五圆者，有值二圆者，有值一圆者。"[2] 按照明治时期日本货币的币值换算，一圆等于一百钱，可以得出这 45 种共 46 册图书的价值总共为金叁拾圆五十二钱。以此计算，平均每册图书大约为金六十六钱，由此估算 165 种共计 166 册图书的大约为 $66 \times 166 = 10956$ 钱，折合为金一百零九圆五十六钱。上面的数字似乎无法说明问题，而结合《福州东文学堂三年报告汇编》中的表 4 "三年入款征信表"，就可以说明一些问题了。

表 4　三年入款征信表　　　　　　　　（单位：台伏）

年月	项目	束修	伙食	杂费	官绅捐款	日本捐款	合计
1898 年		478	268.024	20.193	900	96.016	1762.233

年月	项目	束修	伙食	杂费	官绅捐款	日本捐款	合计
1899 年		348.552	285.748	40.273	420	996.451	2091.024
1900 年		395.964	232.058	2.394	1368.143	907.967	2906.526
三年总计		1222.516	785.83	62.86	2688.143	2000.434	6759.782

台伏,是 1906 年福州发行的一种纸币,台伏每元等于制钱 1000 文。清末实行银本位制,而这一时期日本明治政府实行金、银、通币并行制。囿于资料所限,这一时期日本货币与清末银元的兑换比率无从查考,但福州东文学堂所购图书价格均为日本明治三十年前后发行的金币,其价值与清末通行货币银元相比更不菲。从上表可知,1898—1900 年这 3 年中,福州东文学堂的经营经费来源为束修、伙食、杂费、官绅捐款及日本捐款。福州东文学堂的经费虽捉襟见肘、日益困窘,但是其用于购置图书的费用占三年入款的 1.62%。这虽不及现代图书馆购书经费的比例,但是依然可以看出福州东文学堂对图书购置的重视。实际上清末民初有大量的翻译版日文教科书,而福州东文学堂所购置的图书大都为日文原版图书,较之译版图书,价格更昂贵。这一点也可以说明福州东文学堂对图书购置的重视程度。

(四)从图书的课程覆盖率进行分析

现代图书馆衡量藏书科学性的一个重要指标就是课程覆盖率。要了解福州东文学堂图书购置的课程覆盖率的详情,必须结合学堂开设的课程情况和图书的学科类目。据《福州东文学堂三年报告汇编》载,"(福州东文学堂)兼习普通学,以二周年为限。学堂分别制定《东文章程》和《汉文章程》。东文章程主要开设日语课程,汉文课程主要有经义、通鉴、文献通考、本朝圣训、名臣奏议和兼试策论等。另外还开设数学(包括数字用法、数学用法和数学大意)和万国地理大意、万国历史大意等课程。1901 年增设翻译专修科和速成科。1902 年又开设政治科,除日语外还教授法制、经济等课程"。按照中国图书馆分类法类目划分和图书所反映的内容来区分,福州东文学堂藏书的类目情况见表 5"福州东文学堂藏书类目、种类汇总表"。

表 5　福州东文学堂藏书类目、种类汇总表

类目	种数	占百分比(%)
法律	17	16.35
化学	3	2.88
教育	5	4.81
经济	16	15.38
历史、地理	15	14.42
日语	1	0.96
算术	14	13.46
哲学、宗教	9	8.65
文学	7	6.73
政治	6	5.77

类目	种数	占百分比(%)
物理	4	3.85
生物	7	6.73

结合福州东文学堂开设的课程和藏书之类目、种数来看,学堂(包括《东文章程》和《汉文章程》)开设的课程主要有日语、经义、历史、政治、数学、地理、法制、经济等,而学堂的藏书则包含法律、工业、化学、教育、经济、历史、日语、算术、哲学与宗教、文学、政治等10余个类目。

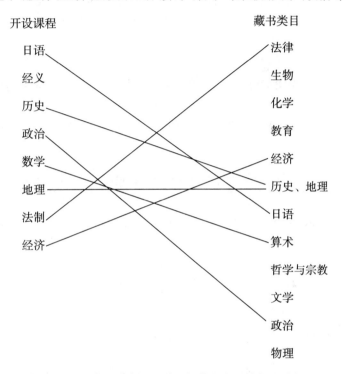

图 1　福州东文学堂开设课程与藏书类目对应关系图

从图 1 中我们可以清楚地看到,除了经义科目外,学堂开设的课程均有配套教辅图书,除此之外,还有工业、教育、化学、哲学与宗教、文学等类目的藏书。当然这些藏书只是当时福州东文学堂藏书的一小部分,也可能有关于经义等科目的藏书存在,因此我们只能说福州东文学堂藏书基本契合了学堂开设的课程,也有一些课程以外的图书补充。

福州东文学堂是清末东文学潮下创办的其中一所东文学堂,据郑权《福建之存亡》载,"他省亦有东文学堂,然不若其在福建之势力日张而范围日扩",由此可知福州东文学堂的经费虽不足,但较之其他各省却显充盈,用于购置图书的经费应当也相对充足,其所购置的教辅图书具有普遍性和代表性,这凸显出这批文献的重要历史价值。

一方面,这批藏书使福州东文学堂站在了清末向西方学习热潮的前沿。中日甲午战争后,中日签订了《马关条约》,清政府割辽东半岛、台湾及其附属岛屿、澎湖列岛给日本。战败的清朝意识到学习西方科学技术的重要性,而福州作为中日马江海战的前沿阵地,与台湾一海相隔,日本天然地成为其学习西方科学技术的首选对象。福州东文学堂作为福建省内最早的一所私立日语学校,更是率先主动把学习西方科学技术作为日常教学目标,其购置的日文藏书正是当时倡导向西方学习的最好印证。

　　一方面,福州东文学堂藏书是清末福建教育逐步近代化的文献辅证。福州东文学堂独立办学的时间主要为1898—1903年,中国近代教育发端于1904年的《癸卯学制》。然而在清末民初,虽然福州东文学堂存在时间不长,但它已经具有近代教育的某些特征,比如在课程内容上打破儒家经典一统天下的局面,增添自然科学、社会科学及体操、图画、手工、外国语等课程,所以说福州东文学堂藏书是清末福建教育逐步近代化的文献辅证。

　　总之,这批藏书是福州东文学堂向西方学习的一个文献辅证,是清末东文学潮下以福州东文学堂为代表的各学堂办学的一个缩影。对其展开的分析再现了东文学潮的一些历史真实。

参考文献

[1] 山本武利.广告的社会史[M].赵新利,陆丽君,编译.黄升民,审译.北京:北京大学出版社,2013:163－164.

[2] 黄遵宪.日本国志(上卷)[M].天津:天津人民出版社,2005:484－488.

明末王若之存世最早刻本《寤咏》《譾赋》《涉志》研究

——日本内阁文库与中国国图藏本关系及文本差异揭示

姜　妮(陕西省图书馆)

一、王若之及其著述

　　王若之(1593—1646),初名招寿,后名廷召,再后名若之,字湘客、芗叔,山东益都人。祖父名基,明嘉靖四十四年(1565)进士,官至南京户部尚书,一生清介有为,有古大臣风。其生父名世鹤,排行居三。因大伯父世凤无子,遂遵祖父基遗嘱过继承嗣①。王若之非科举入仕,明万历四十二年(1614),他参加了吏部谒选,授南枢密参军。四十五年(1617),以荫授南京前府都事,后升户部员外郎,督天津饷②。天启四年(1624),其上司天津巡抚毕自严奏报朝廷举荐王若之曰:"天津管饷户部河南清吏司员外郎王若之,亭亭气骨,烨烨才华,餐霞吸露,同清挟纩,投醪共戴。……品高操洁,出纳公平,不可于任子中求之尔。"③第二年,毕自严再次上疏举荐王若之等人,其疏曰:"天津粮储户部河南司员外郎王若之,操莹秋月寒潭,才蔚春云散彩,三津绩懋,万口歌腾……收买军粮数至三万,补毗最多……王若之等特为优,叙庶有功,必

---

① 王基.生平纪略一卷,附遗语,明稿本,国家图书馆藏本.
② 王若之.薄游书牍,清傅敏刻佚笈姑存丛书本.
③ 毕自严.饷抚疏草卷四　关运事竣奏报疏,明天启刻本.

录而饷,务克济矣。"①此时,宦官魏忠贤专政,很多地方都在给他建生祠,天津当地官员向王若之提议,希望也加入建祠行列,他拒绝迎合。天启六年(1626)秋,王若之称病辞归,在家闲居了十二年。明崇祯十二年(1639),王若之被召起用。旋又因直言进谏,被贬谪为南京户部郎中,督饷凤阳。因居官廉洁,又有才干,很快又被侍郎毕懋康特别举荐回到朝中。他革除宿弊,秉公论事,从不假吏胥之手谋一己之私。户部尚书张慎言很赏识他,称其有真才真品、实心实政。当时,厂臣勋戚冒充军籍的很多,王若之一一查明清除。在监军凤阳的时候,他触犯了南厂臣,被逮下狱。之后南法司重新审理,得以昭雪。当时,都御史李邦华力荐王若之,他再次被朝中召用。崇祯十七年(1644),王若之起补司农郎,授亚中大夫(从三品)。但就在同年三月,北京即被李自成率兵攻下。王若之着麻衣号泣,带着母亲辗转至南京横山,居住在门人的湖中别墅,期间,他还作诗给友人②。当时,清朝已下剃发令,强令所有人剃发表示归顺。一名游僧向官方告发了王若之,他因此被捕[1]。清人强行让其剃发,王若之坚决抗拒③。清顺治二年十二月(1646),王若之被刑于南京西华门笪桥市④。

王若之的一生,亲身经历了明朝由岌岌可危到最终被清朝取代这一巨大国变,面对清朝的高压民族政策,他不愿剃发臣服,最终以身殉国,终年五十三岁。他能诗善赋,精通琴棋书画,因早年在人文荟萃、文化昌盛的南京为官,结交了很多声气相投的文化名人,有儒者之行、名士之风,是明末一位既富才学又有气节的士人。

清初王士禛非常推崇王若之,在其著述中多次对其人其作给予佳评。称其"为人潇洒疏诞,有晋人风致,工尺牍,好弹琴,善五言诗"[2]。又称其"性嗜古……风神清映,如晋宋间人。工诗及尺牍"[3]。他曾在北京慈仁寺书肆购得王若之的集子,今台湾汉学研究中心所藏《佚笈姑存》(索书号13093)即王氏旧藏,钤有"池北书库""士禛私印"。王士禛对王若之的诗歌非常熟悉并由衷地欣赏,摘录了多首佳作,称其皆非凡语。王士禛作为清初影响最大的诗人之一,其鉴赏力自是非凡过人,他对王若之的精妙评价由一家之言变成了定性之语,后人关于王若之其人其作的的评价多承袭王士禛的说法而来。清乾隆间德州进士宋弼编《山左明诗钞》,收王若之诗31首[4],其中,有16首诗中的句子都被王士禛特别关注称赞过,可见其选诗标准受王影响之大。

因王若之为殉节士人,加之其著述尤其是书牍、疏稿、奏议等涉及明清易代史实,不免为清人所忌,固其作在清乾隆朝修《四库全书》时被列入《全毁书目》。清末姚觐元《清代禁毁书目四种》中列有《王湘客集》四种⑤,后孙殿起《清代禁书知见录》中明确记载:"《王湘客集》七卷,明琅琊王若之撰,顺治二年乙酉刊,又名《佚笈姑存》(《薄游书牍》一卷,《涉志》一卷,《王湘客诗卷》二卷,《续诗卷》一卷,《疏稿》一卷,《津门中都启稿》一卷)。"[5]在清廷禁书影响下,王若之的著述几近销声匿迹,鲜被记载,直至嘉庆之后文网渐松,方偶有提及。道光年间南通州徐宗干辑有《山左明诗选》,收王若之诗4首,所选均不出宋弼《山左明诗钞》之外[6]。清末陈田《明诗纪事》收有王若之诗3首,又均不出徐宗干《山左明诗选》之外[7]。清末民国时期,寿光赵愚轩所辑《青州明诗抄》四卷《续编》一卷,收王若之诗22首[8]。除《山望》一首外,其余21

---

① 毕自严.饷抚疏草卷七 荐举部属分司疏,明天启刻本.

②④ 李图、刘耀椿.咸丰青州府志卷二十,清咸丰九年刻本.

③ 黄宗羲.弘光实录钞卷四,清光绪三年傅氏长恩阁钞本.

⑤ 姚觐元.清代禁毁书目四种,清光绪刻咫进斋丛书本.

首俱不出《山左明诗钞》所选之外。可知,乾隆之后所收之诗,由于文献稀见之故,多是因袭前选。民国时期,热衷于搜集明清易代之际史料的周作人、邓之诚均收藏或阅读过王若之的著述。周作人旧藏两部王若之著述今俱藏国家图书馆(善0416、T3784),有"苦雨斋藏书印""苦茶斋"钤印为证,他还曾在《薄游书牍》一书扉页上作有题记共145字。其散文集《风雨谈》对所购之书亦做了概述,还录文多处,并给予品评[9]。

结合各类书目及最新普查信息可知,王若之现存著述有:

明刻本《寙咏》《讔赋》《涉志》《寄语》(日本内阁文库藏本);

明刻本《寙咏》《讔赋》《涉志》(国图藏本);

明刻本《寙咏》《讔赋》《往笺》(北大图书馆藏本);

明刻《两笈姑存》丛书本(存子目《寙咏》《讔赋》《涉志》《丁丑小草草》《归兴》《岁扎》《檗裁》,大荔县文物旅游局藏本);

明刻《两笈姑存》丛书本(存子目《寙咏》《讔赋》,陕西省图书馆藏本);

清傅敏刻《佚笈姑存》丛书本(包括子目《疏稿》《薄游书牍》《津门中都启稿》《涉志》《诗卷》《续诗卷》,国图、北大图书馆、中科院、台湾汉学研究中心四地有藏,其中,国图藏三部[两部残本]、台湾汉学研究中心藏两部[一部残本])。

二、《寙咏》《讔赋》《涉志》概述

《寙咏》《讔赋》系诗作,《涉志》类游记,三书均按年编排,所收俱为明万历乙卯(四十三年)至戊午(四十六年)作品。这些都是王若之早年所作诗文,此时王若之初入仕途,年轻气盛,郁郁芊芊,于作品中有所反映。

《寙咏》所收多是寄寓个人情怀、理想的诗作。明代诗文大家、学者李维桢曾为《寙咏》作序曰:"王湘客经纶英宿,吏隐白门。《寙咏》名诗,取义硕人。寙言寙歌,于考盘尔。予臆绎之,不宁惟是。"①李维桢所指的"硕人",并非齐国美女庄姜,而是源自《诗经·卫风·考槃》:"考槃在涧,硕人之宽。独寐寙言,永矢弗谖。考槃在阿,硕人之薖。独寐寙歌,永矢弗过。考槃在陆,硕人之轴。独寐寙宿,永矢弗告。"[10]注家多认为这是一首关于隐士的赞歌,全诗描写刻画了一位隐居山林、独善其身的贤者。王若之选用这样一种意境的诗作,并截取全诗最精彩、最动人心魄之句"独寐寙言""独寐寙歌",是为《寙咏》,题为自己诗集之名,足以看出他的处世态度以及内心深处的苦闷、孤寂、不屈服,还有对自由的向往和追求。

《讔赋》所收,多作于友朋相会或离别之境。王若之友人陈烈《讔赋序》首曰:"六朝多公讔诗,杯酒论文,讔固呈才之会。溯而求之,惟邺城称最,仲宣、公干下弗敢雁行,刻烛寸晷,标题角险,抑亦难已。"②之后,陈玄藻(字尔鉴,号季琳,明万历三十八年进士,历官礼部右侍郎[11])承此序之意又作《讔赋题辞》,曰:"予友王湘客蔚起异才,慧心彩笔,家落失意,勉仕旧游,休沐之余,每趋小集,授简拈韵,席上风生,速而能工,共推合作,诚千百年来江左风流再现也……食不忘君,意多忧世,风雅经济,湘客原擅兼长,虽参军犹位未达志,即振古

① 王若之.寙咏,明刻两笈姑存丛书本.
② 王若之.讔赋,明刻本,日本内阁文库藏本.

词华,自休明鼓吹,岂流连光景者比耶!"①古代文士常借谶会之际,赋诗论文,畅谈怀抱,切磋学问。是以此集虽名《谶赋》,却不似应制唱和之类诗作那般简单被动,仍是充满了诗情和才意。

《寤咏》《谶赋》所收,也并非完全界限分明、互不相干。有多首诗作在之后的版本中,又被调整放置到了另一书中。

《涉志》系小品散文,记录了作者四年之中的游历踪迹。王若之友人许令典(字稚则,号同生,海宁人②,万历三十五年进士③,天启间授淮安知府④。)所作《涉志序》略述了王若之的个人志趣及写作背景、意图,其文曰:"善乎渊明日涉成趣,友人芗叔无园且无拂衣,淡宕游齐鲁吴越燕赵间,固是一往有深情,踪迹远而久益奇偶。与之相值,出手编见示,洒洒数千言,皆日涉之志……异哉!芗叔以四方为园,更自成趣耳。"⑤王若之所作《孟夏七日》一文也体现了他本人对"涉志"一词的理解体会,其文曰:"游杏花村,历十余家园,各有所长,亦各有所短。予无所喜憎,或曰:子将取法造园亭乎?不知园之本在山水,花木亭馆其末。即山水为园,于古人幕天席地之意,犹见乎小,繁何必屋里架屋,拮据载植为也,况山水花木,闲者便是主人,不园之园,日涉乃更成趣。"⑥

王若之寄情于田园山水,以游历为乐。他还精于琴术,又热衷于鉴藏上古之书画器物,人言其有晋人风致。在他的诗文中,常常可见其对自然山水的醉心留恋和对名士的倾慕赞美,从中可以感受到他潇洒疏淡的个性。《涉志》所记录的,正是对这样一种自由自在、随心随性生活的践行。

《中国古籍善本书目》集部 10656 收有国图藏本《寤咏》《谶赋》《涉志》各一卷(合一册),著为"明刻本",国图一家收藏[12]。其中,《涉志》卷端钤有"苦雨/斋藏/书印"(阳文、方形)。王若之著述最初以单行本存世,之后始有明刻《两笈姑存》、清傅敏刻《佚笈姑存》丛书本等。此本系国内所藏王若之著述最早的刻本,其缩微影像已公布于国图"中华古籍资源库",较以往易阅知。

《中国古籍总目》集部 20212764 收有日本藏本,著录为:"王若之四种,明王若之撰,明刻本,日本内阁。"[13]严绍璗先生《日藏汉籍善本书录》曾记载此书,认为"此本系日本仁孝天皇文政年间(1818—1829)出云守毛利高翰献赠幕府,明治初期归内阁文库。"并将定此本为"明万历四十六年(1618 年)序刊本"[14],日本内阁文库则笼统称其为"明刻本"。这是此前关于日本藏本的所有记载。赖友人相助,笔者有幸获取日本所藏复制本,是以得知此书更多信息。日本所藏共四种,具体为:《寤咏》《谶赋》《涉志》《寄语》。《寄语》一书,只日本有藏,无可比较,本文姑且不论。其中,《寤咏序》首叶钤有"佐伯侯毛利/高标字培松/藏书画之印"(阳文、方形),知为日本德川幕府时期丰后国佐伯藩主毛利高标(1755—1801)旧藏。又有"浅草文库"印(阳文、竖长方形)。《谶赋》末钤有"昌平阪/学问所"印(阳文、竖长

---

① 王若之. 谶赋,明刻两笈姑存丛书本.
② 陈玉璂. 康熙常州府志卷二十一,清康熙三十四年刻本.
③ 邵晋涵. 乾隆杭州府志卷八十八,清乾隆刻本.
④ 丁晏、何绍基. 同治重修山阳县志卷五,清同治十二年刻本.
⑤ 王若之. 涉志,明刻本,国家图书馆藏本.
⑥ 王若之. 涉志(丁巳年之作),明刻本,国家图书馆藏本.

方形)。日本内阁文库汉籍特藏的一个重要源头就是"昌平阪学问所本"[15]。这是此本在日本的递藏情况。

三、日本与国图藏本关系

两处所藏《癏咏》《谶赋》《涉志》，题名相同，都是禁毁令下的幸存品，却天各一方。长期以来，日本藏本的面貌扑朔迷离，国图藏本又一直被视为独家收藏的"孤本"。两处所藏究竟有何关系？这是一个以往未被关注却值得研究的问题。

粗略比较《癏咏》《谶赋》卷端，即可发现文本差异很大，两处所存《涉志序》《癏咏序》也有文本差异，很容易误为两个版本。但是，仅仅以数叶进行外观上的比对是远远不够的。上海图书馆郭立暄先生曾在《剜版现象与古籍印本鉴定》一文中指出："通过版本比对来确定两个本子的关系，仅仅比对一叶、两叶是不够的，因为有时出版者只使用部分旧版。旧版文字只需作个别改动的就在旧版上剜改，文字需要较大改动的则重新刻版，并换取旧版。这样印出的本子旧版与新版错出，需逐卷逐叶比对才能得出正确的结论。"[16]笔者对此深有感触，正是在逐叶比对后，才认定两处所藏非不同版本，而是同一版本，日本藏本为先印本，国图藏本为后印本，且两本存在文本差异。

两处所藏《癏咏》《谶赋》《涉志》均没有明显的断板痕迹，故笔者主要从界栏及外板框断裂痕迹来比对判断，得到了这样的结论：《癏咏》第1—4、8—14、16—20叶为同一书版（两处所藏《癏咏》均为20叶），《谶赋》第1、4—9、11—15、17—20叶为同一书版（两处所藏《谶赋》均为20叶）。《涉志》第1—17叶为同一书版（日本藏本《涉志》共20叶，国图藏本共18叶），此外之其余叶，后印之国图藏本均系补版重刻。

限于篇幅，此处仅分别展示《涉志》《癏咏》《谶赋》部分书版断裂相同，且内容有异的书影为证。一来证明两本的版本关系，二来亦可证两本确实存在文本差异。

左:日本藏《癏咏》P3B－4A   右:国图藏《癏咏》P3B－4A

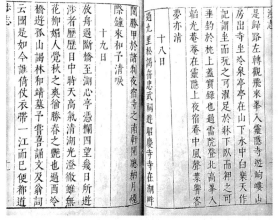

左:日本藏《譙賦》P8B – 9A

右:国图藏《譙赋》P8B – 9A

左:日本藏《涉志》P10B – 11A

右:国图藏《涉志》P10B – 11A

    还有一个较直接的证据可以辅助证明日本藏本系较早印本,国图藏本系后印本。日本藏本《癯咏》一书有多处文本校改,如《病疟戏占》中"早岁遭坎轲"之"轲",《病起》中"庭阶不步草俱遮"之"俱",《山中十首》(其十)中"妻孥罢纴织"之"罢",仔细观察,这些字均系用小方格纸贴改。而这些改正过的字,在国图藏本中均得到了改正。

    此外,从整体外观形式来看,日本藏本笔锋锐利、字迹清晰,界栏及板框断裂尚少,是较早的印本。相比之下,国图藏本无论从字迹、刷印还是界栏及板框断裂处都显露着较后印本的特征。

    以上板框、界栏断裂,文本纠改及外观形式上的特征可充分说明日本与国图藏本系先印与后印之关系。

四、从修、补版观文本差异

    如前所述,日本、国图藏本系先、后印本关系,且后印本并非简单据旧版刷印,而是有文本差异。那么,后印本的修版、补版数量有多少,在文本上究竟较先印本有多大区别,这些则是在全面比对文本后才能解决说明的问题。

通过逐叶比对文本可以发现,两地藏本有很多不同,除了作品收录有别外,还有同一作品在文本上的前后修改,尤其是收录诗歌的《瘴咏》《讘赋》,较《涉志》更为明显。鉴于《瘴咏》《讘赋》文本修改较多,笔者以二书为例,逐叶逐字比对,统计出二书书版的修版、补版数量。这一现象很有意思,从中可以看到一书在文本修改之后对旧有书板的利用问题,是物尽其用原则,还是美观至上原则,还是二者兼有考虑。另外,还可以反观剜版修改和内容、排序变化之间的关系,有时可能并不是内容占主导地位。同时,还可以看出剜版和板片磨损产生的漫漶这两种现象的不易区分。

《瘴咏》修版、补版统计表

版 面			半版字数	剜改补字	备 注
修版情况	1	右	68	59	补入1字。同一作品,文本差异大
		左	70	13	同一作品
	2	右	82	2	同一作品
		左	95	75	剜去13字。从第3行开始,全部剜改,易为他作。原版为《中秋十四夜西山道中》及诗题《予公服悉质米肆止存一绢者四时着》前十五字,剜改为《题佛光岩》及新作诗题《同徐小严游时埠》。其中,《题佛光岩》原版亦有,但收入《讘赋》,且上版位置不同,内容也有部分差异,由此可进一步佐证,此版之变动系剜改而非借助于旧版
	3	右	93	50	补入6字,剜去1字。第1至4行,全部剜改,易为他作。原版为诗题《之无所更易恋恋若故人焉》后十一字及全文,剜改为新作《同徐小岩游时埠》
		左	74	70	补入13字。第1至3行,全部剜改,易为他作。原版为《冬夜》,剜改为新作《久雨陈将军过访忽尔开霁拈得虹字》。第4至7行为《除夕》,文本差异大
	4	右	101	0	同一作品
		左	87	13	剜去2字。除最后一行原版为诗题《早起》,后剜改为另一诗题《口号》(此诗原版亦有,位置异,内容部分异),其余系同一作品
	8	右	106	38	同一作品
		左	91	0	
	9	右	83	2	同一作品
		左	100	1	
	10	右	93	13	剜去1字。同一作品
		左	83	20	同一作品
	11	右	49	1	同一作品
		左	64	0	

版　面		半版字数	剜改补字	备　注
12	右	63	0	同一作品
	左	82	6	
13	右	99	11	同一作品
	左	79	55	补入14字,剜去6字。第2至6行,全部剜改,易为他作。原版为《思亲》,剜改为《予公服悉质米肆止存一绢者四时着之无所更易恋恋若故人焉》,此诗原版亦有,位置不同,内容与新补有两字差异
14	右	118	48	同一作品
	左	88	60	补入17字,剜去12字。从第3行开始,全部剜改,易为他作。原版为《立夏泊急水闸》及《舟望》前两句余三字,剜改为新作《无题》及《立夏泊急水闸》主体部分
16	右	115	10	剜去1字。除第1行共5字系剜改易为他作外,其余均为同一作品
	左	97	20	同一作品
17	右	94	10	同一作品
	左	95	21	
18	右	91	5	同一作品
	左	87	0	
19	右	84	3	除最左边一行原为诗题《对雪》,后易为另一诗题《偶成》外,其余均系同一作品
	左	102	80	补入12字,剜去22字。此半叶全系剜改,原版为《对雪》正文及《昌乐道中即事》,剜改为《偶成》正文及新作《破丘遇陈新伯新伯为矿洞使能世其业》
20	右	86	13	同一作品
	左	61	28	
总计	16	2780	727	补入63字,剜去58字
修版字数百分比				(727 + 63 + 58) ÷ 2780 = 30.5%
补版情况				第5、6、7及第15叶为补版重刻。第5—7叶原版依次为《早起》正文及《无题》《春怀》《偶成》《子夜四时歌》,补版依次为《口号》正文(原版作《无题》)、《池成喜雨和友人韵》(原收入《蠡赋》)、《独酌》(新作)、《代裴生次韵答人》(原收入《蠡赋》)、《纪梦》(新作)、《唐右文出守高阳》(新作)、《早起》《夕霁同仲父及诸弟分韵得群字》(新作)、《赠石君锡别》(新作)、《无题》(原版作《偶成》)、《懊侬歌》(原版作《子夜四时歌》)。第15叶原版依次为《舟望》后十一字、《三妇艳》《秋夜》《柬胡念麓邑侯》《柬王开府》主体部分,补版依次为《立夏泊急水闸》后六字、《柬王开府》《偶述》(新作)、《柬胡念麓邑侯》主体部分。此四叶无一处界栏及板框断处吻合,又根据其内容变化,可知其确为补版。

《蘦赋》修版、补版统计表

版 面			半版字数	剜改补字	备 注
修版情况	1	右	68	32	右半版剜去6字。左半版补入22字,剜去14字。原版为《之任金陵留别诸友》、《定林寺次黄贞甫仪部韵》、《江上送辛元胤还里》(其一),剜改为《之任南都留别诸友》《溪阁坐雨》《冯锡之邀同曹玄子袁治斋田伯机夜泛冶湖》主体部分。左半版全部系剜改
		左	90	76	
	4	右	76	6	补入1字,剜去2字。同一作品
		左	104	1	剜去2字。同一作品
	5	右	74	0	同一作品
		左	101	0	
	6	右	90	4	剜去2字。同一作品
		左	80	3	同一作品
	7	右	100	66	剜去11字。原版《斋中即事》,剜改为新作《题佩带》
		左	85	50	剜去2字。同一作品
	8	右	88	43	剜去1字。原版《自君之出矣》,剜改为新作《七日再占》
		左	85	50	补入3字,剜去1字。最后两行原版为《即事》,剜改为他作《自君之出矣》
	9	右	91	37	剜去8字。同一作品
		左	97	0	同一作品
	11	右	111	55	剜去7字。第1至3行,原版为《大云寺诚上人出牌索诗而限韵刻期走笔草此》,剜改易为他作
		左	109	11	剜去3字。同一作品
	12	右	97	66	剜去14字。原版为《同尹宏居石伯寅夜酌分得谁字》《李四如枉过》,剜改为新作《无题》(两首)
		左	82	36	第1至2行,原版为《李四如枉过》后部分,剜改为新作《无题》后半部分
	13	右	92	2	同一作品
		左	104	29	
	14	右	98	15	同一作品
		左	102	50	剜去4字。同一作品
	15	右	107	67	剜去2字。同一作品
		左	104	14	同一作品

78

版 面		半版字数	剜改补字	备 注
17	右	104	85	补入 12 字,剜去 19 字。此半叶全系剜改,原版为《蓬莱阁同徐太和使君晚眺时有建夷之变》正文及《冶湖山阁访冯参藩》,剜改为《冶湖山阁访冯参藩》征文后部分及《予抱内子之戚刑养健计部偕郑廷陈茂才雨中移酌来相慰藉即席同廷陈分得欢字》
	左	108	26	同一作品
18	右	88	17	同一作品
	左	81	17	剜去 5 字。同一作品
19	右	91	21	同一作品
	左	81	59	补入 13 字,剜去 14 字。此半叶除首、末两行外,其余全系剜改。原版为《予抱内子之戚刑养健计部偕郑廷陈茂才雨中移酌来相慰藉即席同廷陈分得欢字》,剜改为《东皋同徐太和使君晚眺时有建夷之变》
20	右	64	25	同一作品
	左	25	0	
总计	16	2877	963	补入 51 字,剜去 117 字
修版字数百分比				(963 + 51 + 117) ÷ 2877 = 39.3%
补版情况				第 2、3、10、16 叶为补版重刻。第 2—3 叶,原版依次为《江上送辛元胤还里》(其二)、《同冯锡之曹玄子袁冶斋田伯机泛舟冶湖》、《佛光岩》、《短烛行》、《溪阁坐雨》、《汶泉殿下招饮即席同徐匡庐赋》,补版依次为《偕徐匡庐集中轩郡王邸》《定林寺次黄贞甫仪部韵》《短烛行》《中秋十四夜西山道中》《江山送辛元胤还里》,此五首原版亦有,除第二首、第五首文本相同外,其余三首文本均有不同程度修改。此外,这五首诗在书版的位置与旧版异,也可证其确为补版。第 10 叶右半版原版与补版均为同两首诗作,文本有小部分改动,同时,比较其文本相同处,字体风格均有差别。左半版原版为《冯桢卿偕刘九仍枉过》后六字,《池成喜雨和友人韵》及《大云寺诚上人出牌索诗而限韵刻期走董草此》诗题,补版为《冯桢卿偕刘九仍枉过》后六字及新作《冯于方招同宋于声郑廷陈尹无我饮集别业》。综合两半版可知,此叶为补版。第 16 叶,原版依次为《村居即事》二首、《席上代裘生次韵答人》及《蓬莱阁同徐太和使君晚眺时有建夷之变》诗题。补版为《李伯姬枉过》《村居二首》《冶湖山阁访冯参藩》前三句余两字。此三首日本藏本亦有,但上版位置异,部分内容也不同。此四叶新、旧版面无一处界栏及板框断处吻合,又根据其内容变化,可知其确为补版

由以上统计可以看出,作为后印本的国图藏本《痗咏》《谦赋》,有 1/5 是补版重刻,还有 4/5 是修版,即剜改日本藏本《痗咏》《谦赋》旧版而来。在各自修版的这 16 块版面中,《痗咏》《谦赋》的修版字数百分比分别为 30.5% 和 39.3%。

笔者通过比对实物和文本版本,认为日本藏本和国图藏本系同一书版所印之书,而日本藏本在先,国图藏本是在对日本藏本之书版进行了修版、补版之后的后印本。这个后印本没有表现出十分严重的漫漶、界栏断裂等特征,却有大量的文本改动。对于这样的后印本,只有在和较早的印本进行仔细比对后,才能明确其版本性质,不然则很容易将其误定为另外的版本。同样,正因为其存在很多文本改动,另外还有 1/5 的补版,也不能视为一般意义上的后印本。

日本藏本《瘗咏》《涉志》《寄语》《讔赋》所附各书序均作于明万历四十六年(1618),国图藏本亦有同年序言(不全),但是序言内容有所修改,应该是作者在首次付梓后很快就对文本进行过一次大的修改,作序者借此又对序言进行了润色。按常理分析,此书应刻于明万历四十六年或者稍后不久。至于国图所藏这个后印本的补版、修版时间,从其版式特征、字体风格来看,均和原版非常接近,有的若不进行比对,甚至看不出修补痕迹。笔者认为其补版、修版时间应距最初的雕版时间较近,同时很有可能系同一书手刻工所为。但这个后印本的具体刷印时代却不在明代,而是到了清初。国图藏本《瘗咏》所收《山中六首》(其三)有"闻说□□□马骄,迩来长下肆攻剽"句,比对日本藏本,可知阙处三字为"辽阳胡"。另国图藏本《讔赋》所收《宋总宪问先大父抚云中事口占奉答》(其二)有"穷边三筑受降城,铁骑亲提□□营"句,同样比对后可知阙处二字为"压虏"。显然,这些言语都触及了清朝的忌讳,可知此本的刷印时代已到了清初。

作者在对文本进行修改后,必然面临着下一步的刊刻问题。在雕版印刷盛行的明清之际,人们到底是选择对旧版进行剜改,还是撤掉旧版、补充整版重刻,其实这些都有可能,要视具体情况而定。国图藏后印本则为这方面研究提供了实例。由以上《瘗咏》《讔赋》后印本的补修版情况来看,1/5 的补版,30.5% 和 39.3% 的剜改修版,这已是很大程度的版面修补。这样大的修补,并不是因为旧版年代久远,不能再用,而是因为作者主观上对文本有大的改动所致。一方面从创作的角度而言,可以看出其对自己作品的精雕细琢,并不因为已经付之梨枣而有所松懈;另一方面从雕版利用和刻书的角度而言,在雕版版面没有大的断裂、缺损而只是有文字上的改动时,一般还是会充分利用旧版。当然,古代雕版往往是两面都刻有字,这也是其不会轻易废弃旧版的原因之一。而雕版在后期的修版也是较方便和容易实施的,文中所涉及的修版,若不比对,有的很难看出其剜改痕迹。这也是雕版印刷优于活字印刷的一个显著表现,后者往往一批刷印完毕,字模便要拆散再利用,雕版印刷则不然。在书版保存完好的前提下,其不但可以随时刷印,并且在文本有改动时也能通过修版轻易实现更新。

参考文献

[1] 孙葆田,法伟堂.光绪山东通志卷百四十二[M]//山东文献集成:第一辑(第二十五册).济南:山东大学出版社,2006:285.

[2] 王士禛.池北偶谈[M].济南:齐鲁书社,2007:171 – 172.

[3] 王士禛.带经堂诗话(上册)[M].北京:人民文学出版社,1963:239.

[4] 宋弼.山左明诗钞卷三十二,清乾隆三十六年益都李文藻广东刻本[M]//山东文献集成第一辑,(第四十册).济南:山东大学出版社,2006:766 – 768.

[5] 孙殿起.清代禁书知见录[M].北京:商务印书馆,1957:28.

[6] 徐宗干.山左明诗选卷八,清道光七年徐宗干泰山官署刻本[M]//山东文献集成第一辑(第三十八册).济南:山东大学出版社,2010:570.

[7] 陈田.明诗纪事辛签卷六上.见万有文库[M].上海:商务印书馆,1936:749.

[8] 赵愚轩.青州明诗抄卷四,民国稿本[M]//山东文献集成第二辑(第四十册).济南:山东大学出版社,2007:616 – 618.

[9] 周作人.周作人散文全集[M].桂林:广西师范大学出版社,2009:148,153 – 154.

[10] 方玉润.诗经原始(上册)[M].北京:中华书局,1986:174.
[11] 朱保炯.明清进士题名碑录索引[M].上海:上海古籍出版社,1980:2588.
[12] 中国古籍善本书目·集部(上册)[M].上海:上海古籍出版社,1996:883.
[13] 中国古籍总目·集部[M].北京:中华书局,2012:997.
[14] 严绍璗.日藏汉籍善本书录·集部·索引(下册)[M].北京:中华书局,2007:1767.
[15] 严绍璗.汉籍在日本的流布研究[M].南京:江苏古籍出版社,1992:230.
[16] 陈正宏,梁颖.古籍印本鉴定概说[M].上海:上海辞书出版社,2005:169.

全民阅读背景下地方作家专藏阅读推广模式探索

——以"陕西作家专藏"为例

窦 鹏 王 平(陕西省图书馆)

我国现代图书馆事业发展一个多世纪以来,公共图书馆地方文献馆藏资源建设已具备相当的规模,作为地方文献重要组成部分的地方作家专藏建设也得到重视。文学作品天然具有地方性,这决定了其重要的史料价值和社会价值。中国现当代文学史上,描写地方的作品不胜枚举,如鲁迅的《故乡》《阿Q正传》《孔乙己》《祝福》等以绍兴为故事背景,沈从文、韩少功的"湘西世界",莫言的"高密东北乡",贾平凹笔下的商州、西京,阎连科的耙耧山脉等文学意象,各具浓厚的地方色彩。正如有研究者所论,"任何文学首先是属于地方的,它产生于一个地方、描写了一个地方,它属于一个地方,而不是属于世界所有的地方,它的特点与优势,也会与它产生的这个地方具有重要的关系"[1]。图书馆设立地方作家专藏,对社会大众了解、感知、学习和研究地方文学、文化、历史、社会、事物等储备了丰富的文献资料。

在构建新时代全民阅读社会的背景下,如何充分发挥地方作家专藏的社会价值是值得研究和探讨的一个新课题。本文将结合陕西省图书馆"陕西作家专藏"阅读推广项目的策划和实践,提出一系列较为全面系统的阅读推广策略以期抛砖引玉,对地方文献阅读推广工作实践和研究提供参考和借鉴。

1 现状调研

笔者自中国知网、"百度搜索"检索地方作家专藏建设相关信息,并汇总统计,其结果显示:我国各级、不同类型图书馆建设地方作家专藏已颇具规模。据不完全统计,广东省立中山图书馆于1989年建立广东作家作品签名本专藏[2],是我国最早建立的地方作家文献专藏;濮阳市图书馆于1990年底成立豫籍作家著作(作品)专题收藏室[3];长春市图书馆于1992年设立"地方作家作品文库"[4];上海图书馆1992年设立"中国文化名人手稿室"[5];咸阳市图书馆于2004年创办"咸阳地方作家文库"[6];河北省图书馆于2005年开设河北作家专藏[7],同年湖北省图书馆成立湖北作家文献[8];上海普陀区图书馆2009年启动上海当代作家作品手稿收藏展示馆[9];陕西省图书馆于2009年设立陕西作家著作专藏;南京图书馆在"十二五"期间建成"江苏作家作品馆"[10];辽宁省图书馆设有"辽宁作家作品专藏"[11]。此外,高校图书馆也建立有本地作家专藏,如上海大学图书馆的"上海作家作品陈列与研究室"[12]、黑龙江大学图书馆的"东北作家群文学"[13]、宿州学院图书馆与宿州市作家协会共建"地方文学库"[14]等。

地方作家专藏的收藏范围通常为出生、工作或生活于某一地区的作家的作品、手稿、签名本、传记、评论、奖状、照片、信札、证书、音视频资料等各类型文献。各图书馆考虑本馆地方文献收藏总原则,在地方作家专藏建设方面侧重有所不同。目前,地方作家专藏除了提供阅览服务、举办作家作品展览以外,编制有作家作品目录、研究文献索引等,有的图书馆还研发了作家专题数据库,如广西壮族自治区图书馆的"广西文坛专题资源"(数据库);有的馆藏单位已着手作家手稿研究、作家文献整理和出版等工作。

除了掌握地方作家专藏建设和服务现状以外,我们还需要了解地方文献、本土文学阅读推广的研究现状。笔者在中国知网学术期刊论文库中,分别以"地方文献阅读推广""地方文献+文学""地方文献+作家"为关键词,共检索到论文250余篇,其中40余篇文章专门论及地方文献阅读推广工作;涉及地方文献工作与本土文学的论文约占检索结果总量的三分之一,这些论文的研究内容主要可以归为三类:对本土历代作家作品的赏析与研究、地方特色文学与文艺作品创作以及作家文化服务资源的建设等。早在2009年,已有研究者对地方文献工作与本土作家作品相结合的模式进行探讨,提出图书馆如何利用泛珠三角区域两广作家文化,为学科建设服务的思路[15]。2016年,有论文以黑龙江本土作家与读者分享活动案例,展示具体的地方文献阅读推广活动形式[16]。2017年,宁夏图书馆将少数民族阅读文献推广作为一项重要工作,该馆根据馆藏回族文献资源特点,提出了相应的阅读推广方式、方法,并对加强回族文献阅读推广总结出若干策略[17]。总结调研结果,不难看出各级、各类型图书馆已逐步重视地方文献与本土文学的阅读推广工作,能从本馆工作实际出发,针对不同的阅读群体提出了较为具体的形式各异的阅读推广活动方式和方法。然而,从宏观的角度来看,在地方文献阅读推广策略上普遍存在一定的局限性,现有研究仅就某一次或某一类的地方文献阅读推广活动展开论述或总结,而缺乏关注地方文献阅读推广工作的整体建设、系统策划。

2018年开始施行的《中华人民共和国公共图书馆法》第四十条提出"图书馆应当加强数字资源建设、配备相应的设施设备,建立线上线下相结合的文献信息共享平台,为社会公众提供优质服务"[18]。为了适应新的时代需求,各级、各类型图书馆举办阅读推广活动如火如荼,而地方作家专藏这一颇具地方特色的文献资源集合,更值得引起重视并进行阅读推广利用。基于此,本文拟提出一个较为全面系统的阅读推广模式或一系列策略以供参考。

2 开展地方作家专藏阅读推广的必要性

进入21世纪以来,随着信息技术的发展,包括文献借阅服务和信息服务的图书馆传统服务模式面临着严峻的挑战。在世界范围内,各地图书馆阅读推广活动逐渐成为公共图书馆和高校图书馆的主流服务形式[19]。在这样的大背景下,图书馆地方文献工作也亟须改变服务策略,适应行业发展潮流。

2.1 "互联网+"时代的发展需求

随着"互联网+"时代的来临,新媒体技术广泛深入大众生活,读者群体阅读习惯发展改变,图书馆需要创建地方作家专藏数字文化资源提供社会服务。2017 年文化部印发的《"十三五"时期公共数字文化建设规划》中指出,要"深入挖掘地方特色文化资源,加强体现民族文化、历史文化、地域文化等特色资源建设,建成体现社会主义核心价值观、展示中华文化精神、反映当代中国人审美追求,思想性、艺术性、观赏性较强的地方特色数字文化资源"[20]。地方作家专藏既是地方特色文化资源的集中代表,又是当代中国精神文明建设取得的成果的重要构成部分,因此,地方作家专藏数字化建设及其阅读推广工作势在必行。

2.2 建设全民阅读社会的需要

2016 年 12 月国家新闻出版广电总局发布的《全民阅读"十三五"时期发展规划》,要求"组织开展系列专题数字化阅读活动,大力提升全民数字化阅读率;支持建设一批数字化阅读服务平台,助力全民阅读普及,提升数字出版在公共文化服务体系建设中的支撑能力"[21]。在公共文化服务备受重视的大环境下,图书馆拥有一定优势的乡土读物和地方文献资源,无论是基于家国情怀,还是乡土情思;无论基于图书馆公共文化服务的范畴,还是"全民阅读"及"分众阅读"的阅读文化学理念,"分地读物推广"理应成为全民阅读推广的重要选项[22]。包含地方作家专藏之内的地方文献资源都应成为各地图书馆打造全民阅读社会的重要阅读内容。

2.3 图书馆业务发展内驱力使然

如前述调研显示,各大图书馆已建有不拘一格的地方作家专藏,文献藏量达到一定规模并且资源类型丰富。从业务自身发展规律来看,图书馆亟须促进服务创新,符合当下社会大众需求,拓展专题文献阅读推广活动,提升专藏文献的使用价值。以陕西省图书馆为例,2009 年 4 月 23 日启动陕西作家专藏,收藏范围为 1949 年以来的陕西籍作家著作以及长期以来在陕西工作生活的非陕籍作家作品。经过十年的建设,收藏作家著作近 2000 种、当代作家手稿 1.2 万页、作家签名本图书 120 多册。近几年,陕西省图书馆也多次邀请知名作家做客"陕图讲坛"做公益讲座、参与各类阅读活动,积累了一定的阅读推广经验并自建有相应的数字资源,为今后的阅读推广模式探索打下坚实的基础。

3 地方作家专藏阅读推广模式的策略

新中国成立以来,各地区的地方作家及其创作实绩是我国当代文学的重要组成部分。陕西作为中国文学重镇和文学大省,在中国当代文学史上占据着重要的位置。1949 年以来,以柳青和杜鹏程为代表的第一代作家,新时期崛起于文坛的路遥、贾平凹、陈忠实,代表着阵容庞大的第二代陕西作家群体,除了路遥、贾平凹和陈忠实这"三驾马车",还有赵熙、京夫、邹志安、文兰、王蓬、莫伸、李康美、高建群、程海、杨争光、冯积歧、方英文等,女作家李天芳、叶广芩、冷梦等,都纷纷推出了他们的作品。第三代代表人物的红柯、李春平、爱琴海、寇挥、秦巴子、鹤坪、安黎、高鸿、杜文娟等作家,他们更具旺盛生命力度的写作,引起全国文坛的关注,构成陕西文学的靓丽景观和新鲜活力[23]。21 世纪以来,冯积歧、方英文、马玉琛、朱鸿、穆涛、周瑄璞、弋舟等新的文学陕军力量更是异军突起。与此同时,以陕西文学和陕籍作家为研究对象的文学评论及学术专著也不断问世,如《陕西文学研究》《陕西作家与陕西文学》《陕西新时期作家论》《陕西当代女性文学论》《陕西当代现实主义文学本体论》《陕西地域文学论稿》《当代陕西作家与秦地传统文化研究:以柳青、陈忠实和贾平凹为中心》等,为学习和研究陕西文学积累了宝贵的文献资料。

　　陕西省图书馆在"陕西作家专藏"的资源基础上,将以"陕西作家"为题启动相关项目,设立专家组进行质量审核和把关。第一期计划以陕西当代知名作家作品为核心,以开发电子书,制作有声读物,拍摄微视频,录制作者访谈、现场讲座、专家解读,举办读者互动活动等形式,通过自主研发的陕西文学新媒体阅读推广平台,设计一套专门针对地方文学的阅读推广模式,面向大众读者提供陕西当代文学精品内容。

　　"陕西作家"阅读推广项目建设内容的选择依据,一方面参照图书馆读者借阅数据、本地书店销量排行榜及读书排行榜等,另一方面在本馆官网、微博、微信公众号及陕图地方文献公众号发布征集函,将资源建设主题和内容的选择权交给读者等。

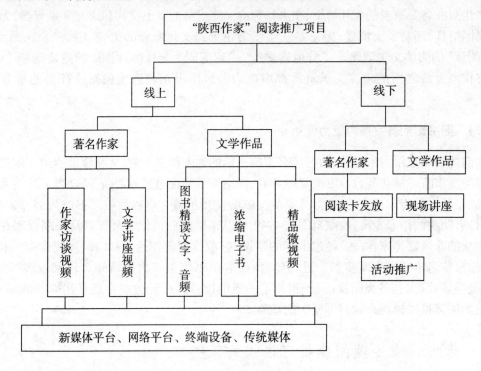

3.1　开发文学作品电子书

　　选取陕西当代文学中具有代表性、体现陕西文学风格、读者乐于阅读并具有一定传播意义的优秀作品,由专业人员按原作品章节框架进行提炼加工,制作成易于阅读、便于传播的电子书。定期更新发布于专用的新媒体阅读推广平台,并组织线上共读及线下沙龙、读书会等活动进行传播推广。

3.2　拍摄优秀文学作品微视频

　　结合上述精品电子书内容,选取文学故事发生地、作家创作相关的环境或旅游景点等,拍摄制作陕西当代文学优秀作品微视频,每部5—10分钟,使读者更加深入地走进作品中的世界,感受陕西文学风情和人文历史景观,深刻地了解作者的创作思想和理念,更生动地感受和体会当代文学深厚而宏阔的精神内涵。由此,激发大众读者的爱乡爱国情结,特别是对青少年读者或中小学生起到乡情教育、省情教育的作用。

3.3 制作导读文章有声读物

以陕西作家代表作品为内容,根据不同主题规划,由专业人士撰写3000字左右的导读文章,经由专家审核后,再由专业播音人员录制成音频。每期音频时长约为15分钟,一年合计制作近100小时有声读物。以上音频及文章上传至陕西省图书馆公众号及新媒体阅读推广平台,供读者阅读、收听。同时,收入陕西省图书馆"听遍陕西特色音频资源库",发布在同名APP上。

3.4 录制作家访谈、文学讲座视频

根据作家影响力、作品体裁、受众接受度等标准,邀请陕西当代知名作家,针对作品创作背景、写作过程、内容结构及未来计划等方面进行访谈,录制作家访谈视频。邀请陕西当代文学相关学者和特殊读者,围绕某一作家及其作品进行分析解读,让受众以更广阔的视野感受陕西文学的魅力。以上访谈或现场讲座,同时录制视频。

图书馆创建一手的作家影像资料已有成功案例,如普陀区图书馆依托上海当代作家作品手稿收藏展示馆,启动了《上海当代作家影像访谈录》项目,通过访谈和摄制的方式,记录活跃在上海当代的作家们的文学踪迹,并拍摄了徐开垒、白桦等作家的影像访谈纪录片,为文坛提供了弥足珍贵的研究史料[24]。

3.5 组织阅读互动活动

除了采用新媒体技术开发文学资源以外,还将组织阅读互动活动。(1)结合书香文化进乡村、进社区、进家庭、进学校、进机关、进企业、进军营的"全民阅读七进"活动以及文化下乡、文化扶贫的工作实际,面向各市、县基层读者开展阅读活动,特别是针对大中专院校、中小学生等潜在的文学爱好读者群体,发放专门的全民阅读卡,读者通过扫描阅读卡上的二维码即可下载新媒体平台APP或通过公众号直接访问本项目资源。(2)每月定期组织作者进行现场专题讲座及读者互动,加强读者参与阅读活动的积极性。(3)利用"4·23世界读书日""三秦阅读月""陕西阅读文化节"等节点,组织各类有奖征文、朗读比赛等活动,引导读者关注、参与地方文学活动。

3.6 建设阅读推广平台,开发文创产品

结合本项目需求,研发一套新媒体阅读推广平台,实现陕西当代文学各类资源在平台内的展示和传播,同时实现作品共读、作家空间、文学沙龙等线上推广活动的发布和实施,全方位提供陕西当代文学的全民阅读综合服务推广保障。将陕西当代文学的精读音频、浓缩电子书、微视频、作者访谈视频及讲座视频通过陕西省图书馆公众号、微博、"听遍陕西"APP等新媒体平台进行发布;在陕西省内各级公共图书馆,大学、中小学图书馆及其他官方机构微信、微博、APP等进行发布;在喜马拉雅等知名音频平台开设陕西当代文学音频专栏,定期更新精读音频;在腾讯等知名视频平台开设陕西当代文学视频专栏,定期更新相关微视频、作者访谈及讲

座视频。结合地方文学专藏阅读推广措施,将形成的文学讲座、有声文学读物、作家采访音视频等,作为文创产品创意开发的素材和独具特色的资源。

3.7　实现多载体传播、多终端浏览

(1)网络平台。将陕西当代文学的精读音频、浓缩电子书、微视频、作者访谈视频及讲座视频通过共享工程自有平台、图书馆网站及相关机构网站等进行传播推广。(2)终端设备。在本省各类图书馆、公交、楼宇等公共场所的电视、LED 屏等设备上播出,面向广大群众提供阅读服务,扩大传播范围。(3)传统媒体推广。与陕西省电视台及国内外相关电视台沟通,通过电视进行传播推广;与出版社沟通协调,出版发行相关图书、音像出版物。

4　需要注意的问题

4.1　正确认识阅读推广工作的地位

图书馆地方文献工作者要始终清醒地认识到本职工作的职责和使命,地方文献专藏阅读推广与阅读推广部工作存在一定的差别。地方文献阅读推广重在结合馆藏地方特色文献资源,开发和挖掘精品地方文献,吸引潜在读者群体来利用馆藏。开展地方文献专藏阅读推广服务工作,需要客观权衡本岗位的人力、物力条件,加强与阅读推广部人员以及社会力量的联动,吸取广泛的阅读推广活动经验,结合本馆地方文献工作特点来开展新型阅读服务。

4.2　立足资源建设,提升服务效能

无论时代和科技如何发展,地方文献馆藏资源建设仍是其提供服务、文献开发及研究、文创产品开发等工作的基础,特别是地方文献具有地域性、稀缺性、史料性等特点,一旦错过当下,再进行回溯建设更是难上加难。因此,进行地方作家专藏或地方文献阅读推广服务的同时,仍要以地方文献资源建设为核心,避免出现一种失衡现象,即各类阅读推广活动众声繁华而其背后隐藏着资源建设危机。以阅读推广活动为契机,宣传图书馆地方文献工作,增强社会各界保存地方文献的意识,使地方文献收集、存藏于图书馆,并为社会大众提供多维服务,这才是地方文献阅读推广工作的终极目标。

地方作家专藏阅读推广模式的探索,将会使无形的地方文化资源促成有形的文化符号、文化品牌,为建构新时代文化自信和文化精神做出一点实际的工作。陕西省图书馆新馆正在建设当中,新馆建筑面积达 8 万余平方米,其中地方文献区设计面积为 1800 平方米。届时,"陕西文学主题馆"将结合实体馆藏资源和本项目所建设的新媒体阅读推广平台及各种形式的陕西当代文学精品数字资源,形成线上线下相呼应的服务模式,全方位向读者提供综合阅读服务,这将成为地方文献资源建设及地方文学阅读推广服务的一个新起点。

参考文献

[1] 邹建军.地方文献与文学地理学研究领域的拓展[J].武汉科技大学学报(社会科学版),2018(1):109－116.

[2] 沈丽霞.广东作家作品签名本专藏述略[J].图书馆论坛,1996(2):59－60,62.

[3] 朱华平.豫籍作家著作专题收藏室之我见[J].河南图书馆学刊,1992(3):44.

[4] 朱怡.市图书馆馆藏地方作家作品展开展[N].长春日报,2018－04－24(4)

[5] 萧斌如.上海图书馆"中国文化名人手稿室"的建立及发展[J].图书馆杂志,1996(5):25.

[6] 咸阳图书馆.地方文献介绍[EB/OL].[2018－09－10]http://www.xylib.org/pageinfo? cid＝48.2015-04-08.

[7] 河北省图书馆.地方文献介绍[EB/OL].[2018－09－17]http://www.helib.net/gczy/2011-09/07/content_1253.htm.

[8] 韦霞,杨萍,付璐.湖北省图书馆地方文献馆发展思路(一)[J].图书情报论坛,2012,98(4):23－26.

[9] 李雨宜.普陀区图书馆是怎样丰富作家手稿和馆藏的——以上海当代作家作品手稿收藏展示馆为例[J].黑龙江史志,2015(9):300－301.

[10] 南京图书馆."十三五"规划[EB/OL].[2018－09－17]http://www.jslib.org.cn/pub/njlib/njlib_ntgk/201701/t20170109_150741.htm.

[11] 孙超.公共图书馆地方作家作品征集工作管见——以辽宁省图书馆为例[J].图书馆学刊,2016(7):57－59.

[12] 盛兴军,沈红.图书馆文学文献信息系统的研制与开发——以"上海作家作品陈列与研究室"为例[J].上海高校图书馆情报学刊,2001(3):30－32.

[13] 李琼.东北作家群文学文献在东北文化中的传承——以高校图书馆的传播为例[J].绥化学院学报,2013(6):129－131.

[14] 张海政,武巍泓.安徽省宿州学院图书馆与宿州市作家协会共建地方文学库[M]//中国图书馆年鉴2011.北京:国家图书馆出版社,2011:307.

[15] 孟齐霞,吴力武.地方文献资源服务学科建设研究——以泛珠三角区域两广作家文化资源服务学科建设为例[J].现代情报,2009(7):17－19,23.

[16] 刘伟华.品味俄侨文学 推广地域文化——省图邀本土作家李文方与读者共赏《六角街灯》[J].图书馆建设,2016(2):5.

[17] 白涛.民族文献阅读推广,一个任重而道远的话题——以宁夏图书馆推广回族文献阅读为例[J].图书馆理论与实践,2017(12):99－101.

[18] 中华人民共和国第二届全国人民代表大会常务委员会第三十次会议.《中华人民共和国公共图书馆法》[EB/OL].[2018－09－17].http://www.npc.gov.cn/npc/xinwen/2017－11/04/content_2031427.htm.

[19] 范并思.服务活动化:图书馆服务新趋势[J].图书馆学刊,2017(12):1－4.

[20] 文化部关于印发《文化部"十三五"时期公共数字文化建设规划》的通知[EB/OL].[2018－09－17].http://zwgk.mct.gov.cn/auto255/201708/t20170801_688980.html? keywords＝.

[21] 国家新闻出版广电总局关于印发《全民阅读"十三五"时期发展规划》的通知[EB/OL].[2018－09－17].http://www.sapprft.gov.cn/sapprft/contents/6588/311617.shtml.

[22] 徐雁,谭华军.把握分众阅读原理,做实分地读物推广——以湖南地方文献主题著述为中心[J].图书馆,2017(11):22－28,35.

[23] 周燕芬.当代陕西长篇小说的代际衍变与艺术贡献[J].华中师范大学学报(人文社会科学),2014,53(1):83－92.

[24] 李雨宜.普陀区图书馆是怎样丰富作家手稿和馆藏的——以上海当代作家作品手稿收藏展示馆为例[J].黑龙江史志,2015(9):300－301.

基于地方文献的文化创意探索性研究

——以汉中社会文化基础设施建设为例*

张显锋(陕西理工大学图书馆)

我们在汉中地方文献整理与研究工作中,围绕着"地方文献与文化创意"所进行的文献调研工作,在"中国知网"数据库,以"地方文献"词语进行篇名检索,相关研究文献近6000篇,以"文化创意"词语进行检索篇名检索,相关研究文献1.1万多篇,但以"地方文献、文化创意"及"地方文献文创"词语进行篇名检索,检索结果均为零,这一方法用于"独秀"数据库,其检索结果亦大抵如此。这一情况说明:其一,地方文献研究与文化创意研究均为当代学术研究的热门领域,其发文数量都不少,尤以文化创意研究更是"火热";其二,基于地方文献的文化创意研究基本无人涉猎,即地方文献研究人员或工作者对当代蓬勃发展的文化创意研究与文化创意产业未予以关注和重视,从事文化创意或文创产品开发的研究人员或工作者,对地方文献所蕴含的创意价值也未予以应有的关注和重视。这一现象应该引起我们地方文献工作者或研究人员的反思与高度重视。

马克思在《关于费尔巴哈的提纲》中提出:"哲学家们只是用不同的方式解释世界,而问题在于改变世界。"[1]57解释世界固然重要,须以抽象的理论思维为工具;改变世界则需要人的社会实践活动。人的实践活动方式多样,但都需要依托资源,地方文献是一类战略性文化信息资源。在2018年中国图书馆学年会的"加强地方文献研究提升区域文化软实力"分论坛上,其中一个重要研讨话题就是地方文献资源"活化"的问题,即依托地方文献资源,以系统的基础性整理与研究为基础,再结合地域历史文化与地域社会事业发展实际,助力区域文化软实力提升。

地方文献是地域文化的核心组成与地域文脉的骨干,是地域人文精神与文化传承的载体。地方文献虽然具有地域性的显著特征,其在涵养地域人文精神、标识地域历史发展方面的文献价值不容低估。从另一视角考察,我们发现地域文化是国家文化的有机组成,为国家文化的积淀与淬炼提供了活水源头,这一历史辩证法则在我们的文献研究工作中应该得以遵循,因而地方文献也是促进国家民族文化可持续演进发展的重要源泉与人文精神载体。我们在汉中地方文献整理与研究工作中,发现地方文献中蕴藏着丰富的可运用于文化创意设计的客观历史人物与事件,以及颇具地域文化价值的思想与材料;我们还发现,以深入、系统的地方文献研究为基础,结合地域社会整体事业的发展态势与发展战略,可以思考、研制一系列促进地域文化事业发展的有文化价值、有人文底蕴的文化创意方案,从而找到地方文献与文化创意活动之间的内在联系,并将地方文献研究推向有价值的应用层面,并使之在地域文化事业发展与建设中发

---

* 本文为陕西省教育厅重点科学研究计划—社科重点项目"汉中地方文献整理与研究"(项目编号:15JZ017)研究成果之一。

挥出文献学或地方文献学应有的学科价值,打开其研究的新视角,形成新局面,具有可行性与必要性。

1 汉中地方文献整理与研究工作中的收获与感悟

历史因为文献传世或文化遗物出土发掘得以鲜活而有生命,能够让我们感悟各个时期的地域历史图景与先人们的人文精神风貌;地方文献及国家文献中蕴藏着"文化活性"的丰富的人文精神,它们与区域历史文化、现实发展及未来愿景存在着文化"基因性"的内在联系,各地域正是源于人的实践活动通过历史文化传承来推动着区域社会事业的,这也正是地方文献的价值之所在。我们在汉中地方文献整理与研究过程中,不时被这种文化生命力所感染并产生奇妙的感觉与神圣的内心体验,诸如:

登临汉江南岸的汉山,我们仿佛能够听到"瞻彼旱麓"的历史情怀与"汉山樵歌"自由悠然之音的回响。

我们在研读《诗经·小雅·沔水》时让我们深感困惑,历史时期对它的经学解读正确吗?历史时期的经学家们大多将"沔"解释为"绵绵(的)",作形容词解读与使用,但作为诗题的"沔水"是否应作名词解读呢?这首诗是否诞生于汉中境内的勉县(沔县)呢?因为褒河与汉水交汇处以上的汉江上游在历史上被称为"沔水"。

"汉中志"在《华阳国志》的排序,是否体现了汉中在那个时代对于巴蜀地区的重要性?再联系元代后为什么在行政区划方面,将汉中隶属陕西省管辖,我们发现了汉中在中国大一统历史发展进程中的"权重"价值。

我们在浏览一些科技文献时,发现北周时期的数学家甄鸾竟然是汉中郡守,但查遍历史时期汉中区域内所有的方志及省志,均未找到汉中历史上这么一位重要人物的文字记载,包括各类方志中的"职官志"部分,而在"二十四史"中的《隋书·经籍志》等国家文献中则有他的著述著录信息,就连英国科学史家李约瑟的《中国科学技术史》中也提到了他,这种发现让我们深感诧异和如获至宝。

当我们在阅读域内旧志时,面对一幅幅"舆图",其空间位置感、各县整体方宇感均明了清晰,"计里画方"的制图思想与技术方法让我们感叹,品味整个单幅"舆图"就有欣赏一幅山水画的感觉。

我们在梳理汉中地方文献及其方志文献时,尤其是面对明清以前大多仅存资料线索而文本散佚,痛惜之感油然而生,但在阅读张国淦、陈光贻、顾宏义、刘纬毅等古文献考述类专著过程中,还可以捡拾到一些汉中历史的文化"珍珠",倍感兴奋,如顾宏义先生的《宋朝方志考》中梳理出了《(大安军)旧图经》对秦蜀栈道形制与数量规模的材料,以及该"图经"等汉中地方文献与《舆地纪胜》《方舆胜览》等国家文献的互动关系,我们获取了地方文献与国家文献有机互动的证据性材料。

我们在浏览《山内三省风土杂识》《三省边防备览》《汉南诗选》及《续修汉南郡志》等时,感念严如熤为汉中筑就的汉南学术高峰,也收获了中国封建时代职官制度对地方文献及地域文化产生影响的证据性材料,还从钱宏的《鸦片战争以前中国若干手工业部门中的资本主义萌芽》一书感知到了汉中地方文献在中国学术发展史上的重要价值与裂变痕迹。

我们在整理出版《汉中盆地地理考察报告》的工作过程中,时时体悟着汉中历史之悠久、天然之造化,尤其是民国时期的30、40年代汉中鲜活的社会图景呈现在了我们面前。

我们在城固县进行地方文献调研工作中,在该县档案局的图书资料库中发现了蒙尘的《陕西城固县教育概况》,一经翻阅,其文献价值就得到了我们的基本肯定,在后续的整理与研究过程中,愈发让我们感到弥足珍贵,尤其书中载录了大量"西北联大"城固办学的史料,极具重要的史源学价值。如该书中载录了1939年12月,"西北联大"的胡庶华、李蒸、赖琏、黎锦熙等教授们积极参与协助城固县教育局举办"(民国)二十八年各小学成绩大会"[2]16,并亲自出席竞赛成绩点评,这种国家高等教育与县域初等教育深度融合、互动的教育活动案例,就是在中国近现代教育史上也是精彩的一笔;西北地区最早硕士教育机构就是在汉中城固建立并正式招生;民国时期的城固还是中国方志学理论完成转型发展的试验田,其标志就是续修城固县志工作的展开与黎锦熙《方志今议》的出版;书中还辑录了唐祖培教授对城固《仙人唐公房碑》进行考释的研究成果"仙人唐君碑校记"[2]106-107,于汉中地域历史文化功莫大焉,等等。且在后续的研究整理中,我们发现这是一部被淹没了几十年的珍贵地方文献,仅在城固县域内少数人知晓和进行简单利用。

我们还在相关比较性研究中,发现了西北联大与汉中盆地地理考察活动的内在历史性隐含,即科考团队中的薛贻源、刘培桐当时刚毕业于西北联大,尤其是薛贻源对于《汉中盆地地理考察报告》科学文本形成的贡献最大,完成了该"报告"文字材料一半的撰写和三分之二地图的绘制工作,该著引用参考文献多为西北联大相关专业的学位论文,等等,在他身上我们能够窥见了当年西北联大在专业性人才培养方面所具备的教育教学理念,这对于今天的高等教育事业发展、回归高等教育本质及高校"双一流"建设具有重要启示。

我们在浏览《西北联大校刊》时,深受西北联大的教育教学、科学研究与大学人文精神的启发与熏染,如联大图书馆馆长何日章先生,他的"本校图书馆周年工作概况"乃中国近代图书馆史的重要研究史料,我们从他在艰苦条件下组织实施剪报的知识组织体系中,看到了作为图书馆学家的战略意识,他在"石门历险记"一文中,详实地记录下了1938年8月21日,游历褒谷口石门摩崖石刻的收获与落水遇险的经过,该文让我们获得了现场感。

我们在考察、研究西北联大在汉中的办学历史过程中,发现在国家命运关键时期,天汉大地以巨大的包容性,慷慨而温情地接纳了饱受沦陷磨难的京津学人,这里成为能够放下课桌的"乱世之桃源",原国立西北大学中国文学系主任高明教授在《国立西北大学侨寓城固记》感怀:"喘息未定,父老来集;劳之以酒食,慰之以语言,荫之以宇舍……师弟怀八载之深情,辄萦思乎城固。"[3]599这批学人在汉中八年期间,也没有辜负汉中人民,张伯声教授"实地勘察,北抵马家河,南登跑马岭",提出了"汉南地块"著名地质理论;黎锦熙教授抱负"抗战救国"的精神情怀,毅然改变学术研究路径,进入方志理论研究与实践领域,成果卓著;黄国璋教授受聘领衔中国地理研究所,擘画了"汉中盆地地理科学考察"活动,获得了享誉中外的区域地理学研究成果;何士骥教授等主持的张骞墓考古发掘亦收获颇丰,等等。西北联合大学人将学术研究、人才培养、地域文化创新与涵养等都注入了汉中人文历史之中,更由于西北联大的办学主体大部分留在了祖国的大西北,并开枝散叶,为当代的大西北开发战略展开留下了精彩的历史性伏笔,故汉中成为我国西北地区高等教育发展与体系布局的"桥头堡"与"孵化器"。

我们从一朋友处获取了《陕西省第六区经济建设五年计划》的复印本。虽然该复印本许多地方模糊不清,难以辨识,但我们知道这是一部珍贵的汉中地方文献,是汉中经济与社会事业发展的文献证据材料,难能可贵。主持这项工作的是时任陕西省第六行政区督察专员魏席儒先生；不仅如此，在"编成本计划之指导协助人员衔名表"[4]135中，居然有西北联大分离发展后的国立西北工学院赖琏、李荣梦、张伯声、辜庆鼎和国立西北大学的曹国卿、沈筱宋六位教授赫然在列。我们又获得了西北联大对汉中社会经济建设所做贡献的又一重要文献证据材料。

我们在梳理民国报刊的过程中，深感汉中在抗战时期所迎来的社会基础设施建设的重大历史机遇。在水利设施建设方面，应用近代科学技术手段，通过整修"汉中三堰"，收获了立竿见影的社会效益；还完成了西汉、汉白、汉宁公路的建设任务，不仅改变了秦巴山地与汉中盆地的交通格局，更强化了汉中区域与国家历史进程的血脉联系；各县在这一时期完成了电话线路的架设，初步改善了汉中区域内及与外界的通讯联系，等等。这些让汉中社会事业的基础设施条件有了质的改观与发展，这也是"西学东渐"宏大历史进程在天汉大地留下的深深历史印痕。

以上所列，是近年来在汉中地方文献整理与研究工作中的真实感受与研究收获。同时，我们也在观察汉中社会事业发展在当代的轨迹，本区域交通瓶颈的渐次打破，汉江综合整治工程的实施，汉中湿地公园的打造，天汉长街的建成，兴元新区的崛起，以及南郑南湖风景区"陆游纪念馆"、宁强县城的"羌族博物馆"和勉县县城的"诸葛古镇"的建成开放，也有助于我们进行深入思索。汉中社会事业建设中除工程性建设外，一些文化创意作品也在逐步改变着汉中各城市的面貌，如以"汉"字书体为创意设计元素的绵延数十公里的汉江两岸大堤上的汉白玉栏杆，蔚为壮观。汉江湿地公园"汉水女神"雕塑，汉江南岸的"诗经广场"、"南郑"城楼、周公雕塑等，留坝县城太平山下的"留坝厅城揽胜图"，城固县城的"张骞"雕塑，略阳县城的县域历史文化群雕，镇巴县城的红军广场及苗民广场，等等，这些基于汉中人文历史与地域文化的创意设计的公共文化作品，已经有机地融入了汉中地域文化之中，也正在持续地改变着我们的城市面貌和社会文化生活品质，这些都给我们留下了深刻印象与地域人文精神的感染和启示，这更是汉中社会事业在当代发展的一个可感知的侧面与缩影。

但汉中当代文化基础设施建设也有一些让我们深感遗憾的地方，如汉山北侧的"汉山广场"，建筑布局也可谓得体，但该广场设计与建设过程中缺失了一个文化灵魂的存在，就是《诗经·小雅·旱麓》的文化创意设计处理，该经典文献与汉山（原名旱山）有着深厚的历史文化渊源；褒谷口石门景区入口处至大坝一线的文化设计，主题紊乱，过于杂芜，大有让人不快的堆砌之感，反倒淹没了栈道文化与摩崖石刻文化水乳交融的鲜明主题。抗战期间，西北联大侨寓城固八年，为城固及汉中留下了一笔丰厚的历史文化资产，但直到目前为止，深入挖掘与开发利用工作依然薄弱，重视不够，等等。

依托地方文献的整理与研究，我们试图探寻基于自然地理环境与人文历史演进的汉中地域文化"基因"，这些文化基因就深藏于梁山化石、《诗经》"二南"、城洋青铜器、秦蜀栈道壁孔、陕南民歌，以及其在中国宏大版图中所处的独特区域位置与中国大一统历史演进的"权重"价值等中，汉中人文的历史与现实、未来的联系虽然是隐秘的，经过努力但也是可以探索与发现，一些阻隔依据地方文献是可以渐渐被打通的，丰富了我们的思维想象空间，系统梳理汉中地方文献，可以进一步提升观察汉中地域文化内在特质的工具性能力和地域文化创造能力。汉中地方文献的整理与研究工作，就是汉中地域文化的"基因测序"工作。

"学以致用，知行合一"是中国学术史的优良传统，具有重要的思想启迪，昭示着广泛的实践价值。正是基于此，以地方文献研究为基础，以当代文化创意为工具手段，我们试图探索面向汉中区域内的社会文化基础设施建设，提出一些有价值的文化创意方案的可行性路径,以推动汉中社会基础设施建设。我们认为,基于地方文献的文化创意比一般基于"碎片化"知识的文化创意的底蕴更深,还将有利于这一领域的体系性布局与设计,全面提升汉中社会文化基础设施建设的整体面貌。我们也注意到,目前文化创意十分普遍,文化创意产业也正在形成一类产业领域,但我们经过文献检索发现,有关基于地方文献的文化创意研究尚属空白,还未引起广大地域文化学者及地方文献工作者的重视,即地方文献与文化创意之间的联系尚处在分割阻隔阶段,这种联系一旦建立,我国的文化创意及其相关产业格局将会呈现出另外一番景象。

文化创意是一种基于知识、文化、思想的思维工具,即针对创意主体,分析其文化要素组成,挖掘其文化底蕴,并以符合人的视觉的传达方式呈现,其创意作品与人的审美情趣实现引领性契合,以提供丰富多元的内在文化体验为目标。文化创意主体可大可小,小至单体创意小品,大至综合性多元文化创意的工程项目。文化创意是基于人文社会科学多学科知识、文化与思想的有机融合和促进社会文化事业发展的工具性手段,如同自然科学技术领域的技术发明,这是一种高水平的智力劳动,具有不可估量的文化生产力价值。文化创意以文化创意方案的形式初步成形定案,并运用相应的技术手段进行实现。文化创意工作是这一切最重要的基础,决定着文化创意产品呈现出来的思想艺术品质。当代社会,文化创意广泛应用于公共关系、商业活动、建筑设计、园林规划、文化建设、城市布局与建设等领域,文化创意已经具备产业化发展形态,必将成为面向未来发展的智慧产业的有机组成。

文化创意还需以环境为基础,并与之相融。作为地域之综合性、体系性文化创意方案,须以地域环境、地域自然人文历史为考量。本文提出的以下文化创意方案,乃基于我们近年来的地方文献整理与研究所进行的工作,旨在促进和推动汉中社会文化基础设施建设,打造汉中地域人文文化特色。

2　基于汉中社会文化基础设施建设的文创方案举要

近年来,我们在汉中地方文献整理与研究过程中,结合汉中历史文化的地域性特点与一些重要发现,在关注汉中社会经济文化发展态势与战略的同时,尤其在汉中全域旅游与社会文化基础设施建设方面进行了深入思考,在结合当代文化创意思维工具与当代科技,以地方文献为主要依托,创制了一系列涉及汉中社会文化基础设施建设的文化创意方案,旨在加强文化建设,丰富、完善汉中全域旅游的体系化布局与格局,在这里,仅举如下三则案例:

2.1　"汉中对"主题雕塑文化创意方案

历史缘由:公元前206年正月,项羽封刘邦为汉王,"王巴、蜀、汉中,都南郑"。虽对项羽背弃楚怀王之约深感愤懑,但当时刘邦力量单薄势弱,无以相抗,随率数万军队经栈道,远赴汉中,抵褒城时,纳张良之策,火烧毁绝栈道,以此示弱于项羽,"无还心,以固项王意",为"明修栈道,暗度陈仓"埋下精彩伏笔。现汉台城区东大街南侧的汉台博物馆所在地,据传为刘邦辖巴蜀、署南郑之"行宫"。刘邦在汉中短短的四个月时间里,兴修水利,发展农业生产,暗中积蓄力量,整军备战,图天下之心与日俱增。刘邦在汉中最精彩的一笔,无疑为屈尊设坛,拜韩信为大将,执掌帅印,统帅"汉军","留此一抔土,犹是汉家基",并以"汉中对"为图天下之战略宏策,在此夯筑了四百年之大汉基业,在中华民族数千年发展历程与"大一统"民族观念形成与历史实践进程中,写下了精彩的历史华章。"汉中对"又称"登坛对",所谓"对",即为涉及战略性规划与布局的图事揆策。这一历史事件清晰地记录于司马迁《史记·淮阴侯列传》,从该经典文献中,"汉中对"与萧何月下追韩信、筑坛拜将发生的相距时间较近,也是这一连串历史事件的逻辑结果。"汉中对"发生在筑坛拜将后,相距时间极短,这是韩信充分赢得了刘邦的信任,便和盘托出了他对汉军面临形势,以及与项羽势力各自的优劣态势做出了科学且相对准确的客观分析。刘邦听之,如醍醐灌顶,一改愤懑不快、没落颓废、无助绝望的心境与情绪,大喜,图天下之信心大增。刘邦虽然在汉中停留时间很短,不足半年,是年八月"明修栈道,暗度陈仓",还定三秦,兵出函谷,逐鹿中原,对峙荥阳,垓下决战,迫项羽乌江自刎,历时四载,建立了大汉王朝。在刘邦、韩信帅军征伐其间,汉中一直是其战略大后方,萧何在这里兴修水利,拉开了汉中盆地水利基础设施建设的历史性大幕。据传汉中最早的大型水利设施山河堰就是这一时期,由曹参组织兴修完成的,并利用汉中独特的自然气候条件,大力发展农业生产,积极支撑前线作战。在这个意义上,汉中人民于秦汉时期的国家统一做出了自己的贡献,这一国家大历史在天汉大地上刻下了深深的痕迹,有机地融入了汉中地域文化,并为汉中地域文化注入并积累了厚重的历史文化底蕴。2006 年 10 月,中央电视台中国魅力城市展示组委会为汉中书写的颁奖词为:"他们位居中国版图的地理中心,历经秦汉唐宋三筑两迁,却从来都是卧虎藏龙,这里的每一块砖石都记录着历史的沧海桑田,这里的每一个细节都印证着民族的成竹在胸。"当代著名文化学者余秋雨先生在游历汉中后,赋予汉中独特的地域历史文化意向与情怀:"我是汉族,我讲汉语,我写汉字,这是因为我们曾经有过一个伟大的王朝——汉朝。而汉朝一个非常重要的重镇,就是汉中。来到汉中,我最大的感受就是,这儿的山水全都成了历史,而且这些历史已经成为我们全民族的故事。所以汉中这样的地方不能不来,不来就非常遗憾了。因此,我有个建议,让全体中国人都把汉中当作自己的老家,每次来汉中当作回一次老家。"今天,"汉人老家"已经成为汉中的一张靓丽且颇具人文感召力与文化亲和力的地域名片,并凝练为了中华民族文化"寻根"的珍贵家园意识。

文献依据:司马迁著《史记·淮阴侯列传》[5]2611-2613,司马光编著《资治通鉴·汉纪一》[6]310-312,徐业龙《韩信评传》[7],吴忠匡《韩信集》[8],张大可与徐日辉著《张良萧何韩信评传》[9]等相关文献。

设立缘由:其一,汉王受封后帅部来到汉中,"王巴、蜀、汉中,都南郑",既是中国历史上的重大历史事件,也是汉中地域历史进程中的重大历史性事件,期间在汉中发生的一系列历史事件颇具历史影响,尤其是"汉中对"从战略思想层面,为刘邦后来完成统一大业,建立大汉王朝奠定了坚实的基础。这一战略文化自然地注入了汉中地域历史文化。其二,中国历史上,"汉中对""隆中对"与"邺中对"被誉为"三对",但"汉中对""隆中对"最负盛名,影响最为广泛,"二对"相距四百余年,如果仅从谋略层面而言,各有各的精彩与谋略价值,但如果从中国"大一统"思想理论与历史价值视之,其分野与高下立判,诸葛孔明的"隆中对"体现为"割据"性战略理念,而淮阴侯之"汉中对"策论则以"大一统"为旨归。其三,汉中虽建有"拜将坛"纪念馆,用以专题性纪念"筑坛拜将"这一重大历史事件,其中虽有"汉中对"的文化信息展现,但表现手法较弱,与"筑坛拜将"相较,"汉中对"更具中国传统战略谋略文化价值,对于弘扬"大一统"文化传统更具当代文化价值。其四,"汉中对"的文字内容及其所承载的历史事件,兼具国家层面历史文化与汉中地域历史文化的双重价值文化属性,对于彰显、积淀、形成中国"大一统"民族理念与文化传统,价值巨大,意义非凡。其五,目前,国家统一尚未完全实现,西藏、新疆等分裂势力及其隐患依然存在,不可小觑,这些都与中华民族伟大复兴的"中国梦"的完全实现紧密相连,故在"汉人老家"设立"'汉中对'主题性大型雕塑",具有特殊的现实意义与当代地域文化价值。

选　址:汉中市汉台区风景路北侧"拜将坛"南门外广场。

方　案:以《史记·淮阴侯列传》相应文字内容,以刘邦与韩信"汉中对"的历史场景和捕捉反映人物内心情感的精彩瞬间,进行构思、设计刘邦与韩信的人物形象连体塑像;查找《史记》的善本文献,从善本《史记》文献中选取"汉中对"内容的页面拍照,经技术与设计处理后,镌刻于原石一面,立于"汉中对"历史场景塑像之侧,打造人物塑像与历史典籍文献相融的一组大型文化雕塑。

当代功用:

一,让汉中市民与八方游客感受大汉王朝的历史荣光。

二,弘扬具有强大民族凝聚力的中国"大一统"民族理念与历史文化传统,以当代文化创造的行为,助力中华民族伟大复兴的"中国梦"之实现。

三,打造具有汉中历史文化特质且承载了中国大历史文化传统的旅游文化基础设施精致小品。

2.2　城固南乐堡复建文化创意方案

文化缘由:明清以降至民国中期,尤以白莲教起义及其他社会原因,在秦巴山地及汉中盆地匪患连连,汉中人民深受其害,基于此,百姓为自保或在地方官府的组织下,于山头修寨,平川筑堡,若遇匪患,百姓则入寨堡避难。故这一时期的寨堡建筑,汉中遍布全境,由此形成了一种特殊历史时期的寨堡文化和与之相应的民间与官方相融社会组织形态与农村聚落形态,到目前,在秦巴山地都还可以发现不少寨堡遗址。这一历史现象的相关文献材料散见于建国之前的汉中各种方志文献中,当代学人张建民在《明清长江中游农村社会经济研究》[10]、《历史时期长江中下游地区人类活动与环境变迁专题研究》[11]等学术研究著作中做了深入之研究。位于城固县境内的上元观古镇,原名南乐堡,为明末天启年间城固进士张凤翮组织修筑,距今四百余年。民国时期,著名地理学家王德基先生带领"汉中盆地地理考察小组",曾前往南乐堡进行科学考察,在《汉中盆地地理考察报告》这一珍贵区域地理科学文献中,对南乐堡的形态布局、走向、防御设施、细部尺幅、规模及壕沟等建筑形态进行了科学考察,"西关稍有残缺,余均完整"[12]95,还测绘绘制了"南乐堡地理位置图",故在民国中期,南乐堡建筑形态完整,为秦巴山地"寨堡文化"的一个精致的"标本",弥足珍贵,它不仅承载了汉中之地域历史文化,还是汉中人文精神的重要物证。颇为遗憾的是,南乐堡原有城堡建筑于20世纪50年代中期被拆除。

文献依据:严如熤编著《山内三省风土杂识》[13]、《三省边防备览》[14],黎锦熙著《方志今议》[15],王德基等著《汉中盆地地理考察报告》[12],张建民著《明清长江中游农村社会经济研究》[10],张建民、鲁西奇主编《历史时期长江中下游地区人类活动与环境变迁专题研究》[11],刘伟著《城固县上元观古镇聚落形态演变初探》[16](西安建筑科技大学2006年硕士学位论文),以及各个时期《城固县志》与汉中方志文献等。

文化意义:其一,寨堡文化不仅仅限于秦巴山地及汉中盆地,而是全国各地都客观存在,都是历史时期形成并留下的文化形态。其二,张凤翮为城固历史上著名人士,明代天启五年

（1625）进士，历任御史、云南巡抚、三吴学政、浙江按察使、江西巡抚等要职，为朝廷命官，政绩显著，朝廷曾旨令在其故里建石牌坊旌表其母。该石牌坊镌有明代著名书画大家董其昌手书"南国文宗"四字，足见其在朝廷中的巨大影响。其三，《明史》为张凤翙立传，列传第一百八十二，位"忠义六"[17]7547，其影响之巨，文化地位之高，在汉中本土历史人物中实属罕见。其四，清康熙版《城固县志》卷七"贤达"[18]及清嘉庆版《汉南续修郡志》卷十六为张凤翙立传，其"少而力学，为人倜傥不羁，尝曰'功不先梓里，何以及天下'。故得志后，开城东之新堰，筑南乐之义堡。"[19]其家国情怀与桑梓之情应予以弘扬。其五，寨堡的民间军事防御价值在今天基本完全丧失，但其作为历史的产物和一类文化形态，其建筑形态价值及地域文化价值则将永远存在，南乐堡乃本邑名士张凤翙倡导并亲自组织修筑，修筑完成后的三百多年里，于当地百姓生命财产安全及保境安民，曾经发挥了巨大的社会作用。南乐堡与张凤翙发生着密切联系并互彰，则更具汉中地域人文价值与深厚历史人文底蕴。其六，南乐堡拆毁，其本身就是地域历史文化的重大损失，结合近年来《国家发展改革委关于加快美丽特色小（城）镇建设的指导意见》[20]及《中共中央国务院关于实施乡村振兴战略的意见》[21]文件精神与国家发展战略布局，和目前正在大力推进的汉中全域旅游格局的战略规划与发展态势，复建陕南农村聚落型南乐古堡，打造上元观特色小镇，迎来了难得历史机遇。

选 址：考虑南乐堡原有遗址被毁，为避免原址复建所遭受的经济损失，可在上元观镇临近地理位置选址复建。

方 案：

一，按照文物保护"以旧修旧"原则，谨慎选址，进行规划设计。

二，严格按照原有城堡布局、体量、规模与建筑风貌，进行复原性重建。

三，对复建建筑进行商业或产业布局、规划，打造其与历史文化、当代旅游发展及商业布局相融的特色区域，结合本镇实际与产业发展态势，予以充分开发利用。

四，在复建后南乐堡建筑群落的核心区域，设立"张凤翙纪念馆"及张凤翙纪念雕像，以彰显及感念其历史功绩，以使汉中人民永远缅怀与垂范。

五，将原建于城固县城旌表其母的石牌坊，按照历史原貌，移植复建于南乐堡建筑群落的核心区域，与"张凤翙纪念馆"及张凤翙纪念雕像进行协调布局，增强复建物的人文精神底蕴，打造汉中当代旅游文化的精品目的地。

当代功用：

一，充分利用其临近汉江南岸、南沙河风景区、古路坝西北联大遗址的地缘优势，且紧邻西汉高速与十天高速的便捷交通条件，助力将上元观打造为陕南特色名镇，提升其旅游文化价值与社会经济效益。

二，复建后南乐堡建筑群落，具有承载汉中及陕南寨堡文化及其所独具的建筑文化价值的实体文化形态与地域文化价值的社会文化功效，极具开发利用价值。

三，本案实施具有社会教育意义，与之紧密联系的张凤翙就是南乐堡人士，他生于斯，长于斯，其家国情怀与桑梓之情值得我们当代人学习与缅怀。

四，寨堡文化是一种独具打造、开发与利用价值的文化形态，本案实施具有当代汉中旅游格局与品牌的独特价值，可作为秦巴山地"寨堡文化"的一个精致的"标本"予以打造，具有独特的当代旅游文化价值，目前尚属空白，打造后将丰富汉中现有旅游文化资源与全域旅游格局。

2.3 甄鸾纪念馆文化创意方案

文化缘由：数，是人类认知世界与揭示客观物质世界关系所需要的一种抽象思维工具的概念表达。对"数"的认知与实践伴随着人类文明进程，并发展为一门基础性科学及学科，即数学，数学为科学智慧的基础，对于人的抽象思维能力具有极强的训练与提升功效，甚至一些学派提出，数学不属于自然科学领域，而应归属于哲学领域展开研究。公元前 6 世纪，希腊著名古典哲学家毕达哥拉斯及其学派甚至认为"数"为万物本原，试图以数量关系解释一切自然和社会现象；老子的道家思想就渗透着玄妙而朴素的数学思想，"道生一，一生二，二生三，三生万物"，与毕达哥拉斯的数学与哲学思维颇为接近。中国古典数学文化颇为发达，源远流长，有着独特的数学思想文化、知识体系、发展路径及嬗变轨迹，《周髀算经》《算数书》《九章算术》等就是中国古典数学文化的经典与集大成，这些知识体系在中国历史上在天文观测、历法编制、土地丈量管理、人口统计、祭祀活动、舆图测绘、军事战争等领域被广泛应用，并有机地融入了博大精深的中国传统文化体系。英国科技史大家李约瑟（Joseph Terence Montgomery Needham）他的《中国科学技术史》提出："从某种意义上说，甄鸾是结束这个时期的人，他的活动期间肯定是在北周"[22]71。甄鸾，字叔遵，北周无极（今河北省无极县）人，生卒年不详。北周时期著名数学家、天文学家、佛学家，曾创制《周天和年历》，于公元 566 年被颁行。他一生最大贡献，在于对中国传统数学典籍的深入研究与总结方面，还撰写了多部应用数学方面的著述，穷其一生，俨然一位数学大家与博学通艺之奇才。在魏晋南北朝时期，他的数学贡献与影响，仅次于同时代的祖冲之与刘徽，是中国数学史乃至世界数学史都绕不开的一位重要历史人物。他还是北周王朝的重要臣僚，先后担任司隶校尉与汉中郡守，在汉中宦游多年，于汉中社会事业建设与发展贡献良多。甄鸾在整理、研究他以前时代的中国古典数学典籍的基础上，还撰写了多部应用数学方面的数学著述，如：《五经算术》二卷、《五曹算经》五卷、《历术》一卷、《七曜术算》二卷、《周天和年历》一卷等，其著述在《隋书·经籍志》《四库全书》等国家大型文献典籍有著录与收录，为天汉大地乃至全人类遗留下一笔宝贵的科学文化资源与财富。中国古代将研究天文、历法、数学的人，称为"畴人"，故清代学者阮元著《畴人传》，对甄鸾及其数学成就予以了很高的评价[23]117；"畴人"在今天则被称为数学家。经过甄鸾整理重述的《数术记遗》[24]，是中国数学史上的一部重要典籍，尤其是它对中国古代算具的记载，为历代数学家所重视。对于《数术记遗》成书年代及创撰者有着不同的看法，一说为汉代徐岳撰、甄鸾注；另一说为甄鸾撰，假托徐岳之名。根据《数术记遗》记载，东汉曾流行十四种算法，除最后一种"计数"为心算外，其余十三种均为算具，分别是积算（即筹算）、太乙算、两仪算、三才算、五行算、八卦算、九宫算、运筹算、了知算、成数算、把头算、龟算和珠算，尤其是"珠算"的名称与称谓是在《数术记遗》中首次被提出并在文献中确立。应该说，甄鸾对于"珠算"思想与理论阐发的发展有着自己独到的伟大贡献。珠算是中国传统数学文化的瑰宝，在当代它被誉为"古老的计算机"，作为一种运用算盘进行数字计算的方法与工具，在宋以后，尤其是明清时代，普及到了千家万户，广泛渗透于中国人的生产生活、商业行为、风俗习惯等一切社会生活中，甚至在 20 世纪50、60 年代我国科学家们在导弹与原子弹研制过程中，大量数据处理都是通过算盘进行并完成的，这不能不说是个奇迹，看似简单的珠算算具具有强大的威力！中国珠算于 2013 年12 月被联合国教科文组织列入人类非物质文化遗产名录。甄鸾及其著述于汉中具有重大地域历史文化发掘与弘扬价值。明代刻本《数术记遗》与《周髀算经》正文首页著录为"北周汉中郡守前司隶臣甄鸾注"、"北周汉中郡守前司隶臣甄鸾重述",时间、官衔与责任者方式的信息准确完备,由此推断,甄鸾的许多数学研究成果应该是在主政汉中期间完成的,在这一意义上,汉中极有可能是那个时代中国乃至世界的重要的数学研究中心之一!但迄今为止,在汉中所有方志文献中,均无甄鸾的一点文字记载,这是一位被汉中地域历史淹没的重要历史人物,此为汉中方志文化的重大缺憾之一。在汉中建设"甄鸾纪念馆",对于汉中弘扬科学文化,构建汉中本土之科学文化教育基地,打造具有地域独特性的汉中科学文化名片,意义重大。

文献依据:甄鸾重述《周髀算经》[25],甄鸾注《数术记遗》[24]、《张丘建算经》[27]、《夏侯阳算经》[26]、《孙子算经》[26],甄鸾撰《五曹算经》[26]、《五经算术》[27]等;孔国平著《中国数学思想史》[28],陈瑞青著《燕赵文化史稿》[29],吴文俊主编《中国数学史大系·西晋至五代》[30],余嘉锡著《四库提要辨证》[31],李俨、钱宝琮著《李俨钱宝琮科学史全集》[32],章嵚著《中华通史》[33],纪志刚著《南北朝隋唐数学》[34],白寿彝总主编《中国通史》[35],曲安京主编《中国古代科学技术史纲:数学卷》[36],中国科学院自然科学史研究所编著《中国古代重要科技发明创造》[37],丁海斌著《中国古代科技文献史》[38]等。

文化意义:其一,数学作为一门知识体系,具有文化属性,是一切科学技术的基础,其重要性,不言而喻。其二,中国古典数学具有自身的知识体系、文化特征与属性,它既是中华民族智慧的科学结晶,这一财富也属于全人类。其三,按照李约瑟的观点,甄鸾应该视为中国古典数学的一位"终结者"。自此以后,中国古典数学渐渐走向衰落,在这个意义上,甄鸾也是一位中国古典数学的集大成者,设馆纪念甄鸾这位数学家,具有弘扬科学文化的当代价值意义。其四,甄鸾在北周王朝,既是数学家、天文学家,也是朝廷命官,担任司隶校尉之职后,被擢升为汉中郡守,主政汉中多年。同期,数学研究不辍,注《数术记遗》,重述《周髀算经》,故他是汉中历史上的一位重要历史人物,同时他也是汉中地域历史上难得的科技文化的重要代表,对于在汉中弘扬数学文化和培育本邑人民科技文化意识,具有面向未来的当代价值意义。其五,因种种历史原因,甄鸾在汉中方志文献中无记载,而被历史淹没,这是汉中方志文化的重大缺憾,当历史的尘埃被拂去,我们应该以一种文化的方式来呈现汉中地域的重要历史事实,来纪念这位伟大的数学家,这是汉中宝贵历史文化资源的重要发现,于汉中地域历史文化意义重大。其六,"珠算"一词最早记录的中国古典文献就是《数术记遗》,这为珠算算具"算盘"计算工具的成型与广泛使用,奠定了坚实的理论与技术基础,珠算文化或算盘计算工具以其简洁、便捷与功效巨大,是传统中国文化的核心构成之一。于此,甄鸾贡献巨大,在"甄鸾纪念馆"中有机融入"珠算博物馆"的建设子项目,与纪念甄鸾的文化主题性可谓珠联璧合、相得益彰,对于在汉中弘扬珠算文化也是颇具文化意义的。其七,2001年,中国工商银行汉中分行经济师程文茂积十年之功,在李培业教授的指导与协助下,完成对《数术记遗》中十三种古算具的研究性复制工作,被命名为"中国古算十三品"[39],他还研制出"中华图心算",获国家专利八项,他的研究成果陆续被"新华网"、《人民日报》、《经济日报》、《中国教育报》、"中央电视台"、《大公报》、《金融时报》等媒体进行专题报道,程文茂先生完成了与一千多年前的数学大家甄鸾的数学文化交流与对话。其八,甄鸾主政汉中,并积极开展数学研究工作,并完成了多部数学典籍的注、述与撰写,汉中成为中国古典数学研究的主阵地,这是汉中地域人文历史的华丽篇章,对于这一份宝贵历史文化资源,应该予以深入挖掘、研究和文化呈现。

选　　址:汉中市汉台核心城区。

方　　案:

一,规划设计一座能够体现数学文化意蕴的"甄鸾纪念馆"的适宜体量的现代建筑群落,建设"甄鸾纪念馆"。

二,设计制作甄鸾人物大型单体雕塑一座,置于纪念馆前。

三,纪念馆中设立"甄鸾文献室",陈展历史时期的甄鸾著述(以善本或再造善本)文献,收藏近现代以来所有有关甄鸾数学思想与文化研究文献。

四,设立"珠算文化博物馆",从汉中民间收集各种形制的算盘,或通过考察国内已建"珠算博物馆",复制一批各种形制的算盘,陈列布展。

五,开辟、设立"程文茂古算研究工作室",并让其开展"中华图心算""珠心算"等教学与研究工作,培养相关专业人才。

六,设立"中国古算十三品"模具专题陈列室,展出程文茂研制的古算具,成立相应文创产品研制团队,开发古算具文创产品。

七,设立甄鸾生平与数学研究成果专题展室。

当代功用:

一,建设和打造主题性博物馆,为当代文化建设的重要举措。

二,甄鸾纪念馆,为一座集地域历史人物、数学文化、珠算文化及文创等于一体的主题性、综合性的汉中社会基础文化设施,对于弘扬中国传统科技文化,在汉中提倡、强化科技意识,尤其是数学文化意识,将影响深远。

三,甄氏家族,在中国历史上名人辈出,颇具历史文化影响,另据《人民日报》(海外版)2016 年 8 月 18 日的消息报道,甄氏文化源远流长,甄氏家族如今在海内外有 40 余万人,遍布在全国各地以及美国、加拿大、菲律宾、马来西亚、新加坡、委内瑞拉、墨西哥、英国、哥斯达黎加、澳大利亚等国家,该族群还在海内外建立了多个甄氏宗亲会、甄氏文化研究会、甄氏宗亲联谊会等民间组织[40],故在汉中建设"甄鸾纪念馆",将其打造为甄氏族群的宗族性文化圣地,培育汉中地域与甄氏族群、河北无极县的文化亲缘性,将有助于开发汉中旅游的特殊客源群体,助力特色旅游群体与特色旅游市场的发育、形成,同时,这将促进汉中对外开放,加强与国内其他文化区域及海外建立起文化联系的一座桥梁。

四,构筑汉中地域科技文化高地,可作为汉中青少年感知数学文化的社会性教育基地加以充分利用,建成后可作为一个具有深厚地域文化底蕴与科学文化特色的"爱国主义教育基地",并将其嵌入汉中全域旅游的体系与格局中,丰富其多元性体系与格局。

社会文化基础设施建设,大量以花岗岩、大理石、汉白玉等石材为主要材料,中国古代如此,当代亦如此。中国具有历史悠久的石刻石雕文化,勒石记功、存图,摩崖存书、雕塑,以石刊碑、造墓、建坊等,文化赋予石材以文化生命力,跨越时空,存之久远,记录文化,以昭后世。

基于地方文献的文化创意,是在思想文化层面淬炼地域历史文化,提供源泉性体系化方案与思路,为文化创意方案的源头,替代不了实际操作层面的实施性设计方案。但设计性方案须以文创方案为思想、理论指导,并通过深入调研、研讨,其打造体量、整体有序布局及艺术化呈现都须进行科学论证,形成平面、三维立体等方式的设计方案,再进行打造实施。

作为社会文化基础设施建设,由于耗资不菲,宜谨慎行事,须计划周全,坚持严格的质量标准,树立精品意识,进行精心打造。只有如此,才能在社会文化基础设施建设中避免浪费,打造精品,使之成为培养乡土意识与爱国情怀的社会"教科书",挖掘、弘扬、传承地域文化,培育地域文化氛围,培根铸魂,树立地域文化自信,提升地域人文精神。

地方文献研究,须以地方文献学为基础与理论指导,地方文献学是作为一门相对独立的学科而存在,但它在当代的发展受着各种社会因素的制约,甚至出现困局:其一,在理论体系上尚待进一步完善与创新;其二,受重视程度不够,甚至一些学者对本学科"瞧不上眼",学科地位不高;其三,地方文献研究者或工作者对地域文献价值缺乏应有的认识和重视,没有将地域当代发展与地域历史文献与历史进程结合起来审视和思考地方文献学的建设与发展,学科意识不强,不善于从多学科群中汲取其他学科养分、方法来丰富和发展地方文献学;其四,基础研究理论虽有积累,应用研究严重不足,难以出现对地域文化发展产生重大社会影响的成果出现,社会文化贡献率较低,出现"非良性循环"的学科建设与发展格局。

困局需要突破,也应该得以突破,但突破需要找到合理的突破口与适宜的路径。我们认为,这个突破口就在于基于全面、深入、系统的地方文献研究,并将地方文献研究转向应用研究;其路径就是结合文化创意研究、文创产品研发、文创市场拓展,关注社会现实,尤其是紧扣区域发展战略及地域社会文化基础设施建设,深入挖掘地域历史文化资源,紧抓全域旅游、乡村发展战略及特色小镇建设等国家发展战略机遇,用好相应的国家政策,以高质量、厚底蕴的系列主题性文化创意方案的有效实施,提高地域文化的建设力度与综合性艺术化呈现方式,提升基于地方文献研究的地域文化软实力。

将地方文献研究转向应用研究方向,积极投身地域社会文化事业建设主战场,通过高水平的文化创意方案实施,将会在短时期内产生广泛的社会影响,也会吸引一大批学者及研究人员集结在这一研究领域,增强地方文献研究力量与研究平台建设。如果这一局面得以形成,又将会反过来促进地方文献学理论研究的丰富和发展,并促进全社会地方文献资源观与价值观的形成,地方文献学走出目前困境的"良性循环"的学科建设与发展格局才会得以形成。

【声明:本文创制的文创方案,正在申请知识产权登记,严禁以任何方式侵权。】

参考文献

[1] 马克思,恩格斯.马克思恩格斯选集(第1卷)[M].中共中央马克思恩格斯列宁斯大林著作编译局译.北京:人民出版社,1995.

[2] 城固县教育局.陕西城固县教育概况[M].城固县前驱印刷厂刊印,1940.

[3] 沈春生.《国立西北大学侨寓城固记》纪念碑.城固文史(合订本),2013.

[4] 张研,孙燕京.民国史料丛刊(354,经济·概况)[M].郑州:大象出版社,2009.

[5] 司马迁.史记[M].北京:中华书局,1959.

[6] 司马光.资治通鉴[M].北京:中华书局,1956.

[7] 徐业龙.韩信评传[M].济南:齐鲁书社,2008.

[8] 吴忠匡.韩信集[M].哈尔滨:黑龙江人民出版社,1988.

[9] 张大可.徐日辉.张良萧何韩信评传[M].南京:南京大学出版社,2002.

[10] 张建民.明清长江中游农村社会经济研究[M].北京:商务印书馆,2010.

[11] 张建民,鲁西奇.历史时期长江中下游地区人类活动与环境变迁专题研究[M].武汉:武汉大学出版社,2011.

[12] 王德基,陈恩凤,薛贻源,等.汉中盆地地理考察报告[J].地理专刊(第三号),1946.

[13] 严如熤.山内三省风土杂识[M].西安:陕西通志馆刊印,1936.

[14] 严如熤. 三省边防备览[M]. 道光庚寅刻本(来鹿堂藏板).

[15] 黎锦熙. 方志今议[M]. 长沙:商务印书馆,1940.

[16] 刘伟. 城固县上元观古镇聚落形态演变初探[D]. 西安:西安建筑科技大学.

[17] 张廷玉等. 明史[M]. 北京:中华书局,1974.

[18] 王穆. 城固县志·贤达(卷七)[M]. 康熙五十六年刻本.

[19] 严如熤. 汉南续修郡志(卷十六)[M]. 嘉庆十三年刻本.

[20] 国家发展改革委. 国家发展改革委关于加快美丽特色小(城)镇建设的指导意见[EB/OL]. [2019 - 03 - 12]. http://www. ndrc. gov. cn/zcfb/zcfbtz/201610/t20161031_824855. html.

[21] 中共中央国务院关于实施乡村振兴战略的意见[EB/OL]. [2019 - 03 - 12]. http://house. chinanews. com/gn/2018/02-04/8440912. shtml.

[22] 李约瑟. 中国科学技术史·数学[M].《中国科学技术史》翻译小组译. 北京:科学出版社,1978.

[23] 阮元,彭卫国. 畴人传汇编[M]. 王原华点校. 扬州:广陵书社,2008.

[24] 甄鸾. 数术记遗[M]. 毛晋校. 明刻本.

[25] 甄鸾. 周髀算经[M]. 李淳风等注释;毛晋校. 明刻本.

[26] 王云五. 孙子算经及其他三种[M]. 长沙:商务印书馆,1939.

[27] 王云五. 张丘建算经及其他一种[M]. 长沙:商务印书馆,1939.

[28] 孔国平. 中国数学思想史[M]. 南京:南京大学出版社,2015.

[29] 陈瑞青. 燕赵文化史稿·魏晋南北朝卷[M]. 石家庄:河北教育出版社,2013.

[30] 吴文俊. 中国数学大系第四卷:西晋至五代[M]. 北京:北京师范大学出版社,1999.

[31] 余嘉锡. 四库提要辨证[M]. 北京:中华书局,1980.

[32] 李俨,钱宝琮. 李俨钱宝琮科学史全集[M]. 沈阳:辽宁教育出版社,1998.

[33] 章嵚. 中华通史(2)[M]. 台北:台湾商务印书馆有限股份公司,1977.

[34] 纪志刚. 南北朝隋唐数学[M]. 石家庄:河北科学技术出版社,2000.

[35] 白寿彝. 中国通史(卷五)[M]. 上海:上海人民出版社,1995.

[36] 曲安京. 中国古代科学技术史纲:数学卷[M]. 沈阳:辽宁教育出版社,2000.

[37] 中国科学院自然科学史研究所. 中国古代重要科技发明创造[M]. 北京:中国科学技术出版社,2016.

[38] 丁海斌. 中国古代科技文献史[M]. 上海:上海交通大学出版社,2015.

[39] 失传千余年的13种古代计算工具在汉中再现[EB/OL]. [2019 - 03 - 16]. http://www. china. com. cn/chinese/2002/May/153316. htm.

[40] "世界甄氏文化论坛"召开[N]. 人民日报(海外版),2016 - 08 - 18(07).

内涵·模式·路径

——图书馆文创产品开发背景下地方文献开发利用的发展模式及路径选择

王 彬 宁 阳(湖南图书馆)

在文化创意产业(以下简称:文创产业)蓬勃兴起的大背景下,文化创意产品(以下简称:文创产品)的开发给图书馆公众形象的树立及服务形式的创新提供了新的思路,在某种程度上也缓解了我国公共图书馆的运行完全依靠财政拨款的经济压力。2017 年国家图书馆共有 270 多种文创产品在国图文创商店上线,经营收入达 5000 多万元,国图实物文创产品种类总数达到近 700 种[1]。2017 年 9 月在文化部指导下,"全国图书馆文化创意产品开发联盟"成立,目前全国图书馆文化创意产品开发联盟成员已达到 117 家,联盟天猫旗舰店 2019 年 1 月 8 日也正式上线运营[2]。在这些数据和实践的背后,可以清晰地看到文创产品的发展意义不仅是图书馆的一个新兴业务,更是对地方特色资源的充分挖掘和提升,图书馆的文创产品成为读者与地域文化之间的媒介,为图书馆地方文献的开发利用提供新的发展路径及思路。

1　研究现状分析

图书馆的文创产品以其自身所具有的文化独特性、不易模仿性、低排他性成为宣传地域文化的重要手段,也成为学界研究的热点之一。综观目前我国图书馆文创产品的研究现状主要包含以下三个方面:一是对国内图书馆文创工作现状的分析,如陈魏玮[3]从文创开发的试点图书馆出发,分析现在图书馆文创的成果及问题,提出相应的措施和发展规划;魏孔俊[4]对国家和地方文创工作的相关文件进行梳理,在政策语境下探索图书馆文创产品的未来态势;唐义[5]等人分析了我国公共图书馆开发文创产品的优势、类型和主要问题并提出发展建议;孙雨[6]介绍了文创的概念和公共图书馆文创产品开发的现状,并提出问题与思考。二是对国外的图书馆文创产品的设计开发进行阐述,以启发国内图书馆文创产品开发的新思路,如王毅、柯平[7]对美国公共图书馆的文化创意产品开发实践进行了研究;李平等人[8]对英国图书馆文化创意产品的开发及实践进行探讨;纪双龙等人[9]选取美国、英国的部分图书馆的文创产品的设计理念、元素、方法进行分析;三是对国内文创产品开发的具体环节进行论述,袁红军[10]从提升图书馆文创工作绩效的角度,对图书馆文创产品的设计及销售的创新进行了论述;张小兵[11]提出在图书馆文化创意开发实践中,应该重视其知识产权保护问题;武吉虹[12]从图书馆文化创意产品开发方向和原则进行探究。

"和实生物,同则不继",由于地方文献记载了当地政治、经济、文化等综合内容,为研究当地人文、经济和地方发展情况提供了强有力的参考和依据,图书馆业内学者都强调地方文献开发利用及其相关理论研究。在地方文献开发及利用的研究上,笔者在《蜕变的尴尬:地方文献研究定位与服务的再探索——基于 CNKI 核心期刊文献计量及可视化分析》[13]一文中已有详述,在此不重复论述,相关研究主要倾向于两个方面,一是根据本馆地方文献建设的实际情况,提出开发利用的相关措施,另一方面则是从纵向上选取不同的角度,比如文献的类型、地域文化角度、经济建设与文化发展的需要等方面来对地方文献的开发及利用进行探讨和研究。

综上所述,在已有研究中未曾有文章针对文创产品设计开发和地方文化资源开发利用的相互影响、相互促进展开研究。图书馆地方文献不能仅仅依靠传统的数字化进行开发和利用,图书馆必须结合本馆实情,寻求新的机会,建立科学明确的发展愿景,透过新媒体、新技术、新产业等方式建构出一套地方文献开发利用的新模式,而从地方文献获取文化价值和灵感而设计开出的文创产品本身也肩负着传播地域文化的功能,因此在图书馆文创产品开发的背景下探索地方文献开发利用的新模式和途径具有现实意义。

2 图书馆文创产品与地方文献的内涵及特征

2.1 图书馆文创产品的内涵及特征

英国是世界上首个界定文化创意产业的国家,同时也提出了相关的战略发展和政策规划,在1998年时已明确提出将创意产业作为实现经济增长的方式[14],尽管美国没有文化部,也没有官方的文化政策作为驱动,但由于其宽松的环境和卓越的创新能力也取得了文创产业的发展。我国文创产业起步较晚,《中共中央关于制定国民经济和社会发展第十三个五年规划的建议》中提到:到2020年要将文化创意产业发展成为国民经济支柱性产业[15]。2016年5月,国务院办公厅转发文化部等部门《关于推动文化文物单位文创产品开发若干意见的通知》,提出在国家级、部分省级和副省级博物馆、美术馆、图书馆中开展文创产品开发试点工作[16]。

联合国教科文组织将文创产品定义为表达创意思想、符号和生活方式的消费性产品[17]。对于图书馆文创产品的概念,业界并没有形成统一,但不可否认的是图书馆文创产品的本质是地方特色文化和创意的有机结合体,图书馆的文创产品具有产品的经济属性,同时因其是图书馆的特色资源和地域文化的载体而兼具文化属性和教育属性,因此与市场一般的产品又有所区别(如图1所示)。

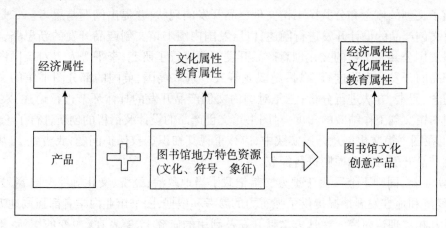

图1　图书馆文创产品属性

通过文献调研,文创产品的特征主要表现在以下三个方面:①文创产品比一般的产品,包含更多的符号、文化价值及创意。②文创产品是经过设计而创作出来的作品,不光是技术的创新,还有精神及时代的创新。③用户对文化的需求会处于一种很难达到平衡的状态,因此文创产品的消费需求也是不间断的。

2.2 地方文献的内涵及特征

由于我国地域较广,所形成的地域文化也众多,如中原文化、蜀文化、湖湘文化等,因此对地方文献进行定义是一个多元化的复杂问题,也尚未形成统一定义。在实际工作中使用较多的是杜定友先生所提出的"地方文献是有关地方的一切资料,表现于各种记载形式,如图书、杂志、报纸、图片等等"[18],黄俊贵先生提出的"地方文献是记录有某一地域知识的一切载体"[19],邹华享先生提出的"地方文献就是内容具有地方特征的区域性文献"[20]。尽管概念众多,但均使用了"区域特征"相关联的地方文献概念,因此区域性应该是地方文献内容的重要特征。除此之外,地方文献的载体还体现了文化的多样性特征,透过丰富多彩的文化表现形式来表达、弘扬和传承地方文化。

3 从文创产品开发看地方文献开发利用的模式转变

地方文献的可利用及可开发性,可以为图书馆文创产品的开发设计提供重要条件。地方文献的数量越多,保存越完善,图书馆文创产品的开发可以提取的素材就越多,反之则亦然。图书馆文创产品的设计灵感大多源于地方文献中的文化符号,体现了馆藏地方文献的地域文化,能够让地方文献得到更好的开发和利用,也能起到传播地域文化的作用。

由于其载体主要是纸质,地方文献在传播方式上有一定的局限性,即便是加快地方文献数字化的进程,地方文献的传播功能也会受到限制,无法拓展地方文献开发利用的深度和广度,也无法满足读者多元化的需求。文创产品作为图书馆辅助的宣传手段,无疑是宣传图书馆地方文献的最好工具之一。《湖南文献概论》[21]中将现有地方文献的开发利用分成五个类别:传统文献数字化、数字出版、特色资源库建设、地方网络平台建设和数字文化产业。王毅、柯平[7]将公共图书馆文创产品的开发分成十个类别,笔者选取了与地方文献紧密相关的四项类别:特色元素提取、经典馆藏意蕴、特色文化弘扬和历史文化传承,将其与传统地方文献开发利用模式进行对比,分析图书馆文创产品开发背景下地方文献开发利用的新模式(见图2)。

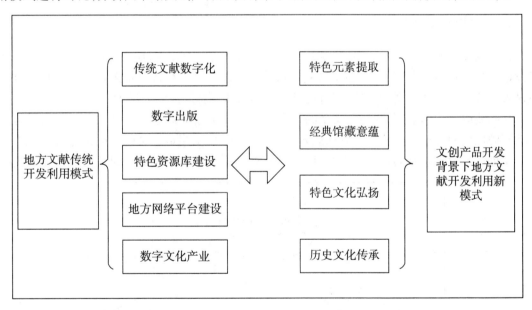

图2 地方文献传统开发利用内涵与文创产品开发背景下的模式比较

传统地方文献开发利用模式注重文献本身的数字化,无论是数字出版、特色资源库建设还是地方网络平台建设,均是通过技术手段将地方文献的纸质载体变成数字载体,来方便读者获取相关信息。但这种开发模式往往是以国家的综合性项目工程为依托,比如文化共享工程或数字图书馆工程等,开发的结果往往以文字、图片或者视频等简答直观的方式展现给读者,没有充分利用地方文献的价值。

与传统的模式相比,新的地方文献开发利用模式更加注重文献本身的文化价值和区域性特征,以读者的需求为导向,关注传播方式的创新和发展,文创产品的开发搭建了读者与地方文献之间的桥梁,改变了他们获取知识的方式,地域文化通过图书馆文创产品更加直接地进入读者生活,这种传播方式是纸质地方文献所不能及的。在文创产业的推动下,图书馆也应更新办馆理念,把保存、传承地域文化和满足读者的文化需求放在首位,以期创造出符合读者的文化需要,同时具有教育意义和文化价值的图书馆文创产品,最大化地利用本馆的特色地方文献。

4 文创产品促进地方文献开发利用转变的新途径

一方面,地方文献是图书馆重要的文化资源,体现了图书馆独特的地域文化价值,地方文献资源建设不能只关注于地方文献的数量和质量,更应加强对地方文献的保护和开发利用,从而将其转变为地域文化构建的重要组成部分,拓展其影响力;另一方面,图书馆的文创产品开发也应该在地域文化特征的基础上进行,不能只是简单地改变形式或停留在模仿阶段,要善于挖掘地方文献中的特色信息,最大限度地开发利用地方文献,展示地域文化。

我国文创产业的发展打破了原本地方文献的开发利用只停留在纸质文献传递及数字化的局面,借由地方文献开发利用的文创产品能够将其中的文化内容和价值更好地传达给读者,开拓了图书馆地方文献开发利用的新途径。

4.1 资源转化路径

传统的文献开发利用模式中,通常是消耗大量的人力、物力来对地方文献进行数字化或者建设地方特色资源数据库,其弊端是"各自为政",资源利用率不高。而文创产品的开发设计最显著的特征是让地方文献中的文化价值得到释放,这种释放能够满足读者的文化需求,冲破地方文献获取方式的限制,为地方文献的开发利用打开了新的通道。图书馆文创产品对地方文献资源优化的促进主要从三个方面展开(如图3所示):①当地方文献中的文化符号或内容作为文创产品设计开发的基础元素时,地方文献资源的内涵和外延都得到了更深刻和广泛的

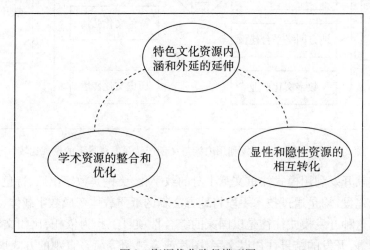

图3 资源优化路径模型图

延伸,作为历史文化的物质载体,地方文献中所记载的民间故事、民风民俗、历史沿革、人口物产资源等均会通过文创产品的开发和流通而被读者所知晓。②地方特色资源是各图书馆最核心的品牌和竞争力,图书馆文创产品的开发能够将地方文献中各种自然和人文、显性和隐性的资源进行有效的转化,用无限的创意来突破资源的束缚,如四川图书馆开发的杜甫和熊猫,就是将馆藏特点与地域特色相结合的良好典范[22]。③除了丰富的地方特色资源,图书馆内部的学术资源也得到整合和优化,长期致力于研究地方文献的专家可以为图书馆文创产品的开发提供重要的依据,并提供全方位的学术支撑,保证其文化意蕴。而文创产品的开发也有利于将分散的学术资源得以集聚,并转化为促进地方文献事业发展的有用资源。

4.2 价值提升路径

我们可以把地方文献的价值分解为内容价值和文化价值两部分,前者体现为客观的具有一定使用功能的文献特性,后者是主观的可以体会和感受的无形附加物,前者是地方文献作为文献的载体本身所具有的内容,后者蕴含的是文化的观念,因文化渗透而生。

在传统的地方文献开发利用模式上,前者的比重大于后者,即更注重于对地方文献内容的整理和开发,随着图书馆文创产品的开发利用,越来越多的人会重视地方文献所蕴含的文化价值,包括其中的文化符号或元素等。

因此从某种意义上看,图书馆文创开发背景下地方文献的价值提升可以理解为相同条件下对地方文献的内容价值和文化价值进行挖掘,内容价值是文化价值的来源,而文化价值又可提升内容价值的附加值,通过分解内容,给地方文献的开发利用提供一种新的发展途径,从而形成一种良性的互动(如图4所示)。

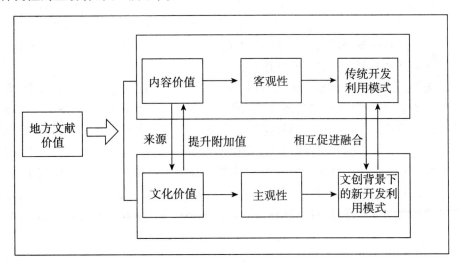

图4 价值提升路径模型图

4.3 文化生态路径

区域文化代表着一个地域所独有的内涵和价值,若不能得到很好的保护和推广,区域文化的积淀和传承也会消失殆尽,那其所在的区域也缺失底蕴深厚的文化内涵和影响力。文创产业以其强大的创造性激发了区域文化的发展活力,促进了区域文化的发展。

地方文献能够有效开发利用的前提是营造出适合区域文化发展的生态环境,营造区域文化生态环境,具体包括:文化认同、文化制度创新和文化产业带构建(如图5所示)。

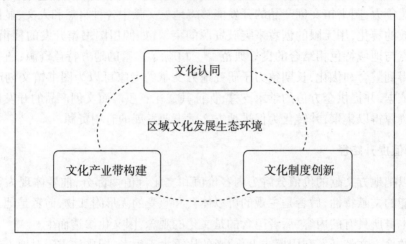

图5　文化生态路径模型图

图书馆文创产品不仅保留了地方文献中所蕴含的文化价值,而且通过传统与现代、创新与经典的交叉融合,将现有的地方特色资源和创意资源转化为图书馆的价值体现,这就实现了文化生态构建的第一个环节——文化认同。在新时代文化繁荣的大背景下,社会大众对区域文化的保护也越来越重视,这不仅提升了图书馆的服务功能,也促进了政府对区域文化的制度关注和创新。文化产业带的构建最关键的是文化产业链的形成,只有当区域文化转化为文化资本,同时注入各种技术手段,与群众的现实需求相结合时,文化产业链才能形成并释放出巨大的经济能量。因此通过图书馆文创产品的开发的促进机制,将加速区域文化产业链的形成,也给图书馆地方文献开发利用提供了新的途径。

图书馆文创产品的开发和地方文献的利用应该成为促进图书馆发展的双引擎,文创产业的迅速发展给图书馆带了新的机遇,地方文献作为图书馆的特色资源,也为图书馆文创产品的开发设计提供了独特的资源优势。通过挖掘地方文献的文化价值所开发出的文创产品,不仅可以让地方文献以更加生活化、现实化、实用化的方式进入读者的生活,满足读者的精神需求,同时对图书馆地方文献的传播起到促进作用,为图书馆地方文献的开发利用提供了资源转化、价值提升和生态构建的新路径,是图书馆实现资源利用的重要手段。图书馆作为文化机构应主动参与文创产业的发展进程,自主创新推出特色文创产品,为图书馆创造一定的经济、社会价值。

参考文献

[1] 图书馆文创:根基牢一点,创新多一点[EB/OL].[2018 – 09 – 26].http://www.ccdy.cn/chanye/201809/t20180926_1394305.htm.

[2] 文化投资公司助力"全国图书馆文化创意产品开发联盟品牌发展计划"[EB/OL].[2019 – 01 – 10].http://www.sohu.com/a/288027848_778042.

[3] 陈魏玮.试点图书馆文创产品开发的研究与探索[J].图书馆理论与实践,2019(1):21 – 26.

[4] 魏孔俊.政策驱动下图书馆文创产品开发发展态势分析[J].图书馆学刊,2018,40(11):42 – 46.

[5] 唐义,崔玥玥.我国公共图书馆文化创意产品开发研究[J].图书馆,2018(11):44-50.

[6] 孙雨.公共图书馆开展文化创意产品开发工作的模式与建议[J].新世纪图书馆,2018(8):47-50.

[7] 王毅,柯平.公共图书馆文化创意产品开发类别调研与分析[J].图书情报工作,2018,62(3):21-32.

[8] 李平,曾伟忠.英国图书馆文化创意产品开发实践研究[J].图书馆学研究,2018(16):97-101.

[9] 纪双龙,马家伟.图书馆文创产品开发的创新思路研究[J].图书馆,2018(11):51-57,98.

[10] 袁红军.图书馆文化创意产品的设计及营销探究[J].新世纪图书馆,2018(5):30-32.

[11] 张小兵.论图书馆文化创意产品开发中的知识产权侵权风险[J].图书馆建设,2017(5):24-28.

[12] 武吉虹.图书馆文化创意产品开发方向与原则探究[J].图书馆理论与实践,2017(8):15-19.

[13] 王彬.蜕变的尴尬:地方文献研究定位与服务的再探索——基于 CNKI 核心期刊文献计量及可视化分析[J].图书馆理论与实践,2018(6):46-49.

[14] 涂欣义.文化创意产业中的产品设计——以澳门文创地图体验度为例[D].澳门:澳门城市大学,2017.

[15] 中共中央关于制定国民经济和社会发展第十三个五年规划的建议[EB/OL].[2019-04-09].https://baike.baidu.com/item/中共中央关于制定国民经济和社会发展第十三个五年规划的建议/18710964?fr=aladdin#1.

[16] 关于推动文化文物单位文创产品开发若干意见的通知[EB/OL].[2016-05-16].http://www.gov.cn/zhengce/content/2016-05/16/content_5073722.htm.

[17] UNESCO. Culture,trade and globalization:questions and answers[M].Paris:UNESCO Publishing,2000:13.

[18] 高炳礼.杜定友先生与中山图书馆地方文献工作的实践[C]//杜定友学术思想研讨会论文集.广州:广东省立中山图书馆,1988.

[19] 黄俊贵.地方文献工作刍论[J].中国图书馆学报,1999(1):55-60,73.

[20] 邹华享.关于地方文献若干问题的思考[J].中国图书馆学报,1999(1):61-66.

[21] 湖南图书馆.湖南文献概论[M].长沙:岳麓书社,2016:338.

[22] 图书馆文创值得期待[EB/OL].[2017-11-14].http://www.ccdy.cn/chanye/201711/t20171114_1363954.htm.

志愿扶贫:完善贫困地区基层公共文化服务新思路

李冠南　孙慧明(首都图书馆)

公共图书馆事业已被纳入现代公共文化服务体系建设全局进行统筹部署,作为公共文化服务体系的重要组成部分,公共图书馆在开展文化精准扶贫、助力基层公共文化服务方面已经有了一些研究和实践。上海图书馆以马鞍村、下党村和赤溪村三个贫困村的调研为基础,发布国内首个《文化精准扶贫发展研究》报告[1];尹莉、刘洪[2]对国家"八七扶贫攻坚计划"实施以来的图书馆文化扶贫研究进行综述;段小虎[3]主持《图书馆论坛》"贫困地区图书馆发展研究"专栏刊发多篇扶贫类文章;侯雪婷[4]等研究了 31 个省级公共图书馆文化精准扶贫现状及问题;东方[5]探讨公共图书馆在国家文化精准扶贫中的社会效用及实现模型;黑龙江省图书馆[6]、甘肃省图书馆[7]、湖北省图书馆[8]、河北省图书馆[9]、贵州省六盘水市图书馆[10]等地图书馆探索了关爱留守儿童、扶持特色产业、流动图书配送、资源服务输送、农家书屋援建等多种文化扶贫方式,为公共图书馆相关业务拓展提供了思路借鉴。

这一时期也是国家深化文化体制改革、创新社会治理体系的快速发展时期。《中华人民共和国公共图书馆法》[11]《关于深入推进公共文化机构法人治理结构改革的实施方案》[12]等法规政策文件强调志愿者等社会力量参与图书馆建设,《志愿服务条例》[13]《民政部财政部国务院扶贫办关于支持社会工作专业力量参与脱贫攻坚的指导意见》[14]《关于公共文化设施开展学雷锋志愿服务的实施意见》[15]等法规政策文件则强调图书馆等公共文化设施要积极开展志愿服务,大力倡导志愿扶贫。在这种背景下,公共图书馆、志愿服务、文化扶贫的有机结合被提上日程,宋微[16]在《公共图书馆文化扶贫工作探析》一文中指出“引导、吸纳社会力量参与扶贫志愿服务是实现文化扶贫可持续发展的必要途径”,主张建立标准化、可复制的公共图书馆扶贫志愿服务机制和服务模式,搭建平台、推动公共文化扶贫志愿服务工作的行业联动;贵州省图书馆[17]则已在实践领域先行,该馆“布客书屋儿童阅读推广文化志愿服务项目”将发挥图书馆公共文化服务职能与文化扶贫工作相结合,针对贫困地区留守儿童,利用社会资源联合共建的公益儿童图书室平台,将特色文化志愿服务模式以项目形式推广。该项目社会效益显著,荣获“出版界图书馆界全民阅读年会(2016)”全民阅读案例一等奖、“2017年基层文化志愿服务活动经典型案例”表彰,公共图书馆“志愿服务＋文化精准扶贫”模式引起业内关注。

1 “文化精准扶贫　志愿者在行动”项目

1.1 缘起

如前所述,加快构建现代公共文化服务体系、大力开展文化精准扶贫、基本建成公共文化设施志愿服务体系等思想都对公共图书馆事业发展提出了新的要求,为了更好地落实这些国家战略部署,中国图书馆学会于2016年正式成立公共图书馆领域的分支机构——公共图书馆分会,负责加强全国公共图书馆的行业交流和业务协调;并指导成立了图书馆志愿服务工作委员会和图书馆扶贫工作委员会。前者主张搭建图书馆志愿服务网络平台,培训、宣传具有示范性的志愿服务项目,探索志愿服务工作新机制和新途径,以首都图书馆为挂靠单位;后者主张加强对贫困地区图书馆事业发展的指导、帮助和资源倾斜力度,通过开展帮扶活动精准扶贫,着力提升贫困地区群众获取信息资源的获得感,以重庆图书馆为挂靠单位,双方在各自的业务领域内各有侧重、各有建树。

2016年12月,重庆图书馆被列入公共文化设施开展学雷锋志愿服务首批示范单位名单,这要求图书馆发挥示范引领作用,促进地区间文化志愿服务协同联动,形成合力;2017年11月、2018年4月图书馆扶贫工作委员会两次召开工作会议,就推动公共文化服务精准扶贫落实、动员社会力量脱贫攻坚工作、发挥志愿者在扶贫攻坚战中生力军作用等议题展开交流讨论,得到了图书馆志愿服务工作委员会的积极响应;2018年5月起重庆图书馆、首都图书馆就“扶贫＋志愿”合作细节问题进行多次磋商;2018年7月,北京市在首都图书馆设立“北京市扶贫协作和支援合作文化交流中心”,双方的志愿服务和文化精准扶贫业务进一步产生交集;2018年9月,双方合作项目落地,重庆图书馆、首都图书馆一行16人前往重庆市云阳县开展以“文化精准扶贫　志愿者在行动”为主题的系列线下扶贫活动,与云阳县图书馆密切交流,并得到了重庆市文化委员会、云阳县文化委员会、云阳县科学技术协会的大力支持。

1.2 主要内容

此次活动重点针对云阳县基层公共文化服务建设,开展了"书香首图·书影共读"导读经典图书、多媒体科普体验进校园、乡镇(街道)文化站从业人员工作培训等系列活动,让图书馆服务延伸到乡镇、学校,提升了基层地区群众的科学文化素养;通过开展云阳县公共文化服务建设座谈、未成年人阅读现状调查、基层公共文化服务现状调查等交流活动,让志愿者更加了解贫困地区公共文化服务建设方面的成绩和困惑,为有针对性地输入精准扶贫内容和方式技巧提供了数据和经验支持。

(1)实地参访

志愿者一行先后走访了云阳县图书馆、凤鸣镇里市小学、泥溪镇泥溪小学和凤鸣镇综合文化站,发现这些"贫困地区"在国家扶贫政策和各种对口帮扶行动的影响下,硬件场所面积达标、服务设施设备完善、图书服务体系健全。图书馆位于云阳县市民文化活动中心,该中心占地 73 亩,含"一院四馆两中心"(影剧院、图书馆、文化馆、规划展览馆、青少年活动中心和宣传文化中心等),是云阳龙脊岭文化长廊建设的重点区域,也是当地的地标性建筑;图书馆拥有藏书超过 10 万册,设有专门的成人阅览室、政府公报阅览室、少儿阅览室、多功能厅、成人外借室、电子阅览室、古籍图书收藏室、地方文献室和休闲书吧。里市小学和泥溪小学都是农村区域的中心小学,环境整洁、规范有序,教学楼、宿舍楼、活动教室、图书室、多功能厅一应俱全。凤鸣镇综合文化站占地 0.8 亩,设有多功能活动厅、电子阅览室、图书阅览室、全国文化信息资源共享工程等,站内设施功能较为齐全,配备有专职文化干部 5 名(未能全部到职)。走访所得与志愿者预想相差甚远,那种"书籍匮乏""教室残破"的印象已是过去,据了解,云阳县坚决落实国家战略部署,深学笃用习近平总书记扶贫思想,通过开展"脱贫摘帽百日攻坚行动"等活动,已经先后通过扶贫工作成效市级交叉检查、市级第三方机构评估检查验收、扶贫工作成效省际交叉考核、脱贫摘帽市级验收,并于 2018 年 8 月通过了国家专项评估检查[18],符合贫困县退出条件,实现了"高质量整体脱贫摘帽"。因此,在 2018 年 9 月,志愿者一行看到的是一个刚走出贫困泥沼、正憧憬未来的云阳县,云阳县文化委员会负责人、云阳县图书馆馆长都充满生气,一面探索前行,一面干劲十足。

(2)座谈交流

文化精准扶贫的出发点在于了解贫困地区的真实需求,精准对接需求才能奠定精准脱贫精准扶贫的基础。除了实地走访,与实践者进行深入座谈交流也是了解和发现真实需求的有效手段,因此本项目还举行了一场与云阳县文化委、云阳县图书馆、文化馆的座谈会。座谈会在介绍基本情况后直奔主题,在沟通和交流中探索契合双方需求和利益的最优合作途径。首都图书馆、重庆图书馆作为直辖市的大型城市图书馆,业务资源和业务能力都毋庸置疑,但"漫灌"性质的输出未必是云阳县最为需要的,也未必是最经济有效的;刚脱贫的云阳县现阶段也不能把所有经验、资源全部吸收消化,三方的合作刚刚起步,找准方向、小处入手才更有可能夯实合作基础。座谈会中后期交流话题逐渐聚焦到"县图书馆积极开展阅读推广活动但受众偏少缺乏效益"的困惑上,大家将困惑分解为"如何开展活动""开展什么活动""什么时候开展活动最有效益""开展活动的目的是什么""活动品牌如何打造"等问题深入探讨,把脉问诊开"药方",三方思路逐渐清晰,达成重要共识:相对成年人的阅读习惯培养,未成年人的习惯养成会更加"事半功倍";中国家长对孩子文化素养的关注要远甚自身,县图书馆如果能成为孩子们的栖息乐园,活动受众数量、社会效益等问题都将不再是问题,但这也注定是一项长期渐进的工程,图书馆人功在当下,利在未来。

（3）阅读指导

首都图书馆、重庆图书馆结合多年工作经验,选择将青少年群体作为志愿扶贫工作的出发点和重心,扶贫先"扶智",孩子们的未来将有无限可能。这一思路也得到了另一位特别志愿者——曹郁的赞同,他作为云舒写教育科技有限公司联合创始人,同时也是经典导读志愿服务的发起人,深信青少年阅读是带动家庭阅读的杠杆,是推动"全民阅读"的关键力量,因此对此次志愿者行动全力配合并大力支持。他提前邮寄 48 册《夏洛的网》并要求孩子们完成线下阅读,现场则围绕《夏络的网》的故事发展,讲授"行动追踪图"阅读方法,并用作业检验学习成效。《夏洛的网》是美国知名作者怀特所著的优秀儿童读物,讲述了蜘蛛夏洛和小猪威尔伯、小姑娘阿芬等人物之间关于友谊的故事。首都图书馆馆员志愿者左娜带去的则是"书影共读"阅读法,以"阅读故事会＋童心影视窗"的形式,将世界经典儿童图书《小黑鱼》与其影视作品结合,启发孩子们的观察、理解和想象能力。《小黑鱼》是美国儿童文学作家、画家李奥尼的作品,李奥尼笔下的故事生动有趣又富含哲理,其代表作《一寸虫》《小黑鱼》《田鼠阿佛》《亚历山大和发条老鼠》分别于 1961 年、1964 年、1968 年及 1970 年荣获美国凯迪克大奖。首都图书馆和重庆图书馆都相信"授人以鱼不如授人以渔",此次志愿行动在阅读指导方面更关注阅读方法的输入,并主张不同年龄段的孩子开展不同的针对性活动。

（4）工作培训

精准扶贫的关键必须着眼于"扶人",贫困地区基层文化干部的素养是促进公共文化事业发展的关键。贫困地区基层公共文化服务工作人员数量有限,馆员通常身兼数职,既是行政人员,又是基础业务人员,同时还是读者活动策划者、组织者。对此,重庆图书馆、首都图书馆抓住精准文化扶贫的关键要素与目标人群,针对云阳县图书馆、文化馆两馆,以及乡镇（街道）综合文化服务中心的工作人员,设计了课程内容既包含国家大政方针解读,又包含文化活动组织策划的培训班[19]。重庆市文化委公共文化服务处处长文科深入解读《中华人民共和国公共文化服务保障法》;重庆图书馆研究馆员易红全面讲解《中华人民共和国公共图书馆法》,进一步强化大家对于法律的认识与理解;首都图书馆党委副书记李冠南结合公共图书馆的基本任务、内容和责任等问题,从公共文化服务免费开放以及图书馆员的职业荣誉感等方面分享了公共图书馆工作的实践与思考;首都图书馆研究馆员王海茹则从十几年的业务经验出发,为云阳县文化干部们深入浅出地详细讲解了阅读活动的宣传、策划与推广。部分文化干部就自己感兴趣的话题与项目志愿团队热情交流、细细询问,互留联系方式建立联络渠道。

（5）问卷调查

为更加精确地了解贫困乡镇青少年的课外阅读情况,项目志愿者在云阳县泥溪镇泥溪小学和凤鸣镇里市小学,对四到六年级高年级学生进行了课外阅读情况问卷调研,现场派发问卷 269 份,回收有效问卷 266 份,问卷主要内容包括课外阅读时长（天）、阅读量（年）、家中课外书藏书量、课外阅读地点、阅读课外书的诱因、课外读物来源、课外读物类型、课外阅读介质、课外阅读目的、家人阅读情况及伴读情况、对公共图书馆已有服务资源的利用情况、对阅读推广活动方式的偏好及参与情况、课外阅读现状的自我评测、课外阅读的阻碍因素及诉求等。分析数据显示①,受访的学生们非常想认识新东西、拓宽知识面,但来源于图书馆/乡镇文化站/农家书屋的课外读物占比很少,从来没有去过除学校图书馆(室)以外的其他公共图书馆/乡镇文化站/农家书屋的学生占比高达40.23%,经常去的却仅有8.27%;15.41%的学生从来没有去过或者利用过任何一种类型的图书馆,58.27%的学生从来没参加过图书馆举办的任何阅读相关活动。受访学生最喜欢的阅读地点是家里(占80.08%)和学校(占70.30%),经常陪孩子一起阅读课外书的家长占比6.77%,从来不读书的却高达25.19%,33.83%的孩子在学校已经开设阅读课程的前提下依然希望能获取阅读指导。这些数据一方面说明基层图书馆等文化设施对于这些小学生服务效益有限、功能亟须发挥;另一方面也反映出如果专注于青少年阅读培养,家庭、学校依然是最为重要的场所,亲子伴读与阅读指导是这些乡镇地区的孩子迫切需要的。

(6)图书捐赠和VR、科普体验

此次活动的另外几项内容是捐赠和VR、科普体验。首都图书馆、重庆图书馆向里市小学捐赠了1700余册图书以及部分书架,在一定程度上扩充了该校图书室的馆藏。值得一提的是,首都图书馆的千余册赠书都来自于社会募集,它设立"互阅书香"图书交换志愿服务项目倡导让闲置的图书走起来分享阅读、交换快乐,交换后的剩余图书则援建"爱心书屋",目前已经援建6家。VR阅读体验机来自重庆图书馆,孩子们最感兴趣的是"阅读"恐龙,在VR眼镜里,体验者进入一个恐龙野生动物园,近距离观看恐龙活动,体验科普的乐趣。科普体验活动则是得到了云阳县科协的大力支持,科技宣传车携带无皮鼓、雅各布天梯等十余种科普体验设备,配合细致讲解,让孩子们初步知道了信息学、磁动力学、物理学、光电传感、平面镜成像、电弧、光的反射定律等科学技术知识。

2 项目主要体会

2.1 扶贫先扶志

此次志愿扶贫行动的实施地点是在云阳县,整个行动得到了云阳县文化委、云阳县图书馆的大力配合,在座谈交流、调研走访、工作培训等各个环节,云阳县的相关工作人员都表现出了积极主动的精神风貌。县文化委对公共文化服务体系建设高度重视,县图书馆在积极拓展馆内业务外也非常熟悉乡镇综合文化站事务,许多乡镇综合文化站对于业务交流与沟通充满热情,这些都是志愿行动能够顺利开展、能够有所成效的前提条件,否则志愿者千里而去最多只是一场热闹,对于完善基层公共文化服务难有贡献。扶贫先扶志,习近平强调:"弱鸟可望先飞,至贫可能先富,但能否实现'先飞'、'先富',首先要看我们头脑里有无这种意识,贫困地区完全可能依靠自身努力、政策、长处、优势在特定领域'先飞',以弥补贫困带来的劣势。如果扶贫不扶志,扶贫的目的就难以达到,即使一度脱贫,也可能会再度返贫。"[20]再精准的扶贫,也是扶有志脱贫之人,此次云阳县的积极探索和志愿者的乐于互助相得益彰,合作基础进一步夯实。

---

① 数据源于项目志愿者之一——西南大学计算机与信息科学学院杨胜《小学生课外阅读问卷调研报告》。

2.2　扶贫应扶智

过去5年，国家充分发挥政治优势和制度优势建立了中国特色的脱贫攻坚制度体系，在众多合力作用下，贫困地区基层的硬件环境、设备配置方面都已经有了较大改善，四级公共文化服务网络也基本建成。但基层投入相对较少、人才匮乏导致已建成的公共文化服务体系管理难、效率低也是事实，这些疑难问题并非单个图书馆或者单次志愿行动能够化解，那如何才能让扶贫工作做到"精准施策"呢？此次活动一个非常重要的收获是，志愿团队捕捉到了当地公共文化工作中的一个"痛点"——对青少年的阅读习惯培养关注不够。问卷调研显示，乡镇小学的学生绝大部分是留守儿童，长辈从不读书的占比约占1/4，偶尔读书的占比超过一半，基层公共文化设施少有活动或者活动缺乏吸引力，学校阅读课程还不能满足需求；座谈交流发现县图书馆针对孩子的活动还不够丰富，没有黏住青少年用户也就谈不上阅读习惯培养。但实际上贫困文化具有遗传特性，著名社会学家辛秋水认为，在信息选择模式没有改变的条件下，贫困文化"只能通过'圈内'交往而得到加强，并且被制度化，进而维持着贫困的生活。在这种环境中长成的下一代会自然地习得贫困文化，于是贫困文化发生世代传递"[21]。贫困地区的青少年在"圈内"接触不到所需资源，那么同样的生活方式很可能在家族内部世代传承，打破文化贫困代际传递，可以从青少年阅读习惯培养着手。

2.3　社会工作专业力量参与脱贫攻坚事半功倍

贫困地区有需求，合作单位也发现了扶贫工作突破口，但运用哪种方式扶贫才最有效？扶贫成果又如何巩固？文化精准扶贫不光要需求精准，也要手段精准。针对云阳县青少年阅读习惯培养，县城与乡镇所采用的方式应有所区别。县图书馆相对资源丰富又人口密集，应充分发挥县图书馆的阵地作用，可有针对性地开展阅读推广活动；乡镇青少年以留守儿童为主，双亲在家陪伴占比不足两成，家庭阅读环境较差，而综合文化站等场所人才匮乏问题又一时难以解决，应将扶贫工作重心放在学校。发挥图书馆的阵地作用，首都图书馆、重庆图书馆等大型城市图书馆都有丰富的经验，同行交流渠道也会比较顺畅；发挥学校所长，让孩子爱上阅读需要多方社会力量的共同参与，一些专业力量，比如首都高校经典导读志愿服务联合会、北京青少年经典导读志愿服务总队等工作机制更为灵活有效，这些社会力量都在积极探索"互联网＋志愿"模式，依托"经典导读"专用新媒体平台，将高校丰富的智力资源转化为专业志愿服务的力量，面向中小学生开展以经典名著导读为内容的志愿服务，在课程设计、方法指导、效果评估等方面有完整的体系设计，志愿扶贫工作实施起来将事半功倍。2017年8月，《民政部 财政部 国务院扶贫办关于支持社会工作专业力量参与脱贫攻坚的指导意见》发布，支持实施社会工作专业力量参与脱贫攻坚重点项目，可以预见全社会力量将会被进一步动员起来，脱贫攻坚进程加快。

3　公共图书馆"志愿服务＋文化精准扶贫"模式探讨

综上所述，首都图书馆、重庆图书馆联合云阳县图书馆开展的"文化精准扶贫 志愿者在行动"项目收获较多、效果较好，但是作为两个全国性组织——图书馆志愿服务工作委员会和图书馆扶贫工作委员会的牵头单位，首都图书馆、重庆图书馆设立此项目的初衷并非只为一时之需,两个单位一直在探索如何以更为专业的力量、更为专业化的手段贯彻落实国家关于加快构建现代公共文化服务体系、脱贫攻坚、乡村振兴、发展社会组织等重大战略部署,如何拓展业务领域,更好地发挥示范引领作用,带动区域和行业联动发展。此次以云阳县为试点,正是希望探索出一条适合公共图书馆采用的可复制、可持续发展路径,希望志愿服务和文化精准扶贫能够有效结合,在提升图书馆志愿服务水平的同时,也助力贫困地区与全国同步全面建成小康社会。

3.1 模式内涵

以主题词"扶贫 + 志愿"对 CNKI 进行中英文扩展跨库检索,得到数据 184 条,文献发表数据如图 1 所示,可以看到 2016 年起志愿扶贫问题研究显著增长。2016 年 3 月《中华人民共和国慈善法》公布施行,倡导慈善组织"扶贫、济困";4 月全国性非营利性社会组织"中国扶贫志愿服务促进会"成立,推广扶贫志愿服务理念,弘扬扶贫志愿服务精神;6 月,中宣部、文化部、新闻出版广电总局联合召开全国文化精准扶贫工作视频会议,鼓励和引导社会力量参与文化扶贫,积极探索"互联网 + 公共文化服务"的实现模式;12 月,中宣部、中央文明办等七部门印发《关于公共文化设施开展学雷锋志愿服务的实施意见》,明确提出到 2020 年,要基本建成公共文化设施志愿服务组织体系、志愿服务项目体系和志愿服务管理制度体系。

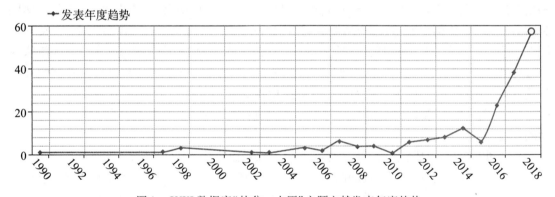

图 1　CNKI 数据库"扶贫 + 志愿"主题文献发表年度趋势

综合这些背景,首都图书馆倡导的公共图书馆"志愿服务 + 文化精准扶贫"模式,是指公共图书馆孵化的志愿服务组织,充分发挥社团组织作用,通过聚合社会扶贫资源和力量、建立健全社会力量志愿服务平台等方式,开展"精准"的文化帮扶项目,参与现代公共文化服务体系建设,促进基本公共文化服务标准化、均等化。也就是说,可以充分运用志愿服务渠道将发达地区公共图书馆的资源,包括社会力量资源,输入合适的、有需要的对口援建单位,帮助它们尽快"打赢脱贫攻坚战"。公共图书馆、社会组织、贫困地区在此过程中积极互动、相互促进,共同迎来发展新机遇。

3.2 模式难点和突破点

供需对接是扶贫"精准"的基础。扶贫项目不符合当地实际需求或者项目需要消耗双方大量人力、物力、资金资源都难以让合作顺利、持续进行下去;贫困地区基层专业人才尤其缺乏,在城市图书馆顺利开展的项目到了乡村基层文化站,则很可能无法落实。因此,扶贫项目的设计绝不能一厢情愿，需要从地方实际出发，深入了解、发觉痛点。可供需双方如何才能了解到对方？首都图书馆与云阳县图书馆相隔千里，几乎没有业务往来。云阳县需要在青少年阅读指导、阅读活动推广方面寻求帮助；首都图书馆的"童沐书香""品阅书香"志愿服务项目效果良好，又与北京青少年经典导读志愿服务总队深度合作，但辐射区域还尚在京津冀地区，双方的供需平台要如何搭建起来是现实中的模式难点。

当前公共图书馆领域合作开展文化精准扶贫工作并不多见，除了"春雨工程"、对口援建等渠道，以志愿服务方式跨地区的文化合作与交流还较为少见。此次"文化精准扶贫 志愿者在行动"项目能够促成，重庆图书馆做了大量工作，从前期的扶贫工作会议交流到中期的细节磋商再到后期的全程参与和业务对接，都体现出了较强的责任担当。如果没有重庆图书馆的身体力行，没有它对云阳县的了解和对首都图书馆的了解，三方合作无从谈起。因此，公共图书馆"志愿服务＋文化精准扶贫"模式能够顺利开展并得以广泛复制的一个重要突破点是，处于中枢位置的省市大型公共图书馆，对当地情况和行业资源全面了解，又勇于担当、主动作为。

3.3　复制推广路径

许多公共图书馆孵化的志愿组织都展现出了很强的业务能力。除了前文提到的贵州省图书馆"布客书屋儿童阅读推广文化志愿服务项目"，广东省中山图书馆"中图之友"文化志愿服务团队、天津图书馆经典诵读志愿者服务、江西省图书馆"与悦读同行 伴书香成长"文化志愿者助推书香赣鄱项目、重图快乐阅读体验课、沈阳市图书馆"星期六剧场"等一大批团队或项目得到了文化部表彰，成为先进典型。在中共十九大报告"构建全民共建共治共享的社会治理格局"的方针指引下，在一系列"发展社会组织""引导吸纳社会力量"相关法规政策文件的影响下，图书馆志愿服务组织在服务体系建设、项目拓展和业务能力提升方面都将显示出强劲的发展势头。

公共图书馆在志愿服务渠道建立的基础上，可以积极地和全国性、区域性图书馆合作组织建立沟通联络针对文化精准扶贫方面开展多方合作。2016年中国图书馆学会公共图书馆分会成立了图书馆扶贫工作委员会、图书馆志愿服务工作委员会、图书馆区域协作工作委员会、城市图书馆工作委员会、基层图书馆工作委员会等委员会，近几年各图书馆间也自发成立了"京津冀图书馆联盟""西部省级公共图书馆联盟""全国地市级图书馆联盟"等合作组织，合作组织之间信息沟通相对顺畅，各成员单位对当地基层公共文化服务的了解也更加全面深刻，是文化精准扶贫供需双方对接的良好媒介。事实上，各成员单位也往往承担着区域中心馆职能，对于因地制宜建立总分馆制和网络化服务体系，促进公共图书馆服务向城乡基层延伸义不容辞。

志愿服务与图书馆区域合作相结合将有助于文化扶贫精准化。以此次试点为例，首都图书馆、重庆图书馆、云阳县图书馆的相互合作，能够确认云阳县发展意愿强烈，青少年是"精准人群"，青少年的阅读习惯培养是"精准手段"，专业力量"北京青少年经典导读志愿服务总队"的引入能在扶贫内容和效果方面实现量化评估，依托"经典导读"专用新媒体平台的"互联网＋"方式能让基层负担压力大为减轻，持续发展成为可能。下一步，首都图书馆和重庆图书馆将继续探索该模式的复制推广，以为推动公共文化扶贫志愿服务工作行业联动提供经验借鉴和数据支持。

参考文献

[1] 上图发布文化精准扶贫报告　文化扶贫应告别"大水漫灌"[EB/OL].[2018 – 10 – 08].http://www.shanghai.gov.cn/nw2/nw2314/nw2315/nw4411/u21aw1131008.html.

[2] 尹莉,刘洪.国家"八七扶贫攻坚计划"实施以来图书馆文化扶贫研究综述[J].图书馆论坛,2017(1):19 – 25.

[3] 贫困地区图书馆发展研究[J].图书馆论坛,2016,36(1):1.

[4] 侯雪婷,杨志萍,陆颖.省级公共图书馆文化精准扶贫现状及问题研究[J].图书馆,2017(10):24 – 29.

[5] 东方.公共图书馆在国家文化精准扶贫中的社会效用及实现模型[J].图书馆理论与实践,2018(1):74 – 78.

[6] 结对子种文化黑龙江省图书馆关注延寿县留守儿童[EB/OL].[2018 – 10 – 08].http://hlj.people.com.cn/n2/2016/1215/c220024-29469188.html.

[7] 甘肃省图书馆助双联村发展柴胡产业[EB/OL].[2018 – 10 – 08].http://www.gansu.gov.cn/art/2015/4/24/art_188_234686.html.

[8] 湖北省图书馆落实文化精准扶贫工作[EB/OL].[2018 – 10 – 08].http://portal.library.hb.cn/.

[9] 文化助力精准扶贫——河北省图书馆扶贫工作纪实[EB/OL].[2018 – 10 – 08].http://www.hebwh.gov.cn/common/content.jsp? articleId = 4028815d5d27903a015f0aba7b660dbc.

[10] 越光.浅谈公共图书馆以农家书屋为阵地助力精准扶贫工作——以六盘水市图书馆一个扶贫点为例[J].贵图学苑,2016(3):28 – 30.

[11] 中华人民共和国公共图书馆法(含草案说明)[M].北京:中国法制出版社,2017.

[12] 关于深入推进公共文化机构法人治理结构改革的实施方案[N].中国文化报,2017 – 09 – 12.

[13] 志愿服务条例[M].北京:中国法制出版社,2017.

[14] 民政部　财政部　国务院扶贫办关于支持社会工作专业力量参与脱贫攻坚的指导意见[EB/OL].[2018 – 10 – 07].http://www.mca.gov.cn/article/gk/wj/201708/20170815005496.shtml.

[15] 新华社.关于公共文化设施开展学雷锋志愿服务的实施意见[EB/OL].[2018 – 10 – 07].http://www.gov.cn/xinwen/2016-12/04/content_5142838.htm.

[16] 宋微.公共图书馆文化扶贫工作探析[J].河南图书馆学刊,2018,38(8):26 – 28.

[17] 贵州省图书馆.贵州省图书馆两项文化志愿服务荣获文化部表彰[J].贵图学苑,2018(1):71.

[18] 开州云阳巫山如期实现脱贫摘帽[N].重庆日报,2018 – 08 – 11(1).

[19] 重庆图书馆、首都图书馆赴云阳开展文化扶贫活动纪实[EB/OL].[2018 – 10 – 08].http://www.cqlib.cn/? q = node/52318.

[20] 习近平扶贫新论断:扶贫先扶志、扶贫必扶智和精准扶贫[EB/OL].[2018 – 10 – 08].http://politics.people.com.cn/n1/2016/0103/c1001-28006150.html.

[21] 王淼.著名社会学家辛秋水与他的文化扶贫思想[EB/OL].[2018 – 10 – 08].http://blog.sina.com.cn/s/blog_682548630100ua3h.html.

试论公共图书馆从信息服务向知识服务转型

——以南京图书馆为例

严　娜(南京图书馆)

　　南京图书馆(以下简称"南图")是江苏省省级公共图书馆,藏书总量超过1200万册,其中古籍 160 万册,包括善本 14 万册,民国文献 70 万册。另外,数字资源有"中国知网""瀚堂典藏""Proquest"等引进数据库及自建数据库等共 50 余种。目前南图读者证总量超过 100 万张,日均到馆读者达 8000 人次。南图为读者提供的传统信息服务主要包括:书目查询、文献复印、文献检索、文献传递,还包括如定题服务、科技查新、专题数据库等准知识服务。

随着时代的不断进步,南京市作为江苏省省会,工业化、信息化水平和科教文卫事业发展水平较高,整个社会对高质量公共资源的需求都客观上要求公共图书馆能够完成从提供信息服务到提供知识服务的重要转变。在人力物力资源相对固定的情况下,如何定义好信息服务与知识服务,在做好日常信息服务的基础上,稳扎稳打地探索向知识服务迈进的有益办法是南图接下来工作的要点。

1 图书馆信息服务与知识服务的定义

1.1 信息服务

信息服务大多是基于用户简单提问的文献检索和传递服务,提供的一般是有用的显性知识。传统图书馆的书目查询、文献检索与传递等工作都属于信息服务。

1.2 知识服务

知识服务是指针对读者专业需求,以问题解决为目标,对相关知识进行搜集、筛选、研究分析并支持应用的一种较深层次的智力服务。知识服务则可以采用智能化手段挖掘蕴藏于大量显性信息中的隐性知识。

知识服务包括以下特点:(1)用户目标驱动;(2)面向知识内容;(3)面向解决方案,贯穿用户解决问题过程;(4)面向增值服务。

知识服务是以资源建设为基础的信息服务的高级阶段。由信息服务转变为知识服务的理念,不仅是观念的变化,也是信息服务发展方向的变化。

基于此,知识服务要求图书馆拥有一支学科馆员队伍,这支队伍的每个成员都要有比信息服务时代更高的专业能力,包括图书馆学情报学能力和各自专业领域能力与经验。

1.3 图书馆的基础服务与公益性

读者服务工作是图书馆工作的中心,图书馆基础服务的一般流程包括:采、编、阅、藏和管。基础服务是做好高层服务的前提。文献采集就要有针对性、时效性;文献的分编要符合标准,准确翔实;借阅要方便查找,能够预约,工作团队还要与读者形成良好的沟通机制;馆藏资源是图书馆赖以生存的物质基础,不但要体现特色,还要形成体系,且能够与其他馆实现资源共享;管理要有效支持上述日常工作的高效运转。可以说,图书馆业务工作环环相扣,共同组成了知识服务发展的基石。只有重视基础业务工作,才能使知识服务获得有效资源,贴近读者需求,提高服务水平。

同时,公共图书馆工作的公益性又要求其以广大读者(不受年龄、种族、性别、宗教信仰、国籍、语言或社会地位的限制)为服务对象,提供平等的不以营利为目的的服务。所以,大量日常的信息服务仍然并将长期是南图服务的主要内容,而知识服务的典型案例和经验也应该积累成公共资源,通过纸质宣传页、特色资源库、专题讲座等形式反馈给读者和社会。

1.4 图书馆的智库服务服务与自我提升

智库最早产生于美国,1967 年 6 月《纽约时报》刊载的一组介绍兰德公司等机构的文章首先使用了 Think Tank(智库)一词。一般认为智库由多学科专家组成的,为决策者处理社会、经济、科技、军事、外交等各方面问题出谋划策,提供最佳理论、策略、方法和思想等的公共研究机构。从智库视角来重新分析和探讨图书馆的定位,审视当前图书馆的地位和作用,有助于对现代图书馆的功能进行重新定位。

特别是在快速发展的当下社会,人们对知识服务的要求越来越高,越来越多的读者已经不满足于普通的借借还还,他们有的带着专业问题而来,有的希望能在新的领域或者知识水平上有所突破,有的希望给孩子更好的教育资源,这都要求公共图书馆能够进行服务升级,提供高水平的知识服务。另一方面,图书馆新进员工都具备较好的英语、计算机和学科能力,再加上图书馆学、情报学方面的理论学习和具体业务的锻炼,可以让他们成长为图书馆知识服务、智库服务的有生力量。

公共图书馆提供不以营利为目的的服务,但其服务可以适当带来盈利,只要将盈利投入更广泛的公共服务中去,就可以实现图书馆内外发展的良性循环。

在智库服务方面,国家图书馆和上海图书馆以其丰富的馆藏和专业的服务能力为南图做出了表率。国家图书馆据"两会"的特定需求,以专题形式提供服务,即发挥文献优势,依靠决策咨询馆员的信息敏感和信息跟踪积累,针对"两会"推出专题资料、文献专报、舆情信息、平台服务等。上海图书馆在中小企业信息服务方面做了大量的探索和文献服务研究工作,先后开设了创之源信息服务、创新空间阅览室、产业图书馆等服务项目,集中了科技文献检索、专利标准文献、第一情报、文献提供等最具上海图书馆特色的服务项目,积极参与中小企业的交流互动,了解中小企业的需求,推广上海图书馆的信息服务。

南京图书馆在开展知识服务的过程中,在保证基础服务和公益性的基础上,努力学习国家图书馆和上海图书馆的成功经验,在读者服务部分别设立立法决策组和学科咨询组,以《信息荟萃》半月刊和科技查新工作为主要内容,积极探索图书馆知识服务的前进方向。

2 图书馆现有信息服务向知识服务转变的路径

2.1 日常服务的升级

图书馆的知识服务必须是来源于日常服务,并落实到日常服务中去的。公共图书馆的人力、物力终究是有限的,如何在保证基础服务满意度的前提下,让馆员和读者共同成长,跟上甚至引领现代科学技术水平的发展,是南图日常服务精进的方向。

2.1.1 加强读者信息素养培训,减少大量重复工作,提高咨询问题层次

公共图书馆面向广大群众,肩负社会教育的使命。以往南图主要通过馆所的电子屏通知、宣传册页、现场指导等方式服务读者,这些方式效率较低,将大量人力物力都铺在重复性劳动上,而且只能服务场馆附近人群。现在南图通过互联网技术如门户网站、社交网络(南图微信、南图微博)等搭建与用户交流的桥梁,读者可以通过南图网站查询书目,预约续借读书,还可以远程使用部分电子资源,特别是南图自建的讲座视频,阅读推荐资料等。微信是人们最常用的手机 APP,通过南京图书馆微信,读者能方便地获得每月讲座预告、开放获取资源的介绍、

新书上架信息、南京市各名校推荐书单、文化旅游类重点新闻与重要政策、江苏地区特色博物馆介绍等，还可以直接由微期刊功能获得电子期刊，基于读秀、万方、维普、馆藏书目的电子资源检索结果。这些基于互联网的服务，既方便了更广泛的读者获得图书馆资源，也节省了图书馆的人力物力。南图下一步的工作应该是大力推广图书馆微信公众号的使用，并根据读者的反馈不断优化其内容和功能。

公共图书馆是城市客厅，每周末都会举办各种各样的讲座，其中应该有一堂介绍图书馆各类资源，特别是数据库资源的信息素养课。现在公众对于公共图书馆的利用多半仍旧停留在借借还还和参加文化活动上，公众的信息获取方式大多止于百度、搜狗等搜索引擎和各种自媒体推送的碎片化信息，而不知道更权威、更全面、更系统、更严格的数据库信息，这种现状非常不利于公民素质的提高和深厚文化氛围的形成。而高校、研究所机构又拥有他们自己购买的数据库系统。这样就导致一方面公共图书馆花费巨大的数据库资源利用率不够高，一方面读者的信息素养和知识需求没有被激发的二重困境。

所以，公共图书馆开展知识服务的第一步就是通过生动案例进行导航型的信息资源介绍，告诉读者通过图书馆的数据库能获得哪些与网络不同的信息，更进一步，通过图书馆的知识服务，能够解决哪些专业问题。比如江苏推进大运河文化带建设生态文旅，牵涉到文化、旅游、生态、水利、城市规划、区域协调发展等多方面的知识内容，相比于网络上相近、肤浅、未经考证的文章，南图既可以展示学术论文所带来的系统性研究综述，如核心期刊上《大运河文化带建设与中国区域空间格局重塑》等文献，也可以带来基于读秀全文检索的书目信息，结合馆藏资源等，可以提供丰富的水利科技、历史文化、地方文化信息。如从南水北调大视野出发的专业书籍《江河连通——构建我国水资源调配新格局》、清朝中后期马戛尔使团随行英国画家描绘大运河两岸风土人情的《西洋镜——中国衣冠举止图解》、淮安市地方志办公室编《运河之都——淮安》，相关同类型材料可以清晰罗列出处、时间、特色，还可以互相比照内容，去伪存真，去粗取精。在这个演示的过程中，图书馆可以一次介绍1—2个数据库的使用方法和内容特色，帮助读者熟悉一些最基本的操作，一堂这样的信息素养讲座比知识灌输更加有意义。

2.1.2 阅读推广引领社会风气，拓宽公众的知识视野，为打造学习型社会构筑基础

2018年颁布实施的《公共图书馆法》明确规定：公共图书馆"应当将推动、引导、服务全民阅读作为重要任务"。当下阅读有两大热点，一是传统文化，二是亲子阅读，最能激起公众的参与热情。首届南图阅读节于2010年举办，此后每年一届，活动以"与名著对话，和大师同行"为基调，每年围绕一部名著，确定一个主题，开展一系列读书活动如主题论坛、公众讲座、版本展、插图展、馆藏影片放映等。九年来，南图阅读节陆续对中国古典文学四大名著《红楼梦》《西游记》《水浒传》《三国演义》，重要经典《论语》《孟子》《老子》《史记》进行了深入解读和全面揭示，2019年4月23日世界读书日期间还将继续开展"《资治通鉴》：知兴替，明得失"阅读节系列活动。读者跟着南京图书馆的节奏，无论是读者还是馆员日积月累都可以对国学有一个系统的学习过程。除此之外，2018年11月，南京图书馆"荐读台"正式揭牌，荐读台设置在南图一楼大厅，每期设置一个主题，通过与出版社联动向读者荐书。"荐读台"内容两个月更新一期，首期主题是"美之为美"，为读者推荐十余种与"美"相关的读物，包括《谈美》《美了千年，却被淡忘：诗经名物图解》《中国南京云锦》《海浪》《乔治莫兰迪：回顾展》等；第二期主题为"岁岁年年"，借由《谈天说地话历法》《书香联萃》《金陵岁时记》《年兽来了》《雅舍谈吃》《四季啊，慢慢走》等图书呈现"过年"的由来、习俗以及逸闻掌故等。农历新年假期，南京

图书馆还举办了针对《书香联萃》的主题阅读分享会,加强了与读者的联系。

至于亲子阅读方面,南京图书馆少儿阅览室定期推出少儿阅读书目推介,分绘本和注音版两个部分,主要服务低幼年龄段和小学低年级儿童的阅读需要。每一则推介书目都会给出书目,作者,出版社和馆藏信息,以及内容简介和推荐理由。但是,目前亲子阅读推荐工作仍然在摸索阶段,还没有形成系统的读书计划,和分年龄、分级阅读的指导,也缺乏相应的家长用书的指导。南图应该发挥图书馆参考咨询服务的优势,快速建立起亲子阅读的专业辅导内容,如2017 年出版的由《中国教育报》资深编辑和阅读推广人张贵勇先生著的《给孩子的童年书》为小学六年的阅读旅程提供了分门别类的书目推荐和父母书单,非常值得在日常工作中进行推广。图书馆还应该主动向青少年获取其需求,鼓励青少年主动向图书馆表达其需求,从而做到根据阅读需求,动态调整馆藏策略。至于如何调动青少年的参与热情,新加坡图书馆做出了有益尝试,他们利用游戏卡激励青少年多阅读,具体做法是将生动的故事印在游戏卡背后,让青少年边收集游戏卡边阅读并通过与其他同伴交换游戏卡,交换阅读心得。这样不仅有助于引导青年学生阅读,而且可以拉近图书馆与网络新生代的距离,让他们爱上线下的交流活动。

此外,在满足社会热点需求的同时,公共图书馆也不要忘记其在引领社会风尚方面应有的作为和担当。如上海图书的冷书榜给图书馆工作人员带来很大震撼和启发,有些图书虽然质量上乘但是因为种种原因乏人问津,上图馆员根据外借数据分析,从著者、出版者、出版年等要素进行筛选,兼顾社科、科技占比,选出了 65 册中文图书、35 册外文图书和 20 种电子书向读者推荐。其中包括中信出版社出版的汪曾祺《徙》、百花文艺出版社的《威尔特郡的乡野生灵》、商务印书馆的《洁净与危险》,还有外文获奖作品 *Before We Were Yours*、*The Sixth Extinction*、*The Luminaries* 等。这些冷书能有效提高公共图书馆馆藏资源的利用率,更重要的是带来文化的多样性和多元化,也是公共图书馆公益价值的体现。挖掘并呈现这些冷书的价值需要图书馆工作人员有更高的专业素养,能让公众在商业机构主导的畅销书排行榜外看到公共图书馆不可或缺的价值。

地方公共图书馆还负有保护和发育地方文化的重要职责,以南京图书馆为例,南京是著名的六朝古都,《红楼梦》《西游记》《儒林外史》《桃花扇》《随园诗话》《文心雕龙》《诗品》《千字文》《闲情偶寄》《古画品录》《永乐大典》《海国图志》《首都计划》《佛国记》《弘明集》《金陵梵刹志》《金陵大报恩寺塔志》《历游天竺记传》《笠翁十种曲》《芥子园画传》等都与南京渊源深厚,南图可以借此挖掘南京与名著之间的联系,促进文旅的发展和当地民众的自豪感以及学习的热情。

2.2 图书馆参考咨询服务向智库服务的转型

公共图书馆参考咨询工作知识服务含量较高,是最接近智库服务的公共服务。目前,图书馆咨询和智库服务关系的研究多针对高校图书馆的馆员,其实,公共图书馆以其受众的广泛性和多元性,在智库型服务是也是大有可为。南京图书馆为例有面向江苏省党政机关和省两会服务的"立法决策"组,有面向公众和中小企业的"社科咨询"和"自科咨询"组,都可以进一步提高服务层次。

2.2.1 立法决策:《信息荟萃》

南京图书馆《信息荟萃》是面向江苏省和南京市四套班子领导及各级政府机构职能部门发行的内部刊物。《信息荟萃》2009 年取得内部刊号,为半月刊,每期只针对政治、经济、文化领域的一个特定主题展开,广泛采撷新闻报道、学术研究、网络舆情及海外动态等,通过信息的二次加工、整理、编撰成刊。以 2019 年最新 6 期为例,《信息荟萃》综合报道了"中央一号文件"、学术造假、江苏省"两会"、权健事件背后的中国保健品市场、中央经济工作会议、中国改革开放等主题。通过近十年的积累,南图网站建立了《信息传真》数据库,《信息荟萃》已逐步被打造成为南图对外信息服务的品牌,多次受到江苏省委省政府及有关职能部门领导的肯定与好评,并获得"江苏省优秀服务成果一等奖"。

但是立法决策工作距离知识服务用户目标驱动、面向解决方案、贯穿用户解决问题过程的要求还有不小差距。特别是立法决策组面向"两会"代表的现场服务,代表们的建议和方案往往需要很多的调查研究和证据论证,图书馆应该参与到提案从产生、发展、调查、论证、反馈、修改、完善的全过程中去,为代表提出有针对性、合理完善、具备可行性、兼顾各方利益和关切的方案做出应有的知识服务。譬如南京市全面推行的"弹性离校"制度着力解决小学生课后"三点半"接送难题,既是一项教育延伸工作,也是一项重要的民生服务工作,在全国起到很好的实验带头作用。这一制度的完善需要许多配套工作,譬如 2019 年"两会"中市政协委员就保障"弹性离校"政策的高质量推行提出了建议,建议以"公益评价"向社会艺术体育培训资源招标,引入信誉好、质量优、价格平的培训资源进入校园。在这个提案背后,需要知识服务团队提供更多相关资讯和分析,如"弹性离校"政策的落实细节,各试点学校师生的反馈统计、公益评价的项目和标准,社会艺术体育培训的评审办法,目前对"弹性离校"制度进行评价和总结的报道,等等。图书馆可以有针对性地服务到两会委员个人或者政府职能部门的具体科室。

2.2.2 社科咨询:公共政策解读、商业地产咨询案例、南京茶文化咨询

图书馆咨询客户中以社科类咨询居多,特别是普通居民对过去转业、下岗、拆迁、住房、公私合营等方面的既往政策的咨询。如 2018 年,南图根据论文《上海市公私合营企业定息研究》《关于对资改造中"定息"问题的初步探讨》,书籍《上海资本主义工商业的社会主义改造》《建国以来重要文献选编》,期刊文章《公私合营房产不能退还》《马列主义对资产阶级的赎买思想与中国的赎买政策_任永祥》《关于赎买政策的两个问题》,历史文件《国务院关于在公私合营企业中推行定息办法的规定》《促使工商业者更加安心接受改造 积极为国家建设服务》《关于索要、强占原公私合营企业、合作商店营业用房问题处理意见》《最高人民法院关于已公私合营清产核资折价入股的房屋属国家所有的复函》《最高人民法院关于孙嵩群诉甘棠供销社入股房屋应如何处理的复函》,向当年参与公司合营的老人解释了政策的定义、产生发展的过程、可参考的处理案例,律师和学者的建议,并进行了一定的心理疏导,安慰老人不要为过去的事情付出太多的精力,身体健康和子孙自力更生最重要。历年来,南图还提供过下岗职工养老保险最新政策、住房制度的改革、拆迁安置房政策、异地医保政策、农民工子弟就近入学政策、小区维修基金的使用、医疗事故相关案例、公交线路班次频率投诉办法等。工作人员为这些咨询付出了大量的时间精力,应该将这些有代表性的个体咨询变成公共话题,进行普及,维护公众(特别是社会弱势群体)的合法权益。

除了上述纯公益性服务外,南图也对企业客户进行服务,例如为某开发企业提供南京百子亭区域历史文化资料搜集以及南京既有商圈运营情况分析,为小微创业公司提供南京本地茶文化信息搜集和苏州、安徽、浙江同类型企业经验的总结,为互联网企业提供基于贴吧、微博等平台的好评差评汇总,等等。这部分社科咨询既锻炼了南图的专业知识服务的能力,也让图书馆工作人员走出封闭的环境,面向变化万千的现实世界,并通过尽职尽责的服务赢得口碑与

尊重。

2.2.3　自科咨询:咨询课题与科技查新

中小企业是国民经济和社会发展的主力军,是创新和活力的源泉,是推动经济转型升级的重要力量。促进中小企业持续健康发展,是中国政府一项长期战略。不同于大企业一般拥有自己的研究部分,中小企业自身的科研力量较弱,对信息的需求不明确,公共图书馆有责任为他们提供知识服务,公共图书馆的知识服务人员不但要有专业的检索能力,而且要具备一定的沟通能力和研究能力,能够通过与用户一对一、面对面的深度咨询,使用户明确信息需求,加深对问题的认识。如某小企业老年研究者咨询计算机图文系统,这个课题涉及范围很大,而且图书馆不能明白读者的具体需求。沟通后,图书馆将范围缩小到"计算机图文系统在生态系统中的应用",通过在知网、万方、维普、专利之星、Soopat 数据库中进行检索,为读者提供了环境保护部南京环境科学研究所的《生物多样性保护优先区域绿色发展生态安全评价指数的计算机建模方法》,中国农业大学的《一种农业生态场景的可视化方法及装置》,微软技术许可有限责任公司《在不同设备生态系统之间映射用户标识符》,重庆邮电大学《一种基于 GA-BP 神经网络算法的城市生态建设评价方法》。更进一步地,在检索过程中,图书馆发现该主题与当下的热点科技"区块链"有关,并给予说明和推荐,又提供了《区块链生态环境创建方法、系统及计算机可读存储介质》《基于区块链的身份认证方法、装置及计算机可读存储介质》等文献资料。仅 2018 年,南图就为读者提供了成像与先进雷达技术、插秧机、高压平面边缘终端美国专利、市政广场儿童乐园设计、电子表的走时精度、盒式录音机录音监听功能、蔬菜脆片食品生产工艺、红景天药渣利用、江苏省住宅设计标准、集线器生产标准等知识服务。公共图书馆的专业科技咨询数量不多,大多涉及的是具体生产工艺,咨询馆员和读者之间是一种互相促进的关系,馆员在检索到相关文献,对其内容进行理性分析后需要和专业读者进行沟通,以加强对学科知识的理解,为调整检索方向,给出研究建议打好基础。南图的自科咨询馆员后续还会通过邮件向用户推送咨询领域的专利动态和行业信息。可以说,读者的研究领域就是公共图书馆自科咨询馆员进行资源挖掘的领域,如果南图资源不能满足读者的需求,还会求助江苏省情报所工程文献中心或者标准研究院的工作人员给予指导和帮助,并将结果和重要过程全部记录在案。

除了上述课题咨询,南图自科咨询组还承接江苏省张家港市、无锡市图书馆的科技查新课题,苏南地区中小企业众多,有许多生产项目需要通过立项和成果查新。南图在工作中发现,很多中小企业项目联系人对于项目内容、生产工艺的表述不够清晰,对查新点的提炼也不够到位,图书馆的工作人员需要在接题前做大量的沟通准备工作,帮助企业联系人理清业务流程,突出查新要点。不管最后查新结果如何,南图都会有针对性地提出改进意见,对于有创造性即实质性特点和显著进步的查新项目会根据检索结果给出进一步专利申请的建议,对于查新点被否决的项目会指出单一对比的文献依据,帮助企业在工艺细节上寻找新颖点。南图对所有查新项目内容负有保密责任,并严守纪律规定。

综上所述,公共图书馆应该在做好基础服务、保证公益性的基础上,开拓进取,不断提升服务水平。图书馆可以通过微信等移动互联技术做好宣传推广工作,通过案例演示和知识导航帮助读者熟悉图书馆馆藏资源,提升信息素养。图书馆还可以大力开展阅读推广活动,通过热点图书激发读者参与热情,通过冷书推荐促进多元文化发展,通过地方名著加强家国情怀,集体意识,促进学习型社会的发展。最后,图书馆传统的参考咨询服务可以对标智库发展知识服务,在立法决策、社科咨询、自科咨询三大领域,直接面向读者需求,通过一对一深层次互动,深入文献内容,调整检索方案,不但为专业读者提供成体系的书目信息,还能给出解决问题的方案和建议,最后形成知识服务的数据库,重点推广其中有代表性和公共性的问题,并将结果或解决方法公布,反馈给社会大众。图书馆智库职能与图书馆智库能力两者具有相辅相成的关系。图书馆只有在工作实践中,认真对待每一个咨询、每一场活动,不断积累经验,学习新的知识与技能才能迎接时代的挑战,建设拥有智库智能的现代公共图书馆。

参考文献

[1] 李尚民. 图书馆信息服务与知识服务比较研究[J]. 现代情报,2007(12):33 – 37.

[2] 任全娥. 图书情报机构智库服务的不同实施路径研究[J]. 智库理论与实践,2018(12):25 – 30.

[3] 胡馨滢,陶磊. 大数据视角下的阅读推广[J]. 情报探索,2017(8):110 – 113.

[4] 朱波伊. 不能忽视的图书馆流通服务基础工作[J]. 教育教学论坛,2016(6):10 – 11.

[5] 杨晓东. "图书馆 +":面向互联网时代的时代的图书馆服务模式[J]. 图书馆工作与研究,2017(3):62 – 67.

[6] 张曙光. 国家图书馆"两会"服务产品的设计、编制及服务[J]. 图书馆工作与研究,2013(2):14 – 19.

[7] 乐懿婷. 创新创业环境下公共图书馆企业信息服务的转型——以上海图书馆化工领域信息服务为例[J]. 新世纪图书馆,2017(1):56 – 59.

[8] 贺月华. 我国图书馆"智库"服务研究[J]. 图书与档案,2013(24):193 – 194.

中英两国大学 LIS 硕士教育比较研究

沈冯春(西安欧亚学院)

当今时代,教育是各国政府最重要的投资之一。世界各国都见证了高等教育体系的快速发展。图书馆和信息科学作为一门历史悠久的学科,历久弥新,一直紧跟时代发展变化,不仅关注古代藏书发展、信息资源检索利用与组织,而且跟随并合理内化当今世界发展的大趋势——大数据、人工智能、数字化、信息化、虚拟现实等。自 1982 年我国开始设立图书馆学硕士点,授予硕士学位开始,迄今为止已有 47 年。到目前为止,已有近 50 所大学开设图书馆和信息科学硕士点。这期间,以武汉大学信息管理学院和中国人民大学信息资源管理学院为代表的一批大学不仅成为信息学院联盟(I-Schools)的成员单位,也成为国际图书馆协会与机构联合会(IFLA)会员单位和美国图书馆协会(ALA)的国际成员单位,中国图书馆和信息科学硕士教育在国际上已有一定的影响力。

目前对图书馆与信息科学硕士教育的研究内容主要分为两部分,即我国高校图书馆与信息科学硕士教育现状和中外图书馆学硕士教育对比研究。已有很多学者从不同方面对我国图书馆学硕士教育进行调研分析,如蒋逸颖等[1]通过分析培养方案从硕士点地区分布、培养目标、学制与学分等方面对我国图书馆学学术型硕士教育现状进行调查研究并提出改进意见。刘利等[2]从师资、考试科目、研究方向等方面对我国图书馆学硕士教育现状进行调查分析,探讨了我国高校图书馆学硕士研究生的办学模式和面临挑战,并给出对策。周凤飞等[3]对我国 24 家图书馆学硕士点进行调研,总结出高校图书馆学硕士授权点现状和培养现状。王克平等[4]和韩正彪等[5]采用 SWOT 方法分析了我国高校图书馆学硕士点发展现状。郜向荣[6]以 9 所高校图书馆学/情报学的硕士发表文章数量、高产作者数、被引篇数等方面为依据,分析各大学图书馆学科研实力。秦长江[7]提出了高校图书馆学硕士点教学改革设想。在中外图书馆学硕士教育对比研究方面,很多学者都以中美图书馆学硕士研究生教育进行对比分析,如王燕红[8]以武汉大学和希蒙斯学院为例比较分析了中美图书馆学硕士教育质量保障体系,为进一步完善我国图书馆学教育质量保障提出建议。李诗恬[9]以北卡罗莱纳大学和上海大学为例比较分析了中美图书情报学院研究生培养方案。王晰巍等[10]选择 I-Schools 联盟中的 15 所美国高校和 5 所国内知名高校作为对象,对中美图书情报专业硕士生课程体系进行分析,为我国图书情报专业硕士生课程改革提出建议。李英[11]对中国情报学硕士生培养模式进行分析。尽管中国和英国的社会结构、制度和文化背景不同,但在图书馆和信息科学教育方面仍有许多共同之处,共同目标是培养高素质的毕业生,以满足社会日益增长的信息需求。

目前为止,很少有学者对中英图书馆与信息科学硕士教育进行分析。而英国作为图书馆与信息科学教育历史悠久的国家,经过不断发展改革,教育体系已较为完备。因此,本文通过网络调研、问卷调查和邮件采访等方式开展中英两国大学图书馆与信息科学(library and information science,以下简写为"LIS")硕士教育比较研究,为中国 LIS 硕士教育发展提供建议。

1 研究方法设计

1.1 调查目的和意义

目前公开资料中很少有将中国和英国的 LIS 硕士教育进行系统性比较分析的文章。中国教育不以营利为目的,而英国教育已经成为一项产业并支持着国家 GDP 的增长。因此,两国 LIS 教育呈现出的各方面现状也会有所不同。本文的目的是对选定的调查对象进行问卷调查、邮件采访、网络调查法和对比分析法,从课程设置、远程教育、教学方式、学生满意度等选定的几个维度根据调查数据对比中英 LIS 硕士教育的现状和特点,分析他们之间的差异,旨在为中国 LIS 硕士教育提供一些建议和启示,从而取长补短,全方位更好地发展中国 LIS 硕士教育。

1.2 调查对象

本文选取中英两国各 10 所高校为研究对象,如表 1 所示。为覆盖全面,中国和英国的大学从全国东、南、西、北不同区域各选出代表进行调查。

表 1　调查对象

大学名称	
北京大学	英国城市大学 City University London
中国人民大学	伦敦大学城市学院 University College London
武汉大学	拉夫堡大学 Loughborough University
中山大学	谢菲尔德大学 The University of Sheffield

续表

大学名称	
南开大学	利物浦约翰摩尔大学 Liverpool John Moors University
河北大学	罗伯特戈登大学 Robert Gordon University
山东大学	曼彻斯特城市大学 Manchester Metropolitan University
上海大学	布莱顿大学 University of Brighton
南京大学	斯特斯拉克莱德大学 University of Stratheclyde
四川大学	阿伯里斯特维斯大学 Aberystwyth University

1.3　调查方法

本文主要调查方法为网络调查法,结合包括问卷调查和邮件采访等形式作为辅助手段。通过逐一登录选定的大学官网并浏览"院系设置""研究生招生""研究生人才培养"和"要闻浏览"等栏目,了解到研究生培养模式、课程设置、学制、在读研究生人数、评价考核机制、远程教育模式等信息,并通过在院系网页中查找院系相关负责人电子邮件和电话进一步了解课程模式、毕业生就业等具体情况。调查过程中,中英两国 20 所大学网站均可以正常访问。每所学校的 10 名 LIS 学生收到问卷,最终有 168 份问卷为有效问卷。数据采集时间范围为 2018 年 9 月至 2018 年 12 月。

1.4　调查范畴

本文研究内容围绕中英 LIS 硕士教育的现状和特点展开,研究主体围绕"课程设置""远程教育""教学方法""学生满意度"等方面全面调查。对课程设置的调查范畴包括,学制、学习年限、学院排名前十的课程及原因分析、课程评价机制等。对远程教育的调查范畴包括是否开设远程教育以及远程教育课程平台的构建。对教学方法的调查,包括最常用的教学方法统计、课程管理平台调查等。对学生满意度调查范畴,包括教学内容、考核方式、学术环境、对老师学生的认可度和职业生涯五个方面。

2　研究结果分析

2.1　院系和专业设置

通过搜索 20 个拥有 LIS 硕士教育的大学网站,可以收集到学院名称、授予学位名称、学校提供的课程和模块、学生评估方法、教学方法等。表 2 是 10 所中国 LIS 院系的名称和专业设置:

表 2　中国 LIS 院系名称和专业设置

大学名称	LIS 学院名称	授予 LIS 学位名称
北京大学	信息管理系	图书馆学 情报学 图书情报与档案管理(编辑出版学)

大学名称	LIS 学院名称	授予 LIS 学位名称
中国人民大学	信息资源管理学院	图书馆学 情报学 档案学 信息资源管理 信息分析 图书情报专硕
武汉大学	信息管理学院	图书馆学 情报学 档案学 信息资源管理 出版发行学 管理科学与工程 电子商务 保密管理
中山大学	资讯管理学院	图书馆学 情报学 档案学 图书情报专硕
南开大学	商学院	图书馆学 情报学 档案学
河北大学	管理学院	图书情报与档案管理 图书情报专硕
山东大学	管理学院	管理科学与工程 图书情报专硕
上海大学	图书情报档案系	图书馆学 情报学 档案学 图书情报专硕
南京大学	信息管理学院	图书馆学 情报学 档案学 出版学 图书情报专硕

续表

大学名称	LIS 学院名称	授予 LIS 学位名称
四川大学	公共管理学院	图书馆学 情报学 档案学

表 3 是 10 所英国 LIS 院系的名称和专业设置：

表 3　英国 LIS 院系名称和专业设置

大学名称	LIS 学院名称	授予 LIS 学位名称
英国城市大学 City University London	图书馆学和信息科学系 Department of Library and Information Science	信息科学理学硕士 图书馆学理学/文学硕士 人工系统理学硕士 MSc Information Science; MSc/MA Library Science; MSc Human-Centred Systems
伦敦大学城市学院 University College London	信息研究系 Department of Information Studies	信息科学理学硕士 图书馆学和信息研究文学硕士 MSc Information Science; MA Library and Information Studies
拉夫堡大学 Loughborough University	没有明确的学院名称（拉夫堡大学 LIS 学院相关专业在 2014 年被拆分合并到多个学院，如图书馆学被合并到经管学院，信息管理专业被合并到电子系统学院等）	通讯和信息管理理学硕士 信息管理和商务管理理学硕士 MSc Communication and Information management; MSc Information Management and Business Technology
谢菲尔德大学 The University of Sheffield	信息学院 Information School	数据科学理学硕士 数字图书馆管理理学硕士 健康信息理学硕士 信息管理理学硕士 信息系统理学硕士 信息系统和管理理学硕士 图书馆学文学硕士 图书馆和信息服务管理文学硕士 多样性信息管理文学硕士 MSc Data Science; MSc Digital Library Management; MSc Health Informatics; MSc Information Management; MSc Information Systems;

大学名称	LIS 学院名称	授予 LIS 学位名称
		MSc Information Systems Management； MA Librarianship； MA Library and Information Services Management； MA Multilingual Information Management
利物浦约翰摩尔大学 Liverpool John Moors University	利物浦商学院 Liverpool Business School	管理和数字商务理学硕士 计算机和信息系统理学硕士 MScManagement and Digital Business； MSc Computing and Information System
罗伯特戈登大学 Robert Gordon University	信息学院(Information School)	信息和图书馆学理学硕士 信息管理理学硕士 MSc Information and Library Studies； MSc Information Management
曼彻斯特城市大学 Manchester Metropolitan University	语言信息和通讯学院 Language Information and Communications School	图书馆和信息管理文学硕士 信息管理理学硕士 MA Library and Information Management； MSc Information Management
布莱顿大学 University of Brighton	计算机工程和数学学院 School of Computing, Engineer and Mathematics	信息系统理学硕士 数据分析理学硕士 MSc Information System； MSc Data analytics
斯特斯拉克莱德大学 University of Stratheclyde	计算机和信息科学学院 Computer and Information Science School	信息和图书馆研究理学硕士 信息管理理学硕士 MSc Information and Library Studies； MSc Information Management
阿伯里斯特维斯大学 Aberystwyth University	信息研究学院 Information Studies School	数字信息服务理学硕士 信息和图书馆研究文学硕士 MSc Digital Information Services； MA Information and Library Studies

通过汇总可以发现,中国武汉大学和英国谢菲尔德大学建立了比本国其他 LIS 院系更多、种类更加齐全、覆盖面更加广泛的相关课程。同时,英国 10 所大学的大多数 LIS 院系都归属

于较大的学院,如社会科学学院或数学、计算机科学和工程学院。不同大学的院系有不同的名称,但它们都与"信息"有关。在 10 所大学中的 7 所大学中,"信息"一词都是 LIS 院系名称的组成部分,而除了城市大学之外,没有大学使用"图书馆"一词作为 LIS 学院的名称组成。中国 10 所选定的 LIS 院系,情况与英国相似。大多数部门的名称与信息和图书馆有关,其中 6 个被称为信息资源和管理系。然而,有一点不同之处,就是在中国 LIS 院系,档案研究、图书馆学和信息科学这三个专业总是在同一所学院;而在英国,档案研究通常被分到例如艺术学院,文化管理学院等其他学院。由此可见中英两国 LIS 院系涵盖内容略有不同,对专业的划分认知和对专业学生的培养方式也有所不同。

2.2 课程设置

根据调查问卷的数据显示,在选定的英国和中国的 LIS 院系中,大多数课程设置有很多共同之处。但我们依然可以看到两个国家 LIS 学校课程开设比率排名前十的顺序有所不同。

表 4 中英 LIS 硕士教育课程设置对比

序号	英国开设比率排名前十的课程	中国开设比率排名前十的课程
1	数据系统分析和设计 Database Systems Analysis and Design	图书馆与信息科学基础 Library and Information Science Foundation
2	知识管理,知识组织和策略管理 Knowledge Management, Knowledge Organization, Strategic Management	信息资源组织,图书馆与信息管理 Information Resources Organization, LIS Management
3	图书馆与出版学,网页出版,电子出版学 Libraries and Publishing, Web Publishing, Electronic Publishing	信息检索和获取 Information Retrieval and Access
4	数字图书馆 Digital Libraries	目录学和分类学 Catalog and Classification
5	计算机系统技术 Computer System Technology	图书馆与出版学,网页出版,电子出版学 Libraries and Publishing, Web Publishing, Electronic Publishing
6	公共图书馆少儿服务 Library Services to the Public: Children and Young People	数据库系统分析和设计 Database Systems Analysis and Design

序号	英国开设比率排名前十的课程	中国开设比率排名前十的课程
7	信息素养 Information Literacy	电子文档记载,档案和手稿管理 Electronic Records, Archives and Manuscript Management
8	电子商务和贸易,数字商务 E-Business and E-Commerce, Digital Business	数字图书馆 Digital Libraries
9	电子文档记载,档案和手稿管理 Electronic Records, Archives and Manuscript Management	电子商务和贸易,数字商务 E-Business and E-Commerce, Digital Business
10	图书馆和信息科学基础 Library and Information Science Foundation	信息政策法规,信息安全 Information Law and Policy, Information Security

从表中可以看出,英国 LIS 学校开设较多的课程与信息统计、管理和出版学等跨学科课程联系密切,注重于实用性。中国 LIS 学校开设较多的课程更侧重于图书馆学的理论和基础。通过问卷调查发现,25%的中国学生想通过找一份图书馆或公司的兼职工作培养电子商务和信息检索的实践能力,而英国学生在接受研究生教育前或期间有 70%以上已经通过实习或工作的方式培养了实际解决和处理各类信息问题的能力。同时还发现英国授课型硕士(Taught Master)通常没有具体研究课题,相同专业的学生修相同的必修课程,学位论文根据自己的兴趣而定;而英国的研究型硕士(Research Master)和中国的研究生相似,在入学初期就会明确研究方向。此外,还发现英国大多数的 LIS 硕士教育中没有明确的课程教材,学生通过老师推荐的参考书和文献进行学习研究,而中国 LIS 教育有指定的教材。此外,调查显示 62%的中国 LIS 研究生经常阅读专业英文书籍和文献,而英国的学生较少阅读外文资料。可以看出中国 LIS 教育对西方国家抱着开放学习的态度。在授课过程中,英国的 LIS 院系会为学生开设如青少年图书馆等特色专题课程,而在中国的教学课程中很少会出现这类专题课程。当然,近年来中国 LIS 院系也提供了愈加丰富的选修课程,以便学生可以接触到更多不同的领域,这也会对他们的未来职业发展产生积极影响。

2.3 技术应用于课程的程度

科学技术的快速发展对 LIS 硕士教育有很大的影响。新技术可以辅助学生提高收集、检索和分析数据的能力,使学生毕业入职后在工作岗位上为单位带来更高的效率。本次调查发现,70%的英国 LIS 院系在日常教学中使用了 SPSS 统计分析软件和 Excel 高级功能,要求学生在使用该软件之前必须了解有关软件工作过程原理,强调学生在日常学习中应做到理论知识与实际结合。在中国,新技术更多地应用于科研项目中,不会要求每位同学掌握专业领域内的新技术应用。中国还需考虑如何将最新的统计和分析技术有效应用于 LIS 硕士教育。

2.4 远程教学

调查结果显示,英国有60%的LIS院系提供远程学习课程。学生希望通过远程学习向知名教授请教并和其他国家的专业人士分享学习经验,以便获得更多富有指导性的专业知识。如谢菲尔德大学和罗伯特戈登大学就建立了完善的虚拟学习环境和远程学习课程。谢菲尔德大学设有图书馆和信息管理以及健康信息学的硕士远程学习项目,包括教师授课、提交作业和交流问题等全程都在网上完成。谢菲尔德大学还具有专业的网上授课软件,老师和学生可以借助该软件进行学习互动和开研讨会,有关教学的所有信息都可以通关过远程课程平台传递给学生。罗伯特戈登大学LIS院系的为图书馆研究及信息管理的硕士提供远程教育,其中有知识组织、图书馆和信息服务管理、数据库建设和使用,记录管理等课程。此外,远程教学还为学生提供了多种教学方法,除了教师授课,还包括在Twitter、Campus Moodle讨论版上的定时实时交流讨论。80%的LIS院系会提供公共图书馆和相关研究机构的在线专题讲座,免费开放获取的课程相关材料也会及时公布上网。据调查问卷显示,远程教学的道德学生评价与课堂教学一致,学生们可以像在课堂学习的学生们一样巩固学习到的知识并进行深入研究,不会因为没有与老师面对面学习而降低学习效果。中国LIS硕士教育中都采用课堂教学,只有一半左右的院系使用MOOC(大规模开放在线课程)进行辅助教学。学生们在课下通过MOOC向更感兴趣的老师进行学习。

2.5 教学方法

对中国与英国学校LIS硕士教育的十大教学方法调研结果如表5所示:

表5 中英LIS硕士教育教学方法对比

十大教学方法	英国	中国
教师授课和讲座	92%	94%
研讨会	68%	71%
小组协作	71%	51%
案例学习	46%	43%
演讲展示讨论	36%	38%
实验室计算机上机实验	45%	30%
专家讲座	27%	19%
课堂作业	14%	15%
教辅人员个体指导	40%	5%
社交网络	39%	4%

根据调研结果发现两国LIS院系在教学方法中都融合了讲座、研讨会、计算机上机实验等多种方法,并将信息化手段融入教学中。其中传统的教师授课和讲座教学方法在两国广泛应用,研讨会、案例学习、演讲展示讨论和课堂作业方面两国相当,但中国在小组协作、实验室上机学习、教辅人员个体指导和社交网络等方面低于英国,尤其是在后两方面,这意味着英国有更多的LIS学校在研究生教育中使用多种方法教学。在中国,研究生教育大多实行导师管理

制,学习有问题或意见及时找自己的导师,而英国实行入学申请制,即学校会指定一到两位相应的学科教辅人员全程跟进学生的学习生活进程,包括教学反馈、图书馆及专业数据库的使用和论文提交等。社交网络平台在中国更多地被视为娱乐方式和消息通知平台,而在英国授课教师会发布课程通知,开通推特和脸书的课程讨论版,所有修读此门课的学生都可被邀请加入并参与实时讨论。根据目前教学方法的应用情况,教师使用线下和线上相结合的教学方法是一大趋势。综合来看,英国 LIS 院系的做法对中国 LIS 硕士教育有许多借鉴意义。

2.6 学生满意度

通过调查问卷得到了 20 所 LIS 学校学生对本校教学内容、考核方式、学术环境、对老师学生的认可度和职业生涯五方面的满意度,结果如表 6 所示。

表 6　中英 LIS 硕士教育学生满意度对比

学生满意度		中国	英国
教学内容	满意	21.1%	25.6%
	较满意	61.1%	60.3%
	不满意	17.8%	14.1%
考核方式	满意	35.6%	44.8%
	较满意	34.4%	38.5%
	不满意	30.0%	16.7%
学术环境	满意	42.2%	38.9%
	较满意	33.4%	46.6%
	不满意	24.4%	14.5%
老师与同学	满意	35.6%	42.3%
	较满意	54.4%	48.7%
	不满意	10.0%	9.0%
职业生涯	满意	43.3%	42.3%
	较满意	40.0%	44.9%
	不满意	16.7%	12.8%

在教学内容方面,中国和英国各有 21.1% 和 25.6% 的学生对教学内容满意、61.1% 和 60.3% 的学生对教学内容较满意,说明两国大部分学生对教学内容有积极的评价。英国有学生对教学内容不满意是因为他们认为教学内容与预期想学的内容不太一致,也有同学认为教学内容不能真正帮助自己更好胜任工作;而中国学生对教学内容不满意是因为他们认为在教学中应引进更多的新技术或新方法。在考核方式方面,中国学生对考试方式不满意率高达 30%,这主要因为有部分 LIS 硕士课程考试方式为较为老套,考前划重点,考试内容从指定范围内选,学生认为通过考试前死记硬背的方式不会得到知识和技能的提升。对于学术环境方面,中国学生的不满意率比英国学生高,中国 24.4% 的学生不满意主要是因为学术造假和考试作弊,而英国高校对学术造假有很细致的界定,即使因疏忽提交或汇报研究结果也算是学术造假,同时英国有着国际权威的全覆盖信用机制,学术造假会对个人的

信用等级产生极大的破坏,学生们会为取得好成绩真正认真努力,因此英国的学生对学术环境不满意率只有 14.5%。第四方面是对老师与同学的影响,中国与英国的学生对老师与同学的印象满意度相当。两国唯一区别是英国大学接受很多不同教育背景或工作经历的学生在一起上课,其中包括相当比例的国际生,不同经历的学生们一起讨论问题更能碰撞出思想火花;而中国 LIS 院系的国际学生较少。因此,大学应鼓励 LIS 专业招收来自海内外的各类学生,以便更多人有机会了解此学科。最后一项是关于学生对职业生涯的满意度调查,调查结果显示两国学生对职业生涯满意度相当。中国有 16.7% 的学生对职业生涯不满意是因为现在学校、公共图书馆和研究所等事业编单位招聘人数很少,很多学生需要去互联网、咨询、数据分析相关公司找工作,还有部分学生无法从事与专业相关的工作。英国学生对就业生涯不满意率略低于中国,是因为英国在信息咨询和情报分析行业更加发达,对于学生毕业有更多的工作岗位可供学生选择。

3 结论

通过对选定的 20 个中英两国 LIS 院系的系统分析,笔者发现中国 LIS 硕士教育存在诸多问题。我们可以从英国的 LIS 院系的做法中得到启示。

3.1 政府层面:完善招生制度,创新培养模式

首先,中国 LIS 教育的起步晚于英国。快速的发展可能会带来一些制度和管理方面的问题。①中国大学生入学方式一直实行录取制而不是申请制,学生凭分数高低报考专业,有可能出现分数不高的学生被调剂到不感兴趣或不了解的专业的情况。近几年,北京大学,中山大学等重点大学的 LIS 院系已经开始根据国家新政策,尝试实行研究生申请制度,这可使不同背景、不同年龄的真正对本学科有研究兴趣的学生得到宝贵的学习机会,优化招生质量,也利于提高学生对专业的满意度,值得持续推广和研究。②学制和培养模式也需要优化。从研究数据得出,三年硕士学习时间略长,两年至两年半的时间较能平衡学生读书资金投入,时间成本,知识老化程度,学校招生等各方面因素,政府层面可以调研论证后尝试改变政策。③目前中国已有学硕和专硕两种硕士培养模式,但更多还是各自为政,互动性还不够强。可以尝试专硕与学硕互相融合,一起上课,参加国内外会议研讨,资源共享,互通有无,同时又保持各自特点,从而增加大学文化的多样性。

3.2 大学层面:全面优化课程设置,建立统一课程平台,大力发展远程教育

其次,学校层面也可以做出一些改变。①课程设置还不够科学。当今社会对 LIS 学生的要求已不仅仅是传统的图书整架加工编目,更多的是对信息技术的把控和掌握。然而,由于缺乏资金和高端专业教育人员的影响,一些 LIS 院系无法将最新的教学软硬件和教学方式应用到教学中来,导致课程内容和授课方式相对老旧,更多的是纸上谈兵。其实例如在线检索和数据库设计等专业课程的学习,掌握最新的计算机技术和应用对 LIS 院系学生来说是非常必要的。因此,建议学校转变视 LIS 专业为文科专业的传统观念,加大软硬件的资金投入和师资建设力度,将理工科的信息技术应用课程带入到 LIS 院系中,同时夯实学生出版,咨询,英语等多方面技能,培养多学科交叉符合性人才。②各大学课程特色不明显,毕业生同质化比较严重。建议

大学仔细研究现有课程,开发出具有本校特色的专业课程,例如偏向研究图书信息实践的大学,可开设诸如老年图书馆、青少年图书馆服务等和现实工作密切相关的课程;理工科院校开设 LIS 院系可偏向数据挖掘、大数据管理、数据库系统分析和设计;设在商学院内的 LIS 专业可尝试开设电子商务和贸易,数字商务等课程;和档案学设在一起的 LIS 院系,可开设电子文档记载,档案和手稿管理,目录学和分类学等课程等,这样可以挖掘本校毕业生的专长,培养具有本校 DNA 的毕业生,提高毕业生就业竞争力和认可度。③实践性课程还不够,导致学生实践能力不足,不能将所学知识很好地和实际联系起来。建议 LIS 院系重视学生实践能力的培养,多请业界专家讲座培训,鼓励学生参加国内外各类研讨会议,推荐联系各类实习机会,弥补工作经验不足劣势。④还未建成完善统一的在线课程学习平台。当今时代是信息时代,大学应提升信息化水平,对课程进行智能化,个性化管理,在线一站式解决学生课程学习各类问题,达到课程平台服务于学生的学习生活,助力教学与科研的目标。⑤远程教育还需大力发展。未来大学更远大的目标,是所教授的知识不仅仅能使在校学生受益,还要将知识传播给空间层面不局限于校园内的更大的范围,使在网络上接受本校课程的用户收益,进而提升大学的影响力。

3.3 学生层面:提升综合素养,注重传承创新,深入合作交流

从学生自身层面来说,新时代对人才提出了新的要求。作为研究生,应全面提升自身人文、科学、信息和技术素养,适应时代的发展,与时俱进,不断学习,自我完善,积极面对学习和就业现实。同时,应发挥主观能动性,积极培养一专多能的能力,不仅学好图书信息理论知识,还要掌握计算机系统操作、信息检索、系统开发与维护等工作所需的专业技能,从而适应时代发展和市场需要。最后,传承与创新并重,深化同国内外同行的合作交流,夯实语言技能,做新时代高素质人才。

LIS 硕士教育旨在培养致力于投身图书和信息行业的高素质毕业生。与英国 LIS 硕士教育相比,中国 LIS 院系在课程设置、技术应用、远程教育、教学方法、就业等方面仍存在差异,需要持续改进。当今人类生活在一个充满挑战和机遇的信息时代。LIS 作为大学传统学科,如何在新时代将传统技能与创新技术相结合,使专业教育历久弥新,焕发新的光彩,还需持续探讨。LIS 研究生教育作为高等教育的一部分,虽然仍然存在问题,但很高兴看到 LIS 院系愈加关注由内而外的教育改革。可以肯定地预测,中国 LIS 硕士教育将来会有一个光明的未来。

参考文献

[1] 蒋逸颖,杨思洛.我国图书馆学学术型硕士教育现状调查研究[J].图书情报工作,2016,60(2):53-58.

[2] 刘利,张烨,袁曦临,等.我国高校图书馆硕士研究生培养现状及办学模式分析[J].大学图书馆学报,2015(1):95-100.

[3] 周凤飞,陈琛,陆倩倩.高校图书馆硕士点现状分析与研究[J].图书情报工作,2014,58(15):87-93.

[4] 王克平,张雯,葛敬民,等.基于 SWOT 与定标比超分析的我国高校图书馆硕士点现状与对策研究[J].图书情报工作,2016(5):49-54.

[5] 韩正彪,葛敬民,王林.我国高校图书馆硕士点发展的 SWOT 分析[J].情报杂志,2009,28(1):161-164.

[6] 郜向荣.我国高校图书馆硕士点科研实力分析[J].图书情报工作,2014,60(1):226-230.

[7] 秦长江.高校图书馆硕士点教学改革设想[J].中外企业家,2010(6):228-229.

[8] 王燕红.中美图书馆学硕士教育质量保障体系比较研究——以武汉大学和希蒙斯学院为例[J].图书馆

学研究,2016(5):19－22.

[9] 李诗恬.中美图书情报学院研究生培养方案比较研究——以北卡罗莱纳大学和上海大学为例[J].图书馆学研究,2017(3):8－11.

[10] 王晰巍,郭宇,石静,等.大数据时代背景下中美图书情报专业研究生课程体系建设比较研究[J].图书情报工作,2015(23):30－37.

[11] 李英.中美情报学全日制硕士研究生培养模式比较研究[J].河北北方学院学报(社会科学版),2012,28(4):71－74.

面向新时代的民族地区公共图书馆转型与发展路径探讨①

冯　云(西藏民族大学图书馆)

新中国成立 70 年来,特别是改革开放 40 年,在党中央的关怀与支持与全国各族人民的共同努力之下,我国民族地区公共图书馆事业发展取得了长足的进步。据统计,1981 年我国民族地区公共图书馆仅为 331 所,2016 年已达 766 个,数量上增加了 1.31 倍。除了数量的增加,民族地区公共图书馆综合发展水平日益提高,主要表现在:文献资源日益丰富,服务水平改进,数字化进程逐步加快,馆员能力不断加强,学术交流与合作日益频繁②。党的十九大报告做出中国特色主义进入新时代的重要论断,从而确立了我国发展新的历史方位③。随着新时代的到来,民族地区公共图书馆发展不平衡不充分日益突出,已难以满足少数民族和民族地区各族群众美好生活的需要。因此,加快民族地区公共图书馆发展,缩小与经济发达地区的发展差距,公共图书馆发展区域不协调与城乡不均衡问题,已成为当前全面小康战略目标实现亟待解决的重要课题。

日新月异的时代发展潮流不断推动着图书馆的变革与创新,转型发展已成为全球图书馆的主要特征。2014 年 4 月,美国图书馆协会(ALA)正式发起图书馆转型运动以适应社会的变化需求,成立专门的图书馆转型团队(Libraries Transforming Communities,简称 LTC),并与哈伍德公共创新研究所(Harwood Institute for Public Innovation)进行创新项目的合作,以增强图书馆员作为社区领导者和社区变革代理人的作用,推动图书馆的转型发展④。2017 年 7 月 7 日,ALA 宣布图书馆转型将运动延长 3 年,并将转型聚焦于互联网时代图书馆的变革及其社会认同与支持。2018 年 9 月 7 日,美国公共图书馆协会(PLA)发布《2018—2022 年战略规划》将

---

① 本研究系西藏民族大学校重大培育项目"乡村振兴战略背景下西藏农牧区信息贫困的成因及对策研究"(编号:19MDZ04)阶段性成果之一。

② 冯云.改革开放四十年民族地区公共图书馆事业发展的成就与经验[J].中国图书馆学报,2018,44(6):25－42.

③ 朱晓征.习近平关于人的需要思想初探[J].理论视野,2018(12):28－31.

④ Libraries Transforming Communities:A project for ALA and all types of libraries[EB/OL].[2019－03－09].https://americanlibrariesmagazine.org/2014/05/05/libraries-transforming-communities/.

"转型"作为图书馆未来发展的重要目标,并指出:"推动公共图书馆服务转型,从以图书馆为中心转变到以社区为中心,以满足公众和社区的特定需求"①。英国国家图书馆推出 21 世纪战略发展计划(1999—2002),并将"重新定义图书馆"作为 2005—2008 年战略规划的主题,由此引起世界极大关注。2014 年韩国发布图书馆 5 年发展战略规划,其发展愿景为"图书馆创造幸福生活与未来"。2018 年 8 月第 84 届 IFLA 大会就以"图书馆转型,社会转型"为主题,IFLA 在《2018 年图书馆趋势报告》的开篇中写道:"虽然不知道接下来的十年会发生什么,但是通过聚集所有的智慧、力量和声音,我们将做出最好的回应。"②可见,图书馆转型已成为全球图书馆面临的紧迫问题。

国外学界对图书馆转型已进行了较为丰富的研究,主要研究关注点为图书馆服务的转型③、新技术对图书馆转型的影响④、图书馆转型案例研究⑤⑥以及图书馆转型的具体策略方法⑦等。国内学界于 21 世纪出开始关注图书馆转型,并产生了一系列较有价值的理论成果。早期有关图书馆转型的研究更多地集中于图书馆管理、服务方式、技术创新、馆员培养等具体转型策略的探讨⑧。然而,这些理论成果更多地倾向于对内部因素的探讨,对影响图书馆转型的外部驱动力探讨并不是很多。近年来,国内学者对图书馆转型问题的研究更倾向于将其置于社会发展语境中探索图书馆转型与社会的关系,并形成了一系列颇具影响力的理论成果。学者陈传夫⑨探讨了面向全面小康的图书馆常态化转型发展模式;吴建中⑩讨论了图书馆发展的前沿与热门话题;张晓林⑪提出了颠覆性变革与后图书馆时代应推动知识服务供给侧结构性改革的观点;柯平⑫认为图书馆转型已经进入后知识服务时代,提出图书馆转型是由空间、资源、服务、管理四大要素构成的有机统一体的观点。这些理论成果对研究当前图书馆发展路径问题具有重要的借鉴与启示之意。

———————

① 国家图书馆研究院.美国公共图书馆协会(PLA)发布《2018—2022 年战略规划》[J].国家图书馆学刊,2018,27(5):64.

② IFLA.IFLA's trend report 2018 update[EB/OL].[2019 – 03 – 10]. https://trends. ifla. org/files/trends/assets/documents/ifla_trend_report_2018. pdf.

③ FOURIE I. Transforming Library Service through Information Commons:Case Studies for the Digital Age[M]// Transforming library service through information commons. American Library Association,2008.

④ HILLENBRAND C. Librarianship in the 21st century-crisis or transformation? [J]. The Australian Library Journal,2005,54(2):164 – 18.

⑤ OJEDOKUN A A. Transforming the library into a "teaching-learning laboratory":the case of University of Botswana Library[J]. Campus-Wide Information Systems,2003,20(1):25 – 31.

⑥ EINASTO O. Transforming library communication:from Gutenberg to Zuckerberg[J]. New Library World,2015,116(5/6):247 – 263.

⑦ WOLFF R A. Using the accreditation process to transform the mission of the library[J]. New Directions for Higher Education,2010,1995(90):77 – 91.

⑧ 章珞佳.国内图书馆转型发展研究综述[J].知识管理论坛,2015(2):14 – 18.

⑨ 陈传夫,冯昌扬,陈一.面向全面小康的图书馆常态化转型发展模式探索[J].中国图书馆学报,2016(1):4 – 20.

⑩ 吴建中.再议图书馆发展的十个热门话题[J].中国图书馆学报,2017,43(4):4 – 17.

⑪ 张晓林.颠覆性变革与后图书馆时代——推动知识服务的供给侧结构性改革[J].中国图书馆学报,2018,44(1):4 – 16.

⑫ 柯平,邹金汇.后知识服务时代的图书馆转型[J].中国图书馆学报,2019,45(1):4 – 17.

在少数族裔图书馆权利保障方面,国外图书馆主张多元化与包容性的发展策略。美国皮尤研究中心(Pew Research Center)认为,"美国的种族与民族呈现前所未有的多元化趋势,未来几十年美国将变得更加多样化。到 2055 年,美国将不再是由单一种族或少数族裔构成。"[①] 鉴于种族与少数族裔用户的日趋增长,美国图书馆转型更注重多元化与包容性,并通过提供双语阅读、多元化空间服务以及多样化社区创建,图书馆转型的一个重要方向将是成为跨文化沟通的桥梁。然而,通过文献调研发现,学者对民族地区公共图书馆特色资源建设、公共文化服务、人才培养等展开了较为广泛的研究,然而对民族地区公共图书馆转型问题关注较少,尚未有对新时代民族地区公共图书馆转型发展的专门研究。基于此,本研究选取面向新时代的民族地区公共图书馆发展路径作为研究对象,从"新时代"语境出发剖析民族地区公共图书馆转型发展的机遇与挑战,探索新时代民族地区公共图书馆的创新发展路径,以期为新时代民族地区公共图书馆的转型与可持续发展提供理论参考与借鉴。

1 新时代民族地区公共图书馆发展面临的挑战

新时代是全国各族人民团结奋斗、不断创造美好生活、逐步实现全体人民共同富裕的时代。新时代民族地区公共图书馆发展迎来了新的机遇,同时面对新时代的要求,也面临着一系列发展的新挑战,主要体现在如下几个方面。

1.1 发展不平衡不充分问题日益突出

新时代民族地区公共图书馆发展既要把握"人民日益增长的美好生活需要"这一主要矛盾,又要高度重视"不平衡不充分的发展"的现实差距。由于受到自然条件、地理环境和传统观念等因素的制约,长期以来民族地区经济社会发展较为落后,公共图书馆发展不平衡不充分问题较为严重。首先,民族地区与经济发达地区之间公共图书馆之间存在着区域发展的不平衡。从全国范围来看,由于发展起步晚,基础薄弱,民族地区公共图书馆事业发展整体水平不仅落后于全国图书馆事业发展平均水平,并且远远落后于内地和东部沿海等经济发达地区,成为当前我国图书馆事业发展地域不均衡的重要表现。以公共图书馆财政拨款为例,截至 2016 年末,西藏公共图书馆财政拨款仅为 6095 万元,而同期广东公省共图书馆财政投入达到 156204 万元,西藏公共图书馆财政拨款仅为广东省的 3.9%[②],可见西部民族地区与东部地区公共图书馆财政投入差距之显著。此外,民族地区图书馆不管是在图书馆数量、从业人员、使用面积、服务人次以及数字资源建设上,也均落后于中、东部地区[③]。其次,不同民族地区之间公共图书馆存在发展的不平衡。由于所处地理区位、资源禀赋以及经济发展水平的差异,导致了不同民族地区公共图书馆发展存在较为显著的地域差异性。总体来讲,在我国 5 个民族自治区当中,内蒙古自治区和广西壮族自治区公共图书馆由于

① 10 demographic trends that are shaping the U. S. and the world[EB/OL]. [2019 – 03 – 15]. http://www. pewresearch. org/fact-tank/2016/03/31/10 – demographic-trends-that-are-shaping-the-u-s-and-the-world/.

② 中国图书馆学会,国家图书馆. 中国图书馆年鉴(2017)[M]. 北京:国家图书馆出版社,2017:428.

③ 田愈征. 评估定级推动西部地区公共图书馆转型升级——以地市级公共图书馆为例[J]. 图书情报研究,2018,11(4):41 – 46.

较为有利的经济条件,相较其他民族地区率先引入了新技术,较为开放的地理环境对现代图书馆服务理念吸收的较早,因此,公共图书馆发展综合水平相较其他民族地区较高。而地处青藏高原和西北边陲的西藏自治区与新疆维吾尔自治区,由于受所处封闭的地理环境所限,以及较为落后的经济发展水平,公共图书馆事业不仅起步较晚且发展较为滞后,不仅落后于国内其他省份且落后于其他民族地区。再次,民族地区城乡之间也存在着公共图书馆资源分布与服务提供的不平衡。近年来,随着城镇化进程的加快,民族地区人口流向大中城市,公共图书馆资源也大多集中于城镇,而广大农牧区和偏远地区不仅公共图书馆设施落后,公共图书馆服务资源极为欠缺,相较城镇存在着严重的不均等现象。公共图书馆设置以经济行政中心为主,公共文化资源与服务多集中于城市中心,而民族地区地广人稀使得公共图书馆服务半径相对较大,广大农牧区公共图书馆资源覆盖程度较低,特别是偏远农牧区和高寒地区由于经济的落后和交通的不便,公共图书馆设施不完善,成为图书馆服务覆盖的盲区。城乡、区域的不均衡导致了民族地区城乡之间的信息贫困和数字鸿沟,成为民族地区城乡融合发展的重要阻滞因素,不利于全面建成社会主义小康社会战略目标的实现,也严重影响了民众自由平等的信息权利实现。

1.2 用户需求日益多元化

日益多样化的信息需求成为新时代图书馆转型的而重要出发点与依据。首先,新时代随着互联网的快速发展以及移动阅读的日益普及,传统以纸质为主体的阅读资源已难以满足数字时代少数民族用户的需求。根据第 43 次《中国互联网络发展状况统计报告》统计,截至 2018 年 12 月,我国网民规模已达 8.29 亿,互联网普及率达 59.6%;手机网民规模增长至 8.17 亿,网民通过手机接入互联网的比例高达 98.6%[①]。近年来,民族地区互联网以前所未有的速度进行普及,网络基础设施逐渐打通"最后一公里",民族地区对数字阅读资源的需求量日益增多。其次,由于特定的地理环境、特殊的语言文字习惯以及宗教信仰等,长期生活在独特文化情景中的少数民族群体信息需求呈现日益多层次、多样化的特点,尤其对本民族语言文字读物有着特殊需求,并对民族传统文化有着强烈依赖心理。再次,随着民族融合和交流的日益频繁,民族地区对多语言数字资源的需求量也在日益增长,客观上要求少数民族语言资源进行数字化整合并实现开放利用与共享。

1.3 体制机制弊端日益凸显

随着新时代的到来,传统的图书馆管理体制机制已经难以满足广大少数民族群众对美好生活的需求。虽然近年来国家从保障民众基本文化权利出发,在全国范围内广泛开展了公共文化服务体系构建战略,对民族地区公共文化服务体系各项建设予以经费上的支持和政策上的倾斜,民族地区公共图书馆以前所未有的速度发展。然而,民族地区公共图书馆大多沿袭传统的科层制管理机制,与当前民族地区加快发展的需求不相适应。其一,传统在分级财政基础上建立起来的图书馆管理主体具有相对独立性,导致图书馆之间缺乏必要的沟通联系与协作机制,从而造成资源的重复建设。其二,基层图书馆服务体系由于管理缺陷,难以提供专业化

---

① 第 43 次《中国互联网络发展状况统计报告》[EB/OL]. [2019 - 03 - 13]. http://www.cnnic.net.cn/hlwfzyj/hlwxzbg/hlwtjbg/201902/t20190228_70645.htm.

的公共图书馆服务。以西藏为例,城镇社区普遍采用网格化管理模式,这种模式在一定程度上有利于社会资源的整合,但缺陷在于并未将公共图书馆纳入其中,易造成公共图书馆在公共文化服务体系中职能的部分忽视与回避①。其三,民族地区乡镇综合文化站在基层公共文化供给中发挥着主体性的作用,其他基层公共文化设施如农村党员干部远程教育基层点、文化信息资源共享工程基层点、公共电子阅览室、农村综合信息服务站、农家书屋等大多承担部分书刊借阅等功能,实质上与公共图书馆职能相互重复,但由于缺乏资源与服务的整合,不仅增加了建设成本,而且不利于公共文化服务体系服务效能的提高②。以上管理体制所显现出的弊端,已经严重影响了民族地区各族民众基本文化权益得到切实保障。

1.4　协作意识较为欠缺

协作是新时代图书馆界的发展潮流。随着 21 世纪全球化、知识进程的加快以及竞争环境的日益复杂化,图书馆面临日益严峻的生存与发展危机。一方面,用户需求的改变迫使图书馆不断革新技术与服务方式;另一方面,新兴信息机构、数据库提供商、商业化数字图书馆、出版媒体等也在不断与图书馆展开"用户"与"资源"的争夺,不断挤占着图书馆的生存空间。面对来自外界的竞争压力,图书馆只有以协作开放的思维寻求合作,通过优势互补不断提升核心竞争力,才能求得更多的生存空间。然而,我国广大民族地区由于地广人稀的地理特征,再加上彼此之间缺乏协作发展的意识,长期处于单打独斗的状态,缺乏统一的协作与协调发展组织,难以形成发展的合力,导致公共图书馆服务体系整体效能总体偏低。近年来,民族地区协作发展意识有所增强。例如,由青海省、甘肃省、新疆维吾尔自治区、宁夏回族自治区、陕西省图书馆学会初步组建了西北五省(区)协作协调委员会,以此来协调西部省区图书馆事业的学术研究与发展,2017 年 3 月 17 日,正式成立了西部省级公共图书馆联盟,提出了建立常态化合作机制和充分发挥联盟纽带作用的建议③。然而,虽然已有相关协作组织建立,但尚未形成广泛的图书馆合作共享机制,现有局部地域性图书馆协作组织大多仅停留在沟通交流的层次上,缺乏实质性的资源共享内容。

1.5　图书馆法制尚待健全

良好的图书馆法治环境,是新时代实现图书馆治理体系和治理能力现代化的必然要求,也是转型期我国图书馆事业创新可持续发展的重要保证。近年来,我国文化立法进程逐步推进,并在图书馆立法领域取得了重大突破。随着《公共文化服务保障法》与《公共图书馆法》的相继出台,为我国图书馆事业的法制化发展起到了引领作用,也为民族地区的公共图书馆立法提供了法理依据。然而,相较内地而言,民族地区图书馆相关立法实践与研究仍较为滞后。就目前来看,民族地区公共图书馆建设与管理除了在《公共图书馆法》的制度框架内实施,此外,还依靠地方行政法规与行业组织的规范章程。广西壮族自治区、内蒙古自治区以及乌鲁木齐市

①　丹珍卓玛.西藏城镇社区公共图书服务体系建设现状与对策[J].西藏民族大学学报(哲学社会科学版),2015(5):130 – 135.

②　冯云.民族地区公共图书馆服务效能提升策略探讨——以西藏自治区为例[J].西藏研究,2018(2):140 – 147.

③　西部省级公共图书馆联盟成立[EB/OL].[2019 – 03 – 15].http://www.cqlib.cn/? q = node/44176.

等相继出台了公共图书馆管理条例,用以使公共图书馆建设与管理秩序化,然而由于制定时间较早,在具体条款和条例上难以满足新时代民族地区各族民众的文化需求。此外,当前少数民族文化权利已经是我国人权事业发展的重要内容,从少数民族图书馆权利保障的迫切需求来讲,当前尚未有保障少数民族图书馆权利的专门性法律产生,也在一定程度上不利于少数民族各族群众的基本文化权利保障。

2　面向新时代的民族地区公共图书馆的发展路径

2.1　均衡发展

迈入新时代,促进公共图书馆事业全面均衡发展已成为我国图书馆事业发展的重要任务。2017 年 7 月 7 日,文化部正式发布《"十三五"时期全国公共图书馆事业发展规划》,将"统筹兼顾　创新发展"作为"十三五"时期我国公共图书馆事业发展的重要原则,明确提出要"统筹推进区域之间和城乡之间公共图书馆均衡发展"①。根据当前民族地区公共图书馆发展不平衡的现状,可着力从以下几个方面促进均衡发展。首先,从国家层面,加大对民族地区公共图书馆发展的政策支持与经费倾斜力度,对民族地区公共图书馆发展实施差别化扶持政策,鼓励东部经济发达地区对民族地区图书馆进行对口支援,帮扶民族地区图书馆提升建设水平,缩小我国图书馆事业发展的东西部差距。其次,从图书馆行业来讲,提高对民族地区公共图书馆发展的行业指导与协调,建立专门的民族地区图书馆建设与协调组织进行统一协调与指导。加强对民族地区公共图书馆发展的相关理论研究,为民族地区公共图书馆发展提供理论指导。再次,从民族地区公共图书馆自身来讲,一方面,要善于吸取与借鉴发达地区公共图书馆建设的成功经验,不断提升图书馆服务效能,加强自身造血功能;另一方面,根据当前民族地区图书馆发展城乡不均衡现状,要不断坚持图书馆建设重心下移,资源与服务下移,将公共文化服务向基层延伸,减少民族地区公共图书馆发展的城乡差距,促进城乡公共图书馆资源与服务的融合发展。

2.2　人本发展

随着新时代的到来,"我国社会主要矛盾已经转化为人民日益增长的美好生活需要和不平衡不充分发展之间的矛盾"②,这要求新时代民族地区公共图书馆发展必须坚持"人本"发展理念。具体来讲,就是要以民族地区各族群众多样化的文化需求出发,革新图书馆服务理念,提升服务效能,使公共图书馆资源与服务有效嵌入少数民族大众生活。首先,根据民族地区各族群众的语言习惯,加强少数民族语言公共文化资源与服务的供给。新时代民族地区公共图书馆发展应在《公共文化服务保障法》与《公共图书馆法》的制度框架内,通过资源与服务的转型促进民族地区公共文化资源的供需对接。其次,加大对数字资源以及特色资源的建设力度。针对民族地区信息化滞后发展以及数字化阅读的逐步盛行,应加大对数字资源的建设力度,促

---

① 中国政府网.文化部关于印发《"十三五"时期全国公共图书馆事业发展规划》的通知[EB/OL].[2019 - 03 - 14]. http://www.gov.cn/xinwen/2017-07/07/content_5230578.htm.

② 习近平.决胜全面建成小康社会　夺取新时代中国特色社会主义伟大胜利——在中国共产党第十九次全国代表大会上的报告[N].人民日报,2017 - 10 - 28(1 - 5).

进数字资源的共建共享,多途径提升民族地区各族民众的数字化阅读能力,并根据民族地区的地域特征、地方文化和宗教文化等,加大对特色资源的建设与整合力度,满足少数民族对特定民族文化的阅读需求。再次,针对民族地区各族群众进行满意度调研并建立相应的需求反馈机制。为了最大限度地满足民族地区的公共文化需求,使公共图书馆资源与服务与民族地区各族群众的基本需求相契合,需要对所提供的资源与服务进行满意度调查,并建立适当的需求反馈机制,及时补充与更新民族地区最迫切需要的文化资源,使资源服务供给与需求对接,切实提升民族地区公共图书馆的服务效能。

2.3 创新发展

公共图书馆转型的关键在于创新。新时代民族地区公共图书馆应以创新性思维激发可持续发展的活力。具体来讲,创新发展具体包括管理创新、服务创新、治理创新。首先,管理创新。针对民族地区公共图书馆传统科层制体制带来的弊端,当前亟须进行公共图书馆管理体制的创新。当前总分馆体制可为民族地区公共图书馆的管理体制创新提供有益借鉴。针对当前民族地区公共服务资源城乡不均衡现状,可借鉴经济发达地区公共图书馆管理体制变革成功经验,结合民族地区特殊地理环境和多元文化需求特点,探索并推广因地制宜的总分馆制。例如,江苏省试点将农家书屋纳入县域总分馆体系,便利了图书馆的通借通还,解决了以往农村书籍数量有限、更替不及时等弊病①。在此基础上,重视加强基层服务点覆盖与流动服务设施建设,按照整体化思路,尝试构建乡村图书馆、农家书屋、寺庙书屋、共享工程基层服务点、党员现代远程教育中心等融合发展的基层公共图书馆服务体系,以此破解传统管理体制带来的弊端。其次,服务创新。图书馆服务创新是图书馆通过对服务系统中各要素进行重新组合从而实现更高效益、更能满足用户需求的系统工程②。服务创新不仅是新时代民族地区多层次、多元化信息需求的要求,也是加强用户与图书馆的互动,促进图书馆社会价值实现的一种有效方式。新时代民族地区图书馆服务创新可由以下途径展开:一是在现有条件下加强与现代科技的融合力度,不断提升数字服务能力。根据民族地区地广人稀的特征,利用数字化技术能够有效打通公共服务"最后一公里",能够有效缓解偏远地区、高寒地区公共服务覆盖不足的困境,从而促进普遍均等服务目标的实现。在国家对民族地区数字公共文化服务体系投入倾斜性政策的有利环境下,民族地区公共图书馆应把握机遇,努力探索图书馆服务与现代科技的融合,促进图书馆服务创新。一方面,可通过国家所实施的全国文化信息资源共享工程服务点、数字图书馆推广工程和公共电子阅览室计划等数字惠民工程加强数字化进程,最大限度整合基层数字资源,实现数字资源在基层的共建共享。二是对于个体图书馆来讲,可通过新媒体技术加快图书馆资源与服务的传播与利用效率,如借助图书馆微博、微信等平台,拓宽读者服务渠道,加速知识的传播与共享,让知识与服务触手可及,从而提升公众对图书馆的认知度与认同感。再次,治理创新。由于地理区位特征、经济发展水平等因素影响,民族地区在资金、技术与人力方面相较发达地区图书馆将会面临着更大的转型发展风险。因此,在加强自主性发展的同时,民族地区应积极吸纳更多的社会力量参与到图书馆治理,通过实现图书馆转型"成本

---

① 姚雪清.江苏试点农家书屋纳入县级图书馆[N].人民日报,2015 - 04 - 02(12).
② 刘雪兰.基于用户导向的图书馆服务创新路径研究[J].图书馆工作与研究,2014(10):24 - 26.

社会化",从而减少转型风险与压力①。

2.4　合作共享发展

合作共享是新时代图书馆可持续发展的必然要求。实践证明,图书馆只有与其他机构加强合作与共享,才能不断提升可持续发展能力。新时代民族地区公共图书馆面对各方挑战,应改变以往打单独斗的局面,树立合作共享发展理念,主动参与社会的创新发展,重塑社会职能并实现核心竞争力的提升。首先,民族地区图书馆之间应加强联系,建立区域公共图书馆联盟,并在资源共建共享、专业人才培养、联合服务创新等方面展开实质性的合作,形成真正意义上的共建共享联合体,提升整体服务效能。其次,应加强与档案馆、文化馆与博物馆等公共文化机构联系与合作,重视对跨部门、跨行业、跨地域的公共文化资源整合,实现优势互补,构建起面向民族地区公众的公共文化综合服务平台。再次,针对城镇化发展所带来的民族融合需求,面对语言文字差异性所造成的沟通障碍,新时代民族地区公共图书馆应重塑民族沟通桥梁,重视并加强少数民族语言文字信息资源的整合力度,构建以国家通用语言文字为核心的多语种信息资源语义共享体系,促进各族人民的相互理解与沟通交流,维护民族地区的和谐语言生态和文化多样性特征,使民族地区公共图书馆在促进民族团结与民族融合中发挥更为重要的作用②。

2.5　法制化发展

习近平总书记新时代中国特色社会主义思想提出了全面推进依法治国总目标,作为一项社会事业与民族工作,民族地区公共图书馆应沿着法制化轨道有序发展。根据新时代民族地区公共图书馆建设与发展的现实需求,法制化发展应着手从以下几个方面展开。首先,重视民族地区公共图书馆立法研究。针对当前民族地区图书馆立法较为滞后的困境,民族地区应加强对公共图书馆的立法重视,尚未制定相关法治规范的民族省区应尽快出台公共图书馆条例与管理办法,已经出台公共图书馆相关法律规范的应及时根据少数民族群众文化的现实需求对相关条文进行修改与补充。其次,亟待出台一部切实保障民族地区各族群众图书馆权利的专门性法律。国际上对少数民族基本权利极为重视,出台了一系列旨在保障少数民族文化权利的宣言与公约,如《世界人权宣言》《消除一切形式种族歧视国际公约》《经济、社会和文化权利国际盟约》《在民族或族裔、宗教和语言上属于少数群体的人的权利宣言》《欧洲区域性或少数人语言宪章》《少数民族保护框架公约》《关于少数民族语言权利的奥斯陆建议书》《关于少数民族有效参与公共生活的隆德建议书》等③;而在少数民族图书馆权利保障方面,国际图联IFLA 早在 1987 年就发布《多元文化社会:图书馆服务方针》,其后又经过不断的修订,2007 年9 月正式出台《国际图联多元文化图书馆宣言》,旨在保障包含少数族裔的少数群体图书馆权利。随着新时代的到来,我国也将少数民族基本文化权益保障作为民族文化工作的重中之重,在《公共文化服务保障法》《公共图书馆法》中设立专门条款用强调对少数民族与民族地区图

---

①　陈传夫,陈一.图书馆转型及其风险前瞻[J].中国图书馆学报,2017,43(4):32 – 50.

②　赵生辉,胡莹.中国少数民族语言数字图书馆顶层设计研究[J/OL].图书馆建设,2019:1 – 9[2019 – 03 – 13].http://kns.cnki.net/kcms/detail/23.1331.G2.20190115.1150.012.html.

③　周丽莎.少数民族文化权保护立法研究[D].北京:中央民族大学,2013:7.

书馆建设的保障。因此,根据国际与国内对少数民族文化权利以及图书馆权利保障的现状,结合我国民族区域自治制度以及国家民族政策的总原则,可考虑在《公共图书馆法》的基础上,结合民族地区实际情况,对民族地区公共图书馆建设与发展设立一部专门的法律,用以明确国家和地方政府对民族地区公共图书馆事业建设与发展的责任与义务、民族地区各级公共图书馆的设立、运行、服务等具体要求,从而为新时代民族地区公共图书馆建设与发展提供切实可行的法律保障。

"图书馆是一个不断发展着的有机体",新时代我国图书馆事业已经进入高质量的发展阶段,民族地区公共图书馆只有根据社会发展的需求不断调整内部结构与社会功能,才能实现创新可持续发展。总之,面对社会主义新时代的机遇和挑战,我们应正视民族地区公共图书馆发展不平衡不充分的现状,在深化改革和提高效能中进一步推动均衡发展,在社会高质量发展中提供高品质的服务,提升民族地区公共文化服务效能,保障民族地区各族人民基本文化权益,使全面小康战略目标在民族地区能够早日实现。

俄罗斯国家图书馆 PDA 研究与思考

刁一卓(国家图书馆)

在信息技术不断更新、社会需求日益变化的今天,"创新"已成为全世界图书馆事业面临的常态化课题。在大环境的推动下、在《公共图书馆法》的框架下,我国图书馆的信息资源建设和读者服务都急需模式上的变革和转型。PDA 正是在这种情况下应运而生并在我国得到发展的。

1 PDA 概述

1.1 PDA 的概念和起源

PDA(读者决策采购,Patron-Driven Acquisition),又称 DDA(需求驱动采购,Demand-Driven Acquisitions),是指根据读者的实际需求与使用情况,由图书馆确定购入的一种以读者为主导的资源建设新模式[1]。PDA 模式最初的应用始于 20 世纪 90 年代的美国巴克内尔大学图书馆,它由当时的馆际互借演变而来。在近 30 年的时间里,经历了图书馆功能定位的变化、读者服务模式的改良以及信息技术的进步,PDA 在图书馆实践中不断发展,在世界范围内已得到广泛应用。

1.2 PDA 的模式

如今,PDA 在各国实际应用中已衍生出多种模式,随着 PDA 的日趋成熟,各种模式也逐渐呈现出统一的趋势,目前的主流模式是:首先参照传统采访规则设定购书范围,即由图书馆和供应商确定预设文档;随后,供应商按照预设文档提供符合要求的图书馆 MARC 数据,图书馆将数据导入图书馆采访处理系统,读者通过 OPAC 查看书目[2]。对于电子资源,读者可以选择的 PDA 模式有访问、短期租借和购买;而对于纸质资源,读者可以直接发起购买。

1.3 PDA 的对象

PDA 可以应用于纸质资源,但是更适合于电子资源,其原因有二:第一,从 PDA 的诞生和发展来看,它的兴起本身就是电子信息技术发展的结果,是基于传统包库订购模式的创新,实质上是一种"大宗交易拆分"(Unbundling a Big Deal)[3]的形式;第二,在实际工作中,纸质资源在到馆时间、获取形式上都不及电子资源灵活易操作,电子资源更易于实现按次付费(Pay-per-view)[4],也更易于达到 PDA 服务读者的最终目的。

1.4 PDA 的优势

PDA 的优势是显而易见的。对图书馆来说,由于读者需求有较强的多样性,借助 PDA 可以丰富馆藏,有助于优化资源配置、提升资源利用率,从而提高经费的有效使用率。"以读者为主导"的 PDA 实际上遵循了以人为本的理念,将读者的需求作为导向,这必能促进图书馆服务水平的提升,实现当代图书馆"以用户为中心"的服务理念。对读者来说,PDA 使读者能够发起资源的采购,也就是参与图书馆资源建设。读者从源头上做出主动选择,一方面能使自身多元化的服务诉求得到满足,另一方面也有助于在知识世界中找到自我。

PDA 发展至今,在国内外图书馆界备受关注,相关理论研究层出不穷,世界上应用 PDA 的图书馆,特别是国外图书馆不断涌现。

2 俄罗斯国家图书馆电子资源 PDA 概况

俄罗斯国家图书馆是俄罗斯馆藏第二大的图书馆,也是世界上最大的图书馆之一。它收藏了科学技术领域世界领先水平的多语种文献,是俄罗斯传递科学新思想和科研新成果最大的信息中心之一。俄罗斯国家图书馆的基本职能是:依据采选条例对俄罗斯国内文献以及国外最具文化、科学和艺术价值的文献进行全面收藏,以满足俄罗斯社会多方面信息需求,推动俄罗斯和世界文化、科学、教育的发展。目前,该馆已实行电子资源 PDA。

2.1 俄罗斯国家图书馆电子资源采访和服务的工作内容和特点

俄罗斯国家图书馆遵循《俄罗斯国家图书馆章程》、《俄罗斯国家图书馆国内外文献采选条例》、《俄罗斯国家图书馆电子资源采选条例》(已制定但尚未发布),以及国际图书馆协会联合会(IFLA)的相关规定开展电子资源的采访和服务。电子资源采访到服务的整个流程涵盖了以下的工作[5]。

(1)了解电子资源市场、出版物受欢迎程度以及其他国内外大型图书馆的书目,分析书目数据。

(2)结合采访经费情况制定采购规则,明确资源获取模式(购买、订阅或租借)、许可条件(单用户或多用户访问)、电子资源期限、支付方式以及相关的技术规范等。

(3)结合相关专家的意见和图书馆经费水平,分析和统计读者对资源的需求和使用情况,依据俄罗斯国家图书馆文献采选条例对资源进行采选。

（4）通过不同获取渠道完成电子出版物订购。

（5）验收、登记、入藏电子出版物。

（6）在合同期限内监督对合同中有关电子资源的提供、入藏完整性等条款的执行，核算经费。

（7）管理电子资源，提供文献服务。

在电子资源采访和服务工作的开展中，俄罗斯国家图书馆要求相关人员能够了解和运用新信息技术，理清国际市场形势，包括电子资源市场不断变化的复杂环境。同时，该馆重视跨部门的密切合作，通过采访部门、参考咨询部门和其他服务部门的共同努力保障电子资源采访和服务工作的有效性。此外，俄罗斯国家图书馆利用读者反馈的形式使读者参与电子资源采访和服务。例如，通过反馈，图书馆可以收到对已有电子资源的评价和对缺藏电子资源的推荐意见。

2.2　俄罗斯国家图书馆实行电子资源 PDA 的背景

俄罗斯国家图书馆电子资源 PDA 的应用是在该馆期刊资源的采访和服务过程中实现的。俄罗斯国家图书馆期刊资源馆藏丰富，覆盖了世界许多大型出版商的出版物，很多期刊从第一期开始即被收入馆藏，有些更是已经连续入藏几十年。随着信息技术的发展，这些期刊逐渐开始以电子形式被提供。俄罗斯国家图书馆订购的学术期刊大约能涵盖全世界期刊目录的五分之一[6]，海量的资源为该馆电子资源 PDA 的兴起提供了丰沃的土壤。

1998 年，俄罗斯国家图书馆信息书目部门开始向读者提供电子资源的远程访问服务，最初针对的是聚合平台上的电子版外文期刊。

进入 21 世纪，国外大型出版商纷纷构建平台，实现了远程资源访问，产生了新型的文摘数据库，电子资源的采访和使用成为俄罗斯国家图书馆的重要工作方向。2006 年，俄罗斯国家图书馆加入俄罗斯国家电子信息联盟和俄罗斯基础研究基金会，由此便可以访问世界大型出版商资源，这在一定程度上弥补了图书馆对外文纸质期刊收藏的不足。

与此同时，从 2005 年开始，图书馆采访经费不断缩减。在这种情况下，如何更有效地使用采访经费、如何确定采访的优先方向成为现实问题。在期刊采访过程中，图书馆只能关注需求量最大的期刊出版物。为解决这一问题，2005 年底，俄罗斯国家图书馆尝试仿照 20 世纪 30年代到 80 年代中期读者委员会的模式吸引读者参与外文出版物的采选，即采选重要的国外文献时不仅要有图书馆员，还要有读者以及城市大型科学机构的代表参与。当时表达参与意向的有来自圣彼得堡 34 所著名高校、研究所及其他机构的 80 名科研精英代表[7]，他们既是俄罗斯国家图书馆的活跃读者，也是能够判断出各知识领域发展趋势的高水平专家，同时对其所在高校、科研院所等机构的信息需求也比较熟悉。通过这种尝试，俄罗斯国家图书馆意识到，在新形势下开展采访工作，由读者和相关机构代表向图书馆提出资源需求是一种非常有效的形式。

2008 年，基于对大量读者请求以及被拒绝读者请求的研究，俄罗斯国家图书馆利用 Elsevier 公司的 ScienceDirect 数据库以及 Lippincott Williams & Wilkins（LWW）公司的 Ovid 数据库补充了其医学科目的电子期刊数据库。这些都是被高频引用的期刊，在俄罗斯，甚至全世界范围使用广泛，自然在俄罗斯国家图书馆也受到了欢迎。据统计，2008 年，外文电子期刊的读者需求满足率大约达到了 50%。俄罗斯国家图书馆的这项工作再次证实，以读者需求为导向的采访形式是正确、有效的。

2.3 俄罗斯国家图书馆电子资源 PDA 的发展和现状

2009 年底,俄罗斯国家图书馆开始采用大宗交易拆分的采访模式。在这种模式下,图书馆可以获取单独的文章,并按照读者提出的需求上传这些文章。俄罗斯国家图书馆在这方面的首次合作是与 Elsevier 公司,尽管在当时只是作为一种补充采访模式,但用大宗交易拆分模式对大型国外出版商的出版物进行采选的首次尝试非常成功。随后,Wiley、ACS、IEEE、Karger 等其他大型出版商也提供了这种合作。应用大宗交易拆分的采访模式是俄罗斯国家图书馆电子资源 PDA 发展的开端。

2010—2015 年,俄罗斯国家图书馆国外纸质期刊数量减少,电子期刊数量有所提升。从这一时期开始,俄罗斯国家图书馆大宗交易拆分采访模式的应用范围从最初的电子期刊扩展到其他类型电子资源。由于并非所有出版商都能应用这种模式,所以图书馆的相关合作对象也扩展到了其他文献信息产品和服务公司。这样一来,可以上传的资源不仅包括期刊出版物全文,还有 Elsevier、Wiley、IEEE、Karger 等出版商的连续出版物和图书的全文以及 ProQuest 数据库平台上的国外论文,这也成为俄罗斯国家图书馆在该时期提供的特色服务。

在前期实践经验的基础上,俄罗斯国家图书馆电子资源 PDA 稳步发展。2015 年 4 月,俄罗斯国家图书馆与 Reprints Desk 公司展开合作,通过其平台 Article Galaxy 一键式获取科技目录、个性化数据洞察资料,进行文献管理和用户服务。项目实施后,成效显著。2015 年 12 月,该馆通过这种渠道上传的文献数量较之项目伊始提高了近 3 倍[8]。2015 年 7 月,俄罗斯国家图书馆在同 EBSCOhost 数据库的合作中加入了以大宗交易拆分模式采选电子书的项目,通过 EBSCOhost 平台根据读者提交的申请订购电子书。此外,在这种 PDA 模式下,图书馆可以遵照出版商许可的规定,允许读者在馆内阅读文献并对其内容进行复制。可以说,2015 年是俄罗斯国家图书馆电子资源 PDA 发展过程中的转型之年,因为在此之前,图书馆一直无法依靠预测最大限度地订阅到读者可能会使用的文献。

2016 年,俄罗斯国家图书馆开始应用 PDA 在 ProQuest 公司的 Ebook Central 平台向读者提供服务。下面,我们以此为例,了解俄罗斯国家图书馆电子资源 PDA 的具体流程。①首先,读者打开 Ebook Central 界面进行平台注册。②在搜索框内键入题名并浏览搜索结果。③保存链接至文件夹。④读者发送资源请求。⑤选择资源获取形式——可以在 1 天至 3 周的时间范围内短期借阅资源,也可以按照不同的用户数量和时间限制选择资源购买,以便进行资源的阅览和搜索。⑥由相关工作人员对读者申请做出回复[9]。

梳理俄罗斯国家图书馆电子资源 PDA 的发展脉络和现状可以总结出:俄罗斯国家图书馆电子资源 PDA 的实现,是由图书馆提供搜索引擎、数据库、电子目录的使用权限,读者从中获取所需要的资源。

3 对我国图书馆 PDA 的思考

3.1 我国图书馆 PDA 的发展和特点分析

3.1.1 我国图书馆界对 PDA 的理论研究和实际应用

PDA 的概念是由 2011 年刊登的张甲、胡小菁的《读者决策的图书馆藏书采购——藏书建设 2.0 版》[10]一文引入我国的。随后,PDA 在我国图书馆界受到热切关注,国内学者基于国外图书馆实验案例,对 PDA 展开了积极的理论探索,并结合国内图书馆事业、出版业等方面的实际情况,对我国开展 PDA 进行了可行性研究。这一时期,国内学者的相关研究成果层出不穷。由于美国图书馆 PDA 具有起步早、理论研究成熟、实践时间长和经验丰富等特点[11],因此我国研究过程中的案例主要取自美国。

在大量理论研究的基础上,我国图书馆界开始将 PDA 投入了本土化应用,相关实践的开展可以归纳为两个类型:

(1)公共图书馆 PDA 实践

公共图书馆 PDA 实践案例主要有内蒙古图书馆的"彩云服务",杭州图书馆的"悦读计划",绍兴图书馆的"你看书,我买单",佛山市图书馆的"知识超市",晋江市图书馆的"采书乐坊",南京图书馆的"陶风采——你选书,我买单"。

(2)高校图书馆 PDA 实践。

引入 PDA 模式的高校图书馆主要有中国社会科学院图书馆、上海交通大学图书馆、广东海洋大学图书馆。

3.1.2 我国图书馆 PDA 的发展特点

自 2011 年至今,PDA 在我国已发展近十年,纵观这段历程可以归纳出,我国的 PDA 实践具有以下特点。

(1)从发展层面来说,理论研究多于实际应用

我国 PDA 起步较晚,虽然已经积累了一定的理论研究,一些图书馆也已对 PDA 产生兴趣并在尝试应用,但其数量十分有限,且它们的 PDA 模式更多是一种摸索和实验,而大多数图书馆对此的态度仍是保守和观望。因此可以说,目前我国图书馆的 PDA 理论偏热、实践遇冷,尚未真正从理论走到实践。

(2)从实践主体来说,公共图书馆多于高校图书馆

通过分析我国图书馆的 PDA 实践不难发现,目前应用 PDA 的公共图书馆多于高校图书馆。诚然,公共图书馆积极开展 PDA 本土化应用是其顺应图书馆事业现代化潮流、适应公共文化服务客观要求的体现,但从另一个角度来说,纸质馆藏质量以及数量是我国高校图书馆文献资源评估的重要依据,而 PDA 更适合电子资源[12],这无疑制约了 PDA 在高校的发展。因此,虽然国外关于图书馆 PDA 的研究及实践都主要集中在高校图书馆,但我国的 PDA 实践主要是在公共图书馆[13]。

(3)从实践客体来说,纸质资源多于电子资源

尽管理论和国外经验都已证实,与纸质资源相比,电子资源更适合 PDA,但是我国 PDA 实践的客体主要还是纸质资源。首先,在我国,新书的纸电同步率整体较低[14],图书馆采购的新书大部分都是纸质资源,这是我国图书馆 PDA 以纸质资源为主的一个重要原因。此外,我国电子资源产业的现状是国内出版商一般只为图书馆提供包库订购模式,不提供针对用户的单种或是单篇文章的采购途径,所以在国内出版商与经销商的销售模式下电子资源的 PDA 模式很难实现[15]。受客观因素制约,我国图书馆的 PDA 对象局限在了纸质资源,而 PDA 的优势也就没能完全显现。

3.2 俄罗斯国家图书馆 PDA 实践对我国国家图书馆开展 PDA 的启示

我国国家图书馆同俄罗斯国家图书馆一样,都是两国的国家图书馆,二者的性质和职能在

很多方面相似,俄罗斯国家图书馆读者通过 PDA 参与馆藏资源建设的模式可以为我国国家图书馆(以下简称国家图书馆)带来一些启发和参考。

3.2.1 确定国家图书馆 PDA 的定位和对象

尽管 PDA 具有诸多优势,但是这种新型的采购模式对于图书馆资源建设来说存在一个很大的弊端:由于读者的采购决策具有很强的个性化和随意性,并且读者并不了解图书馆的馆藏建设目标,所以它难以保障馆藏体系的科学性、系统性。国家图书馆是国家总书库、国家书目中心,承担国家文献信息战略保存。国家图书馆的性质决定,将 PDA 定位为传统采购模式的一种补充,使二者相结合才能真正有益于国家图书馆资源建设的良性发展。

依据《中华人民共和国公共图书馆法》,国家图书馆具备公共图书馆的功能。"县级以上人民政府应当积极调动社会力量参与公共图书馆建设,并按照国家有关规定给予政策扶持。""政府设立的公共图书馆应当加强数字资源建设、配备相应的设施设备,建立线上线下相结合的文献信息共享平台,为社会公众提供优质服务。"[16]因此,应该支持读者参与国家图书馆电子资源建设,为社会公众提供更优质的服务。

PDA 是一种尤为适合于电子资源的采购模式,但是目前我国出版商、供应商在订购模式、服务系统等方面存在一些限制,因此,国家图书馆可以转为选择具备相关实力且已有 PDA 经验的国外大型供应商进行合作。也就是说,国家图书馆电子资源 PDA 可以首先从外文电子资源开始,这样不仅能更好地适应国家图书馆当前所处的客观环境,而且有助于在外文资源采访经费不断缩减的情况下提高资源利用率。目前,国家图书馆与 EBSCO、ProQuest 等公司均已有合作关系,可在此基础上进一步加入 PDA 的合作项目。

3.2.2 配置国家图书馆 PDA 的规则和技术

PDA 的应用离不开相关的规则。制定预设文档是 PDA 流程的起始环节,它决定了以 PDA 模式开展的资源建设是否符合图书馆馆藏的整体规划。严格、合理的参数设置是成功实施 PDA 的关键,因此,首先应当制定详细的 PDA 规则,即明确 PDA 的目录范围。参数的设定可以结合学科、学术性、语种、出版地、出版社、出版时间、价格等方面的因素。定期跟踪评估是 PDA 流程的后期环节,它是了解 PDA 最终效果的必要手段。评估体系的构建主要是基于已购资源是否符合国家图书馆馆藏目标、资源的利用、读者的反馈、经费的使用这几个方面。具体的评估内容包括资源的学科分布,资源浏览、借阅和购买量,资源通过 PDA 获取后的使用情况,读者的参与程度、参与读者的知识水平和信息素养,读者需求满足比例,预算、成本和回报率等。

同时,PDA 各环节的实现需要配备相应的技术。例如,通过大数据分析方法可以对以上内容有更清晰的把握,这将有助于确定预设文档,监控 PDA 的实施过程和效果。此外,在 PDA 实施过程中,应结合数据对 PDA 的模式不断调整和完善。

3.2.3 调适国家图书馆 PDA 的参与主体及其关系

在 PDA 模式下,图书馆、供应商、读者是一个有机整体:图书馆是通向知识的船,供应商是提供资源的海,读者是远方的灯塔。只有三者协调配合,才能实现读者导向的知识获取。PDA 对三者都提出了新的要求,因而既要保证它们都能适应 PDA,又要兼顾它们之间的关系,而图书馆是连接供应商和读者的桥梁。

对于国家图书馆来说,只从整体上把握 PDA 的定位、对象、规则和技术是不够的。上述元素终需落实到具体操作层面,PDA 的实施必然离不开人的参与。具体到国家图书馆内部,采访馆员必须正确认识 PDA,它是对传统采访模式的创新,这种模式并非脱离采访馆员的非专业采购,实际上,它将采访馆员的工作提前了,无论从工作经验还是职业素养上要求都更高了;与此同时,PDA 的流程要求必须是各部门合作、协力完成,因为其中既涉及采访、读者服务,也涉及技术方面,还包含后期的编目和数据维护等,俄罗斯国家图书馆在 PDA 实践中也是这样要求各相关部门的。

至于国家图书馆与供应商、读者之间的关系。一方面,国家图书馆应选择诚信、有经验、有实力的供应商参与 PDA 项目,开展多元合作。在招标和预算执行方面,由国家图书馆牵头,争取为合作做好政策上的保障。另一方面,读者的信息素养是影响 PDA 实施效果的重要变量,国家图书馆需对读者宣传这一模式,结合馆藏目标进行 PDA 培训。考虑到外文电子资源 PDA 的比重不大,读者涵盖面较小,可以结合 PDA 的跟踪评估情况对参与 PDA 的读者加以一定限制,并根据具体情况定期调整。

PDA 作为创新型采购模式,顺应时代,潜力无限,特别是在我国纸电一体化的未来,必将彰显其独特的优势。但是目前它在我国尚不成熟,限制重重。我国图书馆应充分发挥 PDA 的优势,在理论研究和案例分析的基础上,逐步开展小范围 PDA 实验,通过不断摸索在更广阔的范围上应用 PDA。国家图书馆应当对科学、合理的采访模式兼容并蓄,使各种模式相得益彰,这样可推动馆藏建设的可持续发展,促进读者服务的顺利开展,同时为我国图书馆界提供有益的参考。

参考文献

[1] 吴锦荣. 国外图书馆联盟 PDA 模式及对深圳图书馆联盟的启示[J]. 图书馆情报工作,2017,61(13):44 – 52.

[2][11] 温娜. 2011 年以来国内图书馆 PDA 主流模式研究[J]. 图书馆研究与工作,2019(1):16 – 21.

[3] ТИМОФЕЕВА О В. Точечное комплектование электронных ресурсов: балансинтересов издательства, библиотекаря и читателя[J]. Университетская Книга,2015(10):56 – 61.

[4] 郭熙焕. 浅谈读者决策采购[J]. 图书馆,2011(6):135 – 136.

[5] Комплектование и использование сетевых удаленных ресурсов в РНБ: в активном поиске гибких решений[DB/OL]. [2019 – 05 – 20]. http://nlr. ru/tus/20170327/prezent/42. pdf.

[6 – 9] Совершенствование обслуживания подписными электронными ресурсами на основе различных моделей комплектования:опыт РНБ[DB/OL]. [2019 – 05 – 20]. http://nlr. ru/tus/20160328/present/so-lovieva_3103. pdf.

[10] 张甲,胡小菁. 读者决策的图书馆藏书采购——藏书建设 2. 0 版[J]. 中国图书馆学报,2011,37(192):36 – 39.

[12] 王芙蓉. 大数据环境下基于读者决策的图书馆文献资源采购模型研究[J]. 图书馆学研究,2017(12):54 – 59.

[13] 李晓露. 基于文化引导视角下的公共图书馆读者决策采购探究[J]. 图书馆理论与实践,2017(10):18 – 23.

[14] 顾烨青. 高校馆配中文电子书的现状与问题分析[J]. 高校图书馆工作,2018,38(183):42 – 52.

[15] 林丽. 读者决策采购在国内图书馆的应用探析[J]. 图书馆研究与工作,2016(5):94 – 96.

[16] 中华人民共和国公共图书馆法[EB/OL]. [2019 – 05 – 20]. http://www. npc. gov. cn/npc/xinwen/2017 – 11/04/content_2031427. htm.

馆社跨界合作助力图书馆涉海特色文献资源建设

张莉红　　解登峰(中国海洋大学图书馆)

孟显丽(中国海洋大学出版社)

特色文献资源是指图书馆以某一学科、专题、人物、某一历史时期、地域特色等为研究对象,对文献资源进行收集、整理、存储、分析、评价,并按照一定标准和范围进行组织管理,使其成为该馆独有或其他馆少有的资源[1],是一个图书馆具有相对馆藏优势的某种范围特征的文献集合。我国许多高校依托于各自专业特色,集中精力于凸显专业特色的文献资源收集建设,在长期的建设和发展过程中,积累了一批具有鲜明特色的资源,如中国海洋大学的涉海文献资源、南京审计学院的审计文献资源、山西财经大学的山西票号与晋商资源、中南财经政法大学的中国货币金融历史文献等。这些馆藏特色资源依托各自地域、文化以及行业资源优势,以专业的视角、丰富的文献资源、特色鲜明的资源体系面向读者提供服务,不但成为馆藏资源体系中的亮点,也提高了图书馆自身的核心竞争力。

为了更好、更全地建设特色文献资源馆藏,图书馆广泛收集特色资源的出版信息。随着我国文化产业的快速发展,作为凝聚人类思想和智慧,聚集社会活动经验与成果的图书出版也取得了繁荣发展,突出表现就是图书品种的急剧增长。如今,每年新增几十万种图书,要从这些书里选取适合本馆的特色文献资源,对采访人员而言如同大海捞针。如何高效地采访特色资源,成为不少采访人员思虑的一个问题。笔者认为,寻找特色资源核心出版社并与之建立合作,会对图书馆特色文献资源建设起到事半功倍的效果。所谓"核心出版社"是指在某一学科领域图书出版中起主要作用的出版社,其出版量大、质量高,有较高的利用率和较大的读者影响力,能较好地把握学科发展状况,并及时编辑出版反映本学科最新研究成果、前沿研究状况和发展趋势的图书[2]。本文以涉海特色资源建设为例,探讨如何寻找核心出版社并与之进行馆社跨界合作,助力图书馆涉海文献资源建设。

1　寻找涉海特色资源核心出版社

笔者通过对 2016 年全年的出版书目进行筛选,选出涉海书目,并通过涉海书目的数据整理对涉海特色资源的出版情况进行调研,以数据为依据寻找涉海特色资源核心出版社。

1.1　研究步骤

运用目录学方法、原理,通过互联网资源、国家图书馆馆藏数据、专业数据库资源全面搜集、整理我国新出版的涉海图书信息。综合运用调查法、文献研究法对涉海图书出版进行分析。主要分为以下几个实施阶段:

(1)数据获取。通过国家图书馆,以及商业数据库、新华书店等销售商、网络搜索引擎全面收集图书出版信息。

（2）数据清洗。对收集到的信息进行清洗,主要包括排除异常值、空白值、无效值、重复值等,提取核心内容。

（3）数据整理。根据深入揭示文献、满足筛选需要的目标确定保留项。

（4）数据筛选。根据涉海图书收录标准对数据进行筛选,确定涉海图书,同时对出版信息进行二次核对。

（5）数据分析。根据涉海书目信息,进行涉海特色资源核心出版社的数据分析。

1.2 研究结果

经本研究统计,2016 年共出版涉海图书 3172 种,占全年图书出版总量的 0.64%。涉海图书覆盖了哲学、宗教、社会科学总论、政治、法律、军事、经济、文学、历史、地理、天文学、地球科学、生物科学、农业科学、交通运输、环境科学、安全科学等 21 个图书大类,大类覆盖率为 95.5%。

1.2.1 按涉海图书出版总量寻找核心出版社

2016 年,全国共有出版社 584 家(包括副牌社 33 家),出版涉海图书的有 406 家,占出版社总量的 69.5%,分布在全国 49 个城市。其中,出版涉海图书数量排名前 20 位的出版社出版数量占涉海图书出版总量的 33.5%,这些出版社无疑是目前我国涉海图书出版的骨干,其出版情况见表 1。

表 1 涉海图书出版总量排名前 20 位出版社出版总量情况

排序	出版社名称	涉海图书总量占比（%）	排序	出版社名称	涉海图书总量占比（%）
1	海洋出版社	6.56	11	中译出版社	1.23
2	科学出版社	2.68	12	化学工业出版社	1.17
3	大连海事大学出版社	2.46	13	青岛出版社	1.04
4	长江少年儿童出版社	2.24	14	中国海洋大学出版社	1.04
5	吉林出版集团股份有限公司	2.11	15	哈尔滨工程大学出版社	0.91
6	人民交通出版社	1.70	16	厦门大学出版社	0.91
7	社会科学文献出版社	1.70	17	人民邮电出版社	0.88
8	中信出版社	1.67	18	岳麓书社	0.88
9	北京联合出版公司	1.36	19	天地出版社	0.85
10	黑龙江美术出版社	1.23	20	中国统计出版社	0.85

1.2.2 按涉海图书适用群体寻找核心出版社

结合图书馆读者特点,根据出版适合不同群体的涉海图书出版量排名确定核心出版社。这种分析方法适合特定服务群体图书馆寻找其特色文献资源的核心出版社,如高校图书馆可选择出版适合研究人员和青年大众群体的涉海资源核心出版社合作,公共图书馆则重点关注适合少年儿童和青年大众群体的涉海资源核心出版社。

适用于青少年及幼儿群体与科研人员群体的涉海图书出版相对集中,排名前 20 位的出版社出版数量分别占本类涉海图书出版总量的 51.4% 和 53.7%。出版社排名情况见表 2。

表 2　出版适合不同群体涉海图书出版量前 20 位出版社情况

排序	少年儿童	青年大众	研究人员
1	长江少年儿童出版社	海洋出版社	海洋出版社
2	吉林出版集团股份有限公司	黑龙江美术出版社	科学出版社
3	中信出版社	岳麓书社	大连海事大学出版社
4	北京联合出版公司	青岛出版社	人民交通出版社股份有限公司
5	海洋出版社	北京联合出版公司	社会科学文献出版社
6	天地出版社	吉林文史出版社	中国统计出版社
7	中译出版社	译林出版社	哈尔滨工程大学出版社
8	人民邮电出版社	社会科学文献出版社	中国农业出版社
9	江西美术出版社	厦门大学出版社	中国海洋大学出版社
10	接力出版社	中译出版社	国防工业出版社
11	二十一世纪出版社集团	中国文史出版社	化学工业出版社
12	浙江少年儿童出版社	北京日报出版社	上海交通大学出版社
13	黑龙江美术出版社	中信出版社	方志出版社
14	中国大百科全书出版社	人民文学出版社	中国社会科学出版社
15	成都地图出版社	团结出版社	气象出版社
16	北方妇女儿童出版社	中国旅游出版社	石油工业出版社
17	汕头大学出版社	福建人民出版社	地质出版社
18	人民文学出版社	中国地图出版社	厦门大学出版社
19	四川少年儿童出版社	人民邮电出版社	法律出版社
20	河北少年儿童出版社	天津人民出版社	星球地图出版社

1.2.3　按涉海图书出版地域寻找核心出版社

经统计,涉海图书出版分布在全国 45 个城市,有直辖市 4 个、省会城市 24 个、其他城市 17 个,其中沿海城市有 12 个。出版排名前 20 位的城市出版量占涉海图书出版总量的 92.8%,其中占人文涉海图书出版总量的 89.7%,占社科涉海图书出版总量的 95.4%,占自科涉海图书出版总量的 95.5%,占综合涉海图书出版量的 96.4%。出版量前 20 位的城市出版情况见表 3。

表 3　涉海图书出版量前 20 位的城市出版情况统计表

序号	出版地	人文图书数量(种)	社科图书数量(种)	自科图书数量(种)	综合图书数量(种)	出版量合计(种)
1	北京	569	351	597	29	1546
2	上海	63	24	57	3	147
3	长春	105	23	15	1	144
4	武汉	59	25	48	−	132

序号	出版地	人文图书数量(种)	社科图书数量(种)	自科图书数量(种)	综合图书数量(种)	出版量合计(种)
5	南京	61	20	14	4	99
6	哈尔滨	57	13	28	–	98
7	广州	51	20	13	9	93
8	大连	9	17	63		89
9	成都	55	10	20		85
10	杭州	42	13	12	1	68
11	青岛	18	11	37	–	66
12	福州	20	14	13	10	57
13	天津	31	6	17	1	55
14	南昌	41	1	8		50
15	长沙	30	3	6	–	39
16	海口	24	2	1	11	38
17	厦门	15	17	5	1	38
18	济南	19	5	10	3	37
19	沈阳	22	2	5	4	33
20	南宁	23	3	1	3	30
合计		1314	580	970	80	2944

从涉海图书出版地域分析可见涉海图书出版地域分布不均衡,北京作为我国文化中心和出版社聚集地,出版了近一半的涉海图书。涉海图书出版呈现自西部向东部沿海递增的趋势,除北京市之外,东部沿海省份出版涉海图书品种居各地前列。如果想全面收集涉海特色文献,可以与出版量前20位城市的出版社建立密切联系。

2 馆社跨界合作助力图书馆涉海特色文献资源建设

2.1 国外大学图书馆与出版社融合发展概况

目前,国外已有多所大学图书馆与出版社开展合作并共同发展。2014年7月1日,来自美国、英国、加拿大共61家高校图书馆参与的图书馆出版联盟成立。据统计,近几年美国大学出版社协会(AAUP)成员向图书馆报告工作的比例呈上升趋势,2014年,已占到15%,较上一次调查的11%有明显的提升。由于不是所有的大学图书馆都是AAUP成员,所以这个数据可能低估了图书馆与出版社合作发展的趋势。据AAUP执行总裁Peter Berkery估计,约有27%的大学出版社已经向图书馆进行工作报告[3]。

国外大学图书馆在进行学术出版服务中,通常会设置专门的部门或专职出版馆员岗位,负责版权知识、谈判技巧、技术问题以及行政事务协调。出版服务的主要内容为学位论文、会议论文和会议记录、工作文件、技术/研究报告、专著、基于合同或协议的外部团体委托期刊、时事

152

通讯、自建数据库、教材、数据集等[4]。大部分图书馆的学术出版服务费用来自图书馆的业务经费。

2.2 馆社合作的意义

2.2.1 图书馆与出版社是天然的同盟

传统意义上的图书馆是文献信息资源的搜集和整合机构,而出版社则是文献信息资源的出版发行机构,图书馆的馆藏质量在很大程度上取决于出版发行的质量。图书馆和出版社的共同目的是,让知识进入读者的大脑。图书馆擅长于对文献的收集、整理、揭示和发现,而出版社在选题、编辑、设计、校对、营销发行、版权管理等方面有着丰富的经验,这种互补的关系,使得图书馆与出版社可以通过合作共享既有的设施、人员、技术和服务,促进科研产出,促进学术交流。图书馆、出版社可以突破传统角色的限制,发挥各自所长,互相渗透,携手发展。

2.2.2 馆社跨界合作可成为图书馆涉海特色文献资源建设良性发展的保障

目前,我国高校图书馆特色资源建设所需资金主要来源于各级政府和各高校内部,缺乏多渠道、持续性的外部资金投入[5]。而政府投入资金扶持特色资源建设通常因社会需求、发展环境而定,并无特定的制度渠道保证,造成资金来源不稳定,具有不确定性和不连续性。因而特色数据库建设后续往往发展乏力,在遇到政策调整、本校经费紧张的情况时,会产生特色数据库维护和数据更新困难、信息质量下降、用户认同感下降、数据库利用率低下的恶性循环[6]。通过馆社合作,一方面,图书馆由于增加了出版服务内容,从涉海特色资源购置上可以节约大量经费;另一方面,由于有了涉海特色资源信息来源的常规性的良好渠道,可以节省大量的人力去收集资源建设信息。对于特色数据库的维护和更新都有了保障。对于涉海特色资源的核心出版社,由于双方的合作,不但有了固定的特色资源的客户群体,还可以按需出版大大降低发行成本;再者,双方的合作,由于出版社的运营模式,相当于变相的引入了市场机制,对于图书馆的特藏建设除了政府和学校的投入,还增加了获得企业和商业机构资金支持的可能性,从而使涉海特色资源的建设步入良性轨道。

另外,通过合作,出版社的角色可以从纯粹以利益为主的销售方,转变为特色文献资源的共建者,参与图书馆的涉海特色资源建设,在图书馆进行资源提供服务活动中获得利益。角色的转变,使得出版社对于图书馆特色资源建设可提供长期稳定的支持,不但对于特色资源长效发展有助,对于资源的推广也有助力。

2.2.3 图书馆搭建起读者与出版社联系的重要桥梁

在出版社与读者之间,图书馆发挥着重要的纽带作用。图书馆拥有长期稳定明确的目标读者,拥有适宜的场地与读者服务经验,某些高校图书馆的专家资源更是其一大强项。图书馆全面地掌握读者信息、了解读者需求,并将需求情况反馈给出版社,便于出版社调整出版书目或者更有针对地寻找作者,减少出版图书的盲目性。

与出版社建立长期的合作,图书馆可以全面、快速地得到合作出版社的文献资源信息,图书馆与合作出版社也可建立合作共享平台,新文献资源一出版即可在平台上查询到。通过图书馆与出版社的合作平台,将新出版文献第一时间推送给读者,方便读者进行荐购、选购等,从而实现图书馆、出版社、文献资料、读者四大终端的全方位立体互动。图书馆也可及时地将各类新书目信息等进行推送,考虑到涉海专业的特殊性,图书馆可将读者根据专业需求和爱好进行分类,其书目的推送也将更加准确、有效。例如,对于海洋科研类人才,有针对地推荐专业相关书籍;对于海洋类专业本科生,主推专业教科书及相关参考书;对于非海洋类专业本科生,则主推海洋科普类或海洋文化类图书等。

对于涉海专业的读者,尤其是专业技术精尖人才可能同时又是专业教科书教参书以及研究类型涉海文献资源的作者。通过与涉海资源核心出版社跨界合作,图书馆完全可以成为架起作者与出版社联系的重要桥梁。一方面,这些出版海洋特色资源的核心出版社苦于寻找合适的作者以出版具有行内领先水平的涉海书籍或教材;另一方面,很多海洋专业的研究人员不知道该如何将自己研究的优秀成果整理成图书进行出版。通过馆社合作,一来,图书馆发挥资源整合的优势,整合涉海人才信息库。对于人才简历、研究方向、联系方式等进行整理,可方便出版社根据读者需求或考虑填补专业空白的角度与作者联系进行约稿。二来,图书馆可以将各大涉海出版社信息进行汇总,并提供图书出版的交稿平台入口,让作者只需进入图书馆网页就可以轻松投稿,从而让更好、更多、更宝贵的涉海专业资料得以出版。

2.2.4 馆社合作有利于特色资源的深度挖掘

图书馆拥有大量的纸本馆藏,并具有丰富的数字化经验,但版权问题往往是制约因素,而出版社擅于处理版权问题。通过合作,图书馆对于馆藏中那些具有二次出版价值又失去版权期限的图书进行挖掘、分析并编辑出版,可促进部分馆藏资源的使用效率。另外,对出版社的绝版专著进行数字化,可方便出版社出版电子图书或者重新再版。绝版图书的数字化,使得学术图书不再消亡,并且可以通过出版社按需印刷获得新生,同时还可形成图书馆特定年限、特定主题的特藏,并通过图书馆的存储服务,提供长期保存,无论从资源利用还是资源保存方面都有重要的意义。

2.2.5 馆社合作有效促进阅读推广

图书馆与出版社均致力于阅读推广。图书馆希望通过阅读推广,促进馆藏资源的利用,而出版社希望通过阅读推广,扩大图书销量、提高出版社的知名度。二者虽然推广阅读的目的不同、方法不同、优势也不同,但通过合作,双方正好可以优势互补,有效地促进阅读推广。出版社凭借自己领域的出版优势,积累了专业和学科方面的系统性文献,多年的市场历练也积累了一定的市场化运作经验。一方面,出版社与作者有着密切的联系,出版社可邀作者走进读者,到图书馆举办形式多样的各类讲座。对于邀请涉海专业的作者,尤其是某一领域的领军人物,不但能使读者深入了解所推广图书的内涵,更有利于读者了解相关专业的研究前沿,这对于普及海洋知识、激发读者了解海洋、探索海洋都起到有利的推动作用。另一方面,对于涉海专业书籍,尤其是高难度的专业书籍,受众群体往往有限但却相对集中,在涉海高校图书馆举办海洋类专题的新书展览/展销,往往效果会更加明显。此外,借助书展等形式,还可树立出版社在海洋领域的品牌效应。

2.3 馆社合作的模式探讨

2.3.1 浅层合作

图书馆根据馆藏特色,查找"核心出版社",与其直接对接,使得馆藏资源质量得到高效提升。通过及时沟通,出版社根据图书馆特色馆藏的特殊需求,在最快的时间给予出版信息的反馈,使得图书馆能得到最全最准的专业图书出版信息。图书馆资源与合作出版社资源实现一站式检索,当读者检索到想要的图书时,可以直接一键荐购。

2.3.2 中度合作

馆社双方在浅层合作的基础上,可以尝试进一步的深入合作。如,双方可合作搞讲座、书评、新书展示等形式多样的阅读推广活动。另外,出版社和图书馆采取的是不同的财政模式,出版社为企业主体,主要依赖于市场盈利,而图书馆则依靠财政拨款。二者的合作,使得出版环节的部分费用可得以分担,降低出版社的市场压力,也增加了出版社参与和尝试一些合作项目特别是开放获取文献方面项目的机会。合作中,图书馆不但可以利用资金优势向大学出版社提供现金补贴,还可提供其他类型的服务,包括免费空间、基本的办公需求、数字化、元数据扩展服务以及长期保存服务等。图书馆则在与出版社的合作中,降低直至摆脱对馆配商和电子资源数据库供应商的依赖。出版社在市场分析、产品设计以及信息供应链的访问方面更为专业,与其合作可以拓展图书馆员的视角。出版社在版权事物方面一直是其强项,正好可与图书馆互补。

中度合作的方式还可参考中国审计情报中心建设项目。该项目以南京审计学院图书馆自有馆藏电子纸本资源和既有网络及物理馆舍平台为基础,以出版社及审计署的审计特色资源为辅助,以商业购买的第三方数据库资源和因特网资源为补充,整合各方资源和技术,收录全球审计相关文献和情报信息[7]。对于涉海资源整理的跨界合作可以参照上述模式,对合作馆社等拥有的涉海资源进行深度整合,并采用数据挖掘分析等技术手段,最终形成包含涉海专业书刊文献、统计数据、分析报告、研究成果等核心内容,集互动交流、跨库检索、情报研究与分析、决策参考等功能为一体的涉海专业咨询服务平台,并最终以实体馆和虚拟网络平台相结合的形式来最终展现。馆社合作可使高校图书馆获得多元支持。

2.3.3 深度合作

随着国内出版企业的改制,国内高校图书馆与大学出版社、公共图书馆与相关专业出版社可尝试发展馆社一体化模式。图书馆发挥机构知识库的优势及数字技术方面的优势,出版社负责编辑发行,二者分工合作建立一个合理的出版服务体系。图书馆参与校内外学术信息的生成、出版、发行流程,会是出版服务发展的重要方向。图书馆可介入数字出版的选题策划、作者联络、出版平台建设、出版内容的管理与服务过程。图书馆和出版社可合作进行印刷版图书的电子化,尤其是绝版图书的数字化;可以合作建立在线电子出版平台;可以合作建立文献中心,共同研发数据库产品;可合作开发和销售电子产品等。

馆社合作,可谓双方共赢。通过合作,不但可使特色文献资源得到充分的挖掘、展示和利用,甚至还可促进特色文献资源的增加,这对于图书馆特色资源建设和出版社的特色领域发展都将大有裨益。

参考文献

[1] 张丽霞.中国一流大学图书馆特色资源跟踪调查与研究[J].图书情报工作,2009,53(10):77-80.

[2] 钟建法."核心出版社"采购理论和方法[J].图书馆建设,2003(4):43-44,55.

[3] WESOLEK A,SPOONER M. Content and collaboration II:opportunities to host,opportunities to publish [EB/OL].[2016-10-08].http://digitalcommons.usu.edu/lib_ pubs/118/.

[4] 曾瑛.国外高校图书馆学术出版服务进展及启示[J].图书馆界,2017,(4):21-24.

[5] 官凤婷,高波.我国高校图书馆信息资源共享现状研究[J].图书情报知识,2012(3):55-61.

[6] 喻丽.我国高校特色文献资源建设与共享:现状、问题及对策[J].图书情报工作,2014,58(14):63-70.

[7] 喻丽.特色文献资源跨界合作长效机制研究与实践——以中国审计情报中心建设为例[J].图书情报工作,2013,57(13):83-88.

新版古籍丛书对馆藏建设的机遇与挑战

邹爱芳(浙江大学图书馆)

中国历来注重丛书编刻,从南宋俞鼎孙、俞经的《儒学警语》始,就有了编辑丛书的传统,认为"保存和流传古书的最好办法就是汇辑丛书"[1]。丛书的编辑,不仅使中国传统文化中那些具有代表性的典籍得以保存下来;也使一些被认为"不登大雅之堂"的杂文或记述琐事逸闻、志怪佚事的野史笔记,借丛书流传下来。如今,随着人们对传统文化的重视和出版业的发展,编辑新版古籍丛书已成为古籍整理的主要形式。其规模数量,皆已远超古本丛书。面对这部分越来越庞大的资源,图书馆应如何看待、收藏和管理? 笔者试从新版古籍丛书对馆藏资源建设的机遇与挑战两个方面,探讨其对馆藏建设的影响。抛砖引玉,以期更多的人关注新版古籍丛书在馆藏建设中的作用。

1 新版古籍丛书的现状

1.1 收录规模宏富

在新版古籍丛书出版之前,古籍丛书的收录规模并不大。目前《中国丛书综录》是公认的丛书目录集大成者,收录了1959年以前出版的丛书2797部[2]、子书约38891种[3],平均下来,每部丛书收录的子书不到14种。这其中还包括《四库全书珍本丛刊》《四部丛刊》《四部备要》等几部民国大型影印丛书。《丛书集成初编》百种丛书中,收录子书300种以上者仅《学海类编》(440种)[4],多数丛书收录子书都在百种以下。清代乾隆年间举全国之力刊刻的《四库全书》,收书也只有3461种[5]。大部分进呈之书只存其目,数量达6793种[6]。堪称清代私刻丛书翘楚的《知不足斋丛书》,凡30集,也只收子书207种[7]。故在经济和出版业不发达的年代,古籍丛书的收录规模难以做大。20世纪80年代后,随着经济的复苏及国家对古籍整理出版的重视,新版古籍丛书的整理与出版迎来了热潮。相比古本丛书,新版古籍丛书收录宏富。据南江涛统计:我国1949—2010年间,新编古籍丛书450余部,囊括各类典籍近50000种[8]。平均下来,每部丛书收录的子书达111种。仅四库系列丛书就收书18499种,6800册,具体为《景印文渊阁四库全书》(3461种,1500册)、《四库全书存目丛书》(4508种,1300册)、《续修四库全书》(5213种,1800册)、《四库禁毁书丛刊》(634种,400册)、《四库未收书辑刊》(约2000种,300册)、《四库提要著录丛书》(2220种,1000册)、摘藻堂《四库全书荟要》(463种,500册)。近几年,由于地方经济得到快速发展,各地纷纷开展的大型地方文献丛书编纂工程,规模之宏大,收录之丰富,更是达到了一个新的高度。初步估计,出版规模500册以上的丛书就有12部,如《湖湘文库》(700册)、《浙江文丛》(500册)、《燕赵文库》(拟708册)、《巴蜀全书》(拟1000册)、《荆楚文库》(拟1600册)、《新疆文库》(拟1000册)、《江苏文库》(拟3000册)等。虽然以上地方文献丛书收录的内容兼顾了今人研究,但还是以地方古籍整理为主。

可以说,新版古籍丛书的出版规模,随着古籍整理的深入已呈现出越来越宏大之势。丛书发展到这个阶段,我国流传至今的 20 万种典籍[9],常备常用者大体已被各类新版古籍丛书收录了。

1.2 收录角度多样

考察新版古籍丛书,可以发现,由于收录的角度不同,产生了不同类别的丛书。其中综合性丛书,搜罗范围广,无所不包,如上文所举的“四库”系列丛书。专题性丛书,则就某个主题收录相关图书,如《清代硃卷集成》《清代缙绅录集成》《中国方志丛书》《儒藏》《子藏》等。地方文献丛书,专门收录某一地区的图书,如《山东文献集成》《岭南文库》《安徽古籍丛书》等。以某个朝代为收集范围,如《清代诗文集汇编》《晚清四部丛刊》《稀见清代四部丛刊》《民国丛书》等丛书。以馆藏地为收集范围,如《美国哈佛大学哈佛燕京图书馆藏中文善本汇刊》《日本宫内厅书陵部藏宋元版汉籍选刊》等丛书。随着时间的推移,古籍在不断散佚,为防不虞,出现了以传本为主要出版目的的新版古籍丛书。如《中国再造善本》,以传本为第一要义,仿真影印存世的珍稀古籍善本共 1338 种,装订成线装本13377册[10]。当然,丛书在保护古籍原本的同时,也起到了“揭示文献,嘉惠学林”的作用。

1.3 趋向系列化出版

新版古籍丛书收录的图书虽然丰富,但从文献资源建设的角度来看,若要就某个方面形成系统而完整的资源体系,单套丛书难以达到这个要求,需要多套丛书从不同角度进行组合,即系列化出版。系列化出版的丛书,每种丛书以某个标准收辑而成一个独立的小单元,这些有某种同一性的小单元组合而成一个统一体。丛书之间,或在内容上相互补充,或在版本上相互校正,或在时间上相互衔接,形成一个较为完整的资源体。上文提及的四库系列丛书就在内容、时间、版本上相互补充,构成了一个大型古籍书库。如今,丛书系列化出版已渐成一种趋势。由国家图书馆出版社联合国内一些大的藏书机构策划的大型出版项目“中国古籍珍本丛刊”及“著名图书馆藏稀见方志丛刊”,就是以珍稀图书为入选标准,对各大机构馆藏古籍进行的一个系列出版工程。随着时间的推移,很多藏书机构视民国图书为新古籍而加以收藏保护。古籍丛书系列化之后,能够大大提高丛书的使用价值,产生单套丛书叠加所不具有的影响力,进而提高丛书的使用价值和收藏价值。

2 新版古籍丛书对馆藏建设的推动作用

2.1 丛书收录丰富,支撑学科发展

新版古籍丛书因收录丰富,资料性强,为学科发展提供了有力的资料保障。“图书馆的馆藏建设就是学科建设的助推器。”[11]在馆藏资源建设中,各大图书馆都力求为学科发展提供丰富的资源,满足用户的需求。丛书围绕一个主题做全面的收录,相较于零散的单本书籍,不仅内容丰富,而且系统全面。一种丛书,通常就是一个小型的资料库。如台湾出版的《丛书集成》新编、续编、三编,合而计之,汇集历代丛书 373 部,子书约达13000种,涉及自先秦至民国历代著名作者达 5000 人以上,装订成 500 册。正如学者王德毅所言:“欲治我国文史哲学之学者,能拥有这一部丛书,几乎可以掌握十之六七之资料了。”[12]专门性丛书收录的资料,针对性强,对学科发展更为重要。如《明清法制史料辑刊》(197 册、国家图书馆出版社)、《中国古代

157

地方法律文献》甲乙编(25 册,世界图书出版公司)、《中国律学文献》(1—5 辑 19 册,黑龙江人民出版社)等史料辑刊,为研究中国法律史提供了宝贵的第一手资料。再如敦煌遗书,写卷被秘藏于世界各地的图书馆、博物馆中,学者无由得见。《中国国家图书馆藏敦煌遗书》(146 册)、《英国国家图书馆藏敦煌遗书》(40 册)、《法国国家图书馆藏敦煌西域文献》(34 册)、《俄藏敦煌文献》(17 册)等系列敦煌文献丛书的出版,为敦煌学的研究提供了丰富的资料。浙江大学敦煌研究所在这些丛书的基础上对敦煌遗书中佛教文献进行分门别类的整理,缀合工作初见成效,已可见敦煌佛教之梗概。可以说,新版古籍丛书为学科的发展提供了有力的保障。某种程度上说,谁先拥有它,谁就获得了发展先机。

2.2 丛书现代出版,推动古籍流通

对于线装古籍的使用,几乎所有的馆藏机构都采取了保护措施,限制使用。如不能复印、限制拍照等。若是稀见的善本、孤本,那就更是难得一见。就图书馆等收藏单位来说,这也是出于保护珍稀线装古籍的无奈之举。而对于这些原版古籍,受资金、古籍资源等条件限制,图书馆无法给予大量收购以丰富馆藏。这就产生了馆藏古籍资源不足与读者需求的矛盾。如今,现代整理出版的古籍丛书,可打破这种流通障碍,弥补馆藏线装古籍不足的缺陷。新版古籍丛书大多采取再生性保护的影印出版方式,保留了古籍的原貌,在使用上同原版古籍无异。各种珍稀典籍,汇集一书,由图书馆收藏,读者可以随时进行阅览、复印,资料的使用不再受到限制。张之洞说:"丛书最便学者,为其一部之中可刻群籍,蒐残存佚,为功尤巨。欲多读古书,非买丛书不可。"[13]丛书汇刻多种子书,方便读者使用。刘尚恒也指出丛书的本质特征就是它的汇集功能[14]。如今,新版古籍丛书不仅收书数量多,而且一些藏之深闺的孤帙珍本,在新版丛书出版中化身千百,人人可得而藏之,满足了越来越多的读者对古本典籍的使用需求,促进了典籍的流通。同时也免去了读者为查找资料的舟车劳顿之苦。

2.3 丛书分类收辑,获取资料快捷

我们知道,学术要创新,只有在全面掌握已有文献的基础上,才能有所突破。科研过程就是借助各种资料,获得某种启迪,发现某种规律或印证某种猜想。古典文献涉及的学科主要是文史哲,相对自然学科,文史哲学科研究所需的资料,可以追溯到很久以前,资料具有长效性。研究者从众多典籍中爬梳、整理所需资料,其过程费时又费力。马文峰对中国人民大学教研人员(主要是人文社科教研人员)进行了一次"人文社会科学信息需求调查"。在使用"1949 年之前的图书"和"30 年以上的期刊"这项中,人文学科教研人员分别占 43%和 32%[15]。在科研过程中收集资料所占用的时间上,统计显示:176 份调查卷中,有 127 人大约把科研过程中 40%—50%的时间用于收集查找文献、16 人约用 70%—80%、30 人用 20%[16]。新版古籍丛书,资料从海量的文献中分类整理出来,不仅针对性强,而且查找方便。如《中国地方志佛道教文献汇纂》(1039 册),全书从包括港澳台地区在内的各省、市、区、县及乡镇 6813 种地方志文献中搜辑出佛道教资料[17],形成专题文献结集,省去了研究者从众多典籍中搜集、整理的繁复劳动,为他们赢得了时间和精力。新版古籍丛书大多还编制了完备的目录索引,通过子目书名、子目著者等信息可进行快捷查找。眼下虽然是信息高度发达的时代,但对于古典文献资料,网上可供检索的资源依然十分有限,提供全文检索的资源更是稀少。资料的获取,仍然有赖于各种新版古籍丛书提供。就图书馆读者服务工作来说,馆藏是图书馆开展读者服务、保障

读者需求的基础。没有这些新版古籍丛书的入藏,图书馆提供不了读者所需的资料,服务工作就是无米之炊。文献传递等服务方式,可在一定程度上满足读者的资料需求,可服务效率低。虽然我们强调馆藏文献建设,但是,"一馆满足需求的水平表现为文献保障率和服务质量两个方面:满足需求的水平(图书馆质量评价) = 文献保障率 * 服务质量"[18]。对于已入藏的丛书,通过图书馆高质量的服务使其得以充分利用,是图书馆更应该做好的环节。

2.4 丛书收录全面,有助于形成特色馆藏

《普通高等学校图书馆评估指标》对文献资源特色分两部分做了说明:文献资源符合本校学科建设和教学科研的需要;有长期积累、独具特色的资源。一个图书馆的特色资源,可以避免与别的馆藏资源同质化,满足本校教学科研的需要,进而提高馆藏的影响力,得到社会的认可。正因为特色资源对图书馆的生存和发展有着重要意义,形成特色馆藏才一直是图书馆努力的方向。新版古籍丛书在形成馆藏特色方面有其特别之功用。它在某个专题领域欲穷尽所有资料的收集,不论是内容的丰富性还是收录的完整性,都利于形成特色资源。如在佛教特色资源建设中,收藏有《中华大藏经》《大正新修大藏经》《乾隆大藏经》《高丽大藏经》《嘉兴大藏经》《碛砂大藏经》《正藏经》《续藏经》等不同版本的藏经,加上整理出版的佛教资料丛书《中国地方志佛道教文献汇纂》《唯识文献全编》《台湾宗教资料汇编》等,无论在数量上还是内容上,都给特色馆藏建设打下了夯实的基础。在长期的发展过程中,图书馆结合本校的学科特色,会有自己的馆藏特色倾向。顺着这个方向,通过不断的积累,特色就会逐渐显现出来。浙江大学的"蒋介石研究中心",对蒋介石的相关资料已有较为丰富的收藏。图书馆与其合建"蒋介石研究文献特藏资源"后,不仅全方位收集蒋介石的有关资料,对蒋介石活动时期的民国文献也极尽收藏。在这基础上,图书馆购入《民国文献资料汇编》《民国学术丛刊》《民国丛书》等大型丛书,大大助推了特色馆藏的形成。这个过程中,文献数量的采集固然重要,但质量更是特色鲜明的关键,需要文献使用者和采购者通力合作,专家、读者提出需求,馆员收集需求并反馈信息,资源建设部分析、采纳信息,多方合作,以保证特色馆藏的采购质量。此外,新版古籍丛书通常装帧精美考究。一排排整齐而又精美的古籍丛书,不但视觉上让馆藏特色更为清晰醒目,还能营造出一种典雅、厚重的馆藏氛围,从而提升了馆藏品质。

3 新版古籍丛书对馆藏建设的挑战

3.1 重复收藏的困惑

3.1.1 选本与全本之间的重复

古籍丛书对某个时段或某个主题作系统全面的收录后,通常体量庞大。于是,就有了各种需要丛书瘦身的选本产生。早在清代编纂《四库全书》时,由于全书卷帙浩繁,汗青无日,乾隆帝恐有生之年难以看到全书完成,在编纂《四库全书》的同时,编辑了《四库全书荟要》,即为《四库全书》的选本。1988 年,摛藻堂《四库全书荟要》由台湾世界书局影印出版,为 500 册。1997 年吉林人民出版社又对世界书局版的《四库全书荟要》做精选出版。挑选书籍 150 种,精装成 100 册。除收书数量有所不同外,其他方面与世界书局版无异。对《四库全书》挑选珍本进行出版的还有《四库全书珍本丛刊》。20 世纪 20 年代,《四库全书》因全部影印耗资巨大,就由商务印书馆辑录《四库全书》中的部分珍本影印出版。至 1982 年,共选印《珍本》十二集,连

同别辑,共印行《珍本》十三集,收入《四库》原书 1878 种[19]。就数量而言,已约占《四库全书》的一半。至 1986 年,《景印文渊阁四库全书》也由台湾商务印书馆影印出版。以上丛书,收藏单位若同时收藏有全本和选本,那么,就有必要对重复的选本做一些处理。如图书馆已藏有《景印文渊阁四库全书》,《四库全书珍本丛刊》就不用收藏了。

3.1.2 全集与增补版之间的重复

根据丛书分类,著述宏富的名人全集也是丛书。而名人全集的整理,通常有个不断丰富完善的过程。随着新材料的不断发现,全集需要重新整理,因此常常会有多个版本产生。新版在旧版的基础上有所推进。王国维先生是我国近代著名学者,有关他的著作的整理就是如此。王国维去世后,罗振玉整理编辑其遗作,于 1927 年起陆续刊出《海宁王忠悫公遗书》四集。其后,赵万里等加以补辑,于 1940 年由商务印书馆出版《海宁王静安先生遗书》16 册。因已绝版,台湾文华出版公司对其加以重新编次,辅以纪念文字若干篇,于 1969 年出版《王观堂先生全集》16 册。然“全集”仍不全。台湾大通书局有鉴于此,增补续访所得,分初编 12 册、续编 12 册,另加附录纪念文字 1 册,共为 25 册,于 1976 年出版,同时易名为《王国维先生全集》。1983 年,上海古籍书店据赵万里《海宁王静安先生遗书》影印,更名为《王国维遗书》。1996 年第二次印刷,改为上海书店出版社出版,影印为精装本十册。目前,最新的本子是 2009 年由浙江教育出版社和广东教育出版社联合出版的《王国维全集》,精装为 20 册。在原版基础上修订的新版,通常内容更全,校订更精,胜过旧版。但新版与旧版之间内容重复这种现象,我们很难避免。一是在时间上我们不可能等待未来更为完善的版本出来再收藏。二是将来是否有更好的版本也是个未知数。当然,从版本学的角度来说,收藏有王国维全集的不同版本,可以了解王国维著作不同时期的整理特点,也可以是一种“馆藏特色”。

3.1.3 选题交叉重叠

丛书主题的交叉重叠是新版古籍丛书出版中一个较为突出的问题,直接导致了丛书之间的重复收录[20]。《中国方志丛书》和《中国地方志丛书》是 1949 年后海峡两岸规模宏大的方志整理工程。由于选题重复,两者同时收入的子书甚多。如《丛书·华中地方·江苏省》收录的志书中,有 64 部与《集成·江苏府县志辑》重复[21]。《清代诗文集汇刊》与《晚清四部丛刊》在收录内容上也存在交叉重叠现象。据笔者统计,有 115 种子书重复收录。对于这种部分重复现象,收藏机构很无奈。既不能因有重复部分而放弃全书的收藏,也不能剔除重复部分进行部分收藏。有些丛书,虽然收录范围存在交叉重叠,但编辑时却有意回避了重复问题。如四库类丛书中的《四库禁毁书丛刊》,只收书 634 种,与当年修《四库全书》时禁毁的约 3000 种书相去甚远,一个重要原因就是它回避与《四库全书存目丛书》重复收录[22]。当然,相对于单部丛书而言,回避重复会影响到丛书收录的系统完整性,但过度的重复已造成出版资源与图书馆购置经费、馆藏空间、管理成本等很大的浪费。

3.2 完整收藏的困惑

在馆藏资源建设中,我们强调资源的完整性。对一部丛书,通常要求做完整的收藏。但对新版古籍丛书而言,进行完整收藏并不容易。困难如下:

(1)丛书分批出版,购买时容易出现遗漏。新版古籍丛书因收辑范围广,收录数量大,通常需要分阶段整理,分批次出版。分批出版时间又无规律可循,且经常涉及多个出版机构合作出版,购买时很容易出现遗漏。

（2）丛书发行量小,缺书不易补全。新版古籍丛书体量庞大,发行量通常都很小。一旦缺了某个部分,事后想补齐,往往已无书可买。如《四库全书存目丛刊》补编100册,本馆缺了后30册,现在已难以补齐,成了一部不完整的丛书,甚是遗憾。丛书在使用过程中出现的部分书籍损坏或遗失,也基本没有配补完整的机会。

（3）丛书分多次购入,容易被编目部门视为不同丛书而编入多库存放,人为造成丛书的不完整收藏。现在很多图书馆的编目工作外包,这个问题就更为突出了。

（4）新版古籍丛书册数众多,价格昂贵,占地空间大,小型图书馆进行完整收藏存在实际困难。

对于以上丛书完整收藏的困难,在制度上,需要建立相应的采购保障机制,进行规范化的采访编目管理。比如建立跟踪采访档案[23],时时关注丛书出版信息。在管理上,服务人员需熟知每一套丛书,第一时间发现问题,及时反馈给采购部门,以免错过收藏时机。

3.3 藏与用关系的困惑

对于普通书籍,我们通常用"图书利用率"这个杠杆来调节藏与用的关系。新版古籍丛书的利用率则难以有个定论。在丛书收录的子书中,部分文献价值高的子书利用率很高,但部分子书的利用率可能很低,甚至入藏以来从没被读者使用过。总体而言,古籍丛书的利用率普遍不高。如果单纯从利用率的角度来衡量,大部分新版古籍丛书没有必要收藏。那么,我们应该怎样看待丛书藏与用的关系?对新版古籍丛书来说,"藏以致用"的原则依然需要遵循,我们也要避免文献价值不高的丛书闲置在库。但由于古籍丛书自身和使用人群的特殊性,在藏与用的关系上,又有了一些特殊的评判原则。

（1）新版古籍丛书的收藏价值。首先,新版古籍丛书具有长期使用价值。新版古籍丛书作为再生性的古籍保护手段,对传统文化有传承之功。它不像普通书籍,随着知识的更新而不断被淘汰。对其收藏,在未来相当长的一段时间里,丛书的资料价值不变,甚或随时间的推移而更高。其次,一些底本精,校勘优,编排科学,检索方便的古籍丛书,其本身就是具有收藏价值的精品出版物,如《中国再造善本》。最后,新版古籍丛书发行量小,后续很难买到。因此,无论从丛书的出版数量,还是文献使用时间上考量,新版古籍丛书都具有很高的收藏价值。选择购买时,我们既要考虑现有读者的需求,还要结合学科的发展方向,未雨绸缪。

（2）新版古籍丛书的资料稀缺性。研究所需的资料专业性越强,越利于创新研究成果的发现。在人文学科研究中经常表现为资料的珍稀性。新版古籍丛书收录的文献,珍本云集,部分珍善本舍丛书不可得。丛书价格昂贵,个人收藏困难大,有赖于图书馆提供资料保障。因此,对于这类资料稀缺性丛书,哪怕只有很小的读者群,图书馆也应该考虑购入,而不应过多考虑利用率问题。

在古籍整理出版中,新版古籍丛书的快速发展,给馆藏建设提供了大量难得的珍本秘籍,让馆藏建设具有了更多的可能性。新版古籍丛书的收藏,应结合学科发展和馆藏的实际情况进行综合判断,既不盲目,也不轻易错过,让价格高昂的新版古籍丛书实实在在地为馆藏建设做出贡献。

参考文献

[1] 李春光. 历代丛书编辑略论(下)[J]. 学术问题研究,2010(2):30 – 33.

[2] 上海图书馆. 中国丛书综录[M]. 上海:上海古籍出版社,1982:4.

[3] 刘尚恒. 中国古籍丛书概说[J]. 文献,1981(7):141 – 155.

[4] 编辑部. 《丛书集成新编》总目书名索引作者索引[M]. 台北:新文丰出版公司,2004:28.

[5] 中华书局影印组. 《四库全书总目》出版说明[C]//四库全书总目. 北京:中华书局,1983:3.

[6] 中华书局影印组. 《四库全书总目》出版说明[C]//四库全书总目. 北京:中华书局,1983:3.

[7] 编辑部. 《丛书集成新编》总目书名索引作者索引[M]. 台北:新文丰出版公司,2004:31.

[8] 南江涛. 新中国成立以来新编古籍丛书出版综述[J]. 出版史料,2012(3):72 – 78.

[9] 《中国古籍总目》编纂出版工作委员会,《中国古籍总目》编纂委员会. 《中国古籍总目》前言[C]//中国古籍总目·经部·第1册. 北京:中华书局,2012:3.

[10] 于春媚,贾贵荣. 坚守古籍影印,担当文化传承[J]. 北京:出版参考,2014(21):38 – 40.

[11] 金以明. 图书馆特色馆藏资源建设[J]. 大学图书馆学报,2008(6):93 – 97.

[12] 王德毅. 丛书集成三编总目叙录[C]//《丛书集成三编》总目. 台北:新文丰出版公司,1999:3.

[13] 张之洞. 书目答问·丛书目[C]//续修四库全书·第921册. 上海:上海古籍出版社,1997 – 2002:719.

[14] 刘尚恒. 古籍丛书的概念、特征和类别[J]. 文献研究,2014(6):75 – 78.

[15 – 16] 马文峰. 我校人文社会科学教研人员信息需求调查与研究[J]. 图书馆,1999(3):33 – 35,53.

[17] 桑吉. 《中国地方志佛道教文献汇纂》出版座谈会在中国人民大学举行[J]. 法音,2013(6):62 – 64.

[18] 吴建华. 高校图书馆馆藏建设水平及文献保障水平指标评析[J]. 大学图书馆学报,2005(5):19 – 24.

[19] 张连生. 影印文渊阁四库全书后记[C]//景印文渊阁四库全书·目录. 台北:台湾商务印书馆,1986:6.

[20] 邹爱芳. 新版古籍丛书出版现状与思考[J]. 中国出版,2016(20):54 – 56.

[21] 桑荟. 《中国方志丛书》和《中国地方志集成》江苏部分比较研究[J]. 江苏地方志,2009(6):30 – 32.

[22] 《四库禁毁书丛刊》编纂委员会. 《四库禁毁书丛刊》编纂后记[C]//四库禁毁书丛刊·索引. 北京:北京出版社,1998:4.

[23] 徐贵军. 谈丛书多卷书连续出版物的采访[J]. 图书馆学研究,1994(6):49 – 50.

"优先入藏"选书理论在公共图书馆中的应用

——以长沙市图书馆为例

奉永桃(长沙市图书馆)

目前,我国有各种类型出版社近600家,《2017年新闻出版产业分析报告》显示,2017年全国出版新版图书25.5万种,重印图书25.7万种。面对品种繁多,重印、公版图书泛滥的图书市场,公共图书馆如何合理利用有限的文献购置经费,从鱼龙混杂的书海中遴选出符合本馆发展需要的优质图书,就成为公共图书馆资源建设的重点和难点。

之前长沙市图书馆主要依赖书商提供的征订书目选购图书,而书商出于利润考虑,一些进价折扣较高的书目未提供给图书馆,造成大量高质量图书无法入藏。本馆于2017年引入"优先入藏"的采访理念,用于指导图书馆文献资源建设。"优先入藏"理论研究有助于我们合理配置与利用购书经费,在增加馆藏数量的同时,更加注重馆藏质量的提升,减少图书采购的盲目性,保障优质图书优先入藏,提高图书馆资源建设的质量和效率,最大限度满足读者的借阅需求。本文结合长沙市图书馆近两年在馆藏建设中如何将"优先入藏"理论选书论应用于图书采访工作进行介绍。

1 "核心出版社"理论与"优先入藏"理论

我国"核心出版社"理论研究始于 20 世纪八九十年代,所谓馆藏图书核心出版社是指某一学科领域的主要图书出版社,且其出版的图书符合馆藏特色,能满足读者需求,并在馆藏结构中占据较大的比例。"核心出版社"属于文献计量学的研究范畴。高校图书馆的文献收藏具有明显的学科特色,而某一学科的核心出版社相对比较容易确定,因此"核心出版社"理论在高校图书馆运用得较多。相较于高校图书馆,市级公共图书馆文献收藏主要以综合性、适合大众阅读为主,学科特色不明显,"核心出版社"这种强调专业性强的模式不适合公共图书馆。但核心出版社这种"信息集中分布"和"以出版社来指导图书馆采购"的理念,公共图书馆可借鉴。

本馆于 2017 年引入"优先入藏"理论,是指在充分调研国内中文图书出版情况和了解本馆馆藏资源建设体系基础上,调研确定一批出版社,该批出版社出版的文献质量相对较高,较适合公共图书馆入藏,图书馆保障这些出版社出版的图书优先入藏。经过两年来的实践证明此种采购模式可行,确保了优质图书优先入藏,保障了大部分读者的借阅需求。

2 理论依据及"优先入藏"清单的确定

2.1 理论依据

(1)"马太效应"

美国科学社会学家默顿观察到,在竞争性社会中存在着成功和失败双边的机会增值过程,也就是说,成功者受到奖励,这种奖励赋予了成功者更多的成功机会;失败者受到惩罚,这种惩罚增加了失败者再次失败的可能性。默顿把这种双边的机会增值过程称为"马太效应"。

"马太效应"这种信息优势集中化是"优先入藏"理论提出的重要依据。每个出版社在创立之初大都确定了一定学科领域或主题作为其主要经营范围和经营方向。在发展过程中,一部分具有高质量高产出的出版社在竞争中占据了优势,不仅积累了财富、扩大了再生产能力,而且在新一轮竞争中奠定了出版某类图书、市场和成功的优势条件。同时,出版社和作者的双向效应更加剧了这一现象,优质出版社在吸引更多的高质量作品后愈加提升自身在业界的声望和地位,而作者通过核心出版社来提升读者对作品的认同和肯定。出版业竞争中的"马太效应",使得强者愈强,弱者愈弱。在大众出版行业虽未形成单个或几个出版社垄断市场份额的情况,但已呈现优质出版物向一部分出版社集中的局面。

(2)布拉德福文献离散分布规律

布拉德福定律从科学的统一性规律出发,总结出文献的分散定律,与科学文献的实际分布具有较好的一致性。布拉德福写道:"对某一主题而言,将科学期刊按刊登相关论文减少的顺序排列时,可以划分出对该主题最有贡献的核心区,以及含有与区域论文数量相同的几个区域。每个区域里的期刊数量:1∶n∶n²······"这段叙述就是后来被人们称为布拉德福定律的表述。

从中文图书的出版情况看,图书文献和期刊文献的共同之处在于学科(或专业)文献出版的相对集中与分散,也就是说,虽然文献的出版是分散的,但在长期的采购实践中我们摸索到,它们又按照一定的规律相对集中,品种分布具有一定的规律,呈现出相对集中基础上的相对分散局面。

2.2 长沙市图书馆"优先入藏"清单的确定

长沙市图书馆以"马太效应"和"布拉德福定律"为理论指导,以 2008 年新闻出版总署评选公布的"全国百佳图书出版单位"为基础,主要通过调研法和经验积累法确定本馆"优先入藏"出版社清单。

(1)调研法

网上调研:对百佳出版社清单上列及的出版社进行网上调研,初步了解各个出版社的特点,同时记录各个出版社联系方式,网站上是否有书目下载等。通过第一步的了解,筛选出百佳社中符合本馆馆藏要求的出版社(2017 年主要通过此种方式),同时对一些大家熟知的非百佳社或出版公司书目进行收集,如:广西师范大学出版社、新星出版社等。

实地调研:在网上调研基础上通过参加各类型书展进一步补充和完善"优先入藏"出版社清单。不同类型的书展侧重不同,对采访人员参加书展的任务要求也不同。参加全国书展的出版社比较全且大都为正规出版社,采访人员的主要任务是分组(社科、自科、少儿)根据各出版社参展的图书粗略考察该出版社的图书质量,同时判断该社图书是否符合入藏要求。对符合要求的出版社询问长沙片区馆配负责人联系方式,回馆后补充完善出版社清单;上海少儿书展,在全国书展的基础上,进一步完善少儿类图书的书目来源,尤其是补充了少儿图书出版公司(青豆童书、童趣、蒲蒲兰等)的信息。

在前两项工作基础上,"优先入藏"清单基本成型,但实践过程中却发现有些畅销书不在其中,原来近年来图书公司盛行,部分畅销图书的版权掌握在图书公司手中。例如,东野圭吾的书通过新经典进行发行,上海 99 图书公司出版了一些带人民文学出版社书号的图书,博集天卷集中出版了一些标有湖南文艺出版社的图书等。参加各类型的书展,可进一步完善了优质书目清单。

(2)经验积累法

通过后期验收对通过"优先入藏"清单采选入馆的图书进一步把关,审核所挑选的图书是否适合入藏,剔除不适合入藏的出版社,进一步完善"优先入藏"清单。

通过上述工作,目前本馆形成的"优先入藏"出版社清单如表 1 所示,共含出版社 125 家。按本馆所采选的图书学科类别侧重,分成四大类:偏社科类出版社 66 家,偏自科类出版社 23 家,少儿类出版社 17 家,图书公司 17 家。

表 1 "优先入藏"清单

偏社科类出版社（共 66 家）			偏自科类出版社（共 23 家）	少儿社（共 17 家）	图书公司（共 17 家）
人民文学出版社	中信出版社	中国法制出版社	机械工业出版社	21 世纪出版社	新经典
三联书店	广西师范大学出版社	法律出版社	化学工业出版社	接力出版社	读客
上海译文出版社	新星出版社	中国民主法制出版社	电子工业出版社	明天出版社	博集天卷
作家出版社	北京联合出版	经济管理出版社	清华大学出版社	浙江少儿出版社	磨铁
商务印书馆	九州出版社	中国金融出版社	人民邮电出版社	江苏少儿出版社	悦读纪
译林出版社	青岛出版社	中国财政经济出版社	中国纺织出版社	安徽少儿出版社	魅力文化
北京大学出版社	吉林出版集团	世界知识出版社	中国轻工业出版社	湖南少儿出版社	湛卢文化
中华书局	重庆出版社	安徽美术出版社	中国人口出版社	中国少年儿童出版社	果麦
上海文艺出版社	北京师范大学	湖南美术出版社	中国林业出版社	福建少儿出版社	大鱼
浙江文艺出版社	中国青年出版社	吉林美术出版社	中国农业出版社	北京少年儿童出版社	大周
湖南文艺出版社	东方出版社	江苏美术出版社	中国电力出版社	长江少儿出版社	禹田
江苏凤凰文艺出版社	中央编译出版社	江西美术出版社	水利水电出版社	四川少年儿童出版社	上海 99
长江文艺出版社	学习出版社	浙江人民美术出版社	中国中医药出版社	天天出版社	蒲蒲兰
四川文艺出版社	人民出版社	人民美术出版社	人民卫生出版社	新蕾出版社	青豆书坊
花山文艺出版社	新华出版社	中国美术出版社	江苏科技出版社	海豚出版社	童趣出版有限公司
河南文艺出版社	党建读物出版社	人民音乐出版社	上海科技出版社	新疆青少年儿童出版社	国开童媒

偏社科类出版社(共66家)			偏自科类出版社(共25家)	少儿社(共17家)	图书公司(共17家)
春风文艺出版社	中国社会科学出版社	中国人民大学出版社	湖南科技出版社	北方妇女儿童出版社	蒲公英童书馆
百花洲文艺出版社	社科文献出版社	复旦大学出版社	北京科技出版社		
江苏人民出版社	国家图书馆出版社	高等教育出版社	浙江科技出版社		
广东人民出版社	岳麓书社	湖南教育出版社	山东科技出版社		
湖南人民出版社	浙江人民出版社	中国大百科全书出版社	北京科技出版社		
安徽人民出版社	上海人民出版社	新华文轩	中国铁道出版社		
			北京理工大学		

3 "优先入藏"选书理论在本馆的实践应用

3.1 收集书目,挑选图书

根据前期收集的联系方式,本馆向清单中列出的各个出版社索要书目。收集原则为:先收集知名度高、大家熟知的出版社书目。将书目按出版社学科类别偏重分类发放给采访组成员,同时每周记录出版社采选情况(含各个出版社名称、图书挑选种数,册数及金额),为后期分配做准备。

3.2 调研书商可配货情况,分配书目

各家书商的配货能力各有特色,当"优先入藏"清单中的书目采选到一定金额时,本馆根据登记的"已采选出版社情况登记表",发给中标书商调研各书商的配货情况。中标书商根据自身情况,填写可配货情况反馈表。此调研非常关键,若把无合作关系的某家出版社分配给某家书商,到货率势必会下降,不仅对书商后期金额分配不利,最重要的是图书无法到货直接影响馆藏资源建设。收集反馈情况表格后根据中标名次对已采选的金额进行分配,为最大限度提高到货率,尽量保障各家书商分配的都是反馈表中有合作的出版社。

3.3 图书验收、订单跟踪及到货率考核

规范的业务流程是"优先入藏"选书模式得以顺利开展的有力保障。本馆图书预定、验收、编目均通过 Interlib 系统实现。图书到馆拆包后,每种图书均通过验收人员审核后方被录入系统进行验收,验收数据与预定数据建立起关联,因此,系统能导出每一批图书的到货情况

（验收清单、未到图书清单、退订图书清单、到货率等），可为后期书商考核提供了依据。书商到货率计算公式如下：

$$到货率 = 图书总到货册数/图书总预定册数书$$

订单发送后，必须及时跟踪图书的到货情况。由于书商的客户较多，且出于利益考虑，可能会落掉某些图书的配送，这时就需图书馆及时跟踪和反馈情况给书商，催促书商加紧配货。

图书的到货率高低是影响优质图书是否入藏的重要因素，因此本馆加大了对"优先入藏"出版社订单的考核力度。各书商该批次订单的到货率直接决定了该书商在本馆后期50%采购经费中所占的份额。目前本馆的分配方式是，若到货率均达到合同中规定的百分之九十以上，则后期经费平均分配，到货率百分之八十以上则按到货率名次进行分配，若低于百分之八十后期分配则无。通过对到货率进行考核，不仅提高了书商配货速度，更重要的是保障了优质图书优先入藏。

本馆"优先入藏"选书模式，完整流程图，见图1。

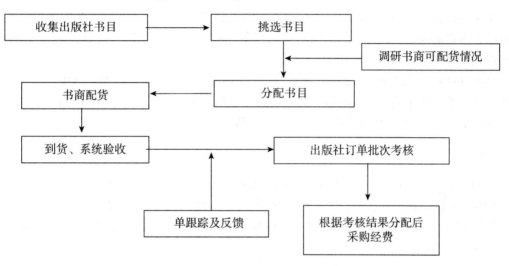

图1　"优先入藏"理论选书流程图

4　"优先入藏"选书模式存在的困难及问题

（1）书目收集难

出版社书目对接人员更换频繁。本文对已获得联系方式的"优先入藏"出版社清单进行调研发现，之前有合作的出版社联系人现已有三分之一以上联系不上，需重新查找联系方式，导致索要书目困难或不及时。

绝大部分出版社无专门馆配服务人员，且核心业务不对图书馆只对书商，不愿意提供联系方式，书目有意不提供给图书馆，加之近年来图书公司兴起导致一些畅销书无法确定出版来源。

（2）配货难

2017年至今，本馆已实践三次"优先入藏"选书模式，到货率分别为：86%、80%、84%，到货率与采购合同中要求的90%到货率有很大差距。主要原因有:一是出版社库存变化大,尤其是少儿类图书。"优先入藏"这种前期挑选书目再集中分配的采购模式存在滞后性,有些图书等到书商配货的时候,出版社已无货;二是有些书进货折扣高,书商不愿意配(如:人民文学出版社、商务印书馆、中华书局、上海译文出版社等)。

(3)"优先入藏"出版社清单需进一步完善

"全国百佳出版社"公布于2008年,出版发行行业竞争激烈,名单已不能反映目前出版发行实际情况,尤其是近年来兴起的一些高质量出版社并不在清单中,需要采访人员及时跟踪出版发行市场,通过参加书展、图书现采以及后期图书到馆验收等及时更新和完善"优先入藏"清单。

本馆规定采购经费的50%用来采选"优先入藏"清单中的图书,若采购经费削减,用来采选出版社清单的经费相应减少,这就要求对出版社清单中的出版社进行深入调研,确定优先级别。

(4)书目不规范,采选困难

Excel格式的书目需转换成图书馆管理系统可接收的MARC格式,才能生成预定记录。出版社为营销需要,书目组织形式各样(有配图的、有分系列的、有PDF格式的等),采访人员需花费大量时间来调整书目格式。

目前,虽然"优先入藏"选书模式还存在着一些困难和问题,需在后期实践中进一步完善,但通过两年的实践证明,此种采购模式切实可行,它打破了以往完全依赖书商提供征订目录进行采选图书的选书模式,明显提高了本馆图书入藏质量。

参考文献

[1] 钟建法."核心出版社"采购的理论和方法[J].图书馆建设,2003(4):43-44,55.

[2] 蒋志强,徐文贤.关于"核心出版社"的理论探索[J].图书情报工作,2002(4):62-65.

[3] 吴利萍,张慧.核心出版社理论在中文图书政府采购中的应用模式研究[J].图书馆学研究,2015(21):55-57.

全媒体时代公共图书馆未成年人文献评估指标体系建立与使用*

戚敏仪(广州少年儿童图书馆)

未成年人阅读是民族阅读的起点,未成年人阅读习惯的培养以及阅读能力的高低关系到

* 基金项目:本文系广东省图书馆学会课题"图书馆少儿文献资源评价指标体系设计与实证研究(GDTK1615)"研究成果之一。

致谢:感谢吴翠红副馆长对本论文的指导!

国家的未来。而阅读的核心是阅读内容，"巧妇难为无米之炊"，未成年人阅读要有优秀的文献资源作为保障。未成年人文献是公共图书馆提供服务的重要保障，其建设质量直接影响到广大少年儿童的阅读质量及图书馆的社会效益。

然而，当今未成年人出版物更新快、出版同质性严重、出版载体形式多样，这使未成年人文献与大众类文献存在较大的不同，馆藏资源建设质量把控存在一定的难度。因此，笔者认为有必要建立一套未成年人文献资源评价指标体系，对资源建设进行定期评估。

1 国内外未成年人文献评估指标构建研究现状

笔者于2018年3月8日通过中国知网，将主题设置为"'文献评价指标/文献评估指标/资源评价指标/资源评估指标'+'图书馆'"进行文献检索，共检索到与主题直接相关的国内文献45篇。现有的文献资源评价指标体系，主要呈以下特点：(1)以高校图书馆文献资源评价指标构建居多，对公共图书馆文献资源评估指标体系构建的研究相对较少，且尚未出现未成年人文献资源评价指标体系构建的相关研究。(2)评估主体较为单一，缺乏多主体评价指标体系构建的研究。(3)电子资源评价指标构建较多，但尚未出现对未成年人电子资源评价指标构建的研究。

国外相关研究方面，笔者分别采用"collection assessment(index)"和"collection evaluation(index)"作为关键词在Emerald全文数据库中检索，共查得与主题相关文献36篇。其中，关键词含"Academic Libraries"13篇，含"Electronic Resource"5篇，含"Public Libraries"3篇，含"Case study"有8篇。从国外关于文献资源评价指标的研究成果来看，亦以高校图书馆文献资源研究居多，公共图书馆较少，亦暂没找到未成年人文献资源评价的相关研究。

2 指标体系构建方法与过程

考虑到未成年人文献存储载体的不同特征，本文拟确定未成年人文献综合评价指标体系及未成年人数字资源评价指标体系。未成年人文献综合评价指标体系，侧重于图书馆各类存储载体(包括印刷型、视听型等)少儿文献的综合性评价以及部分少儿特色文献(如绘本)的评价等。而未成年人数字文献资源评价指标体系侧重于少儿数字文献资源评价。

2.1 指标体系构建方法的确定

本研究选择德尔菲法(Delphi model)作为指标体系的构建方法。德尔菲法又称"专家调查法"，是采用匿名发表意见的方式，即被调查者之间不进行横向交流，只与调查人员保持联系，以确保调查者能发表独立见解，并以反复发放问卷征求专家意见的形式，使专家意见趋于一致，最后对专家意见进行汇总分析的一种科学预测方法[1]。德尔菲法适用于缺少信息资料和历史数据而又较多地受到其他因素影响的信息分析与预测。笔者以CNKI数据库为文献来源，于2018年4月6日，以"德尔菲法"和"图书馆"为检索词在该数据库进行检索，剔除与主题联系不紧密及其他无关文献，得到论文110篇。通过统计分析，笔者发现我国较早将德尔菲法用于图书馆学研究的学者是范并思，主要针对的是图书馆学史的研究[2]。随后，图书馆学研究对德尔菲法的运用越来越广泛，逐渐涵盖了指标体系构建、发展趋势研究、可行性分析、理论体系构建、服务机制应用、机构属性研究等方面。其中,指标体系构建、发展趋势研究、可行性分析三个方面是图书馆学运用德尔菲法研究的主要内容。有关指标体系构建的相关论文共70篇。由此可见,运用德尔菲法构建图书馆评价指标体系有一定的应用经验并取得了较好的效果。

2.2 未成年人文献综合评价指标体系构建过程

2.2.1 专家选择

为确保专家选择的权威性和代表性,本研究对专家选择的标准为:具有 10 年或以上未成年人文献采访工作经验并具副研究馆员或以上职称的图书馆工作者,兼顾未成年人阅读推广服务中的研究学者。根据德尔菲法对专家数量的要求,所选专家数量一般为 10—20 人,结合本研究实际情况,最后确定选取专家 10 名。

2.2.2 指标的提出依据及问卷设计

笔者通过查找并研读大量关于文献评价指标体系的相关文献,以国际图联的《公共图书馆婴幼儿服务指南》[3]、《公共图书馆儿童服务指南》[4]当中的“读物与选择标准”相关条款以及 ISO 11620:2008 图书馆绩效指标体系、IFLA《质量评估:图书馆绩效评估》指标体系当中“馆藏”的相关指标作为理论依据[5],并结合广州少年儿童图书馆馆藏建设实践经历初步提出少儿文献综合评价指标。在现有的文献资源评价指标中抽取了同样适合少儿文献资源评价的指标,如沿用“文献保障能力”“文献资源质量”“文献利用”等一级指标,结合相关指导思想及工作实践,增加“少儿文献资源获取难易度”“读者需求满足度”等一级指标,并细化相关一级指标,初步构建进入第一轮德尔菲法专家验证的指标体系。拟定专家调查问卷,问卷主体部分为指标重要性调查评分,包括围绕图书馆及读者两个评价主体构建的相应评价指标。采用李克特量表法设计,每一指标对应五个不同的重要程度值,分别是非常重要(5)、比较重要(4)、一般(3)、不太重要(2)、不重要(1),专家根据指标的重要程度打分。

2.2.3 调查结果

德尔菲法调查相关数据处理方法:

(1)重要性均值 $C_i = \frac{1}{n} \sum_{j=1}^{n} Cij$

(2)满分频率 $k_i = \frac{ni'}{ni}$

(3)标准差 $S_i = \sqrt{\frac{1}{ni-1} \sum_{j=1}^{ni} (Cij - Ci)^2}$

(4)变异系数 $V_i = \frac{Si}{Ci}$

(5)指标权重。根据最后一轮专家对各指标重要性的赋值,计算各级指标的权重系数值,运用 Saaty 提出的乘积法计算指标的权重系数,计算公式为 $W_i = \prod_{t=1}^{t} wi$。一般认为,指标重要性均值 C_i 大于 3.0,且变异系数 V_i 小于 0.25,指标可以保留,专家意见协调度较高。经过 2 轮专家调查计算结果显示,所有指标重要性均值均大于 3.0,且变异系数小于 0.25,专家意见较趋一致[6]。因此,未成年人文献综合评价指标体系基本确立(见表 1、表 2)。

170

表 1　基于图书馆自身评价的未成年人文献综合评价指标及调查函数

指标	第一轮调查	第二轮调查				
	重要性均值/变异系数	重要性均值	满分频率	标准差	变异系数	指标权重
A1 少儿文献资源保障能力层面	4.7/0.1055	4.7	0.67	0.4924	0.1055	0.3314
A11 人均少儿文献拥有量(种、册)	4.7/0.1055	4.6	0.58	0.5149	0.1123	0.2594
A12 少儿文献年增长率(第二轮中改名为"少儿文献增长率")	4.6/0.1123	4.6	0.58	0.5149	0.1123	0.2604
A13 特殊少儿文献量(种、册)	第二轮新增	3.8	0.17	0.7177	0.1872	0.2151
A14 特色少儿文献量(种、册)	4.6/0.1459	4.7	0.67	0.4924	0.1055	0.2660
A2 少儿文献资源质量层面	4.6/0.1123	4.7	0.75	0.4924	0.1055	0.3314
A21 重点少儿书目入藏比	4.9/0.0587	4.9	0.92	0.2887	0.0587	0.2613
A22 重点出版社少儿文献入藏比	第二轮新增	4.6	0.58	0.5149	0.1123	0.2453
A23 重点作家少儿文献入藏比	第二轮新增	4.6	0.58	0.5149	0.1123	0.2453
A24 获奖少儿文献入藏比	第二轮新增	4.7	0.67	0.4924	0.1055	0.2507
A3 少儿文献资源利用层面	4.7/0.1055	4.8	0.75	0.4523	0.0952	0.3373
A31 少儿文献拒借率(种、册)	4.4/0.1514	4.5	0.58	0.6742	0.1498	0.2466
A32 少儿文献流通率	4.5/0.1498	4.6	0.58	0.5149	0.1123	0.2521
A33 少儿文献借出率(种、册)	4.5/0.1498	4.5	0.58	0.6742	0.1498	0.2466
A34 各类少儿文献流通—馆藏比	4.8/0.0952	4.7	0.67	0.4924	0.1055	0.2575

表 2　基于读者评价的未成年人文献综合评价指标及调查函数

指标	第一轮调查	第二轮调查				
	重要性均值/变异系数	重要性均值	满分频率	标准差	变异系数	指标权重
B1 少儿文献资源保障能力	4.5/0.1161	4.6	0.58	0.5149	0.1123	0.2532
B11 少儿纸质图书品种多样性	4.8/0.0805	5.0	1.00	0.0000	0.0000	0.2326
B12 少儿报刊、音像、数字资源品种多样性	4.1/0.1942	3.9	0.33	0.9962	0.2344	0.1822
B13 少儿特色文献品种多样性	4.3/0.1503	4.3	0.42	0.6513	0.1503	0.2016
B14 少儿文献主题覆盖度	4.3/0.1136	4.3	0.25	0.4523	0.1064	0.1977
B15 少儿文献收藏连续性	4.0/0.2132	4.0	0.33	0.8528	0.2132	0.1860
B2 少儿文献资源质量	4.6/0.1123	4.6	0.58	0.5149	0.1123	0.2532
B21 少儿文献外观设计及装帧质量	第二轮新增	3.3	0.08	0.6513	0.1954	0.1347

续表

指标	第一轮调查	第二轮调查				
	重要性均值/变异系数	重要性均值	满分频率	标准差	变异系数	指标权重
B22 少儿报刊、音像、数字资源更新频率	4.1/0.1637	4.0	0.38	0.8528	0.2132	0.1616
B23 少儿图书资源新颖程度	4.6/0.1123	4.5	0.58	0.6742	0.1498	0.1818
B24 少儿文献年龄适读性、针对性	4.4/0.2038	4.4	0.67	0.9003	0.2038	0.1785
B25 少儿文献内容可靠性、权威性	第二轮新增	4.8	0.75	0.4523	0.0952	0.1939
B26 少儿图书、报刊、音像、数字资源的互补性	3.8/0.1658	3.8	0.08	0.6516	0.1658	0.1515
B3 少儿文献资源获取难易度	4.1/0.2205	4.3	0.42	0.7538	0.1774	0.2367
B31 少儿文献检索的简易性、准确率	4.6/0.1123	4.6	0.58	0.5149	0.1123	0.2115
B32 少儿文献空间布局合理性	4.4/0.1795	4.5	0.58	0.6742	0.1498	0.2077
B33 最新少儿书目信息更新速度	4.4/0.1514	4.3	0.42	0.6513	0.1503	0.2000
B34 少儿文献资源导读情况	4.5/0.1161	4.4	0.42	0.5149	0.1166	0.2038
B35 少儿文献馆际互借与共享程度	3.8/0.1872	3.8	0.17	0.7177	0.1872	0.1769
B4 读者需求满足度	4.7/0.1055	4.8	0.75	0.4523	0.0952	0.2642
B41 阅读启蒙(第二轮中改为"阅读启蒙与阅读习惯培养")	4.8/0.0952	4.8	0.83	0.3892	0.0805	0.1889
B42 亲子交流	4.6/0.1123	4.7	0.67	0.4924	0.1055	0.1824
B43 知识扩展	4.6/0.1123	4.5	0.58	0.6742	0.1498	0.1759
B44 休闲娱乐	4.1/0.1637	4.1	0.25	0.6686	0.1637	0.1596
B45 地方文化及多元文化传承	3.5/0.2279	3.7	0.17	0.7785	0.2123	0.1433
B46 家长指导	3.8/0.2309	3.8	0.25	0.8348	0.2178	0.1498

2.3 未成年人电子资源评价指标体系构建

2.3.1 指标的提出依据及问卷设计

参考国内现有的数字资源评价指标相关研究文献,参考 ISO 11620:2008 图书馆绩效指标体系及 IFLA《质量评估:图书馆绩效评估》指标体系当中与资源评价相关的指标,以国际图联的《儿童图书馆服务指南》[7]、《青少年图书馆服务指南》及《IFLA 公共图书馆服务指南》[8]当中的指导思想、"读物与选择标准"相关条款为向导及广州少年儿童图书馆数字资源建设实践,初步提出未成年人数字资源评价指标。在现有的数字资源评价指标中抽取了同样适合未成年人数字资源评价的指标,延用"数字资源内容层面""数字资源组织与检索层面""数字资源访问层面"等一级指标。结合相关指导思想及工作实践增加了"青少年健康关注度层面""读者各种需求的满足度层面"等一级指标以及"主题覆盖度""年龄划分""检索途径多样性""个性化互动""阅读启蒙"等二级指标。

2.3.2 调查结果

经过 3 轮专家调查,所有指标重要性均值都大于 3.0,且变异系数小于 0.25,专家意见较趋一致。因此,未成年人电子资源评价指标体系基本确立,见表3、表4。

表3 基于图书馆自身评价的未成年人电子资源评价指标及调查函数

指标	第三轮调查				
	重要性均值	满分频率	标准差	变异系数	指标权重
A1 少儿数字资源保障层面	4.5	0.58	0.6741	0.1498	0.33
A11 增长容量	4	0.33	0.4492	0.1123	0.3008
A12 增长百分比	4.2	0.33	0.78624	0.1872	0.3171
A13 内容更新频率(第二轮新增)	4.7	0.67	0.49585	0.1055	0.3821
A2 少儿数字资源质量层面	4.6	0.58	0.27002	0.0587	0.3325
A21 主题学科覆盖率(第三轮新增)	4.7	0.67	0.49585	0.1055	0.34
A22 访问速度	4.5	0.58	0.50535	0.1123	0.325
A23 同类资源重复度	4.6	0.58	0.51658	0.1123	0.335
A3 少儿数字资源利用层面	4.7	0.67	0.52781	0.1123	0.3375
A31 年浏览量	4.3	0.42	0.48289	0.1123	0.332
A32 人均使用量	4.2	0.58	0.62916	0.1498	0.329
A33 人均使用成本	4.4	0.58	0.4642	0.1055	0.339

表4 基于读者评价的未成年人电子资源评价指标及调查函数

指标	重要性均值/变异系数(第三轮)	权重(同级层面)	指标	重要性均值/变异系数(第三轮)	权重(同级层面)
A1 少儿数字资源内容与介质层面	4.8/0.0878	0.1739	**A2 少儿数字资源组织与检索层面**	4.6/0.1123	0.1667
A11 内容可靠度	5.0/0.0000	0.2128	A21 导航简明清晰	4.7/0.1028	0.2052
A12 主题覆盖度	4.7/0.1028	0.2000	A22 年龄划分	4.8/0.0878	0.2096
A13 更新频率	4.4/0.1589	0.1872	A23 主题划分	4.8/0.0878	0.2096

指标	重要性均值/变异系数(第三轮)	权重(同级层面)	指标	重要性均值/变异系数(第三轮)	权重(同级层面)
A14 阅读介质的多样性	4.6/0.1123（第三轮新增）	0.1957	A24 检索界面友好性	4.4/0.1589	0.1921
A15 与纸质文献内容互补性	4.8/0.0878	0.2043	A25 检索途径多样性	4.2/0.1878	0.1834
A3 少儿数字资源访问层面	4.3/0.1570	0.1558	**A4 个性化服务层面**	4.5/0.1171	0.1630
A31 访问方式（馆外、馆内；移动端等）	4.7/0.1028	0.3821	A41 个性化订制与推送	4.3/0.1915	0.2500
A32 访问速度	3.9/0.2245	0.3171	A42 个性化列表	3.4/0.1519	0.1977
A33 访问限制	3.7/0.2225	0.3008	A43 离线下载收藏	4.7/0.1028	0.2733
			A44 个性化互动（第二轮新增）	4.8/0.0878	0.2791
A5 青少年健康关注度层面	4.7/0.1028	0.1703	**A6 读者各种需求的满足度层面**	4.7/0.1028	0.1703
A51 使用数字资源设置时间限制	4.3/0.1123	0.2389	A61 阅读启蒙	4.7/0.1028	0.2568
A52 保障青少年健康的其他相关举措（如护眼设备等）	4.3/0.1028	0.2389	A62 知识扩展	4.7/0.1028	0.2568
A53 用户引导、培训	4.7/0.1028	0.2611	A63 娱乐休闲	4.3/0.1570	0.2350
A54 家长陪伴与亲子交流	4.7/0.1028	0.2611	A64 学习辅导	4.6/0.1520	0.2514

3 未成年人文献评价指标体系的使用

为使指标体系应用主体对该评价指标体系有更全面深入了解,更好应用到实际工作中,下面将对指标体系的运用进行详细说明。

3.1 未成年人文献综合评价指标体系的使用说明

3.1.1 基于图书馆自身评价的未成年人文献综合评价指标体系使用说明

表5 基于图书馆自身评价的未成年人文献综合评价指标体系

指标	指标说明	自评指标区间得分值	权重赋值
A1 少儿文献资源保障能力层面	一级指标	该一级指标得分为 A11 × 0.2584 + A12 × 0.2584 + A13 × 0.2191 + A14 × 0.2640	0.3310
A11 人均藏书量	文献总量/本地区服务读者量	优得5分(人均*册);良得3分(人均*册);差得1分(人均*册)	0.2584
A12 文献增长百分比	(一定时间段)新增文献量/上一年度文献总量	优得 5 分(*%以上);良得 3 分(*%—*%);差得 1 分(*%以下)	0.2584
A13 特殊少儿文献入藏量	自评主体确定为本馆特殊少儿文献的入藏量	优得5分(*册);良得3分(*册);差得1分(*册)	0.2191
A14 特色文献入藏量	自评主体确认为本馆特色少儿文献的入藏量	优得5分(*册);良得3分(*册);差得1分(*册)	0.2640
A2 少儿文献资源质量层面	一级指标	该一级指标得分为 A21 × 0.2606 + A22 × 0.2447 + A23 × 0.2447 + A24 × 0.2500	0.3310
A21 重点书目入藏比	自评主体重点书目实际入藏种数/自评主体确认为本馆重点书目的文献种数	优得 5 分(*% 及以上);良得 3 分(*%—*%);差得 1 分(*% 及以下)	0.2606
A22 重点出版社出版物入藏比	自评主体重点出版社出版物实际入藏种数/自评主体确认为本馆重点出版社的出版文献种数	优得 5 分(*% 及以上);良得 3 分(*%—*%);差得 1 分(*% 及以下)	0.2447
A23 重点作家作品入藏比	自评主体重点作家作品实际入藏种数/自评主体确认为本馆重点作家的作品种数	优得 5 分(*% 及以上);良得 3 分(*%—*%);差得 1 分(*% 及以下)	0.2447
A24 获奖作品入藏比	自评主体获奖作品实际入藏种数/自评主体确认为本馆重点入藏的获奖作品种数	优得 5 分(*% 及以上);良得 3 分(*%—*%);差得 1 分(*% 及以下)	0.2500
A3 少儿文献资源利用层面	一级指标	该一级指标得分为 A31 × 0.2459 + A32 × 0.2514 + A33 × 0.2459 + A34 × 0.2568	0.3380
A31 馆藏文献拒借率	(一定时间段)0 借阅文献册数/文献总量	优得 5 分(*% 及以下);良得 3 分(*%—*%);差得 1 分(*% 及以上)	0.2459
A32 馆藏图书借阅率	(一定时间段)文献借阅册次/文献入藏册数	优得 5 分(*% 及以上);良得 3 分(*%—*%);差得 1 分(*% 及以下)	0.2514

续表

指标	指标说明	自评指标区间得分值	权重赋值
A33 借出率	(一定时间点)借出文献量(册数)/文献总量(册数)	优得 5 分（＊% 及以上）；良得 3 分（＊%－＊%）；差得 1 分（＊% 及以下）	0.2459
A34(各类文献)流通—馆藏比离散度	(各类文献流通册次/文献流通总册次)/(该类文献册数/文献总册数) 标准差	优得 5 分（大于等于 1）；良得 3 分（0.5—1）；差得 1 分（小于等于 0.5）	0.2568

注:表中"＊"号处数值各馆可依据情况选定或调整。

基于图书馆自身评价的未成年人文献综合评价指标体系使用步骤及计算方法如下:

(1)确定自评指标的评价标准及范围

运用指标体系进行评价的图书馆可根据自身的情况,确定指标的评价范围,如对于表5中"自评指标区间得分值"一列＊号的赋值,各馆可根据文献入藏特点及实际情况加以调整。本文对重点书目、重点出版社及获奖作品列出了必备及可选范围,供运用该指标体系进行评价的图书馆参考。

	必备	可选
重点书目评价范围	《全国少年儿童图书馆基本藏书目录》	《全国少年儿童图书馆扩展藏书目录》《中华优秀传统文化普及图书推荐》《全国中小学图书馆(室)推荐书目》《新课标中小学生必读书目》《中小学图书馆(室)推荐书目》《中国小学图书馆基本配备书目》
重点出版社出版物评价范围	被评为全国一级出版社的少儿类出版社	其他专业少儿社
获奖作品评价范围	陈伯吹儿童文学奖、冰心儿童文学奖、宋庆龄儿童文学奖、全国优秀儿童文学奖、青铜葵花奖、信谊幼儿文学奖、安徒生国际儿童文学奖(引进版)、林德格伦儿童文学奖(引进版)、纽伯瑞儿童文学奖(引进版)、凯迪克图画书奖(引进版)、凯特·格林威奖(引进版)、信谊图画书奖(引进版)、丰子恺图画书奖(引进版)、图画书时代奖(引进版)	卡内基儿童文学奖、博洛尼亚国际儿童书展最佳童书奖、德国青少年文学奖、国家列夫·托尔斯泰儿童文学奖(俄)、诺贝尔文学奖获奖作品、茅盾文学奖、鲁迅文学奖获奖作品、文津图书奖、老舍文学奖、人民文学奖

(2)确定评价时间段

评价的时间段可根据评价主体情况而定,可以是一年(或以上)。

(3)确定指标区间划分及赋值

运用指标体系进行自身评价的图书馆可按馆藏发展规划等实际情况划分区间范围并予以

赋值。

(4)结合指标权重计算各指标得分

指标区间值与权重的乘积为各指标的最后得分,如以"A21 重点书目入藏比(%)"指标为例,若该指标为优,可得 5 分,乘以指标权重 0.2606,最后得出"A21 重点书目入藏比(%)"指标评分 = 5 * 0.2606 = 1.303。

⑤计算一级指标得分及总体得分

一级指标得分计算方法:A1 得分 = A11 × 0.2584 + A12 × 0.2584 + A13 × 0.2191 + A14 × 0.2640;A2 得分 = A21 × 0.2606 + A22 × 0.2447 + A23 × 0.2447 + A24 × 0.2500;A3 得分 = A31 × 0.2459 + A32 × 0.2514 + A33 × 0.2459 + A34 × 0.2568。

基于图书馆自身评价的总体得分计算方法:A1 × 0.3310 + A2 × 0.3310 + A3 × 0.3380。

3.1.2 基于读者的未成年人文献资源评价指标体系使用说明

表6 基于读者评价的未成年人文献综合评价指标体系

指标	指标评分(读者评价)	指标权重
B1 少儿文献资源保障能力	B11 × 0.2315 + B12 × 0.1852 + B13 × 0.1991 + B14 × 0.1944 + B15 × 0.1898	0.2527
B11 少儿纸质图书品种多样性	非常满意:5 分,比较满意:4 分,一般:3 分,不满意:2 分,非常不满意:1 分	0.2315
B12 少儿报刊、音像、数字资源品种多样性	非常满意:5 分,比较满意:4 分,一般:3 分,不满意:2 分,非常不满意:1 分	0.1852
B13 少儿特色文献资源品种多样性	非常满意:5 分,比较满意:4 分,一般:3 分,不满意:2 分,非常不满意:1 分	0.1991
B14 少儿文献资源主题覆盖度	非常满意:5 分,比较满意:4 分,一般:3 分,不满意:2 分,非常不满意:1 分	0.1944
B15 少儿文献收藏连续性	非常满意:5 分,比较满意:4 分,一般:3 分,不满意:2 分,非常不满意:1 分	0.1898
B2 少儿文献资源质量	B21 × 0.1375 + B22 × 0.1667 + B23 × 0.1875 + B24 × 0.1833 + B25 × 0.1667 + B26 × 0.1583	0.2527
B21 少儿文献资源外观设计及装帧质量(儿童安全性)	非常满意:5 分,比较满意:4 分,一般:3 分,不满意:2 分,非常不满意:1 分	0.1375
B22 少儿报刊、音像、数字资源更新频率	非常满意:5 分,比较满意:4 分,一般:3 分,不满意:2 分,非常不满意:1 分	0.1667
B23 少儿图书资源新颖程度	非常满意:5 分,比较满意:4 分,一般:3 分,不满意:2 分,非常不满意:1 分	0.1875
B24 资源年龄适读性、针对性	非常满意:5 分,比较满意:4 分,一般:3 分,不满意:2 分,非常不满意:1 分	0.1833

指标	指标评分(读者评价)	指标权重
B25 资源加工质量	非常满意:5分,比较满意:4分,一般:3分,不满意:2分,非常不满意:1分	0.1667
B26 少儿图书、报刊、音像、数字资源的互补性	非常满意:5分,比较满意:4分,一般:3分,不满意:2分,非常不满意:1分	0.1583
B3 少儿文献资源获取难易度	$B31 \times 0.2120 + B32 \times 0.2074 + B33 \times 0.1982 + B34 \times 0.2028 + B35 \times 0.1797$	0.2366
B31 资源检索的简易性、准确率	非常满意:5分,比较满意:4分,一般:3分,不满意:2分,非常不满意:1分	0.2120
B32 资源空间布局合理性	非常满意:5分,比较满意:4分,一般:3分,不满意:2分,非常不满意:1分	0.2074
B33 最新书目信息更新的速度	非常满意:5分,比较满意:4分,一般:3分,不满意:2分,非常不满意:1分	0.1982
B34 图书馆文献资源导读情况	非常满意:5分,比较满意:4分,一般:3分,不满意:2分,非常不满意:1分	0.2028
B35 资源馆际互借与共享程度	非常满意:5分,比较满意:4分,一般:3分,不满意:2分,非常不满意:1分	0.1797
B4 读者需求满足度	$B41 \times 0.1899 + B42 \times 0.1822 + B43 \times 0.1744 + B44 \times 0.1589 + B45 \times 0.1434 + B46 \times 0.1515$	0.2581
B41 阅读启蒙与阅读习惯培养	非常满意:5分,比较满意:4分,一般:3分,不满意:2分,非常不满意:1分	0.1899
B42 亲子交流	非常满意:5分,比较满意:4分,一般:3分,不满意:2分,非常不满意:1分	0.1822
B43 知识扩展	非常满意:5分,比较满意:4分,一般:3分,不满意:2分,非常不满意:1分	0.1744
B44 休闲娱乐	非常满意:5分,比较满意:4分,一般:3分,不满意:2分,非常不满意:1分	0.1589
B45 地方文化及多元文化传承	非常满意:5分,比较满意:4分,一般:3分,不满意:2分,非常不满意:1分	0.1434
B46 家长指导	非常满意:5分,比较满意:4分,一般:3分,不满意:2分,非常不满意:1分	0.1515

基于读者评价的未成年人文献综合评价指标体系使用步骤及计算方法如下:

(1)派发读者评价调查问卷

派发份数可根据图书馆的读者服务量等实际情况而定。指标根据少年儿童的认知水平及特点进行了解释及语言简化。

（2）回收问卷,统计数据,计算各二级指标得分

以"B11 少儿纸质图书品种多样性"为例,若读者评价平均得分为 4.13,则该项指标 B11 得分 = 4.13 × 该项指标权重 = 4.13 × 0.2315 = 0.9561。

（3）计算一级指标得分及总体得分

一级指标得分计算方法:

B1 得分 = B11 × 0.2315 + B12 × 0.1852 + B13 × 0.1991 + B14 × 0.1944 + B15 × 0.1898;B2 得分 = B21 × 0.1375 + B22 × 0.1667 + B23 × 0.1875 + B24 × 0.1833 + B25 × 0.1667 + B26 × 0.1583;B3 与 B4 计算方法同。基于图书馆自身评价的总体得分计算方法:B1 × 0.2527 + B2 × 0.2527 + B3 × 0.2366 + B4 × 0.2581。

3.2 关于未成年人电子资源评价指标体系的使用说明

关于未成年人电子资源评价指标体系的使用与未成年人文献综合评价指标体系的使用相同,可参见 3.1 部分。

表 7 基于图书馆自身评价的少儿数字文献资源评价指标体系

指标	指标解释	自评指标区间得分值	权重
A1 少儿数字资源保障层面	一级指标	A11 × 0.3008 + A12 × 0.3171 + A13 × 0.3821	0.3300
A11 增长容量	(一定时间段内)新增容量	优得 5 分(* G/ * T 及以上);良得 3 分(* G/ * T— * G/ * T);差得 1 分(* G/ * T 及以下)	0.3008
A12 增长百分比	(一定时间段内)新增容量/(上一时间段)总容量	优得 5 分(126.54% 及以上);良得 3 分(* %— * %);差得 1 分(* % 及以下)	0.3171
A13 内容更新频率	内容更新最长时间间隔	优得 5 分(少于或等于 *);良得 3 分(* — *);差得 1 分(长于或等于 *)	0.3821
A2 少儿数字资源质量层面	一级指标	A21 × 0.3400 + A22 × 0.3250 + A23 × 0.3350	0.3325
A21 主题学科覆盖率	22 大类主题覆盖率	优得 5 分(* % 及以上);良得 3 分(* %— * %);差得 1 分(* % 及以下)	0.3400
A22 访问速度	访问响应度	优得 5 分(* M/s 及以上);良得 3 分(* M/s— * M/s);差得 1 分(* M/s 及以下)	0.3250
A23 同类资源重复度	同类资源相似或重复个数	优得 5 分(内容相似或重复 * 个及以下);良得 3 分(* 个— * 个);差得 1 分(内容相似或重复 * 个及以上)	0.3350
A3 少儿数字资源利用层面	一级指标	A31 × 0.3320 + A32 × 0.3290 + A33 × 0.3390	0.3375
A31 年浏览量	(一定时间段内)浏览量	优得 5 分(* 次及以上);良得 3 分(* 次— * 次);差得 1 分(* 次及以下)	0.3320

续表

指标	指标解释	自评指标区间得分值	权重
A32 人均使用量	（一定时间段内）浏览量/本馆读者证数	优得5分（＊次及以上）；良得3分（＊次—＊次）；差得1分（＊次及以下）	0.3290
A33 人均使用成本	（一定时间段内）采购成本/本馆读者证数	优得5分（＊元及以下）；良得3分（＊元—＊元）；差得1分（＊元及以上）	0.3390

表8 基于图书馆自身评价的少儿数字文献资源评价指标体系

指标	指标评分（读者评价）	权重
B1 少儿数字资源内容与介质层面	B11×0.2128 + B12×0.2000 + B13×0.1872 + B14×0.1957 + B15×0.2043	0.1739
B11 内容可靠度	非常满意:5分,比较满意:4分,一般:3分,不满意:2分,非常不满意:1分	0.2128
B12 主题覆盖度	非常满意:5分,比较满意:4分,一般:3分,不满意:2分,非常不满意:1分	0.2000
B13 资源更新频率	非常满意:5分,比较满意:4分,一般:3分,不满意:2分,非常不满意:1分	0.1872
B14 阅读介质的多样性	非常满意:5分,比较满意:4分,一般:3分,不满意:2分,非常不满意:1分	0.1957
B15 与纸质文献内容互补性	非常满意:5分,比较满意:4分,一般:3分,不满意:2分,非常不满意:1分	0.2043
B2 少儿数字资源组织与检索层面	B21×0.2052 + B22×0.2096 + B23×0.2096 + B24×0.1921 + B25×0.1834	0.1667
B21 导航简明清晰	非常满意:5分,比较满意:4分,一般:3分,不满意:2分,非常不满意:1分	0.2052
B22 年龄划分	非常满意:5分,比较满意:4分,一般:3分,不满意:2分,非常不满意:1分	0.2096
B23 主题划分	非常满意:5分,比较满意:4分,一般:3分,不满意:2分,非常不满意:1分	0.2096
B24 检索界面友好性	非常满意:5分,比较满意:4分,一般:3分,不满意:2分,非常不满意:1分	0.1921
B25 检索途径多样性	非常满意:5分,比较满意:4分,一般:3分,不满意:2分,非常不满意:1分	0.1834
B3 少儿数字资源访问层面	B31×0.3821 + B32×0.3171 + B33×0.3008	0.1558
B31 访问方式	非常满意:5分,比较满意:4分,一般:3分,不满意:2分,非常不满意:1分	0.3821

指标	指标评分(读者评价)	权重
B32 访问速度	非常满意:5 分,比较满意:4 分,一般:3 分,不满意:2 分,非常不满意:1 分	0.3171
B33 访问限制	非常满意:5 分,比较满意:4 分,一般:3 分,不满意:2 分,非常不满意:1 分	0.3008
B4 个性化服务层面	$B41 \times 0.2500 + B42 \times 0.1977 + B43 \times 0.2733 + B44 \times 0.2791$	0.1630
B41 个性化订制与推送	非常满意:5 分,比较满意:4 分,一般:3 分,不满意:2 分,非常不满意:1 分	0.2500
B42 个性化列表	非常满意:5 分,比较满意:4 分,一般:3 分,不满意:2 分,非常不满意:1 分	0.1977
B43 离线下载收藏	非常满意:5 分,比较满意:4 分,一般:3 分,不满意:2 分,非常不满意:1 分	0.2733
B44 个性化互动	非常满意:5 分,比较满意:4 分,一般:3 分,不满意:2 分,非常不满意:1 分	0.2791
B5 青少年健康关注度层面	$B51 \times 0.2389 + B52 \times 0.2389 + B53 \times 0.2611 + B54 \times 0.2611$	0.1703
B51 使用数字资源设置时间限制	非常满意:5 分,比较满意:4 分,一般:3 分,不满意:2 分,非常不满意:1 分	0.2389
B52 保障青少年健康的其他相关举措	非常满意:5 分,比较满意:4 分,一般:3 分,不满意:2 分,非常不满意:1 分	0.2389
B53 用户引导、培训	非常满意:5 分,比较满意:4 分,一般:3 分,不满意:2 分,非常不满意:1 分	0.2611
B54 家长陪伴与亲子交流	非常满意:5 分,比较满意:4 分,一般:3 分,不满意:2 分,非常不满意:1 分	0.2611
B6 读者各种需求的满足度层面	$B61 \times 0.2568 + B62 \times 0.2568 + B63 \times 0.2350 + B64 \times 0.2514$	0.1703
B61 阅读启蒙	非常满意:5 分,比较满意:4 分,一般:3 分,不满意:2 分,非常不满意:1 分	0.2568
B62 知识扩展	非常满意:5 分,比较满意:4 分,一般:3 分,不满意:2 分,非常不满意:1 分	0.2568
B63 娱乐休闲	非常满意:5 分,比较满意:4 分,一般:3 分,不满意:2 分,非常不满意:1 分	0.2350
B64 学习辅导	非常满意:5 分,比较满意:4 分,一般:3 分,不满意:2 分,非常不满意:1 分	0.2514

4　后续研究展望

4.1　指标提出的全面性有待进一步完善

在今后馆藏评价研究及实际中,除要考虑馆藏客体和评估主体以外,还应考虑多种外在因素。如未成年人文献作为未成年人读者活动的资源保障、未成年人图书馆与中小学图书馆的资源合作共享等要素,不断完善指标评估体系的全面性。

4.2　指标有待进一步细化

顺应新时代未成年人文献采访模式及采访特色的需求,完善未成年人少儿文献评价指标体系的建设,如绘本类未成年人文献评价指标体系、读者决策采购类未成年人文献评价指标体系的建设等,使未成年人文献评价指标更具针对性。

参考文献

[1] 樊长军,张馨,连宇江等.基于德尔菲法的高校图书馆公共服务能力指标体系构建[J].情报杂志,2011,30 (3):97 – 100,169.

[2] 范并思.基于德尔菲测评的图书馆学史研究[J].上海高校图书情报工作研究,2004(3):11 – 14.

[3] IFLA. Guidelines for library services to babies and toddlers[EB/OL]. [2016 – 12 – 20]. http://archive. ifla. org/VII/d3/pub/Profrep100. pdf.

[4] IFLA. Guidelines for library services for young adults[EB/OL]. [2011 – 06 – 17]. http://archive. ifla. org/VII/s10/pubs/ya-guidelines-en. pdf.

[5] 张红霞.国际图书馆服务质量评价:绩效评估与成效评估两大体系的形成与发展[J].中国图书馆学报,2009(1):78 – 85.

[6] 郑杰.SPSS 统计分析从入门到精通[M].北京:中国铁道出版社,2015:227.

[7] 国际图联.儿童图书馆服务指南[EB/OL].[2016 – 12 – 20]. http://www. ifla. org/files/libraries-for-children-and-ya/publications/guidelines-for-childrens-libraries-serviceszh. pdf.

[8] IFLA public library service guidelines(2010)[EB/OL].[2011 – 12 – 15]. http://www. ifla. org/en/publications/ifla-publications-series – 147.

纸电融合下的高职院校图书馆电子书采购策略初探

李霜梅　潘晓文　方文琛(广东轻工职业技术学院图书馆)

在全媒体时代,电子阅读已经越来越被人们接受,据《2017 年度中国数字阅读白皮书》统计,2017 年中国人均阅读电子书数量达到 10.1 本,比 2016 年有了大幅提升,2017 年我国数字阅读用户规模近 4 亿,其中 60.3% 的读者未来将选择电子书为主,24.5% 的读者则选择以纸质书为主[1]。所以图书馆的图书采购从传统的单一的纸质图书采购转变成纸(质图书)电(子图书)融合采购是必然的趋势。虽然,最近几年高校图书馆已经投入比较多的经费购买电子资源,包括电子书,但受限于教育部 2004 年颁布的《普通高等学校基本办学条件指标(试行)》规定,办学条件必须满足一定的生均纸质图书数量和生均纸质图书年增加数量。许多高职院校图书馆没有大学馆那么充足的资源采购经费,而学生人数又并不少,为达到生均图书量和生均图书年增加量这两个指标,耗去了大部分的资源采购经费,在纸电融合的采购上一直举步为难或处于观望状态。笔者抽取了 2017 年广东省高职院校纸电资源采购总经费前 20 名的图书馆数据查看(见下表 1),除了顺职院、深职院和广州铁路职院的纸质资源采购经费少于纸电资源总经费的 50%,其他均大于 50%,占 60%—70% 的学校比比皆是,尤其是民办学校,最高达 89.42%。

表 1　广东省 2017 年纸电资源购置总经费前 20 所高职图书馆比较表

图书馆名称	纸电资源购置费合计(单位:元)	纸质资源购置费(单位:元)	电子资源购置费(单位:元)	纸质资源占比(%)	学校属性
顺德职业技术学院图书馆	7764874.50	2681136.50	5083738.00	34.53	公办
深圳职业技术学院图书馆	7588500.00	3626000.00	3962500.00	47.78	公办
广东轻工职业技术学院图书馆	3798342.30	2548342.30	1250000.00	67.09	公办
广州番禺职业技术学院图书馆	3790671.80	2190671.80	1600000.00	57.79	公办
广东省外语艺术职业学院图书馆	2746579.60	2073079.60	673500.00	75.48	公办
广州城市职业学院图书馆	2642500.00	1705500.00	937000.00	64.54	公办
广东科学技术职业学院图书馆	2550000.00	1800000.00	750000.00	70.59	公办
广东农工商职业技术学院图书馆	2473613.00	1979946.00	493667.00	80.04	公办
东莞职业技术学院图书馆	2443379.30	1249912.30	1193467.00	51.16	公办
广东交通职业技术学院图书馆	2311911.60	1660911.60	651000.00	71.84	公办
广州工程技术职业学院图书馆	1905973.00	1080973.00	825000.00	56.72	公办
广东水利电力职业技术学院图书馆	1900009.00	1436059.00	463950.00	75.58	公办
广州铁路职业技术学院图书馆	1900000.00	920000.00	980000.00	48.42	公办
广东碧桂园职业学院图书馆	1889717.40	1689717.40	200000.00	89.42	民办
广东岭南职业技术学院图书馆	1862000.00	1350000.00	512000.00	72.50	民办
广东松山职业技术学院图书馆	1838148.40	1364487.40	473661.00	74.23	公办
广东食品药品职业学院图书馆	1650000.00	1050000.00	600000.00	63.64	公办
广东工贸职业技术学院图书馆	1600000.00	1000000.00	600000.00	62.50	公办
河源职业技术学院图书馆	1595000.00	1180000.00	415000.00	73.98	公办
广州南洋理工职业学院图书馆	1537211.00	1255211.00	282000.00	81.66	民办

上表数据来自:数据出自教育部高校图书馆事实库,提取日 2018 年 12 月 13 日。

　　2019 年 3 月,教育厅高校图工委在回复教育部发展司的函中明确指出高校办学条件“生均图书中,纸质书和电子书(数字资源)比例的计算办法是,纸质图书至少须满足基本办学指标要求的生均册书的 60%,剩余 40% 可由电子图书替代,比如本科综合、师范、民族院校,要求生均图书至少为 100 册,那么纸质图书至少满足 60 册,剩余 40 册可由电子书替代"[2]。这一新政的出台,无疑打破了纸电融合采购的僵局,为图书馆带来了传统馆藏图书采购改革的利好政策。图书采购将迎来新格局,图书馆如何面对新的变化,如何实践纸电融合的馆藏建设,值得业界共同探讨。

1 纸电融合图书采购的研究现状

2015 年,南昌大学图书馆袁芳老师的《基于 CNONIX 标准的中文图书纸电一体化信息平台设想》一文开启了纸电融合图书采购的研究,她提出构建一个基于 CNONIX 标准的中文图书信息平台以沟通出版社、馆配方和图书馆三方的信息流、商流和物流[3]。这几年"纸电同步""纸电融合"的资源发行和采购受到出版界和图书馆界的关注和讨论,大家一致认为虽然2015 年是"馆配电子书元年",各大馆配商开始打造纸电同步的图书采购平台,但是由于图书馆的政策不到位、出版社的版权受限、经营理念落后、新书纸电同步率低、价格定位混乱、电子书格式和功能与呈现方式不一、读者的惯性消费观等因素[4-5],纸电一体化馆藏建设尚未实现,用户驱动采购模式所占比例很低的现状,改变这种局面需要图书馆、出版社和馆配方的共同努力[6]。张丰智提出了数字资源和纸本资源互补的十个因素:文献自身因素、馆藏结构、文献使用率和潜在使用率、读者需求要素、读者阅读习惯、读者构成要素、馆藏特色、文献采选经费、学科分析、补缺因素[7]。杜玉玲、赵旭鹏对国内馆配电子书平台 PDA 方案在图书馆界实施的可行性进行了比较研究,提出针对国内目前现状,各平台方通力合作,设计出一种先纸后电、纸电差时销售的 PDA 方案,可能更契合中国本土特色[8]。

2 图书馆馆藏电子书现状

2.1 电子书采购以包库租赁形式为主

高职图书馆电子书的采购以包库租赁形式为主,没有永久使用权,需每年支付租赁费,一旦停交年费,电子书就不能使用。包库租赁的好处是以比较低的价格打包买到尽可能多的电子书,但缺点是长期被资源商绑架,年费不但要年年交,还要年年涨,一旦图书馆经费不足,难以支付年费时,所有资源都没有了。目前,除了重点建设的高校图书馆采购经费比较充足外,许多高校馆尤其是民办高校馆每年都被经费短缺所困扰,根本没有太多的"闲余"资金租赁"朝不保夕"的电子资源,而电子书的馆际共享要实现也是困难重重。要摆脱这种被动局面,只能馆藏有永久使用权的电子书。2015 年,OCLC 重新定义了图书馆资源建设的边界,指出资源建设应由六部分构成:①自有资源,包括购买和保存的资源;②可借用的资源;③许可使用的资源;④可共享的印本文献资源;⑤需求驱动的资源;⑥免费的资源,包括谷歌学术上的资源、免费提供的电子书、Web 资源导航等[9]。排在第一位的还是自有资源,所以图书馆一定要考虑拥有永久使用权的电子书资源。图书馆服务中"用"比"藏"重要,但没有一定的"藏"何以成就"用"?

2.2 电子书质量堪忧

包库租赁的电子书因为来源渠道比较多,加上历史原因,电子书的格式不一,除了文本格式的,还有很多图像格式的,全文检索、复制等功能欠缺,阅读体验差。此外,因为版权原因和出版社经营理念原因,大部分的电子书都不是最近3年的首版书,"图书馆采购不到出版产业最新出版的电子图书,甚至采不到近三年出版的电子图书"[10],以目前比较有实力的几家馆配商平台来看,易阅通新书占有率是25%,田田网15%,畅想之星16%,最高的是芸台购也不过是45%[11],且这些新书很多是再版书,学术类电子书更是难买,即便有,价格也是很高。"纸电同步"并没有真正实现。

2.3 电子书的检索不能在OPAC上实现

虽然有些图书馆使用"发现"系统实现纸电图书的一次性检索,但大多数图书馆的电子书检索是在各个资源商独立的电子书平台上进行,因此造成纸书在OPAC上检索,不同的电子书又在不同的平台上检索,读者使用非常不方便,极大地降低了电子书的利用率。

3 电子书采购需要构建一个平衡的生态圈

3.1 电子书市场现状

在馆配市场中,电子书供应商主要有:①数据库商(早期的电子书平台供应商),他们的电子书授权范围少,始终抑制后续发展。②出版社,受"电子书影响纸书"想法的影响,加上缺乏配套的数字化转型的技术、人力和物力,使得出版社入市晚且发展慢,他们拥有第一手的电子书,但不可能直接面向每一个图书馆销售电子书,他们需要借助馆配商把电子书销向图书馆。③传统纸书馆配商,他们起步比数据库商晚,但有良好的馆配渠道,熟知图书馆需求,最近几年纷纷推出面向读者、图书馆和出版社三方沟通的平台,很受欢迎,但是他们的图书是从出版社获取,受制于出版社。电子书的采购要解决版权授权、价格、可供产品种类及周期、销售/购买方式、阅读方式(服务方式)等各方面的问题。以上的电子书供应商都在这些问题上存在这样或那样的短板,不能独自很好解决。

3.2 电子书采购体系需要多方共同构建

传统的纸质图书采购经过多年实践已经形成一个完善的采购体系(见图1),由图书馆、馆配商和出版社组成,通过招标订货会等形式,图书馆提出需求,出版社和馆配商提供图书和服务,共同完成图书采购。

电子书特有的存储方式、版权和阅读方式等使PDA(Patron-driven Acquisition,又称读者决策采购,简称PDA)变得容易实现,精准采购成为特色,通过平台可以实现图书从产生到流通到阅读各环节的信息交流,提高图书出版的准确率,缩短流通环节的时间,精准满足读者的需求。所以在电子书采购时,我们需要扩大传统纸质图书的采购体系,把读者引入到采购体系中(见图2),读者说出自己的诉求,图书馆把读者需求给到馆配商,馆配商反馈到出版社,出版社提供电子书给图书馆。在运作成熟后,作者也可以加入到这个采购体系中(见图3),他们可以直接了解到读者和图书馆的需求。出版社还可以提供各种增值的图书出版服务,比如:根据读者的需求对电子书进行重组或拆分,向读者推荐与他研究主题相关的图书,或者是对某类书进行打包,形成各种系列图书。对于学术电子书,因为比较枯燥难懂,出版社可以在平台上创造学术类图书的阅读场景。在这个电子书采购体系中,馆配商和图书馆提供的是服务,为读者和出版社服务,作者和出版社是电子书生产者,读者是电子书最终使用者。

采购体系可以通过平台展现,目前许多馆配商都有自己的平台,比如北京人天书店的畅想之星、湖北三新公司的云田智慧、浙江新华的芸台购等,但是出版社出于对纸书的维护,对电子书投入市场总是顾忌重重,使得馆配商平台的电子书有量无质。要电子书采购体系运作起来,出版社一定要改变观念,"电子书不再是纸质书的附属品,'纸电同步'对于作者、读者、出版方、销售方、图书馆来说是多方共赢的良性发展趋势"[12]。过去,图书馆被办学条件所牵制,现在新政策的实行,图书馆可以根据读者需求采购电子书,出版社和馆配应抓住机遇,改变观念,从长远出发,多方达成协议,共造电子书采购的平衡生态圈。

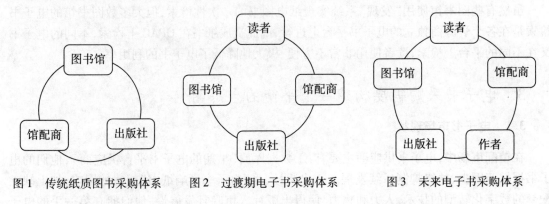

图1 传统纸质图书采购体系   图2 过渡期电子书采购体系   图3 未来电子书采购体系

4 高职院校图书馆电子书采购的策略

高职院校以培养技能型人才为目标,学校对图书馆的重视度一向低于本科院校。虽然最近十几年,政府对高职的投资力度加大,高职院校得到快速发展,但是招生不断扩大,学校不得不把资金更多地投入专业建设和基础建设,对图书馆的投入仍旧是排位靠后,图书馆的资源建设、人员素质、软硬件投入都无法与本科馆相比。所以面对这一现实,高职图书馆电子书的采购必须根据本校需求来开展。

4.1 制定纸电融合的馆藏资源发展政策

纸电融合的资源建设在采选原则、采访策略、使用系统、分配方案、馆藏布局等方面都与传统的单纯质纸资源建设完全不同,所以必须及时修订新的纸电融合资源发展政策以指导馆藏电子书的采购。

4.2 确定纸电图书比例

教育厅高校图工委提出馆藏纸电图书比例可以是6∶4,同时强调"纸质图书(纸本资源)仍为优质的教学资源,需要给予较大比例的保障"[13],所以要根据本校的实际情况,进行适当的调整,电子书以不超过40%为准则。

4.3 确定电子书选择的标准

电子书的内容、功能、价格、使用环境、读者推荐、资源供应商的服务等方面都可以是电子书选择的标准,同时也要确定每个标准的权重,这样才可以比较全面地选择电子书。

4.4 明确电子书的产权和版权

采购的电子书必须要有永久使用权,可以作为学校固定资产存在,电子书及其使用的平台均要在本地服务器做镜像。电子书有版权,馆配商有授权,坚决杜绝采购版权授权有问题的电子书。

4.5 确定有永久使用权电子书和租赁电子书的比例

有永久使用权的电子书才是真正的馆藏资源,可以成为固定资产,但是租赁数据库中的电子书由于性价比高,可以满足对公版经典图书,尤其是文史类图书的需求,适当地采购也是一种很好的补充。

4.6 加强馆藏揭示,提高资源的利用率

资源多,但也要易发现。读者已经习惯在 OPAC 平台进行检索,所以电子书的检索也应在 OPAC 上进行,实现一键式检索,这样可以提高读者的检索效率,提高纸电图书的利用率。此外,手机已成为读者重要的阅读终端,手机端实现一键式检索纸电图书也应被纳入考虑的范围。

4.7 电子书馆配商的选择

从馆配商提供的电子书内容是否符合本馆馆藏建设要求,馆配体系,与出版社的合作关系、图书授权、最新出版图书可供率、图书格式是否可供多种终端使用、使用的平台阅读体验是否良好、后台统计是否完善等方面,对馆配商进行考察。电子书使用需要通过平台进行,与馆配商的合作往往是长期的,不像纸书采购那样可以每年更换馆配商,所以馆配商的选择一定要慎重。

4.8 做好馆藏质量评估报告

做好纸电图书的馆藏使用数据统计和评价,纸质图书可以通过借阅率进行评价,电子书的下载量和访问量通常是由资源商提供,但各个资源商的统计方法不一,标准不一,数据会有很大的出入,对图书馆采访的意义不大,所以图书馆在选择馆配商时一定要考察其管理员账号的后台统计功能,要具有图书馆对电子书利用情况进行统计的功能。

5 广东轻工职业技术学院的电子书采购实践

5.1 图书馆的基本情况

广东轻工职业技术学院是全国 100 所示范性高职院校,学校图书馆(以下简称"本馆")截至 2017 年底拥有馆藏纸质图书 155.87 万册,超出生均图书 60 册的办学要求。学校在广州市区和佛山市南海区各有一个校区,最近几年图书采购经费每年缩减,图书复本量已降到通识类图书 2 册,专业类图书 1 册的标准,2017 年年借阅量达到 81711 册,一些高借阅率图书长期流通在外,鉴于这种情况,2018 年本馆在经费短缺情况下仍划出 5 万元经费采购电子书。

5.2　网上图书荐购的实践

为更精准地进行电子书采购,提高资金利用率,本馆决定先推出网上图书荐购系统,了解读者的需求,同时也培养读者荐购图书的行为习惯。2018 年下半年,本馆推出图书荐购系统,经过 3 个月的试用,收到了良好的效果,使用情况统计见表 2、表 3。

表 2　本馆图书荐购系统使用情况统计表

内　容		数量(册)	占比(%)
采纳情况	采纳	144	61.8
	不采纳	89	38.2
	合计	233	100
荐购人	老师	104	44.6
	学生	129	55.4
	合计	233	100
荐购图书来源	平台	208	89.3
	自主	25	10.7
	合计	233	100
荐购方式	网页荐购　老师	61	26.2
	网页荐购　学生	46	19.7
	微信荐购　老师	43	18.5
	微信荐购　学生	83	35.6
	合计	233	100
图书类别	I	81	34.8
	F	26	11.1
	TP	25	10.7
	X	21	9
	K	16	6.9
	TG	16	6.9
	B	10	4.3
	C	10	4.3
	G	6	2.6
	J	6	2.6
	TN	4	1.7
	TS	3	1.3
	H	3	1.3
	R	2	0.9
	S	1	0.4

内　容		数量(册)	占比(%)
	TU	1	0.4
	TH	1	0.4
	TQ	1	0.4
	合计	233	100

表4　荐购不采纳原因统计表

拒绝原因	数量(册)	占比(%)
已订购	21	23.6
已有馆藏	45	50.6
还没正式出版或版式太旧,已买不到	23	25.8
合计	89	100

从表2、表3可看出三个月来共荐购图书233册,其中144册(61.8%)的荐购书采纳并及时下单采购,不采纳荐购的原因基本是三类,一类是重复荐购,占23.6%,这类书是潜在的高借阅率图书;第二类是已有馆藏,这类书里面存在一种情况是高借阅率图书,图书一直流通在外,学生希望再买多几本;第三类是还没有正式出版或版式太旧,已无法采购,占25.8%。所以在荐购不采纳的图书中至少有四分之一的图书是高借阅率图书。老师荐购图书(104册)与学生荐购图书(129册)相当,这是我们意料之外的,因为该荐购系统的使用,并没有在老师当中做宣传活动。通过荐购平台提供的书目荐购图书占绝大部分(89.3%),说明平台上提供的图书还是比较能满足读者的需求。通过PC端荐购和微信客户端荐购的数量基本持平,但是老师更偏向于PC端,学生更偏向于手机端。在图书内容方面,排在前三名的分别是文学类、经济类和计算机类图书,这与我们的预想是一致的。

5.3　电子书的采购策略

纸质图书的荐购数据真实地反映了读者的需求和行为习惯,在一定程度上为本馆电子书的采购提供了参考。为此,我们制定了如下的采购策略:

(1)本次电子书采购的主要目的:①解决学生一直投诉的高借阅率图书借不到的局面,高借阅率图书包括考级考证类图书、思政用书、各种榜单书;②采购专业教师要求购买复本量多的图书,如毕业设计用工具书、项目用工具书;③采购一些最新的专业书以满足学校新办专业和各类技能大赛所需;④采购一些热门常用公选课教材参考书,因为本校没有要求公选课购买教材,所以此类电子书将会满足选课学生需求;⑤了解读者对电子书的需求情况和接纳程度。

(2)采购的方式是分批采购,由图书馆采访员根据历年图书借阅情况确定一部分电子书,由各专业教研室主任确定一部分专业类电子书,最后由读者通过平台荐购一部分电子书。

(3)对电子书的要求:有版权,有永久使用权,可以作为固定资产处理,在OPAC平台上可以与纸书一起揭示和检索,有适合PC端和手机端阅读的E-PUB格式和PDF格式,具有良好的阅读体验。

(4)对电子书平台的要求:具有PDA功能,读者可以荐购。读者阅读图书使用账号认证,电子书阅读没有用户并发数的限制。

（5）对统计功能的要求:需电子书管理后台并具备以下基本功能:批量选购电子书、电子书荐购管理、书单管理、订单管理、用户阅读统计等,并支持相关数据导出到 Excel 表格。

5.4　实际采购情况

根据上面的策略寻找馆配商,本馆经过反复对比他们提供的电子书、平台及服务,最后选择北京人天书店的"畅想之星"和中新金桥"可知"电子书,前者着重社科文史,供书的方式也比较灵活,可以包库也可以单采,后者提供的是与本校专业匹配度很高的出版社图书,且都是最近一年出版的核心专业类图书。但是在实际采购时,还是与预想有所出入,喜忧参半。

（1）有版权,有永久使用权,可在本地服务器做镜像,这几点大部分馆配商能做到。

（2）电子书格式,出版社给出的最原始的格式是 PDF 格式,有文本的,也有图像的,如果是图像的还会出现不清晰,字体扩大缩小受限,不能全文检索,阅读体验不好。E－PUB 格式没有些缺点,但需要对电子书二次加工,加工的时间要视出版社投入的人力和财力而定,快者约半年时间。目前有 E－PUB 格式的电子书约占比 25%。

（3）由于版权原因,出版社只接受首次阅读电子书需要在 IP 范围内认证,不接受单纯的账号认证。

（4）由于服务器的原因,电子书的用户并发数也还是有限制的,3—5 本,不可能做到完全没有限制。

（5）出版社给出的电子书 Marc 数据非常简单,如果做进馆藏还需要补充许多字段内容。

（6）在电子书推广时,馆配商做出积极的配合,在推广期内只要读者点击荐购后都可以在线全文阅读该书,无须图书馆购买,这可以帮助我们了解读者的阅读需求。

目前,本馆的电子书采购还只是起步阶段,读者的使用量仍不足以说明真实情况,要经过一段时间的使用,数据才有说服力。但我们还是发现了一些新问题,比如:随着采购的电子书来自更多的馆配商,他们有各自的平台,如何在 OPAC 上更有效地揭示纸电图书书目信息;下订单时如何快速对纸电图书同时查重;电子书的存储是在图书馆的服务器做镜像,如何保证这个镜像永久有效等问题都有待更进一步的探讨和实践解决。

馆藏资源建设始终是图书馆的基础工作,电子书以永久馆藏资源的身份出现是趋势也是必然。国家对电子书予以肯定的利好政策,必定带来传统馆藏资源建设的变革,出版社应该改变传统观念,真正做到纸电同步,馆配商和图书馆也要抓住机遇,做好全媒体时代的馆藏资源建设。

参考文献

[1]　中国青年网.《2017 年度中国数字阅读白皮书》发布:2017 年我国人均阅读电子书 10.1 本[EB/OL].[2018－04－15].https://baijiahao.baidu.com/s? id=1597778215323760416&wfr=spider&for=pc.

[2][13]　教育部高等学校图书情报工作指导委员会.教育部高等学校图书情报工作指导委员会关于"数字资源量"统计的回函[EB/OL].[2019－03－20].http://www.scal.edu.cn/sites/default/files/attachment/tjpg/huihan.pdf.

[3][10]　袁芳.基于 CNONIX 标准的中文图书纸电一体化信息平台设想[J].出版发行研究,2015(6):84－87.

[4]　王江,屈红军,于瑛.数字时代背景下图书出版"纸电同步"的思考[J].图书情报导刊,2018(11):11－14.

[5]　顾烨青,陈铭高.校馆配中文电子书的现状与问题分析[J].高校图书馆工作,2018(183):42－52.

[6] 段昌华,张敏高.校用户驱动纸电一体化馆藏建设探讨[J].当代图书馆,2017(4):70-75.

[7] 张丰智.文献资源采选中纸本资源与数字资源的优势互补研究——以北京林业大学图书馆为例[J].图书情报工作,2010(增刊1):111-118.

[8][11] 杜玉玲,赵旭鹏.国内馆配电子书平台PDA方案对比分析[J].图书馆学研究,2018(4):40-47.

[9] 刘万国,周秀霞,孙波."双一流"建设视角下高校图书馆信息资源建设热点扫描[J].大学图书馆学报,2018(5):33-38.

[12] 中国新闻出版广电报.《2017年度中国数字阅读白皮书》发布[EB/OL].[2018-04-19]http://www.xwcbgdj.gd.gov.cn/xwcbgdj/hydt/2018-04/19/content_c42df991c39943cb9f95300adc07c1ca.shtml.

数据驱动与图书馆智慧化服务研究

孙　鹏(沈阳师范大学图书馆)

在大数据、云计算和移动互联等新一代信息技术的联合驱动下,我们已经从信息时代快速跨入了"数据驱动"的"智慧时代",同时,数据及相应的附属产品给我们的生活和工作带来了极大的便利。在以数据、算法和应用场景为主要特征的数据驱动时代,在馆藏内容的数字化、数据化和计算化趋势下,图书馆的服务理念也随之发生了巨大变化。数据驱动新范式正在迫使图书馆界重新审视自己的思维模式和服务模式,从"基于资源解决问题"的传统认知逐步转向"基于数据解决问题"的创新思维,依托数据驱动服务创新与深化,从而推进图书馆在知识服务过程中的供给侧结构性改革,深度发挥图书馆在用户服务场景和过程中的创新支持能力和智慧服务能力[1]。

本文试图对数据驱动下图书馆智慧服务环境进行新的探索,从环境建设到数据组织,从计算分析到精准助力,推进图书馆更好地组织数据、挖掘数据、解析数据和利用数据,最终为用户从理论奠定与场景创设、平台支撑与数据融合、多维驱动与协同交互等环节创建一套"数据与知识服务相融合"的全流程解决方案和智慧化服务环境,将图书馆服务推向更高级阶段。

1　数据驱动的理论奠定与场景创设

计算机技术的发展给图书馆带来无限的机遇和可能。近年来,随着用户获取信息渠道的网络化迁移,图书馆也大幅增加在数字资源领域的馆藏布局,这种趋势在方便用户获取资源的同时,也使得图书馆能够全面感知用户的行为数据,并以数据为中心驱动服务,让数据化和数据思维在图书馆服务过程中产生无限可能的推力。

1.1　数据化与数据思维

数据化是把问题转化为可制表分析的量化形式的过程。现阶段,图书馆依托智能技术存储了大量的动态化数据,而基于数据的服务,只是简单的依托结构化的行为数据进行规律性的揭示,或者进行了简单的挖掘分析,增值贡献度较低。比如,当下部分高校图书馆在年底发布的阅读报告或数据报告,只是业务数据的简单罗列或对比,没有发挥数据的先知性和决策性功能,对业务水平的提升意义不大。未来图书馆还应继续加强资源的全面数字化以及对用户特征及行为的全面感知,主要涉及的三大类数据(资源数据、用户数据和行为数据),通常存在于不同的异构系统中[2](见表1)。

表1　图书馆主要数据类型

数据类型	数据内容
资源数据	书目数据、电子图书、电子期刊、机构知识库、文库、可开放获取信息等
用户数据	用户类型、性别、院系、研究方向、课题等
行为数据	到馆、图书外借、电子资源检索与利用、学科服务、空间利用、参与活动等

数据思维是根据数据来思考问题、解决问题的一种量化思维模式,其特征主要表现在四个方面:①由样本思维到全量思维,样本作为全量的一部分,有时未必能准确反映客观事实,需要扩大数据半径,借力全部数据进行分析预测。②由精准思维到模糊思维,在海量数据面前,对某条记录异常的过度纠结在海量数据下可能会产生突变或没有价值,因而更应该注重大概率事件的预测。③由因果思维到关联思维,在大数据面前,有些现象可能无法洞察或者没有必要分析二者的前因后果、先行后序关系,而应该注重它们之间的关联特征,使发现资源之间的关系重要于发现资源本身,解决资源孤岛与服务单一的问题,比如用户 A 同时借阅了《中国文学史》和《高等数学》,我们不应该过多分析"为什么",而是应该注重挖掘关联特征,把借阅了同类图书的用户推荐给 A,构建"学习圈子",推动社群化学习,或者把与所借图书有关联关系的图书推荐给 A,助其深度阅读。④由自然思维到智能思维,自然思维模式相对简单、线性,在数据时代,应该充分依托数据优势,建立全景化、立体化的洞察体系,培养数据驱动思维,进行智慧化分析与预测[3]。现行阶段的图书馆虽然掌握了大量的数据,却没有很好地依托数据实现知识服务的精准投放,而数据思维正在促使着图书馆和图书馆人进行思维模式的跨越式转变,不能简单地感知数据、存储数据,而要善于分析数据、利用数据。

1.2　数据驱动的场景创设

在大数据环境下,图书馆的服务不能再局限于需求驱动下的知识供给,而是要全面洞悉用户的数据特征,以数据思维解决图书馆在服务过程中的被动状态和瓶颈,做好数据驱动场景设计与服务规划,从资源数字化、用户行为感知、馆员数据素养提升等方面进行介入,为面向数据的智慧服务创设可靠的场景环境[4]。

一是资源数字化,不断加强馆藏资源数字格式的加工、转换,以及与网络开放资源、原生资源等的整合。资源是图书馆服务的根基,在资源结构上,图书馆应该逐渐减轻对传统纸质文献资源的依赖,不断扩大数字资源的占比,同时还要适度将网络热点信息、政府开放信息、社会公共信息纳入保障体系,此外还要加强对本校原创、非公开智力成果的采集、存储和应用,推动用户生产内容(User-generated Content,UGC)生态模式持续发展,鼓励用户持续创造内容并与其他用户分享,在模式上引入馆店融合、用户驱动采购等,促进知识多元融合与深度加工,构建更广泛意义上的数字化资源保障体系。

二是用户行为感知,图书馆需要依托这部分数据进行用户需求的采集、分析和提供智慧服务,主要包括数字资源利用、科研成果产出、纸质书刊借阅、到馆、学科服务等方面数据,而且要尽可能全面、细致的采集。关于用户数据,重庆大学图书馆馆长杨新涯有过这样的阐述:用户A在一年中下载了100本电子书,这并不是真正的阅读数据,我们还要知道这100本书的具体阅读情况,有哪些只是下载而没有阅读,有哪些只是阅读了目录,有哪些进行了精读,等等情况[5]。这些数据才是至关重要的,只有掌握了用户真实的阅读情况,才能进行有效、准确的分析。随着数字化和数据化的推进,这些有价值的数据应该成为图书馆关注的重点,而不仅仅是一个概数。

三是馆员数据素养提升,图书馆应该通过数据馆员计划加强对数据的科学管理与应用,最终通过数据驱动提升管理与服务能力。馆员的数据素养不仅仅是对数据的建设、采集和存储等,更主要的是数据管控能力和智慧分析能力,数据产品不能简单停留在展示、排行、热门等层面,而是能够从底层驱动业务流程的重组与再造,让资源与需求联动,充分发挥数据支持决策的优势,这才是数据真正的价值和意义所在。

2 数据服务的平台支撑与数据融合

2.1 打造跨界服务的支撑平台

图书馆的数据主要分为三类,即资源数据、用户数据和行为数据;支撑平台也主要围绕这三部分数据进行构造,采取垂直管控、水平驱动的策略,各子平台在基础数据建设上相互独立,在数据融合与服务上相互协作(见图1)。资源数据支撑平台主要依托电子资源管理系统ERMS实现从采访到论证、从试用到评估、从付款到使用,以及元数据收割的一整套流程,它能够将图书馆存在于不同异构系统中的资源进行标准化、统一化管理,建立底层的数据一体化平台;用户数据支撑平台主要依托统一身份认证系统IDS实现各系统间跨域单点登录,以及从不同系统中获取、更新身份特征、属性等,促进用户数据的同步与共享;行为数据支撑平台主要依托大数据技术实时感知用户的行为轨迹特征,穿透平台壁垒与数据保护墙,全过程收集用户的文献、科研、教学、阅读、活动等数据,发现用户知识诉求特征。

2.2 推动数据的全线融合

在跨界服务平台的支撑下,图书馆能够有效提升数据的可见度与可访问性,从而全线推动数据融合,综合不同异构系统下的多维数据特征发现用户知识诉求,注重用户画像模型构建,以可视化产品增加服务被关注的可能和获取的概率。一是数据的全过程采集,这部分功能主要集成在数据建设层,包括对底层资源的数字化转换、用户特征与属性获取以及各种行为轨迹的感知和数据化,通过各种技术手段、智能设备等实现资源数据、用户数据和行为数据的收割与标准化建设;二是数据的跨界协作,不能仅关注某一类数据,要统筹全局、融合分析,才能精准定位,比如要对某用户进行科研支撑,不能只分析其科研成果数据,还要挖掘借阅数据、活动数据、检索数据、数字资源利用数据等之间的关联特征,要进行综合性的加权分析,让数据彼此能够相互协作与支持,创建数据服务生态链,这样才能向用户提供更具有价值的服务;三是数据的安全与准确,有些数据包含隐私信息,如手机号、身份证号等,在融合过程中要保证数据传输通道的安全,以免敏感信息暴露后被恶意复制或盗用,也就是着重解决用户隐私与用户服务之间的动态平衡,此外还要保证数据的准确到达,也就是一致性,即同一时间节点的数据在多点利用过程中要完全相同。

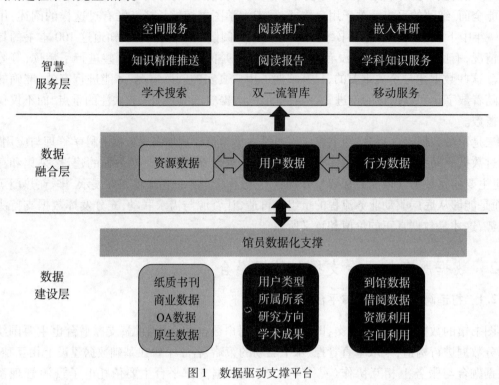

图 1　数据驱动支撑平台

3　智慧服务的多维驱动与协同交互

数据驱动下的智慧服务更应关注用户工作流程和场景的主动嵌入与服务探索,从供给侧与需求侧解决面向用户服务过程中的驱动机制与协作机制。对于供给侧,图书馆要善于"找痛点、抓重点",通过资源重构、机构改革、服务增值等视角,为用户创建从数据到信息、到知识、到智慧、到解决方案的知识服务链[6];对于需求侧,要注重对用户多维度知识组织、知识关联、知识服务的可变感知和动态调整,以需求促进供给服务能力再造。

3.1　需求侧的多维驱动

数据驱动下的用户服务呈现出碎片化、个性化、精准化和知识化的特征,用户对图书馆所能创造服务的期望值更高,图书馆也正在朝着这个方向努力,通过多维需求重新定义服务方式,最大限度发挥数据驱动的牵引力。

一是知识粒度的不断细化。在馆藏数字化环境下,用户的知识需求呈现出深度学科交叉、学科创新等特点,这就要求图书馆在组织服务过程中不断地细化知识粒度,才能实现知识的有序重组,提高知识单元被识别的可能。比如图书资源,传统概念是按本进行揭示,馆藏记录是一条,如果按章进行揭示,馆藏记录可能是十条,而且更容易通过主题词被用户精准定位;如果再扩展到按节或知识单元进行揭示,馆藏记录可能达到上千条甚至更多,更容易被用户发现和利用。在数据化趋势下,图书馆必将突破资源的 MARC 格式限制,将字段实体化、语义化,加速知识细化,以提高资源利用率和用户满足率,推动学术创新。

二是知识单元的高关联性。在知识数据化环境下,用户更希望在海量信息中能够实现目标信息的快速定位与关联获取,这就要求图书馆在知识粒度细化的基础上进行多维标签组合标注,构建放射状的知识图谱,提高知识关联性与饱和服务能力。在互联网的驱动下,信息知识更多存在于网络空间,如何从海量信息中向用户提供有价值的信息,打造具有高附加值的知识服务生态体系,成为图书馆不断追求的目标[7]。基于这样的需求,图书馆应该加强知识的单元化、标引化和聚合化,让用户无论从哪个点切入,都能获取一套完整、准确、可信的关联化知识及服务产品。

三是知识服务的可再生性。在后知识服务时代,图书馆服务呈现出高度知识化和柔性化特点,更加依托智能技术来实现知识服务的创新与再生[8]。在技术层面,由手工转向自动化、智慧化,人工智能、大数据、区块链、云计算等打破了传统的知识服务形式,让知识能够以任何形式在任何时间到达任何用户手中;在需求层面,社会需求和行业竞争成为双重驱动力,面对图书馆功能被边缘化的趋势,图书馆正谋求功能转型与服务嵌入,提升活跃度与用户归属感,推动服务产品创新与再生。

3.2 供给侧的协同交互

时代变革与智能技术正在过度消费图书馆人的生存能力,特别是在数据时代,直接导致图书馆服务能力的断崖式下降,这就要求图书馆人必须正视自身缺点、突破重围、寻求出路,优化内部运行环境,推动协同交互与创新支撑,增强核心竞争力。

一是资源体系重构。随着需求侧用户对图书馆知识服务期望值的不断攀升,图书馆也意识到自身进行资源扩张与体系重构的紧迫性和必要性。在资源扩张方面,图书馆在保障商业数据库宽口径覆盖的前提下,开始主动对地方性特色资源、本校原创智力成果、古籍特藏资源、非物质文化资源等进行大范围收割与加工,致力于打造具有一定规模和特色的多元化资源保障体系,为推动学校在学科发展、学术创新等方面提供全方位的资源支撑;在体系重构方面,以"双一流"建设为动力,以资源数字化为基础,打破各数据库之间的平台界限,推动资源融合与跨界服务,以学科、课程等为界限,通过打造专题图书馆、课程图书馆、学者库、机构知识库等,为重点学科与专业提供优先保障,这也是一些大学图书馆在面向"双一流"建设服务过程中所倡导和实施的资源保障策略[9]。

二是业务机构重组。面对新技术的应用、学术研究和交流模式的转变以及用户信息需求和行为的变化,图书馆唯有主动变革、重塑组织架构,才能从本质上推动业务创新与再造。如北京大学图书馆在学校"三步走"的战略布局下,从 2013 年开始推动业务机构的重组,主要从业务、条件支撑、对外关系三大块来重新考虑部门设置与功能定位,取消原有的 11 个部门,重组为 7 大业务中心,实现从以"文献流"为核心向以"信息流"为核心的转变,全面落实"以人为本"的理念[10]。

三是服务维度延伸。《普通高等学校图书馆规程》中明确规定:高校图书馆的服务不应再拘泥于单一的文献领域,而应更多关注具有文化传承和历史担当的阅读服务领域,致力于提升用户的文化自信和创新能力。国家正在全力推进文化软实力和创新创业能力的提升,图书馆作为高校的第二课堂,应该深度挖掘自身在资源、空间和服务领域的优势,不断拓展服务的宽度和深度,全面嵌入学校的人才培养体系。如沈阳师范大学图书馆近几年通过阅读推广人计划以及经典阅读、专业阅读、微媒体阅读、立体阅读、游学阅读等模式的探索与实践,在用户社群中取得了显著的效果[11]，全面提升了图书馆在引领阅读与塑造文化自信领域的责任和使命。

数字化时代，基于大数据的智慧化服务是图书馆人的追寻方向。目前，图书馆大数据特征十分凸显，在数据驱动下，图书馆的服务正逐步由资源型向智慧型过渡，智慧服务将成为图书馆价值重构的发力点。图书馆应进一步解放思想，紧跟时代发展步伐，改变惯性思维，摆脱固化模式，勇于担当创新，积极迎合用户需求办馆，提高图书馆服务站位。未来图书馆应以数据为基础构建响应速度更快、服务目的更清晰、适配度更精准的生态化服务体系，帮助用户发现自身潜在诉求并提供有较强生命力和价值性的知识产品，真正实现以数据驱动服务创新，将改革发展的谋划跟上时代发展步伐，追寻历史性的跨越式发展，推动高校图书馆服务改革再出发。

参考文献

[1] 李洁,毕强,张晗,等.数据驱动下数字图书馆知识发现的服务研究[J].情报资料工作,2018(4):6-14.

[2] 徐潇洁,邵波.基于数据驱动的智慧图书馆服务框架研究[J].图书馆学研究,2018(22):37-43.

[3] 百度.大数据时代:思维升级,才能透过数据看清世界[EB/OL].[2017-12-18].http://baijiahao.baidu.com/s? id=1604422603679980199&wfr=spider&for=pc.

[4] 苏新宁.大数据时代数字图书馆面临的机遇和挑战[J].中国图书馆学报,2015,41(6):4-12.

[5] e线图情.杨新涯:倾情构筑重大数字图书馆[EB/OL].[2017-10-23].http://www.chinalibs.cn/Zhaiyao.aspx? id=16966.

[6] 张晓林.颠覆性变革与后图书馆时代——推动知识服务的供给侧结构性改革[J].中国图书馆学报,2018,44(1):4-16.

[7] 游海.媒体融合时代图书馆数字资源建设问题与策略[J].图书情报工作,2017,61(S2):31-34.

[8] 柯平,邹金汇.后知识服务时代的图书馆转型[J].中国图书馆学报,2019(1):1-13.

[9] 李燕,魏群义,孙锐,等.高校图书馆面向一流学科建设的资源保障策略与服务模式探索[J].图书馆建设,2017(9):51-57.

[10] 朱强,别立谦.面向未来的大学图书馆业务与机构重组——以北京大学图书馆为例[J].大学图书馆学报,2016,34(2):20-27.

[11] 王磊,吴瑾.图书馆"阅读推广人"模式的实践探索——以沈阳师范大学图书馆为例[J].图书情报工作,2017,61(6):6-10.

江苏地区公共图书馆基于门户网站的信息资源
一站式服务比较研究

朱　姝(连云港市图书馆)

公共图书馆的纸本文献藏书量日益增长,面对浩瀚的书海,用户需要通过图书馆的OPAC系统找寻自身需要的文献信息。与此同时,在网络技术和数字化技术的强力推动下,各种阅读载体的数字资源也日趋丰富,而这些数字资源分布在不同的数据库中,这让许多用户发现、获取信息的难度不断增加。在这种情况下,如果能将多源头的信息资源和服务整合起来,让用户可以一站式地完成资源检索获取服务,既能降低用户使用的复杂度,又将在一定程度上提升资源的利用率。

1 江苏地区公共图书馆信息资源一站式服务现状调查

笔者于2019年3月利用网络调查的方式对江苏地区公共图书馆门户网站一站式服务情况进行了调查。在此次调查中,为了便于描述和比较分析,根据检索对象的范围分类,将检索描述为书目检索OPAC、数字资源检索及统一检索(一站式检索,因为许多图书馆网站都用统一检索来描述,故这里也取统一检索这一说法)。本文期望通过这次分析,了解整个江苏地区公共图书馆信息资源一站式服务近况,并通过调查结果思考公共图书馆如何有效地改进一站式服务平台的建设,帮助用户便捷、有效地使用公共图书馆。

表1 江苏地区公共图书馆门户网站信息资源一站式服务情况统计表

项目 名称	书目检索 OPAC				数字资源检索				统一检索
	有无	二次检索	排序方案	结果关联展示	导航	跨平台检索	排序方案	结果关联展示	有无
南京图书馆	有	支持	有	无	有	无	无	无	无
金陵图书馆	有	支持	有	无	有	无	无	无	读秀
苏州图书馆	有	支持	有	无	有	–	–	无	有
无锡图书馆	有	支持	有	无	有	无	无	无	读秀
常州图书馆	有	支持	有	无	–	–	–	无	无
南通市图书馆	有	支持	有	无	有	无	无	无	无
镇江图书馆	有	支持	有	无	有	无	无	无	读秀
扬州市图书馆	有	支持	有	无	有	无	无	无	易享
泰州图书馆	有	不支持	无	无	有	无	无	无	无
徐州图书馆	有	支持	有	无	有	无	无	无	无
淮安市图书馆	有	不支持	无	无	有	无	无	无	无
盐城图书馆	有	支持	无	无	有	无	无	无	无
连云港市图书馆	有	不支持	无	无	有	无	无	无	读秀

2 江苏地区公共图书馆信息资源一站式服务现状分析

2.1 书目检索OPAC服务比较分析

书目检索OPAC是各级各类图书馆必备的服务内容,公共图书馆也不例外。从表1可以看出,江苏地区所有的公共图书馆皆可提供此类服务,但存在以下几点不同。第一,检索对象范围不同。南京图书馆除了提供本馆的馆藏实体文献信息,还包含拟定书目库文献信息。南通图书馆提供南通市公共图书馆联合书目和南通市高校图书馆联合书目查询服务。无锡图书馆除了提供本馆实体馆藏查询服务,还提供 CALIS 联合书目检索。其他公共图书馆提供的均是本馆馆藏的实体文献信息查询服务,以纸本文献为主,也包含部分音像资料。第二,依托的平台有所不同。南京图书馆使用艾利贝斯软件 ALEPH;苏州图书馆、常州图书馆使用广州图创软件 Interlib;徐州图书馆、南通市图书馆依托江苏图星软件 Libstar;金陵图书馆、无锡图书馆、盐城市图书馆、镇江市图书馆、扬州市图书馆使用汇文软件 ilib;淮安市图书馆、泰州图书馆、连云港市图书馆使用南京图书馆开发的力博软件。由此可见,仅江苏地区就有 5 种 OPAC系统,依托的关系型数据库既有 Oracle,也有 SQL Sever。第三,服务内容不同。由于各个图书馆使用平台不同,所能提供服务的具体内容有所不同。南京图书馆的 OPAC 平台有许多个性化设置,平台可以提供给用户的服务功能相对较多,如检索界面语种设置、选择检索年份、检索方案选择(基本检索、多字段检索、多库检索、高级检索)等,而其他图书馆无法提供此类服务。整个江苏地区公共图书馆的 OPAC 系统中都支持按《中国图书馆分类法》分类检索和用检索词检索。但在是否支持二次检索、检索结果排序及检索结果关联展示方面,整个江苏地区只有淮安、泰州和连云港的公共图书馆没有提供此类服务,这 3 家图书馆仅支持一次检索且检索结果以列表方式显示,不支持不同排序方式显示检索结果。第四,检索指导或帮助。只有南京图书馆的 OPAC 提供相关用户使用帮助,其他所有图书馆皆没有此项服务。如用户在使用过程中产生困惑,无法通过查阅帮助,自行解决。第五,江苏地区所有图书馆在用户登录 OPAC 系统后,可以得到查询借阅历史、预约外借、荐购图书等个性化服务,但个性化服务的层次不高,都不能提供关联结果的展示。

通过分析比较,笔者认为江苏地区公共图书馆 OPAC 能为用户提供比较全面的馆藏纸本文献检索服务,但公共图书馆作为本区域的文化保存、传承中心,应当拓展检索对象范围,除了整合本馆多媒体等多源的信息,最好应该可以提供包含本区域公共图书馆联合目录和本地区高校图书馆联合目录检索服务。其次,一些公共图书馆要完善检索功能,最低应该可以保证用户在检索结果中进行二次检索的功能实现,并能对检索结果进行排序方案选择。第三,在OPAC 检索界面上应该提供用户检索使用帮助。第四,在个性化服务方面,尽可能地提供相关信息推荐服务。

2.2 数字资源检索服务比较分析

在网络调查整个江苏地区公共图书馆数字资源检索服务时,发现江苏地区的公共图书馆的数字资源内容日趋丰富,除了购买的各类商业数据库,还有许多自建的地方特色的数据库。江苏地区(苏州除外)公共图书馆都设有数字资源检索栏目,苏州图书馆没有设置单独的数字资源检索栏目,而是用统一检索替代。在调查期内常州市图书馆不支持匿名检索数字资源,必须登录,才可以进行数字检索,但其数字图书馆 APP 端可以提供公用用户名和密码进行数字资源的检索。江苏地区其余各个公共图书馆都是通过各种形式的资源导航的形式将各个数字资源库链接起来。数字资源检索最突出的问题就是用户需要分别在多个数据库中进行检索操作,而各个数据库分属于不同的数据公司,检索方式和系统构建方法各异,这将严重阻碍资源的有效利用。数字资源检索最好可以支持匿名检索,如果用户需要更好、更个性化的服务时,可以选择登录系统。

2.3 统一检索服务比较分析

整个江苏地区只有苏州图书馆将纸本资源和数字资源整合到统一检索下,可以提供一次检索查遍本馆所有实体纸本及各种数字资源的服务。而南京图书馆、南通图书馆、常州图书馆、徐州图书馆、盐城市图书馆、淮安市图书馆、泰州图书馆没有设置统一检索栏目。金陵图书馆、镇江市图书馆、连云港市图书馆、无锡图书馆统一检索栏目直接链接至读秀首页。在读秀平台说明中，称其可以整合图书馆馆藏纸本图书信息，以馆藏纸本的形式列出，但在连云港市图书馆的实际使用中，一些新入藏的纸本文献，在读秀检索平台是无法检索到对应的信息，由此可见，读秀作为统一检索服务平台还不是很完善。扬州市图书馆的统一检索是易享知识发现，但是在调查期内多次查看，都是个无效链接，无法打开。笔者还发现在江苏地区许多公共图书馆网站布局中，数字资源检索和统一检索，没有明显区分，这可能与公共图书馆处于向信息资源一站式服务平台发展过渡阶段有关。可见，整个江苏地区的公共图书馆在纸本资源元数据与数字资源元数据整合方面还有很大可努力改进的空间。

3　江苏地区公共图书馆信息资源一站式服务平台建设思考

公共图书馆的用户对信息要求不如高校、科研机构用户那样频繁和高标准，但公共图书馆用户也需要有良好的图书馆使用体验，因而，改进公共图书馆现有一站式服务是势在必行的。

一站式服务依托于一站式服务平台实现，而平台有两种来源，一种是通过商业购买的方式获得服务，还有一种是自行开发。据了解，目前能做到将多源头资源融合，一次检索比较全面准确地获取搜索结果，且能深度直观显示知识关联的一站式服务平台，主流产品有 Ex Libris 公司的 Alma、Innovative 公司的 Sierra、OCLC 的 Worldshare Management Services、开源产品 Kuali OLE 四大类[1]。近些年，这些产品多在世界顶级大学和科研机构被广泛应用，其高昂的系统购置费用和维护费用，公共图书馆购买实施的难度非常大。自行开发一站式服务平台对于单独的个体公共图书馆而言，由于专业人才的缺乏，暂时也很难实施。国外兴起的 FOLIO（Future of Libraries is Open）项目于 2016 年宣布启动。该项目由图书馆、服务提供方和开发者共同参与，以开源软件的形式，为图书馆、服务提供方和相关技术开发者搭建了一个平台，且熟悉中国图书馆情况的 CALIS 也以图书馆联盟型身份加入了 FOLIO 项目[2]。FOLIO 项目的多方合作发展模式将给缺资金和相关专业人才的公共图书馆建设信息资源一站式服务平台提供很多启发和帮助。

功能完备的信息资源一站式服务平台在公共图书馆应用，还需要资金、技术、人员等方面的储备，这期间公共图书馆也不是消极的等待，笔者认为公共图书馆可以在以下几个方面有所作为。

3.1　公共图书馆信息资源一站式服务平台过渡方案——OPAC 中整合电子书

公共图书馆在 OPAC 中整合电子书服务可以理解为公共图书馆向一站式服务平台发展的过渡方案。目前，功能完备的一站式服务平台在公共图书馆应用时机还不成熟，而公共图书馆在 OPAC 中整合电子书服务无论是从公共图书馆用户使用习惯角度，还是纸电同步的发展大环境，以及公共图书馆现在所具备的技术条件考虑，都是可行的。

公共图书馆的用户群体比较广泛，尤其是市级的公共图书馆，更多的是满足用户文化娱乐休闲方面的需求，这点可以从各馆发布的读者阅读排行榜中推断，所以笔者认为可以将某些内容经典或者热门的电子书整合到书目检索 OPAC 中。书目检索是普通用户熟练掌握的使用图书馆的技能之一，且对此已经形成相对固定的使用习惯。如果将与纸本文献对应的电子书信息也整合到 OPAC 系统中，势必会提高电子书的利用率，且打破热门纸本图书复本量的限制，这一做法也符合文献纸电同步发行的发展趋势。亚马逊中国 2018 年上半年的图书销售数据显示,重点图书的纸电同步发行正成为中国出版行业发展趋势,上半年纸质新书前 100 名近七成实现纸电同步发行。在《亚马逊中国全民阅读报告》显示,"纸电一起读已成阅读主流,一半以上受访者在过去一年会同时阅读纸质书和电子书",纸书新书榜和 Kindle 付费电子书新书榜前十中纸电同步发行书籍各占六成和七成[3]。

以公共图书馆目前的技术力量,完全可以实现这样操作。图书馆可要求书商提供电子资源对应的 MARC 数据,将其导入现有的纸本图书的书目数据库中,依照本馆的编目规则进行修改保存,在 856 字段(电子资源地址与检索)中,记录电子资源检索方法。在与此电子书对应的纸本图书的 MARC 数据的 865 字段中,记录对应电子书的检索方法。同时在针对电子资源重新生成 001 记录标识号,并将对应的实体馆藏的标识号赋予 452 字段(另一载体的其他版本),以实现数字馆藏与实体馆藏的关联。这样用户在使用 OPAC 检索时,就可以发现相关的纸本文献信息的馆藏信息及对应电子书资源的获取方式。

3.2 公共图书馆推动信息资源一站式服务平台发展需要做的准备

公共图书馆要为用户提供信息资源一站式服务是个必然的发展趋势,故公共图书馆要足够重视,并开始付诸行动。笔者认为形成区域联盟,各公共图书馆依托联盟来培养强有力的资源整合人才队伍,推进数字资源生产整合标准化,扩大资源检索范围,优化检索结果呈现,才能为功能完善的信息资源一站式服务平台长远发展打下坚实的基础。

(1)建立区域内公共图书馆联盟

由于各级公共图书馆在行政上隶属于各地政府的文化主管部门,图书馆行业内的联系多依托于图书馆的学会之类的行业组织,故资源共建共享提出了很多年,合作实践还是比较少的。在这次网络调查中仅南通图书馆提供南通地区的公共图书馆和高校图书馆联合书目的查询服务。事实证实,在目前这种情况下各公共图书馆单打独斗,存在以下隐患:一是存在资源建设同质化问题(购买主流数据商产品);二是单个公共图书馆与数据提供商谈判时,有些势单力薄,比较被动;三是以各个公共图书馆自身的技术力量难以实现一站式服务平台的建设。因而各公共图书馆要有联合意识,通过图书馆学会这种行业协会来形成联盟,以此协调各图书馆之间、图书馆与数据提供商之间发展和合作的关系。此外,区域内的公共图书馆以图书馆联盟的形式,寻求国际上的联合(如 FOLIO 项目),在整合方式、整合新技术、整合深度等方面进行合作。

(2)建成一支资源整合的人才队伍

任何新技术的实施,都离不开强大的人才队伍的支撑。虽说公共图书馆可以通过向软件公司购买服务的形式,实现一站式服务系统的部分功能,但由于软件公司的人员流动较快,技术服务人员不是很稳定。故公共图书馆相关技术人员绝不能置身事外,要系统学习主流的一站式服务平台使用的技术。而公共图书馆联盟可以在每个阶段确定一个学习主题(诸如:汇交异构元数据、整理清洗规范元数据、语义关联耦合等内容),然凭借联盟的相对较大社会影响力,邀请各方面专家,做各类网络培训,还可以成立图书馆人线上学习交流小群,以便巩固学习效果。这样在与软件公司的合作中,就能处于相对主动的位置。

(3)推进数据资源生产整合标准化

目前,13 个公共图书馆 OPAC 系统中就有 5 种,数据格式不同、平台各异的数据库资源,资源异构问题情况突出。目前,江苏地区公共图书馆可以成立资源生产整合标准化小组,调研借鉴高校图书馆统一平台及上海图书馆基于元数据整合的阅读平台的成功经验及一些国际标准,再结合本区域已经建成的资源情况,对元数据访问、OAI 协议、统一认证用户管理、资源调度接口等做一些具体约定,在区域内公共图书馆实施,以便让公共图书馆合作商遵循,使得一站式服务平台具备与其他系统的兼容性,从而形成良好的示范引领作用,推动有关部门制定一系列的行业标准、规范、协议,来规范整个资源生产服务链条上的所有组织。

(4)扩大资源检索范围

从信息资源一站式服务平台的收集资源范围考虑,应该不仅仅局限于书目数据库、购买的各类数据库、自建的数据库,还应该考虑包含广阔的互联网资源。资源的形式也应该囊括文本、多媒体资源。联盟内的图书馆应该将本地区甚至是联盟内其他图书馆资源和服务的聚合作为信息资源一站式服务,这样才能更好地为用户服务。

(5)优化检索结果呈现

检索结果呈现是影响用户信息资源一站式服务平台使用体验的重要因素之一。目前,现有一站式服务平台多是采用列表形式逐条展示给用户,如果返回多条检索结果,且没有一定的排序规则的话,用户寻找自己所需的结果还是比较麻烦的。可从以下四个功能融合角度去考虑检索结果呈现。一是,可对结果进行检索词及检索范围的限定,以此来精确检索。二是,可在检索结果中按图书、期刊、电子书、多媒体、各类数据库、网络资源等各个分类呈现,且按照检索词相关程度排序,相关度高的排在前面,这样资源显示比较有层次感。三是,根据检索过程及检索结果形成检索优化建议。在优化检索的建议中,可以包含通过数据挖掘的协同计算方式获得的关键词、相关内容。四是,可视化检索结果。图表可以简单直观呈现出一些信息,可以降低分析检索结果的难度。

参考文献

[1] 李娟,张雪蕾,杨峰.基于实证分析的下一代图书馆服务平台选择策略——以 ALAM、Kuali OLE、OCLC World Share 和 Sierra 为例[J].图书与情报,2017(3):94 - 92.

[2] 肖铮,林俊伟,陈丽娟.下一代图书馆开放服务平台 FOLIO 初探[J].图书馆学研究,2018(15):34 - 38,63.

[3] 赵玉山,邢自兴,马朝阳.年度国际出版趋势报告·中国分报告[N].中国出版传媒商报,2017 - 08 - 22(3)

国家图书馆中文编目工作的压力与变革

王彦侨(国家图书馆)

随着信息技术的发展和信息环境的改变,图书馆"编目格式简单化、编目外包普遍化、数据来源多样化及联合目录本地化"的发展趋势相当明显[1]。"采编工作的未来发展正处于十字路口。"[2]中文编目一直是国家图书馆的传统优势业务。在这种环境下,图书馆需要认真审视和思考中文编目的核心竞争力和未来发展的问题。

1 国家图书馆中文编目工作面临的压力

1.1 编目标准规范更新的压力

标准化与规范化是书目数据共建共享的基础。今天,联机联合编目已经成为编目的重要方式,图书馆需要遵守共同的编目规则和格式。世界各国的国家图书馆都要负责提供书目数据并主持标准的制定工作。一直以来,国家图书馆非常重视编目标准规范的建设,参与制订了一系列的文献著录、分类法、主题词表、名称规范、机读格式等方面的国家标准、行业标准和规范。然而,近年来国际编目领域发生的变化是翻天覆地的。其中最典型的是《资源描述与检索》(简称 RDA)、《国家标准书目著录(统一版)》(简称 ISBD 统一版)、书目框架模型、图书馆参考模型等方面的研究和应用。以国家图书馆为代表的中国编目界对这些研究进行了跟踪,但在本地标准规范制订方面存在更新不及时、缺乏连续性、编制方式落后等问题。例如,《中国机读书目格式》(GB/T 33286—2016)是根据 2008 年的 UNIMARC 书目格式编制的,而 UNI-MARC 书目格式在 2012、2016、2017、2018 年多次进行修订[3]。文献著录国家标准(GB/T 3792 系列)的修订版《信息与文献——资源描述》仍未发布。从报批稿来看,资源描述标准是按照 ISBD 统一版的体例,吸纳了 RDA 对各个项目的著录规则,并未采用"实体—关系"的建模方式。《中国文献编目规则》已经 15 年未修订。名称规范方面的标准更是严重滞后。从编目细则和执行实践来看,国家图书馆和 CALIS 的差异一直为业界所关注,大家希望通过标准规范的修订来协调差异,达成更多的共识。

1.2 国家书目中心建设的压力

国家图书馆是国家总书库、国家书目中心、国家古籍保护中心、国家典籍博物馆。《公共图书馆》的第二十二条,明确规定了国家图书馆应当承担"国家书目和联合目录编制"的职能。2008 年全国共出版图书275668种,其中新版图书 149988 种,重版、重印图书 125680 种[4]。2017 年,全国出版新版图书 25.5 万种,降低 2.8%;重版、重印图书 25.7 万种,增长 8.4%[5]。十年间,新版图书的出版量几乎翻了一番。由于国家总书库和国家书目中心建设的需要,中文编目的数量一直持续增长。与此相对,编目人员反而略有减少。国家图书馆一大批成熟的编目人员已经或即将退休,正面临人员少、人员新、时间紧、任务重的尴尬局面。虽然通过业务流程调整、联合编目、书商提供数据、编目外包等方式解决了部分问题,但在工作数量、外包验收、人员培训、业务拓展等方面的压力一直很大。

表 1 2008—2017 中文图书书目数据编制数量[6]

编目年	编制数量(条)	编目年	编制数量(条)
2008	129646	2013	216167
2009	141463	2014	270306
2010	163147	2015	316692
2011	181480	2016	240728
2012	214097	2017	234203

编制国家书目的工作也是以编目为基础进行的。随着文献出版形式、出版程序、编目流程的变化,国家书目的发布方式也在调整。2012 年,国家图书馆正式启动了中国国家书目门户系统(http://cnb.nlc.cn:8080/)的建设;目前主要发布了 2011 年国内出版的图书、期刊报纸、音像制品和部分电子光盘数据以及 2011 年授予博士学位的学位论文,采用 FRBR 化展示。"前期建设时并不重构历史书目数据,仅对产生于 MARC 的现有数据进行挖掘和整合处理。数据是实现 FRBR 化的基础,编目员更是判断作品关系的关键。为了更好地实现国家书目的服务效果,需要编目机构基于作品关系,优化细化现有流程。"[7] 在 2011 年国家书目发布之前,国家图书馆花费一定的人力对数据进行了整理,以达到良好的展示效果。常规编目任务的繁重和国家书目的 FRBR 化处理,在一定程度上影响了国家书目的及时发布。

1.3 提供优质服务的压力

编目在图书馆属于提供后台支持的业务,服务的对象主要包括读者和业界。编目工作的压力主要在时效性和数据质量两个方面。根据《国家图书馆业务规范》,新书到馆一个月内要完成全部编目加工流程,编制详细数据,达到规定的错误率。文献到馆后,记到、编目、加工等流程和状态都能在 OPAC 上显示,读者可以随时跟踪和监督某文献的处理进程。但是,国家图书馆的中文采编涉及多个科组的多个环节。任何一个流程出现问题,都有可能导致待编文献积压或不顺畅。"对于终端用户来说,他们希望找到出版物的所有检索点,尤其是著者名称(任何形式)、题名、出版语种/国家、出版年、主题词或关键词、出版物类型/体裁/格式"[8],这对书目数据的准确性提出较高要求。

国家图书馆的书目数据通过全国图书馆联合编目中心对业界提供服务,联合编目中心每年的数据下载量超过千万次。随着图书馆的改革和业务的优化调整,很多图书馆的编目业务逐渐萎缩,有些机构甚至不做原始编目,他们对国家图书馆的书目数据有了更高的期待。一方面,希望能够及时下载所需的数据;另一方面,希望下载的数据是高质量的。数量质量问题不仅降低服务质量,更重要的是作为国家书目中心,国家图书馆的数据反映了这个时代中国文献编目的特征。"应该说,国家图书馆的书目数据总体上质量较高,具有可靠性、权威性、著录信息完整、格式标准等方面的优点,但不可否认确实也存在数据质量问题"[9]。数据用户非常关注细节,例如著录项目是否完备、字段或子字段使用是否规范、是否准确揭示文献形式特征和内容特征等,这些都对国家图书馆的编目工作造成压力。

1.4 保持编目核心能力的压力

网络在全球范围内的普及,为图书馆的发展提供了必要的技术条件,联机检索目录逐渐发展为依赖网络的 Web OPAC,书目共享方式由集中编目发展到联机联合编目。有效地获取、处理和分析信息的能力一直是图书馆发展的优势。网络环境下,用户更希望通过网络获得所需要的信息。再加上联合编目、业务外包的推广等因素的影响,编目工作逐渐边缘化、去职业化,其核心能力遇到很大的挑战。"编目工作的核心能力主要体现在通过联机合作编目实现书目数据资源共享、书目数据标准化与规范化控制、整合纸本资源和数字资源以及对网上信息资源进行编目三个方面。"[10]

"图书馆员组织目录,用户使用目录是自古以来的惯例。编目在新环境下受到来自各个方面的挑战和压力,这正是编目又一次从量变到质变的契机。我们期待着编目能在职能定位、组织方式和载体形式上再次产生飞跃,更好地为用户服务。"[11]

2 国家图书馆中文编目工作的变革

2.1 加快本地规则的研制

国家图书馆在标准规范的制定和执行方面负有不容推卸的责任。只有足够重视理论研究,尽早出台相对统一的编目规则与机读格式,制定出立足本国国情、符合国际发展潮流的规则和标准,才能从原则上统一编目思想。"中文文献编目工作是为了让读者特别是中国读者和研究中国文化的读者更方便地查询,因此,如何尊重民族传统文化和读者检索习惯就是应该遵循的基本原则。另一方面,不同国家、不同语种、不同文化背景下产生的文献都应该纳入一个统一的文献报道体系之中。"[12]在联机联合编目普遍的今天,我们的书目记录不仅用于国内交换,也用于国际交换。对于中国文献的特殊性,应该积极主动地向相关国际机构和组织反映。近年来,国家图书馆等中国机构积极参与国际编目领域的活动。例如,参与 IFLA 编目专业常设委员会的活动、参加 ISBD 和 UNIMARC 的修订,在"国际编目原则声明(ICP)"听取亚洲区意见时汇报"《中国文献编目规则》和《国际编目原则》之间的异同",申请成为 RDA 亚洲地区国家机构的代表等。这些活动有利于中国编目界话语权的提升。

RDA 以工具套件(toolkit)形式发布,及时进行大的更新和小的修订;MARC 21 直接在网站发布最新的完整版,能够显示每个字段、子字段的修订历史;UNIMARC 以纸质图书形式出版,并定期在网站公布修订情况。从中国的情况看,RDA 中文版以图书的形式出版;中国文献著录规则、CNMARC 以国家标准的形式发布,研制周期长且不方便修订。中国编目标准规范的编制方式需要做出改变,与时俱进,及时沟通信息,方便大家使用。

2.2 继续加大外部数据的利用

原始编目是非常昂贵的。为了提高书目记录的生产效率,国家图书馆做了很多尝试和努力,包括下载全国图书馆联合编目中心的数据、书商提供配套的书目数据、编目外包、使用在版编目(CIP)数据、采用电子样书编目等。联合编目中心的数据经过上传资格的审核和质量监控员的校对,质量相对较高,但时效性较差;书商和外包公司的数据可以按照本馆的编目细则修改,但人员稳定性差,需要花费很大的精力进行培训;CIP 数据时效性高,但 EXCEL 格式的数据缺乏 MARC 所需的一些信息,图书出版后书目内容也可能发生变化;网上样本厅的封面、题名页、版权页、几十页正文可以提供编目所需的大部分信息,但受到合作出版社的数量、项目稳定性等因素的影响。今后,还需要继续推进书目数据的共建共享,尤其是跨行业的共享,多渠道解决书目数据的重复制作问题。数据的来源多样化以后,规范性和一致性是需要面对的问题之一。为了提高数据质量,国家图书馆对外部数据逐条审校,并辅助多次抽校,付出了很多人力成本和培训成本。国家图书馆和全国图书馆联合编目中心一直要求最高级别的、完整级的数据。而相关规则规定,书目可根据不同需要区分为简要级、基本级、完整级的编目等级。即使是国家书目,也并非一定要全部采用最高级次的编目等级。今后,需要探讨和试验简化编目的方式和流程,提高书目数据制作的效益。

2.3 变革编目管理方式

北京图书馆(现国家图书馆)于 1984 年推行的定额管理,虽然在业务管理中发挥过重要作用,但也带来许多问题。后来,开始采用目标管理,宏观控制。工作定额、业务数量目标,仅是一个小小的分目标,而总目标还包含许多其他内容[13]。现在,中文编目的工作流程虽然有很大的调整,但管理方式仍然是目标管理。每年以任务书的形式规定当年要完成的各项工作。除了要完成当年到馆文献的编目之外,还要跟踪业务前沿、完善编目规则和格式、召开业务研讨会、努力解决业务中的问题、不断优化业务流程、维护和完善历史书目数据、完成相关调研等。业务数量的指标是硬性的,待编文献积压是摆在眼前的现实问题。编目员参加任何活动都需要在完成工作定额的基础上,有时还会临时调高定额,更多的是程序化地编制书目数据,不可避免地忽视个人的成长和业务发展。有些人还可能走上了歧路,"唯规范是从、唯传统是从、权威决定一切、重描述轻主题、过多考虑公务目录的角度、探寻编目领域的绝对真理"[14]。要改变这种状况,除编目员自己转变观念和付出努力之外,编目管理方式也需要进行变革。通过最大限度地利用外部数据源、技术改进、流程调整等方式,让编目员从简单、繁重、琐碎的工作中解放出来,重视资源整合,深度揭示特色馆藏,加强对业界编目的指导和培训,从事更多高价值的活动,使图书馆行业的发展面向未来。

2.4 重新审视名称规范工作

中文名称规范库是国家图书馆的特色数据库之一,始建于1995年。2003年,开始在中文图书编目流程内制作名称规范数据,使得名称规范的数量得到了快速增长。目前,规范数据总量约170万条。"现有的检索技术非常依赖规范检索点,大大提高了规范控制的成本。"[15]目前的名称规范工作,存在的问题包括重复规范记录、不完整的规范记录、参照不足、书目数据和规范数据的关联不足等。名称规范控制的压力主要来源于待编文献数量的增长、信息的难获取、规范文档维护整合任务的加重等。由于人力有限,名称规范的回溯工作进展缓慢。在加大外部书目数据使用的基础上,国家图书馆编目工作的重心应当逐渐向规范控制转移。鉴于名称规范工作的不可量化性,建议将其由编目流程内改到流程外,减少实体文献的流转。编目人员将文献上的责任者小传著录于书目数据的314字段,规范控制人员以责任者信息为线索编制名称规范数据,实现名称规范记录与相关书目记录的挂接(包含历史数据),完整地揭示责任者与相关书目数据的关系。在对名称规范库进行评估、分析的基础上,有重点、有目标地选择规范记录进行维护和整合。加强对不完整规范记录的维护、根据规则对一些信息进行结构化处理、建立更多的单纯参照和相关参照、尝试应用唯一标识符等,为多角度的数据关联奠定基础。在未来,我们须对名称规范数据进行深入分析和挖掘,将书目数据与名称规范数据进行各种有效关联,多做一些 FRBR 化、FRAD 化的实证尝试,让终端用户受益,使他们用名称的任何受控形式,都能从目录中检索到书目资源,从而足够认识到名称规范数据的意义所在,从而推动名称规范控制工作在我国图书馆界内的全面开展[16]。此外,中外文名称规范的跨库检索、名称规范和主题规范的融合、名称规范的共建共享、关联数据的发布等都是需要研究的课题。

2.5 重视编目与技术的结合

以前,编目人员对技术的关注更多的是编目系统功能的改善,为的是提高工作效率和数据质量。国家图书馆在这些方面做的工作包括优化书目数据校验程序、调整主题控制模式、变更名称规范数据标目的排序、由中国图书馆分类法分类号自动生成简版分类号等。在网络环下,编目和技术的联系更加紧密。MARC 需要持续更新,编目系统需要改造,索引需要调整,信息组织方式需要改变,图书馆数据需要开放和关联……对编目员来说,应该正确认识 MARC 记录和 OPAC 之间的关系,避免在细节上纠结,坚持以"用户至上"为编制书目的最高原则;还要加强对各种元数据的研究,为数据互操作、自动编目、自动规范控制、图书馆数据的语义化等提供建议和思路。对技术部门来说,除了考虑馆藏展示和检索服务外,还要更多地参与编目方面的研究和试验,为图书馆的资源整合和信息组织提供良好的技术支持。"图书馆要善用现代技术,有效地发挥自身在数字和网络环境下知识加值服务的能力。在技术革命与职业追求同步发展中,进一步提升图书馆服务用户、服务社会的水平。"[17]

在不同的时代、不同的环境中,文献编目一直需要不断地变革和创新。正如美国国会图书馆《书目控制未来报告》所说:"书目控制未来将是合作的、去中心化的、国际范围的、基于 WEB 的。"希望国家图书馆的编目朝着简单化、标准化、规范化、易操作的方向发展,继续保持竞争优势,更好地组织信息资源和服务用户。

参考文献

[1] 胡小菁. 编目的未来[J]. 大学图书馆学报,2008(3):18 – 22,37.

[2] 顾犇. 十字路口的图书馆编目工作[J]. 国家图书馆学刊,2015(6):9 – 11.

[3] UNIMARC Bibliographic,3rd edition (with updates)[EB/OL]. [2019 – 03 – 29]. https://www.ifla.org/node/8415.

[4] 新闻出版总署财务司.2008 年全国新闻出版业基本情况[EB/OL]. [2019 – 03 – 29]. http://media.people.com.cn/GB/40606/9690689.html.

[5] 国家新闻出版署.2017 年新闻出版产业分析报告[EB/OL]. [2019 – 03 – 29]. http://www.cbbr.com.cn/article/123452.html.

[6] 国家图书馆年度报告和年鉴[EB/OL]. [2019 – 03 – 29]. http://www.nlc.cn/dsb_footer/gygt/ndbg.

[7] 毛雅君. 中国国家书目工作回顾及思考[J]. 图书馆学研究,2017(14):45 – 49.

[8] IFLA 国家书目指南工作组. 数字时代的国家书目指南:指南和新方向[EB/OL]. [2019 – 03 – 29]. http://www.ifla.org/files/bibliography/national_bibliographies_in_the_digital_age-zh.pdf.

[9] 赵晓红. 加强质量意识,提高数据质量[C]//国家图书馆第八次科学讨论会论文集,2005:111 – 118.

[10] 陈毅晖. 网络环境下编目工作的核心能力及其构建[J]. 大学图书馆学报,2011(4):69 – 72.

[11] 翟晓娟. 编目的过去、现在和未来[J]. 大学图书馆学报,2012(2):49 – 55.

[12] 国家图书馆《中国文献编目规则》修订组. 中国文献编目规则[M].2 版. 北京图书馆出版社,2005:1 – 2.

[13] 富平. 深化业务改革完善目标管理——谈中文采编部业务改革试点[J]. 北京图书馆馆刊,1994(Z1):3 – 8.

[14] 毛凌文. 编目员的歧路[J]. 国家图书馆学刊,2011(3):25 – 28.

[15] 顾犇. 关于《书目控制未来报告》草案[J]. 国家图书馆学刊,2008(1):76 – 78.

[16] 朱青青,王彦侨. 大陆中文名称规范控制工作综述[C]//中国图书馆学会中国图书馆学会年会论文集(2012 年卷),2012:284 – 289.

[17] 吴建中. 人、技术、价值观:下一代图书馆技术的思考[EB/OL]. [2019 – 03 – 28]. http://blog.sina.com.cn/s/blog_53586b810102yds5.html.

公共图书馆引导家庭儿童阅读环境创建策略研究

王英华(长春市图书馆)

儿童时期阅读对于一个人的阅读习惯和阅读能力培养意义重大。这不仅直接影响到个人精神世界和知识体系的建设,同时也关乎一个民族阅读习惯的养成。近年来,全社会越来越认识到儿童阅读的重要性,儿童也成为全民阅读推广的重要人群。而家庭是儿童阅读的起点,为儿童打造良好的家庭阅读环境,是促进儿童阅读的重要条件。公共图书馆以推广全民阅读为己任,助力儿童家庭阅读环境创建,公共图书馆责无旁贷。

1 儿童阅读环境与"阅读循环圈"理论

国际安徒生奖获得者、英国儿童阅读专家艾登·钱伯斯在《打造儿童阅读环境》开篇即提出,"阅读总是需要个场所的"。随后他也谈道,阅读的乐趣不仅仅取决于场所,读什么书、读书时的心情、读书的时间、阅读氛围、阅读态度和阅读动机都在影响着阅读,这些因素建构了阅读的社会背景。阅读的场所和社会背景所有因素整合在一起,构成了"阅读环境"。基于此,本文所探讨的家庭儿童阅读环境主要包括:家庭儿童阅读空间、阅读设施、书籍等物质环境;阅读氛围、亲子阅读、阅读指导等精神环境。

艾登·钱伯斯在经过长期的儿童阅读研究后,提出了"阅读循环圈"理论。他认为,儿童阅读是由四项重要内容组成,即:选书、阅读、回应和有协助能力的大人。

选书、阅读、回应这三个环节构成儿童阅读的一个循环圈,前一项活动结束后引导出下一项活动。但循环圈不是闭合的,有协助能力的大人作为循环圈的核心,赋予这个循环圈产生螺旋上升的力量。在儿童阅读中,"有协助能力的大人"扮演着至关重要的角色。他们包括图书馆员、教师和家长等人,他们为儿童打造阅读环境,连接儿童与书籍,帮助跨越阅读障碍,让儿童爱上阅读。他们对于阅读和引导儿童阅读的态度及能力,对于促进儿童阅读至关重要。本文探讨家庭儿童阅读环境建设,那么在家庭中,"有协助能力的大人"是孩子的家长,他们在家庭阅读环境建设中发挥主导性的作用。

2 良好的家庭儿童阅读环境应具备的因素

2.1 恰当的阅读空间设施

阅读区是根据家庭实际情况安排出的一个读书空间,可以是独立的书房,也可以是客厅或者卧室的一角。这个区域应该是温馨舒适的,与其他区域有所区分或隔离,给孩子相对静谧、独立而安全的空间感,孩子在这样的空间里是舒适和放松的。阅读区中摆放儿童的桌椅,或者软垫、沙发等柔软的家居用品,有适合阅读的自然光线或者灯光。在这里,儿童可以专注阅读,可以进行交流和分享。

2.2　适合儿童的书籍

近年来,随着儿童阅读日益受到重视,童书出版市场逐年增温,童书出版已从原来的专业出版演化为大众出版。在图书种类丰富的同时,我们也看到大量劣质图书充斥在图书市场上。儿童是一张白纸,需要有人引导来进行"有益的阅读"。因此,书籍的选择要慎之又慎,保证孩子在阅读中获得健康的滋养。在确保书籍质量的同时,我们还要考虑书籍的品类。儿童书籍并非只有儿童文学或者童话故事,而是应根据儿童的年龄,选取适合的、多样性的书籍,从内容上看应该是涵盖人文社科、自然科学包罗万象的精彩世界,形式上可以选择触摸书、图画绘本、游戏绘本、纯文字读本等。

2.3　合理的陈列展示

图书的陈列原则以儿童容易亲近图书、利于刺激儿童阅读兴趣为主,进而鼓励儿童自主而愉快地阅读。图书的陈列是靠视觉效果来吸引读者的,书架放置的理想地点应该是光线充足,允许儿童或坐或立自由选书;图书数量既不要零零星星,也不要过多以致眼花缭乱;重视第一眼印象,吸引孩子的眼球有利于引起探究的兴趣。

2.4　良好的家庭阅读氛围

在设置了良好的物质环境基础上,要着重营造家庭阅读氛围。父母是孩子的第一任老师,也是最好的老师,言传身教对孩子的影响重大。父母爱读书,孩子也会受到书香的熏陶。除了父母的影响和带动外,孩子每天还应有不受干扰的、稳定的阅读时间。不受干扰的阅读,容易持续较长时间,有利于孩子阅读习惯的养成。在孩子阅读时,父母也应该阅读自己想看的书,更好地以身作则。

2.5　优质的亲子阅读

对于低幼儿童来说,亲子阅读为他们打开阅读的大门,引领他们走入书籍世界。而且大量研究表明,即使孩子已经具备独立阅读的能力,亲子阅读仍然很有必要。大人与孩子共读,会增加与父母之间的亲密感、信任感,带给孩子喜悦、满足和安全感,有利于形成融洽的、积极的家庭关系。儿童早期的亲子阅读,能促进儿童发展读写能力和想象力。亲子阅读还大大扩展了儿童社会交往的世界,让孩子有机会在一个安全的情境下,学习结交友谊、解决冲突和问题。同时,和成人一起阅读,书籍的主题和内容延伸了儿童日常涉猎的领域,使儿童能有机会获得更多知识体验,去理解人们的行为、了解身边的世界。

2.6　积极的阅读讨论

讨论处于阅读循环圈中"回应"环节。讨论的内容应该是阅读后的收获和感受。讨论能引导儿童做更深入的思考,帮助儿童成为思考型的读者。同时,让儿童有机会审视书籍带给他什么,让他明白自己的阅读兴趣所在。以便更好地开始下一次阅读循环。

3 家庭儿童阅读环境调查

为了解儿童家庭阅读环境建设情况,笔者围绕上述家庭阅读环境主要构成因素,面向来自北京、上海、广州、成都、南京、长春等 10 余个城市中有 6—12 岁儿童的家庭做了随机问卷调查,共收回问卷 73 份。调查显示,71% 的家庭设置了儿童阅读区域,81% 的家庭设置了儿童图书专架,可见大多数家庭有意识营造阅读空间和环境。

3.1 关于儿童书籍的准备情况

儿童阅读习惯培养越早介入效果越好,因此,笔者调查了家庭开始为儿童选购图书的时间。

调查显示,53% 的家庭在孩子 1 岁时便开始选购儿童书籍,19% 的家庭在孩子 2 岁时开始购书,12% 的家庭在孩子 3 岁时开始购书,15% 的家庭在孩子 4 岁以后开始购书。

家庭购入的儿童书籍中排在前五的类别分别是:自然科普类,77% 的家庭储备了此类书籍;语文课外阅读书籍 60%;儿童校园文学书籍 51%;人文历史类书籍 49%;英语学习类书籍的占比 30%。另外,在 73 个家庭中,84% 的家庭中儿童书籍选购者为妈妈。

本文也调查了家庭从公共图书馆为孩子借书的情况。调查显示,仅有 19% 的家庭经常从图书馆借书,43% 的家庭偶尔从图书馆借书,而 38% 的家庭从未在图书馆为孩子借书。

3.2 关于大人的阅读习惯

在被所调查的 73 个大人中,有 57 人有阅读习惯,占调查总数的 78%。在大人阅读方式中,采用纸本阅读的人数是 34 人,占 47%;使用电子阅读器阅读的有 39 人,占 53%。

调查显示,参与调查的大人中,57% 的人每日阅读时长为 30 分钟以内,33% 的人每日阅读时长为 30—60 分钟,3% 的人每日阅读时长为 60 分钟以上,而 7% 的人每日不阅读。

3.3 关于儿童的阅读习惯

调查结果显示,被调查的儿童家庭中,71% 的儿童有自主阅读习惯。每日阅读时长在 30 分钟以内的儿童占 73%;阅读时长在 30—60 分钟的占 23%,阅读 60 分钟以上的占 4%。儿童阅读的时间点在临睡前的占 62%,晚饭后阅读的占 19%,可见,晚饭后到临睡前这段时间是大部分儿童进行阅读的时间。

调查显示,自然科普类、儿童校园文学类、人文历史类书籍最受儿童欢迎。关于儿童读书的方式,有 89% 的家长不支持孩子阅读电子书。

3.4 关于亲子阅读

调查的 73 个家庭中,70 个家庭有亲子阅读。亲子阅读的主要参与者中,妈妈 55 人,占比 75%;爸爸 13 人,占比 18%;祖辈参与的仅有 5 人。亲子阅读是一种技能,并非识字就能具备这个能力。调查显示,64% 的家长表示有亲子阅读或者家庭阅读指导或培训的需求,而实际上只有 15% 的家庭接受过亲子阅读指导或培训。

从以上调查结果我们可以看出,近年来在全社会共同努力下,全民阅读尤其是儿童阅读已经深入人心。大多数家庭十分重视儿童阅读,在环境布置及图书准备上都较早采取了行动。图书的选择涵盖面也较宽。绝大多数家长有阅读习惯,阅读以电子阅读器形式为主,但绝大多数家长反对儿童阅读电子书。妈妈在儿童阅读环境营造中扮演了重要角色。绝大多数家庭都有亲子阅读,但是对于亲子阅读仍存在困惑,希望得到指导。

4 公共图书馆引导家庭儿童阅读环境营造的策略分析

4.1 全民阅读要从宏观宣传向微观精准宣传转变

近年来,全国范围内自上而下的全民阅读推广宣传效果显著,我们的调查结果也印证了这一点。但是,公共图书馆在具体影响或者介入家庭儿童阅读方面的作用尚未有效发挥。前文已经提到的调查显示,儿童家庭从公共图书馆借书及获得阅读指导的比例都较低。同时,我们还调查了儿童家庭期待公共图书馆开展哪些服务,许多人提出希望开展动手实践活动,开展讲座、培训,举办亲子阅读活动、家长课堂,免费借书等。而事实上,上面提及的内容大多数公共图书馆都已经在做,但却未被广泛知晓,接收到这部分信息的人为数不多。因此,在阅读已经取得广泛共识的前提下,公共图书馆应加大微观精准宣传力度,把具体的服务内容有效地、精准地传递给目标人群,让有需求的人能及时获取到相关信息。

4.2 开展儿童书目推荐服务

我们也调查了家庭为儿童选书时是否参考公共图书馆的书目推荐服务。调查显示,73 个家庭中,仅有 11% 的家庭经常会参考公共图书馆书目推荐,53% 的家庭从未参考过。在回收的问卷中,许多家长明确提出,希望公共图书馆能提供适合各年龄阶段的书目推荐服务。目前,大多数公共图书馆都有各种类型的、定期或者不定期的书目推荐,但是面向儿童群体开展的全面、系统、持续的书目推荐仍有所欠缺。公共图书馆应发挥图书文献的专业性优势、公益单位的客观性优势,积极开展儿童书目推荐服务,为儿童家庭选书提供参考。除了分龄和分学科的常规性的书目推荐外,还应根据用户的特定需求制定专门书目。

4.3 提供亲子阅读指导与培训

调查中,有 64% 的家长认为需要亲子阅读方面的指导或培训。在问卷的最后,多位接受调查的家长特别对公共图书馆提出建议,希望开展家长课堂,开展亲子阅读分龄指导培训。家长是儿童的第一任老师,在家庭中,家长在儿童阅读循环圈中担任的就是"有协助能力的大人"这个角色,在家庭阅读环境建设中发挥主导性作用。开展面向家长的阅读指导和培训,应成为儿童阅读推广的必要组成部分。另外,调查显示,妈妈在儿童家庭阅读中影响力最大,因此,图书馆应重点面向妈妈群体开展亲子阅读指导与培训。

4.4 与相关机构合作,多角度干预家庭阅读环境创建

沿着儿童成长的轨迹,公共图书馆可与健康医疗单位、学校、社区等机构多方合作,开展各类儿童阅读服务。例如和妇产医院合作,发放新生儿阅读礼包,配备婴幼儿读物、父母育儿指导用书及推荐书目等资料,提早介入儿童阅读;儿童出生后会定期到所在的社区卫生服务中心进行预防接种和体检,公共图书馆可与社区卫生服务中心合作,开展合适的阅读指导服务及书

目推荐服务;还可与儿童早教机构、幼儿园、中小学开展儿童阅读相关服务,一方面延伸图书馆阅读推广服务范围,另一方面也帮助这些机构提高阅读指导和服务水平,以便各群体形成合力共同促进儿童阅读。

4.5 打通为儿童阅读服务的最后一公里

调查显示,许多家长希望从图书馆获得儿童阅读服务,但却碍于时间和距离等原因而难以实现。公共图书馆应该创新举措,不断延伸服务范围,将儿童阅读服务送到百姓身边。一方面推进社区图书馆建设,加强社区图书馆儿童文献服务及家庭阅读指导服务。另一方面,创新形式载体,线上线下服务相结合,促进儿童家庭便捷利用公共图书馆各类阅读服务。

儿童阅读推广任重而道远,公共图书馆一方面要为儿童创设良好的阅读环境,创新儿童阅读服务内容,提供优质的服务,吸引儿童走进图书馆,爱上阅读、享受阅读。同时,公共图书馆也有引导每个家庭创设家庭儿童阅读环境的责任,引导家庭成功走上阅读之路。希望在全社会共同努力下,能够扎实做好儿童阅读推广工作,让阅读点亮孩子们的未来,促进全民素养提升。

参考文献

[1] 刘孝文,郭红英,岳爱华.青少年家庭阅读环境、阅读动机和阅读素养的相关性研究[J].河北科技图苑,2018(2):57-60.
[2] 郑珊霞.家庭阅读:图书馆阅读推广的新领域[J].图书馆学刊,2018(9):105-107.
[3] 钱伯斯.打造儿童阅读环境[M].北京:北京联合出版公司,2016.

探析环境对农村儿童阅读的影响

窦莉莉　黄新华(江西省靖安县图书馆)

2016年底,我国首个全民阅读规划——《全民阅读"十三五"时期发展规划》发布,首次明确全民阅读工作的指导思想、基本原则和主要目标。2017年3月《公共文化服务保障法》、2018年1月1日《公共图书馆法》正式施行,都对开展全民阅读提出明确要求,文化立法让全民阅读有了主心骨。但2016年《中国城市儿童阅读情况调查报告》显示,城市儿童平均每年读书量为11—30本,53.2%的城市家庭拥有超过20本适合儿童阅读的藏书,而农村儿童的阅读量仅为6.51本,显著低于城市平均水平,30%的城市孩子拥有80%的阅读资源,70%的乡村孩子只有20%的阅读资源。全国政协委员翟美卿(内地首位卡内基慈善奖得主)在全国"两会"中提出的《关于推动我国乡村儿童阅读事业发展的建议》提案中指出,我国城市与乡村的阅读资源分布相当不均衡,城市里司空见惯的课外图书,却是乡村孩子们的"奢侈品"。本文通过重点分析家庭环境、教育环境、社会环境对儿童阅读推广的影响,提出相应的具有创新性和借鉴意义的解决方案;同时充分发挥社会组织在动员社会资源、二次分配方面的优势,加大力度推广农村儿童阅读,提升服务效能,调动全社会的力量形成合力做好农村儿童阅读推广工作,是值得全社会特别是公共图书馆界认真思考并深入探讨的重大问题。

1　分析影响农村儿童阅读的因素

2018 年,中西部贫困地区儿童阅读调研数据显示,超过 36% 的乡村儿童很难接触到真正的课外书,他们一年的课外阅读量不到 3 本,近 20% 的乡村儿童家里连一本课外书也没有。另外,由于图书资源匮乏,大量库存书、盗版书以及不适合儿童阅读的书籍往往能轻易进入边远山区校园。如今城市经济飞速发展,每个城里的孩子都能通过各种方式看到自己喜欢的书。但是对于农村的孩子呢? 中国的儿童有 70% 都在农村,他们大部分都没有电子设备、大部分乡村学校没有图书馆,更没有闲钱去买书,城乡儿童之间明显存在阅读"高墙"。靖安县图书馆经过民意调查发现,全县 75 个行政村高达 75% 的受访乡村儿童一年阅读的课外读物不足10 本,更有超过 32% 的儿童一年只读了不到 3 本书;此外,超过 78% 的乡村家庭藏书不足 10本,一本课外读物都没有的乡村儿童占比接近 20%。这些均与城市儿童阅读情况形成鲜明的对比。影响少儿阅读生活和阅读倾向的主要因素和力量主要有家庭环境、教育环境和社会环境[1]。因此如何优化家庭、教育、社会环境是当前儿童阅读推广工作中的当务之急,以问题为导向提出切实可行的解决办法并在阅读推广工作中予以贯彻,正是农村儿童阅读推广工作的突破口。近年来,江西省靖安县图书馆凝心聚力,通过密集开展农村儿童阅读推广活动,联合家庭、学校、社会等各方共同营造阅读氛围,改善阅读环境,为力促农村儿童读者阅读习惯的快速养成做了大量有益的工作。

2　环境对农村儿童阅读的影响与优化

2.1　家庭环境在农村儿童阅读推广中的影响及优化

家庭是人出生后最早的生活环境,是儿童最早接触的生活天地,也是他们成长的最主要场所,家庭环境对人的各方面影响是最为巨大的。0—3 岁是养成儿童阅读兴趣和学习习惯的最佳时期,3—6 岁则是培养儿童阅读和学习能力的关键阶段,成年人读书习惯的根在其童年时期已经扎下[2]。美国著名教育家金斯贝瑞曾说:"家长是子女第一个老师,因此他们对子女的一生有着最强烈而深远的影响,他们站在价值观提供、态度形成和资讯给予的第一线上。"儿童阅读习惯的养成很大程度上取决于家庭有没有阅读氛围,在有良好阅读习惯的父母的影响下,孩子会很自然地爱上阅读。

但客观事实是很多家长没有阅读习惯,甚至是根本不参与阅读的。农村家庭由于文化程度、学习氛围、工作性质等原因,家长不参与阅读的现象更加普遍。要在这样的农村家庭形成良好的阅读氛围是非常困难的,但知难行易,任何事情并非无解。靖安县图书馆采取城乡联动,开展全民阅读"进乡村""进家庭"等活动,在基层农民群众中通过举办亲子阅读、"如何当好合格的父母"讲座、"书香家庭"评选等活动,促进父母提高阅读意识,营造良好的家庭共读、亲子阅读氛围,靖安县建立的以县图书馆为总馆、各乡镇综合文化图书室或农家书屋为分馆的总分馆体系在此发挥了重要作用,2013—2018 年共举办亲子阅读活动 322 场次,阅读培训讲座 271 场次。

表1　靖安县2013—2018年乡镇亲子阅读与家长阅读活动统计表

活动类型 场次 举办地点	双溪镇	香田乡	仁首镇	宝峰镇	水口镇	高湖镇	罗湾乡	三爪仑乡	中源乡	躁都镇	雷公尖乡	合计
亲子阅读活动	38	31	28	45	18	34	25	11	35	29	28	322
家长阅读讲座	27	27	32	22	24	25	26	25	27	12	24	271

2.2　教育环境在农村儿童阅读推广中的影响及优化

本文提到的"教育环境"主要是指学校教育环境。学校教育环境对儿童阅读的影响主要体现在语文教学上,多年来语文教学相对于英语、数学等科目存在弱化的倾向,但从2017年开始,全国考纲取消选考模块,增加阅读量,这无疑需要考生提高快速阅读的能力。语文是基础教育的基础,阅读是语文的基础。《人民日报》发表过一篇题为《小学欠下的"阅读账"迟早是要还的》文章强调了阅读的重要性:现在我们中学生的阅读量对比美国的阅读量是美国的1/5,今后基础教育难度要降低,广度要增加,把作业由单纯做习题改为阅读加习题,通过阅读学到更多知识。原国家副总督学、教育部基教司原司长王文湛表示"高考区分度主要在语文",鉴于阅读能力在语文学习中的地位,阅读的不可替代性日益明显。

所有这一切无不指向一个事实:阅读越来越重要。在推广全民阅读的今天,公共图书馆也迎来更多推广阅读的机会。靖安县图书馆以此为契机,截至2017年12底,利用自身资源为全县各乡镇92所中小学校设立图书分馆、班级图书角达到全覆盖。通过加强与学校的合作,推广校园阅读,形成学校、学生、图书馆合作共赢、共同受益的局面。

培养儿童阅读兴趣必须从娃娃抓起已是业界共识,绘本以其趣味、直观、易懂等特性为广大儿童读者所喜爱,绘本阅读是图书馆推广农村儿童阅读工作的重要抓手和切入点。靖安县图书馆通过与学校的合作,推动数字绘本阅读进课堂,在开展普通绘本阅读的基础上,最新引进了数字绘本,通过声、光、电等特殊的数字体验,使农村儿童也能通过与书之间的互动行为,比如触摸、拖拽、听觉等,获得传统书籍无法比拟的阅读体验,极大地增加了阅读的趣味性和互动性,同时,动画书中还增加了一些小游戏内容,以增强孩子对书本内容的理解和记忆。亲子互动数字阅读设备、数字体验馆等多项数字阅读服务设施,体验国学、教辅、科普、互动等各项各具特色的数字资源以及微信、网站等多项在线阅读服务,使读者们的日常阅读生活从此增添了多种新的选择。

2.3　社会环境在农村儿童阅读推广中的影响及优化

图书馆人力资源有限,图书馆需要有意识地寻求与社会各领域的合作,与各方开展资源共建共享,建立互利合作机制,提升儿童阅读服务品质和推广范围[3]。靖安县图书馆通过认真分析影响农村儿童阅读推广的社会因素,与公共医疗、幼教等机构开展合作,通过设立胎教书架、悦读小书包等举措联合推广儿童阅读并取得实效。

2.3.1　设立胎教书架

2013年,靖安县图书馆与各乡镇医院、卫生所的孕检、妇产等科室展开密切合作,由图书馆提供图书、声像资源和设施设备,医院提供场地,共同设立"胎教书架",免费为准妈妈们提供胎儿教育支持,许多孕产家庭因此受益。据统计截至2018年12月,"胎教书架"累计提供服务32385人次,图书及声像资源外借达41977册次。更加值得一提的是,通过接触利用"胎教书架",很多家庭提高了图书馆意识,曾经的准妈妈、准爸爸绝大部分转化成了图书馆的忠实读者。

2.3.2　启动"悦读小书包"等捐赠项目

靖安县图书馆直面乡村少年儿童的阅读危机,面向乡村中小学生,以年级或学校为单位捐赠,项目分年级实施,采用系统化的辅读模式。"悦读小书包"项目与教育主管部门和受赠学校紧密合作,通过组建"悦读小书包读书会"、举办"悦读小书包读书大赛"等方式,将"悦读小书包"与学校课外阅读同步并轨。该项目旨在帮助乡村留守儿童系统推荐、赠送并引导快乐阅读,帮助孩子们养成良好的阅读习惯,健康成长。靖安县图书馆还在全县开展"好书连接你、我、他"公益捐书活动,号召大家捐出家中的闲置书籍,一起帮助乡村少年开阔视野、增长见识,用阅读这件"小事"连接城市家庭与乡村少年,让每一位少年都拥有更多选择和向上成长的机会。截至2018年12月31日,已寄送122168本书籍至全县75个行政村的92所乡村学校,已帮扶学生65422人次。

2.4　公共图书馆在农村儿童阅读推广中的活动及探索

靖安县图书馆近年来联合乡镇分馆、农家书屋针对农村儿童开展多种形式的阅读推广活动,吸引少儿读者利用图书馆、亲近图书馆,引导儿童积极参与全民阅读,在农村儿童中形成以阅读为荣、以学习为乐的价值取向等方面做了有益的探索。

靖安县图书馆通过法人治理结构改革,理顺了管办关系,以理事会为纽带凝聚社会各方力量,同时在县委县政府的支持下构建总分馆体系,以总馆为龙头,以分馆为支点大力开展农村阅读推广服务工作。在打造"读者服务110""三爪仑漂流课堂"等公共文化服务品牌过程中,针对农村儿童开展读书征文、知识竞赛、科学普及、读者沙龙、数字阅读、爱国主义教育讲座、我最喜爱的一本书——百字书评展等丰富多彩、形式多样的阅读推广活动,使图书馆变成一所流动的学校,让健康向上的课余文化生活占领学生课外阵地,降低他们沉迷网络、染上网瘾的概率,让孩子们在玩乐、阅读中愉悦身心、健康成长。

2013—2018年,靖安县图书馆每年在全县各乡镇举办的阅读推广活动持续递增,截至2018年12月,已举办阅读推广活动75次,其中儿童阅读推广活动53次。该馆在农村儿童阅读推广中投入了大量的人力、物力、财力,活动类型涵盖知识竞赛、手工制作、科学普及、数字阅读体验、征文写作等,6年累计举办阅读推广活动255场次,其中针对儿童的活动189场次,儿童阅读推广活动占比达到74%。由此可见,该馆在乡镇进行儿童阅读推广力度之大和重视程度之高。该馆在农村儿童阅读推广和服务均等化方面做出了巨大努力,使农村儿童阅读环境日益改善、阅读氛围更加浓厚,使进入县图书馆、分馆、农家书屋参与阅读的农村儿童读者越来越多,占比越来越高。统计数据显示,农村持证儿童读者由 2013 年的 812 人,截至 2018 年 12 月增加到14327人,增长 16.6 倍之多。

推广全民阅读是公共图书馆的重要工作任务,其中农村儿童阅读推广乃是不容忽视的重点。重视并优化三大环境对农村儿童阅读的影响,实现阅读均衡,城乡共进,是靖安图书馆发展的重要课题。截至 2018 年 12 月,靖安县图书馆共向全县 92 所乡村中、小学捐助图书及阅读设施设备等物资共计505000余元,使农村儿童通过阅读感知世界,憧憬未来,并为他们的童年增添一道绚丽的色彩,真正做到知识托起中国梦,全民阅读在靖安!

参考文献

[1] 丁文祎.中国少儿阅读现状及公共图书馆少儿阅读推广策略研究[J].图书与情报,2011(2):16 – 21.
[2] 朱淑华.儿童阅读推广系统概述[J].图书馆,2009(6):45 – 48.
[3] 曾媛.小学生儿童文学阅读现状与对策研究[J].图书馆研究,2016(3):116 – 120.

融媒体环境下未成年人阅读服务促进与创新

徐　志（湖南图书馆）

1　融媒体的概念

"融合",据《现代汉语大辞典》的释义,是指"几种不同的事物合成一体"。纵观中华民族五千余年的历史进程,关于"融合"的事件不胜枚举。中华民族是一个融合性极强的民族,几千年来,我们的民族大融合、文化大融合、思想大融合从未停止。融合意味着包容并蓄,意味着吐故纳新,也意味着冲突对抗之后的和谐共生。新闻传播学视域下的"媒体融合",最早出现于1983 年,由美国麻省理工学院的学者尹契尔・索勒・普尔提出,其含义是"各种媒介按照一定的规律或效用,呈现出多功能一体化的趋势"[1]。

关于"融媒体",目前有两种不同的观点。一种观点认为"融媒体"即"媒体融合",是现代网络环境下新闻传播领域的一种路径创新,是媒体之间的力量重组和协同作战行为。另一种观点认为"融媒体"是一种全新的媒体形态,是从传统媒体、多媒体、全媒体、自媒体一路发展而来的更高级媒体形态,"是不同媒体间互补与整合,实现资源共享与兼容的一种新型媒体"[2]。笔者认为,"融媒体"是现代通信技术和新兴网络技术双重驱动下的一种全新的信息传播平台和信息流呈现方式。融媒体既是信息传播平台,又是信息资源呈现形态。融媒体集合了以往媒体形态的优点,是万物互联背景下,信息媒介融合和传播方式变革的一项重要创新。

2　融媒体环境下的阅读

网络信息技术和现代通信技术的不断发展,深刻改变着人们的生产、生活、消费和沟通方式。网络联通一切,跨界融合发展成为各行各业的新常态。只要有信息联通传递的需求,就离不开媒介。媒介环境将社会经济环境、文化环境、政治环境、生态自然环境、技术应用环境连缀成一个有机的生态系统。融媒体不仅深刻改变着信息传播领域,也普遍影响到社会发展的各个领域。阅读,作为人类文明传承和个体学习的一种重要方式,从本质上看,也是一种信息传播方式。阅读以文献为媒,以语言文字为载体,使人类的精神文明跨越时空进行交流和传递。融媒体环境下的阅读,呈现出多元化、个性化、智慧化、情境化、泛在化交织的特点。

2.1 融媒体环境下阅读的多元化

2.1.1 阅读的参与面更加宽广

经济基础决定上层建筑,经济社会的发展带动人类进步,积极进行阅读和学习成为社会广泛认同的行为自觉。社会各阶层,不论身份、地位、经济条件和学历背景,不分男女老幼,人人都认识到阅读的价值和意义,并心生向往,这是全民阅读的内源驱动力量。

2.1.2 阅读的资源和渠道更加丰富

信息科技的发展,数字化大行其道,为不同阅读资源多形态呈现、多文本展现、多渠道流通、多角度揭示提供了技术支撑和平台基础。丰富的阅读的资源能够被人们高效便捷地获取、免费或低价获取,这是来自阅读资源端的吸引力。

2.1.3 阅读的服务主体更加多元

党的十六大以来,我国现代公共文化服务体系建设加速推进,文化强国战略背景下的社会阅读,得到了政府的有力扶持,国家鼓励民间力量和社会资本参与公共文化服务,公共图书馆、民间图书馆、出版机构、数字资源供应商、实体书店、大型商业综合体、社会慈善组织、社会文化志愿服务者等法人或自然人,都积极参与或投身全民阅读的服务。这些不同的服务供给主体,为全民阅读提供了体系化解决方案。上述参与主体服务社会阅读的行为客观上形成了促进阅读的合力,营造了"开卷有益"的氛围。

2.1.4 阅读的载体和媒介更加多样

传统的阅读是以文本获取为主,是信息资源的单向流动形式。融媒体环境下的阅读,则包容了各种信息资源的载体形态。实体资源与虚拟资源交相辉映,线上资源和线下资源相互补充,文本、图片、音频、视频、流媒体、小视频、有声资源各司其能。每个人都可以选择自己喜好的方式,随时随地进行阅读。这是阅读资源端在细分市场需求后做出的主动适应。

2.2 融媒体环境下阅读的个性化

融媒体环境下,阅读已经成为大众文化生活的一种方式。既然是生活方式,就不存在高低优劣之分,随心随性的阅读行为、阅读品味,只要是不违反法律法规、社会公德,于他人无妨碍,就应该得到尊重和理解。个性化有时是内容上的自我偏好,如有人喜欢通俗读物,有人喜欢名著经典,从各自需求出发,都有其值得肯定的理由。个性化有时是阅读方式上的与众不同,比如有人喜欢读屏,有人钟爱纸本;有人喜欢文本阅读,有人偏好听书;有人喜欢自己买书看,有些人则偏好借书看;有人喜欢无声阅读,有人喜欢朗读;等等。每个人都是一个独特的个体。阅读服务主体,应该要充分尊重这些个体的兴趣差异、行为差异、观念差异,为大众阅读提供多元化的选择。

2.3 融媒体环境下阅读的智慧化

移动互联网的普及,将手机等移动终端与阅读紧紧联系在一起。融媒体环境下,社会阅读的智慧化主要表现在以下方面:一是阅读平台和载体的智慧化。数字阅读和移动阅读与传统的纸本阅读平分秋色。纸本阅读的优势在于版本、纸张的触感和装帧设计的直观感知。这些情感体验和载体印象,也是阅读体验的重要组成部分。数字阅读和移动阅读则要借助阅读平台或应用工具如 APP、微信实现。其优点是阅读数据能够进行智能存储和分析,阅读内容可以通过知识链、知识图谱的形式进行关联。在进行阅读大数据分析之后,读者能够得精准化推荐和指导。Kindle 阅读器、IPAD 和手机 APP、小程序、微信公众号等阅读平台的智能化程度在不断提高。用户体验如界面颜色、亮度、翻页功能、阅读进度记忆功能、人机对话技术正在不断朝着人性化、个性化的方向发展。二是阅读内容的智慧化,海量的阅读资源一网打尽,信息资源之间的连通性不断优化,为阅读融入百姓生活,融入社会公共服务,奠定了基础。未来的智慧阅读,将兼具连通性、趣味性和知识性,就如今天的智慧运动 APP 一样,可在不同平台呈现,兼具阅读和人机对话功能。

2.4 融媒体环境下阅读的情境化

从市场经济的角度看,社会阅读是一种文化消费行为,阅读环境、氛围,阅读过程中的情境化的感知和体验,越来越受到重视。比如在大型的商业综合体里人们对阅读体验的期待和在家里的阅读体验就完全不同,大型商业综合体集商业消费、休闲、观光、新技术新媒介体验、艺术欣赏、社会交流等功能于一体。在这种情境下的社会阅读,内容不再是唯一重要的因素,文化消费的档次评价、人群的聚集效应、声光电场景装饰等环境因素,对人们的阅读体验会产生重要影响。近年来,图书馆界也充分意识到了服务环境优化的重要性,空间再造理论和实践不断深入。公共图书馆、美术馆等公共文化场馆,不管是服务标准还是环境布置,都积极向商业服务机构看齐。空间的优化改造、场景布置的人性化和美学设计、物理环境和人文环境的双重优化,使图书馆等公共文化场馆的空间优势更加凸显,不少场馆成为文化名片或城市地标,社会阅读和文化休闲的情境化体验更加丰富。如有的公共图书馆将少儿阅读空间打造成了充满童话氛围的城堡,儿童置身其间,仿佛是在童话王国穿行。有的图书馆设置了多主题的阅读空间,空间内从色彩到装饰,从书籍到家具陈设,都充分考虑服务对象群体的审美认知特点。比如女性阅读空间,以粉红或紫色为主调,营造出一种温馨浪漫的氛围。女性读者在此可以便捷获取婚恋、职场、育儿、养生、时尚等方面的专题文献,还可以举办小型沙龙,情境化阅读有温度、有品位。

2.5 融媒体环境下阅读的泛在化

阅读泛在化是"泛在知识""泛在学习"语境下的一种文化现象。书籍是人类进步的阶梯,阅读则是人类攀登的过程。纵观人类发展历史,热爱阅读、重视教育的民族,往往都能站在文明发展的前列。当前,终身学习理念日益普及。公共文化空间,如公共图书馆、城市书房、实体书店、民宿客栈、车站码头,凡是有人群聚集的地方,就有社会阅读的设施和服务,就有社会阅读的行为发生。这是构建学习型社会,建设书香中国的一种愿景,如今这已经逐渐成为一种普遍的现实。以社会需求为中心,积极打造书香社会、书香学校、书香家庭、书香公共空间,是推进现代公共文化服务体系建设的题中应有之义。

阅读泛在化从阅读参与面看,是人人都重视并积极参与阅读;从阅读条件看,是所有的社会个体都能平等享受社会文化发展果实,零成本或微成本即可便捷享受阅读资源和服务,阅读资源科学均衡分布,阅读服务深入嵌入人们的生产生活;从阅读深度和广度上看,是每个人都能按照个体意愿选择适合自己的方式,深度阅读和浅阅读并存,碎片化阅读和连贯性阅读并存,通俗阅读和经典阅读并存;从阅读与社会的衍生关系看,阅读已成为一种备受关注和普遍认同的生活方式,阅读超越了时空的限制,广泛覆盖社会各方面,惠及社会各阶层。

3 融媒体环境下的未成年人阅读

3.1 未成年人的定义

"未成年人"是相对"成年人"而言,这是一个法律方面的概念。在我国和欧美一些国家,"未成年人是不满 18 周岁的公民",在日本未成年人则是指 20 岁以下的人。在法律条文之外,现实生活中,各国基本都存在未成年人、儿童、少儿、青少年混用的情况,未成年人与少儿、儿童、青少年等概念内涵有交叉,也有差别,并不是完全对等的概念。1990 年 2 月生效的《联合国儿童权利公约》规定"儿童系指 18 岁以下的任何人",《联合国儿童公约》中所指的儿童与我国法律中的未成年人具有同样的意义[3]。在我国,未成年人群体,通常是包含了四个年龄段,即 0—1 岁为婴儿,1—6 岁为幼儿,6—14 岁为儿童,14—18 岁为少年。从公民权利保障方面看,未成年人与老年人、妇女均被列入需要保护的特殊群体的范畴。

3.2 融媒体环境下未成年人阅读服务现状

3.2.1 未成年人阅读服务政策

在国际层面:国际图联发布的《婴幼儿图书馆服务指南》《儿童图书馆服务指南》《青少年书馆服务指南》,对图书馆服务未成年人阅读的内容和目标,做出了指导性规定[4]。

在国家层面:2006 年颁布的《中华人民共和国未成年人保护法》,要求"图书馆应当对未成年人免费开放"。2010 年文化部下发了《关于进一步加强少年儿童图书馆建设工作意见》,要求公共图书馆"从便利性出发,积极构建公共图书馆未成年人阅读服务体系,深入开展未成年人阅读推广服务,优化馆员队伍的复合性和专业化结构"。2011 年出台的《中国儿童发展纲要(2011—2020 年)》中提到"培养儿童阅读习惯,增加阅读时间和读量,90% 以上的儿童每年至少阅读一本图书"并确立了儿童优先原则;2017 年实施的《中华人民共和国公共文化服务保障法》规定"各级人民政府应当根据未成年人、老年人、残疾人和流动人口等群体特点与需求,提供相应的公共文化服务……公共文化设施开放收取费用的,应当每月定期向中小学生免费开放"。2018 年实施的《中华人民共和国公共图书馆法》明确"政府设立的公共图书馆应当设置少年儿童阅览区域,根据少年儿童的特点配备相应的专业人员,开展面向少年儿童的阅读指导和社会教育活动,并为学校开展有关开外活动提供支持。有条件的地区可以单独设立少年儿童图书馆"[4]32。

在地方层面:江苏、湖北、广东等省和深圳等城市相继出台了地方性全民阅读促进条例或政策,明确了未成年人阅读服务的要求和目标。如《江苏省促进全民阅读的决定》要求"地方各级人民政府应当高度重视培养未成年人的阅读能力和习惯,建立家庭、学校与社会相结合的促进全民阅读工作机制制定儿童早期阅读推广计划,鼓励亲子阅读。"[5]《广东省全民阅读促进条例》规定"有条件的公共图书馆、文化馆、博物馆等公共文化服务场所应当根据未成年人特点提供阅读资源,开设阅读专区和开展阅读指导培训,营造有利于未成年人的阅读环境"[6]。《湖北省全民阅读促进办法》要求"全民阅读公共服务场所满足未成年人的阅读需要"。

3.2.2 未成年人阅读服务供给侧情况

未成年人的阅读行为,主要在家庭、学校、公共文化场馆、商业文化服务场所等地方产生。国家鼓励社会力量和民间资本参与公共文化服务,未成年人阅读服务是社会力量介入的热点区域。社会、家庭、学校和公共图书馆,都高度关注未成年人阅读服务和创新,社会阅读氛围浓厚。一是公共图书馆领域,对于未成年人阅读服务的理论研究、业务交流和实践探索不断深入。图书馆界积极吸纳现代商业和企业领域服务经验和管理智慧。公共图书馆在积极响应未成年人的阅读需求,在资源建设、新技术应用、阅读氛围营造、环境优化等方面,做出了许多优化服务的探索。二是阅读成为学校教育的重要内容,阅读与学业成绩和素质提升的关联度得到社会和家庭的认可。家庭阅读、学校阅读和图书馆阅读,成为未成年人阅读行为的主要发生地。三是阅读成为家庭教育的着力点。家长在未成年人阅读方面的投入意愿、投入力度不断增强,未成年人阅读支出成为家庭文化消费的重要内容。四是未成年人阅读的市场潜力和价值,带动了出版业的复苏和数据资源产业链的壮大。未成年人阅读资源的线上线下销售表现不俗,成为带动实体书店走出颓势的一股重要力量。2017年,中国图书零售市场总规模为803.2亿,较2016年的701.2亿同比增长14.55%,继续延续了近年来的增长势头。在全国上下大力发展实体书店促进阅读的氛围之下,实体书店也走出了负增长态势,实现了2.33%的同比增速[7]。

3.2.3 未成年人阅读的技术环境

融媒体环境是技术催生的结果,融媒体环境下未成年人阅读天生就带着一种技术适应性的基因,具有鲜明的时代特点。当前的未成年人群体以"05后""10后"为主,这是在移动互联网和现代通信技术不断升级的大潮中出生和成长起来的新生代。刷屏、读网、人机对话、移动支付、视频聊天、人工智能、VR感知、听书、手游等体验和操作的耳濡目染,使得他们对新兴技术应用、平台和APP具有超常的接纳能力。未成年人群体的阅读行为和审美趣味,与新兴技术的应用和发展相融相伴。

融媒体环境下,未成年人阅读体现出很强的包容性,他们对纸质文本阅读、IPAD阅读、Kindle阅读、PC端阅读、微信阅读都不排斥;他们可自由切换碎片化阅读、连贯性阅读;对于文档、图片、音频、视频、流媒体、小视频和有声读物,他们都能接纳。融媒体环境下未成年人阅读服务,应充分认识到未成年群体对新兴技术和新型媒体的适应能力,促进阅读资源、阅读技术和阅读场景的融合,以此提升阅读服务的吸引力和参与度。

3.2.4 未成年人阅读推广活动

国内阅读推广活动是在全民阅读的大背景下产生。2006年4月,中图学会"科普与阅读指导委员会"成立,2009年"科普与阅读指导委员会"更名为"阅读推广委员会",下设"青少年阅读推广委员会",在中山市成立了全国首个"树精灵使者团",并举办"青少年阅读活动案例征集暨阅读推广点子大赛"等活动,开展全国少年阅读现状调查等一系列举措推进少儿阅读[8]。2009年"全国图书馆未成年人服务提升计划"巡讲活动举行,在全国范围内掀起了未成年人阅读活动的热潮,活动取得积极的社会反响。2012年深圳市率先开启了"阅读推广人"培训计划,目的是推动未成年人阅读,开展未成年人阅读方法、阅读促进策略方面的研究,为实践工作提供指导。

全民阅读视野下,针对未成年人的阅读服务受到业界的重视。未成年人处于认知发展、智力发展、语言发展、逻辑思维发展、阅读兴趣激发和阅读习惯养成的特殊阶段。针对未成人的阅读服务,除了阅读资源,还有一个重要抓手,那就是阅读推广活动。阅读服务和阅读推广活动的结合,是未成年人阅读促进的有效手段。针对未成年人的阅读推广活动,通常有四种目的:一是通过活动激发未成年人对阅读的兴趣,引导更多未成年人感知阅读,参与阅读,爱上阅读;二是对一定的阅读资源和内容进行揭示和宣传,让这些资源被更多的人所知;三是通过活动,向未成年读者提供阅读方法、阅读行为方面的指导;四是通过活动,帮助存在阅读障碍的未成年人克服障碍。

4 融媒体环境下未成年人阅读存在的问题

4.1 服务主体对未成年人阅读存在认知偏移

4.1.1 对未成年人年龄构成的认知偏移

长期以来公共图书馆领域都习惯性将未成年人服务对象定位在学龄儿童,以小学至初中阶段的学生为主。0—3岁的婴幼儿被习惯性排除在外,14—18岁区间的高中学生则基本被视为准成人对象进行服务。不同年龄段的未成年人,阅读的特点和需求也存在很大差异,如果笼统地将未成年人视为儿童或青少年,则难以有针对性地开展阅读服务。一些少年儿童图书馆,仅将服务对象定位在6—14岁的中小学生,将3—6岁的幼儿园学生排除在外。而3—6岁的幼儿园阶段,恰恰是儿童语言能力、阅读能力和认知能力发展的关键时期,针对他们开展阅读服务尤为必要。近年来,图书馆已意识到了面向婴幼儿服务的重要性,纷纷设置符合婴幼儿身心特点的专区,如"玩具区""绘本区"等[9]。杭州图书馆、温州图书馆、南京图书馆等多家公共图书馆,都在年龄细分的基础上,开展了符合低龄未成年人发展规律的阅读服务项目。但是仍有不少图书馆,特别是基层图书馆,将未成年人视为与成人相对的群体概念,缺乏分级分层服务的意识。

4.1.2 阅读内容适宜性的认知偏移

成人世界普遍认同的开卷有益,对未成年人而言,有时会起到相反的效果。社会阅读服务主体,在资源购置和布局、服务推广方面,缺乏对未成人阅读内容适应性的认知能力。对未成年人阅读资源的理解,多局限于绘本、文学作品、科普读物等。一些图书馆的未成年阅览室仅有少量绘本和儿童读物。一室之内服务对象年龄跨越18年,阅读资源配置不合理,资源适应性低,难以满足不同年龄段未成年人的阅读需求。

4.2 家长对未成年人阅读方式存在选择忧虑

信息环境下成长的未成年群体,对网络和各种新生媒介具有强大的适应能力。融媒体环境下,未成人的阅读途径主要有纸质文本阅读、移动数字阅读、PC端Web阅读和音频等几种方式。网络是一把双刃剑,网络资源的庞杂性给未成年阅读带来了资源选择的风险。怕未成年人受到不良信息的污染,怕未成人产生网瘾和屏幕依赖,怕未成年人读屏影响视力和健康,是融媒体环境下家长们普遍存在的心病。融媒体环境下,未成年人的阅读环境已经发生变化,但是家长们普遍持保守的心态。在纸质阅读和数字阅读之间,线下阅读和线上阅读之间,家长们普遍偏向前者。

4.3 社会对未成年人阅读存在功利诱导

未成年人尤其是高中阶段以前的学生,在阅读内容的选择方面,缺乏自主能力,需要在成人的指导下进行选择。当前,社会对未成年人阅读存在一些功利性的诱导。中国的应试教育环境,迫使一些未成年人不得不在老师和家长们强制下,进行一些背离个人兴趣的阅读[10]。学前儿童认知发展的一般规律是由近及远、由偏到全、由表及里、由浅入深。成人出于功利目的,对未成年人阅读行为阅读内容的干预,反映出的是家长焦虑心态。比如有些家长不顾未成年人的个人意愿和兴趣,限定孩子只能读经典,不能读科普、漫画、小说等看似与考试无关的作品。在超前教育之外,未成年阅读有时也存在一些揠苗助长的现象。比如有些家长为了面子,不顾儿童认知发展规律,在幼儿期就热衷让孩子读国学,读《红楼梦》。这种功利性的阅读干预,违背了未成年人的认知发展规律,难以让孩子体验到阅读的快乐,阅读的效果也就无从谈起。即使未成年人对阅读的内容会留下一些印象,但并不会产生深刻的认知。

4.4 资源生产端对阅读资源品质保障不足

融媒体环境下,未成年人阅读资源品质是一个值得全社会关注的话题。一方面是内容多元、载体多样的阅读资源充斥网络空间和实体场馆,另一方面是经典读物增量少,适合未成年人阅读的高品质读物开发和供应能力不足。网络出版和实体出版的繁荣,每年都会催生无数新文献。但出版商和数据资源商,在追求经济效益的过程中,也产出了不少低劣产品。一些充斥成人阅读世界的快餐阅读资源、浅阅读资源、模仿抄袭痕迹明显的庸俗作品,也出现在了未成年人的阅读世界。在未成年人十分青睐的绘本领域,经典创作能力不足,本土名家名作稀缺的情况也很突出。大量外籍绘本作家的作品支撑着中国孩子的阅读世界,国内具有影响力的绘本大师屈指可数。作为一个历史积淀深厚的文化大国,未成年人阅读绘本阅读过多依赖外来文化产品,不得不说是一种遗憾。从"哈利·波特"开始,引进版童书便在我国少儿类图书市场中展现出了强大的实力,在畅销书中占据主要位置。2017年"少儿榜TOP100"中,本土作家作品与外国作家作品数量分别是48种和52种,本土作家作品屈居人后[11]。

出版界重视从传统文化和国学经典中寻找灵感。但是由于种种原因,上述题材出版物中,出现了不少粗制滥造、断章取义的伪经典作品。诸如《极简中国史》《不能不知道的历史人物故事》《三天读懂史记》之类的低劣出版物,出现在未成年人的阅读世界,不但无益,反而对未成年人阅读造成不利影响。

5 融媒体环境下未成年人阅读服务促进策略

5.1 打造符合未成年人认知发展规律的阅读内容和模式

公共图书馆、学校、家庭和社会其他阅读服务组织,应在尊重规律的前提下,积极打造符合未成年人身心和认知发展规律的阅读内容和服务模式。在资源建设方面,要充分考虑不同年龄段未成年的人阅读需求,统筹规划,要对未成年人服务对象进行认知纠偏。在阅读环境布局方面,要充分考虑到各年龄段未成年人的天性和阅读行为特点,营造符合未成年审美的阅读环境和氛围。让未成年人阅读的过程中,也受到优美情境的感染和美的熏陶,充分发挥环境对阅读的促进作用。在阅读服务方面,积极开展分龄、分众、分级服务,细分需求,提高服务的精准化和人性化水平。促进阅读资源和活动的融合,以资源为基础、以活动为纽带,促进未成年人阅读服务活动化、活动品牌化、品牌精品化。在阅读推广活动方面,要积极创新思路,从未成年人喜闻乐见的方式切入,把游戏的思路带入活动,在文本阅读之外,增加一些情景化模拟、体验式感知、互动交流环节,使他们充分感受到阅读的乐趣。

5.2 构建泛在便捷的未成年人阅读服务体系

融媒体环境下,未成人阅读服务要多方合作,构建泛在便捷的阅读服务体系。家庭内部,要积极营造阅读的氛围,家长以身示范往往能对未成年起到潜移默化的影响。书香家庭之中,未成年人的阅读行为会更加自觉。在学校内部,教师要鼓励和引导未成年人多开展经典阅读和深度阅读,将阅读融入教学过程当中,从阅读能力培养、阅读内容选择、阅读方法指导方面给予有针对性的指导。公共图书馆和社会其他各阅读服务主体,应积极为未成年人阅读提供便利的设施和条件,在现代公共文化服务体系建设过程中优先助力未成年人阅读。未成年人阅读服务体系建设,要重视线上线下的融合,兼顾传统纸本阅读和数字阅读的需求,给未成年人阅读提供更多的便利和选择。

5.3 加强未成年人阅读习惯培养和指导

好的习惯受益终身。阅读的过程同时也是未成年人世界观、人生观、价值观养成和个性发展的过程。融媒体环境下,未成年人的阅读环境更趋复杂,未成年人对阅读行为和阅读内容缺乏独立掌握的能力,图书馆、家庭和学校应积极介入,加强对未成年人阅读习惯的培养和阅读指导。阅读既是未成年人收获知识,进行精神人格塑造的途径,也是未成年人认识世界、接受教育的一种方式。父母和未成年子女经常进行一些亲子阅读活动,有利于建立亲子间的信任,增进感情。从这个角度看,对未成年人进行阅读习惯培养和指导,也是家庭教育的一个重要方面。

5.4 推进未成年人阅读跨界融合服务

融媒体环境下,未成年人阅读品质的提升,需要多方合作积极推进跨界融合服务。从资源供给端看,出版机构和商用数据库供应商,应以更强的责任心和使命感,在源头上发力,为提升未成年人阅读品质而努力,多出版经典作品。儿童文学和童书创作家,要多创作经典,积极传播中华优秀文化。各级公共图书馆,要积极为未成年人提供好的阅读环境和条件,鼓励和引导经典阅读,在资源建设、环境优化、阅读活动推广方面,推进跨界合作和融合服务。融媒体环境下,为减少未成年人读屏读网可能带来的健康风险,可以鼓励和引导青少年“多用耳朵阅读”。当当网 2018 年童书销售数据显示:“2018 年当当儿童听书迅猛发展,在品类上从 2017 年的7% 上升到 14%,销售占比从 8% 同比增长到 35%。历史国学、儿童文学和绘本故事最受欢迎。”[12] 倡导利用新媒介播放有声读物的听觉阅读,对于未成年人阅读推广更具现实意义[13]。

阅读,关系到一个国家、一个民族的未来。融媒体环境下,社会阅读服务主体更加多元,阅读载体形式丰富多样,全民阅读更加多姿多彩。未成年群体是全民阅读的积极参与者。家庭、学校、图书馆等公共文化服务机构和社会各界应该给予他们更多的关注,对他们的阅读行为给予更多帮助和指导。图书馆作为社会公共阅读服务重要参与者和引领机构,应在分龄分众服务的基础上,积极探索未成年人分级分层阅读服务,让阅读照亮未成年人的精神世界,以泛在化的阅读服务陪伴他们走向未来。

参考文献

[1] 匡文波. 国外融媒体实践及启示——以英国 BBC 为例[J]. 对外传播,2016(11):12－14.

[2] 赵俊英. 融媒体背景下高校图书馆协作式学习共享空间建设研究[J]. 图书馆学刊,2018(4):85－88.

[3] 刘金霞. 未成年人法律制度研究[M]. 北京:群众出版社,2007:4.

[4] 徐雁,李海燕. 全民阅读知识导航[M]. 南京:南京大学出版社,2016:31.

[5] 中国新闻出版研究院,江苏省全民阅读办. 国外全民阅读法律政策译介[M]. 南京:译林出版社,2015:360.

[6] 吴晞,王媛. 图书馆阅读推广基础理论[M]. 北京:朝华出版社,2015:85.

[7] 新浪网. 第十五次全国国民阅读调查报告发布[EB/OL]. [2014－08－18]. http://book. sina. com. cn/news/whxw/2018-04-18/doc-ifzihnep4386289. shtml.

[8] 王余光,徐雁. 中国阅读大辞典[M]. 南京:南京大学出版社,2016:23.

[9] 吴白羽. 分层服务理念下少儿图书馆未成年人服务的现状和特点[J]. 图书馆工作与研究,2019(3):77－80.

[10] 李兰芳,曾祥岚. 学前儿童认知发展与学习[M]. 上海:复旦大学出版社,2014:2.

[11] 搜狐网. 全面解读中国少儿图书市场趋势和特点[EB/OL]. [2018－05－09]. http://www. sohu. com/a/231060395_292883.

[12] 中国新闻网. 当当公布 2018 年童书销售数据:累计售出童书 6.2 亿册[EB/OL]. [2019－01－09]. https://www. chinanews. com/cul/2019/01-09/8724420. shtml.

[13] 杨木容. "用耳朵来阅读":儿童阅读推广研究[J]. 图书馆工作与研究,2016(11):113－116.

论儿童图书馆美好阅读环境的创设与激活

廖小梅(东莞图书馆)

阅读作为一种社会文化现象,关乎时代,关乎社会,与环境息息相关。目前,个体文化意义的实现依赖于阅读能力的培养和提高。因此,在基础教育阶段,家庭、学校和社会都非常注重孩子阅读能力的培养,提升阅读能力是基础教育阶段的重点、难点和热点。从整体上来看,提升阅读能力的途径有三:家庭教育途径、学校教育途径和社会教育途径,并且这三者之间互有联系,相互影响[1]。儿童图书馆归属于社会教育途径,归属于社会文化系统,又对家庭、学校产生影响,是孩子们阅读成长中不可忽视的环境因素。

1 儿童图书馆提升少儿读者阅读能力的方式——展示阅读的美好

当阅读与能力,阅读与成长,阅读与工作和生活都挂上钩的时候,阅读毫无疑问是非常重要的一件事情,我们不得不从功利的角度来衡量和考察。因此,教育和培训机构的阅读从一开始就是打上了功利的烙印。本文谈少儿读者阅读能力的提升,则是站在图书馆的角度,从终身教育的角度探讨阅读能力的问题! 阅读环境是人们进行阅读的必备条件。阅读环境的好坏与阅读是否有成效密切相关。对儿童来说,阅读环境对其养成良好的阅读兴趣和阅读习惯尤为重要。因此,儿童图书馆提升少儿读者阅读能力的方式主要是展示阅读的美好,吸引少儿读者阅读,告诉少儿读者怎么读,跟家长和老师探讨如何更好地教会少儿读者欣赏美好的阅读。简言之,儿童图书馆是阅读大花园,孩子们是来欣赏,来感受阅读的美好的,图书馆员就是花婆婆,精心地伺候和展示阅读的鲜花,同时也提醒家长和老师们如何陪着孩子欣赏阅读鲜花是最美的、最省心的,对于没有家长和老师陪同的孩子,花婆婆还要亲自教孩子们怎么欣赏、怎么保存。作为花婆婆的儿童图书馆员是一份非常有爱心的事业,要理解摸索少儿读者阅读能力提升的规律;要塑造展示美好的阅读环境,让孩子们来了就只想留下,丰富的童书藏书,孩子们想看的好书都能随手找到;要有知识渊博,百问不倒的图书馆员,能及时解决孩子们的各种阅读问题;要有各种各样的阅读活动,让阅读的仪式感激发孩子们阅读的兴趣,感受群体性阅读的分享乐趣! 当孩子们打开了阅读的大门,享受到阅读的美好,阅读成为孩子们生活的需要,以及一种自由运用的能力的时候,孩子们的人生一定会有着美好幸福的方向指引。

2 儿童图书馆美好阅读环境的理论探讨

从系统的观点看,阅读环境泛指影响读者阅读的所有外界力量的总和,它由整个周围事物构成,是一个立体的多层级的子系统。本文暂且只微观地谈儿童图书馆内部的阅读环境。

目前来看,对儿童图书馆内部阅读环境的讨论集中在物质环境的创设和精神环境的激活两个方面。张双莲认为图书馆的阅读环境包括设备环境、色彩环境、照明环境、文献环境、感觉环境。工旭冉认为阅读环境可分为物理环境和精神环境。其中物理环境包括阅读材料、照明环境、设备环境、声控环境和卫生环境。精神环境包括良好的人际关系环境、合理有效的阅读指导和丰富多彩的组织形式。李维石提道,多姿多彩的儿童阅读场所,能提高儿童综合素质的课外阅读活动;充满爱心、热心、耐心、细心的图书馆员,能培养儿童的终生阅读习惯,并提高他们的阅读能力。刘晓英提道,人性化的阅读环境包括人性化的物理环境、人性化的人文环境、人性化的奖励制度[2]。从广义上讲,阅读环境可分为"外部物质环境"和"周围情绪环境",即"阅读硬环境"和"阅读软环境"。阅读硬环境包括家庭与幼儿园丰富多彩的阅读材料,如阅览场所中的坐卧装备、室内色彩、光线照明以及声控环境等因素。除了良好的物质环境,还需要有放松舒适的心理环境,温馨和蔼的阅读互动活动,良好的阅读习惯,科学的阅读指导等软性环境[3]。

综上所述,儿童图书馆的阅读环境这一系统由时间、空间、书籍和人物等物质和精神的因素有机组成,能称为美好阅读环境的阅读环境系统是由于组成系统的各因素都达到了最优化配置,物质环境创设充分、舒适,精神环境得到了最大限度的激活。其中,物质环境首先是指阅读空间、阅读场所、阅读的物理空间,这主要由财政投入、技术发达程度和设计师等外在因素决定,图书馆员主要发挥倡议、建议等参谋角色。物质环境中另一个重要的角色是书籍,决定书籍内容、水平的主要是出版和媒介等外在因素,但是客观、中立的搜罗整理和以何种形式呈现给读者还是由财政投入和图书馆员决定,图书馆员影响书籍的流通、阅览等环境因素。在儿童图书馆的阅读环境中,笔者认为,图书馆员对阅读精神环境的塑造起着重要作用,是最能体现图书馆员创造性和主观能动性的方面。图书馆员通过日常积极的引导,给予孩子们合适的建议,解决各种问题,营造舒适、愉悦的氛围吸引孩子们爱上阅读。当然,充分发挥儿童图书馆员创造性的各种有趣、好玩的互动游戏,以及一些隆重的阅读活动和节日,也会给予孩子们阅读上的精神激励,助力孩子们良好阅读人生的开启。因此,儿童图书馆美好阅读环境的物质创设很重要,但图书馆员对阅读环境的精神激活更重要,美好善良的图书馆员是儿童图书馆美好阅读环境的灵魂。

3 儿童图书馆美好阅读环境的物质创设

3.1 展示阅读的美好,打造舒适阅读空间

从空间因素来看,为了满足读者各方面的需求,要调整温度、声音、位置等各组成因素,让读者感到舒适。只有在阅读空间让阅读者产生舒适感之后,阅读者才可能集中精力去阅读。对空间舒适感的追求和实现更多地依赖于现代科技和设计。如环境温度过热或过冷都会影响阅读者的脑部供血,要么缺氧要么让人烦躁。据调查17℃是最适合人们阅读和学习的温度。这要靠现代的温度调节系统来实现[4]。儿童图书馆因其服务对象的特殊性,尤其要对内部服务环境和设施做好规划和处理,根据儿童特点,选择环保、有趣的墙壁颜色、栏杆颜色等。从而在一个美好的阅读环境中,使儿童更好地进行阅读。如新加坡儿童图书馆作为世界上首座绿色环保图书馆,超过4.5万本的藏书都跟动植物、大自然、气候、环境等绿色课题有关,图书馆里所有的墙壁都使用低挥发性涂料,保证了室内无味无害,空气清新,家长们可以完全放心地让孩子在这里学习。设计师们还把书架做成了树木的形状,加上了绿叶、蝴蝶和小鸟的装饰,让孩子们仿佛置身在大自然之中。这不仅帮助孩子们从小树立环保意识,也为他们创造了天然无害的学习空间[5]。

3.2 展示阅读的美好,建设载体多样、内容丰富的馆藏

图书是阅读环境的核心。图书馆这样一个阅读环境与别的阅读环境的最大区别首先体现在图书馆藏书的丰富和包罗万象。作为一个公益性的阅读机构,图书馆会更客观、中立地呈现各种各类的书籍,把社会效益置于经济效益之上。

在这点上,儿童图书馆会更加注重保持客观、中立的态度,在环境的布置上更注重真善美等价值观的弘扬。在形式上,儿童图书馆的书籍环境也是以儿童为中心,环境布置不说教,不约束,人在书中,书在人旁,书对孩子们而言是应有尽有,随手可得。从知识的角度看,图书馆的阅览室应该设置知识发展和分类的展览,让孩子们对知识从小就有知识的整体观和导航观。其次是对各类型书籍进行有序摆放,方便孩子们快捷找到自己所需要的书籍。在有序的基础上,要考虑到孩子们阅读的便捷性和各种好奇、爱玩的天性需要,打造一些能激起孩子们兴趣的书籍陈列和展示方式。如在美国俄克拉荷马州有一家以"航海"为主题的儿童图书馆,馆内的每一面墙壁上都遍布了特色装饰。当所有照明灯关闭后,形态各异的船只、神秘的宝箱、色彩鲜艳的鹦鹉等自带灯光的"航海"装饰们会带来别样的视觉刺激,让人仿佛置身于海洋世界中。这里还有一座拥有420个座位的航海主题剧场——康纳湾,表演者们会通过精彩的剧目鼓励小观众去发现阅读的乐趣。这样主题乐园式的阅读环境迎合了孩子们爱玩的天性,比

较容易激发孩子们的阅读兴趣[6]。

传统书籍虽然仍是图书馆的重要馆藏,却只是传播信息和知识的方式之一。为了更好地迎合现代人的学习和阅读习惯,图书馆必须提供对用户来说更有使用价值的"产品"。芬兰首都赫尔辛基颂歌图书馆在这方面进行了有效的探索。除了书、唱片和DVD这些传统图书馆借品之外,人们还可以在图书馆免费借用桌游游戏、电脑游戏,以及手提电脑、iPad、摄像机、耳机……因此,现在的儿童图书馆也不只是向孩子们提供书籍"产品",还提供玩具、游戏等多媒体阅读方式。即使是纸质书籍,为迎合孩子们天生的好奇心和探索欲望,现在的儿童图书也是材质多样:布书、触摸书、洞洞书、有声书、立体书、翻翻书、投影书等。儿童图书馆除了尽可能地搜罗、收集,还要以各种方式向孩子们展示、借阅这些尤其有趣的书籍。如东莞图书馆在儿童专题藏书和建设上做出了很多卓有成效的探索:漫画图书馆、玩具图书馆、绘本图书馆等的建设都是走在了前列。其中,东莞漫画图书馆是我国第一家动漫主题图书馆,提供漫画阅读、动画欣赏、动漫教学、原创展示、产业推广、文献研究等多元化服务。绘本图书馆是东莞图书馆在总分馆服务体系下,联合分馆、社区、幼儿园等机构以合作共建方式共同建设,面向未成年人以开展绘本阅读为特色的主题图书馆。

4 儿童图书馆美好阅读环境的精神激活

4.1 营造"书式慢生活"氛围

4.1.1 书式慢生活首先要给孩子留出闲暇泡书

阅读时间是阅读环境的关键。图书馆虽然是天堂般的所在,但也并不是通向美好阅读的唯一途径,现代社会提供了多样丰富的选择途径和方式。况且,现今社会,孩子们要到图书馆来也并不容易,首先需要爸爸妈妈有时间,其次需要自己有时间。在这种情况下,图书馆更要有良好优雅的环境,你来或是不来,阅读就是这么美好地存在着! 而你来一次,阅读的美好就会在孩子们的脑海里加深一次印象!

作为图书馆员,笔者理想中的图书馆是这样一个天堂般的所在:孩子们来图书馆不是为了完成学校的书目,而是无所事事地来图书馆"泡"书,或是来图书馆"散"心。当然,现实只是在无限地与理想接近。笔者在前台值班与读者充分的接触过程中,经常遇到的一些繁忙功利的家长和孩子;由于各种条件所限,儿童图书馆的环境经常很有人气,以至于没那么优雅;有的时候,图书馆也有一些不尽如人意的条条框框。图书馆员总是尽力地在能力范围内整改和努力,尽可能地为读者提供更好的纯粹的阅读服务。

4.1.2 书式慢生活还是一种零压力阅读体验

图书馆员对环境的布置理念也是激活阅读环境的重要精神因素。书式慢生活,还体现在图书馆的开放服务理念是零压力阅读,从生理和心理上给孩子们减负,从而充分释放孩子们的天性,让阅读随孩子们的天性而生长。如在法兰克福图书馆,"舒适和随意"从来都是它的第一准则。低矮的书架,小小的书桌,分割安静的小隔间,柔软的坐垫,都为小读者们创造了最自在的阅读环境。孩子们可以用任何喜欢的姿势看书,怎么舒服怎么随意都可以。图书馆如此没有压力、不拘小节的"款待",就是为了让孩子达到最放松和愉悦的状态,不让读书成为心理、生理上的双重负担。在这样的环境里,孩子爱上阅读成了一件自然而然的事情[7]。

4.2 开展丰富的阅读活动,让阅读的"仪式感"激发孩子们的阅读兴趣

阅读本身是一件很私人的事情,但是图书馆尤其是公共图书馆却是一个公共场所。如今,公共阅读场所所赋予了阅读更多元和丰富的含义。如阅读是可以分享的,是可以大家一起来读的,可以有很多的活动,有一些仪式感,可以使孩子们充分感受集体阅读的愉悦。阅读还可以是一种生活方式,可以在阅读中交友、休闲、体验生活。在图书馆孩子们能遇到很多爱阅读的成年人,还能遇到志同道合的同龄朋友,可以共同切磋阅读的技艺,这会对他们产生潜移默化的影响。

为了达到上述目的,体现阅读的仪式感、集体感和交互感,图书馆一定要有丰富多彩的活动来承载上述功能。如各种展览、各种讲座、新书推荐、专题书目导读、家长大课堂、故事会、布偶戏、亲子共读、手工活动等为孩子们提供了各种活动式阅读体验。在亲子阅读活动中,孩子通过复述故事、推测结局、讨论内容等,体会到阅读不只是把书看完或把故事听完,还能从说故事、编故事、演故事、玩故事的过程中,学习组织自己的思考,体验语言的表达形式,累积自我创造的能力。阅读能力就这样慢慢培养起来。笔者非常推荐东莞图书馆少儿分馆的"我讲书中的故事"儿童故事大王比赛它是东莞读书节的品牌活动,自2008年首次举办以来,每年一个主题,鼓励孩子们围绕主题进行阅读、提炼,形成自己的观点,组织语言表达自己的思想、情感和经验,在与同龄人的较量中相互学习。活动虽然每年只有一次,以节日的形式呈现在孩子们面前。但这种节日的仪式感和号召力会激励孩子们在平日的阅读中多思考、练习,不断提高自己的阅读技能和表达技能。整体来看,活动效益非常好,图书馆以少量的人力和物力,总分馆联动,各镇街和松山湖(生态园)的幼儿园和小学积极参与,影响到了非常多的孩子和家庭,营造了良好的阅读氛围。因此,在笔者看来,这样一个活动起码有两点是值得复制和推广的:一是图书馆以专业平台的形式出现,读者的训练、指导等大量常规性的劳动由家长、教师来承担,即保证了活动的专业性又节省了图书馆人力和物力;二是活动的仪式感和号召力跟阅读的日常训练息息相关,能有效地激发孩子们的阅读能力。

4.3 培养善引导的图书馆员,让阅读的"点金石"开启孩子们良好阅读人生

"鼓励阅读的首要任务,就是学习如何选择并建立一批丰富的藏书,并把孩子们视为成熟而可信任的读者,指导他们有效地阅读,随时提供必要的协助。"艾登·钱伯斯在《打造儿童阅读环境》中非常强调儿童的阅读需要引导,"如果我们的小读者,能够有一位值得信任的大人为他提供各种协助,分享他的阅读经验,那么他将可以轻易排除各种横亘眼前的阅读障碍。一个从不阅读,或者缺乏阅读经验的大人,是难以为孩子提供协助的,这也就是为什么我强调阅读循环的中心点是'有协助能力的大人'。"目前,有很多家长在这方面没有经验,因此图书馆员有着很重要的责任,一是要培养家长成为'有协助能力的大人',二是要对来图书馆的孩子进行有效的阅读指导,无论哪方面都需要图书馆员自身有着很强的协助能力和责任心。严格来说,没有任何一个职业比儿童图书馆员是更需要学习的,他们需要学习各种教育学和心理学,需要学习阅读指导方法和阅读规律,需要懂得各种知识之间的关联,需要有广阔的知识视野。一个合格的儿童图书馆员,他一定是一个经验非常丰富的全科教师,才能给予各种各样的孩子个性化的阅读指导建议!

参考文献

[1] 王余光.阅读,与经典同行[M].北京:海天出版社,2013.

[2] 姚海燕.重庆市城乡儿童阅读环境比较研究[D].重庆:重庆西南大学,2011.

[3] 0—9岁儿童阅读环境的调查报告[J].少年儿童研究,2011(6):12-14.

[4] 丹尼亚.墨西哥城市公共阅读空间系统设计研究[D].杭州:中国美术学院,2015.

[5-7] 亲近母语.看全球教育第一的芬兰,给孩子提供了怎样的阅读环境?[EB/OL].[2018-12-18].http://3g.163.com/dy/article/E3B7uv260518JCRC.html.

家庭环境对儿童阅读积极性的影响

邓　辉(陕西省图书馆)

儿童阅读对个人成长和社会发展都十分重要,因此许多国家政府出台各类法规鼓励儿童阅读[1],如日本出台的《促进儿童阅读活动法》规定每年4月23日为"日本儿童读书节"[2]。学界也十分重视研究儿童阅读,郑建明等人就综述了生理学、心理学、社会学、教育学和图书馆学相关领域的研究成果[3]。

家庭环境对培养儿童的阅读习惯有着十分重要的影响,如张麒麟等人认为亲子阅读对塑造儿童气质类型有所帮助[4]。可惜国内学界对此领域研究略显贫乏,以"家庭"与"儿童阅读"为关键词在CNKI核心期刊数据库检索,截至2019年3月只得到60余篇文章。其中,还有大量介绍国外研究成果和国内推广经验的论文,对家庭环境因素影响儿童阅读积极性影响的实证论文少之又少。

本文基于中国教育追踪调查(CEPS)2014—2015学年调查数据,采用计量模型实证检验了各类家庭因素对儿童阅读积极性的影响,填补了相关研究空白,对指导政府加大公共文化投入、改善改变家庭环境,以促进儿童阅读具有重要的实际意义。

1　数据来源、变量及计量方法说明

1.1　数据来源

本研究实证数据全部来自于"中国教育追踪调查(CEPS)2014—2015年调查"。该数据是由中国人民大学中国调查与数据中心(NSRC)设计与实施。项目调查所用调查卷分为学生卷、家长卷、校长卷、教师卷和班主任卷五种,本文使用数据基于调查报告的"八年级学生问卷"相关信息。

原调查抽取了全国28个县、112所学校、435个班级、10750个学生的相关数据。由于许多学生在填写问卷时存在回答缺失问题,因此本文去掉了存在相关问题的数据。同时许多问题的答案选项包含的信息比较模糊,本文也删除了有关数据(具体删除内容见下文"变量说明"

部分),最后得到 6524 位八年级学生的回答数据。

1.2 变量说明

在 CEPS 调查问卷中,B13 问题为"除了上题中提到的兴趣爱好,你平时还喜欢做哪些事情?(多选)",其中 01 问题为"看书"。如果学生回答喜欢看书赋值为"1",否则为"0"。"是否爱好读书"是本文的核心被解释变量,属于典型的二元变量。

家庭环境有众多因素,不同研究者的分析家庭环境对儿童阅读影响的视角自然有所不同。比如宏观上,家庭处于城市或者农村,肯定会对儿童阅读产生影响[5];微观上,父母的受教育水平,也会影响儿童阅读[6]。任何研究无法涵盖家庭环境的所有方面,在实证时我们只能基于家庭环境主要特征,选取一些具有代表性的因素进行研究。

本文基于以往研究[7],尝试把家庭环境分为家庭结构、物质(经济)资本、文化资本、社会资本和教育观念 5 个方面共 18 种因素,实证它们对儿童阅读积极性的影响。

1.2.1 家庭结构

家庭结构是一个家庭最重要的特征,也是影响孩子成长的关键因素之一。孩子是否为独生子女以及夫妻婚姻状况是家庭结构的两个主要特征。在 CEPS 调查问卷中,A5 问题为"你是独生子女吗?",回答"是",赋值为 1;回答"不是",赋值为"2"。A8 第 2 小问题为"你的亲生父母现在的婚姻状况是"(以下简称"夫妻婚姻状况"或"父母婚姻状况"),父母没离婚赋值为0,离婚赋值为 1。本文选取相关数据分析家庭结构对儿童阅读积极性的影响。

1.2.2 家庭物质(经济)资本

物质可能是儿童阅读的基础,本文共选取 3 种家庭物质资本变量加以实证,分别是户籍类型、家庭总体经济条件,以及家庭对儿童教育的具体物质投入。现阶段户籍类型依然深刻影响着家庭的收入[8],而图书馆学非常关注农村地区儿童阅读权利[9],因此本文选取户籍类型作为实证物质影响的因素之一。

CEPS 调查 A9 问题为"你觉得你家现在的经济条件如何?"(以下简称"家庭经济条件"),选择项分别为非常困难、比较困难、中等、比较富裕和很富裕,赋值 1、2、3、4、5,相关数据衡量家庭经济条件的总体水平。

CEPS 调查 A10 问题为"在你家里,你有自己独立的书桌吗"(以下简称"独立书桌"),回答有,赋值 1;回答没有,赋值 2。儿童拥有独立书桌,代表孩子拥有独立的卧室,也代表父母对孩子教育投资的重视程度,因此该变量代表家庭对儿童教育的具体物质投入水平。

CEPS 调查 A2 问题为"你现在的户口类型",选项分别为农业户口、非农户口、居民户口、没有户口,赋值 1 至 4。本文实证中删除了"没有户口"的数据,同时将非农户口和居民户口数据合并赋值为 2,同时通过逻辑运算将农业户口赋值为 1、非农户口和居民户口同时赋值为 0。

1.2.3 家庭文化资本

本文借鉴胡安宁、张文宏等人对文化资本的研究[10][11],选取家庭藏书量、家中是否有联网电脑,及父亲与母亲的职业类型 4 种因素加以实证。

根据阅读心理学,家庭藏书量会极大影响儿童阅读兴趣[12],因此本文首选选取家庭藏书量作为度量家庭物质文化资本的首要因素。CEPS 调查表的 A11 问题为"你家里的书很多吗?(不包括课本和杂志)",选项分别为很少、比较少、一般、比较多、很多,赋值分别为 1

至 5。

在信息时代，电脑和网络是人们获得知识的重要途径，电子图书也成为纸质文献的有力补充，所以家庭是否拥有电脑是衡量一个家庭物质文化资本的重要方面。但是电子产品，尤其是电子游戏会对儿童阅读产生消极影响[13]，所以电脑对儿童阅读的影响可能是比较复杂的，需要实证验证。CEPS 调查表 A12 问题为"你家里有电脑和网络吗"（以下简称"家中是否有联网电脑"），选项分别为都没有、有电脑无网络、有电脑和网络，赋值分别为0、1、2。

父母受教育水平是家庭文化资本重要组成方面，但 CEPS 八年级学生调查表中并没有数据。然而个人受教育水平会影响其职业类型，根据以往研究二者密切正相关[14]，所以父母职业是其受教育水平非常好的代理变量，因此父母职业可以作为衡量家庭文化资本的重要因素。CEPS 调查表 A13 和 A14 问题两个分别关于孩子父亲和母亲的职业。回答选项将职业化分为政府机关领导、事业单位、医生、司机、技术工人（如司机）、普通工人（如搬运工）等共 14 个选项，赋值从 1 到 14（以下简称"父亲职业"和"母亲职业"）。本文删除了第 13 项"退休、无业、失业下岗"及第 14 项"其他"两个相关选项数据，然后将第 1 至第 6 种需要高学历、高文化素养的职业赋值为 1，剩余职业赋值为 0。

1.2.4 家庭社会资本

社会资本是指社会中个体或团体之间关联的紧密程度。科尔曼最早提出家庭社会资本的概念，并认为家庭社会资本是指家庭成员间关联紧密程度[15]。以往心理学、经济学、教育学研究表明社会资本、亲子阅读会影响儿童的成长和学习成绩[16-18]，所以实证家庭社会资本对儿童阅读积极性的影响非常必要。

本文尝试选取 5 种变量实证家庭社会资本对儿童阅读的影响。具体是在 CEPS 调查中选取 A17 问题"你父母经常吵架吗"（以下简称"父母冲突"）、A16 问题"你爸爸经常喝醉酒吗"（以下简称"父亲是否酗酒"）、A22 问题"你和爸爸的关系怎么样"（以下简称"父子亲密度"）、A23 问题"你和妈妈的关系怎么样"（以下简称"母子亲密度"）、A24 问题"你和父母一起吃晚饭的频率大概是"（以下简称"共餐频率"）5 个问题相关数据，实证家庭社会资本对儿童阅读的影响。

其中父母经常吵架赋值为 1，不经常吵架（家庭和睦）赋值为 2。父亲酗酒赋值为 1，不酗酒值为 2。父母与孩子亲密度两个问题回答都包含三个选项，分别是不亲近、一般和很亲近，赋值为 1、2、3。共餐频率问题回答包含 6 个选项，分别是从不、每年一次、每半年一次、每个月一次、每周一次和每周一次以上，赋值 1 至 6。

1.2.5 家庭教育观念

本文共选取 4 种变量分析家庭教育观念对孩子阅读积极性的影响，分别从父母辅导孩子学习频率、父母对孩子上网态度、父母对孩子看电视态度以及父母对孩子教育期望。

数据取自 CEPS 调查 A19 问题"上个星期，你的父母有没有每天指导你的功课"（以下简称"指导作业频率"）、A20 第 5 个小问题"你父母在以下事情上管你严不严（上网时间）"（以下简称"父母上网态度"）、A20 第 6 个小问题"你父母在以下事情上管你严不严（看电视的时间）"（以下简称"父母电视态度"）以及 A28 问题"你父母对你的教育期望是"（以下简称"父母教育期望"）相关 4 问题。

其中 A19 问题回答都包含 4 个选项，分别是没有、一到两天、三到四天、几乎每天，赋值 1

至4。父母上网态度、父母电视态度相关问题回答都是3个选项,分别是不管、管得不严、管得很严,赋值1至3。父母对孩子教育预期回答共包含10个选项,分别是现在就不要念了、初中毕业、中专技校、职业高中、普通高中、大学专科、大学本科、研究生、博士和无所谓,赋值1至10。本文删除第十个选项"无所谓"的相关数据。

1.2.6 变量描述

按照家庭环境的五个方面,我们将变量分为五种类型,又在各个类型下细分了其包含的各种相关因素。样本数据的具体描述性统计见表1。

表1 样本数据具体描述性统计

变量类型	变量名称	变量说明	样本量	平均值	标准差	最小值	最大值
家庭结构	X_{11}	独生子女身份	6524	1.5399	0.4984	1	2
	X_{12}	夫妻婚姻状况	6524	0.0607	0.2388	0	1
家庭物质资本	X_{21}	家庭经济条件	6524	2.9569	0.5957	1	5
	X_{22}	户籍类型	6524	0.5386	0.4985	0	1
	X_{23}	独立书桌	6524	1.2128	0.4093	1	2
家庭文化资本	X_{31}	家庭藏书量	6524	3.0986	1.1542	1	5
	X_{32}	家中是否有联网电脑	6524	1.374	0.8814	0	2
	X_{33}	父亲职业	6524	0.2589	0.4381	0	1
	X_{34}	母亲职业	6524	0.2828	0.4504	0	1
家庭社会资本	X_{41}	父母冲突	6524	1.9108	0.2851	1	2
	X_{42}	父亲是否酗酒	6524	1.9178	0.2746	1	2
	X_{43}	父子亲密度	6524	2.5349	0.564	1	3
	X_{44}	母子亲密度	6524	2.7399	0.4678	1	3
	X_{45}	共餐频率	6524	5.4715	1.1531	1	6
家庭教育观念	X_{51}	指导作业频率	6524	1.7765	1.0331	1	4
	X_{52}	父母上网态度	6524	2.5343	0.604	1	3
	X_{53}	父母电视态度	6524	2.286	0.6444	1	3
	X_{54}	父母教育期望	6524	6.722	1.5013	1	9
儿童阅读积极性	Y	学生是否爱好读书	6524	0.5468	0.4978	0	1

1.3 模型说明

本文的被解释变量Y(儿童是否爱好读书)是典型的二值逻辑变量,因此本文选用Logit模型进行统计分析。基础回归方程如下:

$$Y = \alpha + \beta_i \cdot X_i + \gamma$$

在基础方程中,Y是被解释变量,α是截距,β是解释变量的回归系数,γ是随机误差项,I代表不同家庭影响因素。本文的实证部分是在基础方程中纳入不同变量加以实证分析。

2 实证结果分析

2.1 结果说明

由于实证的变量非常多,为避免遗漏变量偏差、多重共线性等对研究结论产生影响,本文在基础方程尝试了多种变量组合。可是由于文章篇幅关系,不能完全展示所有回归方程及其结果。因此本文只能选择性地展示最典型的 9 个回归方程及其结果,其余统计结果会在本文"2.2 结果分析"部分加以补充。

方程(1)至(5)分别单独考察了五类家庭环境对儿童阅读积极性的影响。方程(6)则是将所有 18 种解释变量纳同时入回归方程。方程(7)是在方程(6)的基础上,纳入 $X_{33} \times X_{43}$ 和 $X_{34} \times X_{44}$ 两个交互项,以判断家庭文化资本和家庭社会资本之间是否存在交互作用。

由于多重共线性的原因,许多对儿童阅读积极有显著影响的变量,不能同时纳入一个回归方程,但单独列出某个回归方程结果可能会让读者忽略某些重要家庭因素。因此方程(8)和方程(9)将受到多重共线性影响的家庭环境因素分别纳入方程,以便于综合比较各种家庭环境因素对儿童阅读积极性的影响系数(权重)。

方程(1)至(9)的具体回归结果见表 2 和表 3:

表 2　家庭环境分类影响

变量	方程(1)	方程(2)	方程(3)	方程(4)	(方程 5)
X_{11}	-0.2465^{***} (0.0502)				
X_{12}	-0.01 (0.1047)				
X_{21}		0.0368 (0.046)			
X_{22}		-0.2186^{***} (0.0531)			
X_{23}		-0.2959^{***} (0.0673)			
X_{31}			0.3903^{***} (0.026)		
X_{32}			-0.1223^{***} (0.0325)		
X_{33}			0.0809 (0.0768)		
X_{34}			0.0951 (0.075)		

变量	方程（1）	方程（2）	方程（3）	方程（4）	（方程5）
X_{41}				0.0127 （0.0926）	
X_{42}				0.398 *** （0.0936）	
X_{43}				0.0411 （0.0505）	
X_{44}				0.3039 *** （0.0598）	
X_{51}					0.0772 ** （0.0256）
X_{52}					0.0741 （0.0508）
X_{53}					0.293 *** （0.0484）
X_{54}					0.2712 *** （0.0181）
r^2	0.0027	0.0068	0.0338	0.0072	0.0424

表3　家庭环境综合影响

变量	方程（6）	方程（7）	方程（8）	方程（9）
X_{11}	0.059 （0.0611）	0.0576 （0.0611）		
X_{12}	0.1366 （0.1136）	0.1363 （0.1137）		
X_{21}	－ 0.1176 ** （0.0509）	－ 0.1193 ** （0.0509）	－ 0.1241 ** （0.0495）	－ 0.1105 ** （0.0491）
X_{22}	－ 0.0075 （0.0626）	－ 0.0055 （0.0627）		
X_{23}	0.0359 （0.0765）	0.0333 （0.0766）		
X_{31}	0.3298 *** （0.0292）	0.3299 *** （0.0292）	0.3303 *** （0.0272）	0.3746 *** （0.0272）
X_{32}	－ 0.0752 ** （0.036）	－ 0.0745 ** （0.036）	－ 0.0839 ** （0.0334）	－ 0.0814 ** （0.0336）

变量	方程(6)	方程(7)	方程(8)	方程(9)
X_{33}	0.0316 (0.0796)	0.0124 (0.2894)		0.1526 ** (0.0646)
X_{34}	0.0781 (0.0784)	-0.2865 (0.3633)		
X_{41}	0.021 (0.0984)	0.0201 (0.0983)		
X_{42}	0.3107 ** (0.0981)	0.3125 *** (0.0981)	0.3018 *** (0.0953)	0.3181 *** (0.0943)
X_{43}	-0.037 (0.0534)	-0.0374 (0.061)		
X_{44}	0.1648 ** (0.0629)	0.1293 * (0.0723)	0.1354 ** (0.0562)	0.1834 *** (0.0556)
X_{45}	-0.0266 (0.0244)	-0.0263 (0.0244)		
X_{51}	0.0071 (0.0277)	0.006 (0.0277)		
X_{52}	0.0758 (0.052)	0.0771 (0.052)		0.0855 * (0.0512)
X_{53}	0.2608 *** (0.0492)	0.2615 *** (0.0492)	0.2964 *** (0.0411)	0.2962 *** (0.0482)
X_{54}	0.2192 *** (0.0189)	0.2187 *** (0.0189)	0.2207 *** (0.0187)	
$X_{33} * X_{43}$		0.0062 (0.11)		
$X_{34} * X_{44}$		0.1336 (0.1303)		
R2				

注:1. *** 表示 P<0.001, ** 表示 P<0.05, * 表示 P<0.1;2. 括号内为标准误。

2.2 结果分析

2.2.1 家庭结构的影响

回归方程(1)结果显示独生子女身份对儿童阅读积极性影响显著——多子女家庭会对儿童阅读积极性产生消极影响。不过方程(1)相对于方程 R^2 最低,独生子女身份在方程(6)、方程(7)中不再显著,所以我们需要进一步探讨独生子女身份对儿童阅读积极性的影响。

秦雪征[19]、黎煦[20]等人的研究表明,在控制众多家庭因素后生育二胎对子女受教育实际上影响较小,在很多情况下甚至并不显著。本文在回归方程(1)中分别加入家庭物质资本、文化资本、社会资本和教育观念后,独生子女身份的回归系数和显著性也的确都削弱了。特别是加入家庭文化资本后,独生子女身份变得不再显著。这说明家庭物质资本和文化资本,是独生子女身份影响儿童阅读积极性的中介变量、调节变量。如果父母缺乏文化素养,不重视培养家庭文化氛围,那么即便孩子是独生子女,也会不爱阅读。

同时,方程(1)回归结果表明父母婚姻状况对儿童阅读积极性的影响并不显著。这符合心理学研究结论。因为父母冲突水平对儿童成长的影响,要比婚姻状况大地多[21]。如张春泥基于2010—2014年CFPS数据,研究表明离婚家庭、重组家庭孩子女在获得经济投入、学业及在校表现和完整家庭间差别不大,反而是夫妻频繁争吵的完整家庭对孩子有消极影响[22]。

总之,无论是独生子女身份还是夫妻婚姻状况,家庭结构本身对儿童阅读积极性影响都较小。多子女家庭及离异家庭的父母,只要重视儿童的阅读物质和文化投入,多和子女交流、互动,那么其孩子也会爱上读书。

2.2.2 家庭物质资本的影响

对于家庭物质资本,我们首先分析农村户籍和独立书桌的影响。在方程(2)回归结果表明,农村户籍、没有独立书桌会对儿童阅读积极性产生负面影响。同时,在方程(2)中分别加入社会资本和教育观念相关因素后,户籍类型、独立书桌对儿童阅读的影响和显著性都减弱了。这说明家庭社会资本和教育观念,是家庭物质资本作用于儿童阅读的中介变量。最后,在方程中加入家庭文化资本变量后,户籍类型和独立书桌就变得不再显著。这说明家庭文化资本是物质资本影响儿童阅读的调节变量,如果父母自身不重视读书、缺乏文化修养,那么即便投入再多物质资本,孩子依然不会爱上读书。

因此,虽然父母加大对孩子的教育物质投入的确会在一定程度上提高儿童阅读积极性;但父母增强和孩子互动,树立正确的教育观念,对培养孩子阅读积极性会起到事半功倍的效果。而如果家长本身不重视读书、缺乏文化素养,那么创造再好的物质条件,对培养儿童阅读积极性都是徒劳的。同时,相对于城市家庭的孩子,农村家庭爱好读书的可能性的确较低,而其中关键原因是农村地区缺少相关物质资源,而且农村孩子家长往往不重视儿童阅读,因此政府在加大对农村地区公共文化投入的同时,也要重视引导家长重视阅读、重视文化。

有趣的是X_{21}"家庭经济条件"相关数据。在方程(2)中加入家庭结构、社会资本、教育观念相关因素后,家庭经济条件回归结果往往都不显著。唯独加入文化资本后,家庭经济条件结果才会变得显著。因此家庭文化资本是控制家庭经济条件遗漏变量偏差不可缺少的变量。可是加入家庭文化资本后,家庭经济条件对儿童阅读积极性却产生了显著负面影响。然而以往大量研究表明家庭经济条件会提高孩子的受教育水平[23-24],同时心理学研究也表明阅读能力对语文成绩影响非常重要[25]。

那么,是什么原因导致在控制家庭文化资本后,家庭经济条件优越的孩子学习成绩很好,但阅读积极性却下降了呢? 可能的解释是,在家庭文化资本相同的情况下,经济条件越好的家庭,就越有能力支持孩子在阅读、绘画、书法等课余活动间进行选择。儿童课余时间和精力是有限的,这些课余活动和阅读之间存在替代关系,因此在家庭文化资本相同的条件下,经济条件好的孩子会减少阅读时间。但是课余爱好对培养儿童同样有益处,所以虽然孩子喜欢阅读的比率下降了,但是孩子成绩并没有受到影响。

用经济学术语描述这一现象,阅读就属于儿童文化类爱好中的"劣质品"。因为随着家庭收入提高,孩子们会减少对阅读的兴趣。"劣质品"实际上是中性词,最典型的劣质品就是粮食。随着收入的提高,家庭会减少粮食类消费,而增加肉类消费。显然粮食属于"劣质品",但却是最基础的食物。所以从这个角度看,阅读是儿童最基础的文化类爱好,是儿童的"文化食粮"。这也说明在公共文化领域,政府应该优先保障公民阅读权利,因为阅读是最基础的文化爱好,其对物质投入的要求也最低。最后,这也说明公共图书馆举办非阅读推广活动存在积极作用,这些活动依然会提高儿童文化素养提高。

2.3.3 家庭文化资本的影响

和以往研究结论一样,方程(3)数据表明家庭藏书量对儿童阅读积极性的影响非常大,而且在所有显著影响因素中排名第一。但是家庭藏书量对儿童阅读积极性的具体影响机制,却是一个黑箱。首先,父母阅读行为可能是家庭藏书量和儿童阅读共因。父母越喜欢阅读,家中藏书就越多,同时,父母越喜欢阅读,其行为也就越可能导致孩子爱上阅读。家庭藏书量也可能是儿童爱上阅读的直接原因。因为家庭藏书越丰富,孩子阅读有更多选择空间,就越可能爱上读书。当然,这两种影响机制并不是彼此冲突的,可能兼而有之,所以家庭藏书量对儿童阅读积极性的影响机制有待进一步研究。

其次,家庭有联网电脑会对儿童阅读产生消极影响,系数影响大概是 -0.12 左右。不过在方程(9)中综合考虑家庭环境多方面因素后,家庭有联网电脑会对儿童阅读产生消极影响削弱了。同时,家庭有联网电脑的消极影响(-0.08 左右),与父母上网态度的严格的系数积极影响(0.08),二者之间几乎完全抵消。这说明虽然上网会挤占一部分儿童阅读时间,但是父母对孩子上网管理得比较严格,那么上网对儿童阅读的负面影响几乎会完全消除。

最后,由于学历、职业是影响婚姻匹配的重要因素[26],所以父母双方之间的职业(受教育水平)存在严重的共线性问题,不能同时纳入回归方程,所以在方程(3)(6)(7)中 X_{33} 父亲职业、X_{34} 母亲职业统计结果都不显著。但是在回归方程(9)中,单独将父亲职业(受教育水平)纳入回归方程后,其对儿童阅读积极性的影响就变得显著了(母亲职业影响效果一样,由于篇幅关系不加说明)。具体来说,各类回归结果显示夫妻职业(受教育水平)对儿童阅读积极性影响的系数在 0.12—0.15 之间,夫妻双方彼此职业影响差别不大。不同总体而言,母亲的影响略高于父亲,统计结果也稍微显著。

2.3.4 家庭社会资本的影响

首先,以往研究表明,父母冲突会造成儿童学习成绩下降[27],沉迷手机和网络[28-29],所以父母冲突应该会对儿童阅读造成消极影响。可是父母冲突在方程(4)中的回归结果并不显著。这说明变量 X_{41}"父母是否经常吵架"与其他家庭社会资本之间存在严重的共线性问题。心理学研究表明,父母冲突和父子、母子亲密度[30-31]、父亲酗酒(酒精滥用)[32-33]都存在密切的相关性。因此当这些因素同时纳入回归方程,可能会损害父母冲突对儿童阅读影响的显著性。

本文先尝试采用简单地二元回归,结果表明家庭冲突的确显著损害儿童阅读积极性。接着,又在回归方程中分别纳入家庭结构、物质资本和教育观念部分变量,发现家庭冲突依然会对儿童阅读产生消极影响。这说明父母冲突的确会影响儿童阅读,原因可能是父亲冲突导致父母减少了彼此和孩子的互动,同时降低了家庭对孩子教育的投入,并影响了孩子的行为。但是当方程纳入家庭藏书量后,父母冲突对孩子阅读积极性的影响就不再显著。也就是说,父母在家的阅读行为以及丰富藏书,可能会削弱相关不利影响。

其次,变量 X_{42} "父亲是否酗酒"对儿童阅读积极性的影响非常显著,相关系数在所有 18 种变量中排名第二(仅次于家庭藏书量)。虽然父亲酗酒与其他 4 种家庭社会资本都是显著相关,可是无论我们如何控制其他变量,都无法削弱父亲酗酒对儿童阅读的消极影响。这说明父亲的酗酒行为对儿童阅读积极性异常显著。因此如果父亲成功戒酒,那么孩子喜欢读书的可能性平均而言就会提高 35% 左右。

在方程(4)数据中,父子亲密度结果并不显著,而母子亲密度非常显著。实际这也是由于多重共线性的影响。当回归方程(4)中去掉母子亲密度后,父子亲密度就变得显著了。不过父子亲密度的影响系数(0.15)及显著性,都比母子亲密程度(0.3)低很多。母子亲密度几乎是父子亲密度的 2 倍,而且加入其他约束条件后显著性不受影响。显然这是因为母亲和孩子在日常生活中接触更多,也主要承担对孩子的教育工作。结合家庭文化资本的相关结论,我们可以看出母亲在教育孩子过程中提高自身文化素养、增加与孩子的互动对孩子阅读积极性影响非常大。

最后,共餐频率在方程(4)中回归结果不显著。只有在方程(4)中去掉父子亲密度、母子亲密度后,共餐频率对儿童阅读积极性的影响才变得微弱显著($P < 10\%$),且影响系数只有 0.04。虽然以往有研究表明父母和孩子的共餐频率会影响学业[34],但是本文研究表明父子、母子密度和共餐频率作为解释儿童阅读积极性的竞争变量,二者在解释力方面要比共餐频率强很多。因此要提高儿童的阅读积极性,关键并不是增加共餐之类的互动形式,而是促进父母与孩子间的实质关系。

2.3.5 家庭教育观念的影响

首先,父母指导孩子作业的频率,是父母对应试教育重视程度的一种体现。方程(5)的回归结果表明,父母指导孩子作业频率虽然显著影响儿童阅读积极性,但是相关系数只有 0.08 左右,在方程(1)至(5)统计结果显著的变量中排倒数第一。同时,如果在方程(5)中纳入家庭文化资本,那么父母指导孩子作业对儿童阅读积极性影响就不再显著了。显然,这说明如果父母重视孩子应试教育成绩,那么学习对培养儿童阅读兴趣作用非常微弱。

其次,在方程(5)中父母上网态度统计结果并不显著。但如方程(9)所示,在控制家庭文化资本后,父母上网态度就变得显著,这说明文化资本是控制父母上网态度遗漏变量偏差的重要变量。之所以说控制家庭文化资本非常重要,是因为不同孩子使用网络的用途是不同的。李佳悦等人研究发现,成绩好的学生使用网络态度和行为积极,而成绩差的学生使用网络的阅读目的、阅读内容都缺乏理智[35]。因此,当父母对待孩子上网态度处于同样宽松时,家庭文化资本高的孩子依然喜欢读书,而家庭文化资本低的孩子却会沉迷游戏。因此,很多时候孩子沉默网络、不爱读书,原因并不是父母对儿童上网态度不够严格,而是父母自身可能就不合理地使用网络,对孩子教育没有起到以身作则的作用。

再次,父母对孩子看电视的严格态度会显著提高儿童阅读积极性,其影响系数在所有变量中排第 3。这是符合以往研究结论的。如朱学文等人研究发现,看电视对孩子学习没有丝毫帮助,也不会促进儿童智力发育[36]。易旭明对电视走秀的研究表明,儿童看相关节目甚至会损害学习成绩[37]。所以儿童看电视会挤占阅读时间、损害阅读积极性,对孩子成长没有益处,因此父母对孩子看电视的严格态度有利于培养孩子阅读兴趣,促进孩子成长。

最后,方程(5)数据表明父母对儿童的教育期望对孩子阅读积极性有正面显著影响,蒋亚丽[38]、方晨晨[39]等人研究表明父母对孩子教育期望会正面影响孩子成绩,因此本文结论符合理论预期。可是如果将父母职业(受教育水平)和对子女教育期望纳入同一方程,那么父母职业(受教育水平)影响就会不再显著。同时,回归发现父母对子女教育期和父母职业(受教育水平)三者显著正相关。这说明父母的职业(受教育水平)严重影响其对孩子的教育期望。因此,父母对孩子教育期期望会受到各类外界和自身因素的影响,所以父母应该坚定支持孩子读书、学习的态度。

2.3.6　方程(7)结果说明

如方程(7)所示,家庭文化资本和社会资本的交互项回归结果并不显著。即便考虑到多重共线性的原因,将有关变量分别回归,结果依然不显著。这说明家庭文化资本和社会资本分别独立向儿童阅读积极性产生影响。父母的文化素养本身就会对儿童行为产生影响,并不需要通过与孩子互动。同样,即便父母文化修养不高,但是只要为孩子创造和谐的家庭氛围,也会有助于孩子的阅读和成长。

2.3.7　方程(8)和方程(9)说明

首先,方程(8)和方程(9)分别列出对儿童阅读积极性影响最大的9项因素,按照影响权重排序是:①家庭藏书量;②父亲是否酗酒;③父母对孩子看电视严格程度;④父母对子女教育期望;⑤母子亲密度;⑥父母职业(受教育水平);⑦家庭经济条件(负相关);⑧父母对孩子上面态度严格;⑨家庭有联网电脑。总的来说,综合考虑各方面家庭环境后,会发现家庭文化资本、父母教育期望、父母对孩子课余时间的管理等,比家庭结构、家庭物质条件对孩子阅读积极性的影响更大。

其次,方程(8)到(9)忽略在某些情况下和儿童阅读积极性显著相关的变量,如独生子女身份、户籍类型、独立书桌、父母冲突。但是这些变量在统计上存在解释竞争力不足的问题,将它们纳入多元回归方程,就要舍弃一些更为重要变量。这往往说明综合方程保留的变量,实际上是独生子女身份、户籍类型、独立书桌、父母冲突等变量影响儿童阅读积极性的深层机制。这些保留变量对家庭教育及公共文化政策也具有指导意义。比如父母冲突对儿童阅读产生负面影响,其深层原因应该父子、母子亲密度欠佳,父亲酗酒影响孩子行为。因此,在回归方程纳入父母冲突,不如加入母子亲密度、父亲酗酒等具体影响因素。

最后,模型和变量的选择与课题相关,模型没有好坏,只在于其能不能更好地研究和解释现象。比如在研究家庭层面的微观课题时,选择把家庭经济条件、父母职业之类的变量纳入回归方程更有意义;而在研究农村公共文化缺失、城乡差距之类的宏观课题时,便可以考虑将户籍类型纳入回归方程。因此对于本文的研究课题来说,显然模型(8)和模型(9)舍弃户籍类型这样的宏观变量,保留更多微观数据有助于增强解释力,从而让我们能够思考家庭环境对儿童阅读的影响。

3　研究结论及不足

本文尝试将可能对儿童阅读积极性产生影响的家庭环境因素,分为家庭结构、物质资本、文化资本、社会资本和教育观念五个方面,并实证了相关18种具体因素影响的显著性及权重。具体结论如下:

(1)独生子女家庭的孩子更可能喜欢读书,但独生子女身份是通过家庭物质、文化资本、社会资本和教育观念间接影响儿童阅读的。因此,多子女家庭如果增加相关投入,其孩子和独生子女阅读积极性不会产生明显差别。

(2)夫妻的婚姻状况对儿童阅读积极性影响并不显著。原因是夫妻冲突行为要比婚姻状况影响大很多,所以名义上维持婚姻状况并不会对儿童成长产生好处。反而是单亲家庭、重组家庭如果加大对儿童的关注,其孩子阅读积极性不会和正常家庭有差别。

(3)孩子有独立书桌之类的具体教育投入,有助于提高孩子阅读积极性。不过父母不能忘记提高家庭文化资本,不然盲目提高教育投入,孩子并不会爱上读书。

(4)农村孩子相对而言喜欢读书的比率较低,原因是农村地区缺少相关物质资。因此,政府应该加大对农村地区公共文化资源的投放。但是在投入文化物质资源的同时,应该指导农村地区家长重视阅读,这样才会起到事半功倍的效果。

(5)在文化素养相同的条件下,经济条件越好家庭的孩子有更多地课余爱好可以选择,因此喜欢读书的比例反而下降了,但是这些文化爱好同样可以提高儿童学习成绩。

(6)阅读是公民的"文化食粮",政府应该优先保障儿童阅读资源,而且培养公民热爱阅读相对培养文化素养投入较少。

(7)公共图书馆举办一些针对儿童的非阅读推广活动也存在积极作用,因为这些活动可能会提高儿童文化素养提高,帮助他们成长。

(8)夫妻职业(受教育水平)都会对儿童阅读产生积极影响。

(9)虽然家里有联网电脑对儿童阅读会产生消极影响,但是父母对孩子有严格的上网态度可以完全抵消相关负面影响。

(10)经常吵架之类的父母冲突会对儿童阅读产生不利影响。不过父母在家阅读行为以及丰富藏书,可能会削弱相关不利影响。

(11)父子、母子亲密度都会增加孩子阅读积极性,但是相对而言,母子亲密度比父子亲密度影响更大、显著性更高。

(12)家庭共餐频率只会微弱地影响儿童阅读。相对于共餐,加强互动的形式和家庭成员间的实质关系会重要得多。

(13)父亲酗酒会对儿童阅读产生极为不利的消极影响。

(14)父母频繁辅导孩子功课,重视应试教育,并不会显著提高儿童阅读积极性。

(15)在父母对待儿童上网态度一致的情况下,父母文化素养会对儿童阅读积极性产生异质性影响:高文化素养父母的子女上网更多的是学习,并依然喜欢读书,而低文化素养父母的子女则会沉迷网络。

(16)儿童爱看电视会对其阅读产生显著的消极影响,因此父母对孩子看电视的严格态度有利于儿童阅读。

(17)父母对儿童的教育期望对孩子阅读积极性有正面显著影响。然而父母对孩子的教育期期望会受到各类外界和自身因素的影响,所以父母应该坚定支持孩子读书、学习的态度。

(18)家庭文化资本和社会资本分别独立向儿童阅读产生积极影响。父母的文化素养本身就会对儿童行为产生影响,并不需要通过与孩子互动。同样,即便父母文化修养不高,但是只要为孩子创造和谐的家庭氛围,也会有助于孩子的阅读和成长。

对儿童阅读积极性影响最大的9项因素,按照影响权重排序是:①家庭藏书量;②父亲是否酗酒;③父母对孩子看电视态度严格程度;④父母对子女教育期望;⑤母子亲密度;⑥父母职业(受教育水平);⑦家庭经济条件(负相关);⑧父母对孩子上面态度严格;⑨家庭有联网电脑。

由于数据的局限性,本文无法解释众多变量间的因果关系,也无法解释许多变量对儿童阅读产生影响深层作用机制。比如家庭藏书量、父亲酗酒等因素对儿童阅读积极性的具体影响机制。这也是以后相关研究需要深入的地方,也是本文的局限性所在。

参考文献

[1]张麒麟.国外阅读立法对阅读推广的影响研究[J].图书情报工作,2015(23):11-16.

[2]赵宸.发达国家全民阅读立法模式研究及对我国的启示[J].南京社会科学,2015(4):95-100.

[3]孙蕊,郑建明.多学科视野下国外儿童阅读研究综述[J].图书情报工作,2016(5):133-139.

[4]季玥.亲子阅读与儿童气质类型的关系[J].新世纪图书馆,2019(2):52-54.

[5]陈莉.北京市城乡小学生阅读环境的差异研究——基于问卷数据辅以访谈观察的分析[J].教育科学研究,2017(4):56-63.

[6]谭博,熊伟,马骅.图书馆代际阅读推广的路径与策略[J].图书馆杂志,2018(3):56-63.

[7]张意忠.城乡家庭资本差异对子女高等教育需求的影响[J].高等教育研究,2016(8):22-25.

[8]吴贾,姚先国,张俊森.城乡户籍歧视是否趋于止步——来自改革进程中的经验证据:1989—2011[J].经济研究,2015(11):148-160.

[9]陆俊,邓祎,罗冰雪,等.农村儿童阅读现状调查与阅读推广策略探析[J].图书馆,2018,286(7):67-72.

[10]胡安宁.文化资本研究:中国语境下的再思考[J].社会科学,2017(1):64-71.

[11]张文宏,蔡思斯.教育公平的累积效应——基于中国教育追踪调查(CEPS)数据的实证分析[J].国家行政学院学报,2018,115(4):56-63,150.

[12]张碧因.阅读心理学[M].北京:北京师范大学出版,1992.73.

[13]史瑾,张佳妹.《2015儿童与家庭阅读报告》对我国公共图书馆开展早期阅读服务的启示[J].图书馆工作与研究,2017(4):111-117.

[14]周兴,张鹏.代际间的职业流动与收入流动——来自中国城乡家庭的经验研究[J].经济学(季刊),2015,14(1):351-372.

[15]COLEMANJ S.Social capital in the creation of human capital[J].American Journal of Sociology,1988,94:95-120.

[16]孔高文,刘莎莎,孔东民.我们为何离开故乡?家庭社会资本、性别、能力与毕业生就业选择[J].经济学(季刊),2017(2):185-212.

[17]杨磊,戴优升.家庭社会资本、学校环境会影响青少年心理健康吗?——基于CEPS数据的实证分析[J].中国青年研究,2019,275(1):49-58.

[18]李波.父母参与对子女发展的影响——基于学业成绩和非认知能力的视角[J].教育与经济,2018,143(3):56-66.

[19]秦雪征,庄晨,杨汝岱.计划生育对子女教育水平的影响——来自中国的微观证据[J].经济学(季刊),2018,17(3):30-55.

[20]黎煦,陶政宇.生育二胎对孩子教育水平的影响研究[J].人口学刊,2018,40(6):22-32.

[21]邓林园,赵鑫钰,方晓义.离婚对儿童青少年心理发展的影响:父母冲突的重要作用[J].心理发展与教育,2016,32(2):246-256.

[22]张春泥.当代中国青年父母离婚对子女发展的影响——基于CFPS 2010—2014的经验研究[J].中国青年研究,2017(1):5-16.

[23]孙志军.基于双胞胎数据的教育收益率估计[J].经济学(季刊),2014,13(3):1001-1020.

[24] 郑国民,任明满,赵利曼,等.八年级学生语文阅读水平现状及影响因素研究——以某地测试为例[J].基础教育,2018,15(2):68-74.

[25] 陈晓,周晖,赵瑾东.儿童家庭读写活动、早期读写水平与小学一年级语文课成绩的关系[J].心理发展与教育,2010,26(3):258-266.

[26] 雷晓燕,许文健,赵耀辉.高攀的婚姻更令人满意吗? 婚姻匹配模式及其长远影响[J].经济学(季刊),2015(1):31-50.

[27] 王明忠,王梦然,王静.父母冲突损害青少年学业成绩:努力控制与课堂参与的中介作用[J].心理发展与教育,2018,34(4):53-61.

[28] 卿再花,吴彩虹,曹建平,等.父母冲突对大学生手机成瘾的影响:认知评价与孤独感的链式中介作用[J].中国临床心理学杂志,2017(6):93-97.

[29] 张馨月,邓林园.青少年感知的父母冲突、自我同一性对其网络成瘾的影响[J].中国临床心理学杂志,2015,23(5):906-910.

[30] 田微微,杨晨晨,孙丽萍,等.父母冲突对初中生外显问题行为的影响:亲子关系和友谊质量的作用[J].中国临床心理学杂志,2018,26(3):116-121.

[31] 陈福美,苑春永,王耘,等.父母冲突对3—5岁幼儿问题行为的影响机制:亲子关系和情绪反应强度的作用[J].中国临床心理学杂志,2018,26(4):46,112-117.

[32] 刘婷,张曼华.北京市朝阳区农村社区酒精滥用状况调查及影响因素分析[J].中国全科医学,2013,16(23):2724-2727.

[33] 陈鹤元,张瀚宇,赵崇偲,等.社区居民酒滥用者社会人口学特征及相关因素研究[J].中国全科医学,2012,15(5):501-504.

[34] 孙伦轩,赖凯声.亲子共餐与青少年学业成就及发展——基于倾向值匹配(PSM)的反事实估计[J].全球教育展望,2018(8):113-128.

[35] 李佳悦,孙宏艳.数字阅读是中小学生的"成绩杀手"吗?——基于5679名中小学生数字阅读状况的思考[J].中小学管理,2016(9):48-51.

[36] 朱学文,吕国光.新媒体与儿童学业成绩、智力发展的关系研究[J].电化教育研究,2012(7):28-31.

[37] 易旭明,张萌,傅小旭.电视选秀如何影响青少年?——选秀十年对90后大学生影响调查[J].中国青年研究,2015(4):74-79,114.

[38] 方晨晨."望子成龙""望女成凤"有用吗——基于CEPS2014调查数据的经验研究[J].上海教育科研,2018(2):33-37.

[39] 蒋亚丽.父母期望、学校类型与流动儿童学习成绩[J].青年研究,2017(2):15-22,98.

流行文化作用下老年阅读推广工作探析

——以"改革开放一代"为例

丁 轶(本溪市图书馆)

改革开放40年来,中国发生了翻天覆地的巨大变化。改革开放塑造了众多新事物、新经验、新气象。有别于以往任何一代的新老年人在40年后的今天已经悄然进入人们的视线。这一代老年人之所以特征显著,是因为他们身上具备的标志——80年代青年。20世纪80年代青年是最先呼吸改革之风的人群,是众多新观念、新方式的实践者和引领者,已经作为一个历史符号刻记在了当代中国的发展前行中。[1]生于50年代中期至60年代前期的80年代青年,走过40载春华秋实,如今已经或即将步入老龄阶段。由于从青年时期起恰好伴随着改革开放历史进程一路同行,他们的价值观念、生活方式、文化心理等均与以往的老年人有着质的区别。这将会从根本上改变我国老龄人口的整体样貌。这代人可以被称为"改革开放一代"。

流行文化是现代社会的主要文化形态。改革开放40年来,流行文化在中国得到了蓬勃发展,成为生活中不可或缺的文化组成。"改革开放一代"是当代中国流行文化的最先接受者、参与者和倡导者。流行文化的潮起潮涌带给这代人不可磨灭的记忆。流行文化深刻影响着这代人的一生。

我国从1999年迈入老龄化社会,距今已有20年。20年间,老龄人口正以每年约300万的速度增长,2020年将增至2.48亿,占我国总人口的17.2%,预计到2040年,将达到4亿[2]。人口老龄化已进入快速发展阶段,老年读者已经成为公共图书馆的主要读者群体之一。面对流行文化浸润下的"改革开放一代"老年读者,公共图书馆阅读推广工作的应对举措远非活动样式的增加、技术应用的更新等内容层面和手段层面所能涵盖的。随着我国老龄化程度的加深,"55后"老年读者的逐渐增多,"流行文化"的新老年人阅读推广研究显得日益重要而迫切。本文在分析老年阅读推广工作实践、研究现状和"改革开放一代"特征的基础上,提出要将流行文化作为公共图书馆老年阅读推广工作的基本要素,并阐述了几种具体实现形式,目的是更好促进"改革开放一代"老年读者的阅读发展、文化发展、生命发展。

1 公共图书馆老年阅读推广工作的实践和研究现状

近年来,各地公共图书馆纷纷采取措施为老年读者提供内容丰富的阅读推广服务:①设立老年阅览室,建立老年分馆。上海市静安区图书馆、湖北省襄阳市图书馆等在馆内设立了老年阅览室;浙江省温州市图书馆建立了全国首家独立馆舍的老年分馆,适合老年读者的读物和阅读设备配置较为齐全,成为老年朋友阅读、活动、养生的"文化之家"[3-5]。②成立读书会,开展深度阅读推广。辽宁省大连市西岗区图书馆的"常青树"老年读书乐园,广东省肇庆市图书馆的"乐龄书友会"等取得了拓展阅读视野、培养阅读习惯、营造阅读氛围的社会效益[6-7]。③举办阅读沙龙,激发广泛阅读兴趣。安徽省图书馆、广东省佛山市图书馆等积极抓住老年读者关心热点问题、关注新闻评论的特点,纷纷成立"读报沙龙",让老年人欢聚一堂,争相发表看法[8-9]。④开展阅读对话,搭建阅读交流桥梁。山东省枣庄市图书馆、浙江省平湖市图书馆定期采取座谈方式,邀请老年读者就爱读书、读好书和读书之用、读书之道的话题共同切磋[10-11]。

在实践的同时,国内一些学者近年来对于公共图书馆老年阅读推广领域进行了研究。肖雪、张伟指出我国老年读者阅读态度积极、行为稳定、目的纯粹、时间充裕的阅读行为特征为开展阅读推广工作创造了有利条件[12];蒋美霞强调老年阅读推广应从服务制度、文献建设、环境设计几方面加以入手[13]。同时,李艳勾画了优化馆藏结构、开展多样活动、加强社会合作的老年阅读推广发展策略[14];杨杰介绍了由学习沙龙、书画摄影培训、公益小剧场组成的多元老年阅读推广活动体系[15];王丹妮认为应秉承"积极老龄化"理念做好老年阅读推广服务[16];陈莉莉探讨了我国公共图书馆老年阅读推广工作的未来发展[17]。此外,蔡灵凤划分了老年读者的类型[18];李春梅介绍了老年读者的阅读特点[19];李冬梅、熊丽华分析了老年读者的阅读心理和阅读需求[20];吴军委谈到要成立专门的老年读者服务部门[21]。

以上这些对于今后深入推进公共图书馆老年阅读推广工作起到了经验积累作用。与此同时,我们也应当看到,这些实践与研究——一是缺乏平等视角,总体上仍将老年读者定位为"特殊群体"或"弱势群体",反映了将老龄视为不可避免的衰退、将老年人看作被照顾者的消极老龄观[22];二是对象基本趋同,为 20 世纪 50 年代中期以前出生的人群[23],多将老年读者局限于传统思维的框架内;三是对于"改革开放一代"老年读者有很多不相适应的地方,已经很难为新老年人群体的阅读推广工作提供有力支撑;四是没有将流行文化合理引至老年阅读推广领域,从而造成该领域工作的时代性、前瞻性相对薄弱。

我国公共图书馆界今后要深入且准确分析"改革开放一代"老年读者的特征,正视并重视流行文化对于这代人的影响力,积极探索流行文化作用下的"改革开放一代"老年阅读推广工作新模式,有力促进公共图书馆服务效能提升。

2 "改革开放一代"的代群特征

2.1 文化意识

20 世纪 70 年代末的思想解放和国门敞开,使得"改革开放一代"从青年时期起便生活在不同文化潮流激荡交汇的历史阶段。在 40 年的现代化进程中,伴随着文化环境与经济环境的变迁,这代人的文化意识表现出多层次性、多结构性与多色彩性[24]。

更为重要的是,这代人成为中国青年文化形成的标志。青年文化的发生是在"五四"时期。经历 60 年的曲折发展,中国青年文化的最终确立与真正崛起是在 20 世纪 80 年代[25]。随着改革开放的深入,这代人认识到,民族的复兴需要一种心理状态和文化素质,改革开放顺利进行,与之相适应的文化心理氛围不可或缺。过去是狭小的、单一的文化范畴,这代人把它扩充了,注入新的内涵;过去认为不被接受的文化样态,这代人把它正名了,得到普遍认可;过去所没有的文化模式,这代人把它创造或引进了[26]。当代社会的文化之河湍流滚滚、繁复瑰丽,这代人的文化价值得到充分体现[27]。由此,"改革开放一代"成为中国青年文化形成的标志性代群。

这代人先后经历了 20 世纪 80 年代的春潮涌动时期,90 年代和 21 世纪初的物质丰富时期,21 世纪 10 年代的"文化回归"时期。渐次迈入老年的他们对于文化的内涵、味道、厚度有着深刻、隽永、独特的参悟与把握。这是一代具有浓厚文化意识的老年人。

2.2 现代意识

40 年来,"改革开放一代"在各个领域都成为无可争辩的中坚力量。他们反思扬弃着"传统人"的窠臼[28],以现代意识的精神充分展示"社会角色担当"的主动性与创造性。

"改革开放一代"的现代意识主要表现为:①自我意识。这代人尊崇自我肯定、自我设计、自我实现的观念,用自己的头脑对事物做出判断,更注重人的内在价值[29]。②改变意识。这代人身上求新、求变的开拓精神同传统性格有着极大的区别。自信、大胆、奔放比之压抑、胆怯、自束更为健康[30],也正是 40 年来整个社会不断前进的动力所在。③多元意识。这代人成长、成熟于历史性的转折时期,多种思潮从不同的渠道对他们产生影响。不同形式的文化惯性,促成了这代人思维模式、个性发展及心理需求的多元化趋势[31]。这代人开始拥有广泛的选择自由,并受到社会的尊重。

2.3 年富意识

国际上习惯于将人生划分为四个相继的年龄期:少儿期;职业期;退休期;依赖期。"第三年龄"指的就是60—80岁的退休期。"第三年龄"人群,生活压力较低,家庭负担不重,有条件发展自身的才能和兴趣,充分实现人生的价值和意义。"第三年龄"是人生的另一个关键阶段。

"改革开放一代"正通过老有所爱、老有所求、老有所为,实现老有所用、老有所成、老有所立,释放"年轻态老年人"的能量和光芒,用刚健有力的老年文化富足生命,让"第三年龄"成为人生的重要收获期,积极改变着我国老年人群的整体面貌[32]。从传统依赖外界的"受体"角色转换为追求更高生活境界的"主体"角色,这种"年富意识"成为"改革开放一代"老龄阶段高高飘扬的旗帜。

3 浸润和认同流行文化的新老年人

流行文化是社会文化系统中一个相对晚出又个性鲜明的文化形态。流行文化是在现代社会的世俗化发展中,特别是20世纪以来,新兴的大众化的文化现象和文化活动[33]。它以流行和时尚为主要特征,呈现出娱乐性、多元性和包容性,并通过大众传媒广泛传播。流行文化为大众的自我表达提供了资源,代表了文化的现代发展方向——大众的文化表达要求,成为现代社会一种普遍的生活方式。

当代中国流行文化是伴随着中国实行改革开放的进程发展起来的。改革开放培育了大众开放自信的文化心态,这种心态成为流行文化强大的精神推动力[34]。当代中国流行文化,既反映了世界文化的发展潮流,也体现了中国文化的现实诉求。40年间,当代中国流行文化得到迅猛发展,并深刻影响着人们的日常生活,重新构建着大众的文化意识。

40年的改革开放,不仅彻底改变了中国社会的面貌,也造就了不同于以往任何一代的新老年人。个体的自由与发展成为"改革开放一代"区别于其祖辈的最显著特征,同时,呈现出视野开阔的特质,并拥有浓厚的文化意识。崇尚自主独立加之对于文化味道的敏锐把握,让这代人开始拥有真正的流行与时尚。生活品质、情趣格调、服饰使用、饮食起居、音乐文学等都拥有流行化的表达方式。流行文化的触角延伸至日常的各个角落。这代人已习惯于以流行文化来为自身定位,无论外在呈现抑或内在需求,均散发出流行文化气息[35]。"改革开放一代"是中国第一代整体上浸润和认同流行文化的老年人。

4 将流行文化作为老年阅读推广工作的基本要素

流行文化促进了文化同社会大众实际生活的进一步结合,填平了文化与生活的鸿沟。流行文化是人们身边的文化事实,将现代人的日常生活模铸得富有艺术情趣与审美格调[36]。人们经由流行文化触摸着充满美感的生活,又通过生活谱写出流行文化新的可能。在"文化生活化"和"生活文化化"的双向共时运动中,流行文化早已成为现代社会的主要文化现象。

公共图书馆要将流行文化作为基本要素嵌入"改革开放一代"老年阅读推广工作,不断增进老年文化发展的延长额度。阅读在近年来越来越饱有文化属性,人们纷纷赋予阅读以文化表征。流行文化同生活互为转化关系,无疑可以让阅读经由文化的"中介"自然而然渗透到生活本身,实现阅读生活化的坚实嬗变,更好地满足当代老年读者的需求——阅读成为一种生活方式。

文化的首要功能是为人们提供具有普遍性、持续性的意义和价值体系。怎样保证、体现人的自我存在的独立和自由,是流行文化意识的核心主张[37]。阅读在现代社会扮演着内向的心灵与思维建构方式的角色——人们超越获取知识的维度,将阅读作为塑造、完善、提升自我的主要途径。在滋养浩然正气的同时,人们获得由内而外的快乐,享受到精神愉悦。从这个意义上说,阅读被赋予了文化存在性。阅读的现代社会角色与流行文化意识的核心主张是不谋而合的。这样,阅读推广工作凭借流行文化作为"身边的文化事实"的普遍性与持续性意义,可以让阅读更为深入广泛地被现代人所接受,使阅读的文化存在性赢得现代社会的普遍认同。阅读因而变成一种文化行为,也即"悦读"。

流行文化在"文化生活化"和"生活文化化"助推下,与社会生活高度融合。这就决定了以流行文化为基本要素的阅读推广工作,能够把阅读从文化行为更好地渗透为现代社会的生活行为,真正成为现代人生活的一部分,也即"越读"。"越读"让大众在理性上懂得书籍在社会与人的发展中的重要作用,旨在激发读书性情、培养读书习惯,让善于读书是成为一种修为、一种境界。

"改革开放一代"老年阅读推广工作要在流行文化这一基本要素的作用下,把阅读由文化行为状态的"悦读",递进为生活行为状态的"越读",促成公共图书馆对现实生活的人文关怀,将阅读关怀同当代老年人的生存价值、生活状态紧紧相连,真正充实、丰盈"改革开放一代"老年读者的精神世界,深入他们的内心,做到"精深人文"。

公共图书馆"改革开放一代"老年阅读推广工作要充分发挥流行文化的基本要素作用,创造以互动、体验为特点的阅读分享机会,擢升老年读者文化能力,帮助其主动发现并行稳"阅读—悦读—越读"的"人文桥梁",不断积累老年文化资源增量。文化获得感带来的文化自信,是老年文化发展的必然实现,也是老年"主体"角色的必然强化。

5 流行文化作用下的老年阅读推广工作几种实现形式

5.1 当代大众文学老年阅读推广

5.1.1 "改革开放一代"的文学情结

"改革开放一代"是颇具"文学感觉"的群体。在 80 年代的"文学热"中,对于反思文学、寻根文学、港台文学、现代派小说,这代人都是其拥趸[38];90 年代国内作家陈忠实、贾平凹、余华、刘震云等的一大批现实主义作品,让逐渐步入中年的他们以多层级的视角冷静、客观审视着当代社会;在网络文学大行其道的 21 世纪初和手机文学渐成气候 21 世纪 10 年代,他们仍然能够用"择其善者"的豁达心态捕捉其中的精华之作。文学,在这代人的不同年龄,都适时而又恰到好处地起到潜移默化的精神引领与心绪抚慰作用。这代人对于文学,相较前几代和后几代人,呈现出更为浓重的情怀意识。

5.1.2　当代大众文学的流行化表达

传统文化统摄下的文学有稳固的"文本—阅读"单维度表达方式。少部分作者(精英们)经深度、专业化思考创作出的作品,即文本总是具有权威性。文本提出阅读的要求,人群只是被动的接受者。面对文本,普通大众包括感受、想法在内的阅读意愿无法获得公共表达渠道[39]。

当代流行文化代表一种全新的文化表达。注重人们参与的交互式文本表达取代了"文本—阅读"的单维度表达。文本不再是被垄断的东西,其权威性被平等的表达与交流所替换,大众获得了文本表达的权利和渠道。作为流行文化的重要分支,1978年以来的当代大众文学点燃了无数人心中的文学之火。普通民众通过文学反思过去、关注现实、探求未来。文学作为时代的标记,喊出了时代的精神——一方面,大众的文学欣赏水平不断提升,回答时代问题、引领时代步伐的流行文学作品获得了强烈共鸣;另一方面,大众阅读表达和阅读交流的公共渠道获得畅通,阅读反馈得到重视。

5.1.3　当代大众文学阅读推广的"阅读时代"功能

公共图书馆种类繁多的文学性文献资源是老年读者的钟爱之选,可以为"改革开放一代"和当代大众文学搭建起难得的自由天空。公共图书馆针对"改革开放一代"老年读者的当代大众文学阅读推广工作是一个大有可为的领域,要重视这代人普遍具有较高文学修养与文学热情的优势,依托文学图书报刊资源,成立"文学俱乐部",开展深度阅读推广活动。活动应注重开放式、交流性、参与感的流行文化模式设计,以激发文学表达、活跃文学兴趣、醇化文学底蕴。

"文学俱乐部"可以采用板块化的形式,吸引老年读者依照不同兴趣喜好,灵活多样地"点单式"选择。①"诗情话意"板块。图书馆邀请作家结合《作家报》《文学报》等的文学资源同老年读者展开对话,一道开启当代大众文学探索之窗[40]。②"种字造文"板块。图书馆联合作协组织专家与老年读者共同研习当代大众文学范例,并传授创作要领。③"同一本书"板块。由当代大众文学改编的热映影视作品,如《平凡的世界》(2016年)、《人民的名义》(2017年)、《芳华》(2018年)等,在老年读者中引起强烈反响。阅读同一本原著成为老年读者的阅读倾向,更成为图书馆开展阅读推广活动的难得契机。图书馆应及时通过微博和微信公众号举办"同一本书评"线上活动,让老年读者采用短小精悍、轻灵理性的"微书评"样式,交流读书收获。接着,举办读书沙龙线下活动。老年读者就小说和影视剧的艺术效果对比、人物性格与时代背景的关系、主人公的命运分析等展开讨论,表达阅读体会及观剧看法。④"读来读往"板块。图书馆成立"乐龄朗诵艺术团",组织"改革开放一代"团员们进行类型多样的朗诵。朗诵篇目要选取改革开放40年来各个时期的优秀大众文学作品,以期"用声音记录变化"。精彩实况可以制作成有声阅读资源,通过图书馆移动网络有声阅读服务平台,在老年读者中间传播,实现由点及面的有声阅读推广。⑤"身临其境"板块。图书馆召集退休文学爱好读者,挑选若干丰沛着改革开放时代场景画面的当代大众文学作品改编为"读书剧"进行表演。这不但成为展示文学的良好契机,更给予老年读者阅读基础上的文学演绎机会,将当代大众文学活化、立体化、情景再现。⑥"阅读行走"板块。本土大众文学携带者地域文化的固有芬芳。图书馆可以组织老年读者开展人文走读活动。走读将阅读与旅行、阅读与健身的时尚模式巧妙结合,精选人文荟萃的路线,邀请本土作家沿途讲解文学背后的文化延伸,共同感受40年来的巨大变迁。⑦"那时花开"板块。每期活动由一名老年读者精心挑选曾经阅读过的几篇当代大众文学佳作,与在座的诸位"老朋友"分享作品的内容结构、创作特色和自己的阅读心得、推荐缘由。之后,大家通过照片、视频、报刊资料和实物、道具,共同回忆文学作品中涉及的流行文化风潮、事件、趋势、人物,以及每个人对于这些点滴过往的亲切感受。每位"老朋友"都是一部活的历史,都有着丰沛的流行文化经历。活动的开展重在用文学的"牵手",引出流行文化的曾经"当下性"与贯通"共时性",即一段流行文化"花开那时"的繁茂恣肆和40年间流行文化藤蔓绵延的盎然文脉。活动将带领"改革开放一代"深切体味流行文化的普遍规律,并通过一幅幅"故事画面"抒发浸润流行文化的共同心绪。

当代大众文学老年阅读推广要注重发挥好当代大众文学"关照现实"的艺术功用,并以流行文化的设计安排呈现多样化的阅读推广模式,从而让"改革开放一代"新老年人体会到流行文化牵引下的"阅读与生活相融"——参与阅读活动就是在真切感受40年来的难忘历程,进而实现"阅读时代"的文化目标。

5.2 当代审美精神老年阅读推广

5.2.1 实现"阅读升腾",打造"阅读映像"

阅读推广工作要在促进深度阅读的基础上,根据"改革开放一代"老年读者的阅读偏好,成立不同主题的阅读群体,如保健群、书画群、历史群、时政群、音乐群、烹饪群等。进而,对不同主题的阅读内容进行研究统筹,实现"阅读升腾"。

"阅读升腾"需要"阅读映像"。图书馆要致力于跟老年大学、老年活动中心、美术馆、博物馆、群众艺术馆等机构联手打造"传授、体验、表演、共享、制作坊"等由各类主题阅读伸展出来的特色文化项目。文化项目以"映像"的姿态,承接、演绎"升腾"状态下的"新阅读"。阅读在与文化项目的对接中,变得更为立体化、情感化与审美化,从而更好发展"改革开放一代"老年读者的当代审美精神。这样才能厚植他们的深层文化心态,在更高层面上树立阅读观念。

5.2.2 建设"图书馆+"模式老年阅读空间

流行文化百年的蓬勃发展,把文化艺术的成分、方式导入生活,让文化艺术的因子在生活中扩散,变成生活本身,文化艺术跟生活的距离被成功消弭掉了。这从而使得具备文化艺术气息的审美形象弥漫在一切现实活动中,造成生活的审美化。流行文化的展示与弥漫价值,让普罗大众真正成为文化的主角,进而培养了人们的当代审美观。这是包括"改革开放一代"在内的当代人生活从根本意义讲上是审美化的真正原因所在。

"改革开放一代"老年读者的生活审美化决定了其对阅读审美需求有着更高期许,同时,作为特色文化项目存在的"阅读映像"也呼唤不同审美范式的多种类型空间分别加以容纳。这就要求公共图书馆突破以往老年读者阅读空间囿于馆内老年阅览室建设的模式,加快阅读空间的转型升级。图书馆要着眼于"走出去",阅读空间的供给应围绕增量拓展思路,在写字楼、地铁站、茶舍、清吧、咖啡屋等处开发具备"图书馆+"功能的复合型老年阅读空间。这类老年阅读空间的环境营造,要注重唯美设计与现代技术的结合,凸显现代、时尚、雅致、精巧的韵律色彩,给予老年读者更加舒适、便捷、高效的阅读体验。多主题"阅读映像"活动在温馨的审美空间鳞次栉比开展,老年读者会沐浴到阅读带来的心灵惬意,可以更好地满足他们对于"诗意栖居"般当代审美精神家园的渴望。北京西城区的特色阅读空间、深圳的"In Library"、南京的"二楼南书房"、张家港的"图书馆驿站"、江阴的"三味书咖"等新颖别致的阅读文化空间便是其中的典型例证。

"图书馆＋"模式的老年阅读空间将阅读、文化、创意与交流融为一体,是图书馆的阅读文化功能与馆外建筑空间的跨界组合,具有公共性、公益性、开放性和审美性。公共图书馆要充分发挥老年读者数量多且参与活动意愿高的特点,利用该模式积极探索流行文化阅读推广的不同实践方式,在"改革开放一代"特殊性的基础上,不断总结流行文化作用下的阅读推广工作一般性规律。

5.2.3　形成"合纵连横"的"流行文化审美手笔"

公共图书馆"改革开放一代"老年阅读推广工作,通过纵向与文化机构、社会团体打造"阅读升腾"后的"阅读映像",横向与民间资本合作、购买社会服务,共同建设馆外的老年阅读空间,从而形成"合纵连横"的"流行文化审美手笔"。这既体现了阅读互动的深度又体现了文化交流的广度。富于当代审美精神的老年阅读推广工作,一方面印证了公共图书馆淳厚高雅的阅读引领本质,一方面又展示了公共图书馆活力多元的文化创造能力,因而让老年文化发展在喜爱阅读、习惯阅读的理性自觉促进下,步履踏实、硕果累累,让处于"第三年龄"区间的老年人生在文化维度上继续攀登、更上层楼,积极开拓"改革开放一代"新老年人实现成功老龄化的路径。

5.3　书模展演老年阅读推广

作为最早出现的主要元素,时装始终是流行文化的基础与核心部分,是同流行文化无法割裂的一个概念[41]。时装是流行文化的生动表达,奠定整体流行文化的基调、性质及规律[42]。"改革开放一代"新老年人敏于捕捉时尚的脚步,善于通过着装体现个性气质和人格魅力。在图书馆为数众多的老年读者中,长于服饰穿着、时尚意识浓厚的新老年人不在少数。公共图书馆可以将老年模特服饰展示同阅读推广相融合,开创"改革开放一代"老年书香模特展演方式,助力阅读推广。

模特是一种传达文化信息的载体,是综合了多门艺术的表演形式。"改革开放一代"在中青年时期是创造社会的主力军,岁月的积累带给他们成熟之美——有经验、有阅历、有对生活的理解、有对的流行文化的诠释能力。老年书香模特展示可通过书籍、形体、服饰、故事、表演和音乐等形式,能够呈现出"改革开放一代"动感、潇洒、矫健的自我形象与珍视文化、追求美好的精神诉求。

5.3.1　老年书模的选拔

①书模选拔条件。一要热爱阅读,具有较高的文化素质和阅读修养;二要具备一定的表演能力,能够展现书籍的文化气息。②书模选拔环节。知识问答环节,考察老年选手的文化知识和文化内涵;好书推荐环节,由老年选手推荐自己读过的好书,包括书籍的作者履历、艺术手法和创作主旨;才艺展示环节,考察老年选手的身形、站姿、步伐、仪态、表情和气质。

5.3.2　老年书模的培训

要把老年书香模特表演定位于文化传播的媒介,老年书香模特定位于阅读文化的传播大使。因此,在老年书模培训过程中,一是应强调书模既要重视外表形体的塑造,更要展示自身文化的品格;二是应制定必读书目,要求模特认真细读并撰写感言,最终通过自己的演绎展示书籍的文化魅力。

5.3.3　老年书模展演的推出

在多种阅读推广活动中,老年书模表演均可以展现其卓越不凡的风姿,并逐渐打造成别具特色的阅读推广品牌。①同朗读活动相结合。朗读致力于通过外化的有声方式展示读者的阅读风采，树立"爱书就要大声读出来"的意识。朗读活动中，老年书模演员通过优美变幻的造型、灵动穿插的队形、沉静典雅的表演，用肢体动作准确再现并适度延伸着声情并茂的图书朗读，会给受众带来具有强烈冲击力的视听盛宴，令人耳目一新。②同新书发布相结合。公共图书馆要积极成为新书出版的主要发布场所，这样既可铺建出版机构与社会大众的沟通管道，又可依靠出版机构的商业声势宣传图书、呼唤读者。发布现场，在音乐声中，老年书香模特着装新颖手持书籍，运用故事化的情节设置，衬以恰如其分的姿态表情动作，介绍新书的作者、内容及创作背景。这将打破由主持人邀请各路嘉宾逐次登台叙谈新书的惯常运作，会引起现场观众的强烈共鸣，新书推广率必将大幅提高。成功的书模展演新书发布仪式必然吸引作家、出版社主动同图书馆开展合作，从而进一步突出公共图书馆作为区域阅读中心的地位。③同图书排行榜相结合。"读者喜爱的图书排行榜""国内最新出版图书排行榜""中外年度图书总评榜"等是图书馆书目推荐工作的重要方式。排行榜在以往"图文静态模式"基础上，引入"书模动态模式"，将会形成动静结合的图书推荐新样态。不同的上榜图书要有相应的老年书模展演风格——哲学、政治、经济、工业方面书籍的展示适宜庄重大气的服饰造型配合稳重从容的推介表演，教育、语言、艺术、历史方面书籍的展示适宜婉约典雅的服饰造型配合行云流水的推介表演，文学、健康、生活、环境方面书籍的展示适宜轻快靓丽的服饰造型配合亲和轻松的推介表演。"书模动态模式"要按照不同排行榜分门别类制作成多款短视频，并跟"图文静态模式"有机糅合，通过图书馆网站、微博、微信平台和时下颇受欢迎的短视频应用等融媒体手段广泛传播。其中，入驻以"抖音"为代表的短视频平台，会是今后图书馆阅读推广工作新的重要宣传渠道。短视频的精彩截图还可制成海报立于"排行榜图书专架"旁，读者进出馆均可醒目驻足观看。

5.3.4　老年书模展演的代际融合效应

老年书模展演这种阅读推广方式集视听文化于一体，并突破了原有模特走台的程式化，加入了表演和故事情节，淋漓尽致地呈现出由阅读之韵、服饰之韵、仪态之韵、气度之韵联袂培育出的"改革开放一代"流行书香之美和"主体"角色之美。或展卷轻吟或练达奔放或三两交流的舞台风范，将这代人自在、自如、自信的阅读修为与阅读境界别开生面地展现在广大中青年朋友面前。流行文化的一致认同感将有力促进不同代与代之间的理解、沟通与融合，吸引更多人成为书模行列的一员，让阅读以更为时尚、活泼的方式走进不同年龄读者的生活。这是实现代与代之间认知互校、促进代与代之间情感互溶、体现代与代之间价值互渗的良好方式，并契合了国外公共图书馆界老年群体服务理念由单纯地"为老年群体服务"逐渐向"代际参与与交流"转变的趋势。老年书模展演把握住了时代发展的脉搏，用寓教于乐的方式传播阅读理念，带动更多读者加入"全民阅读"队伍，具有超越传统的阅读推广力量。

人口老龄化是社会主体结构深刻转型的重要标志，是社会发展到一定阶段的必然产物。老龄社会同时也就是长寿社会，意味着千百年来人类长寿夙愿的实现。和漫长年轻社会的短寿时代相比，在老龄社会条件下，人们的观念、生存和发展方式正在发生一场深刻变革。如何从文化上塑造理想老龄社会，走出一条适应老龄社会的文化道路，是当前和今后相当长时期内应对人口老龄化挑战的最大难题[43]。"改革开放一代"是同流行文化"正面碰撞"的第一代老年人，之后的老年群体必将更加认同流行文化价值，所以，做好流行文化作用下的"改革开放一代"老年阅读推广工作的样本意义和开创意义即在于此。笔者希望以本文开辟公共图书馆老年阅读推广工作的崭新思路,用流行文化打造"阅读—悦读—越读"的传导链条,有力促进老年发展,积极建树适应老龄社会要求的现代文化模态。

参考文献

[1] 刘宏森.改革和发展进程中的青年参与[J].青年探索,2018(1):38 – 50.

[2] 周玲.图书馆如何为特殊群体提供服务[J].河南图书馆学刊,2011(2):26 – 28.

[3] 天京的博客.走访上海市静安区图书馆[EB/OL].[2015 – 06 – 04].http://blog. sina. com. cn/s/blog_515babb80102vibu. html.

[4] 襄阳市图书馆.襄阳市图书馆介绍[EB/OL].[2018 – 07 – 02].http://www. xylibrary. cn/zt/jj/.

[5] 中国图书馆网.温州市图书馆老年分馆获全国老龄委第一届全国"敬老文明号"[EB/OL].[2013 – 10 – 30].http://www. chnlib. com/News/yejie/2013-10-30/9361. html.

[6] 大连终身学习网.首批"大连市民学习品牌"公示[EB/OL].[2017 – 11 – 10].http://dalian. runsky. com/2017-11/10/content_5771953. html.

[7] 肇庆市图书馆.品味书香,共读半小时——肇图乐龄书友会第三十六期[EB/OL].[2018 – 04 – 23].http://www. zqlib. cn/information/5881.

[8] 安徽省图书馆.重阳敬老——我馆开展"老年读报沙龙"活动[EB/OL].[2016 – 10 – 11].http://www. ahlib. com/v-AhLibWeb-zh_CN-/AhLibWeb/main/mainActivity. w? url = . . /news/newsDetail. w&id = 26845.

[9] 广东省文化 E 站.风雨谈报　晚晴会友——佛山市图书馆"晚晴读书乐园"礼赠老年读者[EB/OL].[2017 – 05 – 24].http://e. zslib. com. cn/organ/Detail? newId = 58214.

[10] 枣庄大众网.枣庄市图书馆召开老年读者座谈会[EB/OL].[2012 – 10 – 25].http://zaozhuang. dzwww. com/news/gj/200910/t20091025_5121973. htm.

[11] 中国图书馆网.平湖市图书馆举行老年读者座谈会[EB/OL].[2015 – 10 – 09].http://www. chnlib. com/wenhuadongtai/2015-10-19/40236. html.

[12] 肖雪,张伟.我国老年人阅读行为调查[J].国家图书馆学刊,2014(6):17 – 27.

[13] 蒋美霞.图书馆老年服务保障性问题研究[J].河南图书馆学刊,2015(6):25 – 27.

[14] 李艳.焦作市图书馆老年阅读推广实践研究及启示[J].河南图书馆学刊,2017(8):7 – 8,30.

[15] 杨杰.全民阅读背景下公共图书馆老年读者服务创新管见[J].图书馆学刊,2016(6):95 – 97.

[16] 王丹妮.以具有中国特色的"积极老龄化"理念为指引做好老年读者服务工作[J].科技情报开发与经济,2013(3):98 – 100.

[17] 陈莉莉.公共图书馆开展老年阅读推广活动的思考——以深圳图书馆为例[J].四川图书馆学报,2015(6):34 – 37.

[18] 蔡灵凤.新时期公共图书馆为老年读者服务的思考[J].图书馆理论与实践,2012(9):62 – 63.

[19] 李春梅.公共图书馆为老年读者服务的对策[J].图书馆学刊,2011(6):107 – 108.

[20] 李冬梅,熊丽华.老龄化时代公共图书馆的服务与对策——以哈尔滨市为例[J].图书馆界,2010(2):47 – 49.

[21] 吴军委.在社会老龄化形势下公共图书馆如何更好地服务老年读者[J].科技情报开发与经济,2014(1):98 – 101.

[22] 肖雪.我国公共图书馆老年服务的制度设计与反思[J].图书情报工作,2013(10):38 – 41.

[23] 赵海霞."互联网 +"背景下"60 后"准老年群体媒体信息素养之研究[J].图书馆学研究,2017(23):97 – 101.

[24] 杨雄.再论当代中国青年文化的"长波"现象[J].中国青年研究,2009(1):25 – 30.

[25] 施元冲.中国青年文化的形成和特点[J].青年研究,1989(9):7 – 12.

[26] 黄振平. 当代青年的文化热点[J]. 青年研究,1989(9):13 – 15,22.

[27] 杨雄. 论当代中国青年文化的"长波"现象[J]. 当代青年研究,1990(1):9 – 13.

[28] 周殿富. 论当代青年自我实现的特点、成因与效果[J]. 青年研究,1989(2):15 – 19,14.

[29] 杨静. 改革开放以来社会思潮的嬗变与青年价值观变迁[J]. 青年探索,2018(2):54 – 62.

[30] 唐灿. 社会变革中的中国青年价值取向—当代青年的自我价值观[J]. 青年研究,1990(z1):9 – 21.

[31] 江洪. 改革中青年价值观变化的特点[J]. 青年研究,1989(2):13 – 14.

[32] 穆光宗. 成功老龄化之关键:以"老年获得"平衡"老年丧失"[J]. 西南民族大学学报(人文社科版),2016
(11):9 – 15.

[33] 肖鹰. 美学与流行文化[J]. 文艺研究,2001(5):30 – 36.

[34] 孙瑞祥. 当代中国流行文化生成的动力机制——一种分析框架与研究视角[J]. 天津师范大学学报(社
会科学版),2009(3):51 – 56.

[35] 谭建光. 改革开放时代青年的十大观念及其价值[J]. 青年探索,2018(2):35 – 46.

[36] 孙瑞祥. 当代中国流行文化生成的动力机制——一种分析框架与研究视角[J]. 天津师范大学学报(社
会科学版),2009(3):51 – 56.

[37] 肖鹰. 美学与流行文化[J]. 文艺研究,2001(5):30 – 36.

[38] 张文. 从80年代的读书现象看90年代青年的新特点[J]. 青年探索,1991(1):21 – 22.

[39] 刘怀光. 流行文化及其对经典文化表达方式的颠覆——现代流行文化的后现代意义[J]. 理论导刊,2008
(6):43 – 44,49.

[40] 丁轶. 公共图书馆报刊工作融入全民阅读推广的实践与思考[J]. 晋图学刊,2017(6):37 – 42.

[41] 李克兢,王琴琴. 服装设计与流行文化[J]. 山东纺织经济,2010(10):43 – 45.

[42] 王颖. 我国流行文化研究评述[J]. 山西大学学报(哲学社会科学版),2011(5):137 – 144.

[43] 全国老龄工作委员会办公室. 十九大报告关于老龄工作的十大看点[EB/OL]. [2017 – 11 – 13]. http://
www. cncaprc. gov. cn/contents/16/184772. html.

高校中泛在化阅读推广人的培养理论与实践

周　利　庞　博　房玉琦(东北师范大学图书馆)

随着《图书馆法》《全民阅读促进条例》《全民阅读"十三五"时期发展规划》等多项国家级政策的出台,全民阅读已受多方关注。除政府相关部门的支持引导,各省市图书馆竭尽所能创造形式多样的活动助推阅读氛围的塑造及阅读能力的提升。作为全民阅读工作的重要参与者,高等院校图书馆承担的校园文化建设工作。从高校的角度来讲,阅读推广的受众群体是在校学生,有且只有学生才能切身体会什么样的活动方式和推广路径更为行之有效。因此,培养大学生成为阅读推广人的中坚力量,由他们承担起推广和宣传的责任与义务,已成为高校间不约而同的共识。

1 阅读推广人的现状

1.1 阅读推广人的概念

阅读推广人的提法出自一批热心推动儿童阅读的作家和出版人,最初具有"自封"的性质[1]。后随着全民阅读的深化,这一概念也渐被接受并成为固有名词。但对于阅读推广人的定义或内涵,目前在学界尚未形成统一意见。范并思认为阅读推广人不仅是一个群体概念,更是一个门槛概念,视对其资质、能力的认定;王余光提出阅读推广人是指具有一定资质,以开展阅读指导,提升读者阅读兴趣和阅读能力的专业与业余人士[2]。张章提出,广义上所有从事阅读推广工作的人就是阅读推广人,狭义上指具有专业知识、专业能力和实践经验的专业化阅读推广人[3]。曹娟提出,阅读推广人主要指经过系统教育,有专业知识和专门技能人才[4]。刘亚玲在此基础上认为阅读推广人具有交互主体性,自觉进行阅读推广,把阅读推广作为价值使命和责任担当并具有阅读推广能力的人群[5]。

以上众多学者提出的概念分析在阅读推广人的划分标准上存有一定差异。笔者认为,凡有意愿参与全民阅读建设,有助于阅读推广的进一步发展都应被视为阅读推广人。

1.2 阅读推广人的构成

2018 年实施的《中华人民共和国公共图书馆法》中规定,公共图书馆应当将推动、引导、服务全民阅读作为重要任务。2015 年教育部重新修订颁行的《普通高等学校图书馆规程》中指出,图书馆是校园文化和社会文化建设的重要基地。2017 年出台的《全民阅读促进条例》强调,鼓励和支持教师、公务员、大学生、新闻出版工作者等志愿者加入阅读推广人队伍。种种政策的出台,不仅强化了阅读推广的重要性,也在一定程度规范化了阅读推广的人员构成。目前,各公共图书馆和高校图书馆作为宣传及活动的主要承担者,各级政府机构负责政策支持及工作目标的引领,一些相关学术团体、出版社以及一些阅读爱好者给予支持和配合,新闻媒体网络平台参与多方宣传报道,多元化的人员构成共推全民阅读发展,为此才可见近几年阅读推广工作蓬勃发展的态势。

1.3 阅读推广人的文献梳理

通过在知网的检索发现,有关阅读推广的研究文献已近万篇,笔者针对阅读推广人为主题,放宽检索范围,去掉"图书馆"因素的影响,仅以 SU =(阅读推广主体 + 阅读推广人 + 阅读推广人才 + 阅读推广人员)AND SU =(高校 + 高等院校 + 大学)为检索式,最终结果不足 300 篇。这说明有关该部分的研究还存有一定空白。通过对相关文献梳理,可以汇总其对阅读推广人的研究有如下几个方面:

比如司新霞等人提出了阅读推广人才的选拔范围及团队管理介绍[6];雷水旺从阅读推广人员素养或资质能力的培养方面提出相应策略[7];于丽丽提出将大学生纳入阅读推广队伍中,充实人力,并阐述合理的工作机制和管理办法,为阅读推广工作开展奠定基础等[8]。但这些研究主要从理论上提出观点,没有实际案例支撑。

张敏,郑勇,吴卓茜等人,结合各馆实际情况,对高校阅读推广人的培养提出建议或意见[9];王磊等专门推出"阅读推广人"计划,围绕团队人员组成及开展相应活动等角度阐述对校园阅读的促进和推动[10]。这些文献虽然理论与实际结合,但也是围绕阅读推广人范围的扩展并更多介绍相关活动的开展状态。

本文结合实际工作经验,详细阐述大学生阅读推广人团队从创建的思维模式到培训的详细过程,介绍培养方案并总结近两年取得的成果。

2 阅读推广人的培训

2.1 国内各省市的培训现状

虽然参与阅读推广工作的人员的多元化有助于阅读推广工作的开展,但更专业而系统的阅读推广人才的增加才能让全民阅读实现从量变到质变的飞跃。为此,阅读推广人的培训在阅读推广人构建体系中属于不可忽视的地位,也影响着全民阅读的实现效果。有关阅读推广人的专业培训详见下文。

2018 年 10 月,上海浦东图书馆、上海市图书馆学会阅读推广人培训专业委员会首次举办成人阅读推广人培训班,旨在提升阅读推广人专业素养,更有效地开展阅读推广工作;2018 年 4 月,广东图书馆学会未成年人图书馆服务专业委员会、深圳市阅读推广人协会等开展了首届广东省少儿阅读推广人培训班,主要培养面向青少年儿童开展阅读指导和阅读推广的专业人员。自 2012 年起,深圳市文体旅游局、深圳读书月组委会等多家机构联合举办的"深圳市阅读推广人公益培训班"迄今已举办六期,旨在培养一批具有一定理论基础和实践能力的阅读推广人。张家港市文化广电新闻出版局与人力资源和社会保障局等推出阅读推广人资格认证,实行统一考评且对每年培训及登记注册进行管理。

中国图书馆学会自 2014 年起正式启动了"阅读推广人"培育行动,计划通过未来几年的努力,培育一大批专业的"阅读推广人",迄今已经连续举办 12 期。同时,为了配合"阅读推广人"培育行动的开展,中国图书馆学会组织编写了"阅读推广人"培育行动系列教材等相关书籍。

2.2 国内外高校的培训现状

国内的阅读推广人培训多是短期培训,在专业化和系统化必然存在欠缺。《2017 年硕士专业目录》等专业教育目录都没有与阅读推广相关的本科、专科专业,有以"阅读"命名的硕士研究生研究方向,如福建师范大学文学院文学阅读与文学教育专业中设置的"阅读理论与微观分析研究"方向、南京大学信息管理学院图书馆学专业中设置的"阅读文化与文化传播"方向。前者偏向于语文教育里的文学阅读理解,阅读推广概念相差甚远;后者仅是图书馆学专业的研究方向之一,非系统的阅读推广专业教育。国外成体系化培养课程例如巴塞罗那大学图书馆学与信息科学学院联合培养,开设学校图书馆与阅读推广硕士专业学位,该专业培养未来的图书馆员、阅读推广人才,要对教育、图书馆和阅读推广领域感兴趣,有教学能力,掌握沟通技巧,有批判性思维和综合思维,独立自主,平易近人,有同情心和求知欲,有主动性、创造性和灵活性,够使用所学专业知识和专门技能,划并组织社会阅读工作,与阅读推广事业、社会教育事业,做出贡献。其体系的构建和模式的培养是非常值得国内相关机构的学习和借鉴。

3 东北师范大学图书馆大学生阅读推广人培训体系介绍

自 2017 年 3 月,东北师范大学图书馆成立大学生阅读推广团队,名为"阅读孵化坊",迄今已连续招募两届。该计划旨在打造一批"泛在化的阅读推广人",通过培养,提升学生阅读素养和实践能力,并将这种理念传播给身边的同学,让更多人善阅读,爱阅读,进一步推动"书香校园"的实现。

3.1 "阅读孵化坊"的模式

3.1.1 分类的招募标准

首届"阅读孵化坊"为了实现一定的宣传效果,设定的阅读推广人选拔标准较低。只需要热爱阅读且愿意向身边读者推广阅读活动的学生即可。此外,在选拔阶段应注重院系和年级间的平衡,因为阅读推广人团体需要有不同思维模式的成员,也需要把活动宣传和推广到各个层面,要更利于不同院系间的联络和沟通。随着活动的开展,该社团也被更多读者所熟知,在第二届招募季我们提高了相应的标准,比如在其他社团任职的、会策划设计的优先等,更强调了学生的个人能力,也方便日后活动的开展。

3.1.2 分层的培养方案

学生素养不同,阅读推广人的层次也会不同。在拟定培养方案时最重要的一点是要做到因材施教。

首先就是要提升读者的阅读素养,即阅读意识和阅读能力的培养。要让读者养成持久的阅读习惯,掌握一定的阅读方法,有选择阅读材料的标准,能做有立场的批判和分析问题等。这些内容是面向全体孵化坊的读者开展,目的在于塑造自身素养。其次是分层的培养。我们在培训时分设策划、宣传、实践三个主题,学生按照各自兴趣自主选择发展方向。策划类更注重思维模式的拓展,培养读者的创新性和发散思维体系,能够有效提出活动方案,预估潜在的问题并制定解决方案。宣传类注重软件应用和沟通能力的培养,在开展活动过程中能够自主设计宣传海报,并灵活应用多种宣传渠道,更要掌握沟通技巧,以便让服务对象更愿意加入到活动中来,实现活动效果。实践类注重组织能力的培养,能够激励团队成员,合理协调各方力量以便让活动顺利开展。

3.1.3 分级的考核机制

每一类的培训都分为普通和高级两个级别,我们定期考察参与培训的读者的学习能力以及是否适应其选择的方向,年终考核会对这些读者进行分级或者淘汰,选择优秀者进行深层次的也就是高级内容的培养,作为阅读推广人的主力军。而被淘汰的人员虽然不能继续接受培训,但至少自身能力得到提高,也拥有了阅读传播的意识,是阅读推广队伍的潜在力量。

3.2 "阅读孵化坊"的可推广性

"阅读孵化坊"的运营成本并不高,物力要求和以往组织活动需要类似,只不过需要协调更多的专业馆员参与培训,需要专职阅读推广馆员设计规划行动方案,对每位参与进来的成员负责。这里每一个读者都是因共同的阅读爱好和兴趣而聚集,每年都会有人从这里"毕业"走向社会,去影响和带动周边更多的人去阅读,将阅读的理念渗透到工作和生活中的方方面面。

阅读的"惯性"一旦形成,将会是一生的影响,这不仅仅是一种行为方式或自身修养的体现,更表现在对下一代教育的方方面面,循环往复,就会形成一种理念的传承。我们没有办法去改变现阶段社会群体的思维模式,也没有办法去改变当今的义务教育体制,但我们可以努力去转变和培养这群中坚力量。通过他们去影响和带动身边的人,去传承阅读的意识,推动阅读氛围的构建。

3.3 阅读孵化坊的效果

3.3.1 培养了独立组织活动的能力

"阅读孵化坊"的成员不仅能够协助图书馆开展各项活动,也具有自主策划执行活动的能力。比如 2009 年结合特定节日,在 5 月 20 日开展"读书月,情诗墙",6 月初开展的"童年回忆",贯穿全年的"誓言与梦想"等活动均源自于学生自己的想法,并能独立设计各种宣传资料以及组织活动现场开展活动。与学校各社团联系更为密切,如与文学社联合举办的知识竞赛,与曲艺社筹办相声专场等。"阅读孵化坊"不仅让图书馆的推广活动形式多元化,更贴近读者需求,提高了学生的参与度,同时在这过程中扩大了阅读推广的影响,更提升了读者的自身能力,实现了构建这一组织的初衷。

3.3.2 有效弥补了人力短板

以往图书馆阅读推广活动仅由专职阅读推广馆员负责,人力不足让活动组织效果及宣传程度都无法实现预期效果,且工作人员与读者思维习惯的不同对策划方案的设计很受影响。"阅读孵化坊"的存在恰恰解决了这一的困境,作为图书馆自己的社团,可为活动开展建言献策,提供有效人力支撑,大大拓展了宣传覆盖面。此外,孵化坊成员通过撰写活动宣传稿件,接地气的设计让微信阅读率同比提升 45%;还建立 QQ 群,能够及时回应与图书馆相关的问题并推送消息,增进与读者的沟通互动,拉近彼此的距离。

3.3.3 传承了阅读推广的意识

"阅读孵化坊"每周组织共读活动,一起探讨与分析,通过"头脑风暴"提高读者的逻辑思维与语言表达能力,强化阅读意识。参与的同学中,已经有部分成员能够在活动后组织寝室同学开展读书活动,将所学所思予以分享。还有部分成员组织同学一起创办微信公众号,定期发布阅读心得或感悟。这种传承的意识能让更多的同学了解了"阅读孵化坊"的存在并愿意加入,也让培训变得更有意义,见证着读者的成长和收获。

阅读推广人并非高不可攀,也并非一定要拥有深厚的文化底蕴或阅读素养。高层次的阅读推广人可以去指导、教育、传授科学的阅读方法,而最基层的阅读推广人员可以通过亲身传播阅读理念,影响身边的人一起读书。我们认为,这也是一种阅读推广人。在阅读推广人团队中,允许且需要不同层次、不同能力的人存在。阅读推广是一场攻坚战和持久战,非朝夕间能一蹴而就。在构建"阅读孵化坊"的同时,我们把其视为一次开拓阅读推广新渠道的契机,把图书馆视为培养阅读推广人的工作站。我们需要大量的阅读推广人去实现和推动阅读氛围的建设,去宣传和引领社会的阅读风尚。

参考文献

[1] 范并思.建设全面有效的阅读推广人制度[N].中国文化报.2017 - 04 - 21(3).

[2] 王余光.书外膳语:《阅读推广人系列教材》的编纂[J].图书馆杂志,2016(4):11 - 12.

[3] 张章.阅读推广人培训的现状与展望——以中国图书馆学会阅读推广人培育行动为例[J].图书馆杂志,
2016(8):36－41.

[4] 曹娟.从阅读推广人到阅读推广人才——论图书馆界主导阅读推广专业教育[J].图书馆论坛,2018(1):
78－85.

[5] 刘亚玲.交互主体性——阅读推广主体性研究的新视野[J].图书馆,2017(8):50－53.

[6] 司新霞.高校图书馆阅读推广人人才培养与队伍建设研究[J].现代商贸工业,2019(3):74－75.

[7] 雷水旺.高校开展校园阅读推广的三层次策略[J].科技文献信息管理,2016(4):28－31.

[8] 于丽丽.高校图书馆校园阅读推广人能力素养及培养机制研究[J].图书馆学刊,2017(12):45－48.

[9] 张敏.高校辅导员担任阅读推广人的探索[J].图书馆论坛,2013(5):153－156.

[10] 王磊,吴瑾.图书馆"阅读推广人"模式的实践探索——以沈阳师范大学图书馆为例[J].图书情报工作,
2017(6):6－10

区域公共图书馆阅读推广联盟协同发展模型构建

佟艳泽(大庆市图书馆)

公共图书馆作为阅读推广活动的主要阵地,一直以来十分重视阅读推广工作,并将其作为服务工作的核心内容之一,通过不断充实活动内容,创新活动形式,营造了良好的阅读氛围,逐渐推进了"书香中国"的建设步伐,但也存在资源分布不均衡、形式单一等问题。而区域公共图书馆阅读推广联盟,可以整合区域信息资源,节约建设和运行成本,实现资源共建共享、优势互补与合理流动,避免单一图书馆孤身作战面临的难题,最大限度发挥联盟的引领作用,促进阅读推广工作制度化、规范化和标准化,可以更好地推广全民阅读活动,提高公共图书馆的公共文化服务能力。鉴于此,本文在探讨公共图书馆阅读推广联盟优势的基础上,通过分析和借鉴国内图书馆阅读推广联盟的管理经验,试图构建区域公共图书馆阅读推广联盟协同发展模型,尝试建立具有普适性特征、易于复制的协同发展模式,为促进公共图书馆阅读推广联盟可持续发展提供一些参考。

1 区域公共图书馆阅读推广联盟协同服务的特点分析

区域性公共图书馆阅读推广联盟是图书馆联盟的一种类型,是以地域为中心建立的公共图书馆联合协作组织。建立区域公共图书馆阅读推广联盟的目的,首先是要实现不同图书馆之间资源共享和利益互惠以及地区与地区之间公共图书馆阅读推广的合作交流,进而促进区域内全民阅读更好发展[1];其次,能够有效规范阅读推广服务的模式和发展体系,通过相互协调与配合,潜移默化中形成优质的"经验模式"供各图书馆进行参考,有利于发挥整体的协同效应,以强带弱,实现区域内阅读推广活动的共同发展;再次,依托联盟内各馆的地理位置分布,打破空间界限,突破图书馆文献资源的利用障碍,拓宽资源搜索半径与辐射范围,实现阅读均等化和便利化,使区域内所有类型的读者可以获取同质量、便捷的、高效的阅读服务;最后,

图书馆联盟协同合作开展阅读推广活动时,可为读者提供灵活多样的服务项目,如读者可以通过统一的资源检索服务平台获得一站式服务,可实现纸质文献的馆际互借与通借通还等[2]。

2 我国区域公共图书馆阅读推广联盟建设现状

讲座和展览是目前公共图书馆开展最多,也是最便于馆际合作进行资源共享的阅读推广活动形式。公共图书馆经过逐步探索创新阅读推广理念与方法,开始以联盟形式共同开展阅读推广活动。区域公共图书馆讲座联盟和公共图书馆展览联盟在 2008 年至 2014 年得到快速发展,相继成立了浙江省公共图书馆讲座联盟、全国公共图书馆讲座联盟、浙江省公共图书馆展览联盟、山东公共图书馆讲座联盟、江西省公共图书馆讲座联盟、宁波市公共图书馆讲座展览联盟等,以上联盟对图书馆联合开展讲座、展览阅读推广活动都做了非常有意义的探索和尝试,取得良好的社会效益。最早建立的公共图书馆阅读推广联盟是 2014 年 6 月由安徽省文化厅牵头,安徽省 107 家公共图书馆共同成立的"全省公共图书馆阅读推广活动联盟"[3]。这是国内第一个专门的区域公共图书馆阅读推广联盟。2016 年 3 月 29 日,福建省图书馆学会发起成立"读吧!福建"福建省图书馆阅读推广联盟[4],首批成员馆 59 家,形成全省资源整合、联动布局、共建共享的阅读推广新局面。2017 年 4 月 20 日,"中山市公共图书馆总分馆馆长联席会议暨'书香中山'阅读推广联盟成立仪式"在中山市文化馆五楼会议室举行,"书香中山"阅读推广联盟成立,以实现公共文化资源共建共享、优势互补的长效机制,大力推动全民阅读。2017 年 4 月 23 日,湖北省恩施州全州公共图书馆阅读推广联盟成立,恩施州 9 家公共图书馆的 8 台流动"汽车图书馆"首次集体走出馆外,开展了全民阅读成果巡展活动[5]。2017 年 5 月 13 日,河北省公共图书馆全民阅读推广联盟暨"扫码看书、百城共读"阅读推广活动在沧州图书馆负一层报告厅正式启动,标志着河北省公共图书馆阅读推广共享联盟正式成立。以上公共图书馆换阅读推广联盟在实现本区域资源共建共享与阅读推广活动的创新开展做了积极的探索和实践。

3 区域公共图书馆阅读推广联盟发展模型构建

根据现有的图书馆联盟建设实践证明,中心馆领导成员馆是目前为止联盟最理想的组织管理模式,即由区域内综合实力最强的图书馆作为联盟的中心馆负责牵头,其他公共图书馆作为成员馆,形成以行业龙头为中心的馆际合作方式[6]。因此,笔者通过分析和借鉴国内外图书馆联盟合作、发展模式与成功的管理经验,构建区域公共图书馆阅读推广联盟发展模型。如图 1 所示,区域公共图书馆阅读推广联盟合作关系演变的生命周期,分为诞生阶段、成长阶段和发展阶段。

3.1 联盟诞生阶段

区域公共图书馆阅读推广联盟为多个图书馆的集合,参与的图书馆分属不同的主管部门,笔者认为区域公共图书馆阅读推广联盟应由省、市政府文化主管部门牵头、主管,这样能够在联盟成立之初就有强大的号召力,能够在政策、资金等方面获得较大的支持。区域内省馆、市馆是综合实力最强的公共图书馆,不仅有最丰富的信息资源,而且开展阅读推广活动也相对较早、次数较多,最有经验,应充分发挥带头和引领作用;然后根据其他图书馆的资源建设、发展情况及合作意愿,选择成为成员馆,共同成立区域公共图书馆阅读推广联盟。联盟内各成员之间形成行业中心层级馆的组织模式,然后成立阅读推广委员会作为组织机构,积极进行制度建设、平台建设以及运行机制建设。

3.1.1 联盟组织机构

设计科学合理、责权清晰的组织机构是阅读推广联盟可以正常运作,提高自我管理和服务能力,保持持续发展的重要保障。具体来说,管理架构包括两个层面:第一层为最高决策机构,由区域内文化主管部门牵头,各图书馆馆长成立联盟阅读推广委员会,作为联盟核心组织。负责联盟政策制定、运营与管理工作,对联盟进行整体战略规划,对各项目工作统筹协调。第二层是业务管理中心,下设资源共建与共享、参考咨询与服务、项目开展与评估、平台建设与维护、人员交流与培训五个专业委员会。专业委员会成员由各馆负责阅读推广活动的负责人担任,主要负责联盟日常工作和实施落实联盟阅读推广委员会各项决议,有一定的自主权,分别负责资源建设、参考咨询、馆际互借、阅读推广项目开展、考核评估、协调交流、平台维护等具体工作,引导联盟内各成员合理地利用本馆的优势和资源,共同并定期开展馆际阅读推广活动,保障图书馆联盟的有效运行。

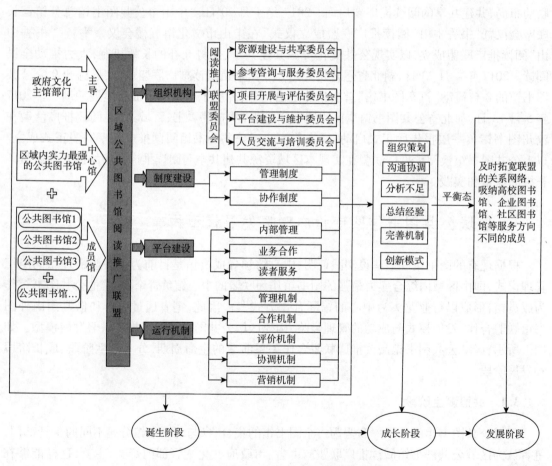

图1 区域公共图书馆阅读推广联盟发展模式图

3.1.2 制度建设

区域公共图书馆阅读推广联盟开展阅读推广活动需要完善的制度作保障,制度对联盟内成员起到指导与规制的作用,因此制度建设显得尤为重要[7]。管理制度包括阅读推广联合服务的管理方案、管理规范、工作流程,以及指导业务具体实施,对阅读推广总体构想、技术设计等进行总体规划[8]。协作制度包括中心馆和参与馆的责任、义务、合作方式、利益分配方案等内容,充分调动成员馆的主动性和积极性,指导成员馆按照规定开展活动。

3.1.3 平台建设

组织一个可以将联盟的各类资源、理念和技术等要素进行协同调配的平台是组建服务联盟的必备条件。因此,区域公共图书馆阅读推广联盟应在统一各馆工作标准和业务规范的基础上,研发打造联合服务平台(见图2)。

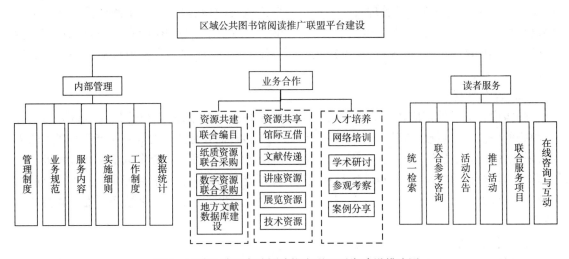

图2 区域公共图书馆阅读推广联盟平台建设模式图

平台要充分利用"互联网+""大数据"技术以及移动网络平台、微博、微信等平台,打破地域界限,对接不同业务平台实现无缝跨库检索[9],该平台采用的是分布式架构,联盟内成员馆共享一个统一的平台入口。各公共图书馆可以独立创建和更新各种信息资源和服务,而其他图书馆能够同时分享到这些创建和更新的资源和服务,努力实现图书馆服务一体化。平台建设主要是要实现内部管理、业务合作以及为读者提供服务等功能。

内部管理平台就是通过设立独立页面,展示联盟的管理制度、业务规范、服务内容、实施细则、工作制度,回顾各项活动详情,统一管理统计阅读推广活动数据等;同时为联盟成员提供技术普及、技术支持和指导,并为应用及技术作服务支撑。

业务合作平台建设主要实现资源共建、资源共享与人才培养。资源共建主要指各公共图书馆可以通过平台实现联合编目、纸质资源以及数字资源的联合采购、地方文献数据库建设。资源共享就是通过联盟融合各公共图书馆业务系统平台,整合不同公共图书馆的信息资源与技术资源,促进信息资源内部流动,将分散的信息进行整合集中。实现馆际互借与文献传递,整合各馆的优秀讲座、展览资源信息,建立信息库,通过专家巡讲、共享优秀讲座视频、网上展厅、联合开展优秀讲座专题等多种形式实现共享[10]。人才培养即通过建立工作QQ群、微信群等阅读推广学术交流平台,通过定期开展业务研讨,互相参观考察,分享先进经验,进行馆员培训,不断提升馆员的专业素养,提高阅读推广活动质量。

读者服务平台主要实现以下功能:读者可通过平台可获得资源统一检索、联合参考咨询等一站式均等化的信息资源获取服务以及其他联合服务项目,可通过平台了解到各馆举办的讲座、展览等阅读推广活动公告,参加阅读推广活动。同时,读者可以与图书馆进行在线咨询并与图书馆进行交流互动,及时向图书馆反馈需求,以便提高阅读推广活动的质量与联盟的服务水平。

3.1.4 运行机制[11]

由于区域公共图书馆联盟是由多个独立图书馆组成的联合体,仅靠传统的管理方式起不到良好的效果,因此需通过建立科学有效的运行机制来实现整个联盟的内部稳定与外部发展。

(1)管理机制

对阅读推广工作的总体构想、技术设计等进行总体规划,制定《区域公共图书馆阅读推广联盟管理办法》,通过良好的管理机制来约束联盟内成员,对联盟内成员馆阅读推广活动的开展进行指导与监督,做到用制度管人、用制度管事。然后循序渐进,逐渐深化,不断拓展服务内容的深度和广度,加强重点项目、重点领域协同协作力度,有计划有步骤地推动各项工作有序开展。

(2)合作机制

联盟内各成员馆都应在规章制度的条款内来开展相关工作,树立彼此信任、目标一致、分工明确的联盟合作机制,以整体的发展和资源共享为目标,摆脱"只索取不给予"等观念的束缚,强化各联盟成员的自律感和合作感,建立长期稳定的合作关系。合作机制是通过积极与社会有益力量合作,加强与所属行政区域相关部门、高校图书馆、社区、社会团体、企业以及民间组织等机构的合作,调动和整合社会资源,努力创建资源共建共享的图书馆阅读推广联盟效益环境。

(3)评价机制

评价机制有助于整体把握图书馆联盟的运营情况,更加深入了解联盟开展阅读推广活动的优势及劣势,及时调整发展战略。首先,定期或不定期地对图书馆联盟的领导管理能力、图书馆区域联盟的合作程度以及各成员馆业务开展的情况进行考核评估,检验共建共享的效果。此外,区域公共图书馆阅读推广联盟要树立绩效思维,组建专家团队,以阅读推广活动工作绩效、社会影响和利益主体的不同维度为主要内容,定期对图书馆阅读推广活动的效果进行专项评估。

(4)协调机制

构建协调机制,主要是为了对影响联盟发挥效益的各种因素进行调控,解决联盟运行发展过程中所遇到的矛盾与问题。在联盟运行发展过程中,成员馆之间由于短期行为、误解以及利益分配不均等不可避免地会发生一些矛盾,而联盟内的每一个成员都是不可或缺的,要注重整体的协调性,通过协商以及谈判等和平的手段来解决成员馆之间利益冲突,不断指导和督促成员馆按照协议内容进行相关工作,各司其职,从而保持图书馆之间的战略协同,减少利益或目标的冲突,充分发挥联盟的优势互补、分工合作的优势。

(5)营销机制

营销机制对于联盟全民阅读推广服务尤为重要,应构建多元化的营销机制。阅读推广联盟内各图书馆应丰富营销手段以加强阅读推广活动的宣传和先进文化的传播。重视广告策划与媒体宣传,在宣传推广阅读活动时,不应拘泥于传统的宣传方式,不断创新思路,除了原有的传单、横幅、网页等形式,还可利用微博、微信、移动图书馆等新媒体宣传方式,传统媒体与现代媒体相组合,不断扩大活动的知名度和影响力;还可以进行创新推广,比如各成员馆建设阅读推广联盟服务体验区,由专业人员现场演示联盟门户和服务链接,使读者深入了解和利用阅读推广联盟服务。

3.2 联盟成长阶段

图书馆联盟是个大系统,在相关标准和服务平台的支撑下,首先开展联合参考咨询、文献馆际互借、文献传递、讲座展览资源共享,整合优秀案例联合开展各种阅读推广活动,逐步向联合采购、联合编目、联合采购数字资源、数字服务融合、联合开展人员培训、开发新型服务项目等深层次领域有序推进和拓展。

联盟通过组织、计划、商讨和组织阅读推广活动的具体事项,协调成员馆之间的关系,了解各馆阅读推广活动的开展情况,图书馆联盟的服务平台是否可以顺利运行等。成员馆依据合作协议、规划方案安排开展具体工作,并及时向阅读推广委员会报告活动结果。整合各馆力量,加强相互之间的交流与合作,促进优势互补,树立阅读推广品牌理念,以本地区文化特色为依托,打造自主的"明星活动""活动品牌",从而满足用户的现有需求并挖掘更深层次的"发展性需求",形成上级指导、平级协作的联动机制,统筹规划与指导区域公共图书馆阅读推广活动[12]。

同时,在联盟发展过程中,对规章制度进行不断地修改和完善,构建评估体系对图书馆联盟的协同程度以及共建共享的效果进行评估,实时分析联盟发展过程中存在的问题,通过调研分析与总结经验,不断收集反馈信息并不断学习,完善和改进活动内容,创新活动模式,进一步完善阅读推广流程,预测和决策阅读推广联盟的未来发展方向。图书馆联盟经过自我调控,成员馆之间通过情感认同形成了独特的阅读推广联盟文化,激励联盟内图书馆共同努力,促进图书馆联盟得到更为良性的发展,始终朝着稳定、有序的方向发展。

3.3 联盟发展阶段

发展阶段是公共图书馆阅读推广联盟通过不断监测与调节外界环境变化,在运行机制联合作用下,不断整合可促进联盟发展的有利信息,做出有利于联盟发展的正面决策,实现了联盟阅读推广活动的组织协同发展的治理目标,联盟系统内部实现动态平衡。最终使得联盟获得上级支持,发展结果得到成员馆认可,读者满意度提升。此时,应及时拓宽联盟的关系网络,扩大应用成效,将高校图书馆、企业图书馆、社区图书馆等服务方向不同的成员吸纳进来,从单一系统的成员馆结构逐渐向多个系统的成员馆结构转换,扩大阅读推广联盟规模,构建区域内跨系统图书馆阅读推广联盟,最终实现区域内图书馆阅读推广的协同发展。

区域公共图书馆阅读推广联盟构建为公共图书馆在新时代实现创新发展掀开新篇章,是各级公共图书馆共同的愿望。图书馆应该充分发挥区域联盟的优势,实现阅读推广的资源互补和优势共享,不断提升联盟的合作层次和服务档次,提高图书馆联盟的协作程度。根据不同层次的读者需求变化,设计具有针对性的阅读推广策略,更好地提升公众的阅读积极性,更好地推广全民阅读活动,全面推进与服务公共文化建设。

参考文献

[1] 常红,张毅君.区域性图书馆联盟文献传递模式研究[J].现代情报,2007(8):18-21.

[2] 马江宝.我国图书馆联盟资源共建现状研究[J].山东图书馆学刊,2013(3):65-70.

[3] 张惠梅."图书馆+":公共图书馆创新发展的案例分析[J].河南图书馆学刊,2018(1):25-27.

[4] "读吧!福建"阅读推广联盟正式成立[EB/OL].[2019-03-01].http://fj.qq.com/a/20160420/049120.htm.

[5] 恩施州公共图书馆阅读推广联盟成立并开展成果巡展[EB/OL].[2019-03-01].http://www.chnlib.com/wenhuadongtai/2017-04/211578.html.

[6] 宋乐平.协同创新机制下区域图书馆联盟运营策略研究[J].图书馆工作与研究,2016(5):124-128.

[7] 鄂丽君,李微,郑洪兰,等.高校图书馆基于区域图书馆联盟开展阅读推广的探讨[J].图书馆建设,2012(6):55-59.

[8] 佟艳泽.黑龙江省公共图书馆阅读推广现状调查与优化策略[J].河北科技图苑,2019(3):48-52.

[9] 丁若虹,冯宝秀.京津冀图书馆协同发展模式探析[J].河北经贸大学学报(综合版),2017(4):21-26.

[10] 2014中国图书馆学会年会第6分会场:图书馆区域联盟的创新与发展[EB/OL].[2019-03-01].http://www.lsc.org.cn/c/cn/news/2014-10/16/news_7496.html.

[11] 陈鸿.区域图书馆联盟协同视域下全民阅读推广服务体系构建研究[J].农业图书情报学刊,2018(1):163-166.

[12] 孔敏,邹晖,黄智敏.高校图书馆阅读推广的现状分析与现实思考——以四川省高校图书馆为例[J].四川图书馆学报,2015(3):41-43.

基于5W混合模型的阅读推广实践分析

——以华东师范大学图书馆为例

马 宁(华东师范大学图书馆)

自"全民阅读"写入政府工作报告以来,华东师范大学图书馆不但在校内积极开展各类阅读推广活动,而且广泛参与上海市乃至全国的阅读推广活动,主要有:书香申城"新时代创新创业新征程"主题阅读征文活动、中国广州国际纪录片节金红棉高校展映、"画笔·未来"、上海高校巡回画展——"星河漫步"、"品书知日本"征文大奖赛、第一届全国图书馆新媒体创新服务案例大赛、知识世界的传送带CASHL宣传海报设计大赛、全国首届图书馆杯主题海报创意设计大赛等。

华东师范大学图书馆在践行阅读推广的路上不断探索,不断创新,推出了一系列精品活动。笔者通过文献调研及实践活动观察,发现5W1H法和拉斯韦尔5W传播模式结合起来,可以有效指导阅读推广活动。

5W1H法,又称六何分析法,即原因(Why)、内容(What)、地点(Where)、时机(When)、主体(Who)及方法(How)。在CNKI中输入主题="5W1H"or"六何分析法",截止时间设为2019年3月17日,可以得到222条检索结果。阅读推广是文化知识的传播,从传播的角度看,5W1H分析法没有考虑到受众(to Whom)及阅读推广的效果(with What effects)。阅读推广活动开展后,应该重视读者反馈及开展活动的效果,但这一方法没有效果检验或评估环节。因此,用此方法分析或指导阅读推广活动有一定的局限性。

拉斯韦尔5W传播模式即谁(Who)、说什么(Says What)、通过什么渠道(in Which channel)、对谁(to Whom)、取得什么效果(with What effects)[1]。在 CNKI 中输入主题 = "5W 模式",截止时间设为 2019 年 3 月 17 日,可以检索到 226 条记录,研究人员将此模式用于各行各业的分析,有 4 位研究人员将 5W 模式与阅读推广结合起来,如董桂存以韩国"光州_全南 TALK"全民阅读推广活动为研究对象,运用拉斯韦尔 5W 模式理论,并与美国"一城一书"活动进行比较分析,进而为我国全民阅读推广工作提供启示[2]。刘贺以拉斯韦尔 5W 模式对国图少儿阅读推广的内容展开调查,分析了国图少儿阅读推广的现状和不足,在此基础上,提出国图少儿阅读推广的对策建议[3]。李奕借助拉斯韦尔"5W"传播模型,对"M 地铁·图书馆"阅读推广要素进行了分析,在借鉴其实践经验的同时提出地铁图书馆阅读推广服务创新发展新路径[4]。吴高借助著名的拉斯韦尔 5W 传播模型,对我国高校图书馆数字阅读推广进行分析,指出其存在五大问题,最后提出了五大对策[5]。但是拉斯韦尔 5W 传播模式是单向的,如图 1 所示[6]。没有考虑到传播者(Who)与受众(to Whom)之间的互动,尤其是在大数据时代,更要考虑阅读推广过程中,阅读推广人员与读者的互动。此理论也没有突出阅读推广活动策划实施的过程,即如何做(how),这是经验总结及传承至关重要的一点。

图 1　拉斯韦尔传播模式

　　基于上述两种方法的优缺点,笔者将此两种方法融合,具体来分析华东师范大学阅读推广的典型案例活动,以期为后续阅读推广总结经验教训,并为其他高校图书馆开展阅读推广工作提供有益的参考。具体可见图 2。

图 2　基于混合理论模型的阅读推广新模式

1 Why(原因)——进行阅读推广的原因

1.1 国家层面

在 2014 年至 2018 年连续六年的政府工作报告中,"全民阅读"六次被写入政府工作报告[7],"倡导全民阅读,建设学习型社会"成为其中的重要内容。通过全民阅读的倡导,能够让老百姓通过更多地读书,读好书,去获得更多的幸福感和获得感,从而增强文化自信[8]。

1.2 图书馆层面

吴建中在 2012 年中国图书馆学会年会做《新常态、新指标和新方向》的主旨报告,介绍了国际图联提出的影响图书馆未来发展的四个新指标:推广活动、社会媒体、数字流通和数字参考。为此,很多图书馆把推广活动作为一项重要的衡量指标[9]。在纸质图书借阅量下降已成新常态的形势下,华东师范大学图书馆积极应对,策划各种各样的活动吸引读者使用图书馆的资源和服务。

1.3 馆员层面

图书馆进行功能组织机构调整,传统的"采编流"已经不能满足读者的需求,部分馆员通过策划阅读推广活动,主动转型。

1.4 读者层面

现在流行"快餐式"阅读,尤其是利用手机进行"碎片化"阅读。读者对于图书馆为其准备的文化"饕餮盛宴",有时候并不了解;对于图书馆丰富的资源,不知道如何使用。因此需要图书馆以阅读推广为契机,让读者认识图书馆、了解图书馆、使用图书馆。

2 When(时机)——什么时候进行阅读推广

每年,华东师范大学图书馆都在"4 月 23 世界读书日"之际,开展为期一个多月的"书香嘉年华"活动,与六月毕业季的活动融合;九月、十月开学季利用迎新活动的契机,进行阅读推广活动。这些活动由各部门群策群力,共同完成,但以推广部为主,平时推广部也会策划一些活动,吸引读者使用图书馆的资源和服务。

2017 年社会上发生的文化热点事件,是图书馆阅读推广的好时机,这是阅读推广人的共识和心声。如《中国诗词大会》热播之时,就相应推出"诗词是歌曲,曲中有诗词"活动。央视《朗读者》热播之际,则推出"书香嘉年华,朗朗读书声"活动。2018 年,"书香嘉年华"活动期间在前面活动的基础上,推出"诵中外经典,展丽娃风采"主题活动,分为"阅动人生——经典诵读比赛"之学生组和教师组,初赛通过线上完成,决赛通过线下完成。活动的形式和内容也更加丰富,受众面更加广。2018 年上海书展暨"书香中国"上海周期间,图书馆与中国出版集团驻上海办事处联合举办"师大阅读力:2018 中版学术精品书展",携手共建"书香校园",在 9 月开学季为广大师生带来一场经典、隽永的阅读体验[10]。

3 Who(主体)——谁来进行阅读推广

中国图书馆学会发布的《图书馆服务宣言》中提到:图书馆与一切关心图书馆事业的组织和个人真诚合作。图书馆欢迎社会各界通过资助、捐赠、媒体宣传、志愿者活动等各种方式,参与图书馆建设[11]。中国图书馆学会在 2014 年"阅读推广人"培育行动中将阅读推广人定义为具备一定资质,能够开展阅读指导、提升读者阅读兴趣和阅读能力的专职或业余人员[12]。

3.1 专职阅读推广人员

华东师范大学图书馆于 2014 年新增设了推广部。目前有六名专职人员以及一名研究生助理馆员,围绕"让书活起来"的理念,分别从"推荐提升阅读品味""活动激发阅读兴趣""技术助力阅读推广""空间提升阅读体验""机构促进阅读推广"等方面开展各种丰富多彩的活动[13]。

3.2 业余阅读推广人员

笔者认为与专职相对应,称为兼职阅读推广人员更合适。

3.2.1 名人

2018 年 7 月 21 日,《朗读者》第二季第十期邀请了华东师范大学中文系教授王智量先生,王老深情朗读了屠格涅夫散文诗中的代表作《门槛》。图书馆上线了"大师书房——王智量数字图书馆",全方位展示了先生的藏书、作品、手稿和画作[14]。在当年的开学季,华东师范大学图书馆携手知名教授及校友为 2018 级新生推荐人文素养类书目。这些知名人士有:许子东,华东师范大学中文系兼职教授、香港岭南大学中文系教授、凤凰卫视"锵锵三人行"的常任嘉宾;方笑一,华东师范大学古籍所教授、中国诗词大会命题人之一;毛尖,华东师范大学对外汉语系教授、上海作协理事、上海电影评论协会副会长、著名专栏作者。他们通过为读者荐读书目来开展阅读推广活动。

3.2.2 荐读人团队

2018 年 4 月华东师范大学图书馆荐读人团队正式成立,校内校外名师对社团成员进行教育语境与社会语境的培训,为其快速适应角色要求打下基础。

3.2.3 对阅读推广感兴趣的跨部门馆员

如华东师范大学图书馆学习支持部的馆员在与读者接触的过程中,比较了解读者的需求,可以针对这些需求策划活动,进行分众阅读推广。

4 To Whom(客体)——对谁进行阅读推广

根据高校图书馆不同读者群体的阅读需求,进行分众阅读推广。

(1)面向国内新生群体(大一、研究生一年级、博士一年级)开展的活动有:馆长寄语(欢迎新同学),图书馆利用探秘(我的秘密花园,包括电子版和免费赠送的纸质版),培训与课程(利用图书馆的第一课),新生看视频(个人借阅在线查询及续借视频),达人如是说(曾经的借阅达人及泡馆达人寄语学弟学妹),新生大礼包(新鲜人主题书展、迎新电影展播、文化展览、共享书架、Say Hi To 我的大学、师大阅读力、迎新微推送——关注图书馆微信),参观图书馆(学习支持部馆员带领参观),图书馆使用常见问题,时光胶囊(新生的我致敬毕业的我,给未来的自己写一封信)[15]。

(2)面向国内高年级理科本科生,开设《网络环境下科技信息检索与利用》课程;面向国内高年级文科本科生,开设《网络环境下社科文献信息的检索和利用》;面向研究生的文科班及理科班,分别开设《研究生学位论文开题文献调研的策略与方法》。

(3)面向留学生群体,制作全英文课件介绍图书馆,并在带领参观图书馆时,由带领参观老师到流通台示范如何检索图书,在自助借还机上示范如何自助借还。

(4)面向教师群体,开展专业化定制服务,如学科服务团队走入生态与环境科学学院,生态学科 2017 年进入 ESI,馆员从 ESI 学科排名等角度对本校生态环境学科排名进行了统计分析,并展示了由图书馆负责建设的教师绩效数据库及使用方法[16]。这些都是生态学院老师切实关注的"痛点",通过交流碰撞出合作的火花,更加坚定了图书馆助力"双一流"学科建设的信心。

5 What(对象)——阅读推广哪些内容

张丽认为阅读推广的对象(What)包括:①图书馆自身的馆藏资源建设,能反映馆藏结构、类型、特色和方向;②活动策划人员的挑选角度[17]。本文也参考上述两点进行讨论。

5.1 馆藏资源推广

(1)古籍特藏资源。如 2018 年的馆藏藏书票展览、设计及制作。华东师范大学图书馆馆藏的西文文献中有不少都附有藏书票,约有一百五十余种[18]。2017 年的传统版印与绘色体验活动,选取馆藏《季沧苇书目》版片,现场教学雕版,让学生印制一张属于自己的雕版书叶。填色活动:刷印的图案可以填色,还从馆藏的古籍中选取部分特色版画进行打印和填色[19]。

(2)电子资源推广。主要呈现形式是讲座,包括邀请读者入馆培训及馆员走出去到院系进行定制化服务。

(3)纸质资源推广。除主题书展外,还针对港台图书开展"你选书、我买单"活动。

5.2 活动策划人员的挑选角度

比如推广部发出英雄帖,有偿邀请有意愿进行主题书展策划的师生策展。对饮食文化感兴趣的读者策展"世人饮食几知味,眼底古今复泾渭——中国传统饮食文化";对故乡有深厚感情的读者策划"记住乡愁"主题书展;对大自然感兴趣的读者策划"自然教育——从鸟兽草木到现代博物学"主题书展;对心理健康感兴趣的读者策划"生命成长系列活动之心书传爱"主题书展。

6 Where/ In Which channel(场所)——在哪里进行阅读推广

6.1 线下"请进来"策略

与上海傅雷文化研究中心及上海傅雷文化发展专项基金等合作,举办"傅雷手稿墨迹"纪念展;与中国出版集团合作,邀请高校知名专家学者、著名作者举办品读会、分享会和讲座沙龙活动。

邀请学校社团到馆内合作,如与校教职工书画协会、校学生书法社团开展合作文化展览:"澄怀味象——江南山水诗书画"作品展;与兰心哲学社合作"以书会友"读书会,举办国学系列讲座,给学校的师生一个展示的舞台。

邀请匠人到馆内举办创意手工活动,如非遗项目"三林标布"传承人刘佩玉老师现场教授同学们用三林家织土布制作书签,并教同学们制作青团;民俗学博士海岚进行茶道表演[20]。

6.2 线下"走出去"策略

学科服务团队主动走入生态与环境科学学院,通过 ESI 数据分析,回答院系老师关心的论文发表、学术前沿等科研问题,助力"双一流"建设。情报部馆员主动为国家教育宏观政策研究院的师生进行"图书馆资源利用"专题讲座,并走进计算机学院的课堂,为其提供定题资源检索服务。

6.3 "线上数字化"策略

随着技术的发展,阅读推广并不仅仅局限在图书馆的物理空间。图书馆王智量教授捐赠的个人藏书、签名本、手稿本等进行数字化并通过专题网站全方位展示,让读者一睹大师风采[21]。《杜鲁门口述历史全集》缩微平片数字化上线,图书馆已完成该文献数字化并提供检索及全文下载服务[22]。

7 How(方法)——如何进行阅读推广

7.1 积极利用校园人力资源

华东师范大学的学生专业素质强,创新、操作、动手能力强。目前图书馆各个部门都在招聘助理馆员,这些助理馆员已经参与图书馆微信推文的撰写、书展策划、活动策划等工作中。

7.2 开发文创产品作为阅读推广的载体

文创产品有如下特征:①创新性;②赋予情感共鸣;③赋予纪念性;④趣味性[23]。图书馆可根据馆藏资源开发文创产品,如书签、书包等[24]。华东师范大学图书馆设计带有图书馆 Logo 的书签、书包,以及印有图书馆特藏古籍元素的书签和笔袋。这些文创产品可作为阅读推广活动的奖品,一方面对读者参与活动进行鼓励,另一个方面通过文创产品宣传图书馆的资源及服务。

7.3 举办主题书展及读书沙龙活动

和读者直接见面是最好的阅读推广方法。基于此,图书馆策划了各种各样的主题书展。除推广部定期的主题书展外,闵行校区流通部在图书馆四楼、五楼也经常策划主题书展,如"外眼看中国""走进科学""有了 1,更多的 0 才有意义——身心灵健康主题书展""上海故事"等,吸引学生驻足停留。图书馆二楼大厅有教师主题书展、新鲜人主题书展、最潮书展。OCLC 的研究显示,最受读者欢迎的阅读方式是在图书馆与他人分享阅读经验和体会,即读书沙龙[25]。华东师范大学图书馆举办"丽娃共读——拼醉活动"时,邀请共读一本书的作者入群,读者不仅可以每天分享读书心得体会,还可以和作者积极互动,促进深度阅读协作,构建智慧阅读共同体[26]。图书馆与兰心哲学社共同举办的读书沙龙活动,也吸引了一批固定的"忠粉"。

7.4 邀请名人参与阅读推广

图书馆邀请"中国诗词大会"命题人之一的方笑一教授参与朗读活动的录制,并担任评审嘉宾;邀请《锵锵三人行》嘉宾许子东教授参与新生书目荐读活动;邀请学校知名学者毛尖教授、袁筱一教授参与经典讲座导读活动。

8 活动效果(With What effects)

针对每年的写春联活动,有读者在微信后台留言:"我从 2013 年(起就)参加(该活动),该活动已是华师大品牌了。衷心希望此活动勿断,坚持下去。您的不经意的举动能造就一个传奇。我就是从这个活动中拿起毛笔的。"

针对"丽娃共读"第三期活动,吕紫瑄读者写道:"要感谢老师们,让我们有了这么好的阅读体验,辛苦了。也要感谢同学们,我们一起走过了这短暂但难忘的 30 天。让我们从此张开发现美的双眼,去发现中国之美,生活之美,因为美,从未远离。"[27]

除了读者留言,通过阅读推广活动,读者来馆次数增加了,关注图书馆微信的粉丝增加了,转发、评论、点赞推文的读者增加了,对图书馆的满意度也提升了。

总之,阅读推广是一种新型服务。图书馆同仁共同努力,在摸索中前行,把阅读推广活动推向一个新的阶段。

参考文献

[1] 拉斯维尔.社会传播的结构与功能[M].何道宽,译.北京:中国传媒大学出版社,2017:35.

[2] 董桂存.韩国"光州_全南 TALK"全民阅读推广案例的启示[J].图书馆学刊,2017(8):140 – 143.

[3] 刘贺.运用拉斯韦尔 5W 模式浅析国图少儿阅读推广的内容与策略[J].晋图学刊,2017(1):32 – 41.

[4] 李奕.传播学视角下的地铁图书馆阅读推广研究——以"M 地铁·图书馆"为例[J].图书馆研究,2016(4):38 – 41.

[5] 吴高.基于 5W 模式的我国高校图书馆数字阅读推广研究[J].现代情报,2014(9):115 – 119.

[6] 蒋学东."5W"传播模式下科技期刊传播的"变"与"应变"——基于媒体融合背景[J].出版科学,2018(3):78 – 81.

[7] 全民阅读"六入"政府工作报告[EB/OL].[2019 – 03 – 15].http://cul.china.com.cn/2019-03/15/content_40690192.htm.

[8] 让"全民阅读"成为"全民悦读"[EB/OL].[2019 – 04 – 08].http://www.xinhuanet.com/book/2018-05/14/c_129870172.htm.

[9] 吴建中.新常态 新指标 新方向(2012 中国图书馆年会主旨报告)[J].图书馆杂志,2012(12):2 – 6,67.

[10] 师大阅读力:2018 中版学术精品书展[EB/OL].[2019 – 03 – 15].http://202.120.82.33/news/archives/8860.

[11] 中国图书馆学会.图书馆服务宣言[J].中国图书馆学报,2008(6):5.

[12] 夏立新,李成龙,孙晶琼.论名人效应在阅读推广人机制中的应用价值——"Premier League Reading Stars"项目的启示[J].图书情报工作,2015(22):141 – 147.

［13］郑伟,刘艳.大学图书馆设立推广部的实践与启示——以华东师范大学图书馆为例［J］.图书馆学研究,2015(3):76-79,7.

［14］朗读者［EB/OL］.［2019-03-23］.https://mp.weixin.qq.com/s/TDK4UAZqi8GVpAY_koYeKQ.

［15］新手入门［EB/OL］.［2019-03-22］.http://202.120.82.25:8080/index.html.

［16］共话信息资源保障,助力一流学科建设［EB/OL］.［2019-03-23］.http://202.120.82.33/news/archives/7597.

［17］张丽.基于六何分析法的高校图书馆阅读推广研究——以广东省12所高校为例［J］.图书馆,2018(5):49-54,60.

［18］半亩方塘一鉴开——藏书票的设计与制作［EB/OL］.［2019-03-23］.http://www.lib.ecnu.edu.cn/act/libxcy/2018/01con401.php.

［19］春眠不觉晓——传统版印与绘色体验活动［EB/OL］.［2019-03-23］.http://www.lib.ecnu.edu.cn/act/libxcy/2017/01con301.php.

［20］二十四节气茶之谷雨茶道表演［EB/OL］.［2019-03-23］.http://www.lib.ecnu.edu.cn/act/libxcy/2017/01con303.php.

［21］大师书房——王智量数字图书馆上线［EB/OL］.［2019-03-23］.http://www.lib.ecnu.edu.cn/act/libxcy/2018/02con801.php.

［22］《杜鲁门口述历史全集》缩微平片数字化上线［EB/OL］.［2019-03-23］.http://www.lib.ecnu.edu.cn/act/libxcy/2018/02con802.php.

［23］刘洋."文创产品+阅读推广":创新图书馆的服务模式［J］.出版广角,2018(14):44-46.

［24］张红艳.浅谈图书馆文创与阅读推广［J］.知识经济,2017(16):168.

［25］陆静.读书沙龙成欧美图书馆用户新宠［J］.出版人:图书馆与阅读,2011(8):51.

［26］张泸月.智慧阅读推广:智慧阅读时代的新常态［J］.图书馆建设,2018(7):72-79.

［27］图书馆的拼醉时分［EB/OL］.［2019-03-23］.http://www.lib.ecnu.edu.cn/about/lib_journal_new/ECNUL_journal_default.htm#m15.

以学生社团为主体的高校阅读推广人培育模式创新研究

——以江苏财经职业技术学院为例

汤丽媛(江苏财经职业技术学院图书)   王   俏(江苏护理职业学院)

近年来,随着阅读推广工作的深入化、具体化和长效化,高素质、高水平的阅读推广人队伍在阅读推广工作中发挥出了最根本、最核心、最关键的作用,阅读推广人的培育和壮大也成了全民阅读推广有效开展的一项重要保障。对于高校来说,"书香校园"建设的重任自然也是落到了图书馆的头上,但由于高校图书馆既面临着工作人员少、工作量大、服务模式多元化等情况,又要面对阅读推广工作带来的繁重工作等实际问题,往往难以保障校园阅读推广工作的效率和效果,在这样的环境下,如果能发挥活跃在校园中的学生社团的作用,基于学生社团的组织文化建设和管理理念中挖掘新的亮点,培育出一批具有饱满的热情、丰富的经验和专业的阅读指导资质的新阅读推广人,既可以缓解高校馆员人手不足的压力,又有助于激发同学们在参与校园阅读推广过程中产生的读书热情,同时又提升了学生自身的鉴赏力、分析能力、思维能力和沟通能力,进一步契合了高等教育中"素质育人、文化育人"的核心理念,以便于他们毕业后能够更好地适应工作、融入社会。因此,本文将以江苏财经职业技术学院(以下简称江苏财院)图书馆的学生社团——江苏财院读者协会(以下简称读者协会)、目耕缘读书会江苏财院分会(以下简称读书会)和佩玖阁传统文化协会为例(以下简称佩玖阁),积极寻求以学生社团为主体的高校阅读推广主体人培育新模式,希望能为国内的高校图书馆界同仁在阅读推广工作中提供一个理论上的参考和实践中的借鉴。

1 阅读推广学生社团情况简介

1.1 读者协会

读者协会成立于 2013 年 9 月,是江苏财经职业技术学院图书馆直属的第一个学生社团。读者协会的成立初衷,便是在图书馆和读者之间搭起一座沟通的桥梁,通过协助图书馆举办的读书节活动,吸引在校师生走进图书馆、爱上阅读。经过几年的发展和壮大,现有成员约 60人,主席和会长各一名,下设秘书部、编辑部、外联部、摄影部、广告部五个部门,各个部门职责明确(如图 1 所示)、分工协作,每次都圆满地完成了阅读推广活动的策划、组织、举办、颁奖以及后期报道工作。

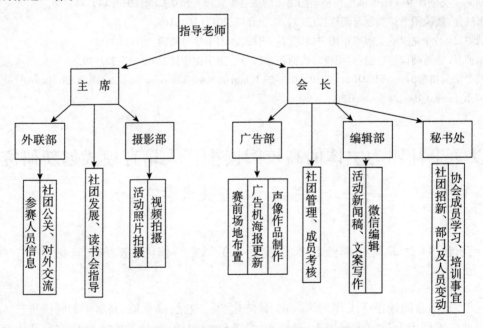

图1　江苏财经职业技术学院读者协会职能分布表

读者协会成立以来,承担了本校第四届至第八届的"4.23 读书月"活动(上半年开展)和校级读书节活动(下半年开展),已经成长为图书馆阅读推广队伍中的中坚力量和骨干分子,并且在学院众多的校级社团中崭露头角,得到了学院领导、团委的一致认可,先后荣获了江苏财经职业技术学院"2017 年十佳社团"和"2018 十优社团"的称号,图书馆也因在"书香校园"建设中取得的成就荣获 2016 年淮安市高校第一届"万方数据杯"荣获最佳组织奖、2016 年江苏省高校第二届阅读大赛三等奖等荣誉。

1.2 目耕缘读书会江苏财院分会

随着学校阅读推广的进一步深入,在读者中不断涌现出越来越多的热爱阅读的学生,以读书为主题的兴趣类社团也应运而生。江苏省目耕缘读书会是我国著名的民间读书会组织,为了给这些热爱阅读的孩子们提供一个更高更广的平台,我们在2016年4月向目耕缘读书会递交了江苏财院分会的成立申请,在读者协会的筹备和协助下,读书会正式成立。读书会组织的阅读推广活动主要以内部会员们的阅读喜好和兴趣为主,具有明显的针对性和特定性;除此之外,我们还遵照目耕缘读书会总会的规定,积极参加每月的讲读堂活动和精读沙龙,面向来自社会各界的书友们承办了一期"名人会客厅"活动,邀请南京大学的徐雁教授到场做报告;举办《曾国藩的正面和侧面》一书的精读沙龙活动,为本校学生提供了一个至高至雅的平台,使同学们在阅读图书的同时,走出校门、感受到我国著名民间读书会的思想魅力,体验到了不一样的阅读方式。同时,我校学生在精读沙龙上的精彩表现也获得了外界的一致好评。

1.3 佩玖阁传统文化协会

佩玖阁传统文化协会的前身即图书馆汉服社,经过两年发展和壮大,本着"着我汉家衣裳,兴我礼仪之邦"的宗旨,汉服社于2018年9月正式升级为佩玖阁传统文化协会,协会现有正式成员30名,社长一名、副社长两名,下设总务司、尚彩司、教坊司、尚制司、尚计司这5个常规职能部门。近年来佩玖阁面向校内外举办和参加了一系列的传统服饰活动文化交流项目,如汉服雅集、诗词诵读会、汉服舞蹈表演等活动,达到了展示本校师生风采、弘扬传统文化的效果。

1.4 本校阅读推广经典案例介绍

同国内大多数同等类型的高职院校图书馆一样,江苏财院图书馆在日常的工作中也面临着人力、物力、精力有限的情况,仅靠一己之力难以完成内容丰富、形式多样的学生活动。上述几个学生社团的成立和壮大,成为图书馆阅读推广队伍中的重要一员,在数次的校园阅读推广活动中发挥出了极大地中坚作用,不仅助力图书馆保质保量地完成了规模化、常态化的读书节活动,而且还逐渐做成了一系列特色项目,吸引了越来越多的师生参加,成为校园精神文明建设中一道靓丽的风景线。其中,获得师生广泛参与并取得了较好推广效果的案例如下(如表1所示)。

表1 本校阅读推广活动经典案例介绍

案例名称	活动形式	参加人群	举办频率	主办社团
书香班级评选	根据班级书香氛围、学生阅读情况每个年级评选一个书香班级	全校学生以班级为单位均可报名参加	一年一次(固定)	读者协会
"疯狂的图书"图书馆使用技能大赛	以游戏闯关的形式向同学们普及经典书目导读、图书馆文献资源检索以及数据库使用的相关技能	全校学生均可报名参加(含协会成员)	一年两次(固定)	

案例名称	活动形式	参加人群	举办频率	主办社团
"阅读之星"评选	邀请年度借阅榜上位居前十的读者（含教师）举办沙龙，彼此分享自己的读书兴趣和阅读情怀	年度借阅榜居前十的读者	一年一度（固定）	读书会
"21 天阅读打卡"精读沙龙活动	以连续21天实地打卡、分享交流的方式共读一本书，打卡结束后在举办一次集中讨论的读书沙龙（前15名报名的同学可获纸质赠书）	全校学生均可报名参加（含读书会会员）	两月一次（固定）	
汉服雅集	参加人员身着汉服，现场进行歌舞表演和各种风俗活动	汉服社会员	每学期一到两次（视传统节日而定）	淮安市高校汉服联盟及其成员单位
诗词会	依据不同的主题进行诗词诵读、诗词鉴赏等比赛活动	全校学生均可报名参加（含汉服社会员）	每学期一到两次	佩玖阁

2 学生社团在阅读推广活动中的作用研究

2.1 优化图书馆人力资源，保证常态推广

学生社团的深度参与，为图书馆在阅读推广工作中的所需的人力资源提供了保障。学生社团的不同职能部门，完全可以独立承担起一场活动的策划、组织和实施等工作，图书馆只需负责解决场地、人员（如比赛的评委邀请）和经费问题。如此一来，既可保证由各个社团负责的常规阅读推广活动可以按期举行，又能保证图书馆日常服务工作的正常开展。

2.2 创新活动内容，扩大推广范围

毫无疑问，最了解的学生的信息需求和阅读喜好的，还是学生自身；如果馆员仅从教师的角度出发，推出的一些活动，往往并不能引起学生的兴趣。而学生社团的存在，犹如在图书馆和学生读者直接架起了一座沟通的桥梁，图书馆通过学生社团的反馈，能够更加及时和准确地掌握当代大学生的阅读心理，从而对症下药，在此基础上携手学生社团推出创新的阅读推广活动，其推广效果也较为理想。如"书香班级"评选活动从最初的以借阅量做单一评价标准到如今以班级读书氛围作为评选标准，正是结合了同学们的反馈而做出的变革，吸引越来越多的班级参与。"疯狂的图书"活动也是在同学们的提议下增加了具有趣味性的比赛环节，在轻松欢乐的氛围下达到了普及图书馆信息资源使用技能的效果，特别是在每期活动的奖品设置上，也尽可能考虑到选手们的需求，为同学们提供更具有适用性的奖品。学生社团所发挥出来的桥梁作用，使读者和图书馆的沟通变得越来越畅通，不仅提高了图书馆阅读推广活动的参与度，也为图书馆的日常服务工作指明了改进的方向。

2.3 扩大宣传和影响,强化推广效果

学生社团具有自带覆盖面广、积极性高、传递信息便捷的优势,可以第一时间将图书馆的活动向周围的同学和所在的圈子进行有效宣传。随着智能手机的普及和社交平台的崛起,学生们之间的口口相传甚至会取得比图书馆官方宣传更深入的效果。如读书会主办的"21天阅读打卡"活动,除了每天的实地打卡讨论,一些同学还通过微信朋友圈、QQ空间等的传播吸引来了外校书友的参与……本校的读书节活动自第四届起由学生社团承办以来,活动场次逐年增多,参加人数逐年上涨,活动经费逐年增加,已经成为众多校园文化节中的精品活动。

2.4 激发阅读热情,提升自身综合素质

这些活动的举办,对图书馆和社团学生自身来说是一个共同成长的过程。读者声音能促使图书馆不断改进服务模式,真正将"读者至上"的宗旨落到实处;而学生的成长离不开其在实践活动中得到的锻炼。阅读推广活动的规模化和常态化,要求社团学生具有一定的策划、组织、沟通和协调的能力,通过组织实施自己策划的活动,不仅使这些同学的综合素质得到了锻炼和提高,而且在对图书馆资源进行深入了解和推广过程中,进一步激发了学生热爱图书馆、热爱读书的热情,从而由点到面,进一步带动了整个校园的书香氛围打造。

3 以学生社团为主体的高校阅读推广人培育模式创新研究

对于许多高校图书馆来说,学生社团的建立、管理和发展壮大是一个较为漫长的过程,且考虑到各个馆的实际情况不同,在对学生社团的培养和管理过程中也会面临各种问题。因此,笔者认为,可以将以下四个原则作为基点,从图书馆的实际情况和活动需求出发,并且结合学生社团的属性和当下大学生的行为特点,探索出一套适合本馆学生社团发展和创新的培育模式,真正将学生社团变为大学校园内一个不可或缺的阅读推广主体人,使其获得发展的动力和空间。

3.1 明确职责 分级管理

以江苏财院读者协会为例,协会内设不同的部门,由高年级的学生担任部长,负责对新进人员的技能培训(如新闻稿写作、照片拍摄导出、宣传广告制作投放、参赛人员信息及外联、比赛活动中的得分统计等)、工作排班(尽量让本部门没有课的同学上岗工作)、年度考核(依据工作量进行打分);社团负责人分别管理其中的两三个部门,如主席的职责是制定协会发展的总体规划和长期目标,会长则主要负责协会的内部管理,如全体人员(含主席)的日常考核、新成员加入及老成员退出、协会内部活动组织开展、每月例会等工作,并且及时督促各部门在活动中的责任落实,以及对阅读推广活动的效果评估。简单来说,就是老生带新生,学生管学生,这样就有了明确的职责分工和分级管理,尽可能避免了组织混乱、人懒于事的情况,确保整个协会的正常运转。值得一提的是,本校读者协会的干部们都是依据年度考核分(日常考勤30% + 部长考核30% + 老师考核40%)参与公开竞选,由全体成员现场投票确定出主席、会长和部长的,这样就保证了他们在上任以后能积极主动开展工作。作为指导老师或者图书馆,应该给予社团干部们最基本的尊重和信任,最大限度地放权给他们,尽量避免越过主席或者会长

直接插手社团事务,更不能直接指定某位同学出任干部。

3.2　价值引领　文化育人

当然,读者协会的属性是志愿者社团,在还未形成一个被全体成员共同认可的组织文化时,制定清晰的团队目标和较为严格的管理制度十分有必要,这也是志愿者社团发展的基本保障。如读书会、佩玖阁等有着明确社团文化的兴趣类组织,在管理上就可以因地适宜,发挥兴趣类社团的价值属性——文化育人的功能了,这样的原则既遵循了兴趣类社团的组织发展规律,也是图书馆在读者协会发展已趋成熟的情况下,另行成立读书会、佩玖阁的原因之一。

阅读,是可以伴随人类一生的兴趣爱好,每年自新生报到季开始,便有不少新同学慕名加入读书会的 QQ 群在线交流。因为读书,让这些不同院系、不同专业的同学们紧密地聚在了一起;因为读书,让这些本来素不相识的同学在 21 天的打卡活动中收获到了深厚的友谊;因为读书,赋予了读书会这个简单的组织特别的意义——让身边的人拿起书来、让读书人的携起手来,让同行的人负起责来(目耕缘读书会网址 http://www.mugengyuan.com/);因为读书,让读书会这个不需要用规章制度来进行约束管理的社团功能性非但没有减弱,反而吸引了越来越多的同学加入。基于这样的前提,由读书会承办的活动,其能取得的推广效果自是不言而喻的,也是基于这样的价值引领,极大地发挥了学生在社团工作中的积极性和创造性,真正的达到了"文化育人"的实践效果。

3.3　资源共享　双重激励

资源共享、优势互补一直是图书馆发展学生社团的初衷。图书馆必须为社团的发展提供悉心的指导和资源的支持,这是将学生社团培育为阅读推广主体人的必要条件。江苏财院图书馆的三大学生社团都有固定的办公场所或排练室,并且配备了办公桌椅、电脑、无线网络、打印机等简单设备,用以满足协会在日常值班、内部管理时的基本需求;学生社团的会员们也可以优先享受图书馆的场地资源和文献信息资源。在阅读推广活动的开展过程中,图书馆也应扮好上级部门的角色,要对活动的实施细节和推广效果提出要求,同时要负责解决一些学生难以解决的问题,如申请场地、邀请人员、同学校其他部门之间的协调对接以及活动产生的经费报销。从内容与形式来看,一场活动的举办,是协会成员分工协作、互相配合的结果;从阅读推广活动的长效机制来看,是图书馆与学生社团各司其职、资源共享的成果。

除了为社团学生提供资源上的支持外,图书馆还应该注重对学生社团在精神与物质上的双重激励。在招新的时候,就应该让每一位会员清晰的知晓社团的宗旨与章程,明确会员权利与义务,引进考核机制、竞争激励机制和奖惩机制。如在每学期末图书馆都会根据考核结果设置一定比例的组织奖,为在协会中表现较为突出的成员颁发奖品,并且在班级的评奖评优中推荐加分。在学生毕业时,也会颁发校级"优秀志愿者"证书给一些坚持到最后的协会成员们,为他们在求职简历上添上更加出众的一笔。

3.4　精准培育　协同创新

读者协会的新生入会以后,我们会给出一定的时间让新生根据自己的兴趣和特长申报部门,然后根据各个部门的具体职责分批培训。在条件允许的情况下,我们会尽量安排专业的指导老师对新成员进行培训,并且提供相应的实践机会,以提升其组织策划能力、沟通协调能力、团队协作能力、新媒体运用能力和阅读推广素质。对于读书会和佩玖阁的成员,先将协会成员分为理事会员(担任一定的岗位职责)和普通成员(无须担任岗位职责,仅凭兴趣参加活动即可),再由同学们根据自己的情况自愿申报,然后统一培训、上岗。事实证明,这种较为灵活、自主的培育模式也十分符合兴趣类社团的发展特性,既保证了社团工作的正常开展,又能不断地吸引更多的同学加入,进一步激发同学们对传统文化的兴趣和更高更浓的读书氛围。

作为同属图书馆的学生社团,这三者在日常的工作中必然存在着紧密的互动交流与深度合作的关系,而图书馆作为培育人,可以将"协同创新"作为其培育模式的一个长远目标。社团之间应进一步加强合作与交流,不断扩大活动的受众面、创新活动的内容和形式,实现推广效果的深化。如读者协会在2017年9月份举办的成立四周年庆典联谊会上,不仅邀请到了周边其他院校的图书馆志愿者社团作为嘉宾,更收到了本校诸多兄弟社团带来的助兴表演,一时将现场气氛推向了高潮,扩大了本校图书馆的影响力和社团的知名度。基于现有社团的发展势头,图书馆计划在未来的两年之内将这几个馆属社团再次整合,继续吸收相关的文化类社团,如文学社、光影社、话剧社等,拟成立校阅读推广服务中心,并且聘请校领导作为中心主任,从而进一步提高学生社团的层次和规模,为推进学校精神文明建设和全民阅读推广做出更大的贡献。

参考文献

[1] 张岩. 浅析学生社团参与高校图书馆阅读推广的思考[J]. 价值工程,2018(18):216 – 217.
[2] 夏梅. 社团依托下的高校图书馆阅读推广——以烟台工程职业技术学院图书馆为例[J]. 卷宗,2019(6):21.
[3] 李文. 高校图书馆学生社团参与阅读推广工作的思考[J]. 兰台世界,2017(24):62 – 65.
[4] 舒拉. 学生社团视角下的高校图书馆阅读推广策略探析[J]. 时代农机,2018(4):125.
[5] 杨志珍. 论高职院校学生社团在图书馆阅读推广活动中的作用——以遵义职业技术学院为例[J]. 文化创新比较研究,2018(4):151,158.

阅读活动的中国文化味道:
阅读推广与手书活动的结合研究*

王学军(聊城大学图书馆)

促进阅读与各种文化活动相结合是阅读进入大众文化生活的重要途径,对于建立良好的阅读生态、增强阅读活动生命力和创造力具有重要价值。在与阅读有关的各种文化活动中,手书活动近年来受到社会的广泛关注,并以多种形式出现在阅读推广中,形成了富有特色的合作案例,反映了二者深刻的文化渊源关系和良好合作前景。深入研究其结合形式、共生基础、合

* 山东省社会科学规划研究项目"阅读的生活性存在对全民阅读活动的启示"(编号:19BJCJ47)的研究成果之一。

作空间、现实问题、活动规律和时代特征,促进二者交融共生,将使阅读推广获得新的发展动力,生成更丰富的文化内涵,促进具有中国风格、中国特色的书香社会和阅读文化的形成。

1 背景:当今时代的书写文化危机和手书活动的兴起

书写文化在我国有悠久的历史,是最富民族特性的文化形式之一,但在电子媒介时代面临着严重的生存危机。在今天的日常工作和生活中,纸质媒介的使用越来越少,书写方式也由用笔写字变成键盘输入甚或语音输入,"写字"这种千百年来最为平常的文化活动正在失去其日常功用基础,一场书写文化危机正在快速来临。研究认为,书写是一种手脑并用的行为,不仅对于理解、想象和记忆汉字具有重要作用,也具有重要的审美价值。而键盘输入是一种纯符号化的转换技术,它拆散了汉字在音形义方面的内在关系,解构了汉字本体的统一性,造成汉字理解、记忆和运用的"陌生化"问题,使人们无法通过书写感知汉字之美,使汉字的文化意蕴大大缩水。

中国书写文化源远流长,精彩纷呈,体现和塑造着我们民族的文化精神,是中华民族精神、气质、格调和情感的反映。书写活动的减少,意味着我们正在失去一种"自由而尊贵"[1]的文化表达方式,失去和传统文化的一种重要纽带,造成当代生活与传统文化之间的深层断裂。这种情况已经引起社会多方面的高度关注。近年来,在全国"两会"上,每年都有委员提交"加强写字教育"的提案,呼吁重视当前存在的"汉字书写文化没落"现象[2],一些省市也就中小学生的书写问题进行了重新规划,如增加钢笔和毛笔书法课,重要的论文需要手写等,以期改变学习生活中缺少手书的现象。一些以重视手书价值,传承汉字书写文化为宗旨的民间活动不断自发出现。在网络书法论坛、贴吧和微信公众号等社交平台上,出现了大量手书爱好者,他们大胆展示自己的书写作品,相互交流切磋,坚持手书活动,这反映了人们对书写文化危机的忧患意识、对于民族书写文化的珍视和自觉维护。

2 阅读推广与手书活动结合的深层根据和时代条件

各种手书活动的出发点虽然以弘扬书写文化为目的,但在实际情形中又表现出明显的阅读性内容和特征。书者不仅用心写字,而且对书写内容也精心选择,其内容多是格言警句、诗词歌赋、名著片断、现实热点话语、个人生活感悟、阅读心得等,十分丰富,极有学习价值,经常引发书者(又是读者)的思想碰撞和热烈探讨,促进了阅读活动的进行。这充分说明,阅读与手书活动间存在着相互促进、共同生长的良好合作关系,深入揭示其内在联系和文化内涵,可以为阅读推广打开新的视野,开辟新的思路。

首先,书写和阅读的共生关系是阅读推广和手书活动结合的深层根据。在阅读和书写活动中,人是共同的主体,语言文字是共同的客体,表明了阅读和书写深刻的同构性质和内在本质联系。阅读的过程往往伴随着书写,是读者思维和文化创造的记录。读书笔记就是阅读最重要的一种文化副产品。而书写则把文本的理解、记录、体验融于一体,是一种深化的阅读。这种相辅相成的关系,使阅读和手写活动总在自觉或不自觉中走到一起来,形成两者最自然的结合形式,为阅读推广和手写活动的结合提供了天然根据。

其次,书写文化资源内容丰富,为开展阅读活动提供了深厚基础。从书法艺术的角度来看,我国是书法文化之国,拥有极为丰富的书法文化资源,可供读者欣赏、学习。每一件书法精品后面往往都有生动的故事,给人以思想启迪。对于一般的书写活动而言,普通人的书信、日记、文稿、读书笔记或其他书写作品等,是个人活动信息的记录,是生命记忆的一部分,具有珍贵的个体价值和交流价值,是值得开发的重要潜力资源。名家手迹、手稿等则具有更为重要的文物、文学和审美价值,含有丰富的历史文化信息。通过阅读与手书活动的结合,能够把这种资源潜能和发展活力进一步开发出来,促进阅读活动开展,丰富民众文化生活内涵,提升文化生活品质。

再次,从社会环境看,网络为阅读推广和书写活动的结合提供了有利条件。虽然电子媒介对于传统书写文化造成了严重影响,使现代人的阅读生活遇到各种问题,但也为新阅读生活的形成和书写文化传播提供了有利条件。这就是历史和现实的辩证法。充分利用网络论坛、贴吧、微信公众号等,开展阅读服务,进行作品展示,提供知识支持,能够集聚大量阅读和书写爱好者,激活大众的创造性、积极性、参与性,符合当今个性发展、开放交流、共享共生的时代特征,对于营造热烈文化氛围,探索具有时代气息的文化生活方式具有重要意义。

最后,从全民阅读的发展趋势来看,阅读活动需要和大众文化生活结合在一起,以拓展新的生存空间,丰富自身的文化内涵,培植更旺盛的生命力。现在,国家高度重视文化事业,手书作为一种文化活动,在大力传承和弘扬优秀传统文化的背景下获得了良好发展机遇。阅读和手书具有广泛的群众基础和生活化特征,存在着明显的伴生现象和同构关系,为二者在实践中走向合作提供了丰富契机和宽广视野。随着文化自觉、文化自信主题的不断发现和彰显,阅读推广与手书活动获得了进一步结合的内生力量,将为建设具有中国特色的阅读文化和书香社会增添一抹独特魅力。

3 开放灵活的活动形式和多姿多彩的文化特征

阅读推广和手书活动走到一起来,是文化生活在新的时代环境下不断发展的结果,也是文化本质、文化魅力彰显的重要形式,表现出广泛性、灵活性、开放性、创造性、大众性等多姿多彩的文化特征。

第一种,经典名著抄书接力活动。2018 年 3 月 19 日,武汉大学图书馆首次发起"笔墨涟漪"抄书接力活动,随后在短时间内即被多所高校图书馆和公共图书馆仿效。比如,由北京电影学院图书馆、北京工业大学图书馆等九所院校图书馆共同举办的"风华笔墨 岁月沉彩——'九校同抄经典书'校园抄书接力活动",安徽枞阳县图书馆举办的抄书接力活动,中国人民警察大学图书馆组织的"经典誊写接力"活动等,吸引了广大读者热情参与,形成了良好的文化效应,成为结合手书活动开展阅读推广的典范实例。

在这些活动中,一般是由图书馆预先选择经典图书,提供空白手抄书稿,在指定的场地,由爱好者使用钢笔、软笔等不同书写工具接力抄写。抄写字体不限,篇幅以一页为基础单位。抄写者在目录上留名并记录下自己抄写的章节页数等信息,同时也可写下自己的感触随笔,后续抄写者既可继续完成抄写,又可以通过读书笔记的方式进行相互交流。活动持续时间一般在一个月到数月不等。在每部书稿抄写完成后,"图书馆会对其进行详细编目,并将作为图书馆永久馆藏,收藏至'手抄经典'专柜,既可供读者赏阅,也可待学子毕业多年后回母校时,去寻找当初青葱的记忆。"[3]

由于是片段抄写,所以该活动符合当今碎片化阅读方式,适应性强,避免了经典大部头的阅读压力,容易引起读者兴趣,以切入式阅读进入经典世界。"一桌一椅,一纸一笔,坐下来花一盏茶的时间,抄几页倾慕已久的字句。可多可少,可短可长。一寸方笺,把你的笔墨凝结成岁月的沉彩,一段铭心,停留于此。"[4]

这类活动参与者众多,持续时间长,参与方式简单易行,形散而神聚,文化意气相连,读者参与感强,群体性和个性化特征都得到了体现,具有很强的文化张力和生命力,是一种比较理想的群众性文化活动,适宜在学校、图书馆、社区、企业、乡村等不同范围内举办。

第二种,手写读书笔记展览交流活动。"不动笔墨不读书",是人们对于阅读活动的深刻体认,说明读写内在的一致性、同向性。读书笔记作为深阅读的产物和见证,来自文本,又超出文本,包含着读者个人的感悟与想象,特别能反映读者的思想情感。这些文字产生于读者阅读的自由情境之中,心手如一,书写起来挥洒自如,不拘一格,畅快淋漓,自我沉浸,很能表现人的真性情,别有一番趣味。把这些阅读笔记采集起来,进行展览交流鉴赏,能够使人充分领略阅读的魅力,产生良好的示范导向作用。对于中小学生来说,读书笔记更是发挥他们想象力的天地。

第三种,名家手迹、手稿出版物欣赏阅览活动。名家手迹、手稿是作者文化创造的原始形态,包含着独特的、真实的历史文化信息,具有珍贵的学术研究、文物收藏和文化审美价值,也是引导读者进入历史语境,读懂作品精神,探察作者心灵世界的重要方式。比如,像鲁迅、郭沫若、林语堂、郁达夫等中国现代作家的手稿就有鲜明的时代感和个性特点,"具体表现在:一是强烈的社会责任感和使命意识……二是视野比较开阔,世界眼光、宇宙意识、个性思想、自由精神都比较突出……三是章法、结构与笔法的自由表达……微观细察,也可领略现代作家与书法文化的深切融合,体现着文学介入书法、书法传播文学的文化特征以及多种文化内涵。"[5] 开发这些阅读资源,进行展览和欣赏活动,可以唤醒历史记忆和文化情感,接近书者本人,为开展阅读活动打开另一种独特视角。

名家手迹或手稿的出版物一直是出版界的重要选题,为有关活动开展提供了大量阅读资源。经笔者实地检索,国家图书馆的馆藏中题名中含有"手稿""手迹""手书""手札"的图书有3800余种,除了中国现当代作家外,还有毛泽东、周恩来、朱德、邓小平等国家领袖,康有为、梁启超、曾国藩等历史人物,秋瑾、林觉民、杨开慧、方志敏等革命烈士,内容十分丰富,文化、教育和艺术欣赏价值都很高。此外,很多著作,都印有作家手稿数页,以表现原作真容。这些书者亲手写下的文字,不同于印刷字体,字里行间都让人感到一种时光的切近和历史的真实,看着那不同风格的字体,仿佛又看到其本人的深沉思想和情感流动,使观者升起敬意、欢喜、亲切之感和探究翻阅的渴望。

第四种,普通民众手书作品展示交流活动。在日常文化生活中,人们的书写活动是十分广泛的,既有书法爱好者的书法习作,也包括普通民众各种功用性书写活动,比如:书信、日记、札记、学生作文、工作日志以至备忘录、便笺、贺卡、毕业赠言等。这些书写具有真实性、场景性、思想性、情感性、个人性、历史性、纪念性等特征。从这些资源中开发阅读素材,进行交流欣赏,能够唤醒读者的文化记忆,激发情感共鸣,读来亲切而自然,具有广泛的受众群体,是文化交流的生动形式。

2018年3月6日,宁波华天小学王悦微老师在微博上晒出一篇邵梓淇同学的手写作文《沙漏》,其关于时间的思考引发网友赞叹,不到一天时间,其转发数已超过5.5万,评论1.6

万条,点赞数更是高达 11.4 万。不久,该同学的另一篇作文《第一次奋进》又成为网络热点,网友直呼,"第一句就被迷住了,写得太好了""这文笔,仿佛诗人""有鲁迅的感觉""有很多成年人被这份纯真的感情打动:这爱情观也太正了吧,被触动到了,这种感情真好!"[6]。这两篇手写作文在网络上被广泛传播,其稚拙的字体衬托其深入的心灵思考和温暖光明的爱恋主题,深深震撼了读者,直击人心,充分展现了原始作品所具有的非同一般的魅力。

其实,在广大读者中蕴藏着大量的高质量的创作文本,它们来自普通人的生活、学习,如果也能够开发出来,展示出来,能够带动民众阅读、探究和交流热情,引发一种积极向上的文化追求,让人们充分地发现、尽情地享受这些人世间美好、隐秘而又珍贵的思想情感。

4 丰富的文化意蕴和内生机能促进价值创造

在阅读和手书活动的结合中,多种文化元素融合共生,相互促进,为服务创新提供了大量可以深入利用的着力点,丰富了阅读活动的文化内涵,促进了价值创造。

营造阅读氛围,促进经典阅读。在经典图书抄写接力活动中,让参与者在富有仪式感的接力抄写中,以认真书写表达对经典的崇敬、对文化的传承,感受到个人阅读所不具有的心灵冲击,促使读者把目光更多地投向经典,体验经典。通过阅读同一本书,抄写同一本书,创造机会,让读者相互欣赏字迹和阅读心得,促进读者间的交流沟通。读者相互感染,相互影响,能够营造一种浓郁的阅读氛围,为阅读群组的建立提供机遇、条件,有助于新的经典阅读形式和阅读文化的发育。

继承和弘扬中国传统书写文化。在键盘输入占据主导地位的当下,唤醒人们的书写意识,为传统书写活动寻找一种新的存在场合和表达方式,获得更加广泛的群众基础和生活基础,使书写走出纯艺术范畴,增强其在现代社会的生命力、影响力。从个人角度看,专门性、个体性、长期性的练字活动,是对于人的意志力的很大考验,常常让很多人望而生畏、半途而废。而阅读与书写在结合中相互依托,相互促进,使读者在文化体验中获得不断前行的力量。现场学习、交流、借鉴、勉励,对于提高人的自信心和积极性也起着十分重要的作用,使书写爱好者能够获得共同进步的勇气和乐趣。

开发阅读资源。在开展名家手稿欣赏活动中,要注意相关阅读资源的开发,比如采集各种学术研究性文章和历史资料,为读者艺术欣赏提供帮助,避免纯书法艺术展览中容易出现的一般读者难以欣赏、不会欣赏、不了解历史背景资料而造成的疏远冷漠现象,带动读者欣赏能力提升和阅读眼界的扩展。可以设置不同的手书欣赏主题,如国家领袖、著名作家、历史人物、历代书法等,使读者在欣赏中获得更加集中的心灵体验、思想教育和文化知识,引导读者进入历史情境和阅读世界。要高度重视从读书笔记或大众手书作品中发现优质阅读资源,带动图书馆阅读主题设置和阅读资源的开发。

扩大读者群体。每个人都有辨别写字美丑的能力,都向往写得一手好字。因此,手写活动拥有着最为广大的群众基础。通过开展活动,能够把这种对于写字的兴趣与最为普通的精神生活——阅读结合起来,是一种自然而然、极有发展潜力的活动。这种活动也为扩大读者群体,推进全民阅读提供了一种很好方式。从初步开展的活动来看,读者的热情参与也充分说明了这一点。

拓宽馆藏观念,开展手书资源建设。在数字化时代,图书馆的馆藏越来越走向同质化,读者与图书馆的阅读关系和情感维系越来越少。面向大众开展手书作品、手迹收藏,能够使读者获得更多个体存在感、历史感、现实感,建构与读者的情感联系,为开发个性化服务建立基础。无数读者的手迹,将构成极富地域性的人文特色馆藏。这些沉淀着个人思想情感和人生阅历的文字,是一笔笔珍贵的精神财富,描画着个人的生命活动信息和精神成长历程,通过大数据整理开发,能够形成一幅本地域最为真实和广大的人文历史画卷。

促进深阅读。书写是对阅读的深化活动,"用抄书这种古老方式让读书的节奏慢下来,用一笔一画去感受字里行间的万种风情"[7]。读者在书写中加深了理解和记忆,在群体性氛围中,获得鼓励和自我肯定,他们相互鉴赏,交流切磋,从而体验深阅读、爱上深阅读、习惯深阅读。

培育具有中国特色的阅读文化。手书文化具有强烈的审美特征,包含着书者对于作品内容的喜爱、崇敬、欣赏和深入把握,也是对优质阅读资源的精心筛选。阅读与手书相结合,能够把书法艺术典雅、含蓄、沉静、持久、秀美的风格表现出来,净化阅读中的浮躁气息,陶冶人的性情,扩大传统文化的影响力,促进建构一种深沉、内在、博大、包容、开放、自信的中国式阅读文化和阅读生活。

5 在实践中创新和发展:阅读推广与手书活动结合的前景展望

阅读推广与手书活动相结合,是一种尚在探索和发展中的新形式,在实践活动中也遇到了各种因素和问题,既为这一活动本身带来了更多的思考,也为活动开展提供了创新契机,启示了该活动所具有的良好发展前景。

第一,新媒体的利用。目前,有关活动主要通过现场方式进行,新媒体的作用还没有得到充分利用。新媒体的长处在于,能够快速传播信息,在更大的网络空间里采集、展示作品,促进交流学习,积累资源,集聚爱好者,和现场活动形成优势互补、互助发展的格局。现在微信上的手书公众号虽然有几十个,但是其关注人数却并不高,发布的作品也比较少,由于活动缺少文化知识支撑,整体处于十分松散而沉寂的状态,其潜能远未得到有效开发。图书馆应该积极开展介入式服务,通过拥有的知识资源、手书资源、专家人员、志愿者、网络平台和社会影响,进入该领域,提供参考性知识资源和专业化阅读服务,引导活动向深度推进向广度展开,使其获得高质量持久发展的能力。

第二,塑造活动品牌,增强活动凝聚力、号召力。阅读活动的持续性、长期性和可记忆性是衡量活动效果和质量的重要指标。在开展该类活动中,要避免短期效应,根据不同特点,创造条件,树立品牌,周期性或长期性开展活动,使之在读者心中留下深刻印象。对于经典名著抄书接力活动,可以设置专门的书写室,方便读者随时参与,即兴而来,使之成为文化休闲、自我展示、相互交流、促进深化阅读的重要方式。"年年岁岁花相似,岁岁年年人不同",要对读者的手书作品进行系统化的收藏、整理、保存和揭示,吸引读者参与这一活动,让他们看得到自己在书写和阅读方面的进步和成长,不断增强自信心、获得感,形成督促自我进步的内在力量。

第三,立足活动本体,丰富文化内涵,扩大活动外延。比如,读书笔记展览是阅读交流的良机,能够集聚读者热情、愿望、才思和创造性,具有很强的凭借性、生发性、开放性、结合性,能够带动诵读、书法、文化沙龙等各种形式的文化活动,激活资源、读者和服务潜能,促进服务创新,增强图书馆文化辐射力。

第四,把手书元素渗透到其他阅读活动中。现在阅读推广活动多种多样,为手书文化的应用提供了创造性空间。如读者征文、图书漂流的评语、读者推荐、阅读马拉松等活动,都可以吸收手书文化元素,体现读者的个性化存在,增加读者的参与感、在场感、真实性、亲和力,让手书文化真正进入人们的阅读生活。

阅读推广与手书活动相结合,体现着浓郁的传统文化色彩和审美意趣。5000年汉字文化为其提供了无尽的精神源泉和深厚基础。"在中华文化里,没有任何其他事物比汉字更能体现中华传统文化的精髓。写汉字不仅仅用来交流沟通,它更是一种艺术和心灵的活动。"[8]二者的结合,彰显了汉字之美,开辟了另一种阅读方式,拉近了阅读与每个人的现实存在,触发了读者表达和创作的冲动,体现出手书文化在当今时代所具有的重要存在价值。该类活动不仅是继承和弘扬中国传统书写文化的生动载体,也把阅读导向一种审美精神境界,显示出阅读活动所具有的开放性品质、良好的可塑性、自由的创造性和鲜明的中国风格,成为新时代大众文化生活中的一道亮丽风景。

参考文献

[1] 张永亮.大众化时代的书写文化与书写教育[J].广西社会科学,2007(5):165-167.

[2] 舒畅.假如我们不再手书……[N].光明日报,2013-05-25(5).

[3] 王彬.北京舞蹈学院参加"九校同抄经典书"校园抄书接力活动启动仪式[EB/OL].[2018-12-07]. http://rwxy.bda.edu.cn/rwxw/137566.htm.

[4] 北京工业大学宣传中心."风华笔墨 岁月沉彩"——九校联合抄书接力活动启动式在耿丹学院举行 [EB/OL].[2018-12-14].http://gengdan.bjedu.cn/article/showarticle.asp? articleid=10635.

[5] 李季凯.书法文化与中国现代作家[J].中国社会科学,2010(4):166-174.

[6] 传道授业解惑.最美情书"第一次奋进",六年级学生"暗恋"作文惊呆网友[EB/OL].[2018-11-23]. http://m.sohu.com/a/277496035_100191005.

[7] 枞阳县黄镇图书馆.县图书馆"笔墨涟漪"抄书接力活动[EB/OL].[2018-07-18].http://www.ahlib.com:9999/ahlibs/contents/1467/39662.html.

[8] 信冬蕾.书法实践的文化观照[D].大连:辽宁师范大学,2011.

"五阅一体"立体化阅读育人模式探析

——以江西师范大学图书馆为例

许 婕 张书美(江西师范大学图书馆)

根据斯普朗格理论,教育即是文化的过程。高校教育以培养全面发展人才为己任,在知识教育过程中,将文化价值逐渐内化与升华,从而"文而化之"[1]。高校图书馆作为大学的文献信息资源中心,可凭借深厚的馆藏及优美的阅读环境,充分发挥"以文化人"的服务优势和教育职能,创新以文育人模式,彰显独特育人效用,提升其潜在的校园影响力。如江西师范大学图书馆近年来积极响应国家"全民阅读"号召,贯彻全国高校思想政治工作会议精神,着眼于提高大学生的知识素养和文化品位。在引领大学生读书"求新知、求进步、求发展"的过程中，精心打造"阅书、阅人、阅校、阅城、阅生活"——"五阅一体"的立体化阅读育人模式，在引领新时代大学生树立正确的世界观、人生观和价值观方面，发挥了影响深远的春风化雨作用。

1 "五阅一体"立体化阅读育人模式构建的背景

1.1 立德树人是时代赋予高校的神圣使命

清华大学老校长梅贻琦曾说过："所谓大学者，非谓有大楼之谓也，有大师之谓也。"[2]高晓松对此名言加进自己的感悟，做了延伸，"大学之大，不止在大楼，大师之大，更在学生之大"[3]。大学生作为民族的未来、国家的希望，其价值观在很大程度上影响着整个国家和民族的兴衰。如洪堡所言，"大学之双重任务是科学探求及个性与道德的修养，由科学而达修养才是人的培育"[4]。受教育者通过对知识的融会贯通，从而具备"择其善而从之"的能力。

习近平总书记在全国高校思想政治工作会议上也再三强调："要坚持把立德树人作为中心环节，把思想政治工作贯穿教育教学全过程，实现全程育人、全方位育人。"[5]习总书记指出："要更加注重以文化人以文育人，广泛开展文明校园创建，开展形式多样、健康向上、格调高雅的校园文化活动，广泛开展各类社会实践。要运用新媒体新技术使工作活起来，推动思想政治工作传统优势同信息技术高度融合，增强时代感和吸引力。"[6]育人是一项复杂的系统教育工程，不是高校哪个部门单枪匹马就能完成的战役，而是需要积极联动校内一切资源，实施全方位配合的立体教育格局。高校图书馆作为校园文化和社会文化建设的重要基地，在高校立德树人中责无旁贷。

1.2 高校图书馆在立德树人中大有可为

2015年，教育部新颁布的《普通高等学校图书馆规程》对高校图书馆的职能做了明确定位："图书馆的主要职能是教育职能和信息服务职能。图书馆应充分发挥在学校人才培养、科学研究、社会服务和文化传承创新中的作用。"[7]但近年来，高校图书馆都忙于馆藏建设和服务拓展，对教育职能的发挥却有所忽略。传道授业固然是教师义不容辞的责任，但在全面提高大学生道德情操和文化素养方面，高校图书馆作为"为人才培养和科学研究服务的学术性机构"[7]，有能力也有义务履行自己的时代使命。

高校图书馆以其优雅的阅读环境，便捷的研修设施，成为大学生除了教室和宿舍之外，最流连忘返的"第三空间"。与正面的显性教育相比，图书馆这种潜移默化的隐形教育效果可能会更细腻深刻、更入木三分。高校图书馆如何利用自身育人优势，创新育人模式，也是各高校亟须思考的时代命题。

2 "五阅一体"立体化阅读育人模式理念

2.1 阅书——以传统文化育人

阅读是有味道的，而且味道各不相同，我们该去慢慢地咀嚼，细细地品味，让那淡淡的香甜流进我们的心田。但随着经济全球化和信息网络的发展，碎片化阅读和追随点击率成为潮流，文化的娱乐化倾向日益严重，经典原著和深度阅读对大学生的吸引力逐渐减弱。这种阅读现状对于大学生正确的世界观、人生观和价值观的形成极为不利。习近平总书记在中共中央政治局第十三次集体学习时强调,博大精深的中华优秀传统文化是我们在世界文化激荡中站稳脚跟的根基。有鉴别地加以对待,有扬弃地予以继承,汲取中华民族创造的一切精神财富来以文化人、以文育人[8]。传统文化是我们走向未来的基点,我们只有在深刻理解传统文化及其对我们的意义之后,才能更好地传承与弘扬[9]。

高校作为先进文化的发源地和思想库,对传播先进思想、继承和发扬优秀传统文化,肩负着不可替代的责任和特殊作用[10]。而被誉为"大学心脏"的高校图书馆,则是高校完成多元文化、先进文化传承与创新使命的重要载体。如何充分发挥高校图书馆的文化传承与创新职能,更好地服务育人既是图书馆建设的题中之意,更是应尽之责。江西师范大学图书馆通过盘活馆藏,深度挖掘优势资源,把内容丰富的优秀传统文化读物推荐给读者,让曾束之高阁的经典活起来,让读者干涸的心田接受传统文化的滋养,在生活中自觉地践行社会主义核心价值观。

2.2 阅人——以榜样力量育人

高尔基曾感慨书籍的力量,"书籍帮助我从一片烂泥塘里站了起来,如果没有书的帮助,我会被愚蠢和下流淹死"[11]。阿里巴巴创始人马云也因阅读了捡来的一本《一生》后,决定改变现状,潜心学习,从此开始了传奇人生[11]。虽然,高尔基、马云的阅书故事足够励志,但并不是每一个读者都能从书籍中感受到前行的力量。阅书是一种温和的静态熏陶,其育人效果是缓慢渐进的。而互动交流的"阅人"模式,则是一种完全不同的体验,它能带给读者强烈的感官与精神震撼,带给读者无限向上的动力。具体来说,"阅人"是指通过挑选真人作为图书借阅的媒介,通过创造一定的环境,使真人书与读者共同置身于一个完全互动的空间中相互自由阅读,通过借阅者与被借阅人面对面沟通的方式,了解真人独特的、富有价值的人生经历,从而达到传播思想知识、分享人生经验、传递有益人生观念的目的。这种零距离阅人的形式更能促进读者的深度阅读,读者更容易感受到榜样的智慧和力量[12]。

江西师范大学图书馆在阅读育人工作中,除了引导读者"阅书"外,也注意邀请校内外专家学者、教学名师、社会精英等榜样人物,与大学生进行面对面交流。期望通过这种"以人为书,分享智慧"的开放互动交流形式,使大学生在阅读真人图书的过程中,增长知识,开阔视野,激发其拼搏进取的热情。

2.3 阅校——以校本文化育人

学校文化是学校的灵魂,它可以统摄学校的办学思想、教育理念、人才培养等。在实践探索中,学校文化建设将传统文化的精髓和当下学校的特点进行融合,逐渐积淀生成独特的校本文化[13]。"问渠那得清如许,为有源头活水来"。校本文化是学校凝聚力、创造力、生命力的源泉,更是教育人、陶冶人、感染人的活水。校本文化作为高校思想政治教育工作的重要载体,对于加强和改进大学生的道德观念以及形成正确的价值观具有不可替代的作用[14]。高校图书馆在阅读育人的活动中,要善于利用宝贵的校本文化资源,让校本文化在潜移默化中感染人、于心灵深处塑造人,从而成功实现"阅校育人"。

江西师范大学作为一所具有历史底蕴、文化情怀、名校气质的"模范大学"[15],它的前身是肇基于抗战烽火岁月的国立中正大学。在其发展的近80年历史长河中,一代代师大人薪火相传,诞生了一批以首任校长——享誉世界的著名植物学家胡先骕为首的名家大师,以著名目录学家姚名达烈士为代表的爱国仁人志士。江西师范大学图书馆一方面通过正大文库—南大文库—师大文库的建设,把本校蕴藏的丰富历史内涵和文化底蕴予以传承与弘扬,以彰前贤、励后学;另一方面深耕师大传统,讲好师大故事,传播师大精神,勾勒出师大的辉煌历史和璀璨群星,意在激发学子爱校荣校的荣誉感和使命感。

2.4 阅城——以赣鄱文化育人

唐代著名诗人王勃曾在其千古名篇《滕王阁序》中对江西赞誉有加,如"物华天宝""人杰地灵""雄州雾列,俊采星驰"。美誉之词并不是才子王勃接受地主盛情款待之后的客套之言,而是他发自内心的赞美。江西历史源远流长,名家巨擘辈出,文化底蕴深厚。即便在今天这片红土地上,依然分布着众多古迹遗址,闪耀着辉煌的红色文化、灿烂的陶瓷文化、繁盛的宗教文化、绵延的民俗文化、深厚的书院文化。特别是江西的红色文化,丰富广袤,独树一帜。它蕴含着深刻的革命精神和厚重的历史文化内涵,除了具有历史印证价值、文明传承价值、经济开发价值等,还具有至为重要的政治教育价值功能。习总书记多次指出:"要把红色资源利用好、把红色传统发扬好、把红色基因传承好。"大学生正处于人生观和价值观形成的关键时期,高校可通过丰富多彩的红色文化教育活动,引领他们树立正确的人生信念,塑造完善人格,自觉成为红色文化的传承者和弘扬者。高校图书馆,特别是革命老区高校图书馆,在红色文化育人中更可大做文章[16]。

江西师大图书馆除了开展校内的阅读活动外,还带领学生走出校园,开展"阅城"活动。其理念就是"读万卷书,行万里路",根植江西地域文化,通过"阅读 + 行走"的方式,带领学生一起去阅读广袤的赣鄱山川大地,领略深刻的赣鄱文化内涵,让学生在地域文化的激昂与澎湃中接受精神洗礼。

2.5 阅生活——以无字书育人

生活教育理论中最具代表性的,是陶行知先生 1930 年 1 月 16 日在全国乡村教师讨论会上提出的著名"生活即教育"理论。"教育不通过生活是没有用的,需要生活的教育,用生活来教育,为生活而教育。"[17]其次,陶先生也提出生活决定着教育的性质。"是好生活就是好教育,是坏生活就是坏教育,是认真的生活,就是认真的教育,是马虎的生活,就是马虎的教育……"[18]高校在传授知性教育的同时,也应把学生带回到实践活动中,让其在生活中受教育,在教育中成长,帮助学生构建自己的思维场、学习场、情感场,放飞心灵,张扬个性。此中,高校图书馆也可发挥自己独特的作用,为学生搭建发挥专长、展示才华的平台,让学子在历练中成长,在才华施展中体会责任,在攻坚克难中品味收获,这可以说一种大道至简的育人方式。

3 江西师大图书馆"五阅一体"阅读育人模式实践

江西师大图书馆在以文化人、立德树人精神的指引下,注意将"五阅一体"阅读育人的理念融入日常的工作,精心打造了多个阅读推广活动品牌,让大学生在快乐中"阅书"涵养性情,在互动中"阅人"感受力量,在传承中"阅校"筑梦前行,在行万里路中"阅城"弘扬文化、在实践中"阅生活"历练成长。

3.1 在墨客书香中阅书育人

书籍是人类进步的阶梯,阅读是人生最美的姿态。曾国藩曾说:"人之气质,由于天生,本难改变,惟读书可以变其气质。"[18]4 月 23 日世界读书日的主旨宣言是:"希望散居在全球各地的人们,无论是年老还是年轻,无论你是贫穷还是富有,无论你是患病还是健康,都能享受阅读的乐趣……"[19]江西师范大学图书馆大力弘扬中华优秀传统文化,以及全面提升大学生文化修养,多年来深耕传统文化和地域文化,精心创设了"半月读""一站到底""静湖之声""父子共读一本书"等多个阅书品牌,在浓浓的墨客书香中育人于无声。

2008 年,图书馆读者协会成立以来,创办了"半月读"读书交流活动。每半个月举行一次,覆盖面甚广,并向社会开放。瑶湖七校联盟共读,地铁共读等都是"半月读"的经典之作。每年世界读书日之际,"半月读"小组都将作为特邀嘉宾前往江西省图书馆,现场开展读书活动以在全省发挥示范引领作用。另为了引导大学生重温国学,拾起经典,江西师大图书馆连续多年开展弘扬经典活动,采用《一站到底》的外延形式,传承优秀中华传统文化。"名著阅读知识竞赛"、"诗书礼乐美诗词大会"、"文韵中华 绝艺国风"国学知识大赛、"中华美文经典诵读"等主题活动,让大学生在飞花的读书时节,赏中华诗词、寻文化基因、品生活之美。此外,江西师大图书馆还联合国际教育学院举办"父子共读一本书"活动,以家庭为单位,共品书香书韵,共促全民阅读,共建书香校园,成功打造了江西高校第一家家庭阅读品牌,以及家校联合阅读育人的新模式。

江西师大图书馆"阅书育人"的案例还有很多,如"2017 年感动师大人物"——靠着书籍走出抑郁症的研究生林辉同学,曾与大家分享了他的读书感言:"我很感谢汪国真诗人,在我曾经一段阴霾、灰暗的时光里,为我点燃了一盏明灯,照亮起我前行的路。"读书是生命的光合作用,一本好书就是一座照亮人生的灯塔。

3.2 在"真人图书馆"中阅人育人

图书馆对于很多人来说并不陌生,但是对"真人图书馆"了解的人不多。"真人图书馆"作为一种新型阅读理念,以人为书,通过互相交谈提升参与者见识,因为我们每个人的经历都是一本书。真人图书馆通过邀请读者来读一本有温度的书,来聆听嘉宾们行走世界的故事,从真人图书中感悟多样的人生,发现青春的另一种可能。江西师范大学图书馆通过搭建真人图书馆这样一个面对面的交流平台,邀请各领域杰出人士作为嘉宾,与大学生开展阅读交流活动,帮助大学生感受榜样的磅礴力量。

典型活动一:阅抗战老兵。我们都曾被历史书中的峥嵘岁月所震撼,都曾想回到过去感受军人的铮铮气概。江西师大图书馆曾有幸邀请到年逾 90 的抗战老兵——杨嵩作为真人图书。杨爷爷,1927 年 3 月 1 日出生,浙江金华人,青年远征军 208 师 622 团通讯兵。活动具体通过"追忆历史——向抗战老兵致敬""表达感悟——英雄我想对您说""好书推荐——铭记老兵的赤诚之心"等流程,以抗战老兵为书,翻开记忆的书页,聆听他们的讲述,一同走进老兵的传奇故事。或许岁月的流逝会让曾经的抗日英雄为尘埃掩盖,但他们依旧是最可爱的人,他们流传下来的奉献精神经年不朽。在这种面对面的交流中,大学生的灵魂受到洗礼,心灵得到震荡,阅人育人在"阅抗战老兵"真人图书馆活动中得到了完美诠释。

典型活动二:阅志愿——老兵在风中,我们在路上。在英雄城南昌有这样一支团队,他们来自不同的行业,但却十年如一日地做着同一件事。他们与时间赛跑——寻找、记录、走访和资助散落在全国范围内的健在抗日老兵,并尽最大的力量从精神和物质层面给老兵们以抚慰和关爱。他们就是——南昌守望团队。江西师范大学图书馆真人图书馆邀请该团队负责人——司马花前辈,讲述她一直坚守着的这份"倒计时"公益故事。"凛冽寒风啸,身上棉衣单。无畏道上走,只为有情暖。"南昌守望团队的善举,无疑是志愿精神最好的注脚。

3.3 在"悦读师大"中阅校育人

"悦读师大"是根植于校本文化的活动品牌,目的是讲述师大好故事,传播师大正能量,传承师大好精神,在丰富多彩的活动中实施知校、爱校、荣校教育。创立"悦读师大"品牌的初衷,是结合时势以青年学生喜闻乐见的形式,展示师大丰富深厚的文化内涵。通过借鉴《朗读者》的外延形式,邀请优秀师大人讲述师大故事,让大学生在轻松愉快的环境中了解学校的发展变迁,学习身边的优秀典范,培养学生的归属感和荣誉感,实现思想教育与文化传承有机统一的育人目标。2017 年、2018 年连续两年,江西师范大学图书馆精心打造"悦读师大 I——师大人和事 读书情与趣""悦读师大 II——优良家风传后世 书香家庭泽子孙"主题活动,取得了良好的教育效果和社会影响。

究其本质来说,"悦读师大"是一个以"阅校"为主线,融"阅书、阅人、阅城、阅生活"为一体的阅读推广及教育实践平台,该活动深挖我校的文化资源,如邀请中文系的 96 岁高龄著名古籍专家刘世南;图书馆"退而不休"老馆长张杰的女儿——中科院院士、武汉大学教授张俐娜;文学院著名教授、原江西师范大学党委书记校长傅修延;江西师范大学校车司机、"滕王阁序"镌刻者田良解;音乐学院传承江西省非物质文化"楚调唐音"的郭艳燕老师等。该活动通过这些优秀师大人讲述师大故事,来传承彰显师大文化。连续两年的"悦读师大"主题活动不仅吸引了校内校外众多有识之士热情关注与参与,还获得多家主流媒体的重点宣传报道,以及上级主管部门的高度肯定。育人模式不应只是生硬的说教,一场精彩的"悦读师大"已将爱校荣校观念深植学生心田。

3.4 在行万里路中阅城育人

行万里路阅赣山鄱水,读千年书沐赣风鄱韵。江西古称"江右",地处长江中下游交界处南岸,素有"襟三江而带五湖,控蛮荆而引瓯越"之势。特定的区域地理和历史情境,孕育了兼容并蓄、海纳百川、多元特质的江西文化。时代的洪流裹挟虽然冲散了很多印记,但文化特质却一直静默着流淌下来,根植在赣鄱大地上。无论世事如何变迁,它总让人温暖与仰望,让人敬畏与思怀。徜徉在江西时空的画廊中,我们走过的路,看过的景,听过的传说,将通过一切感观,渗透到我们的心灵和记忆深处。江西师范大学图书馆充分认识到行走阅读育人的重要性,围绕相应的主题,制订阅城计划,让学子在行万里路的过程中受到感化与熏陶。

如本馆在策划"悦读师大 II——优良家风传后世 书香家庭泽子孙"活动时,除了让学生在校内听师大人讲师大故事,阅读相关家书家风书籍外,还带领学生走出校园,去历史遗迹中品读千古家风,品味绵延书香。如带领学生走进赣鄱文化的独特品牌——位于庐山南麓鄱阳湖畔九江市德安县义门陈家族。该家族在唐宋时期先后受到 7 位帝王的旌表,被御赐为"世上无双,天下第一",其忠义家风成天下家族楷模。带领学生参观以贤母文化为载体的,寓教于乐、寓教于游的中华贤母园。让学生置身于历史的情境中,无须过多说教,早已育人于无声。

3.5　在志愿服务中阅生活育人

清代张潮曾云:"少年读书,如隙中窥月;中年读书,如庭中望月;老年读书,如台上玩月。皆以阅历之深浅,为所得之深浅耳。"[20]张潮用形象的比喻揭示了读书循序渐进的过程,指出生活阅历与读书所得之间的关系。江西师范大学图书馆深谙此道,为了给大学生提供践行志愿精神的机会和实现自我价值的平台,于2017年成立了知行志愿者服务队。来自不同学院的45名志愿者,将图书馆的志愿服务、阅读推广等工作描绘得有声有色。如为了圆贫困孩子小小的读书梦,让其更加积极向上,阳光乐观的发展,"知行"服务队精心策划了"谁寄锦书来——以书筑梦,为梦添翼"活动,将捐赠书籍送给孩子们。志愿者们也在志愿服务中阅生活,历练了自我,放飞了成长。

在2018年知行志愿者服务队总结会上,行动组邱晨同学分享了她参加志愿服务工作的真实感受:"始终有两种力量,在我们一生中激荡。一种推着我们向外走,一种拉着我们向内收。一种力量去远方,一种力量回原乡。在向外走的路上,遇见了知行,我很知足,我要好好珍惜这份幸运;在去远方的途中,即使荆棘遍布,在服务队的经历也会汇成人生的一小部分经验,让我一路披荆斩棘,高歌猛进。"知行志愿者服务队多名成员通过两年多的历练,成长为校级优秀学干,个人能力得到极大提高。这也是江西师范大学图书馆阅生活育人的成功案例。

陶行知认为:"教育的作用,是使人天天改造,天天进步,天天往好的路上走;就是要用新的学理,新的方法,来改造学生的经验。"[17]大学教育应该着眼于提升生活质量和精神品位,通过阅有字书和无字书,将传统阅读和行走阅读有机结合,将读万卷书和行万里路相融合,教人知礼仪、懂感恩;明事理、懂谦让;明对错、知荣耻,领悟人生的大道理,培养天下情怀。江西师范大学图书馆的"阅书、阅人、阅校、阅城、阅生活"——"五阅一体"的阅读育人模式,就是期望在传统的大学育人工作中注入新的活力,通过形式灵动、内涵丰富的活动,达到"以文化人""立德树人"的终极目标。

参考文献

[1] 章兢,何祖健.从"知识育人"到"文化育人"——整体论视野中的大学素质教育[J].高等教育研究,2008(11):9-13.

[2] 智效民.大学之魂:民国老校长[M].北京:中国华侨出版社,2012:71.

[3] 史磕细节.你的景和我的桥[EB/OL].[2019-01-25].https://mp.weixin.qq.com/s?_biz=MzI4MTU3NDk5Ng%3D%3D&idx=1&mid=224748426.

[4] 肖海涛.一种经典的大学理念——洪堡的大学理念考察[J].深圳大学学报(人文社会科学版),2000(4):80-86.

[5] 中共中央国务院印发《关于加强和改进新形势下高校思想政治工作的意见》[N].人民日报,2017-02-28(1).

[6] 习近平在全国高校思想政治工作会议上强调:把思想政治工作贯穿教育教学全过程　开创我国高等教育事业发展新局面[EB/OL].[2019-01-15].http://dangjian.people.com.cn/n1/2016/1209/c117092-28936962.html.

[7] 教育部.普通高等学校图书馆规程.[EB/OL].[2019-01-15].http://www.moe.edu.cn/srcsite/A08/moe_736/s3886/201601/t20160120_228487.html.

[8] 人民网.习近平谈中华优秀传统文化:善于继承才能善于创新[EB/OL].[2019-01-15].http://cpc.

people. com. cn/xuexi/n1/2017/0213/c385476-29075643. html.

[9] 胡文华,王央央.高校图书馆为校园文化建设服务之特色构建——以华东师范大学图书馆为例[J].上海
    高校图书情报工作研究,2016(4):34-38.

[10] 侯丽波.大学校园文化的育人功能研究[D].西安:陕西师范大学,2013.

[11] 冯宪萍,华波,张洪涛.大学生"多措并举解心结"育心工程的实践与成效[J].中共贵州省委党校学报,
    2011(6):120-121.

[12] 张晓丽,等.真人图书馆在高校思想政治工作中的应用[J].德育研究,2018(11):44.

[13] 张俊平,等.校本文化建设[J].江苏教育,2017(8):31.

[14] 叶倩云.校本文化的育人功能研究[D].南京:南京林业大学,2017.

[15] 新闻网.教育部专家组反馈本科教学工作审核评估意见 江西师范大学是一所有历史底蕴、文化情怀、
    名校气质的"模范大学"[EB/OL].[2019-01-25].http://news.jxnu.edu.cn/s/271/t/910/92/6b/in-
    fo103019.htm.

[16] 钱雅玲,郑洪平.革命老区高校图书馆红色文化教育基地建设研究[J].大学图书情报学刊,2018(3):
    52-55.

[17-18][22]董宝良.陶行知教育论著选[M].北京:人民教育出版社,1991:33.

[19] 姚忠烈.名言警句精粹[M].北京:金盾出版社,2008:8.

[20] 世界读书日.[EB/OL].[2019-02-15].https://baike.so.com/doc/5365961-5601659.html.

[21] 吴金敦,刘新勇.像名人那样读书[M].济南:山东画报出版社,2013:271.

我国高校阅读教育的现状、问题及对策研究

胡小莉(武汉工商学院)

阅读教育是指针对人们的阅读动机、阅读内容、阅读技能等给予积极影响的一种教育活动。而高校阅读教育,特指对大学生的阅读行为进行有目的、有计划的训练和指导,帮助大学生建立良好的阅读习惯,增强他们的阅读选择能力、阅读思维能力、阅读评价能力,提高他们的阅读素养的教育活动。高校对大学生推行阅读教育,无论是对大学生健康人格的塑造,高校和谐校园文化的培育,乃至整个国家的文明进步,均具有十分重要的现实意义。

当前国内高校对大学生阅读较为重视,各种阅读推广活动开展得如火如荼,对高校阅读推广相关的研究也较为深入,但从系统角度对大学生阅读教育进行深入研究的较少。在中国知网学术期刊数据库中,笔者分别以"高校+阅读教育"和"大学+阅读教育"为主题,检索近十年来的研究成果,查找到的期刊论文只有201篇和142篇,而且其中大部分都将高校阅读教育的实施主体指向图书馆,而不是整个高校本身。或者研究主题更多关注大学生阅读推广,而不是整个大学阅读教育体系。鉴于此,笔者通过阅读大量文献,试图对我国高校大学生阅读教育的现状及存在问题进行深入分析,进而探讨加强大学生阅读教育的有效对策,以供相关教育工作者参考。

1 国内高校大学生阅读教育现状

西方主要发达国家如美国、英国、德国、俄罗斯等,以及亚洲的日本、韩国等国家,都非常重视对国民阅读素养的培养,使全民阅读成为国家战略,通过阅读立法、专项财政拨款、开展全国性的阅读节活动等方式,从国家层面大力推动全民阅读社会的建立。在高校阅读教育方面,最为典型的是美国。美国高校阅读教育的共同点在于将阅读教育与特定的教育目的相结合,通过普遍实施基于经典阅读的通识教育,以及推行"新生共同阅读计划",营造整个学校浓厚的阅读氛围,在阅读活动中形成"共同体验"。而在亚洲国家中,韩国江原大学从 2001 年开始推行的毕业资格读书认证制度,将学生自主阅读与考核评价系统相结合,以学分认定的方式,将阅读作为毕业考核的硬性指标,开启了大学生阅读教育模式的新尝试。

与国外高校相比,国内高校阅读教育整体起步较晚,对阅读教育的重要性也缺乏明确认识。近年来,随着新媒体时代的冲击,大学生的阅读现状不容乐观,传统的纸质阅读量显著下降,网络碎片化阅读、浅阅读等现象普遍存在。针对大学生阅读过程中存在的诸多问题,一些高校在加强读者阅读素养培养、创新高校阅读教育模式方面进行了积极探索,收到了显著成效。总体来说,国内高校主要采取以下三种方式开展阅读教育:

1.1 创新阅读推广活动形式和内容,打造阅读教育文化品牌

开展阅读推广活动是大学阅读教育最主要的形式之一,近年来国内各大高校越来越重视对传统阅读推广活动的创新,涌现出不少优秀的推广案例,在校内甚至是国内都产生了积极影响。目前,我国高校阅读推广活动呈现出如下特点:

第一,我国进行高校阅读推广活动的主体是高校图书馆,各大高校的阅读推广活动在形式和内容上有重复性,但也有不少高校独辟蹊径,努力挖掘学校独特的文化、资源,凸显出活动的鲜明特色,有的已经形成本校独特的校园文化品牌。如同济大学图书馆从 2008 年起,在每年读者服务月期间,选取中外传统文化主题进行深入推广,先后举办"粉墨中国""缤纷华夏""再现敦煌""经典上海""感受德国文化"等系列活动,创造出观展览、听讲演、看电影、读名著、享互动五位一体的"立体阅读"模式,成为该馆阅读推广的品牌活动[1]。

第二,在传统的以纸质阅读推广为主的模式之外,各大高校越来越注重纸本图书与各类艺术类别和表现形态的结合,给予读者丰富多样的阅读体验。如北京大学的"书读花间人博雅"、四川大学的"光影阅动"、天津财经大学的"书与剧的碰撞,你与我的思扬"主题活动分别将读书与摄影、微拍视频、话剧等结合起来,创意十足,取得了良好的活动效果。

第三,高校图书馆的阅读推广活动越来越关注大学生的阅读体验。图书馆通过打造线上线下的阅读推广平台,使读者可以随时随地进行互动交流,也提高了活动的传播效果和影响力。如西北工业大学的线上读书签到赛、武汉大学的经典名著在线游戏、重庆大学的在线书评系统都是利用网络平台进行阅读推广的范例。

第四,各高校图书馆的阅读推广活动越来越注重与校园内外力量的联合。沈阳师范大学培育"阅读推广人"的举措、上海财经大学与香港城市大学联合举办的"悦读·行者"征文活动、湖南省高校开展的"一校一书"阅读活动,都从不同方面拓展了阅读推广活动的广度和深度,为传统的阅读推广活动注入新的活力。

1.2 开设阅读教育通识课程,大力倡导经典阅读

近年来,为深化高等教育教学改革,培养大学生的国际视野、健全人格和创新能力,国内大多数一流大学纷纷进行通识教育改革,打造通识教育核心课程、模块课程。其中经典阅读作为重要的模块课程之一,被许多高校纳入通识教育实践。总体来说,目前我国高校开设的阅读通识教育课程有如下特点:

第一,探索通识教育改革时间较早、力度较大、体系较全面的高校均为国内高水平研究型大学,特别是国内顶尖的几所"985 工程"高校,如北京大学、清华大学、复旦大学、中山大学、南京大学,都是文化历史积淀深厚、学科门类齐全、师资力量雄厚、教学资源丰富的综合性名校,得天独厚的条件为通识教育改革的顺利推进提供了充足可靠的保障。相对而言,国内数量众多的普通高校在理念、制度、学科、师资、经费等方面存在不同程度的不足,所以无法像这些名校一样,自主开发大量的综合性、全面性通识教育课程,而更多选择积极引进和推广优质的通识教育网络课程,从而更好地满足大学生个性化及自主学习的需求。

第二,国内高校通识教育改革普遍都采取了课程模块化建设,经典阅读与文化传承成为其中重要的模块之一。在每所大学开设的核心课程清单中,几乎都有关于古今中外经典名著的导读与赏析,这充分说明了各高校对大学生经典阅读水平的重视程度。但仅仅依靠课堂上教师的讲解和分析,或者小范围的交流讨论,对于大学生阅读习惯和阅读素养的培养仍有局限。

1.3 推行阅读学分认证制度,建立阅读效果评价体系

高校图书馆开展阅读推广活动难以形成持续性和广泛受众群,开设阅读教育课程又对高校的办学条件、管理体制和师资水平要求较高。针对以上阅读教育方式存在的这些不足之处,近年来,国内众多高校纷纷推行阅读学分制,通过"学分 + 阅读""奖励和强制"相结合的手段,对学生的阅读行为施加更直接的干预和影响。总体来说,目前国内高校实行阅读学分制有如下特点:

(1)高校基本都建立了具有本校特色的阅读学分体系,主要有两种方式:①大部分高校都将学生阅读学分纳入本科教育创新学分或素质拓展学分评价体系,对阅读学分的考核标准以学生阅读经典名著、提交读书笔记或读书报告、参加读书讲座或讨论活动、公开发表作品为主。如东南大学要求学生参加 8 次文化素质教育讲座,撰写 2 篇读书报告,可获得 1 个学分;武汉理工大学要求学生阅读 3 本课外书籍,并附 3000 字以上的读书报告,可获得 1 个学分[2]。②一部分高校将学生自主阅读行为和阅读效果测评系统结合起来。高校制定经典阅读书目,设置经典阅读典藏室,并建立标准化的阅读效果测评系统,学生在大学阶段完成规定的阅读数量,并根据所阅读的图书内容通过阅读测试,方可获得相应的阅读学分。推行此种阅读学分制做法的大多是地方应用型高校,具代表性的有武汉工商学院、武汉理工学院、武汉东湖学院、常熟理工学院等。

(2)从阅读学分制的考核方式上来看,以学分认定的方式吸引和干预大学生的阅读行为,而且通过量化的指标来进行考核评估,无论是撰写读书笔记、读书报告,还是参加测评考试,都在一定程度上反映了学生的阅读效果。阅读学分制将阅读的主动权真正交还给学生自己,学生可以根据自己的兴趣和需求,自主制订个性化的阅读学习方案,也解决了参加阅读活动和课堂教学中的时间、空间的局限性问题。同时,对于高校来说,通过实行阅读学分制,可以有效促

进图书馆文献资源的利用率,及时获取各种读者借阅状况、读者阅读学分获得情况等相关大数据,从而构建起相对客观科学的阅读效果评价体系。

2　国内高校大学生阅读教育存在的问题

2.1　基础教育中阅读教育缺位,大学生阅读现状不容乐观

西方发达国家特别注重对青少年的阅读教育,基本在中小学教育阶段就建立起完备的阅读教育体系,对大学生的阅读教育更是贯穿整个高校人才培养的全过程。相比之下,我国在基础教育阶段对青少年阅读素养的培养不够重视,学校和教师更强调传授考试相关的知识点和学习内容,很少对学生进行专门系统的课外阅读训练。学生深受应试教育的影响,阅读主要围绕课业和考试规定的范围来进行,能养成自主阅读习惯的学生少之又少。这些因素都导致学生知识结构单一,文化素养浅薄,并直接影响到其升入大学之后的阅读能力和阅读质量。如中国阅读研究会会长徐雁教授提到的那样,当下大学生们的阅读现状令人担忧,存在着严重的缺失——缺失人文阅读,缺失纸质文本阅读,缺失结构性阅读和目标性阅读,更缺失"苦读"和"悦读","深阅读"和"深思考"[3]。

2.2　高校对阅读教育定位模糊,缺乏顶层设计和系统规划

近年来,国内一些高校逐渐认识到阅读教育对于提升大学生综合素养的重要性,从而开展了阅读教育相关的探索,如不断创新校园阅读推广活动的形式和内容,开设阅读通识教育课程,实施阅读学分认证制度等。但总体来说,众多国内高校管理者和教育工作者对于阅读教育的内涵还未形成清晰的认识,并未明确阅读教育在完成大学使命的总目标中的定位,也没有厘清它与专业教育、通识教育、科学研究、社会调查等别的培养模式的功能关系[4]。很多高校还没有将阅读教育纳入学校的整个本科教育体系,没有形成一套行之有效的阅读教育运营机制,如健全的阅读教育机构、完善的规章制度、明确的考核评价指标等。除了一些高水平研究型大学外,国内众多地方高校因为办学条件和师资力量的薄弱,无法将阅读教育与专业课程的教学紧密结合起来。另外,高校阅读教育的实践活动大多分散进行,没有形成统一的规划,参与部门之间也未形成齐抓共管、通力合作的局面,影响了阅读教育活动的实际效果。

2.3　阅读推广活动丰富多彩,但受众有限,未能建立长效机制

阅读推广活动向来是高校阅读教育的"重头戏"。近年来,国内众多高校纷纷推出各种花样翻新的阅读推广活动,但大多集中在"读书节""图书馆服务宣传周""世界读书日"等传统阅读推广活动期间,其他时间一般只有零散的图书推荐、讲座等活动,无法对大学生的阅读行为产生持续性影响。很多高校阅读推广活动的形式和内容也比较单一,未能针对不同层次学生的实际需求进行创新,活动的吸引力和影响力不足。另外,高校的阅读推广活动大多以图书馆为中心,缺少其他部门的支持,受到人员、经费、技术、资源等方面的限制,在宣传媒介上仍主要采用传统的展板、海报、网站等形式,无法深入学生群体中进行广泛宣传,使得读者参与人数较少,活动效果也大打折扣。

2.4　阅读教育多以单向信息输出为主,缺乏交流互动,造成学生被动阅读

当前,很多高校开展的阅读推广活动,少有事先针对学生的阅读爱好、阅读需求、阅读习惯

等进行深入调研,而大多以主办单位先入为主的创意策划和宣传引导为主,实现信息的单向输出,学生在参与活动的过程中比较被动和盲目,缺乏必要的交流互动,无法对学生阅读习惯的养成形成有效引导。另外,在一些高校开设的阅读教育课程中,教师在课堂上仍占据主导地位,沿用传统的满堂灌输的教学方式,而忽视了给予学生自主思考、表达、讨论的空间,造成学生独立思考能力和知识探求能力的缺乏。在线下的阅读活动和课堂教学之外,未建立起合适的线上交流渠道或平台,使学生的阅读感受得不到及时反馈。这些问题都不利于学生养成积极主动阅读的好习惯。

2.5 阅读教育实施主体力量单薄,缺乏专业稳定的阅读教育人才队伍

加强阅读教育人才队伍建设,是确保阅读教育得以有效持久推进的有力保障。但由于长期以来阅读教育未得到众多高校管理者的足够重视,在高校的整个教育体系中处于边缘化的位置,所以导致高校在阅读教育实施过程中,必需的经费投入、资源供给、人员分配等方面都相对薄弱,尤其是缺乏专业的阅读教育人才队伍,这已成为制约阅读教育不断扩展和取得实效的突出问题。很多高校的阅读推广活动主要还是由图书馆负责策划和实施,学校其他部门和师生力量参与较少,图书馆本身也存在组织机构不够健全、人员数量有限、素质参差不齐等问题。另外,不少高校也缺乏能够开设大规模阅读通识课程的教师队伍。通过多种途径吸纳和培育更多人加入阅读教育队伍,以缓解阅读教育力量薄弱的问题,应成为我们需要深入思考的重要课题。

3 国内高校大学生阅读教育优化策略

3.1 统一认识,加强阅读教育顶层设计,做好系统规划

对于高校来说,大学生阅读教育是一项全校性的重要工作,需要举全校之力,从理念到实践,形成从上至下共同推动阅读教育的局面。首先学校管理者和各级领导应对阅读教育的必要性引起足够重视,并给予大力支持。其次应加强阅读教育的顶层设计,将阅读教育纳入教育体系,落实到专业培养方案、学年教学计划、课程教学大纲之中[5]。对于阅读教育的具体实施,应进行系统规划,针对不同年级、不同专业、不同层次水平的学生特点,分阶段、有计划、有重点地推进,从而确保阅读教育的辐射效应贯穿到大学教育的整个过程。如东北林业大学和广东外语外贸大学先后成立学校层面的阅读推广委员会,电子科技大学将图书馆纳入该校通识教育委员会成员、大学生阅读素养课程纳入学校通识教育体系,都体现了高校对于阅读教育工作的重视程度。

3.2 加强阅读教育针对性,重视大学新生的阅读习惯培养

阅读教育在策划、组织和实施的过程中,应充分了解大学生读者的不同阅读需求、阅读兴趣和阅读习惯,对其进行分级、分类的阅读指导,才能起到事半功倍的效果。鉴于国内基础教育中阅读教育的缺失,大学新生普遍未建立起自主阅读习惯的现状,可借鉴美国高校推行“大学新生共读计划”和开设通识教育课程的经验,重点加强对大学新生阅读素养的培养,在传统的迎新教育活动之外,开设专门的新生阅读课程,举办新生共同阅读系列活动等。目前,国内有一些高校已进行了这方面的积极探索,如清华大学从 2015 年起,每年都会随录取通知书一

起向新生赠送校长推荐的一本书,并在开学后的新生教育中开展读书分享活动[6]。南京大学自2015年起,面向新生启动了"悦读经典计划",在国内首开经典阅读课程必修课学分的先河。

3.3　创新形式和内容,打造阅读教育品牌,探索建立长效机制

在当前的新媒体环境下,人们方便快捷地利用各种网络媒体和社交媒体获取知识,阅读方式和思维方式也随之发生改变。对于在校大学生来说,拥有丰富文献资源的图书馆不再是他们课堂之外学习新知的唯一渠道,传统的纸本书刊也远远无法满足他们个性化、多元化的阅读需求。所以高校的阅读教育工作必须改变传统单一的输出模式,结合时代变化和读者需求,不断创新形式和内容,推出创意新颖、特色鲜明的阅读教育活动,并形成品牌效应,从而有效激发学生的阅读热情,使他们充分享受阅读带来的快乐。在不断创新形式和内容的同时,高校应注重对活动的经验总结,抓住品牌活动的优势,并形成系统性和持续性,从而建立起阅读教育的长效机制。如上海交通大学开展的"鲜悦(Living Library)真人图书馆活动"始于2008—2009学年第二学期,一直延续至今,因为其丰富的内容和强有力的组织形式,已成为该校阅读推广活动的一个著名品牌。

3.4　线上线下结合,建立读者阅读分享与交流的多重平台

在开展阅读教育活动的过程中,高校应改变以往以图书馆或授课教师为主的单向信息输出模式,重视读者阅读体验的分享和交流,使学生由被动阅读转变为主动自觉的阅读,努力营造轻松阅读、快乐阅读的氛围。尤其是在新媒体广泛应用的当下,阅读教育活动不应只局限在图书馆实体馆舍或课堂里面,而应充分利用网站、APP、QQ、微博、微信等网络媒体,与学生开展线上线下的交流互动,拓展阅读教育活动的空间,也拉近与读者之间的距离。如为顺应数字移动阅读的时代趋势,上海交通大学图书馆先后推出"思源悦读"网站和"思源悦读"平台(APP),通过虚拟线上和线下互动,让阅读和学习变成一种享受[7]。在通识教育课程教学改革方面,近年来清华大学、复旦大学、武汉大学等推行的"小班讨论制"教学方式,通过课堂讨论和交流的方式进行,增加了教学过程中学生的参与度,提升了学生学习的主动性和创造性。

3.5　寻求多方合作,打造一支专业化的阅读教育人才队伍

高校阅读教育是一个系统工程,需要大量满怀阅读热情、具有良好学养、有志于阅读推广、组织策划沟通能力较强的人士参与其中,高校应努力寻求与校内外各方力量的合作,培育起一支高素质的专业阅读教育队伍。在校内应加强图书馆、宣传部、学工部、团委、各院系等部门之间的联系,并充分鼓励和发动广大师生,一起加入阅读推广的行列。在校外应寻求与民间阅读公益组织、书商、数据库厂商、出版社、传媒文化机构等的合作,携手共同开展主题阅读推广活动,或邀请热心阅读推广的社会人士与学生进行面对面的交流活动,从而构建起多层次的阅读推广人队伍。如沈阳师范大学图书馆从2015年推出"阅燃星火·共享书香"的"阅读推广人"行动计划,在校内推选教学名师和学生阅读达人,校外聘请知名作家、企业家、著名学者等,成立阅读推广人团队,利用名人效应开展一系列阅读主题活动,有效激发了学生的阅读热情[8]。

当前,国家大力提倡全民阅读,各高校都在努力开展各种形式和内容的阅读教育活动。然而与西方发达国家的很多知名高校相比,我国高校的阅读教育工作还存在理念和实践经验上

的明显差距。我国高校要切实改变大学生阅读能力普遍薄弱的现状,培养大学生良好的阅读习惯和阅读素养,构建真正的书香校园,还需要经历一个长期而艰巨的过程。高校必须将阅读教育纳入到整个大学生教育体系中来,建立起促进阅读教育发展的整体规划,并对其实施过程给予积极的支持和规范。高校应重视大学生不断变化的阅读特点和阅读需求,发挥自身资源优势,深入挖掘和拓展阅读教育的内涵,建立起阅读教育长效机制,为深化学校人才培养和校园文化建设,推动全民阅读社会的建立做出更大贡献。

参考文献

[1] 同济大学图书馆开展"立体阅读"活动积极探索文化传承创新的有效途径_教育部门户网站[EB/OL].[2012 - 12 - 04]. http://old. moe. gov. cn//publicfiles/business/htmlfiles/moe/s6978/201212/145116. html.
[2] 王新才,谢鑫. 阅读行为视角下高校图书馆实施阅读学分制的动力研究[J]. 大学图书馆学报,2017(1):72 - 78.
[3] 苏海燕. 大学图书馆阅读推广模式研究[J]. 山东图书馆学刊,2012(2):52 - 55.
[4] 李莉. 大学阅读教育模式运行中的问题及其完善思路——以浙江财经学院读"百本书"学分认证为例[J]. 图书馆理论与实践,2012(1):94 - 96.
[5] 韩莉,刘传波,刘君. 大学生阅读素养现状分析及对策研究[J]. 中国成人教育,2017(12):56 - 59.
[6] 每年向三千新生赠书 清华校长的阅读"悬念"[EB/OL].[2018 - 07 - 27]. http://news. tsinghua. edu. cn/publish/thunews/9650/2018/20180728095438567488119/20180728095438567488119_. html.
[7] "思源悦读"APP:专属于交大人的阅读港湾[EB/OL].[2016 - 07 - 11]. http://www. lib. sjtu. edu. cn/index. php? m = content&c = index&a = show&catid = 211&id = 1368.
[8] 王新才. 大学图书馆阅读推广[M]. 北京:朝华出版社,2017:261.

创新型"阅读推广 +"案例分享及理论体系构建

邓朝艳(六盘水师范学院图书馆)   徐 凯(辽宁师范大学图书馆)

在全民阅读和构建书香社会的背景下,阅读推广已然成为图书馆创新服务和品牌建设的中坚力量。图书馆作为开展"全民阅读"工作的重要阵地,已从传统型单一化纸质图书借阅流通服务模式,转向创新型多元化"阅读推广 +",即让推广主体和推广客体在互动、交流、融合、发展中形成一种社会合力,成为全民阅读的助推器,是实现创新型社会的有效途径[1]。

"阅读推广 +"是阅读推广普适性上发展的新思路及经验总结[2-3]。以往的阅读推广工作,一般单纯是为了阅读而阅读,或为了形式而阅读,这样长此以往会让阅读工作或阅读本身变得枯燥而乏力。而通过以其他载体代表"+",将更具有刺激性或激励性的方式诸如音乐、美术、体育等与阅读相结合,可使阅读在身心健康愉悦的情境中进行,进而产生更佳的阅读效果。

1 创新型"阅读推广＋"案例分享

1.1 公共图书馆"阅读推广＋"案例分享

作为我国图书馆界最具影响力的全国性社会组织,中国图书馆学会以习近平新时代中国特色社会主义思想为指导,继续引导、协调和组织全国各级各类图书馆全面开展"全民阅读"工作。为培养具有一定资质、可以开展阅读指导、提升读者阅读兴趣和阅读能力的"阅读推广人",中国图书馆学会于 2018 年 7 月 16 日至 19 日在黑龙江伊春举办"阅读推广人"培育行动(第十一期)[4]。

培训中,来自全国多家公共图书馆和信息情报机构的专家和学者进行了案例分享。如表 1 所示,东莞图书馆、长沙图书馆、温州市少儿图书馆、张家港市图书馆、合肥市图书馆、安徽华博胜讯信息科技股份有限公司展示了近年来在阅读推广实践探索和创新服务上取得的成果和成就。众多案例集中体现了规律性、模式化、个性化、可借鉴性等特点。据此,笔者从"阅读推广＋"这一视角进行探索、分析,力求归纳总结出新时代各类型图书馆阅读推广活动和理念上的特点和构建模式,以推广给其他各级各类图书馆加以学习和借鉴。

表 1 2018"阅读推广人"培育行动(第十一期)案例

序号	单位	品牌案例	汇报人
1	东莞图书馆	悦读越潮,融入城市脉动——东莞图书馆"悦读,在路上"系列活动	蔡冰
2	长沙图书馆	长沙图书馆新三角创客空间建设运营经验分享	罗倩倩
3	长沙图书馆	"青苗计划"阅读实践活动	黄兵
4	温州市少儿图书馆	电影遇见书——视觉主导时代的少儿影视品读	刘紫丹
5	张家港市图书馆	图书馆驿站:百姓身边"永不打烊"的图书馆	缪建新
6	合肥市图书馆	合肥市城市阅读空间建设运营案例	李翔
7	合肥市图书馆	合图诵读合辑	张涵清
8	安徽华博胜讯信息科技股份有限公司	"线上＋线下"——文化休闲"第三空间"	吴聪仁

1.1.1 "阅读推广＋自行车":东莞图书馆"悦读,在路上"系列活动

为了满足人们在出行中对阅读的需求,并有效串联起碎片化时间,东莞图书馆力求将"知识的暖流更多地融入城市的每时每刻,营造潮流'快节奏'和'慢节奏'的'悦'享受"。如表 2 所示,该活动通过"自行车文化图文展""拆装自行车维修大赛""自行车竞速、竞技赛""自行车主题电影展播""自行车文化知识竞赛"等以自行车为衍生品或主题的活动来吸引读者、化育读者了解自行车,进而实现阅读推广。从可操作性和可借鉴性来讲,用"阅读推广＋"理论可以简单概括成"阅读推广＋自行车"推广模式。

表 2　东莞图书馆"悦读，在路上"系列活动

活动系列	活动具体内容	策划活动思路
一、自行车系列活动	自行车文化图文展	自行车—骑行—阅读
	自行车文化知识竞赛	
	自行车主题图书展及推荐	
	自行车主题电影展播	
	骑友阅读沙龙	
	品牌自行车展	
	自行车装、拆、维修赛	
	自行车竞速(快、慢)、竞技赛	
二、骑行系列活动	骑阅线路推荐	
	骑阅东莞	
	骑行图书放漂	
	骑阅总分馆	
三、扫码看书系列活动	二维码书墙	出行时的阅读
	二维码海报	
	二维码名人宣传海报	
	二维码宣传单张、小册子	
	二维码微博、微信推送	
	二维码书评大赛	
	二维码朗读大赛	
四、听阅包发布推广	听阅包发布会	
	听阅包推广活动	

1.1.2 "阅读推广 + 电影"：新雨少年电影学院

温州少儿图书馆的新雨少年电影学院是从 2013 年开始开发电影课程，该项目是通过电影品鉴、优秀电影展播等一系列活动让孩子"爱上观影、爱上阅读、爱上生活"。该案例的主讲人是温州少儿图书馆"新雨讲坛""文化驿站"的负责人刘紫丹老师。如表 3 所示，新雨少年电影学院项目把传统的"阅读推广 + 读者沙龙"模式与影视艺术学院视觉传播方向相结合，打造成了"阅读推广 + 少年电影品鉴沙龙"，加入特色文化载体，又植入"眼耳鼻舌身意"感官拓展式推广，令读者耳目一新，进而衍生出"阅读推广 + 学生专场电影课""阅读推广 + 亲子专场品鉴课""阅读推广 + 家长专场电影文化课"等数十种公益课程，将传统的高等院校影视专业课、微课和大众观影打造成一门面对青少年的精品立体推广、教育模式，值得高校图书馆借鉴。

高校图书馆可以通过与影视学院、音乐学院、人文学院、历史学院、美术学院等相关专业老师相结合，组建"阅读推广导师团"，通过特色化阅读推广实现"文化育人""服务育人""实践育人"等社会教育职能，并实现高校信息素养人的自我实践和提升，进而有效实现"阅读推广 + 学科服务 + 信息素养"的"大阅读推广"新事态。

296

表 3　电影遇见书——视觉主导时代的少儿影视品读

Why 为 何 做	儿童影视品读活动的价值和意义		
	电影 VS 绘本	绘本→纸上电影	电影→屏幕上的绘本
	电影 VS 文学	文学→用想象力在脑 海里放电影	电影→用光影将文学的灵 魂复活在屏幕上
Who 谁 来 做	电影导师的基本素 养和团队组建	新雨家庭教育公益讲师团	
		新雨少年文学导师团	
		新雨少年电影导师团	
		新雨少年心理导师团	
		新雨少年民俗导师团	
		新雨少年艺术导师团	
How 怎 么 做	儿童电影课的选材与策划		
	新雨电影导师团选 片标准	1. 具有较高思想性、人文性，能引发儿童对人生、社会进行反思，形成积极向上的人生观与价值观		
		2. 内容情节、叙事风格符合儿童年龄认知		
		3. 具有一定艺术审美价值，能让儿童进行艺术体验，提升品鉴能力		
		4. 具有丰富想象，能拓展儿童视野，激发思考力、想象力、创造力。有助于儿童逐渐形成内在丰富、思想独立、精神自由的品格		
		5. 关注名导演、名编剧、名演员，整理经典作品与最新精品，经过审核充实资源库		
	电影片单分类	对象年龄	小学低、中、高段、中学、亲子……
		影片类型	故事片、纪录片、动画片、科教片……
		品鉴主题	友情、亲情、师生情、勇气、梦想……
		个性分类	节目主题、导演专辑、制片公司专辑……
		品鉴方向	文学审美、艺术审美、情感审美……
	……		

1.1.3　其他公共图书馆"阅读推广＋"优秀案例

　　长沙图书馆新三角创客空间的案例则是依托长沙图书馆海量资源为城市的自造者打造一个属于他们的创造空间，是阅读、时间、科技、文化、创意的碰撞。该案例充分调动社会各界研究人士对创造与交流的热情，为创客们提供一个发掘自我才华的轻松环境，拓展了图书馆的服务功能，可看作是"阅读推广＋特色人文空间"类型。"青苗计划"阅读则是针对各年龄层次小朋友，为培养他们的阅读兴趣开展分级分众精准阅读活动，可归纳为"阅读推广＋育儿教育"的形式。张家港市"百姓身边'永不打烊'的图书馆"则展示了 24 小时自助图书馆建设的注意事项以及用这种先进服务方式在精准帮扶贵州沿河土家族自治县的作用。合肥市图书馆的城市阅读空间是通过改造单调的图书馆走廊，为市民打造一个舒适的"阅"空间、"趣"空间、"创"空间。合图诵读合辑则是借鉴央视《朗读者》节目建立的合图微电台和合图朗诵团，通过有声的方式将信息资源送到读者身边。安徽华博胜讯信息科技股份有限公司的"'线上 + 线下'——文化休闲'第三空间'"是政府向社会力量购买公共文化服务的成功体现,做好阅读推广光靠少量的图书馆人还不够,还需要专业力量加盟。

1.2　高校图书馆"阅读推广 + "案例分享

1.2.1　"阅读推广 + 地方特色文献"地域化推广模式

六盘水师范学院图书馆在"第二届全国高校图书馆阅读推广案例大赛"中,凭借案例"故乡书情·诵响乌蒙"——基于地方文献的阅读推广实践,荣获了全国二等奖的好成绩,开创了以自然景观和地域特色为依托的"阅读推广 + 地方特色文献"阅读推广新模式。

为提高阅读推广活动的效果,六盘水师范学院图书馆在馆员中特别成立了阅读推广小组,推广阅读几乎是全体馆员出动;校团委领导、图书馆指导下的读者协会在阅读推广中也起到重要作用。活动分民族文化阅读推广、三线文化阅读推广、山地文化阅读推广这三个板块开展。

民族文化阅读推广部分包括民族文化微型舞台秀、民族文化书展、非物质文化遗产研究研习培训、与六盘水市民族中学签订合作协议等。其中,微型舞台秀部分,充分发挥了年轻馆员们多才多艺的特长,他们以傩戏融合魔术表演、竹笛及葫芦丝等器乐表演、苗族歌曲演唱、再现经典影视中的惊鸿舞等形式,展示了仡佬族服饰和傩戏面具、彝族和苗族的服饰、旗袍、水袖舞姿的特色。微型舞台简单但紧凑,设置在图书馆一楼大厅一侧,与地方文献专题书架相对。同学们在近距离欣赏民族才艺表演后,顺便挑选自己喜欢的反映当地民族文化的书籍。形象与抽象相结合,情境与思考相贯通,体现了阅读推广的立体性。

三线文化阅读推广部分是建立在"六盘水是火车拉来的城市"基础上而开展的,三线地区在当时属于国家的战略性地理位置。20 世纪 60 年代中期,我国天南地北的热血共青团员、共产党员为响应"好人好马上三线"的号召,聚到当时几近荒凉之地的六盘水,他们艰苦奋斗、不计报酬,以"献了青春献终身"的精神谱写了一曲曲可歌可泣的赞歌。长期以来,六盘水师范学院图书馆收集了大量三线建设的文献,在这次阅读推广中组织了以"梦回三线,砥砺青春"为主题的六盘水地方文献品读沙龙,让同学们体验三线建设时期的情景。六盘水市建有我国第一个三线建设博物馆,因此,六盘水师范学院图书馆阅读推广小组也将三线文化书展和三线文献推广开展到三线建设博物馆。

素有"中国凉都"之称的六盘水处于乌蒙山地区,天空湛蓝,空气清新。六盘水师范学院坐落在龙山脚下与湿地公园之间。在云雾缭绕的清晨,阅读推广小组组织了各院系同学在龙山校区举行了龙山朗诵会,鸟声与书声融为一体,知识与养生共提升,美丽与智慧齐增长。

在"'故乡书情·诵响乌蒙'——基于地方文献的阅读推广实践"案例中,图书馆还开展了故乡书情系列讲座,包括"乡愁:助力地方发展——学科馆员服务""乡旅:馆际互借——CASHL 带来的不同阅读体验""乡感:图书馆与地方历史旅游文化发展""乡阅:弘扬文化,传承经典——地方文献阅读推广"等,使同学们在聆听讲座中提升自身的信息素养能力并受到地方人文文化熏陶。

以上这种"阅读推广 + 地方特色文献"模式,将"六盘水地方文献"的建设与阅读推广相互融合,旨在拉近文献资源与读者距离,为六盘水地方文化的继承和发展夯实文化建设的根基;加强图书馆特色馆藏资源建设,进一步发挥高校图书馆服务地方经济社会的职能。该案例以本馆所处特色自然空间为推广优势,全力打造"阅读推广 + "创新品牌,促进读者对地方文化的了解,并增强文化自信;丰富地方文化建设内容,提升文化品位,增强地方文化底蕴;为"阅读推广 + "理论的探索提供实践支撑,使图书馆成为"阅读推广 + "时代的"最美特色自然空间"。

1.2.2 "阅读推广 + 文化书单晚会"学习型文艺推广模式

对比以特色自然景观见长的六盘水师范学院图书馆,辽宁师范大学图书馆从特色人文教育的角度为"阅读推广 + "开辟出了一条"文化书单晚会"的文艺推广之路,为构建学习型社会、打造书香校园,提供了美育教育的智力支持。

2018 年 4 月 20 日,由上海市图书馆学会阅读推广委员会和上海市图书馆学会新媒体阅读推广委员会共同主办的"2018 阅读推广优秀案例分享交流会"上,辽宁师范大学图书馆选送的五项案例《"智慧阅读推广 + X"行动(X∈中华优秀传统文化,X1 = 音乐,X2 = 舞蹈,X3 = 川剧变脸……)》《博"观"约"曲"唱书单:Music & Reading》《"读"门绝技——Readoor:Special Skills For Reading Books》《"锦瑟华年诗与度"春季读书原创项目》《基于深阅读的〈红楼梦〉文本探佚工程》包揽了一等奖、三等奖和优秀奖等多个奖项。其中《智慧阅读推广 + X》案例,是"阅读推广 + 文化书单晚会"的有力体现,它是以 2017 年春季读书活动为主打,线上线下参与和关注人数累计过万,很多读者收藏了活动原创的歌曲、MV 和微视频。由馆长阅读推广人和馆员阅读推广人共同创作的原创歌曲《珣玗琪》《图书馆人》在全国高校图书馆多个研讨会上巡回播放,北至黑龙江大学南至海南师范大学图书馆都感受到了这些"阅读推广 + "作品所带来的审美和震撼[5]。

"智慧阅读推广 + "读书行动调动了校内 22 个学院学生广泛参与,吸引了上至 85 岁高龄的王树森教授,下至甘井子区实验小学和学前班的小朋友的参与,得到了校宣传部、校团委、校工会、老干部处、文学院、影视艺术学院、音乐学院等全力支持,调动了校内多媒体、音乐厅、教学设施、教育实践以及社团等资源,校外邀请团市委、市广播电视局、《大连晚报》、《新商报》、《地铁时报》、超星集团、《博看期刊》等单位的舆论媒体力量推广宣传,先后荣获"知网杯第四届辽宁省高校图书馆阅读推广大赛一等奖""第二届全国高校图书馆阅读推广案例大赛二等奖",并在充分利用图书馆文献资源的基础上,展示出大量深受读者和媒体喜爱的原创作品和发现书单。

"智慧阅读推广 + "读书行动寓教于乐之中,增加了读者参与度和关注度,增强了读者的阅读兴趣和现场情感体验与互动,原创真人书单、发现书单使读者阅读的积极性、主动性大大增强,阅读期待感得到提升。

2 "阅读推广 + "优秀案例亮点提炼

2.1 "阅读推广 + 特色物质载体"

东莞图书馆"悦读,在路上"系列活动是典型的"阅读推广 + 特色物质载体"型推广手段。该活动的优点在于充分利用本馆、本区域的最特色资源,方便开展推广活动,形成区域化特色。其弱点在于,该"特色物质载体"是否与阅读载体和阅读行为具有强相关性,如果二者关联度并不是很高,活动规模固然大、有影响力,但在阅读方面体现不出应有的效果。提升读者的阅读能力、阅读方法、阅读手段和阅读品位才是阅读推广最应该回归和倡导的。

不管是 T 恤衫还是背包上的标识,还是街头巷弄的图书漂流,抑或有声读物、数字资源的"听阅包",填充碎片化阅读固然好,但各级单位在推广过程中一定注意推广的"深度、广度、厚度、温度"。"阅读推广+"是一个包容性、兼容性很强的理论体系,但对于自行车是否与"阅读"具有强相关性依然持有审慎的态度,通过"+"而实现的资源整合的内容需要有很强的内在逻辑作为支撑,才能实现推广主体与客体的统一,推广手段与推广目的的圆融!

2.2 "阅读推广+特色人文资源"

新雨少年电影学院计划是依托特色文化载体的推广模式,调动"眼耳鼻舌身意"的感官阅读体验,是"大阅读"时代的新阅读体验。声光强烈的效果会帮助和激励读者走进阅读视阈。

这个"阅读推广+电影"与辽师大的"阅读推广+音乐"异曲同工,找到了发现书单以及与阅读之间的智能化联系,这也是"阅读推广+"理论特别推崇的推广思路与实践探索,希望越来越多的阅读推广人和信息素养人能够多在特色文化载体上做文章、下功夫,开动智慧和灵感,为读者找到一条通往"阅读"的有效之路。电影遇见书,视觉主导时代影视大放光彩;音乐遇见书,听觉启迪未来阅读更有派。音乐是情感的催化剂,如果一部电影里缺少了音乐的渲染,或许恐怖片也不再恐怖,催泪片也不再催泪,我们听到音乐的时候其实脑海中是会充满画面感和故事性的。因此"阅读推广+音乐"既包含了视觉主导又不局限于听觉引领,音乐包含了影像、想象和意象,这样对于扩展"阅读推广+"的特色文化载体具有现实意义和指导意义。借鉴具体的活动并不重要,重要的是归纳出的方法和思路,橘生淮南则为橘,生于淮北则为枳,适合才是最好的,"阅读推广+感官阅读特色文化载体"是一条值得思考和探索之路。

2.3 "阅读推广+特色空间"

充分利用或创造特色空间是打造优秀阅读推广案例常用的手段。六盘水师范学院图书馆以其面朝国家级湿地公园——明湖公园、背靠龙山的得天独厚的自然条件优势,在打造精品阅读推广中开创了山与水交融、阅读与养生、灵感与自然的模式。长沙市图书馆专门针对创客们开辟了专门空间。合肥城市阅读空间则体现了"阅—趣—创"三位一体的模式。

2.4 "阅读推广+先进技术"

随着现代化技术的飞跃发展,先进技术渗入社会的每个行业,阅读推广也会得益于这些技术的进步,以 RFID 设备的投入使用,让 24 小时永不打烊的图书馆得以存在。声媒体技术及微信公众号的普及也让阅读推广的形式由线下扩展到线上。

3 "阅读推广+"理论体系构建

阅读推广案例分享不应变成邯郸学步、趋之若鹜、东施效颦,应通过学习、思考、总结、借鉴、创新,结合本馆、本地区、本区域的资源特点和地域文化,构建属于自己的文化品牌和推广标识,这是阅读推广学习的根本意义,也是"阅读推广+"视野下归纳、演绎形成理论体系的初衷和归宿,因此"阅读推广+"可以称之为"阅读推广中的推广学"。

范并思教授将阅读推广活动的类型概括为:荐书类阅读推广(包括新书推荐、优秀读物推荐、阅读疗法等),诵读类阅读推广(包括讲故事、集体诵读等),交互类阅读推广(读书会、作者见面会等),竞赛类阅读推广(如知识竞赛、作文比赛、猜谜等),手工制作类阅读推广(如剪纸、种养活动、烹饪等),表演类阅读推广(如绘本剧、诗朗诵等),讲座与展览类阅读推广,以及其他类型的阅读推广(如真人图书馆、图书漂流等)[6]。

这种归类和分析似乎不太方便记忆,而且未能明确区分出活动与活动之间的直观差别,我们尝试用"阅读推广+"模式来重新诠释一下,以方便阅读推广人借鉴、学习和结合自身管理和服务优势。

传统阅读推广活动类型可分为:①"阅读推广+营销推荐"模式(如书目推荐、新书导航等);②"阅读推广+声音传播交流"模式(如美文朗读、夜读等);③"阅读推广+实时交互"模式(如读者沙龙、真人图书馆等);④"阅读推广+DIY才艺"模式(如手工剪纸、书签制作等);⑤"阅读推广+文化课堂"模式(如名人大讲堂、学术讲座等)。这样一来,大家就会更加明确传统阅读推广的思路和可操作模式,结合自身馆的管理、服务、人员、资源、空间、建筑等优势来扩充"阅读推广+"的内容,形成具有自身特色的推广品牌。

"阅读推广+"理论并不是无源之水、无根之木,它是在我国图书馆阅读推广已经取得现有成就的基础上,在全民阅读的大背景下,建立在范并思提出的阅读推广七范式即"文史范式(在传统文化框架中研究阅读)、图书馆学范式(讨论图书馆学理念、价值对阅读推广的促进与制约)、阅读行为研究范式(阅读文化和阅读行为调研和研究)、宣传推广活动范式(图书馆宣传技巧与方法、服务营销等研究)、法理研究范式(研究阅读推广的政策、法规、标准等)、阅读指导范式(研究阅读疗法、读好书)、应用范式(介绍和分析阅读推广应用案例)"[6]的基础上总结而成,包含10项内容:①构建"全民阅读推广+"服务体系;②建立完善"书香社会阅读推广+"指标体系;③建立全民阅读研究中心;④参加与构建全民阅读推广系统培训体系;⑤从跨学科角度进行科研创新;⑥"全民阅读推广+"智库建设研究;⑦全民阅读状况调查报告研究;⑧构建全民阅读促进会研究;⑨全民阅读立法研究;⑩全民阅读工作情况纳入目标管理与考核体系探索。

图1为本文构建的"阅读推广+"理论体系。在理论体系构建的过程中,笔者也总结出作为阅读推广人应该掌握的基本素养和基础学科。正如范并思在《论图书馆阅读推广的理论体系》中所说:"通过建立阅读推广理论体系梳理阅读推广理论与实践中的各类问题,能够更好地保护图书馆阅读推广人员服务创新的积极性,引导图书馆阅读推广走向理论自觉、管理自觉和服务自觉"[6]。

"阅读推广+"理论体系的构建与探索是建立在实践基础上的总结。首先,在我国,阅读推广的初衷是为建立和谐社会而出一臂之力,价值观不能偏离社会的价值取向,我国是中国共产党领导下的社会主义国家,因此阅读推广首先要以马克思共产主义为指导。其次,"阅读推广+"是在传统的阅读方式下建立的新概念,它的提出是以阅读为目的,并依托其他各种载体刺激其实现的推广方式,在阅读推广的过程中,需要借鉴国内外先进阅读理念和方法,取其精华、去其糟粕,阅读国外阅读推广相关文献、浏览国外有关阅读推广工作的网站这一过程需要熟练的外语水平。

作为一名合格的阅读推广人,首先要掌握关于阅读本身的各种理论。比如,阅读学概论,阅读史研究,阅读文化与阅读环境研究,阅读载体与各类型出版物研究,阅读脑与阅读思维研究,阅读心理与阅读行为研究,文本理解与阅读方法,经典阅读等。另外,文化交流与文化传播,阅读推广概述,阅读活动研究与策划、组织、宣传、实施,阅读效果评估与激励研究,藏书史与藏书文化研究,全民阅读政策与立法研究,图书评论与推荐书目研究,教育干预与教育心理学研究等方面则是阅读推广人独有的技能或应该做的工作。

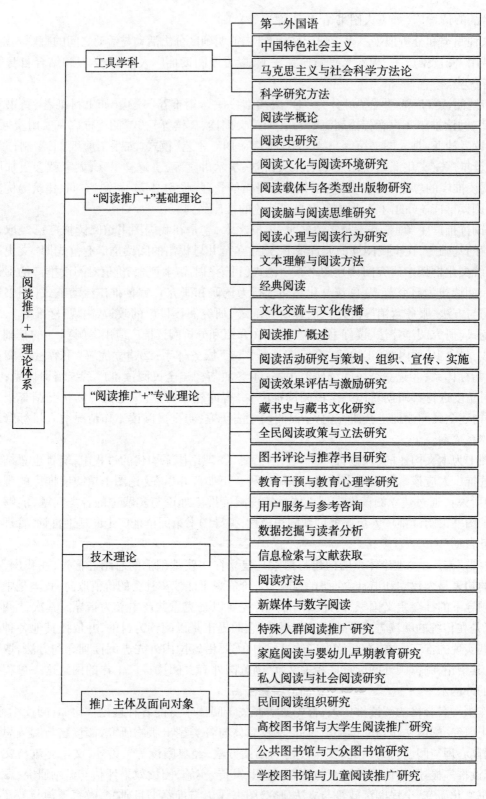

工具学科
- 第一外国语
- 中国特色社会主义
- 马克思主义与社会科学方法论
- 科学研究方法

"阅读推广+"基础理论
- 阅读学概论
- 阅读史研究
- 阅读文化与阅读环境研究
- 阅读载体与各类型出版物研究
- 阅读脑与阅读思维研究
- 阅读心理与阅读行为研究
- 文本理解与阅读方法
- 经典阅读

"阅读推广+"专业理论
- 文化交流与文化传播
- 阅读推广概述
- 阅读活动研究与策划、组织、宣传、实施
- 阅读效果评估与激励研究
- 藏书史与藏书文化研究
- 全民阅读政策与立法研究
- 图书评论与推荐书目研究
- 教育干预与教育心理学研究

技术理论
- 用户服务与参考咨询
- 数据挖掘与读者分析
- 信息检索与文献获取
- 阅读疗法
- 新媒体与数字阅读

推广主体及面向对象
- 特殊人群阅读推广研究
- 家庭阅读与婴幼儿早期教育研究
- 私人阅读与社会阅读研究
- 民间阅读组织研究
- 高校图书馆与大学生阅读推广研究
- 公共图书馆与大众图书馆研究
- 学校图书馆与儿童阅读推广研究

"阅读推广+"理论体系

图1 "阅读推广+"理论体系

在现代信息社会,阅读推广不再纯粹以呼吁、制定政策等传统方式鼓励阅读,在调动人们阅读积极性上,掌握各种技术理论必不可少。比如,用户服务与参考咨询,数据挖掘与读者分析,信息检索与文献获取,阅读疗法,新媒体与数字阅读等。这样以多样化形式的手段来推广阅读正体现了"阅读推广+"中的"+",当然,在阅读推广实践中,以上技术手段并非一定单独使用,往往充分运用其各自的优点有效整合成优秀案例。另外,在推广主体及面向对象方面,针对各个阶层的特点开展相应的阅读推广工作及其研究,也是"阅读推广+"的主要内容。比如,特殊人群阅读推广研究,家庭阅读与婴幼儿早期教育研究,私人阅读与社会阅读研究,民间阅读组织研究,高校图书馆与大学生阅读推广研究,公共图书馆与大众图书馆研究,学校图书馆与儿童阅读推广研究等,这样分门别类进行研究更有利于提高阅读推广的质量。

参考文献

[1] 范并思.阅读推广与图书馆学:基础理论问题分析[J].中国图书馆学报,2014,40(5):4-13.

[2] 张亮."阅读推广+"模式下高校图书馆空间再造藏书体系建设[J].四川图书馆学报,2018(6):18-20.

[3] 刘海涛."阅读推广+"视角下的高校图书馆阅读推广实践创新研究——以辽宁师范大学图书馆为例[J].图书馆学研究,2018(3):72-77.

[4] 中国图书馆学会关于举办"阅读推广人"培育行动(第十一期)的通知[EB/OL].[2018-08-20].http://www.lib-read.org/news/noticeshow.jsp?id=1522.

[5] 徐凯.馆长推广人驱动下新"阅读推广+"时代的新阅读体验:博"观"约"曲"唱书单——兼论辽宁师范大学图书馆从"涵养人生,行知天下"到"晴耕雨读,只要有你"[J].上海高校图书情报工作研究,2018,28(2):38-42.

[6] 范并思.论图书馆阅读推广的理论体系[J].图书馆建设,2018(4):54.

新时期马克思主义经典著作阅读推广研究

杨爱青(中共成都市委党校图书馆)

2016年一档《马克思靠谱》理论读书节目,促使马克思重新进入人民大众的视野,尤其吸引了大批80后和90后的年轻人。时至2018年在马克思200周年诞辰和《共产党宣言》发表140周年之际,从国家到地方掀起了学习马克思主义思想的热潮。不管是央视大型通俗理论对话节目《马克思是对的》,还是北大才女写的网络歌曲《马克思是个九零后》,都在线上线下引起热潮。马克思主义的大众化走向以新媒体为载体的转型阶段,实现网络电视、移动终端、社交网络、出版读物和线下推广等多模式组合的互生供给模式[1]。

2018年的政府工作报告中"倡导全民阅读,建设学习型社会"为其中重要内容。这是自2014年起,"全民阅读"第五次被写入政府工作报告。2018年1月1日实施的《公共图书馆法》中更是指出"应当将推动、引导、服务全民阅读作为重要任务"。马克思主义经典著作的阅读亦是全民阅读的重要组成部分。图书馆作为社会公共文化机构,不但拥有相对完整的马克思主义思想的经典著作,同时还有一批喜欢图书馆的读者。新媒体时代,如何运用新技术、新模式、新元素推动全民阅读马克思主义经典著作,助力当代马克思主义大众化,是图书馆的社会责任,也是时代要求。

1 马克思经典著作的阅读现状

目前,中国特色社会主义实践在深入推进,新情况、新问题层出不穷,这就迫切需要我们紧密结合我国国情和时代特征大力推进理论创新,用发展着的马克思主义指导新的实践。但是马克思主义在很多领域被边缘化、空泛化、标签化,在人民大众意识中出现失语失声的现象。党的十九大报告指出,"必须推进马克思主义中国化时代化大众化,建设具有强大凝聚力和引领力的社会主义意识形态"。为更好地了解当前人们对马克思主义经典著作的认识和阅读情况,本文选取了500位成都市机关单位的工作人员为调查对象,设计了"马克思主义思想著作阅读情况调查表"。调查对象基本信息如表1。问卷从阅读特征着手分析当下马克思主义经典著作的阅读状态及阅读特点。

表1 调查对象基本数据

性别	占比	年龄分布	占比	学历	占比
男	75%	30—40	11%	大专及以下	1%
女	25%	40—45	25%	本科	75%
		45—50	33%	硕研	22%
		50 以上	31%	博研	2%

1.1 阅读意愿强烈,深入阅读主动性较差

阅读认知是指阅读者对阅读活动的理性认识[2]。通过现场采访发现,受访者对于学习马克思主义经典原著有着强烈的愿望。有98%的人认为应当阅读马克思主义经典原著。绝大多数的人认为阅读原著有助于提高理论水平和锤炼党性修养。在问及马克思主义思想对当代中国的指导意义如何时,88%的受访者表示学习马克思主义经典意义重大,仅有2%的人表示没有指导意义。

从阅读广度上看,马克思主义经典原著的阅读覆盖率很低。问卷中列举了中央党校编纂的《马克思主义经典著作精选导读》中的17种马克思主义经典原著。从表2看出,只有《资本论》和《共产党宣言》阅读率达到40%以上,也就是说几乎一半的受访人员没有读过反映马克思主义基本原理的基础文献。同时还可以看出毛泽东思想的相关著作平均阅读率仅有28%左右。

表2 阅读经典著作总人次汇总

作者	著作	阅读人次	比例(%)
马克思、恩格斯	共产党宣言	204	42.50
马克思	资本论	231	48.13
毛泽东	论持久战	176	36.67

作者	著作	阅读人次	比例(%)
毛泽东	矛盾论	145	30.21
毛泽东	论十大关系	107	22.29
毛泽东	中国革命和中国共产党	147	30.63
毛泽东	实践论	198	41.25
毛泽东	新民主主义论	187	38.96
毛泽东	关于正确处理人民内部矛盾的问题	99	20.63
列宁	唯物主义和经验批判主义	123	25.63
马克思	政治经济学批判	200	41.67
恩格斯	社会主义从空想到科学发展	80	16.67
恩格斯	路德维希·费尔巴哈和德国古典哲学的终结	100	20.83
列宁	国家与革命	45	9.38
列宁	共产主义运动中的"左派"幼稚病	39	8.13
列宁	论我国革命	50	10.42
列宁	论粮食税	45	9.38

从阅读深度上看阅读经典著作中出现两极现象,少部分人员学习很透彻很深入,大部分人们阅读还仅仅是浅尝辄止。对"关于目前为止印象最为深刻的马克思主义经典语句有哪些?"回答结果喜忧参半,高兴的是居然有10%的人认认真真写了《共产党宣言》中两段经典:"一个幽灵,共产主义的幽灵,在欧洲徘徊。""无产者在这个革命中失去的只是枷锁。他们获得的将是整个世界。"《资本论》中:"如果有百分之二十的利润,资本就会蠢蠢欲动。……如果有百分之三百的利润,资本就敢于践踏人间一切法律。"这个段落也被多人提及,虽然写得不是很完整。说明马克思主义经典著作还是有一部分人喜欢并且在研究它。令人担忧的是,绝大部分人的问卷都是空白,这说明很多人平时从未阅读过相关著作。总体来看,阅读马克思原著存在学习程度和学习内容不平衡不充分的问题。但是,相对2009年党员干部学习马克思主义经典的情况[3],大家对于马克思主义著作认知已经有了很大提高。当时调查中指出,《共产党宣言》中关于生产力和生产关系的论述没有人答对。

1.2 纸质阅读仍占主流

目前纸质图书仍是阅读马克思主义经典著作的主要方式。互联网时代,在大数据的冲击下,纸质图书阅读率一直在下降。中国新闻出版研究院发布的《2018年第十五次全国国民阅读调查报告》显示,数字化阅读方式的接触率为73.0%,图书阅读率59.1%[4]。在对阅读媒介的调查中,竟然70%以上的受访者选择纸质图书阅读,30%是网络阅读。这比国家平均纸质阅读率高出10个百分点。这与马克思主义经典著作的特征是吻合的,马克思主义理论是一门复杂的理论体系其内容涉及了政治学、经济学和社会学,纸质阅读更便于学习和理解。在访谈中发现,访谈者认为纸质阅读更有感觉,可以感受书香气息。还有部分读者反映,纸质图书可以随时记笔记,加深阅读印象,更容易引起情感共鸣。

1.3 数字阅读是未来趋势

数字阅读是未来大家选择的主要方式。在对数字阅读的调查中,"关于将来更喜欢采用的阅读方式"时,51%的人选择了手机(平板)阅读,32%的人选择了电脑阅读,只有17%的人坚持选择纸质图书阅读。从目前阅读媒介和将来阅读方式问题中,可以看出读者有强烈的数字阅读需求,一方面受传统学习马克思相关理论的影响;另一方面是当下关于马克思主义经典阅读的数字阅读推广还不多,造成了读者需求不平衡不充分的现象。当前,微信公众号和阅读APP是数字阅读常用的工具,在对阅读软件的调查中关于使用和下载马克思主义宣传推广的公众微信号或者阅读APP情况,调查结果显示,92%的人下载APP软件或者收藏微信公众号,说明大家对新事物新工具浓厚的兴趣,但是阅读学习的比例相对较低,表示今后要经常阅读学习马克思主义经典理论只有30%,偶尔阅读学习的有49%,12%的人不阅读。范并思教授指出:图书馆阅读推广的重点人群主要为缺乏阅读意愿、不愿意使用图书馆资源和服务进行阅读的人[5]。调查中发现,60%左右的人都具有潜在的阅读需求,但是没有形成阅读马克思主义经典著作的习惯,这些人将是进行马克思主义经典阅读推广的目标读者。

2 图书馆推广马克思经典的困境

2.1 马克思经典原著本身兴趣度低

郭庆玲曾指出:"阅读马克思主义经典著作就是一个马列人绕不开的'硬石头'。"[6]可见马克思经典著作对于普通人来说更难攻克。从表3中看出,原著枯燥难懂占比为48.75%,42.91%的读者认为马克思主义经典著作专业性太强,工作之余,很难静心阅读。与阅读国外文学经典比较,语言晦涩难懂,文学艺术性较差,作品体系复杂,造成"经典的未完成状态",成了"读不下去经典"的代表。同时还有马克思主义经典著作的产生和发展具有明显的时代性,相较马克思主义产生的年代,当今的时代条件发生了巨大变化[7],语言体系不同,编译不完整,这些都会影响读者的阅读兴趣。

马克思主义思想哲学是大学生思政课的主要内容。思政课因其理论性、哲学性以及经济学特征,成为很多人的"痛苦的回忆",造成马克思就是"空洞说教"式理论的误区,华而不实。所以现实中,克思主义经典的阅读推广很容易走向阅读教学,以马克思理论的哲学性、历史性、思想性、严肃性为基础开展价值观教育。"说教、课程"几乎成了马克思主义的天然属性成为当下阅读推广的障碍。社会化阅读已成为主流的环境中,读者更加喜欢"平等、自由、多元"的阅读氛围。如何让"高大上"的马克思主义接地气是阅读推广需突破的第一个困境。

表3 不愿阅读的原因统计表

原因	人数	比例(%)
工作忙、时间有限	206	42.91
原著难懂枯燥	234	48.75
书籍资源不足	26	5.42
缺乏良好的阅读环境	14	2.92

2.2 缺少以马克思主义理论为主题的阅读场景

阅读场景建设是近年来图书馆常用的新型服务形式,尤其在促进儿童阅读方面,阅读空间打造各具特色,如设立幼儿绘本区、少儿数字体验室、家长育婴区、手工制作区等通过"空间改造"增强儿童的阅读体验,将图书馆从简单阅读借阅转换为知识交流空间,成为儿童阅读习惯培育的重要场所。多元主体时代,阅读场景建设已经成为阅读推广主要因素。

在信息多元、传播主客体对等、网络虚拟等因素影响下,马克思主义原生话语体系发生巨大改变,造成本身就是"硬骨头"的马克思经典著作更难以在群众中传播,仅仅从作品思想内容或者哲学价值进行表面推广,只会让读者离经典越走越远,《资本论》《共产党宣言》只会走进读者的"藏书阁",不会走进读者心里。马克思主义经典阅读跟儿童绘本阅读相比缺少参与性和亲和性,跟文学经典阅读相比缺少鉴赏性和品读性,因此,更需要图书馆搭建桥梁,构建阅读场景促进马克思主义经典阅读推广。

2.3 缺少马克思主义理论相关的主题馆员

主题馆员是指图书馆设专人或专业团队,基于自身知识结构和业务水平,应用信息技术服务手段为用户提供不同领域的主题知识服务,满足用户个性化的信息需求[8]。就马克思主义理论相关的主题馆员而言则是指,拥有丰富的马克思主义理论知识同时对中国化马克思主义思想成果有一定的研究,能够使用信息技术工具为读者提供具有指导性、参考性的理论服务。

从目前图书馆的人员结构看出,许多馆员拥有了现代化的信息服务手段,也具有较高的学历水平,但是具有马克思主义相关专业的工作人员较少。杨思洛对图书馆专业需求调研发现,图书馆招聘方向专主要集中在图情档、计算机类、农医类、外语类、艺术设计类、经管教育类、文史类等专业[9]。针对读者服务岗位招聘马克思主义理论专业的图书馆几乎没有。图书馆在人员知识机构中出现了供求不平衡现象。马克思主义理论从少数精英人员掌握转向普通大众知晓,需要专业知识人员从马克思主义的趣味性、渗透性和感染性等方面进行阅读推广,图书馆在未来可吸收引进马克思主义理论的专业人员。

3 新媒体下马克思经典著作的阅读推广路径

3.1 挖掘自身资源,建立"情怀"读者

图书馆一直都是马克思主义理论的宣传中心,新时代图书馆人要学会挖掘自身的资源,让陈列在书架上的书籍"活"起来,讲好图书馆与马克思的故事。国家图书馆与上海图书馆举办的主题展就是很好的示范。国家图书馆利用自身馆藏优势,在马克思200周年诞辰之际,举办"国家图书馆藏革命历史文献精品展",展出马克思、恩格斯两人的书信手稿原件,拉近了读者与马克思的距离,使读者面对面感受马克思的人格魅力[10]。上海图书馆与中央党校联合举办的主题文献展——思想的光辉,以书为脉,展示马克思主义在中国民主主义革命时期的传播概貌,更是展出了1920年由陈望道翻译的《共产党宣言》第一个中文译本原件全文,得到读者好评,更吸引了中山市政协等外省市单位学习[11]。

图书馆要充分运用新媒体技术把故事讲好讲活,对马克思主义经典著作进行形象化、通俗化的解读,让读者从情感上亲近马克思,从内心接纳马克思,实现阅读推广的第一步让不热爱

阅读马克思经典著作的人有想要阅读的想法。

3.2 开放共享资源,形成图书馆联盟机制

故事是用来吸引人的,丰富的故事情节才能打动读者,对于图书馆而言,故事情节就是"资源"。《中国图书馆分类法》中第一大类 A 类是马克思主义、列宁主义、毛泽东思想、邓小平理论,不管是公共图书馆、高校图书馆或其他专业图书馆,马克思主义理论的藏书都非常完整,虽然读者群体不同,藏书侧重点有所区别,但是都藏有各个时期的经典著作,尤其是早期马克思主义在中国传播的相关图书。这是图书馆开展马克思主义经典著作阅读推广的基础。

基础资源图书从内容上偏重理论,从知识结构上无序无组织,资源的二次开发更具针对性。书目推荐是图书馆常用的推广方式,针对马克思相关著作难懂枯燥的特点,推荐图书可以采用新旧结合、历史与当下对比模式如马克思《资本论》与托马斯·皮凯蒂《21 世纪资本论》比较阅读,《青年在选择职业时的考虑》与《马克思靠谱》的对比阅读,从多种角度给予读者不同的阅读感受,激发读者潜在的阅读欲望。

资源的开放与共享是马克思主义经典著作推广的另一个重要途径。公共图书馆在少儿阅读、文学阅读推广等方面经验丰富且资源广泛,马克思主义理论著作的推广相对缺乏。党校图书馆恰恰相反,马克思主义理论的研究是党校的主业主课,马克思主义理论相关图书推荐、作品展示是党校图书馆读者服务的内容之一。从调查中也可以看出,国家图书馆关于"马克思"的相关信息只有一次讲座还是视频课程。中央党校图书馆有跟着总书记读经典、经典品读两个专栏。大部分省委党校图书馆设有中国共产党史、马克思主义理论研究专题文库。由于党校系统图书馆资源的流动性和开放型不够,普及大众力度不足,没有充分发挥服务大众的作用,党校图书馆系统需建立横向交流机制,资源供给侧满足,实现人力资源、图书资源、数字资源的互动交流,推动马克思主义经典阅读的大众化。

3.3 依靠新媒体,创造"粘性"用户

新媒体时代,大部分读者的阅读习惯从纸质阅读转向网络阅读。图书馆服务模式从传统到馆服务转向网络服务,马克思经典著作的阅读也要把握新媒体传播特点和读者阅读习惯,抓住微视频、微博、微信等新媒介,打通读者与马克思的隔阂。

图书馆坚持"以人为本、读者至上"的理念就是坚持以读者需求为中心。第十五次全国国民阅读调查显示,超过半数成年国民倾向于数字化阅读方式,其中 49 周岁以下中青年群体是数字化阅读行为的主要人群[4]。我国成年国民人均每天手机阅读、网络阅读时间均超过 1 小时。

用户黏度是网站或 APP 软件衡量用户忠诚度的重要指标,是指用户对于产品忠诚、信任与良性体验的依赖度和再次使用的期待程度[12]。图书馆的黏性用户则是指读者对于图书馆提供的服务可能包括微信公众号内容、微博原文或者阅读推广内容等产生良好的体验并且愿意继续使用程度。关于马克思主义经典的学习图书馆已有大批基础用户,如太原市图书馆"马克思书房"在短短两个月接待市民读者17300人次,接待参观学习团体 262 批次,举办活动166 场次。新媒体的良性体验及阅读内容是创造黏性用户的重点。太原市图书馆实现线下线上同步互动,下线以"马克思书房"为载体,设立了马克思大脑和马克思主题邮局等年轻人喜爱的阅读体验方式,线上利用微信公众号开通马克思专题"你选书、我买单"服务[13]。2017 年

起,有声阅读成为国民阅读的新选择,上海市委党校与阿基米德 FM 合作《给 90 后讲讲马克思》专题,收听量达 2.7 亿人次,引发"追剧"效应[14]。可见,马克思经典理论的阅读选对正确的打开方式,读者还是愿意阅读的。因此图书馆应适应读者的阅读习惯,提升技术应用水平,开设具有马克思主义要素的体验空间、运用 VR、全息影像等技术呈现马克思生活情境等方式提升阅读马克思经典的愉悦感和时代感,进而吸引读者来图书馆阅读马克思主义著作。

3.4 鼓励跨界融合、做好分众阅读服务

3.4.1 融合社会团体或个人,提升团队知识结构

马克思主义经典阅读推广是专题阅读推广,具有专业性和长期性。图书馆积极寻求新方式,或者马克思主义理论研究学会,或者马克思主义理论研究专家,抑或是对马克思主义具有浓厚兴趣的个人提供专业的内容指导,增强阅读推广原创性和马克思主义经典趣味性。

3.4.2 融合政府机构,增强分众阅读

政府报告中提出,增强民众的主流意识形态。针对青少年的马克思主义大众化教育,可以邀请共青团共同举办,抓住青少年的阅读特点,重点推广马克思个人成长或者马恩友谊的图书、故事或者信件等增强阅读内容吸引力。如山西太原图书馆开辟"马克思大脑"青少年区,满足青少年阅读好奇心。针对党员干部的阅读推广,可以要求地方党史办等政府机构参与,从地方党史引入,增强党员干部的认同感和参与性。政府参与阅读推广具有社会引领性,有利于全民阅读氛围的形成。

3.4.3 融合大众传媒,提升阅读的"可见度"

大众传媒立足于传播社会热点、善于制造社会热点,在自媒体时代,热点话题更能引起大众关注,成为大众最感兴趣的话题。在马克思主义经典阅读推广过程中,图书馆应主动联系传媒机构,运用微视频、微报道主动制造"马克思"话题,宣传经典推广特色、介绍推广模式,吸引读者注意力,提升阅读的"可见度",增强图书馆的影响力。

社会功能是图书馆的职能之一,2013 年国际图联颁布《图书馆与社会发展宣言》中明确指出图书馆是一个支持教育、就业和社会发展的关键基础设施的重要组成部分。由此看出图书馆从关注图书、阅读的问题转变为更加强调图书馆如何在社会发展中实现自身的价值[15]。马克思经典阅读推广是实现马克思主义中国化时代化大众化的重要组成部分,也是实现"全民阅读"的重要一环,图书馆应继续秉持开放、包容的理念,积极探索贴近实际、贴近生活、贴近大众的阅读语境去传播马克思主义,提升全民的马克思主义理论素养,促进社会发展。

参考文献

[1] 张春贵. 新媒体时代如何讲好马克思主义的故事——以《马克思靠谱》《社会主义"有点潮"》为例[J]. 青年记者,2017(34):54-55.

[2] 卢丽娜,范华. 山东省党员领导干部阅读现状调查研究[J]. 山东图书馆学刊,2012(4):54-56,66.

[3] 邱炜煌. 领导干部读马列原著的调查与思考[J]. 求是,2009(7):21-24.

[4] 第十五次全国国民阅读调查成果发布[EB/OL].[2018-04-18]. http://www.chuban.cc/zgcbkys/yjsdt/201804/t20180418_178740.html.

[5] 范并思. 阅读推广与图书馆学:基础理论问题分析[J]. 中国图书馆学报,2014,40(5):4-13.

[6] 郭庆玲. 关于阅读马克思主义经典著作的思考[J]. 甘肃理论学刊,2016(1):113-116.

[7] 王雄杰,张雯婧. 提升党员干部经典著作阅读能力[N]. 光明日报,2015-09-03(10).

[8] 华小琴,郎杰斌,邢文明.高校图书馆主题馆员服务模式研究[J].图书馆,2018(11):58-62.

[9] 杨思洛,冯雅,程爱娟.从招聘信息看图书馆学人才需求与专业教育[J].图书情报工作,2016,60(5):58-64.

[10] 到国家图书馆看马克思手稿[EB/OL].[2018-05-10].https://item.btime.com/223asgk776aot9f1tlsccsb5m3o.

[11] 永恒的经典思想的光芒[EB/OL].[2018-04-29].http://beta.library.sh.cn/SHLibrary/newsinfo.aspx?id=514.

[12] 马大艳.基于用户粘度的高校图书馆微信服务研究[D].重庆:重庆大学,2016.

[13] 太原市图书馆全国首创"马克思书房"[EB/OL].[2018-05-12].http://news.sina.com.cn/o/2018-05-12/doc-ihamfahw7155629.shtml.

[14] "给90后讲讲马克思"音频党课收官2.7亿人次收听[EB/OL].[2018-05-06].http://sh.people.com.cn/n2/2018/0506/c134768-31542030.html.

[15]《国际图联关于图书馆与发展的宣言》[EB/OL].[2013-08-30].http://www.libnet.sh.cn/list.aspx?id=12232.

经典如何读

——"书院式读书"对高校经典阅读推广的启示

胡明丽(陕西师范大学图书馆)

不论是在历史长河中,抑或现今时代,人们都对经典文献的内涵有着一致的认可。如《论语》《孟子》等十三经作品、《史记》等史书、唐诗宋词和《红楼梦》等文学作品。所以本文的经典是指经过历史风云和时代变迁,承载着我国民族文化和记忆,今天依然可以从中汲取营养的传统文化书籍。

书院是我国古代延续千年的教育机构。如今保存下来的书院志、学规、会约、课艺等文献里面,不仅记载了历代书院名师的学术思想和教育理念,其中也渗透着他们所倡导的为学之道和读书之法;不仅留存有士子读书的时文课艺,也有文人之间学术争鸣的来往唱和;不仅保存了一个书院的藏书目录、推荐书目,也记载有书院书籍的阅览借阅制度。可以说书院里面关于书籍和读书的资料是十分丰富的,而这些书籍正是我们今天所言的四书五经,即经典。因此不管是从读书内涵和读书主体上都与我们今天高校所倡导的经典阅读有着同一性。

目前,越来越多的研究者已经发现了我国高校大学生经典阅读存在的问题。《当代大学生经典现状分析与对策建议》《当代大学生经典阅读灯问卷调查报告——基于2936份调查问卷分析与研究》等文章指出,我国大学生经典阅读在阅读数量和时间、阅读深度和广度上都处在少量和低下的水平,但也存在对经典向往和渴慕的阅读意愿。这一方面是因为之前我国对经典阅读的重视程度不够,另一方面也是由古文献的客观文献属性造成的,我们今天的读者在面对古文献时,因其用古汉语写就,识读语言文字都存在很大的障碍,更不消说里面还包含着错综复杂的历史知识,如人物关系、官职、地方行政区划、各朝的典章制度等。所以对于不具有

310

历史、文献专业知识的学生,读懂和理解这些经典,是十分困难的事情。正如余英时在《怎么读中国书》一文中的论述一样,他建议青年人读古书,应该回到中国旧传统中去了解,因此,我们今天的经典阅读推广,最首要解决的是"经典如何读",或许从旧式书院的读书法中,可以得到更多的启示。

1 选经典——重视推荐书目的使用

清光绪年间张之洞创办尊经书院,针对学子问他"该读何书,书以何本为善"的问题,作《书目答问》一书。在书中他列举了2000余种图书,分为经、史、子、集、丛五大类,并在每一部书下,书写按语,评价作者、书籍内容、版本情况,最可贵的是在当时很多目录学家和收藏家追求宋元旧刻的情况下,该书所著录的版本为普通士子所易得。清康熙年间李颙曾执掌关中书院讲席,他还曾为其门人李士琭的儿子做《读书次第》一篇,虽然读者对象是童蒙后生,但李士琭评价该目"由《小学》渐入大学,自经传徐及文史,步步有正鹄,书书有论断"。李颙为了便于书院学子理解他所主张的"明体适用"思想,还在其文集中为学子们开列了"明体适用"书单,不仅详列书目,在每种书之后也做简要评价,内容涉及学术源流、阅读感受、阅读方法等。

我们在今天进行经典阅读推广活动时,要注意利用这种前人针对普通学子所编纂的推荐书目。面对浩如烟海的古文献,善于利用前人为我们爬梳归类好的成果。在推广活动之初,就应该首先由策划者整理利用这些推荐书目,并结合历史上的传世目录学著作,开列出适合本次阅读活动主题的经典书目,如要进行十三经的阅读推广,即要择选出便于初学的版本,又要是精校精刻之书,不能贻误后学。书目的确定是阅读能够进行下去的前提条件。

2 读经典——寻求书院式的经典读书法

2.1 循序渐进的读书原则

宋代著名理学家朱熹,在读书理论和读书方法方面多有精辟的论述。他的学生门人,将他关于读书的语录纂辑成《朱子读书法》一书。在书中,朱熹谈到"读书之法,莫贵于循序而致精"。此处的循序实际包含两个方面的含义,一是指"群书先后缓急之序",一是指"每书诵读考索之序"。而这两个方面正是我们今天对古文献了解甚少的学子在阅读经典时首先应该遵循的原则。

《朱子读书法》里记载了朱熹认为初学阅读经典的顺序,他认为六经之中"先看《大学》,次《语》《孟》,次《中庸》,果然下功夫,句句字字,涵泳切己,看得透彻,一生受用不尽"[1],而经史之间的关系,应该是先读经后读史,因为怕"盖史书闹热,经书冷淡。后生心志未定,少有不偏向外去者,亦当预防也"[2],阅读史书时,他建议"《通鉴》难看,不如看《史记》《汉书》,《史记》《汉书》事多贯穿,《通鉴》是逐年事,逐年过了,更无踪迹"[3],根据史书的体例来选择阅读的顺序。今天当我们面对浩如烟海的古文献时,依然应该根据自身学业精进的情况,积极汲取前人所总结的经典阅读顺序,确认最先入手阅读的经典展开自我的古文献经典之旅。

朱熹认为具体读某种书时,也是非遵循循序渐进这个原则不能达到熟思精读的地步,他谈道"读书须看一句后又看一句,读一章后又读一章……《大学》且诸章理会,先读本文,念得;次将章句(章句是汉儒解释经的文字)来解本文,又将或问来参章句,既逐段晓得"[4]。可以见出,此法对于我们今天阅读有注解的经典依然适用,从先读经文原典,再读正义注疏,从理解字词章句,到融会贯通经典的微言大义,只有遵循此循序渐进的读书原则,方能真正读懂经典。

元代程端礼的《程氏家塾读书分年日程》,就是据朱熹《朱子读书法》所做的书院读书实施方案,日程里遵从的读书循序渐进原则,体现在两个方面,一是不同年龄阶段有不同的读书内容,二是一日之内,清晨、白昼、晚上也有着不同的阅读书籍,表明学业的精进是个逐步提升的过程。根据这一原则,我们在开展经典阅读活动的过程中,要注意学生自身的学识和专业水平,不可求快贪多,可通过开展诸如问卷调查、古汉语水平和历史知识小测试等活动,了解学生经典阅读的倾向和水平,以此来制订循序渐进和行之有效的经典阅读推广方案。

2.2 自读—听讲—会讲—作文的读书过程

自读—听讲—会讲—作文是书院里的经典授读过程。以笔者所在陕西的味经书院为例,《味经书院志·教法》里记载了士子每日应读之书,有经书、史书、时文等,而且每一类都给出阅读意见和方法,如讲到读散文应选择名家去读,唐宋八大家之文"读法当先看主意,以识一篇纲领,次看其叙次抑扬,往复运意,运笔转换、承接,于大段中看篇法,于小段中看章法,于章法中看句法,于句法中看字法,则作者之心,皆与我会,今日读文能如此读,他日作文自能如此作矣"[5],指导学生通过领略大家作文的用字、结构、意旨,学习和模仿如何写出好的文章。书院要求每个士子准备课程册,记录某人某日读某书到某章某节,每月二、七日会讲,就近日所读,质疑问难。每月的初八日官课、十八、二十八日堂课,山长升堂讲学,学生们应题作文,现场交卷。

由此我们可以见出,书院指导士子们阅读经典是通过"自学—听讲—会讲—作文"这个完整的过程来完成的,也只有通过此种方式,才能真正让学子们浸润在经典中。我们在组织经典阅读活动时,完全可以回归到这种方式里,比如首先根据推广活动的主题开列推荐书单,组织相关专业老师开设经典导读讲座,之后,组织学生们举办经典阅读读书会,鼓励学生各抒己见,交流辩论,最后在充分查阅、吸纳各种资料的积淀下,书写读书心得和体会,在思索辨析的基础上,获得新知。如此,才是一次完整的经典阅读之旅。

2.3 多样化的读书方法

2.3.1 熟读上口

此处的上口即背诵,朱熹谈道,读《大学》应该"看时须是更将大段分作小段,字字句句不可容易放过。常时暗诵默思,反复研究,未上口(上口:能背诵出来)时须教上口,未通透时须教通透,已通透后便要纯熟"[6]。谈道读《论语》"每日只两段,熟了,自然见义理贯通"[7]。朱熹非常推崇张载的"读书须是成诵",不仅能上口成诵,还要记录背诵的遍数,因为如此训练,心神方能有所收敛,精读精思,从而真正通晓经典的意味。在书院里也常有这样的学规,如《贵山书院学规》记载:"凡初入书院者,先读《近思录》、《性理精义》。《近思录》中《朱子太极图解》、《西铭注》、《定性书》、《颜子所学何学论》,皆须成诵。其余语句,零星皆须熟看,紧要者亦须记取,反复玩味,令通透了彻。《性理》中《通书》七卷、八卷、九卷、十卷,除历法外,皆须成诵。十一、十二卷熟看,紧要者记取。"[8]清朝万松书院规定"读书必专一。必正心肃容。记遍数。遍数已足而未成诵,必须成诵。遍数未足,虽已成诵,必满遍数。"[9]

2.3.2 抄录批注

程端礼的《程氏家塾读书分年日程》里记载有指导士子读经抄录法,即用不同纸张不同笔色来分别抄录经文、注文、音释等。张之洞曾要求尊经书院士子"限诸生将《说文》依六书分类,欲其将《说文》通阅一过也。令其将归方合评《史记》,以五色笔照临,欲其将《史记》通阅五过也。"[10]不仅增加学生对经典的熟悉程度,也便于经文和释文之间参照阅读。岳麓书院也规定"诸生于所读书内,有嘉言善行,不拘长短偶句,各就心之所晓,意之所喜,随时录写。或贴之壁间,或书之简册,积少成多,自己可以触目会心,展玩抽绎,师长即此足以觇其志趣。"[11]在抄录经典的过程中,即增长了学识,身心修养也得到潜移默化的涤荡。

2.3.3 吟诵

桐城派散文集大成者姚鼐曾说:"大抵学古文者,必要放声疾读,又缓读,只久之自悟;若但能默看,即终身作外行也。"[12]可见古人十分重视出声朗读在学习古文中的作用,一方面,古人认为作者用文辞来表达情意时,需要凭着说话时的气势或语气的声情来表达,读者唯有通过高下、缓急、顿挫、转折的声调吟诵而出,方能与作者所要表达的情意结合在一起并有深刻体悟。即所谓"故必讽诵之深且久,使吾之气与古人讦合于无间,然后能深契自然之妙,而究极其能事。"[13]另一方面,古人认为,吟诵不仅仅调动了视觉,还加入了声音和听觉,达到了全身心浸润经典的效果,如清人梅曾亮说:"夫观书者,用目之一官而已;诵之则入于耳,益一官矣。且出于口,成于声,而畅于气。"[14]因此,我们在推广经典阅读时,要注重吟诵在经典阅读中的作用,通过开展晨读、朗读、诗歌吟唱等活动,让学子们遨游于古今之间,心意与古人神交。

3 用经典——经典的意义

此处谈经典的意义,从书院士子和今天大学生"读书成人"的角度去阐发。大学阶段不仅仅是学习专业学科知识,也是人生观和价值观形成的关键阶段。古代士子们在书院里所研习的经典,也不仅仅只为科举举业所学,这从书院里山长、主讲的教导里可见一斑。清代李颙曾主讲关中书院,他为了指导学子们真正读懂四书,专门写作《四书反身录》一书,在他看来"六经皆古圣贤救世之言,凡一字一句,无非为后人身心性命而设。今人只当文字读去,不体认古人立言命意之旨,所以白首穷经,而究无益于自己身心性命也。"[15]因此读经典,除了多识鸟兽虫鱼之名之外,更应该是从修炼身心、锻造德行的角度去理解,如此才能真正体会古之圣贤的苦心。在《四书反身录》中,他提出读经典应当在理解了各书的文字义理之后,要深刻领会这些思想精要,最重要的就是切己自堪,即不仅要上口还要上身,通过对自身情况做自省和自正,之后方能完全领悟圣贤立言行文的深刻含义,从而指导自己的实践活动。正如他的弟子马穘士所期望的那样:惟就各人所读之四书,令其切己自反,实体力诣;一言一动,稍有不合,则惕然自责。不泊训诂,不尚辞说,务期以身发明[16]。最终"诚反而上身,使身为仁义道德之身,圣贤君子之身"[17]。因此,从个人成长角度来讲,古时书院对士子阅读经典的期望,也同样适合于今天的大学生们。我们在阅读的同时,也要将其教导放置于对自己生活和生命的体察中,通过自我锤炼身心,修为德行,最终指导自己的实践活动,有补于世,如此,才是阅读经典学以致用,知行合一的目的和意义。

参考文献

[1－4][6－7] 张洪,齐溪等.恭读朱子读书法[M].张二江,校勘注释.南宁:广西人民出版社,2013.

[5] 刘光蕡.味经书院志·教法第五[M].清光绪二十年刻本.

[8] 顾久.黔南丛书第2辑[M].贵阳:贵州人民出版社,2008:203.

[9] 邵群.万松书院[M].长沙:湖南大学出版社,2014:42.

[10] 陈谷嘉,邓洪波.中国书院史资料(下册)[M].杭州:浙江教育出版社,1998:2241.

[11] 邓洪波.湖南书院史稿[M].长沙:湖南教育出版社,2013:621.

[12] 周振甫.文史知识文库怎样学习古文[M].北京:中华书局,1992:30.

[13] 钱基博.国学必读[M].上海:上海古籍出版社,2015:86.

[14] 曹之.中国古代图书史[M].武汉:武汉大学出版社,2015:535.

[15－17] 李颙.二曲集[M].陈俊民,点校.北京:中华书局,1996.

公共图书馆微信公众平台运营研究

——以陕西、甘肃、宁夏市级图书馆为例

田　倩(庆阳市图书馆)

微信自2011年推出以来,改变了人们的交流沟通方式,融入人们的工作和生活。2018年微信数据报告显示,每个月有10.8亿位用户活跃在微信上[1]。而微信公众号作为近几年大众获取信息的重要渠道之一,也收到越来越多人的关注,公众号数量在2017年已超过1000万个。众多知名的微信公众号,如《人民日报》、新华社、央视新闻、十点读书等每月阅读量达到5000多万次[2]。公共图书馆在此背景下,为了更好地服务读者,顺应时代发展趋势,也陆续开通了微信公众服务平台[3]。《中华人民共和国公共图书馆法》第三条中指出,公共图书馆"应当将推动、引导、服务全民阅读作为重要任务"。而借助微信公众平台开展阅读推广,对创新图书馆服务、提高传播效率和服务质量,具有非常重要的作用[4]。笔者通过对西北三省的市级图书馆微信公众平台进行分析研究,以期得出切实可行的改进建议助推图书馆阅读推广活动开展。

1　数据来源和数据处理

西北三省——陕西省、甘肃省和宁夏回族自治区共有1个副省级市、26个地级市,其中,陕西省下辖1个副省级市(西安)、9个地级市;甘肃省下辖12个地级市;宁夏回族自治区下辖5个地级市。除甘肃省武威和宁夏固原市未开设市级公共图书馆外,其余25个市均设立了市级公共图书馆。

1.1　数据来源

笔者利用网站、微信对25个市级公共图书馆进行搜索并关注,最终发现25所公共图书馆

均已开通微信公众号。在此基础上,笔者使用中国清博指数平台的部分数据,对数据进行采集和统计。目前,清博指数平台(http://www.gsdata.cn/)拥有国内最大的第三方微信数据库,因其统计数据和传播指数结果相对客观、公正,已被大多数研究机构和人员认可[5]。

1.2 数据处理

数据分析的主要评价依据是选择目前公认度、权威度均较高的微信传播指数 WCI(We-Chat Communication Index),它从"整体传播力""篇均传播力""头条传播力""峰值传播力"四个维度对微信公众号进行综合评价计算,最终得出数值。此外,使用比较分析法,对所有馆微信公众号具体情况进行统计分析。

2 西北三省市级公共图书馆微信公众平台统计分析

2.1 基本情况分析

笔者对 25 所市级公共图书馆微信公众平台的开通类型、开通时间(以第一次发文为准)进行了统计(表1),统计时间为 2019 年 1 月 15 日。

表1 西北三省市级公共图书馆微信公众平台基本信息一览表

省份	图书馆(公众号名称)	微信号	开通类型	开通时间
陕西	榆林市星元图书楼	yl15886	服务号	2013 年 5 月
	西安图书馆	Xiantushuguan	订阅号	2014 年 4 月
	延安中山图书馆	zstsg666/YananLibrary	服务号	2015 年 5 月
	宝鸡市图书馆	bjstsg	订阅号	2015 年 7 月
	汉中市图书馆	gh_77e7066450cd	订阅号	2015 年 9 月
	铜川图书馆	tongchuantushuguan	订阅号	2016 年 2 月
	安康市图书馆(书香安康)	cjsxak	订阅号	2016 年 4 月
	咸阳图书馆	xytsg1996	订阅号	2016 年 4 月
	渭南市图书馆	wnlibrary	订阅号	2017 年 6 月
	商洛市图书馆	gh_152f2dd8bbb9	订阅号	2017 年 12 月
甘肃	天水市图书馆	gstslib	订阅号	2014 年 4 月
	兰州市图书馆	LZSTSG	订阅号	2014 年 5 月
	张掖市图书馆(张掖阅读)	zyyuedu	订阅号	2015 年 3 月
	陇南市图书馆	tsg1741356619	服务号	2015 年 6 月
	嘉峪关市图书馆	JYGSTSG	订阅号	2015 年 7 月
	白银市图书馆	bystsg	服务号	2016 年 2 月
	平凉市图书馆	PLSTSG	订阅号	2016 年 3 月
	肃州区图书馆(酒泉图书馆)	jqtsg3226	订阅号	2016 年 11 月
	定西市图书馆(定西市图书馆服务平台)	gh_97abaa474567	订阅号	2017 年 4 月

省份	图书馆(公众号名称)	微信号	开通类型	开通时间
宁夏	庆阳市图书馆	qyslib	订阅号	2017 年 7 月
	金昌市图书馆	shuxiangniedu	服务号	2018 年 6 月
	银川市图书馆	gh_94fa815e9238	订阅号	2015 年 3 月
	吴忠市图书馆	wuzhongshitushuguan	订阅号	2015 年 4 月
	石嘴山市图书馆	nxszstsg	订阅号	2016 年 4 月
	中卫市图书馆	zwstsg	订阅号	2016 年 8 月

从表 1 可以看出,公众号名称方面,除了安康市图书馆和张掖市图书馆外,其余馆均使用图书馆名称命名。公众号类型方面,微信公众号分为订阅号和服务号两种类型,25 所图书馆的公众号中有 6 个图书馆开通的是服务号,占比 24.0%,19 个图书馆开通的是订阅号,占比 76.0%,可见,订阅号使用更为广泛。开通时间方面,2013 年开通馆 1 个,2014 年开通馆 3 个,2015 年开通 8 个,2016 年开通 8 个,2017 年开通 4 个,2018 年开通 1 个。陕西省榆林市星元图书楼是最早开通微信公众号的公共图书馆,甘肃省金昌市图书馆的公众号开通最晚。延安中山图书馆开通了两个公众号,2015 年开通的公众号已于 2017 年 2 月停止更新,另一个于 2019 年 1 月 6 日开始运行。

2.2 菜单栏目分析

图书馆微信公众平台的菜单栏目主要功能设置包括借阅管理、移动阅听、交流互动、基本信息等。借阅管理主要包括书目检索、图书续借、借阅查询等。移动阅听包括电子图书、电子期刊、视频、朗读等类型数字资源的使用。咨询交流主要分为自动回复和人工回复。基本信息包括图书馆基本情况介绍、地址、咨询电话、办证须知等内容。

表 2　西北三省市级公共图书馆微信公众平台菜单设置情况

图书馆(公众号名称)	借阅管理	移动阅听	交流互动	基本信息	其他(个性化服务)
西安图书馆	√	√	√		
宝鸡市图书馆	√	√		√	
张掖市图书馆(张掖阅读)	√	√		√	
兰州市图书馆	√	√			√
铜川图书馆	√	√		√	
安康市图书馆(书香安康)	√	√			√
汉中市图书馆	√	√		√	
咸阳图书馆	√	√		√	
中卫市图书馆	√	√		√	
石嘴山市图书馆		√			
银川市图书馆	√	√			
吴忠市图书馆	√	√	√	√	√

图书馆(公众号名称)	借阅管理	移动阅听	交流互动	基本信息	其他(个性化服务)
嘉峪关市图书馆	√	√		√	
渭南市图书馆		√	√	√	
平凉市图书馆		√		√	
天水市图书馆	√	√		√	
白银市图书馆	√	√		√	
庆阳市图书馆		√	√	√	
商洛市图书馆	√	√		√	
榆林市星元图书楼	√	√		√	
金昌市图书馆	√			√	
定西市图书馆 (定西市图书馆服务平台)	√				
延安中山图书馆	√	√			
陇南市图书馆					
肃州区图书馆(酒泉图书馆)					

通过对每个图书馆的微信公众号进行统计梳理发现,陇南市图书馆和肃州区图书馆未设置菜单栏目。其余 23 个馆的微信公众平台中提供借阅管理功能的图书馆有 19 个,极大程度地方便了读者的使用;提供移动阅听功能的图书馆有 22 个,比例高达 95.7% ,说明近些年图书馆对于数字资源远程访问方面关注度较高,如西安图书馆微信公众平台提供各类电子图书、期刊、视频等资源多达 10 种。交流互动方面,公众号资料明确显示有人工客服的仅有庆阳市图书馆一家,吴忠市图书馆在消息栏有自动回复 24 小时内解答问题,但随后仍无回复;西安图书馆的回复较完备,笔者发送"地址""时间""电话"等消息均有准确回复。基本信息方面,7个图书馆未直接显示本馆基本情况。其他服务方面,兰州市、安康市、吴忠市图书馆都针对近期活动设置了对应菜单栏目,如兰州市图书馆在春节期间设立一级栏目"新春活动",栏目内列出春节期间的活动内容,读者不需翻阅历史消息就可直接点击参与。

2.3 微信传播指数(WCI)指数分析

本文对 2019 年 1 月 1 日至 3 月 31 日三个月的微信公众平台消息进行统计后,可以看出,西北三省市级公共图书馆 WCI 指数普遍较低,传播率不足。WCI 指数 200 以上的图书馆有 6个,其中西安图书馆的 WCI 指数最高,达到 410.75,传播率最高。WCI 指数在 100—200 的图书馆有 11 个,影响力虽不高,但坚持更新,阅读数稳定。2 个图书馆的 WCI 指数低于 100,发文量和阅读量较少。金昌市、定西市、陇南市、延安市、酒泉市和榆林市星元图书楼 6 个图书馆因存在发文量过少、更新间断、从未更新过等问题,无法计算 WCI 指数。

表3 西北三省市级公共图书馆微信公众平台消息情况汇总表

图书馆/公众号名称	发布次数/篇数	总阅读数	头条阅读	平均阅读	总好看数	WCI
西安图书馆	83/341	162951	80336	1922	1733	410.75
张掖市图书馆(张掖阅读)	116/246	35664	30680	608	795	288.86
宝鸡市图书馆	81/321	48065	24223	689	666	280.90
兰州市图书馆	58/109	20752	14313	765	723	246.14
安康市图书馆(书香安康)	50/375	31192	8965	334	886	227.59
铜川图书馆	82/320	23036	12226	287	365	213.27
汉中市图书馆	48/255	13765	6366	215	522	170.52
吴忠市图书馆	27/48	6078	4840	534	37	166.36
银川市图书馆	97/125	8349	7291	269	61	163.74
咸阳图书馆	98/127	9066	7596	335	40	158.06
中卫市图书馆	23/24	4638	4489	674	72	149.31
白银市图书馆	10/10	2624	2594	885	29	145.24
平凉市图书馆	34/105	6545	3823	251	45	139.69
石嘴山市图书馆	19/23	3212	3069	631	110	138.48
渭南市图书馆	24/28	3083	2917	445	43	133.82
嘉峪关市图书馆	16/86	5363	2753	251	89	130.44
天水市图书馆	22/32	3079	2535	388	34	115.94
庆阳市图书馆	17/18	571	560	137	24	54.51
商洛市图书馆	7/7	424	424	224	2	51.06

2.4 阅读推广内容分析

笔者将微信公众平台发布的消息划分为阅读推广类和通知公告类。通知公告类主要包括本馆开闭馆时间调整、工作动态、脱贫攻坚、节日祝福、党建工作等。阅读推广类主要包括图文赏析、百科知识、书刊推荐、音视频推荐、讲座展览、阅读活动6类。图文赏析指美文、图片等欣赏类文章,包括原创或转载的美文、诗词、名家作品摘录等;百科知识指生活常识、地域知识、安全知识、最新资讯、节日来历等;书刊推荐指根据特定情况向读者推荐图书、期刊和报纸,包括本馆拥有的纸质资源和数字资源,还有各类图书排行榜单;音视频推荐包括朗读音频、音乐赏析、视频短片、优秀影视作品等,包括相关的放映通知、活动报道等;讲座展览指图书馆举办的各类专家讲座、视频讲座、线上线下展览等,包括相关通知、介绍等;阅读活动包括图书馆举办的各类竞赛、征文、阅读、手工、亲子、培训等活动的通知、总结等[6]。

在统计的25个图书馆中,定西市图书馆(未发布过信息)、陇南市图书馆(最后发布信息日期为2017年9月30日)、肃州区图书馆(最后发布信息日期为2018年9月28日)三个馆没有统计内容,再剔除图书馆发布的已删除信息,剩余22个馆在2019年1月至2019年3月期间共发布消息1958篇,其中14.4%的内容是通知公告类消息,这部分内容在微信公众平台消息中占据较大比例,阅读数、转载数也较多。剩余85.6%为阅读推广类信息,其中阅读活动占

26.1%、图文赏析占 15.6%、百科知识占 12.6%，这三类成为阅读推广信息中的主要内容。每个图书馆侧重的内容有所不同，如张掖市图书馆坚持每日更新"听书"栏目，向读者分期推荐优秀图书，此栏目信息占据张掖市图书馆发布信息总量的 46%；安康市图书馆将阅读推广活动作为本馆工作的重点，每期都会发送 7 至 8 篇信息，其中包括新书推荐、征文活动、阅读活动、亲子活动、读书会等，"安康人周末读书会""馆员诵读"成为阅读活动的品牌栏目，受关注度较高。

3　存在的问题

3.1　专业性不足

本文在对这 25 所公共图书馆微信公众号进行调查时，发现部分馆设置的菜单栏目链接的是图书馆的网页，而不是专业的微信访问格式，读者若要使用手机查看具体内容，必须将页面进行放大；发送的信息格式较固化，只是简单地将文字罗列，缺少图片、小视频等元素的配合，部分消息还存在乱码的现象。这些非专业性设置不适合特殊群体的访问，也对读者继续使用公众号功能起到阻碍作用。

3.2　互动性欠缺

虽然调查的所有图书馆都开设了微信公众号，但许多图书馆都存在互动性较差，与读者交流反馈不及时的情况。笔者在调查过程中，在信息栏输入"地址"发送给所有图书馆的微信公众号，其中，即时回复准确内容的仅有西安图书馆和渭南图书馆两家；宝鸡市、张掖市、铜川市、汉中市图书馆有即时回复，但内容与提问不符；嘉峪关市、庆阳市、中卫市图书馆在信息发送一天后有回复；其余图书馆均未回复。

3.3　传播度不够

被调查的图书馆中，仅有西安图书馆 WCI 指数较高，阅读量、传播度等方面在全国图书馆中排在前列，在 2018 年阅读行业图书馆类榜单中名列第 35 名[7]，成为西北三省中唯一一个上榜的市级图书馆。其余馆微信公众号传播度较差，部分图书馆的篇均阅读量甚至不足 30。

3.4　吸引力较差

图书馆微信公众平台普遍存在内容不够丰富、发布信息类型单一、没有特色等问题，对于读者的吸引力不足，无法让图书馆从众多微信公众平台中脱颖而出。如 WCI 指数最低的商洛市图书馆，它的推文大多数是关于馆内活动的报道，如设立流通点、开展送春联活动、接受赠书等，这些内容只是让用户了解图书馆干了什么，并不能吸引读者去了解阅读推广相关的活动或服务内容。还有咸阳图书馆发布内容单一，发布的 92 条信息中，有 65 条都是"今日主播"音频推荐，占全部信息的 70.7%，点击量平均每条不足 30 次。

4 提升策略

4.1 丰富阅读推广内容

图书馆微信公众号运营人员应该充分利用微信公众平台优势,将线下阅读推广引入微信公众平台中,丰富线上阅读推广的内涵[8],再通过线上推广的广度,强化线下活动的实施,线上与线下相结合,将阅读推广服务做好。微信公众平台阅读推广内容可以从这几个类型考虑:①激励型。通过给读者赠送礼品、书籍、文创等来激励读者增加阅读活动。如西安图书馆1月阅读量最高的推文是"'在线办证,21天春节阅读计划'留言点赞送好礼,温暖礼品等你来拿!",一方面,吸引读者关注春节阅读活动,另一方面也通过转发、点赞、留言等提升人气,扩展传播范围。②感染型。宣传本地区、本馆获得的荣誉,与当下流量热点相结合,通过转载、创作能够与读者情感产生共鸣的内容。如西安市图书馆点击量排名第4、5的推文分别是"火火火!西安入选最受游客欢迎十大国内旅游城市,连获多项殊荣,刷爆社交媒体""过年为什么要有仪式感? 在西安,你能找到最好的答案!"这两篇推文就抓住了市民对城市的认同感和自豪感,在获得本地区认同感的同时推送相关的旅游、历史等类型书籍就更容易让读者接受。③幽默型。推文的撰写应该与日常公文区别开来,不能按照公文的语气去写,而应该多使用生活化的语言或是流行的网络词语。如西安图书馆发布的推文"寻人启事:'西图锦鲤'你在哪? 前方Kindle等你来领!",结合了时下流行的"锦鲤",同时使用"寻人启事"这类标题,语言幽默,也让人产生点进去的意愿。

4.2 扩展服务目标人群

范并思教授指出,图书馆阅读推广作为一种图书馆服务,有特定的目标人群,包括普通人群和特殊人群。普通人群主要是指具有一定阅读意愿而且具有较好阅读能力的读者;特殊人群是由于各种原因不能正常利用图书馆资源和服务的读者。面向普通人群的阅读推广对个人阅读具有帮助作用,而面向特殊人群的阅读推广则是一种建立、改造、重塑个人阅读行为的服务[9]。调查中的图书馆公众号提供的阅读推广活动大多数都是针对普通读者的,直接面向特殊人群的很少,出现的也主要是针对低龄儿童提供的绘本讲解等活动。对老龄、视障等特殊群体的推广活动极少。因此,图书馆应扩展服务目标人群,加强针对各类型特殊人群的阅读推广活动,使阅读推广真正做到面向全体公民。

4.3 加强业界交流合作

西北地区图书馆开展的活动次数、服务人群等都与东部地区相差较大,很多图书馆在使用微信公众平台时会产生无文可发的感觉。因此,图书馆应该与其他图书馆、学术团体、数据库厂商等加强在阅读推广方面的交流合作,互通有无。①与图书馆合作。陕西省在2010年成立了陕西公共图书馆服务联盟,共有100多家公共图书馆加入,主要任务是以统一的计算机管理系统为平台,组织开展以文献信息资源联合建设、联合开放、联合服务、资源共享为主要内容,最大限度整合全省公共图书馆文献信息资源,提升全省公共图书馆服务能力的服务共同体[10]。依托这一联盟,陕西省的市级图书馆网站统一设计、数字资源共享、展览题材共享、活动内容共享,公众平台的部分推文也是共享的。如西安、宝鸡、汉中、铜川都在元宵节当天发送了同一篇推文"名家笔下的元宵节,感受不同的元宵趣味"。②参与学术团体活动。图书馆应该积极参与中国图书馆学会等专业学术团体组织的全国性活动,这样增加阅读推广活动素材的同时,也保证了活动内容质量。③与数据库厂商合作。96%的图书馆都购买了各种类型的数字资源,图书馆需要加强与这些数据库厂商的交流和合作,要求厂商根据当下热点提供一些优秀推文和资源链接,让这些资源能够真正被读者使用起来。如庆阳市图书馆根据春节期间受大众欢迎的热门影视作品,联合电子书供应商"易读书"发送图书推文"想看'知否'原著吗?2019年开年热剧原著小说都在这里""豆瓣8.4,中国电影第一科幻大片,原著我有!"等,向读者推荐热门图书10余本。

参考文献

[1] 2018微信数据报告[EB/OL].[2019 - 02 - 19]. https://support. weixin. qq. com/cgi-bin/mmsupport-bin/ge-topendays.

[2] 微信公众号12月榜单[EB/OL].[2019 - 02 - 19]. http://www. gsdata. cn/rank/wxrank? type = month&post_time =2019-01-01_2019-01-31.

[3] 周海晨. 基于爬虫与文本挖掘的"985"高校图书馆微信公众号的调研[D]. 合肥:安徽大学,2017.

[4] 边迪,陈群. 基于WCI的高校图书馆微信阅读推广研究——以辽宁省高校图书馆为例[J]. 农业图书情报学刊,2018,30(11):121 - 126.

[5] 马燕刚. 交通类高职院校图书馆微信公众号运营情况调研[J]. 大学图书情报学刊,2018,36(5):92 - 95,100.

[6] 蔡丽萍,孔德超. 基于WCI的省级公共图书馆微信阅读推广研究[J]. 图书馆工作与研究,2016(248): 90 - 95.

[7]《2018年阅读行业"两微一端"运营报告》发布,图书馆类微信公众号排行榜出炉[EB/OL].[2019 - 02 - 19]. https://mp. weixin. qq. com/s/Rtub-lu8fWWUI-grmdT3Qg.

[8] 刘颖. 公共图书馆微信公众平台阅读推广研究——以江苏省市级公共图书馆为例[J]. 2018,48(5): 102 - 107.

[9] 范并思. 阅读推广语图书馆学:基础理论问题分析[J]. 中国图书馆学报,2014,40(213):4 - 13.

[10] 陕西公共图书馆服务联盟简介EB/OL].[2019 - 02 - 19]. http://www. sxplsc. org. cn/lmjj/index. htm.

公共图书馆开展有声阅读推广之探讨

——以宁夏图书馆为例

占红霞　尚硕彤(宁夏回族自治区图书馆)

随着互联网和智能终端的普及,网络电台以及移动听书平台的迅速崛起,此类有声阅读平台极大地丰富了阅读的覆盖面,阅读也因该类平台的崛起而变得触手可及。《朗读者》以及《见字如面》等电视节目刷爆大众的朋友圈,频登新闻热搜榜。此类文化节目以声音、字幕以及画幕为载体,并融入"文化""知识"等元素,释放字句间的想象空间,让听众感同身受,刷新人们对知识输出模式的认识。就像朱自清在听到老舍先生读《剑北篇》和《大地龙蛇》时,赞叹到"听的所得,比看的所得多,而且好"[1]。在人类的阅读史中,虽然阅读形态不断改变,但是听读作为一种通俗的阅读方式,始终贯穿其中。无论是中国的《诗经》,还是古希腊的《伊利亚特》,最初都是通过口耳相传,后来才被文字记录下来。中国的唐诗、宋词以及元曲均与音律、节奏、吟咏等声音元素有关,《三国演义》《水浒传》《西游记》均吸收整理了话本的内容[2]。

阅读可以脱离声音独立存在,但有了声音,阅读才会更加完美,有声阅读是阅读新的增长点。自盲人图书馆的出现,图书馆便开始提供有声阅读服务。1988 年 11 月,上海市盲人有声读物图书馆成立,馆藏有声磁带近20000盒,共 6000 多个品种,分为政治法律、文化教育、音乐、医药卫生、文艺、小说、科技等八大类;1990 年 10 月 15 日,南京图书馆与南京市残疾人联合会创办盲人有声读物图书馆,馆藏有磁带、录像带、唱片、激光唱片、幻灯片、缩微胶卷等多种信息载体;2011 年 1 月 29 日,中国首家"心目图书馆"在京揭牌,该图书馆拥有录音室以及阅览室,供视障读者上网、借阅图书;2012 年 6 月,金陵图书馆和南京广播 FM106.9 联合推出"朗读者"活动,该活动由志愿者朗读并将纸质文档录制转换成声音文档,供视障者和其他有"阅读"需要的人群使用,其"朗读者"盲人剧场获得中国图书馆学会年度全民阅读案例一等奖[3];2014 年,温州市图书馆以"推广阅读,爱上朗诵"的理念成立"阅秀汇朗诵社"公益社团;2017 年,云南图书馆针对中老年读者的有声阅读需求,免费开放视听室供全省中老年读者戴上耳机收听评书、相声、小说、戏曲、老电影、童话故事、养生保健等节目,同时还可以办理租借手续把评书机带回家收听,云南图书馆通过批量采购评书机,最终实现了无障碍阅读[4]。

1 宁夏图书馆开展有声阅读服务情况

1.1 有声读物资源建设

宁夏图书馆截至 2018 年底,馆藏文献 190 万册件,其中有声读物 1852 种,有声资源涵盖英语读物、儿童读物、电子盲文等,形式以音视频、光盘、磁带居多,内容包括历史、军事、文学、社科知识、国学诗词、童话故事等。宁夏图书馆网站的新语听书馆、少儿多媒体图书馆、雅乐经典影院数据库、云图数字有声图书馆、悦听有声数字图书馆等数据库,更是吸引了众多读者进行网上视听及下载。新语听书馆,至今共收录有声书 18 万余集,其中有声作品大多来自经典出版物,内容涵盖广播剧、畅销书、中外名著、国学、历史、军事、悬疑等品类,资源采用真人原声录制,由名家名嘴原声演播,作品现场感强烈,配乐生动流畅,使读者在阅读中体验语言艺术的魅力;少儿多媒体图书馆,面向 0—15 岁少年儿童、老师与家长开展亲子教育、幼儿教育、幼师学习和家长指导等课程,该课程分为五大类,分别为健康、科学、社会、语言和艺术,此类课程在启发孩子的同时,能引导老师和家长科学有效地教育孩子,促使孩子快乐学习、全方位发展;雅乐经典影院数据库,视频资源涵盖科教类、纪录类、体育类、影视类、专业类等最新影视剧,以及海内外电影、电视剧、综艺、动漫等内容,收录全网影视主流内容的 80%,每周同步更新,具有功能强大的多媒体视频点播系统,为读者提供畅快淋漓的视听盛宴。同时,宁夏图书馆在微信公众平台开通共听一本书、新语听书馆、有声读物、宁夏图书馆——云阅读等多个有声阅读资源,读者可以进入页面免费听书。

1.2 有声阅读空间

残障阅览室位于宁夏图书馆一楼,绿色通道保证读者进入图书馆畅通无障碍,阅览室内收藏有各类盲文图书、有声读物,并配有盲人阅读机、读屏软件电脑、一键式智能阅读器、多功能视觉辅助设备、MP3 与耳机等,满足视力障碍读者的阅读需求,视力障碍读者可在残障阅览室"阅读"盲文书籍,并借助读屏软件、智能阅读器等阅读各类书籍,体验、享受信息无障碍的阅读环境。朗读亭,于 2018 年 7 月设在宁夏图书馆二楼显著位置,采用全隔音钢化玻璃的外观设计,木纹地板、高脚座椅再搭配上墨绿色的窗帘,时尚的现代风格给人以舒适的朗读空间。朗读亭集诵、演讲、配音、外语口语练习及录制为一体,可同时容纳两个人体验自助朗读,读者可以将自己的朗读内容上传至微信。朗读亭在满足读者社交分享的需求同时,使读者真正做到享受朗读、快乐阅读。视听室,于 2017 年 4 月开设,配有库客云 CD、库客数字留声机、蓝光播放机以及雅马哈数字 CD 机等影音设备,开设资源检索区、音频播放、视频观影区、互动交流区。库客云 CD 包含有古典经典音乐、浪漫金曲、英语经典、影视音乐、伴我读书、华夏之韵、唐诗宋词、爱上古典等分类,每张 CD 均有专属二维码,读者只要在库客音乐手机客户端中扫描 CD 上的二维码,便可将此唱片收藏,随时收听自己最爱的音乐,不再受时间地点限制。库客数字留声机中囊括了神州民乐、童心童声、殿堂经典、音乐剧场、英语读物以及 39 种英文音乐杂志[5],每个分类包含多张唱片,且配有简明介绍,读者可以根据喜好自由选择欣赏各类作品,视听室自开放以来吸引了大批音乐爱好者前来体验。

1.3 有声阅读服务活动的开展

(1)诵读活动。2017 年初,由宁夏图书馆和宁夏广播电视台交通广播联合举办的"书香宁夏·为爱朗读"阅读推广品牌活动已经成功举办了 23 场活动,参与人数达到 4000 余人,其中年龄最大的 60 多岁,年龄最小的只有 6 岁,80 后占 42%,70 后占 36%;涵盖教师、医生、公务员、销售、个体户等多种职业。活动形式涵盖朗诵会、朗诵专题讲座、朗诵培训、朗诵大赛、朗诵沙龙等,并采取线上宣传和线下活动推广相结合的方式。活动举办期间邀请区内著名的播音员、主持人从最基础的发声的情、声、气,到不同体裁文章的诵读技巧等多方面、多角度,免费为喜欢朗读、朗诵的读者讲解、指导,在提高大家诵读技巧的同时,引领全民阅读、营造书香宁夏的文化氛围[6]。活动开展至今已经录制"名家经典阅读"30 篇,制作完成的大部分有声读物光盘和 MP3,可在宁夏图书馆官方网站、微信公众平台及宁夏交通广播节目中免费下载收听。

(2)绘本故事会。"童阅汇"青少年阅读推广计划是宁夏图书馆和宁夏广播电视台少儿频道、自治区妇女儿童活动中心、金凤区文化体育旅游局和金凤区图书馆联合推出的一项针对学龄前幼儿及青少年的常态性活动,自 2017 年开始,每个月第三周的星期六,在宁夏图书馆一楼报告厅或少儿阅览室,组织古代文化知识接龙、诗歌朗诵比赛、绘本剧表演、青少年讲座、亲子故事会、绘本阅读、科学小课堂等各种有利于少年儿童成长的文化活动。这些活动内容丰富,形式多样,在潜移默化中引导少年儿童塑造健康的人格和良好的阅读习惯,赢得了青少年及家长的喜爱与认可。

(3)不断创新的各类服务活动。"为您读书"服务。由具有朗读基础的馆员为读者录制音频,经过后期制作,无声的文字化作有声的音符,不仅使视障读者,普通读者也能共享阅读之美。"面对面朗读"服务。面对面朗读服务是针对视力障碍人士、老年人等存在阅读障碍人群开展的朗读服务,采取一对一的朗读方式,读者只需提前电话预约,确定朗读内容,工作人员及志愿者会在约定的时间为读者提供面对面朗读服务。"心聆感影"服务。宁夏图书馆不定期地为视障读者提供讲电影服务,由志愿者为视障读者提供细致生动的电影画面讲解,使视障读者用耳朵"看电影"体验多彩视觉艺术的魅力。这些服务赢得了视障读者的信任,社会反响良好。

2 有声阅读服务呈现的问题

2.1 有声读物资源不足

目前,不少公共图书虽然提供有声读物,但这与不断增长的有声读物阅读需求相比稍显滞后,有声读物资源缺口仍然比较大;在公共图书馆数据库中,虽然提供专门的有声读物资源库,但总体而言内容以通俗小说、诗歌、散文、童话、纪实传奇类资源相对居多,有声读物资源种类呈现分布不均的问题;市场上的有声读物缺乏统一的标准,导致有声读物品种和质量良莠不齐,这也是造成有声读物资源利用率低的原因之一。如未来学家约翰·奈斯比特所言:"大量而无序的信息,不但不是资源,而是灾难。"[7]公共图书馆优质的馆藏资源是有声资源开发与服务的基础和保障,馆藏资源质量,直接影响到公共图书馆开展有声服务的质量,如何丰富馆藏资源、优化馆藏结构,保障实体馆藏和有声数字资源协调发展,是公共图书馆亟须解决的问题。

2.2 有声阅读服务的普惠性不足

最初,公共图书馆仅针对视障等特定群体提供有声读物,现今,有声阅读群体日益庞大,已经成为大众阅读的一种重要方式,有声读物的用户群体也不仅限于缺乏文本阅读能力的人,还包括"懒得读书"的人,这些人或许会在开车、乘车、跑步健身时听书,抑或在做家务、带宝宝时听书;对有声读物感兴趣的人群,如网络游戏爱好者、小说忠实读者等,他们也是有声读物的拥护者。作为公益性图书馆应扩大服务范围,促进社会信息公平,保障公众信息权利,针对不同用户群体提供多样化、优质化、全面化的有声阅读服务,引导公众深度、经典、精品阅读,这也是推动全民阅读的新路径。

2.3 有声阅读活动的渗透力不足

一是有声阅读推广工作缺少规划,相比公共图书馆日常的基础业务工作而言,公共图书馆很少安排专职人员从事有声阅读的推广工作,大多数公共图书馆缺乏相对完善的中长期宣传计划,在宣传与推广工作中,没有做到有效的点与面见的结合,工作规划缺乏持续性与预见性,最终导致难以形成品牌效应。二是开展有声阅读活动形式单一,缺乏创新性。目前,公共图书馆开展的有声阅读推广活动,大都是延续以往的活动惯例,如朗读、朗诵大赛、录制有声读物等,乏善可陈,读者面对内涵单调雷同的活动,兴趣自然大大降低;有些与企业合作的有声阅读活动,往往是"醉翁之意不在酒",以阅读推广之名,宣传企业的产品,让人稍有反感;有些有声阅读推广活动涵盖的内容、形式虽然获得了不同层面的拓展,但只是小范围的传播,虽非敝帚自珍,但深化阅读的效果却不明显。长此以往,公共图书馆的有声阅读活动将因读者参与性、互动性不强,背离活动设置的初衷,给读者留下墨守成规的印象。如何深化有声阅读服务,都有待深入探索。

3 公共图书馆开展有声阅读服务的策略

3.1 优化馆藏资源结构

第一,合理配置购书经费,购置有声阅读资源。近年来,纸质资源价格逐年增高,而公共图书馆购书经费有限,在这种情况下,公共图书馆应适当地加大有声读物的购买量,在有限的资金内科学地开展有声资源的建设。公共图书馆可关注专业阅读网站,参考畅销书、精品书、热销书等排行榜,分析大众的阅读取向,科学制订有声阅读资源采购计划。数字资源选择上要去芜存精,本着宁缺毋滥原则,及时做好有声资源库的维护与更新工作,从而提高有声资源质量。第二,充分发挥馆藏优势,调动一切力量建设有声资源库。首先,成立有声资源建设项目组。公共图书馆可在充分调研与论证的基础上,学习中国语言资源有声数据库建设思路,深入挖掘馆藏特色资源并撰写脚本,设立录播室或有声资源制作中心,录制诸如地方史话、地方沿革、民间文化艺术等主题的音视频。一方面是将珍贵善本、特色资源化身千百便于传播,以免失传之忧;另一方面这也属于图书馆开发的数字文化创意产品。其次,制定统一的标准。由公共图书馆联合高校图书馆和科学专业图书馆,制定有声读物资源行业的建设标准,从有声资源、建设标准、标引格式和数据库平台的选择入手,确保有声读物建设质量。此外,还要切实做好中长期的有声资源建设规划。有声读物是基于数字音频格式处理和制作的数字化产品,版权只能依附于传统的纸质图书,对于版权保护期内作品,公共图书馆应积极寻求版权方的授权,已经溢出版权保护期的经典作品应优先进行加工录播[8]。第三,公共图书馆可依托区域图书馆联盟,与各市、县、乡以及社区图书馆共建共享有声资源网络,实现图书馆有声数字资源的互补,从而达到馆藏实体资源和有声数字资源协调发展,推动公共文化服务均等化的深入发展。

3.2 采取多元的有声阅读推广策略

(1)有声阅读分龄化。有声阅读推广是基于读者细分而开展相应的有声阅读推广活动,以聚合不同受众群体。针对各年龄特点和阅读需求,在阅读平台和推广活动中应区别对待,提供相对独立的阅读空间,营造出适合年龄特点的个性阅读氛围,并开展相应的有声阅读推广活动,如低幼儿童文本阅读能力较弱,但是有着浓烈好奇心与求知欲,可结合听书机、儿童早教机等,在娱乐中提高他们的阅读兴趣;年龄稍大一点的青少年已经具备一定的阅读和理解能力,资源推送应全面地符合其个性化需求与知识背景,如采用三维立体有声阅读,青少年穿上数据衣服、戴上头盔式显示器、数据手套,就能在虚拟的阅读世界里进行实时观察、交互、参与、漫游,以立体直观的方式获得知识;成年人阅读内容涉及面广,对新事物新知识有很好的接受能力,可以根据其读者阅读需求,为其提供订制有声读物资源服务;而对于老年人,其接受有声读物的能力相对较弱,可将传统的阅读与有声阅读相结合,为其提供有指导性的阅读活动。

(2)有声阅读常态化推送。常态化的推送机制,不仅提高了公共图书馆的使用率,还可以增加公共图书馆的"曝光率"。公共图书馆可以在其官方网站、微信、微博和微电台等新媒体平台,每天固定的时间,发布好书推荐、经典读物、有声读物资讯等,并保持每日推送的连续性,增强图书馆在读者心中的存在感,使阅读成为人们生活中不可或缺的元素。例如,国家图书馆推出的"文津经典诵读"APP 每天为读者朗读格言与古诗词,并配有馆藏链接,在倡导阅读的同时也促进了馆藏资源的推广[9]。

（3）线上＋线下一体化服务。公共图书馆可以将线下实体馆藏与线上虚拟资源相结合，并广泛开展线上线下联动服务，最终达到拓展潜在用户族群的目的。首先，在公共图书馆官方网站、微信、微博、微电台等平台开辟听书社区、微信群等，聚集喜欢听书的读者实时在群里互动，分享读书心得，使得读者的凝聚力增强，鼓励读者积极参与有声阅读的推广。例如，金陵图书馆的"朗读金陵"微信电台，自开播以来就收到大量用户的好评[10]。其次，建立有声资源分值评价机制，将有声资源的评价权交给读者，增强公共图书馆与读者的黏合度，吸纳更多具有"听读"需求的潜在受众参与到有声阅读互动中来[11]。再者，建立分享机制提高公共图书馆的关注度，读者将公共图书馆新媒体平台推送的有声资源分享到自己的社交平台上，可以得到虚拟币奖励，再通过读者自己的社交平台进行二次传播，以此类推。

（4）有声阅读品牌化建设。品牌化建设是有声阅读资源推广工作的着力点。美国音频出版商协会（APA）有声读物设立"奥迪奖"；德国专门设立"WDR 德国有声读物年度奖项"，这些奖项源源不断地为无形的有声读物品牌建设注入生机。图书馆作为公益性服务机构，不仅具有丰富的文献资源，更是一个具有无限价值的文化品牌。公共图书馆可以首先寻求地方相关政府机构的支持，设立一些朗读奖项、优秀有声读物评选等，广泛征集活动方案，同时邀请国内知名剧作家、主持人等各界名人担任嘉宾，依靠明星效应，提升评选活动的影响力，提高图书馆的品牌形象以及知名度。

3.3　加强各方合作，实现跨界推广

公共图书馆应该充分利用媒体、企业、教育机构、社区、出版机构、公益组织等社会力量，在有声阅读资源建设、活动开展、宣传推广、志愿服务等方面开展一系列合作，将有效提升公共图书馆有声阅读服务水平。我国相当一部分传统音像出版企业拥有长期积累的内容资源，公共图书馆与出版机构、杂志社等媒体合作，将纸质内容转化为有声资源，此举不仅可以推进出版行业的转型升级，并且可以为新兴有声阅读产品和文化产业样态提供平台，最终实现出版资源与文化的有机结合[12]。与电视台和广播电台合作，邀请电视台和电台主持人录制音频和视频，推出诸如"天天悦读汇""子午书简""悦读时光""鹏易讲故事"等图书推荐类电视、电台节目，大众在上下班途中、旅行时、健身时、临睡前等自由时间"阅读"图书。与朗诵协会、语言艺术协会等机构合作，定制朗诵作品；与学校、幼儿园等教育机构合作，制作绘本系列音视频；与博物馆合作，制作展品系列音视频；与档案馆合作，制作档案背后的故事系列音频；等等。公共图书馆可将这些音视频投放到其官方网站、微信、微博、微电台等平台中，提供给有此类需求的用户收听。同时，公共图书馆应与志愿者协会等社会公益组织合作，共同开展诸如有声读物录制、面对面朗读、阅读交流会、真人图书馆等覆盖面广、细致化、多元化的服务项目。公共图书馆与社会各界多方合作、共建共享，将有效地实现社会资源整合，从而推动和促进图书馆朝着健康化方向发展。

声音作为具有伴随属性的媒介使得阅读无处不在，互联网和移动通信技术的更新与升级为有声阅读提供了广阔的发展前景。"听读"自古以来就属于阅读的一种形式，公共图书馆在加强数字资源建设的同时，也应注重有声读物资源的建设，使其广泛运用于全民阅读的推广中。

参考文献

[1] 朱自清.朱自清中国文学批评研究讲义[M].刘晶雯,整理.天津:天津古籍出版社,2004.

[2] 张鹏,王铮."听书"形态的起源、发展与趋势——兼论图书馆面对新型音频资源的应对策略[J].图书馆理论与实践,2016(3):8-12.

[3] 金陵图书馆"朗读者"盲人剧场荣获2016年全民阅读案例一等奖[EB/OL].[2016-09-30].http://www.jllib.org.cn/dtzx/hdzx/201609/t20160930_15794.html.

[4] 书香中国听书馆携手图书馆探索有声读物借阅新模式[EB/OL].[2017-03-31].http://www.jslib.org.cn.

[5] 尚硕彤,蒋若晴.基于我国移动有声App平台发展视角的公共图书馆有声阅读服务现状与分析——以宁夏地区公共图书馆为例[J].图书馆理论与实践,2018(12):71-75

[6] "书香宁夏 为爱朗读"阅读推广品牌活动成果展示圆满落幕[EB/OL].[2019-01-04].http://www.nxlib.cn/info/71422.jspx.

[7] 奈斯比特.大趋势——改变我们生活的十个新方向[M].梅艳,译.北京:中国社会科学出版社,1984.

[8] 王德银,李明.图书馆有声读物资源建设及其推广[J].晋图学刊,2016(5):7-10,24.

[9] 文津经典诵读[EB/OL].[2015-11-20].http://www.nlc.gov.cn/wjjdsd/.

[10] 金陵图书馆"朗读金陵"微信电台倾情上线,超时空图书馆广受青睐[EB/OL].[2015-12-06].http://www.jllib.cn/dtbd/hdbd/201410/t20141014_6185.html.

[11] 李晓宁.公共图书馆有声读物服务现状与对策研究[J].图书馆学研究,2019(1):68-71

[12] 刘艳.开辟阅读蓝海:"听"经济时代下公共图书馆阅读推广策略研究[J].图书馆建设,2017(11):90.

关于公共图书馆集群化开展文创开发工作实践的思考

——以全国图书馆文创联盟为例

马 骥 杨 峥 杨 静(金陵图书馆)

2013年中共中央政治局第十二次集体会议上习近平总书记提出:"要让收藏在博物馆里的文物、陈列在广阔大地上的遗产、书写在古籍里的文字活起来。"并在之后多次被提及。2016年5月11日,国务院出台了《国务院办公厅转发文化部等部门关于推动文化文物单位文化创意产品开发若干意见的通知》(国办发〔2016〕36号,简称《意见》)[1],正式拉开了文化文物单位开发文化创意产品的帷幕。

1 公共图书馆开展文创工作的意义

《意见》中提到:"文化文物单位主要包括各级各类博物馆、美术馆、图书馆、文化馆、群众艺术馆、纪念馆、非物质文化遗产保护中心及其他文博单位等掌握各种形式文化资源的单位。"图书馆作为公益文化服务机构,应当利用好自身资源,通过萃取、提炼以及艺术加工等现代方式寻找传播中华优秀传统文化的载体,活化馆藏资源的精华,体现时代特征,反映当下社会生活。

《意见》明确提出:"允许试点单位通过知识产权作价入股等方式投资设立企业,从事文化创意产品开发经营。"早在20世纪80年代中期,受市场经济大潮的影响,图书馆曾经历过"以文补文、以文养文"的阶段,图书馆设立企业,俗称"第三产业",实行有偿服务,通过"三产"创收弥补行政事业经费不足。而国务院推动文化创意产品开发,明确了作为事业单位的图书馆也要积极参与其中,文化创意产品开发主体从由企业开发变为文化文物单位与企业共同开发。但这并不是要求图书馆重新设立"三产"去追求经济效益,而是强调图书馆从事文化创意开发始终要把社会效益放在首位,实现社会效益和经济效益相统一。

2 公共图书馆成立文创联盟的背景及意义

2.1 联盟成立背景

2016 年,文化部、国家文物局确定包括国家图书馆、故宫博物院、金陵图书馆等 154 家文博文化单位为全国文化创意产品开发试点单位,其中包括 37 家(32 家省级图书馆、5 家市级图书馆)图书馆。与博物馆相比,图书馆文创开发事业起步较晚,各馆资源相对单一,文创开发经验不足。为了弥补单体图书馆在政策、方法、资源、经营等各方面的不足,也为了共同推动图书馆界文创事业的进一步开展和深入,由文化部(现文化和旅游部)推动指导,国家图书馆牵头,37 家全国文创试点单位为发起馆,在 2017 年 9 月成立了全国公共图书馆文创联盟。

2.2 联盟性质及构成

文创联盟是由文化部(现文化和旅游部)推动并指导,由全国图书馆等自愿参加组成的非营利性行业联盟。有意向通过联盟形式开展文化创意产品开发的公共图书馆、高校图书馆及行业类图书馆,有意向与图书馆开展文创开发合作的企事业单位,以全国文创试点图书馆中自愿参加文创联盟的图书馆作为发起馆组建联盟。联盟成员享受联盟的各项权利和义务,充分发挥平台优势,整合联盟资源,提升图书馆文化创意产品开发的综合竞争力[2]。

2.3 联盟准入制度

申请单位应先向联盟秘书处提出加入联盟的申请;联盟秘书处在对申请单位进行资格审定后提交联盟发起馆工作会议批准;经批准后,申请单位方可正式加入文创联盟,享受相关权利与义务。

2.4 联盟成立的意义

与博物馆相比,图书馆的馆藏资源以图书为主,读者客群相对固定,文化创意开发工作仍处于萌芽状态,单个图书馆从事文创开发无论是在政策上、经费上、影响上以及专业性上都有着诸多不确定的因素。通过成立文创联盟,图书馆界形成了文创工作的集群组织。借鉴"共享经济""互联网"等先进理念,以弘扬中华优秀传统文化为目的,指导各成员通过文创研发、营销渠道、人才培养等资源的共建共享,提高图书馆文创研发整体水平;统一引入市场合作,参与市场竞争,培育行业共有品牌;实现图书馆文创产品文化价值与实用价值的有效统一,满足广大人民群日益增长、不断升级和个性化的物质和精神文化需求。

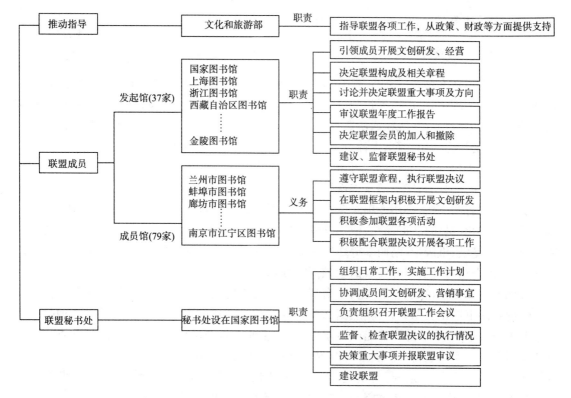

图1　文创联盟组织架构及职责

3　在联盟框架下成员文创运营模式

3.1　注册企业,实体经营

图书馆基于馆藏资源的历史价值、文学价值及现实意义开发文创产品,依赖于对馆藏的深度了解,仅依靠第三方授权开发很难体现出馆藏资源的文化内涵[3]。在政府的主导与推动下,图书馆利用原有馆属企业或新注册企业的方式,从事文创设计开发以及文创产品的展示与销售。图书馆通过自主运营,将文创开发推向市场,通过市场检验社会价值与经济价值。联盟内现有国家图书馆、金陵图书馆等为数不多的图书馆采用此种方式。

国家图书馆早年以馆藏古籍复仿品、出版物等形式为主开发文创产品,2014年国家典籍博物馆开馆后,把甲骨、金石拓片、敦煌遗书、善本古籍、舆图、民族文学古籍、名家手稿等共同类型的藏品都纳入到文创产品开发体系中[4],并进行了创造性转化。近年来取得了良好的社会效益与经济效益。

金陵图书馆隶属于南京市文化和旅游局。作为副省级城市图书馆,金陵图书馆于2016年底申报成为国家级文创试点单位,南京市文化和旅游局给予发展及支持政策,并拨付专项资金。金陵图书馆多次派人奔赴国家图书馆调研学习,在国图对产品的元素使用、创意设计、知识产权、市场运维等多方面、多维度的理论指导与经验传授下,金陵图书馆注册企业,通过馆员兼职和社会招聘相结合的方式组建团队进行馆藏资源的梳理及文创产品的设计开发,并依托馆内实体和渠道定制的方式进行展销,传播地方文化。近两年来,在全国图书馆业界以及当地引发了一定的社会反响。

3.2 馆藏授权,委托研发

部分图书馆在文创开发上有专项经费,但受限于政策、制度,无论是企业运营还是自主设计开发都无法实现文创开发,通过与联盟成员合作,就可以通过馆藏授权的方式,委托进行文创研发。委托方将不存在版权或所有权争议的本馆特色馆藏元素整理后交至受托方或上传到指定平台,由受托方组织文献、设计、市场等方面专家对元素进行评估、设计并打样,产品最终形态由委托方审核,审核通过后方可进入正式生产,委托研发细则参照相关协议。产品的知识产权由委托方与受托方共享,涉及二次授权等行为由双方协商解决。

例如甘肃省图书馆,利用专项经费委托国家图书馆根据该馆典藏古籍、名人书画,通过馆藏资源的图像化、具体化、产品化,成功开发"悠然自得"烫金工艺笔记本、"蝶恋花"系列软精装笔记本、信笺纸、纸胶带、晴雨伞等数十个品种的文创精品。此种方式充分利用了联盟的优势,解决了图书馆有经费但开发难的瓶颈,各取所需。

又如南京图书馆馆藏资源丰富,与南京大丰堂文化传媒有限公司合作共建南图文创艺术中心。南京图书馆馆史悠久,文化底蕴深厚。双方通过共建的形式,由图书馆提供空间场地,由企业进行文创产品设计开发、店面运营,并通过企业进行市场结算,收入根据双方协议可用于产品再开发和实体运营等。通过对馆内部分空间运营权置换的方式与社会力量合作,既规避了体制上无法注册企业进行自主经营的掣肘,又充分利用了企业的经营优势,不仅节约本馆资金及人员成本,也完成了馆藏资源的文创衍生,此种模式值得借鉴和参考。

3.3 其他方式

多数联盟成员在政策、经费、人员、馆藏等方面有着诸多的困难与限制,但力响应国家号召,或为完成图书馆评估定级中对文创产品开发的要求等角度,除了利用上述两种方式外,部分图书馆通过引进地域特有文化衍生品或联盟其他成员的文创产品等方法丰富自身,因无企业参与,无法开具经营发票,仅进行展示,不对外销售。此种聊胜于无的方法也是当前多家图书馆在现有条件下的一种选择。

4 以联盟形势提升文创工作的途径

4.1 专题培训,业务交流

自 2017 年 9 月文创联盟成立后,联盟通过开班授课、现场教学、经验分享的方式分别于2017 年 9 月、2017 年 12 月、2018 年 4 月、2018 年 8 月、2019 年 1 月开展了 5 次文创专题培训。内容涉及政策解读、文博单位优秀案例的剖析、文创从业人员的现身说法等。通过多种形式的专题培训,让联盟从事文创工作的人员能够吃透国家政策、借鉴先进经验、熟悉市场运营模式,进而结合本单位实际情况有的放矢地规划与开展文创工作。

4.2 馆企对接,资金扶持

单体图书馆的资源及影响有限,联盟通过联合的方式,集合各家图书馆的特色资源优势与社会资本合作。近年来,联盟先后与上海自贸区管委会、阿里巴巴等机构签订战略合作协议,建设全国图书馆文创在线授权一体化平台,打造运营"全国图书馆文创联盟"天猫旗舰店。

资金扶持是文创这一新兴行业不可或缺的重要一环。按照国务院要求,财政部于 2008 年设立专项资金用以支持文化产业发展,截至 2015 年已累计安排 242 亿元支持文化项目 4100 多个,有力地推动了文化体制改革和文化产业的发展[5]。在联盟的推荐下,有 4 家图书馆获得 2018 年度"百馆百企对接计划"的扶持资金。通过馆企对接及专项资金的扶持,各馆深入挖掘特色馆藏资源,积极创新探索体制机制与开发模式,在文旅融合发展的新局面下,不断推动文化产业供给侧的改革实践。

4.3 品牌推广,集中宣传

联盟通过会议的形式制定图书馆文创整体推广规划与实施方案,向联盟成员征集各馆开发的文创产品及定制方案,借助中图学会、博博会、文交会、授权展等平台,积极推动图书馆文创产品走出去。既在业界对文创工作持怀疑态度的同仁进行示范引领,也为业内的先行者们提供了交流展示的平台,打造了图书馆共有文创品牌。

4.4 外出调研,人才培养

为了拓展图书馆从业人员对文创开发的概念与思路,联盟在 2018 年 4 月组织部分成员馆的文创负责人奔赴国内文创前沿阵地考察学习。调研团先后赴南京、上海、杭州、深圳等地的文博机构、特色文创区域及相关文创优秀企业进行交流学习考察对象。许多单位利用南方经济区域的资源优势,在兼顾社会效益与经济效益的同时,实现了"文化文物活起来,文化文物带回家"的创意理念。调研对象涵盖事业单位、国企、私企等不同性质的机构,文创开发的具体做法以及经验思路为图书馆提供了参考依据和可借鉴的模型,开阔图书馆文创工作人员的眼界与开发思路。

5 联盟成立前后图书馆界开展文创工作情况对比

5.1 成立前

早在 20 世纪 90 年代初期,国家图书馆就开办国图书店,在馆配、数据加工等方面开展企业运营。2014 年,国图书店的业务向开发文创产品过渡,逐渐形成了一系列的文创产品;2016 年,在淘宝上开办"国图旺店",销售实体文创产品。2016 年南京图书馆成立"惠风书堂",结合"你选书,我买单"服务,设计开发了文创衍生品。同年,金陵图书馆以图书馆建筑等元素委托第三方设计开发了部分宣传品,如签字笔、鼠标垫等。确切地说,在 2017 年之前,除了国家图书馆以外,文化创意产品开发工作在全国图书馆界仍属新鲜事物。

5.2 成立后

2017 年 9 月,联盟由 37 家文博文化单位发起组建。一年多的时间,近 30 家图书馆文创工作经历了从无到有的过程,其中 20 家图书馆建立了专职文创机构或文创企业,10 余家图书馆先后开设文创展销区。截至 2019 年 1 月,联盟新加入成员单位 80 余家,顺利完成"百馆"计划。在政府的大力推动下,图书馆界无论在文创工作的开展力度上,还是联盟成员的规模上都有新的提升和突破。

6 公共图书馆集群开展文创工作的建议

文化创意产品开发工作对图书馆馆藏等优质资源的开发和利用,对传承中华优秀文化,引导广大读者进一步了解和喜爱上图书馆,以及促进图书馆内部激励机制的建设等诸多方面都有着重要的意义和非凡的价值。联盟成员因为所处地域、行政级别等的区别,在各方面都应差异化发展,笔者认为联盟在号召成员推进文创工作的同时需注意以下几点问题。

6.1 政策不同应差异发展

联盟现有成员117家,各馆所在地区的经济、文化等方面发展不均衡是不争的事实,更何况在文创这一新兴事业中,各地政策的差异甚大。据笔者了解,北京、上海、天津、重庆、南京、成都等城市在2016—2018年间先后颁布文创试点政策,但"上热下冷",一些地方执行的力度不够,在财政、人事及工商注册等方面,大多没有细致的配套政策,造成了许多基层单位实际运作举步维艰。联盟应保持与文化和旅游部等政府部门的紧密联系,使联盟成员及时获取资讯,在政策、制度不同的成员之间推动差异化发展,切勿搞成一场运动。

6.2 知识产权归属应权责明确

联盟成员通过相互委托研发合作,或将馆藏资源上传至一体化平台,资源素材的上传、使用以及商业中使用的署名、标志、图文包括外观设计等需由联盟或双方通过合同、协议等做出商业承诺以及通过平台技术手段进行相互约束。对于图书馆来说,在产品开发之前只拥有馆藏资源,而馆藏资源一旦形成智力成果,那么如何对馆藏资源进行价值认定,如何防止馆藏资源的无形资产价值流失,如何保护著作权及防范盗版等,也是联盟在开展文创工作前要解决的问题[6]。

6.3 统筹协调避免同质化发展

相较于博物馆、美术馆,图书馆馆藏资源单一,以纸质藏品为主,这也导致图书馆界开发的文创产品多为书签、笔记本、帆布袋等文具衍生品,各家图书馆差异化与个性化不明显,同质化严重,缺乏对社会公众的吸引力。联盟应发挥统筹指导的作用,激发成员深度挖掘馆藏特色与地域特色元素,创意的元素不应局限于书本,还可以考虑书中的内容。同时,图书馆在讲座、展览等文化活动上有着深厚的积累,广义的文化创意除了实体产品外也应在文化服务与活动中寻找切入点,以联盟的号召力引导社会力量参与到图书馆资源创意开发,让从业人员"脑洞大开",不断完善联盟文创产品开发生态体系。

2018年3月,文化和旅游部正式挂牌,文化和旅游的紧密融合极大地拓展了多元文化与多样创意表现的范围。图书馆界应发挥文创联盟的集群效应,正确理解"推动文化文物单位文化创意产品开发"工作,依托联盟这一全国性的平台,对馆藏及地域特色进行创造性转化和创新型发展,在文旅融合的新形势下处理好守与变的关系,这也是文化创造力激发的需要和时代发展个性追求的需要,更是服务读者大众的现实需要。

参考文献

[1] 国务院办公厅.国务院办公厅转发文化部等部门关于推动文化文物单位文化创意产品开发若干意见的通

知[EB/OL].[2016 - 05 - 16]. http://www.gov.cn/zhengce/content/2016-05/16/content_507372htm.

[2] 李丹.全国图书馆文化创意产品开发联盟成立[EB/OL].[2017 - 09 - 12]. http://news.sina.com.cn/c/2017-09-12/doc-ifyktzim9886992.shtml.

[3] 莫晓霞.图书馆文化创意产品开发探讨[J].图书馆建设,2016(10):98 - 101.

[4] 周渊.国家图书馆从馆藏典籍中汲取文创产品研发灵感[EB/OL].[2016 - 07 - 10]. http://www.wen-wuchina.com/article/201627/273256.html.

[5] 财政部办公厅关于申报2016年度文化产业发展专项资金的通知[EB/OL].[2016 - 11 - 23]. http://www.ce.cn/culture/zck/zcbm/czb/201607/22/t20160722_14072571.shtml.

[6] 田利.关于图书馆开展文创工作的理性思考[J].图书馆工作与研究,2017(2):9 - 13.

城镇化视角下的我国公共图书馆发展水平评价研究

刘巧婷(泉州经贸学院图书馆)　　傅文奇(福建师范大学社会历史学院)

公共图书馆作为社会公共文化服务体系的重要组成部分,在传播知识信息、活跃文化生活、开展社会教育等方面承担着重要的社会服务功能,在保障公民权利、维护信息公平、推动和谐发展等方面起着重要的社会保障作用[1-2]。由于我国幅员辽阔,各地区社会经济和文化教育发展很不均衡,导致各地公共图书馆的资金投入和发展水平存在较大差异,不同省份公共图书馆发展不均衡的问题较为突出。通过构建科学评价指标体系对我国各省公共图书馆发展现状进行评价,对其区域差异进行比较研究,并探究其产生原因和存在问题,有助于发挥各省区优势和弥补薄弱环节,促进省际公共图书馆资源均衡配置和区域间协调发展,并可为政府制定公共图书馆发展规划提供参考。

从国内外研究情况来看,已有许多学者涉及对公共图书馆发展、绩效、资源、服务等方面的评价和研究,其中国外学者结合他国国情在评价范畴、标准、方法等方面较早地开展了相关研究[3-5]。其中比较典型的如美国公共图书馆等级评价排名(HAPLR)系统和美国星级图书馆评价系统(LJ指数),这两大评价系统的指标设置简单直观,受到国内图书馆界的高度关注,但是比较适用于发达地区[6]。国内许多学者采用了不同评价方法对我国公共图书馆发展现状或服务水平进行实证研究,例如主成分分析法、因子分析法、美国公共图书馆等级评价法、相对差距综合指数法、灰色关联综合评价分析法、熵权TOPSIS法、偏最小二乘结构方程法、泰尔指数法、投影寻踪模型法等[7-15],部分学者同时对我国公共图书馆发展的区域差异和空间格局进行了定量研究[14-15]。由于国内对公共图书馆发展水平的评价主要基于统计年鉴数据,因此评价指标体系构建大同小异,研究的差别主要体现在评价方法上,总的来看研究角度比较单一,鲜有立足于我国国情发展的现实视角和基于社会经济环境的系统研究。2017年开展的第六次全国公共图书馆评估,其指标框架分为服务效能、业务建设和保障条件三个部分,评估指标比较详尽和全面、注重公共服务和创新导向、强化保障和信息时代特征,同时鉴于区域经济发展差距,划分为东、中、西部三套不同的评估标准。第六次全国公共图书馆评估具有很强的指导性和导向性,其指标繁多不易操作但值得借鉴参考,评估进行了区域划分有待进一步细

333

化,并结合地区社会经济发展水平进行深入研究[16]。

由于我国城乡社会经济发展以及城乡居民文化教育水平的差距较大,加之公共图书馆机构基本布局在各级行政中心所在城市或城镇,公共图书馆实际受益主体和服务对象基本上是面向城镇居民。因此,以城镇居民人数为基数来衡量我国公共图书馆人均发展水平更加合乎我国国情和现有城镇化进程。我国公共图书馆机构的设置大体与各地行政区划相匹配,各省区公共图书馆机构数相对固定,但由于所处城市级别、人口经济密度等的差异,不同区域公共图书馆的建设规模差距较大。鉴于公共图书馆具有文化服务的共享性,在一定程度上存在规模效益的特点,尤其是省级和地市级公共图书馆的集聚服务功能更加明显。因此,有必要从馆均发展水平的角度来衡量我国公共图书馆发展水平,更加科学地反映公共图书馆的公益性和共享性特点。由此基于城镇化的人均效益与集聚规模视角,笔者试图从城镇人口人均发展水平和图书馆机构馆均发展水平两个角度进行综合评价,依据评价结果对我国公共图书馆发展水平的区域差异、空间分异、相对优劣势以及省际差异的城镇化影响因素进行定量分析,以期直观地呈现我国公共图书馆发展不均衡的现状和存在的主要问题,并据此提出一些对策和建议。

1 公共图书馆发展水平评价指标体系的构建

公共图书馆发展水平评价指标体系的构建,须从公共图书馆的发展需求和服务水平出发,结合我国公共图书馆的发展现状和运作规律,尽可能全面涵盖公共图书馆的主要特性和关联因素。笔者在借鉴已有研究成果的基础上,参考《中国文化文物统计年鉴》可提供的统计数据,考虑指标体系的系统性、全面性、代表性和可获得性等原则,从基础设施、馆藏资源、人才配备、资源利用、公众受益、财政支出等6个方面,每个准则层选取3项衡量指标共计18项指标。基于城镇化视角,从城镇人口人均发展水平和图书馆机构馆均发展水平两个角度分别建立评价指标,构建我国公共图书馆发展水平评价指标体系(见表1)。

表1 公共图书馆发展水平评价指标体系

目标层	准则层	人均发展水平评价指标层	馆均发展水平评价指标层
公共图书馆发展水平评价	基础设施	人均实际使用公用房屋建筑面积	馆均实际使用公用房屋建筑面积
		人均阅览室座席个数	馆均阅览室座席个数
		人均供读者使用电子阅览室终端个数	馆均供读者使用电子阅览室终端个数
	馆藏资源	人均总藏量册数	馆均总藏量册数
		人均开架书刊册数	馆均开架书刊册数
	人才配备	人均书架单层总长度	馆均书架单层总长度
		人均从业人员人数	馆均从业人员人数
		人均专业技术人才人数	馆均专业技术人才人数
		人均中高级职称人数	馆均中高级职称人数

目标层	准则层	人均发展水平评价指标层	馆均发展水平评价指标层
	资源利用	人均有效借书证书个数	馆均有效借书证书个数
		人均总流通人次	馆均总流通人次
		人均书刊文献外借册次	馆均书刊文献外借册次
	公众受益	人均各类讲座参加人次	馆均各类讲座参加人次
		人均各类展览参加人次	馆均各类展览参加人次
		人均培训班培训人次	馆均培训班培训人次
	财政支出	人均年度财政补贴拨款金额	馆均年度财政补贴拨款金额
		人均年度支出合计金额	馆均年度支出合计金额
		人均新增藏量与数字资源购置费	馆均新增藏量与数字资源购置费

2 公共图书馆发展水平评价方法

2.1 数据来源与处理

数据来源于《中国文化文物统计年鉴2016》和《中国统计年鉴2016》,以列入统计的2015年我国31个省区公共图书馆18项指标统计数据为样本[17-18]。基于省域城镇人口数和图书馆机构数,分别计算各省区18项指标的人均指标值和馆均指标值。由于所有指标数值与公共图书馆发展水平呈正向关系,采用极差法对各人均指标和馆均指标数据进行无量纲化处理,为了使指标数据更为直观简洁,将变换后的数据扩大10倍,使所有指标数据值介于0至10之间。

2.2 评价方法

为了便于对公共图书馆的人均发展水平和馆均发展水平进行比较分析,对公共图书馆发展水平评价指标体系分2个层级,采用算术平均法逐级向上加和平均,即各准则层对应的评价指标权重为1/3,评价目标各准则层的权重为1/6,由此计算得到的人均发展水平和馆均发展水平评价得分及其各准则层得分均介于0至10之间。

借鉴经济学的规模效益原理,对于公共图书馆发展水平的综合测度,人均效益与馆均规模两个维度都类似具有倍增乘积效应,因此采用乘积法计算各省区公共图书馆发展水平综合评价得分,即人均发展水平评价得分和馆均发展水平评价得分两者的乘积。乘积法同样适用于公共图书馆各准则层的综合评价,计算得到的各省区公共图书馆发展水平综合评价得分和各准则层综合评价得分均介于0至100之间。

3 实证研究

3.1 公共图书馆发展水平评价结果

我国31个省区公共图书馆发展水平评价得分及排名见表2。从综合评价结果来看,东部地区整体发展水平处在全国前列,上海、浙江、北京、广东、天津、江苏等6个省区以及西部地区的宁夏,公共图书馆发展水平明显高于其他省区,综合评价得分高于全国平均值5.65。其次是西部地区的重庆、中部地区的吉林与湖北、东部地区的辽宁与福建,其公共图书馆发展水平处于全国中上游水平。除此之外,东部地区的山东、海南、河北以及中西部地区的大部分省区公共图书馆发展水平处于全国中下游水平,其发展潜力有待进一步挖掘。安徽、贵州、河南、河北、西藏的综合评价得分排在全国后5位,其公共图书馆发展水平与全国其他省区存在较大差距。总体上看,我国公共图书馆人均发展水平省际差异相对较小,馆均发展水平省际差异相对较大。

表2　公共图书馆发展水平评价得分及排名

地区	人均评价得分	排名	馆均评价得分	排名	综合评价得分	排名	所属地区
上海	5.17	3	9.53	1	49.30	1	东部
浙江	5.42	2	4.75	3	25.74	2	东部
北京	2.11	16	5.24	2	11.08	3	东部
广东	2.39	13	3.98	4	9.49	4	东部
天津	2.61	11	3.22	6	8.41	5	东部
江苏	2.37	14	3.37	5	7.97	6	东部
宁夏	4.72	4	1.66	12	7.85	7	西部
重庆	1.83	19	2.95	7	5.39	8	西部
吉林	2.67	10	1.75	10	4.69	9	中部
辽宁	2.51	12	1.62	13	4.08	10	东部
福建	2.00	17	1.74	11	3.48	11	东部
湖北	1.79	20	1.85	9	3.31	12	中部
内蒙古	2.98	7	1.03	24	3.07	13	西部
广西	2.22	15	1.38	15	3.07	14	西部
云南	2.88	9	1.07	23	3.07	15	西部
新疆	3.13	6	0.90	26	2.80	16	西部
甘肃	2.91	8	0.82	29	2.39	17	西部
四川	1.88	18	1.19	19	2.23	18	西部
山东	1.12	28	1.90	8	2.13	19	东部
海南	1.41	25	1.41	14	1.99	20	东部
湖南	1.39	26	1.38	16	1.91	21	中部
黑龙江	1.47	23	1.16	21	1.70	22	中部
陕西	1.57	21	1.07	22	1.69	23	西部
江西	1.30	27	1.16	20	1.51	24	中部
青海	3.25	5	0.46	30	1.49	25	西部
山西	1.57	22	0.94	25	1.46	26	中部
安徽	1.06	29	1.32	17	1.40	27	中部
贵州	1.43	24	0.85	27	1.22	28	西部
河南	0.64	30	1.25	18	0.80	29	中部

地区	人均评价得分	排名	馆均评价得分	排名	综合评价得分	排名	所属地区
河北	0.51	31	0.85	28	0.43	30	东部
西藏	5.84	1	0.00	31	0.01	31	西部

3.2 公共图书馆发展水平的空间分异

依据公共图书馆人均发展水平和馆均发展水平评价得分,将排名前16位的省区定义为高水平区(H),排名后15位的省区定义为低水平区(L),从服务效益与规模集聚的角度进行组合分类,将我国31个省区分为高效高聚型(HH)、低效高聚型(LH)、高效低聚型(HL)、低效低聚型(LL)等四种发展类型(见表3)。HH型共10个省区,其中东部7个、中部1个、西部2个,综合评价得分排名均在全国前14位以内,其馆均评价得分和综合评价平均得分远高于其他类型区。LH型共6个省区,其中东部3个、中部1个、西部2个,综合评价得分排名处于全国中上游水平,其综合评价平均得分高于HL型。HL型共6个省区,全部地处西部地区,综合评价得分排名处于全国中下游水平。LL型共9个省区,其中东部1个、中部5个、西部3个,综合评价得分排名均在全国后14位以内,其综合评价平均得分在4个类型中最低。

从省均城镇人口数和省均城镇人口比重来看,其排名顺序都是HH>LH>LL>HL,而公共图书馆的馆均评价和综合评价平均得分排名顺序都是HH>LH>HL>LL。究其原因,HL型的6个省区为我国西部偏远省区,其省均城镇人口数仅为1032万人,而其他3种类型区均为2800多万人,因而公共图书馆人均评价评价得分反而高于其他3种类型区。可见,从人口城镇化和公共图书馆服务对象的角度,有助于发现和解释区域公共图书馆发展水平的差异原因。

表3 公共图书馆发展水平评价分类

类型区	地区	东部地区数量	中部地区数量	西部地区数量	人均评价平均得分	馆均评价平均得分	综合评价平均得分	省均城镇人口(万人)	省均城镇人口比重(%)
HH	上海、浙江、北京、广东、天津、江苏、宁夏、吉林、辽宁、广西	7	1	2	3.22	3.65	13.17	2878	68.27
LH	重庆、福建、湖北、山东、海南、湖南	3	2	1	1.59	1.87	3.03	2856	57.23
HL	内蒙古、云南、新疆、甘肃、青海、西藏			6	3.50	0.71	2.14	1032	45.37
LL	四川、黑龙江、陕西、江西、山西、安徽、贵州、河南、河北	1	5	3	1.27	1.09	1.38	2823	50.86

东部地区除河北以外,主要为HH类型(7个省区),其次是LH类型(3个省区);中部地区除吉林、湖北、湖南以外,其余5个省区均为LL类型;西部地区的12个省区相对分化,主要为

HL 类型(6个省区),其次是 LL 类型(3个省区)。可见,我国31个省区公共图书馆发展水平评价类型在空间分布上,存在明显的地域分异格局,东部与中、西部地区的公共图书馆发展水平空间差异比较明显。

3.3 公共图书馆发展水平的差异分析

从上述四种类型区的公共图书馆发展水平各准则层综合评价平均得分来看,公共图书馆各方面发展水平也存在明显差异(表4)。HH 类型区公共图书馆在各方面的发展水平都优于其他类型区,尤其是在馆藏资源、资源利用、财政支出等方面具有绝对优势,除基础设施以外的其他方面平均得分均大于10分,今后可进一步加强基础设施方面的建设。LH 类型区公共图书馆仅在公共受益方面平均得分大于10分,今后重点应在人才配备、资源利用、财政支出等薄弱方面加强建设。HL 类型区和 LL 类型区公共图书馆各方面发展水平明显较低且很不均衡,其中 HL 类型区在基础设施、人才配备方面平均得分相对较高,今后应在馆藏资源、资源利用、财政支出等方面加强建设;LL 类型区除公众受益方面平均得分相对较高,其他方面的发展建设亟待加强。从全国平均水平来看,基础设施、资源利用、财政支出等方面平均得分比较低,是我国公共图书馆建设需要努力提升的主要方向。

表4 公共图书馆综合发展水平准则层评价平均得分差异

平均得分	基础设施	馆藏资源	人才配备	资源利用	公众受益	财政支出
HH	6.96	17.19	15.63	13.56	18.37	11.63
LH	3.10	3.18	2.39	1.19	10.51	0.86
HL	3.61	1.43	7.21	0.15	3.69	0.58
LL	1.95	1.51	2.44	0.30	4.05	0.18
全国	4.11	6.87	7.61	4.72	9.85	4.08

3.4 公共图书馆发展水平的城镇化因素分析

为了分析影响我国各省区公共图书馆发展水平的外部相关因素,采用线性相关系数 r 测定所选影响因素指标与公共图书馆发展水平评价得分之间的相关程度。线性相关系数 r 值介于 -1 至 1 之间,其绝对值大小反映了两个变量间相关性强弱,通常当 $0.5 \leqslant |r| < 0.8$ 时为中度相关,$|r| \geqslant 0.8$ 时为高度相关[19]。由于我国公共图书馆发展主要依靠地方政府财政投入,因此公共图书馆的发展水平与当地社会经济发展水平息息相关。笔者选取了人口密度、城镇人口比重、人均 GDP、城镇居民消费水平等代表性指标,采用线性相关系数 r 测定我国31个省区公共图书馆发展水平评价得分与上述影响因素指标之间的相关程度(见表5)。

表5 公共图书馆发展水平影响因素相关系数表

线性相关系数 r	人口密度	城镇人口比重	人均 GDP	城镇居民消费水平
人均评价得分	0.22	0.10	0.26	0.33
馆均评价得分	0.91	0.82	0.79	0.92
综合评价得分	0.84	0.65	0.64	0.79

由于我国公共图书馆人均发展水平省际差异相对较小,人均发展水平评价得分与四个影响因素指标之间的相关程度不明显($r < 0.5$)。公共图书馆馆均发展水平评价得分与人口密度、城镇人口比重、城镇居民消费水平均呈高度正相关($r > 0.8$),而与人均GDP均呈中度正相关。公共图书馆综合发展水平评价得分与人口密度呈高度正相关($r > 0.8$),而与城镇人口比重、人均GDP、城镇居民消费水平均呈中度正相关。可见,我国公共图书馆馆均发展水平及综合发展水平与区域人口分布及经济状况密切相关。人口越密集、城镇居民消费水平越高的省区,公共图书馆综合发展水平明显越高;城镇化水平越高、经济越发达的省区,公共图书馆综合发展水平一般越高。

针对我国公共图书馆发展现状和服务特点,笔者从基础设施、馆藏资源、人才配备、资源利用、公众受益、财政支出等6个方面构建公共图书馆发展水平评价指标体系,基于城镇化视角下的城镇人口人均发展水平和图书馆机构馆均发展水平两个角度,采用算术平均法和乘积法对我国31个省区公共图书馆发展水平进行评价分析,客观地揭示了我国公共图书馆发展水平的区域差异程度和空间分异格局。主要得出以下研究结论:首先,我国公共图书馆人均发展水平省际差异相对较小,馆均发展水平省际差异相对较大。其次,综合评价结果表明我国东部地区公共图书馆整体发展水平处在全国领先地位,中、西部地区的大部分省区公共图书馆发展水平处于全国中下游水平。再次,依据评价结果可将我国公共图书馆划分为HH、LH、HL、LL四种发展类型,在空间分布上存在明显的地域分异格局,从人口城镇化和公共图书馆服务对象的角度,有助于发现和解释区域公共图书馆发展水平的差异原因。此外,通过对四种发展类型的准则层评价结果比较分析,揭示了各类型区公共图书馆发展的相对优劣势。

通过对影响公共图书馆发展水平的城镇化因素进行线性相关分析,比较一致地反映了我国公共图书馆馆均发展水平及综合发展水平与区域人口分布、城镇化水平、经济状况等城镇化因素密切相关。因此,公共图书馆的规划建设和发展繁荣应立足于当地及周边区域的社会经济现实状况和发展阶段,力求与当地社会经济发展和人民群众需求相协调一致。针对我国省域公共图书馆地区发展不平衡、资源服务不均衡的现状及其区域分异特征,各级政府应加强对公共图书馆发展的科学规划和统筹管理,适时调整相关财政投入方向和地区倾斜政策,积极创造公平合理的公共图书馆发展环境,推进各地区公共图书馆资源服务的共享和流动,促进各省区公共图书馆事业与当地社会经济和城镇化的协调发展,不断缩小我国公共图书馆发展水平的省际差异。HH类型区尤其是上海、浙江、北京、广东、天津、江苏等省区要加快公共图书馆管理制度和服务方式的创新,提高其规模集聚与辐射共享能力,带动周边省区乃至全国的公共图书馆事业发展。其他地区公共图书馆发展水平相对落后,应在基础设施、馆藏资源、资源利用等方面加大财政投入,借鉴东部发达地区的公共图书馆建设管理经验,结合区域发展特色和公众需求,探索利用网络化、数字化等交流共享机制,拓展图书馆资源利用渠道,提高图书馆公众服务水平。LH类型区公共图书馆应增强资源、人才、信息等方面建设,力争达到与区域城镇化水平相匹配的公共图书馆人均发展水平。HL和LL类型区公共图书馆馆均发展水平较低,可通过重点建设省区级和地市级公共图书馆作为集聚中心,提升中心公共图书馆的馆均发展规模和吸引服务能力,以辐射带动本地区各公共图书馆的同步发展。

本研究仅对我国公共图书馆发展水平进行了初步评价和横向差异比较研究,对形成其区域差异的诸多内在原因和影响因素,有待今后进一步深入探讨。对于公共图书馆信息化、数字化、智能化等方面的建设和服务,今后需要将更多相关指标纳入到评价体系当中,获得更为完善、合乎发展趋势的评价结果。此外,由于区域城镇化和公共图书馆建设都是一个动态发展的过程,今后可采用时间系列数据对其进行纵向测度和跟踪研究,从而更为科学而有效地指导我国公共图书馆的规划建设和可持续发展。

参考文献

[1] 吴慰慈.公共图书馆在构建和谐社会中的作用[J].图书馆,2006(1):1-2,10.

[2] 刘巧婷.基于熵值法的公共图书馆发展评价及灰色关联分析——以厦门市为例[J].河北科技图苑,2015(6):22-25.

[3] LANCASTER F W. If you want to evaluate your library[M]. London:Library Association Publishing,1993.

[4] LYNCH B P,YANG W. Evaluation of public libraries:The 2001 IFLA standards and the 2003 standards for provincial libraries in china[J]. Libri,2004(3):179-189.

[5] JOWKAR T,VARA N,ZERAATKA N. Where we stand:evaluation of public libraries in fars province of Iran[J]. Libri,2014(1):28-39.

[6] 李丹.美国两类主要公共图书馆等级评价活动研究[J].中国图书馆学报,2018(2):97-112.

[7] 郑京华.我国公共图书馆发展的区域差异分析[J].图书馆杂志,2006(5):36-40,43.

[8] 牛勇平,王立成.基于因子分析的公共图书馆地区差异评价[J].图书馆建设,2011(8):6-9.

[9] 吴正荆,孙颀,吕少妮.美国公共图书馆评价方法在我国区域图书馆评价中的应用[J].中国图书馆学报,2013(4):74-82.

[10] 吴正荆,孙成江,袁艺.基于信息公平的东中西部公共图书馆公平服务评价研究[J].图书情报工作,2014(2):27-31.

[11] 廉超,何小贞.我国各地区公共图书馆服务水平的灰色关联评价[J].图书馆学研究,2014(8):67-71,66.

[12] 王佩.我国公共图书馆服务能力区域差异研究[J].图书馆理论与实践,2015(6):79-82.

[13] 程慧平,万莉,张熠.基于偏最小二乘结构方程的我国区域公共图书馆发展水平研究[J].图书情报工作,2015(12):19-23.

[14] 胡羿.我国公共图书馆服务均等化测度及空间格局分析[J].图书情报工作,2015(7):83-90.

[15] 曾群,王麟麟,曹梦凡.基于投影寻踪模型的省域公共图书馆发展水平空间分异研究[J].图书馆建设,2017(1):33-39.

[16] 柯平,宫平.全国公共图书馆第六次评估的意义和特点[J].图书馆建设,2016(12):4-7,14.

[17] 中华人民共和国文化部.中国文化文物统计年鉴2016[M].北京:国家图书馆出版社,2016.

[18] 中华人民共和国国家统计局.中国统计年鉴2016[M].北京:中国统计出版社,2016.

[19] 徐建华.现代地理学中的数学方法[M].北京:高等教育出版社,2002.

高校图书馆资源利用大数据统计分析方法及技术实现

——以中南大学图书馆为例

熊拥军　崔　永(中南大学图书馆)

高校图书馆读者入馆、借阅、数字资源的检索与下载等利用情况的统计分析结果,可为图书馆的管理与服务提供量化依据和决策支持。近年来,许多高校图书馆一般在每年年初发布本馆的资源利用报告,其一经发布就在读者中引起了强烈的反响,激发了读者利用图书馆的兴趣,同时也反映了图书馆在管理与服务中所做出的成绩和存在的问题。高校图书馆对这项工作都非常重视。

高校图书馆在制作和发布图书馆资源利用报告的过程中,主要存在以下问题:①依靠人工与传统数据库技术来统计分析,工作量大,参与人员较多,大规模数据统计执行速度慢,制作周期长;②数据问题影响统计分析准确性,由于数据来源于业务系统,面向业务的数据是最新状态,而面向分析的数据是行为的当时状态,如读者转院系专业、图书的馆藏地调换、操作者校区变化等都会影响到行为属性的变化,而影响分析结果的准确性。③利用报告的统计分析范围有限,局限于资源利用报告篇幅大小,只是图书馆资源利用总体情况的统计分析,受益面不广,并未深入形成面向院系、专业、班级或个人的图书馆资源利用报告,时间上也只是按年出利用报告,并未考虑月度、季度和学期的情况。

针对图书馆资源利用统计分析工作的重要性和实践中存在的问题,中南大学图书馆从2018 年开始着手图书馆资源利用数据的日常自动采集工作,并基于大数据技术来实现图书馆资源利用数据的实时统计分析和发布。

1　图书馆资源利用数据统计分析技术要点

在数据方面,图书馆资源利用数据按其物理特征可分为:空间资源利用数据,如读者入馆、座位利用、研讨空间利用等数据;纸质文献利用数据,如借、续、还等行为数据;数字资源利用数据,如读者对数字资源的检索、阅读和下载等行为数据。这些数据,由于其是面向业务管理的数据,如何从分析的角度对资源利用数据进行组织和规范,是统计分析工作前期技术要点之一。

在图书馆资源利用数据的分析模式上,不同类型的资源利用行为有不同的分析模式,不同的用户对象其分析需求又不一样。因此,图书馆资源利用分析模式如何分类,每项分析模式如何描述,也是统计分析工作技术要点之一。

在技术方面,面对海量的资源利用行为数据,统计分析采用传统的数据库技术已不再适用。因此,图书馆资源利用数据的统计分析采用大数据技术,把利用行为数据从业务系统自动采集到本地仓储中,进行规范化处理后,索引到大数据管理系统,实现海量行为数据多维度的实时统计分析。在大数据平台下,不但能快速地收集、规范与索引利用行为大数据,并能在预定义的分析模式下快速生成统计分析结果。

2　面向分析的图书馆资源利用大数据组织方法

面向分析的数据也称为分析型数据,其目的是使用户能够从多种维度、多个侧面、多种数据综合度查看数据,从而了解数据背后蕴含的规律。因而,分析型数据应尽可能多包含可以统计或计量的字段,并对其进行规范化处理,使其完整、正确和一致,以使统计分析结果可靠。

高校图书馆读者对资源的利用数据包括了读者、资源和利用三方面的数据,其实体为读者和资源,实体的关系为利用与被利用,如图 1 所示。

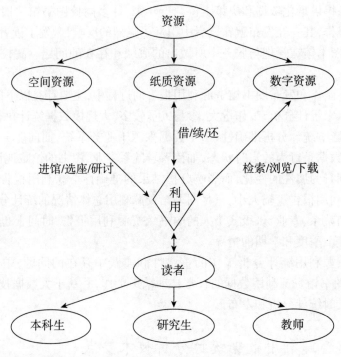

图1　图书馆资源利用数据关系图

根据实体对象和关系对象的不同,可分析数据的维度包括了读者维度、资源维度和利用维度三类。一方面不同类型的读者或资源的可分析维度有共性也存在差异;另一方面,读者对不同类型资源的利用方式不一样,利用关系的可分析维度同样也存在共性和差异,如读者对纸质资源的利用为借、续和还行为,而对数字资源的利用为检索、浏览和下载行为。

对利用数据组织实际上就是对读者和资源及其利用关系所包含的可分析维度的属性和功能进行定义。

(1)读者数据可分析维度

高校图书馆读者的类型主要为本科生、硕士研究生、博士研究生和教师。读者的主要可分析维度如下表所示,当然可以根据需要扩展其维度,表中定义了各维度的名称、属性值规范和分析功能。

表1　读者数据可分析维度

序号	维度名称	维度值规范	分析功能
1	姓名	姓 + 名	分析不同姓氏读者的资源利用特征
2	民族	民族名称	分析各民族,尤其是少数民族读者利用图书馆资源情况
3	国别	国家名称	高校留学生数量不断增长,分析留学生利用图书馆资源情况
4	类型	读者分类名称	分析不同类型读者利用图书馆资源情况
5	院系	院系名称	分析不同院系读者利用图书馆资源情况
6	专业	专业名称	分析不同专业读者利用图书馆资源情况,主要面向本科生和研究生
7	班级	班级名称	分析不同班级读者利用图书馆资源情况,主要面向学生类型读者

序号	维度名称	维度值规范	分析功能
8	年级	入学年份	分析不同年级读者利用图书馆资源情况,主要面向学生类型读者
9	出生日期	出生日期	分析不同年龄读者利用图书馆资源情况
10	性别	性别名称	分析不同性别读者利用图书馆资源情况
11	学历	学历名称	分析不同学历读者利用图书馆资源情况,主要面对教师类型读者
12	职称	职称名称	分析不同职称读者利用图书馆资源情况,主要面对教师类型读者

(2)资源数据可分析维度

资源数据有空间资源、纸质资源和数字资源三类。空间资源如自习座位、研讨间、体验区等;纸质资源如纸本图书、期刊、报纸和学位论文等;数字资源同样也包括了图书、期刊论文、学位论文、音视频等。下面以纸本图书为例,其可分析维度如表2所示,也可根据分析需求对其分析维度进行扩展。

表2　纸本图书数据的可分析维度

序号	维度名称	维度值规范	分析功能
1	书目记录号	图书种标识	按种进行统计汇总
2	条码号	图书册标识	按册进行统计汇总
3	入藏时间	日期类型	按入藏时间统计分析图书数量,以及借续还情况
4	馆藏地点	馆藏地名称	分析不同馆藏地图书数量,以及读者利用情况
5	文献来源	来源名称	分析不同来源的图书及其利用情况
6	图书册价格	价格数值	对图书价格统计汇总
7	语种	语种名称	分析不同语种的图书及其利用情况
8	作者	作者名称	分析不同作者的图书及其利用情况
9	出版社	出版社名称	分析不同出版社的图书及其利用情况
10	出版时间	出版年	分析不同出版时间的图书及其利用情况
11	分类号	图书分类号名称	分析不同学科的图书及其利用情况

(3)利用行为数据可分析维度

对不同类型的图书馆资源,其利用方式不一样,其可分析维度也不同。如对图书馆空间资源,其利用行为如进馆、选座、研讨等;对纸质资源,其利用行为有借阅、续借、还回、预约等;对数字资源,其利用行为有检索、浏览和下载等。下面以纸本图书的利用行为为例,其可分析维度如表3所示。

表3　纸本图书利用行为可分析维度

序号	维度名称	维度值规范	分析功能
1	借记录号	数字唯一标识	对借阅量统计汇总
2	借时间	借阅时间	分析各时间范围的图书或读者的借阅情况
3	借操作者	借操作者名称	分析各操作者的借阅情况

序号	维度名称	维度值规范	分析功能
4	借所在地点(或校区)	借地点名称	分析各地点图书的借阅情况
5	续借记录号	数字唯一标识	对续借量统计汇总
6	续借时间	续借时间	分析各时间图书或读者的续借情况
7	续借操作者	续借操作者名称	分析各操作者的续借情况
8	续借所在地点(或校区)	续借地点名称	分析各地点图书的续借情况
9	还记录号	数字唯一标识	对还书量统计汇总
10	还书时间	还书时间	分析各时间图书或读者的还回情况
11	还操作者	还操作者名称	分析各操作者的还书情况
12	还书所在地点(或校区)	还书地点名称	分析各地点图书的还回情况
13	预约记录号	数字唯一标识	对预约量统计汇总
14	预约时间	预约时间	分析各时间图书或读者的预约情况
15	预约操作者	预约操作者名称	分析各操作者的预约情况
16	预约地点	预约地点名称	分析各地点图书的预约情况

3 图书馆资源利用数据统计分析模式

资源、读者和利用关系都包括了众多的可分析维度,资源和读者通过利用关系关联在一起,因此,这种数据组织模式,可以从多个视角对数据进行统计分析和挖掘。面对资源利用行为大数据,要分析什么,如何分析,往往感觉有很多需要分析的功能,但又无法全面考虑到,这就需明确统计分析功能的分类体系及具体分析模式的描述方法。

3.1 统计分析模式的分类体系

在分类体系上,可以从分析类别、适应层次、维度层次和资源类型来对其进行分类。

(1)在分析类别上,资源利用统计分析功能可分为事实类、统计类、排行类、分析类和预测类。

事实类为具体某个时间范围,某个院系、专业、个人的历史行为数据,也称为溯源数据,便于分析读者不同时间段的行为轨迹。

统计类是根据一定条件范围的数据,按资源、读者和行为等维度进行数量上的统计汇总,是事实行为数据进一步的汇总,如年度各学科图书借阅量统计。

排行类是对一定条件范围内的数据,对资源或读者的访问行为频次进行排行,其是基于事实数据在统计基础上进行的操作,如图书借阅排行、读者入馆次数排行等。

分析类和预测类属于更高层次的行为分析,往往需要借助于分析模型和分析挖掘技术,从数据中洞察出读者利用资源的行为特征或规律。如学生学业绩效和图书馆资源利用相关性、相似访问读者群、馆藏图书配置优化分析、资源个性化推荐等。

(2)在适应层次上,资源利用统计分析功能可分为面向图书馆、面向院系单位、面向专业、面向班级和面向读者个人,以适应不同用户群体的分析需求。

面向图书馆是指统计分析功能适应于图书馆馆员了解本馆资源利用情况,评估图书馆资源在高校教学与科研中所发挥的作用,为图书馆资源的管理与服提供决策支持。

面向院系是指统计分析功能适应于院系单位,所分析的事实行为数据集也是院系范围,反映出院系读者对图书馆资源的利用情况。

同样面向专业或班级的分析,反映出特定专业或班级的读者利用图书馆资源的情况。面向个人的分析,反映出读者个人利用图书馆资源情况。以更好地激发读者或读者群体更为科学合理地利用好图书馆资源。

(3)在维度层次上,根据参与分析的维度个数,可分为一维、二维和多维。一维只是对某一个分析维度进行统计,如各类型读者借书数量、各年级读者借书数量等;二维则是从两个维度上进行统计分析的二维表,如各学科图书按月借阅统计、各学院读者借阅量按类型统计等;多维则是三个或三个以上维度参与统计分析,一般很少用。

(4)从资源类型上,将图书馆资源划分为空间资源、纸质资源和数字资源。空间资源如读者入馆、自修室和研讨间利用等;纸质资源如对图书、期刊等资源的借阅行为;数字资源为对各种数字资源的检索、浏览和下载行为。

3.2　统计分析模式的描述方法

图书馆资源利用数据的统计分析模式,是对一定范围的数据基于相关维度统计分析出特定结果的数据集并展示出来。每一项统计分析模式可以用元素定义方法来描述,即统计分析模式有哪些方面的属性应该被定义,其定义方法及所包含的元素如表4所示。

表4　资源利用统计分析模式元素定义项目

元素名称	说明
分析名称	分析模式的中文名称
适应层次	定义分析模式适应层次分类,如:个人、院系、专业、图书馆
分析类别	定义分析模式所属类别,如:事实类、统计类、排行类、分析类和预测类
维度层次	定义分析模式的维度层次,如:一维、多维
分析维度	指定参与统计分析的维度名称
分析指标	定义统计分析的指标参数,如数量、占比、价格等
分析范围	定义参与数据分析的范围或选择条件,如: 借阅时间 = 年度范围 院系单位 = ALL,或指定学院 专业 = ALL,或指定专业 班级 = ALL,或指定班级 年级 = ALL,或指定年级 读者类型 = ALL,或指定读者类型 性别 = ALL,或指定性别
展示形式	定义统计分析结果的展现形式,如表格,图形等
表格格式	定义表格行列所包含的信息及排序

例如,2018年各学科图书的利用统计的分析模式定义如表5所示。

表5　资源利用统计分析模式元素定义示例

分析名称	2018 年各学科图书的利用统计
适应层次	图书馆
分析类别	统计类
维度层次	一维
分析维度	中图法学科大类
分析指标	馆藏图书种数、馆藏图书册数、借阅种数、借阅册数、种利用率、册利用率
分析范围	借阅时间 = 2018
展示形式	表格
表格格式	行:学科分类名称 列:分析指标 排序:分类号

展示示例

学科分类	馆藏种数	馆藏册数	利用种数	种利用率	利用册数	册利用率
A 马克思主义,列宁主义,毛泽东思想,邓小平理论	3389	13277	500	14.75%	1527	11.50%
B 哲学,宗教	18289	70507	4550	24.88%	12242	17.36%
C 社会科学总论	8131	37381	2271	27.93%	6875	18.39%
D 政治,法律	19394	77253	3668	18.91%	8028	10.39%
E 军事	2157	8667	309	14.33%	611	7.05%
F 经济	36337	143477	7333	20.18%	16782	11.70%
G 文化,科学,教育,体育	14551	57264	2552	17.54%	5724	10.00%
H 语言,文学	19665	89338	5483	27.88%	15520	17.37%
I 文学	55479	230408	15649	28.21%	72922	31.65%
J 艺术	8890	33892	3015	33.91%	7280	21.42%
K 历史,地理	23116	92695	3522	15.24%	8759	9.45%
N 自然科学总论	2549	13728	339	13.30%	838	6.10%
O 数理科学和化学	19943	90376	8253	41.38%	34218	37.86%
P 元文学,地球科学	7434	27327	1222	16.44%	2759	10.10%
Q 生物科学	4806	17155	899	18.71%	2037	11.87%
R 医药,卫生	56628	229734	5007	8.84%	8595	3.74%
S 农业科学	1323	3041	45	3.40%	71	2.33%
T 工业技术	93851	396696	30801	32.82%	94085	23.72%
U 交通运输	6705	24703	2109	31.45%	4965	20.10%
V 航空,航天	1772	5494	341	19.24%	746	13.58%
X 环境科学、安全科学	3876	13904	875	22.57%	1681	12.09%
Z 综合性图书	4870	28922	206	4.23%	422	1.46%
其他	340824	1431385	6671	1.96%	11540	0.81%
合计	753979	3136714	105620	14.01%	318227	10.15%

依据图书馆资源利用统计分析模式的分类体系和描述方法定义,本研究以入馆行为数据和借阅行为数据为例,定义了面向图书馆的分析功能 39 项,面向院系的分析功能 30 项,面向个人的分析功能 37 项(如表 6 到表 11 所示),对每项统计分析模式的分类、功能名称、分析维度、分析指标和分析数据范围进行了描述,分析模式可根据实际需求进行扩展。

表 6 面向图书馆的入馆统计分析分析功能分类

适应层次	维度及类型	统计分析功能名称	分析维度	统计指标	选择条件
图书馆	入馆事实数据	入馆明细数据			时间范围、入馆校区、学号、读者类型、院系、专业、班级、年级
	入馆一维分析	各类型读者入馆	类型	人次、占比	时间范围、入馆校区、院系
		各年度读者入馆	年度	人次、日均	年度范围、入馆校区、读者类型、院系、专业、班级、年级
		各月份读者入馆	月度	人次、占比	时间范围、入馆校区、读者类型、院系、专业、班级、年级
		各小时读者入馆	小时	人次、占比	时间范围、入馆校区、读者类型、院系、专业、班级、年级
		各校区读者入馆	校区	人次、占比、日均	时间范围、读者类型、院系、专业、班级、年级
		各年级读者入馆	年级	人次、占比	时间范围、入馆校区、读者类型,院系、专业
		各专业读者入馆	专业	人次	时间范围、入馆校区、读者类型、院系、年级
	入馆多维分析	各校区一年度读者入馆	校区、年度	人次	年度范围、读者类型、院系、专业、班级、年级
		各学院一年度读者入馆	学院、年度	人次	年度范围、入馆校区、读者类型、专业、班级、年级
		各学院一月份读者入馆	学院、月份	人次	年度范围、入馆校区、读者类型、专业、班级、年级
		各学院一年级读者入馆	学院、年级	人次	时间范围、入馆校区、读者类型、专业、班级
		各学院一类型读者入馆	学院、读者类型	人次	时间范围、入馆校区
		各年度一类型读者入馆	年度、读者类型	人次	年度范围、入馆校区、院系、专业
		各年级一类型读者入馆	年级、读者类型	人次	时间范围、入馆校区、院系、专业

续表

适应层次	维度及类型	统计分析功能名称	分析维度	统计指标	选择条件
	入馆读者排行	读者入馆次数排行	读者	人次	时间范围、入馆校区、读者类型、院系、专业、班级、年级
		学院入馆人次排行	学院	人次、占比、学生人数、人均次数	时间范围、入馆校区、读者类型、年级
		专业入馆人次排行	专业	人次、专业人数、生均	时间范围、入馆校区、读者类型、院系、年级
		班级入馆人次排行	班级	人次、班级人数、生均	时间范围、入馆校区、读者类型、院系、专业、年级

表7 面向院系的入馆统计分析功能分类

适应层次	维度及类型	统计分析功能名称	分析维度	统计指标	选择条件
院系单位	入馆事实数据	学院入馆明细数据			时间范围、入馆校区、学号、读者类型、院系（默认院系）、专业、班级、年级
	入馆一维分析	各年度读者入馆	年度	人次	年度范围、入馆校区、读者类型、院系（默认院系）、专业、班级、年级
		各月份读者入馆	月份	人次、占比	时间范围、入馆校区、读者类型、院系（默认院系）、专业、班级、年级
		各小时读者入馆	小时	人次、占比	时间范围、入馆校区、读者类型、院系、专业、班级、年级
		各校区读者入馆	校区	人次、占比	时间范围、读者类型、院系（默认院系）、专业、班级、年级
		各年级读者入馆	年级	人次	时间范围、读者类型、院系（默认院系）、专业
		各类型读者入馆	读者类型	人次、占比、生均	时间范围、入馆校区、院系（默认院系）
		各专业读者入馆	专业	人次	时间范围、入馆校区、读者类型、院系（默认院系）、年级
	入馆多维分析	按年度—类型读者入馆	年度、读者类型	人次	时间范围、入馆校区、院系（默认院系）、专业
		按年级—类型读者入馆	年级、读者类型	人次	时间范围、入馆校区、院系（默认院系）、专业

适应层次	维度及类型	统计分析功能名称	分析维度	统计指标	选择条件
		按专业—年级读者入馆	专业、年级	人次	时间范围、入馆校区、读者类型、院系（默认院系）
		按月份—类型读者入馆	月份、读者类型	人次	时间范围、入馆校区、院系（默认院系）、专业
		按小时—类型读者入馆	小时、读者类型	人次	时间范围、入馆校区、读者类型、院系（默认院系）、专业、班级、年级
	入馆读者排行	读者入馆次数排行	读者	人次	时间范围、入馆校区、读者类型、院系（默认院系）、专业、班级、年级
		专业入馆人次排行	专业	人次	时间范围、入馆校区、读者类型、院系（默认院系）、年级
		班级入馆人次排行	班级	人次	时间范围、入馆校区、读者类型、院系（默认院系）、专业、年级

表8 面向个人的入馆统计分析功能分类

适应层次	维度及类型	统计分析功能名称	分析维度	统计指标	选择条件
	入馆事实数据	个人入馆明细数据			时间范围、入馆校区
	入馆一维分析	各年度读者入馆	年度	人次、占比	无
		各月份读者入馆	月份	人次、占比	时间范围
		各年月读者入馆	年月	人次、占比	时间范围
		各校区读者入馆	校区	人次、占比	时间范围
读者个人	入馆读者排行	全校读者入馆排行	读者	人次	时间范围
		全校本类型读者排行	读者	人次	时间范围
		全校本年级读者排行	读者	人次	时间范围
		本学院读者入馆排行	读者	人次	时间范围
		本专业读者入馆排行	读者	人次	时间范围
		本班级读者入馆排行	读者	人次	时间范围

续表

适应层次	维度及类型	统计分析功能名称	分析维度	统计指标	选择条件
		本类型读者入馆排行	读者	人次	时间范围
		本类型本专业入馆排行	读者	人次	时间范围
		本类型和年级入馆排行	读者	人次	时间范围
		本类型本年级本专业排行	读者	人次	时间范围

表9 面向图书馆的图书借阅统计分析功能分类

适应层次	维度及类型	统计分析功能名称	分析维度	统计指标	选择条件
图书馆	事实数据	图书借还明细数据			时间范围、院系、专业、班级、读者证号、图书记录号、图书条码号、图书分类号、馆藏校区、借校区、还校区
		馆藏图书明细数据			入藏时间范围、图书记录号、图书条码号、图书分类号、馆藏校区、书名、作者、出版社、出版年
	图书统计分析	馆藏图书学科分布	学科(A—Z)	种、册、金额、占比	入藏时间范围、三线库类型、语种类型、出版年
		各校区—语种类型图书总量统计	校区、语种类型	种、册、金额、合计	入藏时间范围、三线库类型、图书学科大类
	借阅统计分析	各年度图书借还量对比	年度	借次数、续次数、还次数、总量	年度范围、操作校区、操作设备、图书馆藏校区、三线库类型、语种类型、图书学科大类、读者类型、院系单位
		各校区图书借还量统计	借续还类型、分馆	借次数、续次数、还次数、合计、日均	时间范围、操作设备、图书馆藏校区、三线库类型、语种类型、图书学科大类、读者类型、院系单位
		各分馆自助与人工借还统计	分馆、操作类型	借阅次数=借+续	时间范围、图书馆藏校区、三线库类型、语种类型、图书学科大类、读者类型、院系单位
		各校区馆藏地借阅统计	校区、典藏库	馆藏册数、借阅册数	时间范围、语种类型、图书学科大类、读者类型、院系单位

适应层次	维度及类型	统计分析功能名称	分析维度	统计指标	选择条件
		各分馆间异地借阅量统计	借阅地、馆藏地	借阅次数、总计	时间范围、语种类型、图书学科大类、读者类型、院系单位
		各分馆间异地还书量统计	馆藏地、还书地	还书次数、总计	时间范围、语种类型、图书学科大类、读者类型、院系单位
		年度各月份读者借还量统计	月份	借人数、借阅次数、还人数、还书次数、借还总量、占比	年度、操作校区、操作设备；图书馆藏校区、三线库类型、语种类型、图书学科大类；读者类型、院系单位
		年度各时间段统计读者借还量统计	时间段	借人数、借阅次数、还人数、还书次数、借还总量、占比	年度、操作校区、操作设备；图书馆藏校区、三线库类型、语种类型、图书学科大类；读者类型、院系单位
		年度各入藏年图书借阅量统计	入藏年	借人数、借阅次数、还人数、还书次数、借还总量、占比	年度、操作校区、操作设备；图书馆藏校区、三线库类型、语种类型、图书学科大类；读者类型、院系单位
		年度各学科图书利用统计	学科	馆藏种、馆藏册、利用种、利用册、种利用率、册利用率	年度、操作校区；图书馆藏校区、三线库类型、语种类型；读者类型、院系单位
		年度各类型读者借阅量统计	借续还类型、读者类型	借次数、续次数、还次数、合计、占比	年度、操作校区；图书馆藏校区、三线库类型、语种类型；院系单位
		年度各学院某类型读者借阅情况	院系	单位人数、借阅人数、借书量、还书量、合计、占比、生均借阅量、读者零借阅率	年度、操作校区、操作设备；图书馆藏校区、三线库类型、语种类型、图书学科大类；读者类型=本科生、研究生等
	读者借阅排行	读者借阅总排行	读者	借阅次数	时间范围、操作校区；图书馆藏校区、三线库类型、语种类型、图书学科大类；读者类型、院系单位

续表

适应层次	维度及类型	统计分析功能名称	分析维度	统计指标	选择条件
	借阅图书排行	图书借阅总排行	图书	借阅次数	时间范围； 图书馆藏校区、三线库类型、语种类型、图书学科大类； 读者类型、院系单位、专业、班级
		科技图书借阅排行	图书	借阅次数	时间范围； 图书馆藏校区、三线库类型、语种类型； 读者类型、院系单位、专业、班级
		社科图书借阅排行	图书	借阅次数	时间范围； 图书馆藏校区、三线库类型、语种类型； 读者类型、院系单位、专业、班级

表 10　面向学院的图书借阅统计分析功能分类

适应层次	维度及类型	统计分析功能名称	分析维度	统计指标	选择条件
学院单位	借阅事实数据	学院读者借还明细			时间范围、院系、专业、班级、读者证号、图书记录号、图书条码号、图书分类号、借校区、还校区、馆藏校区
	借阅统计分析	学院读者各学科图书借阅统计	学科	借、续、还次数、总次数、占比	时间范围、读者类型、专业、班级、年级
		学院读者各馆藏地图书借阅统计	馆藏地	借阅次数、占比	时间范围、读者类型、专业、班级、年级
		学院读者各年月借阅统计	年月	借阅次数	时间范围、读者类型、专业、班级、年级
		学院各类型读者借阅统计	读者类型	借阅次数、占比	时间范围
		学院各专业读者借阅统计	专业	借阅次数、占比	时间范围、读者类型、年级
		学院各班级读者借阅统计	班级	借阅次数	时间范围、读者类型、专业、年级
		学院各年级读者借阅统计	年级	借阅次数	时间范围、读者类型、专业

352

适应层次	维度及类型	统计分析功能名称	分析维度	统计指标	选择条件
	读者借阅排行	学院读者借阅总排行	读者	借次数	时间、读者类型、专业、班级、年级
		学院读者借阅量专业排行	专业	借次数	时间、读者类型、年级
		学院读者借阅量班级排行	班级	借次数	时间、读者类型、年级
	图书借阅排行	学院图书借阅总排行	图书	借阅次数	时间、读者类型、专业、班级、年级
		学院科技图书借阅排行	图书	借阅次数	时间、读者类型、专业、班级、年级
		学院社科图书借阅排行	图书	借阅次数	时间、读者类型、专业、班级、年级

表 11 面向个人的图书借阅统计分析功能分类

适应层次	维度及类型	统计分析功能名称	分析维度	统计指标	选择条件
读者个人	借阅事实数据	个人借阅历史			时间范围
	借阅统计分析	各学科图书借阅统计	学科	借、续、还次数、借占比	时间范围
		各校区图书借阅统计	校区	借、续、还次数、借占比	时间范围
		各年度图书借还统计	年度	借、续、还次数、借占比	时间范围
		各月度图书借还统计	月度	借、续、还次数、借占比	时间范围
	读者借阅排行	全校借阅读者排名	读者	借次数(反映读者借了多少本,不计续借)	时间范围
		本学院借阅读者排名	读者	借次数	时间范围
		本专业借阅读者排名	读者	借次数	时间范围

适应层次	维度及类型	统计分析功能名称	分析维度	统计指标	选择条件
		本班级借阅读者排名	读者	借次数	时间范围
		全校本类型读者借阅排名	读者	借次数	时间范围
		本学院本类型读者排名	读者	借次数	时间范围
		本学院—类型—年级读者排名	读者	借次数	时间范围
		本学院—类型—年级—专业读者排名	读者	借次数	时间范围
		全校本年级借阅读者排名	读者	借次数	时间范围
		本学院—年级借阅读者排名	读者	借次数	时间范围
		本类型—专业读者排名	读者	借次数	时间范围
	图书借阅排行	全校借阅图书排行	图书	借阅次数（反映图书借了多少次,含续借）	时间范围
		全校本类型读者借阅图书排行	图书	借阅次数	时间范围
		本学院借阅图书排行	图书	借阅次数	时间范围
		本专业—年级借阅图书排行	图书	借阅次数	时间范围
		本专业—类型借阅图书排行	图书	借阅次数	时间范围
		本专业—类型—年级借阅图书排行	图书	借阅次数	时间范围

4 大数据技术框架

图书馆资源利用行为的数据量较大,以中南大学图书馆为例,所积累的纸本图书借还数据超过三千万条,入馆行为数据二千多万条。千万级的数据量采用传统的数据库管理技术已再不适应,需用到大数据技术。

图书馆在大数据平台架构选择方面,商业软件处理数据规模大,成本过高,而图书馆可分析数据量一般在亿级规模,属于中小型大数据项目,直接用一个搜索引擎的基础服务即可。通过对开源大数据搜索平台的调研,Elastic Search 就是这样一个搜索引擎的基础服务,其以实时搜索、稳定、可靠、快速和使用方便等特点,近年来在业界得到广泛应用。其除了常规的全文检索功能之外,还具有较强大的统计分析功能(聚合),这正适合于图书馆资源利用数据的统计分析[1]。

本研究在技术框架上采用 MySql + Elastic Search 来实现图书馆资源利用数据的实时统计分析,其技术框架图 2 所示。

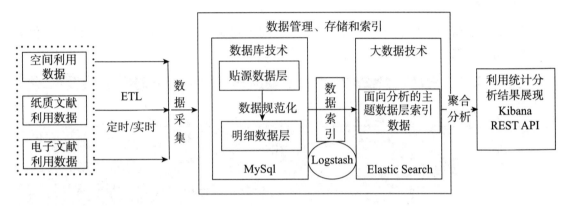

图 2　图书馆资源利用数据统计分析大数据技术框架

技术框架中主要包括数据采集、数据规范、数据索引和数据聚合分析四个模块。数据的采集和规范两个模块利用数据库在数据处理方面的技术优势,在 MySql 中实现,而索引与分析则利用大数据管理和分析方面的技术优势,在 Elastic Search 中实现。

(1)数据采集模块,其将图书馆资源利用数据实时同步到 MySql 数据库,可以不做或只做少量的数据清洗工作,确保与原始数据基本一致。此模块也称为贴源数据层,起着数据收集的作用,从各个来源收集所需分析的数据。

(2)数据规范模块,由于采集到的原始数据是面向业务的,还不能直接进行分析,需要对其进行规范处理,以保证数据的一致性、完整性和正确性,并对业务数据进行重组,生成面向分析需求的多维数据明细表,此层也称为明细数据层。

(3)数据索引模块,海量数据的搜索和聚合分析在传统数据库中效率极低,而采用分布式搜索和列存储等大数据技术,其搜索和聚合操作可在毫秒级完成。此模块负责将明细数据索引到 Elastic Search 中,Elastic Search 的 LogStash 工具软件提供了数据摄入服务,摄入到 Elastic Search 中直接生成面向统计分析的索引数据。

(4)数据聚合分析模块,它是基于 Elastic Search 的搜索和聚合功能实现对索引数据的统计分析,其对外服务有两种方式:一是以 REST API 接口方式对外提供大数据搜索与聚合服务;二是通过工具软件 Kibana 对外提供可视化统计分析服务。

Elastic Search 在聚合技术上是一种基于搜索的数据汇总,通过组合来完成复杂的操作,ES 可以实现度量聚合和分组聚合,度量聚合为对数字型字段或累计量进行计算得出指标值,如图书价格字段的最大值、最小值、和、平均值、百分比和计数；分组聚合为数据创建多个分组，对每个子分组又可以分组，因此可实现多维度的聚合，从数据的多个维度进行统计分析和结果排序。

5 实施过程及其效果

本研究基于中南大学读者借阅行为数据和入馆行为数据，采用图 2 所示的大数据架构和附表所规范的分析功能，实现了面向图书馆、院系和读者个人三个应用层次图书馆资源利用分析（借阅行为和入馆行为）。其实施过程简化为数据的同步、索引和分析三个步骤。

5.1 数据同步

数据同步是将相关数据从图书馆业务源系统同步到 MySql 数据库中，同时在同步过程按分析需求进行数据清洗。数据同步功能实施效果如图 3 所示。

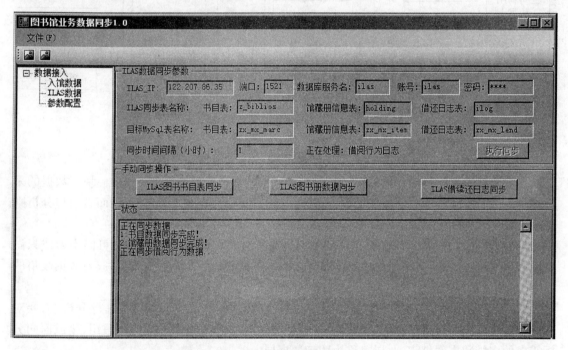

图3 资源利用数据同步

数据同步系统基于 C#开发，运行环境为 Microsoft Windows 操作系统。本实例同步的数据包括读者数据、馆藏图书数据、借阅行为数据和入馆行为数据，其来源为图书馆自动化管理系统和门禁系统。主要功能包括：数据来源和目的参数配置，手动同步和自动同步，全量或增量数据同步。

清洗工作包括数据规范化、重复数据归并、数据增强，确保数据的可信性和可用性。

（1）在数据规范化方面，按照表 1 到表 3 中所定义的可分析维度，及其规范要求进行数据的规范化处理，如读者类型、校区、院系、专业和班级等字段的取值规范，如年级、图书价格、借阅时间、入馆时间等数字和日期类型的规范。

（2）重复数据归并方面,本实例中由于自助借还行为经常出现事务回滚,导致重复借还,需要将借还时间差为2分钟之内的这些重复数据删除;另外读者数据来源于多个系统(图书馆自动化系统、门禁系统、学校人事系统等),需将各系统重复读者归并为一条,并保存尽可能多的信息量。

（3）在数据增强方面,主要为由已知字段信息来扩展可分析维度的信息。如根据操作馆员信息,可得出行为所在校区、人工行为还是自助行为;根据图书馆藏地,可得出图书所在校区以及三线库特征;图书分类号,可得出其大类。

5.2 ES 数据索引管理

数据索引是将 MySql 中已经清洗规范好的数据索引到 Elastic Search 中,以便更轻松、更快速地分析和实现其利用价值。本实例选择开源数据收集引擎 Logstash,可方便地将 MySql 中多个表的信息同步到 Elastic Search 中,其过程如图 4 所示[1]。

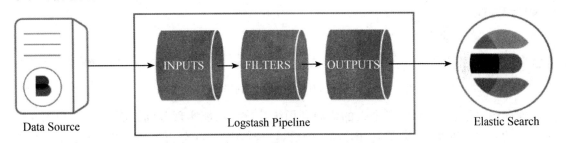

图 4 Logstash 大数据同步入库过程

Logstash 可以动态地将来自不同数据源的数据统一起来,并将其标准化到目的地存储。本实例的数据源为 MySql 中的四个数据表(读者数据表 readinfo、入馆行为数据表 readerenter、借阅行为数据表 lendhist 和馆藏图书数据表 bookitems),目的地为 ES。上图中 Logstash 同步数据管道包括了输入 inputs、过滤 filters 和输出 outputs 三个元素过滤器,inputs 过滤器用来指定数据源相关参数,如 jdbc 驱动、链接、SQL 查询、更新计划等,可以是多个数据源;outputs 过滤器用来指定目的 Elastic Search 的地址、端口、索引名称、文档类型和文档类型 id 等参数。而 filters 过滤器可以根据需求在数据同步过程中将输入数据进行修改后写入目的地,本实例由于在 MySql 中已清洗好数据,所以无需修改。图书馆资源利用相关数据从 MySql 同步到 Elastic Search 后,在 Elastic Search 中其索引数据如图 5 所示。

图 5 为 Elastic Search 索引数据的管理平台,通过它可以查看、管理和操作索引数据,在界面中可直接利用 RESTful web 接口执行搜索和聚合操作。图 5 可以看出读者入馆行为数据有索引记录超过 1900 万条(readerenter 索引),借还行为索引数据超过 1200 万条(lendhist 索引)。

5.3 数据统计分析功能实现效果

前面两个步骤后,图书馆资源利用分析型大数据(馆藏图书、借阅行为、入馆行为和读者数据)存储在 Elastic Search 中。借助于 Elastic Search 提供的搜索和聚合分析技术接口,采用 Java 技术及框架实现了所规范的借阅行为和入馆行为各项统计分析功能。

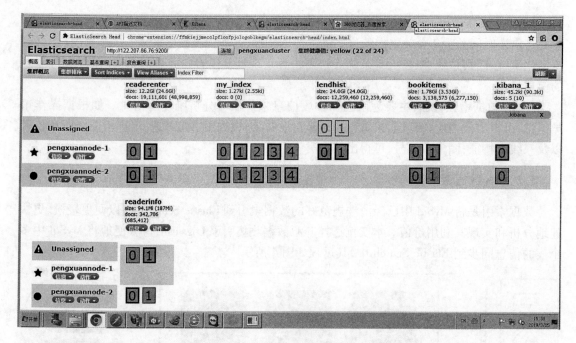

图 5　Elastic Search 中图书馆资源利用行为索引数据

　　面向图书馆、院系和读者个人的资源利用统计分析功能实现分别如图 6、图 7 和图 8 所示。其功能按分析类型(事实类、排行类、分析类)进行组织,而分析类型又按维度层次进行组织,每项分析功能提供了相应的数据范围多维度检索条件限定(如时间范围、院系、专业、年级、读者类型、资源类型等),每项功能可快速地统计出各项指标,并以表格的方式展示,对统计分析结果可以以 Excel 格式导出。

图 6　面向图书馆的资源利用统计分析功能

图7　面向院系单位的资源利用统计分析功能

图8　面向读者个人的资源利用统计分析功能

　　本文针对图书馆资源利用统计分析工作的重要性和实践中存在的问题,以中南大学图书馆资源利用数据为例,基于大数据技术实现了图书馆资源利用数据的实时统计分析和发布,所做的主要工作为:①设计了基于开源搜索引擎 Elastic Search 的图书馆资源利用数据统计分析大数据技术框架,从功能、技术和成本等方面来看,其在图书馆的适应性较强。②在资源利用数据组织上,对不同类型读者、资源和利用关系所包含可分析维度的属性和功能进行了系统的定义,为分析服务提供数据基础性规范。③从分析类别、适应层次、维度层次和资源类型四个方面建立了图书馆资源利用统计分析模式的分类体系,以及分析模式元素的描述方法,可从理论上指导图书馆对利用数据进行分析。④以借阅行为和入馆行为数据为例,基于分析模式的分类体系和描述方法,规划出面向读者、院系和图书馆三个层次的资源利用统计分析功能。⑤以中南大学图书馆的历史借阅行为数据和入馆行为数据为例,基于开源技术 Elastic Search 实现了图书馆资源利用大数据的统计分析。

在实施过程中,有以下几点经验教训。

第一,要赢得图书馆各业务部门对大数据分析的信任和重视。由于大数据分析面向的是业务,任何数据分析只有被付诸实践才是有效的,如果各业务部门不愿意或不重视基于大数据分析结果对业务进行改进,将起不到决策作用[2]。所以在实施过程中,我们应充分调研流通部门、采编部门、馆办和学院以及读者个人的统计分析需求,使各类统计分析结果是各层次用户感兴趣的,比如调研学生工作处时,了解到他们想知道少数民族学生和外国留学生利用图书馆资源情况,院系更注重于各年级、班级、专业的资源利用行为对比分析,因此不同对象所要求分析功能模式各有侧重点,前期应该充分调研分析需求。

第二,数字资源利用行为数据获取问题。由于图书馆引进的电子资源数据库一般为校外站点,读者在学校 IP 范围内访问,国外出版商只提供基于 Counter 标准资源使用统计数据,而图书馆无法获取到每一个读者对数字资源的检索、浏览和下载行为数据。这个问题如何解决,则需要图书馆和出版商共同协作,制定相关标准规范,例如读者通过统一认证接入出版商数据库系统,出版商将读者访问行为数据以一定的标准返回图书馆。

第三,图书馆数据治理工作显得尤其重要,由于图书馆各业务系统是面向日常业务工作的管理与服务,未从分析需求考虑所产生的数据。如业务系统间标准不统一、系统升级、数据变更等都会给分析带来的影响。业务系统间标准不统一,使得数据清洗工作量大。如本案例在处理读者数据时,发现本科生、研究生和教师三种类型读者的院系单位命名不统一,这三种类型的用户分别来源于本科生院、研究生院和学校人事处的三个业务管理系统。业务系统变更或升级改造,可能造成对分析的影响无法评估。如中南大学图书馆在系统升级过程中图书入藏时间字段内容没有保留下来,会影响到各年入藏量的统计。业务系统的配置参数和业务数据的变更,历史版本未保留,会导致分析误差。如图书馆藏地变更、读者转专业而发生的院系专业变更、读者休学而发生年级变更等,如果历史变更信息未存档,会导致其变更前的行为信息不正确。

第四,图书馆应重视资源利用数据的日常收集。读者行为数据是某个时间点的读者行为,反映了这个时间点读者和资源的当前状态。因此,面向分析的系统,应从业务系统中实时提取读者资源利用行为当前状态的各维度信息,这样才能保证分析型数据的正确性。

参考文献

[1] 朱林. Elasticsearch 技术解析与实战[M]. 北京:机械工业出版社,2016:370 – 371.
[2] 王兰伟. "互联网 + 图书馆"转型建设机制与方法探索[J]. 新世纪图书馆,2016(8):47 – 49,71.

基于战略地图理论的大学图书馆后绩效评估的实证研究

金泽龙(广东轻工职业技术学院图书馆)

学术传播体系的主要成员包括大学、图书馆、计算中心、出版社、学者以及专业学会等,但这些成员之间的互动性和协调性并不密切,呈现的是一个松散的结构。以大学图书馆为例,大学图书馆馆长与学校行政领导以及教授之间沟通渠道欠缺,致使大学图书馆经常受到忽视。这种现象虽非绝对,但在一般大学中相当普遍。因此,大学图书馆有必要让学术传播体系成员们,了解其在学术传播生态中的地位与贡献,并能在关键时刻中获得必要的援助与支持。

1 国内外大学图书馆绩效评估及相关指标的要求

从理论与实践视角,对公共部门与非营利组织的绩效评估,在 20 世纪 80 年代最先由美国政府开始实施。目的是完善行政制度的制定,监测行政管理目标的达成进度,评价社会公共服务的管理效度。

图书馆作为非营利组织,宗旨是对人类文明遗产的收集、存储、传播、服务。虽不似企业一般,完全考虑运营成本以及经济效益与利润获取。但图书馆的机构形态与层级管理也符合考核体系要求,如对愿景、目标、读者、内部流程等的绩效评估。图书馆绩效评估目的是希望改善服务,而不只是证明馆员确实有在做事,或是做了什么事。绩效评估过程就是一个学习过程,学习如何把事情做好。以服务机构属性来说,图书馆绩效评估必须兼顾资源与读者顾客,同时考虑资源利用与读者满意。

国际图书馆协会联合会(IFLA)1996 年出版了《图书馆绩效评估指引》手册,设计了 17 项指标。美国图书馆学会(ALA)和美国大学与研究图书馆学会(ACRL)与美国研究图书馆学会(ARL)也曾共同公布了"大学图书馆标准"的 16 条规范。国际标准化组织(ISO)于 2014 年公布了最新的 ISO 11620《信息与文献的图书馆绩效指标标准》。这些指标与规范、标准基本上都包括了:读者满意度、图书馆开放时间、馆藏使用率、图书数据流通量、设备运行效率、图书数据获取率、文献传递时间、远程使用次数、馆际互借速度、参考咨询使用次数、书目编目平均成本率、书刊名检索成功率等评估标准。这些绩效考核指标的运用,均涉及图书馆的人员分配、资金使用、行政管理、服务措施、馆藏数量、设备配置、技术开发、安全维护、馆际合作等多方面内容,为图书馆的绩效评估提供了有效参考。

国内图书界的专家学者,参照国外对图书馆的绩效评估标准,也曾提出过不少对图书馆绩效评估的各种标准,包括对馆藏数量、图书期刊数据处理、馆员配置、采购经费、馆舍面积、阅览席位、服务效能、资源利用、行政管理支持等的评价。但因国内图书馆的种类较多、管理属性不同、资金扶持对象不一等现实情况,还没有设计出完全的、统一的、规范的绩效评估标准。

2017 年 11 月 4 日,《中华人民共和国公共图书馆法》公布,内容涵盖了组织与人员、经费、图书信息资源、建筑与设施、服务、经营管理等六大项,可视为我国大学图书馆绩效评估,尤其是后绩效评估的指南。按图书馆法规定,大学图书馆应定期进行馆藏、读者服务及技术服务的调查统计,实施绩效评估并据以改进服务质量。

现在已经是互联网时代,数字经济大行其道。对大学图书馆来说,服务对象、服务模式、馆藏形态、运行方式、读者组成、设备使用、管理体制、技术创新等都发生了极大地变化,应该根据新时代要求,与时俱进。在参考国外对图书馆绩效评估标准的同时,要结合《中华人民共和国公共图书馆法》的实施,开展新时代后绩效评估工作。重新设定图书馆的角色与定位,重新规划图书馆的现在与未来、彰显图书馆数字经济时代服务成效与服务价值,扩大图书馆服务范围的广域性,加速新技术应用,满足读者的多元化需求,增加后绩效评估新元素、新指标,重点思考"图书馆导向"与"读者导向",从"质"与"量"的角度正确地进行评估,最终体现图书馆服务的后绩效评估意义和实际价值。

2 大学图书馆后绩效评估的迫切性与现实性要求

近年来,由于高等教育制度的改革,使得国内的大学数量快速成长。截至 2018 年 3 月 30 日,教育部公布的全国高等学校共计 2879 所(普通高校 2595 所,独立学院 266 所,成人高校 284 所)。江苏、广东、山东位居大学数量榜前三名,江苏省高校数量高达 166 所,最少的是西藏自治区,仅有 6 所。我国加入 WTO 之后,教育市场全面开放,国内大学直接面临国外大学的挑战。在选择性多样化之后,社会各界对于大学的检验标准也更趋严格,这也促使大学之间的竞争更加激烈。大学必须突显自己的学术特色与竞争优势,才能获得青睐与肯定。

在这种情势之下,国内大学无不感受到竞争与生存的压力。身为学术传播体系重要成员,大学图书馆面临一个更为复杂但又充满机会的学术环境,其发展与高等教育整体生态的变迁息息相关,对学术传播氛围变化更加敏感。因此,有必要思考如何进行结构性调整,因时制宜的针对学术环境变化,提出灵活的应变策略,创造最大竞争优势。

大学图书馆隶属于大学,主要职责是为学校的科研、教学、就业等诸多方面提供支持。大学图书馆的基本思想和基本属性与公共图书馆并无二致,都是提供服务,仅是服务对象专注于大学生与教师,体现其特殊贡献与特色价值。新时代中,掌握和熟悉后绩效评估的基本要求,了解后绩效评估设定的指标要求,完善服务功能,才能真正实现服务成就,才能获得高校上级管理层的支持,完成其使命。

3 大学图书馆后绩效评估的战略地图理念的引入

网络时代与数字时代的来临,带来了社会、经济、人事、生活等各方面的剧变,各行各业对绩效评估,尤其是后绩效评估的应用越来越重视。本文对大学图书馆的后绩效评估研究,是应用了罗伯特·卡普兰(Robert S. Kaplan)和戴维·诺顿(David P. Norton)在 1991 提出的平衡计分卡(BSC)理论,进而构建由其衍生而来的战略地图观念,阐述图书馆组织的发展策略及核心要素,使论点更加完整与系统化。

3.1 平衡计分卡(BSC)理论发展及应用

若建立战略地图模式,开展后绩效评估,就必须熟识对企业进行绩效预测的有效工具——平衡计分卡(BSC)理论。任何企业或组织在设立之初,都设定有发展目标、组织愿景、未来规划,再通过人力、物力、资金、管理等方面的投入,齐心协力、团结努力的推进企业成长壮大。平衡计分卡(BSC)理论恰恰诠释了与企业或组织休戚相关的财务、顾客、企业内部流程、学习与成长等四个层面的考核指标因素,架构了全方位立体形态的绩效评估体系,综合检测考评企业或组织发展过程中的成绩与效能,助推企业或组织最终达其愿望。

但平衡计分卡(BSC)理论也受到了部分质疑,因为 BSC 理论对四个层面有顺序要求,彼此之间有相互影响,且过度强调财务性结果。在实践运营时,许多组织都投注了过多精力在监控与分析财务数字结果上,却没有尝试去了解导致财务结果的领先指标。如顾客、内部流程以及学习成长等三大层面衡量指标,而这些领先指标其实才是最终影响财务结果的预测性指标。所以,企业或组织最终成果其实是受较多非财务性指标影响。针对此情形,为了更好地开展大学图书馆的后绩效评估,本研究将原本平衡计分卡(BSC)层面的顺序进行了重新调整,将顾客或是利益关系人层面(具体指大学的师生读者)移到最上层。事实证明,这样的调整运用在非营利机构的营运当中,有着事半功倍的效果。

大学图书馆是和公共部门与非营利组织一样性质的机构,价值创造架构如图1。其后绩效评估行为与企业颇为类似,主要差异在于成就终极目的是在完成使命上的绩效高低。另外,由于大学图书馆的使命范围既有相当的广泛性,也有多元性、特殊性特点,因此必须根据其所带来的社会影响与高层次目标来分别对待。

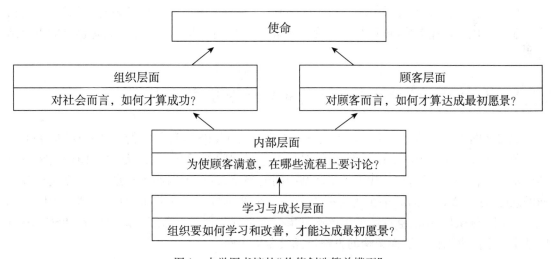

图1 大学图书馆的"价值创造简单模型"

3.2 战略地图理念导入的必需

随着绩效评估的广泛应用,原本被用来改善组织无形资产,衡量体系绩效的平衡计分卡(BSC)理论,逐渐被企业或组织采用,作为推动组织策略付诸实施的利器,进而延伸创造出了一个可以描述组织架构联结的通用表达方式——战略地图(含通用战略地图与精准战略地图两种)。通用战略地图仍是在 BSC 基础上,沿用简单的四个层面勾画而成。精准战略地图则细化了第二层与第三层,对时间的动态变化和成果的集聚效果进行了详细的勾画。

"战略"一词是为"名词",含有"谋略"之意,其根本要求即是在诸如战斗、动作、攻坚等任何战事之前,必须先要有正确策略,本质是为组织选择卓越的行动计划。通过选择和竞争不同的方式方法,建立一个能够把策略描述清楚的衡量体系,从而创造独特的价值。

使用"战略地图"方法研究大学图书馆的后绩效评估,就要切实地将大学图书馆策略形成与执行发展联结起来,作为策略要件及其相互关系的标准检查表。首先,确立大学图书馆组织使命及愿景;其次,采用竞争者分析、关键成功因素分析、SWOT分析、顾客分析等方式来协助组织形成策略;再次,在平衡计分卡(BSC)的四大层面中制定策略性议题,找出策略性目标,确定策略性衡量指标及目标值,修订策略性行动计划方案,搭配策略性预算编制及策略奖酬制度,进而落实及推动策略;最后,通过以上因素的互动,检测出瑕疵与缺陷,体现后绩效评估的结果。

3.3 战略地图遵循的基本原则

战略地图制定一般基于以下原则:策略要在彼此对立的力量中取得均衡;策略要体现不同的意见;策略要由互为支撑的分议题组成;策略要最终表现思维价值的成就。

在坚持此原则的情形下,战略地图的勾画可以清楚地描绘企业或组织的行动历程,呈现企业或组织结构中各要素的逻辑因果关系,完善企业或组织的策略意图,发挥企业或组织内各部门的能动性,促成企业或组织将策略思维意识的无形资产转化为创造财富成就的有形资产,监测企业或组织策略目标达成的效果,梳理企业或组织在设定目标及绩效考评时的清晰脉络,减少以往指标衡量及设定不易的瓶颈,缩短理论与实务间距离,最终协助企业达到所欲创造的策略成果。

可见,战略地图是平衡计分卡再进阶的工具,是对公共部门绩效提升最有效的校正工具,是企业成功执行描述策略、衡量策略及管理策略三个要素的具体体现,是与目标链接的重要结合节点。

4 大学图书馆后绩效评估的战略地图建构的设想

战略地图作为后绩效评估重要工具——平衡计分卡(BSC)理论的衍生和延伸,提供了统一规范方式来描述组织的目标与策略,随时检测策略之间的相互关系。战略地图通过形象化的要素点布置,能够很清楚的找出策略联结中间的断层,进而加以调整与强化,补充完善各层面的缺陷,使绩效评估的结果更为准确有效。最重要的内涵就是将抽象的"策略"予以指标化、具体化、显像化,用能够理解的关键衡量指标来呈现与评量。参照平衡计分卡(BSC),表1归纳了大学图书馆四大层面架构的策略目标及衡量指标。

表1　大学图书馆四大层面架构的策略目标及衡量指标

财务层面	
策略目标	衡量指标
确保稳定且充裕经费来源	年度预算经费总额;项目计划经费总额;募集款经费总额;年度预算经费占学校总预算比例
提升预算执行能力	图书馆经费分配情况及比例;预算执行达标率

内部流程层面	
策略目标	衡量指标
提升图书馆使用经济效益及策略联盟方式,降低学术期刊垄断冲击	图书馆开放时数;到馆人数;远程使用者人数;可提供服务项目;馆藏使用率(包括图书、期刊、电子期刊、数字化资源);馆藏数据采集成功率;服务读者平均成本;读者图书馆素养提升和图书馆参与联盟数量;图书馆参与馆际合作组织数量;馆藏资料采购成本;馆际互借速度及费用;文献传递速度及费用
建构完善数字化图书馆,促进信息增值	电子数据库数量;可供链接电子全文数量;校内师生对馆藏认同度;馆员是否拥有电子出版能力;是否建立电子出版管理机制;信息定价政策;知识产权是否由大学自行管理;图书馆参与数字馆藏计划数量与质量

顾客层面	
策略目标	衡量指标
进行读者研究,了解读者特性	读者数量;读者基本数据分析;校友办证比例;潜在读者在实际读者中所占比例;读者需求;读者期望;读者使用习惯分析
建立具有效率的读者回馈机制	读者意见反映渠道;反映数量;反映回复速度;反映追踪考核
提高读者满意度	读者整体满意度;个别服务满意度(例如:馆藏质量、在线检索、参考咨询、服务态度等)
建立图书馆品牌形象,争取读者认同	读者再次到馆比例;图书馆与社区合作次数;社区互动及社区贡献度;读者认同度与支持度
促进高校学术发展	校内教职员工学术研究成果出版质量;图书馆学术责任;大学学术声望排行榜
制定完备且合理的服务规章	服务规章数量;服务规章合理性;读者违规次数及比例
完善知识中介者责任	馆员信息素养;馆员对网络学术资源熟悉度;标准作业程序(SOP);知识管理
提升技术服务效率	馆藏数量;馆藏征集速度;馆藏分编数量及质量;分编速度;期刊到刊率;馆藏发展政策
强化营运管理效能	组织文化;领导风格;分层授权程度;提案奖励制度;升迁制度;任务编组;图书馆建筑与设备

学习与成长层面	
策略目标	衡量指标
培育精英馆员,馆员价值增值	馆员人数;馆员学习经历;馆员培训计划;工作轮岗;馆员创新能力;学科馆员;馆员发展前景;馆员满意度
建构图书馆成为学习型组织	馆员学习力;馆员在职进修;馆员专业核心能力;馆员学术出版质量;图书馆举办专业研讨活动次数
善用科技信息,常保人文情怀	馆员计算机基本知识技能;馆员信息检索技巧;符合读者需求的信息检索系统;馆员通识教育素养;服务哲学理念

依据这些策略目标及衡量指针,描绘出大学图书馆战略地图,如图2、图3、图4所示。

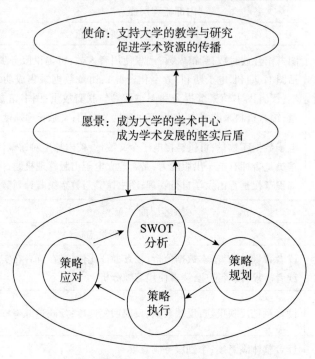

图2 平衡记分卡衍生的大学图书馆策略地图

顾客层面:大学图书馆后绩效评估的战略地图将其提升到最上层,借由策略联盟及合作组织的共同运营图书馆。从读者研究开始,建立读者回馈机制,提高读者满意度,建立图书馆品牌形象,完全以读者为导向,最终目标是要促进高校学术发展。要达成此目标,必须回归到大学图书馆的SWOT分析以及相关策略的规划、执行与应对,而这又与大学图书馆的使命与愿景环环相扣,彼此之间具有互为影响的作用。

财务层面:大学图书馆虽属非营利机构,战略地图认为财务仍然相当重要,将其放在第二层,表示经费来源与预算执行力同等重要,而且互为因果。由于大学图书馆属于学术型图书馆,读者对于学术类电子全文的需求颇为殷切,无论是自身建设还是批量购买,都需要经费的投入。新时代数字图书馆与信息技术的导入,使两者具有相辅相成效果,在数字化学术传播体系中尤为重要。数字图书馆与电子资源是大学图书馆不可或缺的两大要素,也是馆际互借馆际交流重要的基础资源,这种服务形态已大幅改变了读者的使用习惯。为了有效评估数字馆藏的使用绩效,大学图书馆可以导入电子资源计量法概念,规范财务使用,契合互联网情境下战略地图内涵,呈现财务层面的保障必要性。

内部流程层面:为了服务读者,必须要有完备而且合理的服务规章制度,必须加强图书馆馆员的信息素养以及网络学术资源的熟悉度,同时配合标准作业程序与知识管理的实施,使大学图书馆扮演好知识中介者角色。这既是提升技术服务效率的基石,也是流程管理重要环节。此层面另一个重点就是营运管理效能的强化,而其中又以组织文化的影响最为深刻。所谓组织文化,其实是由"人"决定的,也就是全体馆员对于大学图书馆的共同信念与价值认知,这套价值体系具有无形传承的作用,从而影响馆员的思考模式与工作态度。对读者而言,组织文化则是一种综合感受,这种抽象的概念借由馆员的实际作为而具体化,进一步决定读者对于大学图书馆的观感与评价。

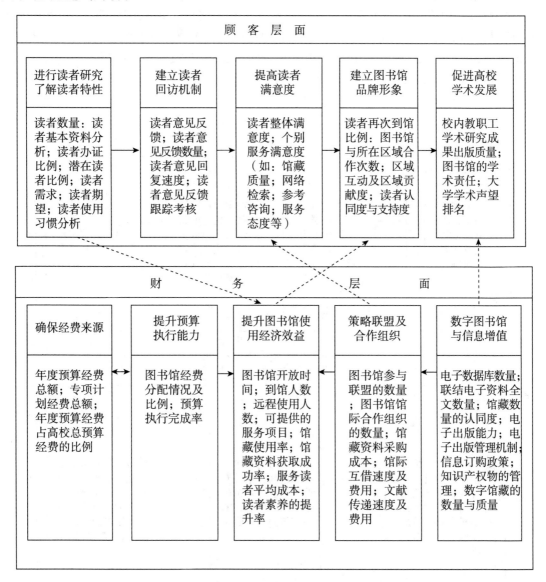

图3   大学图书馆的策略地图之顾客层面和财务层面图

学习与成长层面:大学图书馆后绩效评估的战略地图将其放于最底层,并不表示它最不重要,而是代表它是建构战略地图的基础。此层面中,馆员价值与科技信息是两大主轴,其目标是要建构图书馆成为专业的学习型组织,为提供高质量的知识服务创造更优质的条件。

综上所述,大学图书馆后绩效评估的战略地图描绘,涉及许多概念与议题。如:大学图书馆的使命、愿景、策略、核心价值、图书馆文化、服务哲学、领导风格、分层授权、团队精神、标准作业程序、预算执行与管控、执行力、创新服务、读者研究等,甚至图书馆的特色、品牌形象、营销、馆员培训、在职训练、空间等,都呈现在其中。事实上,这已经涵盖了国际图书馆协会联盟(IFLA)、美国图书馆学会(ALA)、美国大学与研究图书馆学会(ACRL)、美国研究图书馆学会(ARL)、国际标准化组织(ISO)等对图书馆后绩效评估中的读者服务、技术服务、行政管理、信息科技、图书馆服务、馆员价值等主要因素考核及衡量指标判定。无论怎样,诸多衡量指标势必会影响馆员的工作态度与工作表现,也会决定图书馆的核心竞争力,因此选择就显得特别重要。所以,大学图书馆在实际导入战略地图时,只要聚焦几个重要的衡量指标即可,过多衡量指标反而会导致失衡焦虑,无法达到预期效果。同时也应该留意,一旦图书馆的策略有所变动,衡量指标也必须随之调整,如此才能有效带动馆员行为的改变。

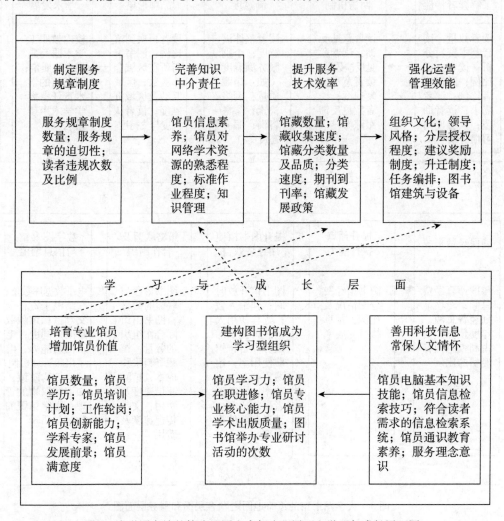

图4 大学图书馆的策略地图之内部流程层面和学习与成长层面图

每所大学图书馆都有被赋予的使命与愿景,并且因定位、规模、预算、资源、馆员素质、服务对象等主客观条件的差异,影响后续策略发展规划的拟订。

新时期新形势新业态下,大学图书馆不能做井底之蛙,故步自封,要有广阔宽泛的视野,要充分发挥利用现有资源与条件,为读者创造超乎预期的服务;在浩瀚的学术传播体系当中,要努力脱颖而出;要认真梳理自身馆藏、设备、技术、人员等要素,担当起继续教育终身教育的责任。故此,实有必要进行大学图书馆的后绩效评估,描绘出适合大学图书馆特性的战略地图。当然,每所大学图书馆的战略地图也都不会完全相同,重点在于如何掌握本身核心特色及服务内涵,根据各自的特点来进行调整与守正创新,使战略地图的应用更加精彩与多元化。

参考文献

[1] POLL R. Performance, processes and cost: managing service quality with the balanced[J]. Library Trends, 2001 (4): 709 – 717.

[2] 付立宏,李诗苗.十二所国家级图书馆愿景与使命比较研究[J].河南图书馆学刊,2013(9):108 – 111.

[3] 周晓燕,吴媛媛.图书馆绩效评估趋势研究——以国际图书馆绩效评估标准的变化为例[J].图书馆学研究,2017(16):32 – 38.

[4] 刘芳.《信息与文献图书馆绩效指标》国际标准解读[J].高校图书情报论坛,2015(4):54 – 58.

[5] 王博.基于战略地图和平衡计分卡的战略管理研究[J].商场现代化,2018(2):81 – 82.

[6] 孙瑞华,刘广生.基于战略地图思想的高校学科建设研究[J].中国成人教育,2018(20):27 – 31.

[7] 宫平,孙宇,杜辉.图书馆评估研究进展综述[J].图书情报工作,2015(24):123 – 130,101.

[8] 王海,赵会平,张红霞.基于绩效评估的高校图书馆协同评价体系构建——以海南省高校图书馆绩效评估为例[J].农业图书情报学刊,2018(8):86 – 90.

[9] 金泽龙.基于加权数据勘探技术构建图书馆阅读统计与评价体系研究[J].图书情报导刊,2016(5):68 – 74.

[10] 陈倩琳.基于战略地图的平衡计分卡绩效管理体系应用研究[D].西安:西安外国语大学,2018.

奥尔夫音乐绘本阅读疗法用于情绪障碍儿童的个案研究

徐晓晨(辽阳市少年儿童图书馆)

近几年,儿童心理疾病患病率有所上升,这些心理疾病会通过儿童的问题行为、情绪障碍表现出来,如自闭症、多动症、焦虑症、攻击性行为等。这些心理疾病和问题行为不仅影响儿童身心健康,还会造成他们持久性的紧张、恐惧甚至失语。目前,儿童的心理问题的矫正已经成为全社会关注的问题。

除了医学手段上的治疗和干预之外,目前社会各界对阅读疗法以及音乐疗法在儿童心理疾病治疗方面的积极作用也越来越认可。书籍可以在心智、审美、社交等多方面给人们积极正面的引导。而大量的临床和研究实验表明,音乐节奏、音乐韵律以及声音序列与语言的相似性,使得音乐的干预手段在治疗心理疾病范畴内的语言障碍治疗发挥了巨大潜能[1]。而最适用于儿童心理疾病的阅读疗法和音乐疗法的媒介就是绘本和奥尔夫音乐教育法。

基层少儿图书馆应该充分利用自身优势,结合其他学科知识,发挥自己的馆藏优势和人才优势,为到馆的心理疾病患儿提供个性化的服务。辽阳市少年儿童图书馆在开展绘本疗法的过程中,创新性地加入了奥尔夫音乐教育法,将两者科学融合,通过阅读干预、音乐干预帮助患儿控制情绪,缓解情绪障碍,引导他们养成正确、健康的认知习惯。

1 基本理论和概念界定

1.1 阅读疗法

1916年,在《大西洋月刊》上,美国学者塞缪尔·麦克乔德·克罗色尔斯首次提出"图书疗法"这一概念,标志着阅读疗法在西方的兴起[2]。

《韦氏新国际英语词典》第三版将阅读疗法定义为:A. 利用选择性的阅读辅助治疗医学与精神病学的治疗;B. 通过指导性阅读,帮助解决个人问题[3]。

《图书情报百科全书》对阅读疗法的定义是,一个与阅读有关的选择性活动,是在医生指导下,有引导、有目的、有控制地治疗情感和其他方面问题。它是一种利用文献的力量,以达到了解、领悟与自我成长目的的一种活动。

笔者认为,所谓阅读疗法是以文献为媒介,在专业人士的指导下,通过有序地、可控地、有规划地阅读图书、杂志等文献资料,达到稳定情绪、平复情感等目的。

20世纪90年代,阅读疗法开始被引进我国,以发生学原理、心理学原理、生理学原理、心理学原理作为理论支撑,逐步应用图书馆实践工作中。

阅读疗法以儿童为适用对象开始于1928年。当时的心理学家爱德文·斯塔帕克列出了一批特定书目,专门适用于儿童的阅读指导。到了1946年,阅读疗法被首次申请使用于儿童,也正是在同一年,玛丽·安证明了阅读疗法帮助患有社会适应障碍的儿童的可行性,公布了世界上首份儿童阅读疗法案例的研究报告,这标志着儿童阅读疗法结束了理论性认知阶段,进入了实践时代。

绘本阅读疗法是指以绘本为主要阅读媒介,通过阅读指导、分享阅读、交互阅读等方式来阅读一些带有行为指导、心理疏导、情感寄托的绘本书目,通过指导和启发性阅读,帮助患儿管理情绪,确立自我认知的一种阅读疗法[4]。

绘本的图画比较生动,富有寓意,表现手法幽默、清新,传递的精神内涵很温暖,真实又美好。绘本种类很多,主题清晰,通常有生活场景类、语言教育类、情绪管理类、情商培养类、分享合作类等,可以说覆盖到了生活认知的方方面面。因此在为儿童开展阅读疗法的过程中,绘本是最佳的阅读媒介。

1.2 奥尔夫音乐干预疗法

奥尔夫音乐干预疗法源于奥尔夫音乐教育体系,它由德国近代著名音乐家奥尔夫创立。它的主要教育对象是儿童,是目前在世界上流传最广、最具影响力的儿童音乐教学体系。奥尔夫音乐教育法强调音乐的原本性,以及身心合一的整体性。它坚持"即兴创造"原则,主张让儿童在没有技术负担的环境下对声音、节奏、旋律进行辨别与想象[5]。奥尔夫教育的一个重要特点是,"词和音乐必须同时从有节奏的玩和奏中即兴地产生",强化节奏和语言的作用,培养儿童的节奏感。临床证明,节奏感对于人"不仅是耳听、手动,甚至会影响到血液循环,呼吸、内分泌,以至到心脏全身,都会引起反应,这种感应就是所谓的'感情移入'"[6]。

大量的临床研究实验证明,自闭症儿童以及情绪障碍和心理疾病患儿对音乐、颜色都有着先天的敏感性。因此,若能将奥尔夫音乐与绘本讲读相结合来缓解心理疾病患儿的焦躁情绪、自我封闭、肢体不协调和语言障碍等表现,将是阅读疗法在实践中的一项重大突破。

2 研究方法和对象

辽阳市少年儿童图书馆与辽阳市特殊教育学校为邻,平时就有很多患有肢体残疾和心理疾病的儿童到馆借阅、参与活动。在平时的公益活动中,也有个别小读者在现场表现过情绪障碍。通过与市特殊教育学校沟通以及个别儿童的监护人的交流,最终确定两名儿童读者为本次奥尔夫绘本阅读疗法研究对象(文中所有患儿均为化名)。

2.1 研究对象

研究对象一,寒寒,男,6 岁。该名儿童两岁 3 个月时,因为对外界声音不敏感而做了发声系统和听觉体统的检查,排除了先天性聋哑基因。三岁时,伴有眼神游离,注意力不集中,不愿意与他人交流和发生肢体接触,重复单一动作,伴有攻击性行为。三岁半,经市精神卫生中心专业诊断,为轻度自闭症。

寒寒的具体表现:情绪变化快,开心、失落、暴躁均表现为无理由无征兆的变化;不主动与人打招呼,不与陌生人发生眼神交流;同一个动作会无意识地反复重复,对自己熟悉的空间有强烈的依赖感。

研究对象二,萱萱,女,5 岁。该名女童是辽阳市少年儿童图书馆常规读者,经常参加图书馆举办的公益课堂和公益比赛。通过馆员观察发现,萱萱每次参加活动必然伴有哭泣和情绪焦躁的情况发生。主要诱因是在参与活动的过程中,一旦完成任务的速度和质量稍显逊色,萱萱就会寻求家长庇护并开始情绪化大哭。遇到微小的困难也会马上自暴自弃,并开始对馆员产生攻击性行为。

萱萱的具体表现为:孤僻,不主动与同龄人交流;胆怯,从不主动发言,即使被动状态下也会放弃任务;注意力不集中,缺乏守恒;节奏感差,观察力不敏锐。

2.2 研究方法和成果预估

首先,针对两名不同情况的目标儿童准备不同书目。其次,制订治疗计划,并开始于家长和辅导老师沟通。考虑到治疗效果,在群体治疗时,少儿图书馆会邀请目标儿童相对熟悉的同龄人一共参与活动。

对于寒寒,预估成果为:能有保证有基本的眼神交流,可以接受外界信息,不排斥群体活动,减少无意识重复行为,在阅读时提高眼球跟随轨迹。可以厘清人际关系,在经过启发后,身体可以做出相应音乐的律动。

对于萱萱的预估成果为:建立自信,增强观察力,提升抗挫败能力,能够管理负面情绪,提高注意力,完成自主阅读。

3 实施过程

治疗共分为两个阶段进行,每个阶段为三个月。期间,目标儿童每周接受辅导一次,每次40—60分钟不等。

3.1 甄选书单[7-8]

表1 寒寒的绘本书目单

序号	书名	适应症状	治疗目标
1	《换一换》	信息封闭，情感封闭	吸引目标儿童发生眼球注视，扩展其心理安全区域
2	《咔利咔嚓》		
3	《谁藏起来了》		
4	《蹦》	信息封闭无法信息定向	促进目标儿童产生追随性的眼球轨迹，提升其视觉搜索能力，培养轮换意识
5	《小小手啪啪啪》		
6	《跟屁虫》		
7	《棕色的熊》		
8	《啊呜》		
9	《可爱动物操》	肢体不协调	提高运动协调能力，自我认知
10	《家庭》	情感疏离，分离恐惧	建立情感认知，释放情感讯号，提升对色彩和节奏的敏感度，用色彩表达感情认同，建立与他人的信任
11	《母鸡萝丝去散步》		
12	《七彩下雨天》		
13	《爱听故事的大熊》		
14	《小猫头鹰》		
15	《生气汤》	焦躁情绪，攻击性行为，烦躁易怒	帮助目标儿童寻找释放信息、释放情绪的方式
16	《彩虹色的花》		
17	《生气的亚瑟》		
18	《石头汤》	社交恐惧，拒绝合作，兴趣狭窄，不自信	帮助目标儿童接纳自己，接受规则，参与合作，发生主动性语言交流
19	《拔萝卜》		
20	《这是什么队列》		
21	《跟山羊老师要抱抱》		
22	《勇气》	社交障碍，表达能力差	正视自己，克服失败感
23	《第一次旅行》		
24	《做朋友吧》		

表2 萱萱的绘本书单

序号	书名	适应症状	治疗目标
1	《啊呜》	胆怯、社交障碍	帮助目标儿童建立正确的自我认知，克服社交恐惧感
2	《这是我的》		

序号	书名	适应症状	治疗目标
3	《没关系没关系》	挫折障碍	正确处理冲突,控制负面情绪
4	《哭了》		
5	《阿内宫大战塔罗拉》		
6	《麦克·马利甘和他的蒸汽挖土机》		
7	《乌云之上有晴空》		
8	《阿文的小毯子》	分离恐惧	帮助目标儿童培养独自社交的能力
9	《小猫头鹰》		
10	《我好担心》		
11	《不一样的卡梅拉——我不是胆小鬼》	自卑心态,自暴自弃,抗压力弱	自我认知,帮助目标儿童正视自己的缺点,处理沮丧、消极情绪,建立自信
12	《重要书》		
13	《做朋友吧》		
14	《小兔波利品格养成系列——波力你真棒》		
15	《勇气》		
16	《大脚丫跳芭蕾》		
17	《拔萝卜》	排斥合作,缺乏同情心	融入集体,接受秩序,找到群体中的存在感,主动给予他人情感关怀
18	《奥古斯汀》		
19	《幸福的大桌子》		
20	《我的朋友难过了》		
21	《我的爸爸叫焦尼》	社交恐惧,无法独自完成任务	帮助目标儿童建立自信,承担责任,在公众场合主动发言,乐观面对失败和挫折
22	《把帽子还给我》		
23	《不是我的错》		
24	《第一次上街买东西》		

3.2 治疗过程

表3 寒寒治疗过程

疗程	时长	群体/个体	活动目标	具体步骤
第1—3个月	40分钟	个体	建立信任,感知节奏,实现对目标儿童封闭情感世界的突破。激发儿童附和音乐的积极性;通过辅导老师与家长的肢体动作刺激患儿的眼球追随活动,提升视觉搜索能力	1.辅导老师先与家长、目标儿童一起唱《问候歌》,观察患儿信息反射程度。 2.辅导老师与家长手拉手,和着2/4拍节奏,唱童谣,伴有蹦、跳等动作,让儿童感受节拍与心跳的互动。 3.选取绘本书讲读,在儿童在家长怀里或大腿上听故事。 4.重复故事,这次再读到主人公名字时,辅导老师和家长拍手,做出声音反射,刺激儿童听觉。 5.配合2/4拍节奏的音乐再次讲读绘本,鼓励儿童自助拍手响应
第4个月	60分钟	群体	增强肢体协调能力,启发目标儿童运用语言表达自己意愿,接受社交规则	1.辅导老师、家长以及同伴围成一圈,唱《问候歌》,用音符名称为自己起名字,如"do""re""mi" 2.辅导老师讲读绘本,配合实物道具加强儿童认知 3.针对绘本内容提问 4.在背景音乐下,辅导老师带领儿童集体做出绘本故事中的场景,如"拔萝卜""散步"等
第5个月	60分钟	群体	增强语言表达能力、处理负面情绪的能力;接纳别人,尝试与不同的人合作,不再对来自父母以外的肢体接触产生恐惧,培养轮换规则意识	辅导老师用非洲鼓演奏背景音乐。 1.辅导老师讲社交类绘本并提问。 2.孩子在辅导老师指导下做出绘本书中拥抱、鼓掌、拍肩膀等动作。 3.面对面站成两个圈,辅导老师说出书中主人公的动作,内、外圈相对的孩子合作模仿
第6个月	60分钟	群体	参与即兴音乐演奏,融入集体,表达自己的意图,主动与他人交流,保持更持久的注意力,提高规则意识	1.孩子团团围坐,家长不再参与,一起在童谣背景音乐下玩"丢手绢"游戏。 2.辅导教师讲绘本。 3.每个孩子各挑一样乐器,在老师的指导下演示背景音乐,两个组成一组,轮流完成演奏任务相互鼓励同伴

374

表4 萱萱的治疗过程

疗程	时长	群体/个体	活动目标	具体步骤
第1个月	40分钟	个体	建立信任,熟悉环境,培养兴趣	1. 辅导老师和家长以及目标儿童围坐成一圈,唱问候歌。 2. 辅导老师用2/4拍唱《交通工具歌》,家长和儿童一起回应老师。 3. 讲绘本。 4. 辅导老师即兴唱出绘本内容,家长和孩子拍手配合
第2个月	40分钟	个体	调动参与积极性,强化注意力,能积极参与有节奏的运动来促进听觉动作通路	1. 辅导老师唱《小书童》,家长孩子一起模仿。 2. 练习《走与声势的结合》,培养身体与节奏的协调,调动孩子参与热情。 3. 讲绘本,如《我的爸爸叫焦尼》,鼓励儿童的自我介绍。 4. 用2/4拍韵律节奏演示绘本内容,将儿童角色带入
第3个月	60分钟	个体	强化身体同音乐背景的融合,使目标儿童根据特定节奏、乐器管理情绪,释放情绪	1. 辅导老师唱《幸福拍拍手》,目标儿童一起在特定的小节拍手、踩脚,释放恐惧情绪。 2. 讲读克服分离恐惧的绘本如《小猫头鹰》。 3. 辅导老师演绎绘本,让儿童通过声音指认角色。 4. 配上舒缓的音乐,辅导老师分角色读绘本
第4个月	60分钟	群体	在集体中找到存在感,尊重和接受别人,接受规则	1. 集体唱《去果园》,边唱边踩脚、拍手,歌曲结束后互相拥抱。 2. 讲绘本,如《拔萝卜》。 3. 分角色进行演绎绘本,做出拔萝卜的动作。 4. 每名成员说出自己在队伍中的次序,以及帮助了哪位成员
第5个月	60分钟	群体	独立完成任务	1. 每名成员挑一样乐器,配合3/4圆舞曲打拍子,每名成员介绍乐器。 2. 讲绘本,如《勇气》《大脚丫跳芭蕾》等。 3. 提问孩子最怕什么,为什么。每说一样,大家鼓掌鼓励一下。 4. 站成一圈,随着3/4圆舞曲跳舞,每人轮流到中央单独转一圈
第6个月	60分钟	群体	独立完成任务,参与团队合作,分析问题,重复问题	1. 辅导老师带领孩子们在A地点,演奏背景音乐,让孩子们辨别曲中都有什么乐器,然后要求孩子们轮流去B地点取来相应乐器。 2. 让孩子们选取绘本独立讲读。 3. 在背景音乐下,辅导老师讲绘本,与孩子互动

3.3 治疗效果

寒寒在经过 3 个月治疗之后,可以保持稳定的眼球轨迹,听故事时的注意力时长从 1 分钟延长到 3 分钟左右。虽然仍然伴有重复性动作,并不愿意离开自己的心理安全区,但是在第 3 个月之后,可以在家长的陪同下与辅导老师击掌、握手。在第 1、2 个月,孩子排斥书本,有扔书、摔玩具的现象,在第 3 个月,可以在家长怀里,无目的地翻书,受节奏、语气的影响时,会发出"啊""嗯"的声音,可以在家长的配合下随着节奏拍掌,在特定声效下,目光能做跟随性的停留。

6 个月后,在家长和同伴的伴随下,寒寒可以与辅导教师有肢体接触,眼神交流时间长,对声音有原发性第回应。不排斥交流,可以与同伴一起完成任务,接受规则。在舒缓、轻快的背景音乐下,有不同的肢体表现。手指指向活动也有很强的目的性,对颜色、线条有眼神跟随轨迹,在 2/4 拍的节奏下喜欢敲鼓、敲门,童谣的韵律让他更放松。

萱萱在前 3 个月,依然有恐惧心态,时常伴有哭泣、大闹等情况。从第 3 个月开始,渐渐融入音乐游戏中来,能在家人的陪伴下可以做出模仿动作。从第 4 个月开始,萱萱渐渐可以在辅导老师的鼓励下配合他人完成任务,虽然失败后依然有哭泣,但是次数减少;可以清晰地重复信息、传递信息;在有音乐的情况下可以更大声、更自信地表现自己。在 3/4 拍子的节奏下,萱萱显得更轻松,更容易融入集体。

4 奥尔夫音乐绘本阅读疗法效果分析

大量的研究显示,有情绪障碍的儿童对视觉刺激和声音有更佳的处理能力。若能以图片、照片、手势、音乐等线索作为媒介,可以帮助带有情绪障碍和社交障碍的儿童更好的处理和响应外界信息。因此,辽阳市少年儿童图书馆创新性地将奥尔夫音乐疗法与绘本阅读疗法科学的融合,为图书馆开展特殊儿童服务提供了新的理论支持和实践参考。

4.1 音乐疗法角度的分析

两名儿童的治疗,均以奥尔夫音乐干预为突破口,是有着科学的策划的。从音乐节拍、韵律和歌词的选择上,都是有着明显的干预目的。研究和实验证明,音乐,以五种干预形式在提高情绪障碍患者的语言能力,改善患者社会回应能力,管理情绪等方面有着显著的作用,这五种形式分别为:接受性音乐干预、创作性音乐干预、即兴音乐干预、娱乐性音乐干预、音乐游戏。在辽阳市少年儿童图书馆的案例中,基本将这五种音乐类型全部用于实践中,可以清晰地看到目标儿童在即兴音乐环境下释放紧张情绪,在音乐游戏中提高了参与热情,在创作性音乐干预下,对阅读更为专注。比如寒寒在第二疗程后期,对 2/4 拍音乐表现出明显的兴奋,自发性律动也更积极;萱萱对 3/4 拍节奏更敏感,在舒缓的背景音乐下,更容易专注阅读。这些实践结果再次证明了"背景音乐可以促进阅读和学习行为的发声,帮助儿童减轻焦虑,提高阅读理解能力和记忆力"这一研究结果。因此,在阅读疗法中加入音乐的作用,是非常必要的。

4.2 绘本阅读疗法角度分析

绘本的表现手法更适合孩子或者有认知障碍的成人。画风多样,画面感强,给儿童带来的视觉冲击要优于文字。另外绘本创作发展到今天,可以说种类已经非常全面,基本上可以涵盖生活认知、情感疏导、语言教育等多个方面,绘本能通过画面和文字带给儿童无限的联想,这种联想可以通过特定的疏导延伸至生活实践。但是如何为患有情绪障碍的儿童实现这种绘本到实践生活的延伸性联想,一直是家长和辅导教师的关注课题。奥尔夫音乐教育中强调"语气"游戏教学正好可以解决这个问题,通过让音乐、语气与绘本阅读三者科学的结合,配合特殊处理的语气和节奏为儿童讲读绘本,可以让儿童的听觉发展与情感紧密连接,也就是我们说的"说话听音"[6]61,让孩子通过语气和节奏去领悟绘本内容,有效提高孩子的注意力和理解能力。

辽阳市少年儿童图书馆在奥尔夫音乐干预法和绘本阅读疗法的理论研究基础上,创新性地将二者融合作用于实践中,为图书馆服务开展特殊群体服务,特别是情绪障碍性儿童服务提供了新的可参考的专业案例。需要说明的是,本案例具有个别性,不具有普遍意义,但是至少开创了音乐干预治疗和绘本阅读治疗体系在实践中相结合的先河。在今后的实践中,家长、图书馆以及特殊教育工作者还需要在音乐选择、绘本童谣编排以及音乐游戏等诸多方面开展更严谨、更专业的探索。从目前的实践结果来看,开展奥尔夫音乐绘本疗法还需要培养家长和馆员的操作水平,毕竟,让更多的情绪障碍儿童以及特殊儿童得到治疗是全社会共同的责任。希望图书馆,特别是少年儿童图书馆,从工作中的实践案例获得启发,为图书馆的阅读服务注入更多专业知识,使这类实证研究的数据越来越多,不断推动图书馆阅读服务发展。

参考文献

[1] 常欣,刘雨婷,王沛,等.音乐干预对自闭症儿童语言障碍的影响[J],心理科学进展,2016(9):1391-1397.

[2] 李文祥.阅读疗法在少儿图书馆阅读推广服务中的应用研究[J].河南图书馆学刊,2018(3):138-140.

[3] 张赟玥,徐恩元.我国面向儿童的阅读疗法研究述评[J].图书与情报,2009(2):16-17.

[4] 李能.针对"攻击性"幼儿读者的阅读疗法个案研究[J].图书馆杂志,2017(4):59-62.

[5] 李昕昕.奥尔夫教学法对农村留守儿童人际交往障碍的干预研究[J].上海教育科研,2017(11):83-86.

[6] 李姐娜,修海林,尹爱青.奥尔夫音乐教育思想与实践[M].上海:上海教育出版社,2010:41-49.

[7] 陈书梅.儿童情绪疗愈绘本解题书目[M].台北:台湾大学出版中心,2009.

[8] 杨涤.孩子成长必读的180本经典图画书[M].杭州:浙江少年儿童出版社,2015

发展心理学指导下的少儿真人图书馆探析

郝天晓　胡　莹(吉林省图书馆)

对于少儿真人图书馆这一概念,在业界并没有明确的定义。笔者参照真人图书馆的定义,从少儿读者的特点、开展少人真人图书馆意义的角度认为:少儿真人图书馆是把真人当作图书提供给少儿读者"阅读"的一种文化服务形式。通过真人图书与少儿读者之间面对面沟通、交流、分享、教授等方式,让少儿读者在这种独特的阅读体验中,树立正确的世界观、价值观、人生观,从而帮助他们健康成长。

1 少儿真人图书馆概述

1.1 背景

"真人图书馆"源于 2000 年丹麦的罗斯基勒音乐节。最初是以"Living Library"的名义推出的与图书馆借阅图书类似的"借人"阅读服务,通过读者与真人图书面对面交流与互动,与真人图书一起分享他(她)的人生经历与价值观念。自 2011 年 1 月之后,"Human Library"这一新的名称取代了原有的"Living Library"。新名称突出了被当作图书的"真人"在这种特殊阅读体验过程中所起到的作用。"真人图书馆"在国外的开展已有 10 多年的历史,除创始国丹麦以外,瑞典、芬兰、挪威、意大利、荷兰、比利时、西班牙、德国、日本、美国等国家也开展过"真人图书馆"活动,截至 2012 年底,至少有 44 个国家举办过这一活动。"真人图书馆"因其独特的服务模式,在世界范围内蓬勃发展[1]。

1.2 现状

国内"真人图书馆"的活动始于 2009 年,由上海交通大学图书馆率先拉开了"真人图书馆"的序幕。随后,石家庄学院、同济大学、大连医科大学、江苏大学等高校的图书馆陆续开展"真人图书馆"服务[2]。专门针对少儿读者的"真人图书馆"活动出现得则稍晚一些,2011 年南京市六合区第二图书馆建立了南京第一家少儿真人图书馆。秦皇岛市图书馆则在 2012 年将"真人图书"直接带入了特教学校。吉林省图书馆于 2018 年 1 月正式开启了"少儿真人图书馆"活动。

"真人图书馆"的阅读过程有别于传统的纸质图书,是通过读者与真人相互交流的方式,完成整个阅读过程。这一阅读方式非常新颖,而少儿读者的特点则是愿意尝试新鲜事物,因而少儿读者对"真人图书馆"这一阅读模式会非常感兴趣。这一阅读方式,一方面能帮助少儿读者养成良好的阅读习惯;另一方面,真人图书所分享的人生经验、人生阅历、人生收获也能帮助少儿读者树立正确的世界观、人生观、价值观。而对于图书馆来将,"真人图书馆"模式拓展了传统图书馆的服务外延,丰富了图书馆的馆藏种类,弥补普通讲座类活动的缺陷和不足。

在中国知网,检索主题词"少儿 + 真人图书馆",结果为 5 篇;检索主题词"儿童 + 真人图书馆",结果为 5 篇;检索篇名和关键词则结果更少。可见"少儿真人图书馆"作为一种有别于传统服务的创新模式,在业界的推广程度和重视程度都不甚理想。也缺少一种成熟的理论对少儿真人图书馆的服务模式进行有效的指导。

2 发展心理学与少儿真人图书馆

发展心理学(Developmental Psychology)是研究种系和个体心理发生与发展的学科。心理发展指从动物到人类的心理演变过程。个体心理发展指人类个体从受精卵开始到出生、成熟直至衰老的整个生命中心理发生和发展的过程。发展心理学主要包括动物(比较)心理学、儿童心理学、中年心理学和老年心理学等,其中儿童(含青少年)心理学又是发展心理学的主干内容。狭义的发展心理学就是指儿童心理学[3]。

本文所提及的发展心理学即指儿童心理学。把发展心理学作为少儿真人图书馆的理论指导,可以让少儿真人图书馆从确定活动主题到选定嘉宾,再到丰富活动内容、完善后续工作,都能够以少儿读者的特点为出发点,做到有的放矢,以达到更好的效果。在发展心理学领域中,瑞士心理学家皮亚杰的认知发展理论广为人知。所谓认知发展是指个体自出生后在适应环境的活动中,对事物的认知及面对问题情境时的思维方式和能力表现,随年龄增长而改变的历程[4]。

在皮亚杰的理论中,根据认知发展可以把未成年人按照年龄分为四个阶段。即 0 岁到 2 岁的感知运动阶段、2 岁到 7 岁的前运算阶段、7 岁到 12 岁的具体运算阶段、12 岁到 15 岁的形式运算阶段。鉴于 0 岁到 2 岁的读者认知能力有限,尚处于亲子阅读的阶段,不适合体验少儿真人图书馆。因此笔者只从后三个阶段进行分析阐述,通过后三个阶段少儿读者的认知方式、认知特点和认知能力的分析,在确定主题、选择真人图书、活动形式等方面开展为少儿真人图书馆活动提供一些指导。

2.1 2 岁到 7 岁的前运算阶段

处于这个阶段的儿童,他们的学习特点是知识大部分来源于自己的知觉,通过自己语言和想象来发展符号化的图式。也就是说,随着他们语言的发展,他们开始尝试借助表象符号来代替外界事物。在这种表象思维的过程中,儿童会在脑子里把事物和动作内化,即把自己感知到的行为在大脑中再次构建。

2.1.1 主题

对于这个阶段的孩子来讲,如何养成良好的生活习惯、阅读习惯,如何提高情商、智商是很多家长都比较关心的问题,也是很多低幼图书所选定的题材。那么少儿真人图书馆在选定主题的时候,也应该把这些有助于孩子成长的因素也考虑进去,主题的选定要以"教育"为主。比如选择和身体有关的"健康系列",和心理有关的"快乐系列",以及和习惯有关的"好宝宝系列"。

2.1.2 内容

这一阶段的孩子是用知觉来感知这个世界。也就是说,当一个陌生人来到他们面前的时候,他们会通过这个人的肤色、相貌、发型、衣服、声音、肢体动作等来判断,这个人是否能够亲近。因此针对这个阶段的孩子,女性"真人图书"会比男性"真人图书"更容易被孩子们接纳。而只有孩子们先在心理上接纳了这本"真人图书",才可能静下心来,倾听"真人图书"到底在说些什么,做些什么。一些特殊职业,比如幼教、少儿主持人等,因其职业影响所导致的说话方式有较高的亲和度,会更容易让这一阶段的孩子们接近。针对这一阶段的孩子,"真人图书"的资源相对会欠缺一些。

2.1.3 形式

从 2 岁起,角色扮演游戏似乎成为儿童之间互动的重要方式,儿童会分饰不同但相关联的角色,比如公交车司机与乘客,或者妈妈与孩子[5]。少儿真人图书馆作为以真人为图书的一种特殊的阅读,它的独特魅力就在于读者与"真人图书"之间的互动。

这一阶段的孩子语言缺乏条理性,具有情境性特点。那么就可以抓住这个特点,通过角色扮演的互动方式,把传统真人图书馆的读者主动提问转变成诱导式提问。在角色扮演的过程当中,诱导孩子发出提问。这样阅读"真人图书"的过程就会在他们的脑子里内化,从而当场景再现时,达到既定效果。比如开展"宝贝要洗手"这样的健康主题,"真人图书"便可以一边分享自己小时候的洗手经历,一边和孩子们互动,双方各扮演细菌和香皂,让香皂打败细菌的这一过程在他们的脑子里内化。之后当他们在生活中再看到香皂的时候,脑子里就会出现香皂打败细菌的场景,自然而然就愿意场景重现,赶快去洗手了。

2.2　7 岁到 12 岁的具体运算阶段

处于这一阶段的孩子具有两个特点,第一是守恒性,第二是能够进行群集运算。但这种具体运算还不能脱离具体事务,并且没有形成一个完整的系统。他们可以运通一些技能,让自己对周围世界的规则和逻辑有个更清晰的认识,并用自己的推理能力来解决人际关系,用逻辑能力来比较对立的理论,可以从自己或者他人的立场考虑问题。但他们的思维却局限于相关或者相邻事物之间的关联,对于跨界事物之间的联系难以理解。

2.2.1　主题

和前运算阶段的孩子相比,具体运算阶段的孩子逻辑思维能力更强,所以除"教育"主题外,还可以选择开展"语言""科普""艺术"等主题。以吉林省图书馆开展的少儿真人图书馆为例,其中的"少儿朗诵技巧"一期,便是属于"语言"主题,少儿读者在和电台主持人的互动中,掌握了朗诵基本技巧,并和老师一起完成了"水调歌头·明月几时有"的朗诵节目。而"从小爱音乐"一期,则是属于"艺术"主题,把声乐教师作为真人图书,亲身示范,让少儿读者了解各类乐器,亲身感受音乐的魅力。

2.2.2　内容

可以根据不同类别的主题,选定相应的"真人图书"。鉴于此阶段的孩子在思维能力上尚未成熟,因此同等条件下的"真人图书"候选人中,优先选择有少儿教学经验、熟知儿童心理的"真人图书",如中小学一线教育工作者、少儿教育机构培训教师、少儿节目主持人、儿童文学作家、童书编辑等。

因为这个阶段的孩子可以站在他人立场思考问题,就让真人图书的人生经历分享变得更有意义。如吉林省图书馆就曾把吉林省著名轮椅作家李子燕作为"真人图书",供少儿读者阅读。李子燕通过自己人生经历的分享,让孩子们了解到她是如何用阅读帮助自己走出人生困境,又是如何通过阅读让自己一步步走上文学之路。那么这种现身说法,就很容易在少儿读者中产生共鸣,让他们能够深深地感受到阅读的强大力量。这种在真人图书阅读中感受到的共鸣,影响力要远远大于传统说教。

2.2.3　形式

具体运算阶段的孩子在专注力上要大大高于前运算阶段的孩子,所以在"真人图书"的讲述环节,可以适当地延长时间。游戏方面,经过了前运算阶段时期的"独立游戏""旁观""平行游戏""协同游戏""合作游戏"的过渡,对具体运算时期的孩子来说,团体合作游戏对他们更具吸引力。他们很喜欢和同伴相互交流,并从中积累社会经验。因此在"真人图书"与少儿读者的互动对话方面,也可以让少儿读者先分组讨论,通过他们之间的沟通交流先确定好要问的问题。这样也避免了个别少儿读者因缺少社会经验而不知从何问起的问题。

对于特殊群体,比如农民工子女、贫困儿童、病童、残疾儿童,可能会因为自身原因不方便出来体验这种真人阅读,那么也可以把少儿真人图书馆走进学校、医院,把"真人图书"带到这些孩子们的面前。

2.3　12 岁到 15 岁的形式运算阶段

形式运算思维的主要特征就是能够区分现实性与可能性。可以离开具体事物,根据假设来进行逻辑推演的思维。例如,在问到未来想做什么职业的时候。形式运算阶段的孩子会考虑这个职业会不会赚大钱,会不会很有面子,会不会是自己喜欢做的职业。他们这种对未来的设想和计划,一方面是源于自己的理想,一方面是源于他们的认知。他们在得到有关这个职业的新的信息的时候,会根据新信息再来修改自己的想法。形式运算阶段的孩子最重要的特征就是,对于事件能够提出一个假设,并给予解释,然后又形成一个逻辑的假说。

总体来说,这一阶段的孩子具有六个特点。第一,他们可以统一时间处理两种以上的变量,能够多角度看待自己和周围的事物。第二,他们可以意识到事情是在发展和变化的。第三,对于可能发生的事情,他们能够对之进行逻辑性假设。第四,对他们行为的结果,可以做出适当的预期。第五,他们能够看到事物内部的一致性或逻辑联系。第六,对于自己和周围环境能够客观分析。

2.3.1　主题

这个阶段的孩子大部分处于青春期,而青春期对于任何一个孩子来讲,无论是身体还是心理都是一个很重要的过渡时期。他们所要面对的最重要问题已经不是如何养成良好生活习惯、阅读习惯了,而是如何正确地处理人际关系,如何制定好人生的每一步规划,如何理性地树立起人生目标。因此"职业生涯""人际关系""家庭关系"等主题,会比较符合这一阶段少儿读者的需求。

2.3.2　内容

职场成功人士、中高考优秀考生、初高中优秀教师、心理咨询师、职业规划师都比较适合作为这个年龄段少儿读者的"真人图书"。因为此年龄段的少儿读者已经有了独立思考的能力,与"真人图书"之间的互动提问不仅不会冷场,甚至还可能因为他们青春期叛逆的特点而对"真人图书"提出一些比较刁钻的问题。这个时候对"真人图书"的要求就比前两个阶段要高一些,最好有和这个年龄段孩子打交道的经历,还要有临场应变的能力。

2.3.3　形式

此阶段的少儿读者大部分处于初中阶段,节假日、寒暑假期间仍然有着繁重的课业任务,因此开展"真人图书"阅读服务,最大的障碍时间和地点。因此媒介融和的形式便可以考虑进来。媒介融合(Media Convergence)原是新闻传播学领域的概念,是指媒介发展正面临一个新的功能,一体化的阶段,不同的媒介类型将融合在一起,共同参与信息的生产、传播、消费等环节[6]。以吉林省图书馆为例,该馆就与吉林省教育广播"天天家长会"栏目合作,现场模式与直播模式相结合,让没有时间出门参与阅读活动的少儿读者也能通过电波感受到"真人图书"带来的阅读体验。此外,通过 AR、VR 打造虚拟少儿真人图书馆、通过微信群、qq 群打造文字少儿真人图书馆、通过直播软件打造直播式少儿真人图书馆都可以作为媒介融合下的新尝试。这一阶段的孩子本就愿意尝试新鲜事物,通过媒介融合把少儿真人图书馆进行打造包装,就会吸引更多少儿读者的注意力,让他们能够积极参与其中。

少儿真人图书馆的服务模式对于图书馆界来讲是一种创新和尝试,是顺应社会进步、科技发展的产物,是网络信息时代阅读方式的变革。它必将为少儿读者的阅读世界打开一扇全新的大门。鉴于少儿读者在不同年龄阶段具有不同的思维特点,因而把发展心理学当作指导理论非常必要。希望业界对于少儿真人图书馆能够多一些关注,在这个新的领域内更进一步的推动少儿阅读推广工作。

参考文献

[1] 万文娟. Human Library:图书馆延伸服务的新阵地[J]. 图书馆论坛,2014(1):27-33.

[2] 叶艳萍,沈丽红,边国尧."真人图书馆"的尝试与探讨[J]. 河南图书馆学刊,2017(4):93-94.

[3] 发展心理学[EB/OL]. [2019-04-03]. https://baike. baidu. com/item/% E5% 8F% 91% E5% B1% 95% E5% BF% 83% E7% 90% 86% E5% AD% A6/85520#ref_[1]_11217356.

[4] 认知发展理论[EB/OL]. [2019-04-03]. https://baike. baidu. com/item/% E8% AE% A4% E7% 9F% A5% E5% 8F% 91% E5% B1% 95% E7% 90% 86% E8% AE% BA.

[5] 哈里斯. 想象的世界. [M]. 王宇琛,刘晓玲,译,上海:华东师范大学出版社,2014:29.

[6] 王焕景,隋欣欣. 媒介融合视角下真人图书馆形态创新探析. [J]. 图书馆学研究,2017(23):11-14.

美国公共图书馆暑期阅读项目百年考察

刘　艳(江西省图书馆)

美国公共图书馆暑期阅读项目(Summer Reading Program,以下简称 SRP)肇始于 19 世纪 90 年代中后期,跨越 3 个世纪已有 100 多年的历史。经过百年传承与发展,SPR 成为美国公共图书馆工作的重要议题。根据资料显示,截至 20 世纪末 SPR 覆盖了全美国 95% 的公共图书馆[1],它已成为美国参与最广泛、影响力最大的全民阅读活动。SPR 发展至今业已形成丰富的实践经验与理论成果,对各国图书馆界开展全民阅读起到积极的示范作用与借鉴意义。为此,本文将对 SPR 的百年历史进行梳理、考察与分析,探讨该项目对我国暑期阅读开展的借鉴意义。

1　美国暑期阅读项目发生的驱动力

1.1　历史驱动力:学校校历

SPR 的发生与美国在建国之初为典型农业国家有很大的关系[2]。在美国早期的正规教育中,学校校历是为了满足社区需要而设计的。在农业地区,学校校历只有 5、6 个月的时间,以便这些孩子能够自由参与种植、秋收等农业活动。在 19 世纪末 20 世纪初,儿童在校时间标准得以实施,学校在夏季关闭,9 个月的校历是美国从事农业家庭的儿童在校时长标准。20 世纪美国完成城市化及现代化进程实现了从农业国家向工业国家的转变,目前只有 3% 美国人的生计与农业周期有关,但是校历却没有变化[3]。就工业国家而言,美国儿童在校时长处于最低状态,只有 175—160 天[4]。在 20 世纪中,关于儿童在校时长的讨论一直存在,越来越多的人认为儿童应该花更多的时间在学校里,主张改变学校校历延长学生在校时间[5]。与此同时也存在另一种声音,认为延长学校校历会增加运行成本,同时也会对老师与学生形成倦怠[6-7]。鉴于此,美国学校校历并没有出现大规模的更改或替换。

1.2 理论驱动力:夏季滑坡

SPR 与"夏季滑坡"(Summer Slide)现象紧密相连,夏季滑坡是学生在暑假期间由于停止阅读、学习,造成其在学年期间获得或形成的阅读能力、学习能力下滑的情况[8],即学生在暑假中因脱离学校常态的学习环境而导致知识遗忘、学习能力退化的现象[9]。其他表述有:暑期学力丧失(Summer Learning Loss)、暑期学力差距(Summer Learning Gap)。美国儿童的暑假长达三个月的时间,长假打破了儿童学习的进程,如果不阅读、不复习、不学习,会造成阅读能力、运算能力的退化或知识的遗忘,当学生秋季返校时则需要花更多的时间重拾阅读与运算技能或重温知识[3]。夏季滑坡现象引起美国教育界、图书馆界的广泛重视。其中一项重要的"暑期学力丧失实证研究"显示,在暑期中,数学运算技能的下滑只需 2.6 个月,阅读水平的下滑则为 2 个月,整体学习能力的下滑仅为 1 个月,而秋季开学后教师需要耗费 6 周的时间为学生补课以弥补"夏季滑坡"[9]。密苏里—哥伦比亚大学(University of Missouri-Columbia)的 Harris Cooper 等人在《暑假对成绩的影响:基于叙事与元分析视角》(*The Effects of Summer Vacation on Achievement Test Scores:A Narrative and Meta Analytic Review*)一文中梳理了美国自 1906 至 1994 年共计 39 项关于夏季下滑的实证研究,证实对学生的暑期学习进行干预,能够有效对抗夏季滑坡[3]。从暑期滑坡研究首次出现的时间来看,SPR 的开展与夏季滑坡理论、实践研究并行发展,丰富的研究成果不断牵引 SPR 持续开展。

1.3 教育驱动力:与校互补

SPR 的发生与学校校历、学生暑期脱离学校环境关系密切,可以说教育驱动是 SPR 形成与发展的应然逻辑。在美国,公共图书馆为学龄儿童提供阅读服务是作为学校教育的补充。早期美国公共图书馆开展少儿服务主要是承担为在校儿童提供课程的参考书目的职能,而阅读指导、阅读活动的开展仍以学校教师为主;19 世纪 80 年代后,公共图书馆开始直接面向儿童提供服务,不仅提供书单还包括培养阅读兴趣、加强阅读指导等[10]。随着时间的推移,人们越来越认识到公共图书馆在儿童教育中的重要作用,同时也意识到阅读是教化的重要手段[10]。暑期时间跨度长、夏季滑坡现象的证实以及公共图书馆的社会教育职能促使 SPR 能在美国持续百年,成为教育界、图书馆界、出版界等共同关注的阅读活动。在实践中,公共图书馆与学校之间形成良好的合作关系,在每年 SPR 实施之前,馆员会到各个学校进行活动的宣传与组织,项目结束后会要求各个学校将阅读数据进行反馈,以探查、评估 SPR 的实施效果,这也体现了美国 SPR 研究的优秀循证传统。大量的实证研究表明,参加 SPR 的儿童与阅读能力的提高之间存在着积极的关系。SPR 对于儿童教育方面的重要作用也促使暑期项目的经久不衰。

1.4 组织驱动力:业界重视

SPR 与美国公共图书馆职业化进程同步发展[2]。19 世纪末 20 世纪初美国公共图书馆运动开始,以创办图书馆学专业杂志,成立图书馆行业协会为代表促进图书馆职业的专业化发展,而美国公共图书馆面向儿童的阅读服务也在其中获得发展。在 19 世纪 90 年代之前,美国禁止 14 岁以下的孩子进入图书馆借阅图书,1890 年这一规则被打破。SPR 的萌芽出现在 19

世纪中后期到 20 世纪初,这与美国公共图书馆运动的时间基本一致。早期 SPR 的开展除了教育目标及增加读者流通量的作用之外,很大程度上也宣传和推广了图书馆。随着 SPR 的继续实施,社会大众对图书馆的知晓程度大幅提高,民众阅读需求增加,在 20 世纪初到 1914 年第一次世界大战爆发之前许多公共图书馆及分馆得以建立,儿童阅读服务也在其中得到重视。在此同时,专业图书期刊(*Library Journal*,*Junior Libraries*,*School Library Journal* 等)的出现为 SPR 提供了宣传推广与探讨研究促使 SPR 在反思、总结中进一步成长。美国图书馆协会、美国儿童图书馆服务协会、美国青少年服务协会在 1900 年前后相继成立,为协调和指导 SPR 提供组织保障。1933 年《公共图书馆标准》实施,儿童阅读服务继续受到重视并被写入服务标准;1956 年《公共图书馆服务》颁布,详细规定了儿童阅读服务图书购买的种类、数量要求以及儿童优先的服务标准。综上,业界对儿童阅读服务的重视可见一斑,直接催生了 SPR 的持续推进与重视。20 世界 80 年代以来,社会各界对暑期项目的支持力度继续加持。历任国家领导人、第一夫人均力争成为阅读推广人,成为 SPR 的政府推动力量。克林顿总统时代的"暑期读写计划"(1995)、"美国阅读挑战"(1997);布什政府时期的"暑期阅读运动"(2001)、"不让一个孩子落后"(*No Child Left Behind*)教育改革法案中"暑期阅读计划"的举措等,此类计划、活动均彰显了政府对 SPR 的重视与宏观指导。在这一时期,美国暑期项目合作联盟(Collaborative Summer Library Program,简称 CSLP)、伊利诺伊州阅读发展项目(Illinis Reading Enrichment and Development,简称 iread)、全美暑期学习协会(National Summer Learning Association)等组织的成立,使 SPR 更具专业化、组织化、广泛化并走向成熟、繁荣的发展轨道。

2 美国暑期阅读项目的发展历程[①]

2.1 1895—1919 年:萌芽阶段

19 世纪末,克利夫兰图书馆联盟(Cleveland Library League)、匹兹堡卡内基图书馆的暑期游乐场图书馆(Carnegie Library of Pittsburgh's summer playground libraries)以及罗琳·休因斯(Caroline Hewins)在康涅狄格州哈特福德图书馆所做的一些工作,被认为是美国暑期项目的开端。

2.1.1 克利夫兰图书馆联盟

1895 年,琳达·伊斯特曼(Linda Eastman)创建了一份"图书馆中适合儿童阅读的最好书籍"的清单,并在暑假开始之前通过学校进行阅读书单的宣传与分发,目的是让更多的儿童在暑假期间走进图书馆;她跟踪了"暑期阅读书单"的实施效果,指出通过项目的实施暑期儿童读者数量获得了增加。1897 年,在美国图书馆协会年会(费城会议)上她向大会报告了"暑期阅读书单"的实施效果并促成克利夫兰图书馆联盟的成立,目标是扩展图书馆新用户,教会儿童懂得爱惜书籍,增加对儿童读本的关注、引导儿童阅读适宜的好书等,而宣传图书馆及其资源是该联盟的最大目标。随着该联盟成员的不断扩容,她又创建了由会员组成的读书俱乐部,并意识到工作中不能仅仅停留于对"爱惜书籍"的理念教授与推广之上,而要把重点置于阅读之中。克利夫兰图书馆联盟对图书馆的宣传起到了积极的作用,也使终日无所事事而在街上

---

① 该部分未注明引用的案例、数据均来源于 Stephanie Bertin 的硕士论文 *A History of Youth Summer Reading Programs in Public Libraries*。

闲逛的孩子开始利用图书馆。孩子们被要求列出自己最喜欢的 6 本书并向其他人进行分享，这是早期 SPR 阅读日志的开端。图书馆联盟模式在 1 年之内被迅速效仿，6 家图书馆成立了图书馆联盟。宣传图书馆、爱惜书籍、改善阅读是这一时期此类联盟的最大目标。随着图书馆联盟模式的继续推进，阅读指导开始成为图书馆联盟模式的关注焦点。例如，马里兰州洛厄尔（Lowell，MA）图书馆联盟的第一目标是"促进和培养孩子们对良好阅读的热爱"。

2.1.2 暑期游乐场图书馆

1900 年，匹兹堡卡内基图书馆实施"暑期游乐场图书馆"项目也推动 SPR 的建立。该图书馆开设了 5 个"暑期游乐场图书馆"，图书馆工作人员给孩子们分发图书阅读并开展讲故事活动。游乐场关闭后，孩子们对图书馆形成依赖刺激了孩子们对于图书借阅证的需求并使其成为图书馆的常客。该项目的隐藏目标还有：向非图书馆用户介绍图书馆、教授图书馆使用规则以及如何更加明智地选书。随着项目的成功和普及，该模式得到传播与复制，游乐场的数量有所增加。例如：纽约州宾汉姆顿（Binghamton，NY）暑期阅读游乐场，以讲故事分享阅读为主要形式，有些游乐场里指定专门图书进行流通，这实际上是融合了"阅读清单"模式，有些游乐场则对图书不进行限制，开放了读者阅读图书的选择权。

2.1.3 暑期阅读俱乐部

在康涅狄格州哈特福德图书馆工作的罗琳·休因斯创建了影响 SPR 的第三大项目——暑期阅读俱乐部。该项目的目标主要集中在阅读指导上，围绕阅读主题进行活动设计话题讨论，每周一次，打造了"书谈""讲故事""大声朗读"等活动模式，成为 SPR 的不同表现形式。此外，她通过"暑期特借权"改革借阅模式让孩子在暑期可以借阅更多的图书。暑期俱乐部模式在美国公共图书馆界迅速风靡。1903 年，新泽西州麦迪逊公共图书馆的暑期阅读俱乐部以儿童讲故事的形式督察阅读效果，每周 1 次，持续 6 个星期。在该项活动开展的第一年，要求儿童从图书管理员提供的"100 本图书阅读清单"中阅读 5 本书。开展的第二年，则编制了主题清单。孩子们要在"阅读阶梯"（Reading Ladder）填上六本书，最下面是最简单的一本书。孩子要标记最喜欢的书，在书的开始写上"我读过了"并在书的结尾签上自己的姓名。"阅读清单""阅读阶梯""每周课程""阅读证书"是暑期俱乐部的主要表现形式。1910 年后，SPR 有了更多的发展。例如：圣安东尼奥卡内基图书馆（SanAntonio Carnegie Library）为 SPR 制定了按难度排序的图书清单；斯波坎（Spokane）的公共图书馆在学年结束时向所有借书证的孩子发送明信片，邀请他们来图书馆，并宣布新的书籍和假期借阅特权，超过 45% 的儿童做出了答复表示愿意参加 SPR；长岛（Long Island）的暑期俱乐部使用"每周课程"形式举办不同主题的讲座。

综上，SPR 无论是称其为"图书馆联盟""阅读俱乐部"还是"暑假图书馆"，公共图书馆为少年儿童专门开设暑期阅读服务在 1895—1919 年期间已经开始萌芽。这一阶段的主要做法包括：①编制阅读书目。在前文提到的三个项目中"阅读清单"均是项目实施的第一步。在后期，编制图书清单时能够结合阅读的难易程度，说明分级阅读的思想开始出现；同时，图书馆员开始关注图书的质量，指出在"阅读清单"中应该加入更多的经典文学作品。②阅读指导得到重视。在萌芽阶段的前期，三个项目偏重于促进更多的儿童走进图书馆以及"爱惜书籍"的宣讲，后期则更加注重对儿童阅读的指导。特别是那些从事儿童工作的图书馆员，最关心的是阅读的质量，许多馆员认为在阅读指导中不能过多地关注"图书的文学功能"，而是应该关注对儿童阅读兴趣的培养。③宣传图书馆。在初始阶段，SPR 背后最大的目标就是宣传图书馆及其图书资源 SPR 的实施为图书馆带来了更多的新用户,儿童阅读服务成为公共图书馆职能的一部分,并被永久地固定下来。④实施阅读奖励。该阶段 SPR 的奖励形式以阅读证书为主。

2.2 1920—1949 年:反思阶段

进入 20 世纪 20 年代以来,"暑期阅读"的理念得到进一步完善,这一时期开展 SPR 的动机来自于理想主义的尝试,包括让儿童远离街头和增加图书馆暑期流通量。但有图书馆员指出,图书馆暑期流通量的增加并不是因为 SPR 的实施,而是由于孩子们的母亲因为工作而无法照看孩子。实际上,这说明 SPR 应该是刺激主动阅读需求,同时也是对"流通量"目标的反思。完成"阅读清单"获取阅读荣誉、阅读证书也被指任务痕迹明显,以牺牲阅读的乐趣为代价,这表明美国业界对"阅读清单"与阅读意义的反思。这一阶段出现了关于 SPR 效果评估的研究,"Summer Learning Gap"术语被提出,这项研究体现美国公共图书馆对 SPR 效果的反思。

2.2.1 阅读竞赛

"图书清单""阅读证书奖励"的模式直接带来儿童在阅读上的竞争。这一时期,不仅追求阅读图书数量这一状况得到了延续还出现了其他的竞争形式。1920 年,普罗维登斯公共图书馆(Providence Public Library)首次在 SPR 中启用"夏季测验"(Summer Quiz)。该馆向孩子们分发测验试题,邀请他们参观图书馆,测验试题的答案可在图书馆的书中找到答案,正确回答所有问题的孩子可以将自己的名字贴在荣誉名册上。1921 年,帕萨迪纳(Pasadena)暑期阅读俱乐部给孩子们列了 10 本书的阅读清单,对完成计划的孩子会在学校大会上颁发证书。在学校公布阅读成绩的做法,不仅增强了阅读活动的竞争性也是为了使更多的孩子参与到暑期阅读中来。在该馆的 SPR 中首次使用了口头报告形式,参加 SPR 的孩子被要求在阅读 10 本书后向图书管理员进行口头报告。1923 年,明尼阿波利斯公共图书馆(Minneapolis Public Library)在 SPR 的名称上首次使用"竞赛"一词(Summer Honor Reading Contest,夏季荣誉阅读竞赛)。同年,第一次出现了对 SPR 的质疑之声,对 SPR 的反思开始凸显,主要围绕阅读数量的竞争、激励与阅读的真正意义。阅读的激励措施可能会导致孩子们阅读不是为了获得知识或体会阅读的快乐,而是为了得到奖励,是一种强迫孩子与图书馆形成消极连接关系的阅读方式,不利于孩子阅读兴趣的培养。激励措施的滥用会使孩子们的阅读仅仅停留在追求数量的层面,其意义只是一个统计数字而已。在大部分质疑者的观点中,阅读的快乐与阅读的热爱远远比暂时的阅读数量要重要得多。20 世纪 20 年代,在支持者(提高图书流通率)与质疑者(数量追求有损阅读意义)的讨论中,大部分公共图书馆确定了降低阅读数量限制的行动路线。在对阅读的奖励措施上,旧金山(San Francisco)的 SPR 是对提交最好、最创意读书笔记的孩子发一本经典图书作为奖励。

2.2.2 主题阅读

在 20 世纪 20 年代,许多 SPR 采用了"寻宝"类型的活动方式。20 年代后期到 30 年代,旅游主题节目开始倍受欢迎。印第安纳波利斯(Indianapolis)举办了一个以"寻宝"为主题的 SPR,图书馆为孩子们提供含有 30 本图书的阅读清单,这 30 本书中包含"寻宝"的线索,孩子们通过书中的线索找到答案。读完 10 本书并找到正确答案的孩子们能得到一张文凭并被列入荣誉名册。后来,SPR 中使用旅游的主题成为一种流行趋势。1929 年,《公共图书馆》(*Public Libraries*)杂志上报道了 5 例"旅游"主题的 SPR。其中有一项是,由读者自选图书("关于他们到过的不同地方"的书),并在地图上标注。康涅狄格州的布里奇波特(Bridgeport,Conn.)则开发了许多"旅游路线",每一站均提供不同的图书给孩子们阅读,而最后的奖励是完成阅读线路的孩子可以参加"成功旅行者"的野餐。洛杉矶公共图书馆(Los Angeles Public Library)则在"阅读旅行"中启用仿真的"护照""签证",且孩子们完全是根据自己的意愿选择书籍。随着战争的到来,20世纪40年代,以"爱国"为主题的SPR成为主流。1941年,一篇文章题为《在儿童室里保卫美国》(*Defending America in the Children's Room*)记录了北达科他州(North Dakota)的SPR。虽然当时战争还未真正开始,但是国际冲突还是影响了北达科他州公共图书馆SPR活动的主题。阅读主题不再与"旅行"相关,而是在阅读中了解世界与战争、学习美国文化等。1944年11项以"爱国"为主题的SPR被报道。杜卢斯(Duluth)的图书馆设定的目标是让孩子们通过阅读了解不同的国家,为战后的世界做好准备。同时该文指出,提供暑期课程的原因之一是让孩子远离街头。伊诺克普拉特图书馆(Both the Enoch Pratt Free Library)和比林斯图书馆(Billings library)的SPR为父母是国防工作者的儿童提供了一个去处,在"打击青少年犯罪"中发挥了重要作用。

2.2.3 阅读报告

阅读报告是由早期SPR中"讲故事""大声读"等活动发展而成,分为口头报告和书面报告两种模式。1921年口头报告的形式出现在帕萨迪纳公共图书馆的SPR中。20世纪20年代末期,图书馆员抱怨口头报告要花费更多的时间和精力去完成,是一项冗长而乏味的工作,这时书面报告形式开始出现。佐治亚州(Georgia)的SPR则是通过邮件把书寄给孩子们。然后,孩子们必须在图书馆提供的笔记本上写一份每本书的简短报告,并连同图书一起送回图书馆,如果阅读报告通过检查,孩子将获得一份证书。威奇托(Wichita)暑期读书俱乐部则是在项目参与者中评选出优秀书评并发表在当地报纸上以激励参与者。印第安纳波利斯图书馆项目是要求孩子们以一周为限,阅读一本图书并提交书面报告。再后来,书面报告因需消耗大量的馆员时间而倍受质疑,因此比林斯图书馆不需要孩子们在SPR中提供任何形式的报告;苏城(Sioux City,IA)及克利夫兰图书馆把口头报告形式发展为"谈话""讨论",这些口头报告虽然不正式,但为图书馆员提供了一个让他们了解孩子的机会,并引导孩子们阅读自己喜欢的书籍;伊诺克普拉特图书馆为参加SPR的孩子提供一本小册子以保留自己的阅读记录,这也是阅读日志的雏形。

2.2.4 价值争论

这一阶段对SPR的价值进行了反思。在早期,SPR的开展是为了宣传图书馆以增加流通人数。20世纪20年代初SPR被证实对于增加读者与图书的流通量有积极的作用。随着业界对"图书阅读激励与快乐阅读"反思的开始,有学者意识到,通过激励带来夏季图书流通量及流通人次增加的做法,有损阅读的真正意义,不利于孩子阅读兴趣的培养。1940年,凯瑟琳·雷诺兹强调阅读不举行竞赛的重要性,SPR的目标应是让孩子们阅读,并帮助他们发现阅读的乐趣,她认为强调阅读数量是对阅读能力较低、阅读较慢孩子的歧视。还有学者表示,阅读竞争与激励使阅读质量下滑,孩子们虽然阅读了很多书,但是真正吸收的却很少。苏城图书馆和孟菲斯图书馆也质疑了SPR的成果,它们认为阅读竞争使阅读成为一个定量的过程而不是一个定性的过程,这限制了孩子们探索的"自发兴趣"和阅读能力,在孩子快乐阅读、增加阅读兴趣与流通量之间,后者显得微不足道且不值得工作人员为之努力。而莉莉安·尼古拉斯认为SPR应该是"激发和保持夏季的阅读兴趣"和"通过阅读扩大和丰富儿童的经验",而孩子兴趣维持的表现就在于图书流通量和儿童到馆人次之上。同时,她还提到了"夏季阅读差距",关注夏季阅读技能的丧失问题,因此她指出 SPR 是值得图书馆员付出努力的项目,这是第一次美国业界为 SPR 提出支持的理由。1942 年,堪萨斯州(Kansas)的 SPR 明确指出活动是为了对抗夏季阅读能力丧失。

2.3 1950—1979 年:修正阶段

在这一阶段,SPR 在反思中不断修正自身发展,为完成阅读目标的读者颁发"阅读证书"成为普遍做法,也是未来 SPR 中一个永久的元素之一。"Summer Reading Program"这一表述被固定下来。该阶段 SPR 展现出的其他特点如下。

2.3.1 年龄限制放宽

在前两个阶段,SPR 基本面向小学、初中的孩子,1950—1979 年期间 SPR 参与者年龄限制放宽,年龄下限降低,年龄上限提高。1953 年《图书馆杂志》上报道了一项 SPR,参加项目的孩子按年龄分成大龄组、低龄组,学龄前的孩子完成阅读任务可获得一张贴纸,该项目不以阅读图书数量"论英雄",而是为了展示暑期阅读的快乐,只要阅读的孩子都能获得奖励。同时,该文指出青少年、青年也是一个独特群体,图书馆应该为该群体独立设计 SPR。1974 年,卡罗琳·詹克斯(Carolyn Jenks)描述她所开展的 SPR,参加项目者按照年龄分为 3—6 岁组、7—9 岁组、10—13 岁组,每组设有不同的阅读活动。俄亥俄州哥伦布(Colunbus,Ohio)的 SPR 面向 18 岁以下的人,在年龄上是最具包容性的活动。在该阶段,参与 SPR 的年龄较大的儿童开始被用作志愿者来辅助项目实施。德克萨斯州沃斯堡(Fort Worth,Texas)开展 SPR 的目标是"让年轻人离开街头进入图书馆""向幼儿传授阅读的基本知识""帮助年龄较大的儿童提高阅读技能",他们在 SPR 中启用初中学生来帮助帮助小学二、三、四年级学生完成 SPR 的目标。按年龄划分读者在这一阶段很流行,成为这一阶段美国公共图书馆 SPR 的显著特征。

2.3.2 注重阅读兴趣

在经历"阅读价值与意义"的反思之后,在这一阶段注重阅读兴趣、加强阅读指导成为 SPR 的重要目标。丹佛(Denver)开展的 SPR 的目标是培养良好的图书馆使用习惯、良好的阅读技能和鼓励阅读乐趣。西雅图(Seattle)、沃拉沃拉(Walla Walla)和纽约(New York)SPR 的目标是促进夏季阅读技能的保持、鼓励快乐阅读。费城(Philadelphia)SPR 的目标是促进儿童养成良好的阅读习惯和"欣赏好的文学"。这一阶段美国公共图书馆 SPR 提升阅读价值,真正关注"快乐阅读"的做法有:①弱化阅读数量的追求,奖励形式丰富。证书作为完成阅读任务的荣誉虽然被固定下来,但也出现了其他奖励措施。例如,前文提到的针对幼儿阅读不设数量,完成一本书阅读的孩子便可得到一张贴纸。这一阶段的 SPR 在阅读数量上有所下降,大部分项目的阅读数量基本控制 10 本左右,完成数量的不同决定参与者获得不同的奖励。俄亥俄州哥伦布对于完成 16 本以下孩子的奖励包括:麦当劳优惠券、熨斗、决赛的邀请函和一份证书;而完成 16 本以上的孩子还可以参加一次聚会。1978 年,印第安纳州埃文斯维尔的 SPR 的奖励是一把光剑、一个书签和一张快餐优惠券。②采用目标契约法,尊重读者阅读意愿。1978 年,伊利诺伊州埃尔克格罗夫(Elk Grove,Illinois)的 SPR 有了新的形式,以目标契约法即通过签订阅读合同,充分尊重读者阅读意愿的方式开展 SPR,让孩子们在阅读合同中设定自己的阅读目标,消除阅读数量的竞争彰显"快乐阅读"的理念,同时也包容了阅读能力不足、阅读速度缓慢的孩子。此外,该项目实行开放式"阅读清单"模式,任何来源书籍都可计入阅读目标之内(在当时其他的 SPR 中只有图书馆的书籍才算合格)。图书管理员通常会说服孩子们先订一个较低目标,如果这个目标实现了,孩子们就可以签订第二份合同。图书馆员认为让孩子们为自己的阅读设定目标是一种积极而有价值的方法。通过这一改革,该馆 SPR 的计划达成率由以往的 50% 上升至 76%。

2.3.3 多维合作出现

合作是这一时期 SPR 的特征。

(1) 与学校、家庭联动。与学校合作的第一个案例是 1942 年的堪萨斯州的 SPR。20 世纪 50 年代与学校建立合作关系成为 SPR 的主流,并延续至 60 年代。1953 年,丹佛图书馆在家庭教师协会举办的秋季晚会上表彰了阅读数量超过 8 本的儿童。1954 年,西雅图、沃拉沃拉和纽约的 SPR 也获得了学校的支持,学校教师、学生家长一起参与 SPR 推广,并在秋季开学时的学校集会上为完成阅读的孩子颁发证书。沃拉沃拉公共图书馆的 SPR 是让老师与孩子参与选书,每个孩子都有一本由老师和孩子一起选择的书。孩子每阅读四本书提交一份报告,报告要求家长签字。纽约公共图书馆的 SPR 与学校、家庭的联动更为密切。在放假开始前,老师会去信向家长们推荐 SPR,带领孩子们去图书馆领取阅读卡,在家长会时老师会宣传暑期阅读的重要性。学校教育委员会每年夏天都会聘请一名阅读老师来监督 SPR 的开展,在为期六周的课程中,阅读老师会确定每个参与者的阅读水平并给出选书指导,阅读老师在每周一次的读书会中,对孩子们讨论过的图书再进行讲座。

(2) 与业界联动。1964 年,夏季阅读计划的发展和提供发生了重大变化。科罗拉多州 (Colorado)、犹他州 (Utah) 和怀俄明州 (Wyoming) 三个州的公共图书馆共同制定了一个标准化的 SPR,这是第一个全州范围统一开展的 SPR,也表明业内合作开展开始萌芽。

(3) 与其他力量联动。纳森 (Nason) 在 1960 年描述了一项 SPR。该项目的目标是让孩子们对科学书籍产生兴趣和需求。图书管理员从个人社会关系和图书馆读者中联系演讲者,在本次项目中联系了化学家、工程师等来增强孩子们对科学书籍的兴趣,这一项目在第二年被许多人要求继续开展。1962 年,密尔沃基 (Milwaukee) 策划了一个以太空为主题的 SPR,该项目得到了宇航员的支持,并成为孩子们参加 SPR 的良好动力。1968 年,芝加哥公共图书馆招募了大学生作为暑假的志愿者去犹太区给孩子们读书和讲故事。1962 年,新泽西州东奥兰治 (East Orange) 公共图书馆开启与私营部门合作先河,当地企业、服务机构为该馆的 SPR 进行捐助。1979 年,该馆还与当地博物馆合作举办"国际"主题的 SPR,"阅读清单"加入了不同国家的书籍,讲故事时会涉及其他国家的工艺品、歌曲、游戏等。一些快餐企业提供一些餐券以激励完成阅读目标的孩子,如 1978 年印第安纳州埃文斯维尔举办的 SPR。

2.3.4 拓展项目外延

这一时期,SPR 的外延得到拓展。公共图书馆在 SPR 中开始设计阅读之外的活动作为 SPR 的一部分。1974 年,卡罗琳·詹克斯设计的 SPR 活动有:7—9 岁的孩子们除了听故事、看书与听书之外还可以参加聚会、参与手工艺品制作、听音乐;10—13 岁的孩子可以制作木偶、写木偶剧本并参与表演。特别是 70 年代后期,娱乐成为 SPR 的一大特色。1977 年的三个 SPR 都没有像过去那样专注于阅读。费城的 SPR 是让孩子们(四年级到八年级的学生)在八周的时间里,按照图书馆里书的指导来照料花园。新泽西州特伦顿 (Trenton, NJ) 的 SPR 包括垒球比赛、滑板比赛、空手道、中国烹饪、化妆和游戏等。佐治亚州的 SPR 是让孩子们根据一本书,创作和表演一部短剧;为 9—12 岁的女孩举办的一系列工艺项目,让她们做手工同时还进行手工业的历史研究。1978 年,印第安纳州埃文斯维尔举办以"星球大战"为主题的 SPR,

内容包括木偶剧、太空电影、科幻小说和太空活动。1979年,拿骚(Nassau)的SPR以科幻为主题,围绕主题开展观影活动、手工艺品展示、聚会和其他活动。

2.3.5　夏季滑坡确立

夏季滑坡现象的最权威研究出现在20世纪70年代。"Summer Slide""Summer Loss"作为描述"由于暑期阅读缺失造成秋季学期学习退步现象"的专业术语在教育界、图书馆界被确立。芭芭拉·海恩斯对佐治亚洲亚特兰大市公立学校的学生(六、七年级)进行长达1年的跟踪与调查,过去认为"社会阶层、家庭环境等是影响阅读成绩的主要因素"的论断被推翻,真正影响学生秋季成绩的是:暑期阅读图书的数量、阅读书籍的时间、是否经常使用图书馆等。芭芭拉·海恩斯的研究使SPR越来越受到重视,更多的孩子参与其中。

2.4　1980年迄今:成熟阶段

2.4.1　阅读合同推广

签订个性化阅读合同在20世纪80年代受到推崇。1980年,德克萨斯州图书馆(Texas State Library)为5岁及以上的儿童策划了以"海盗"为主题的SPR。阅读图书种类、数量均由孩子们设定并签订阅读合同,完成阅读计划的孩子在项目结束后不仅可以参与"寻宝"(当地企业的优惠券)活动,还可以获得证书。同年,马萨诸塞州公共图书馆的SPR更改阅读10本图书的硬性要求,把阅读数量设置权归还孩子们采用阅读合同模式开展SPR。阅读合同制包容与鼓励了阅读缓慢的读者,形成非竞争性的氛围,也让孩子们按自身的阅读水平选书、阅读,防止孩子们阅读更短、更容易的书以达到追求阅读数量的目的。阅读合同模式,离不开学校、教师的配合。在暑假即将来临之际,图书馆员到学校进行暑期阅读项目的宣传,学校老师将参与项目的学生名单、阅读目标提交给图书馆员。在秋季开学时,履行合同的孩子们在学校集会上可获得一份证书和书签。

2.4.2　多元宣传方式

除了传统的通过学校教师、馆员发传单的宣传方法之外,在这一阶段宣传模式也有所更新。

(1)传播"暑期阅读项目是为了对抗夏季滑坡"的理念。1980年,伊利诺伊州的SPR,馆员向1—6年级儿童的父母发送了一封信,这封信以政府教育局的名义向家长们提醒要警惕夏季滑坡现象,鼓励家长们促成孩子参加SPR,以免暑期学习空窗造成学习成绩下滑。此外,本次项目宣传还采用了在麦当劳速食店、T恤、广播、电视上投放广告。

(2)资料袋、工具包的出现。1981,印第安纳州布卢明顿市为刚读完一年级的孩子准备了资料袋。资料袋中含有"家长如何培养和帮助孩子们练习阅读技巧""孩子们如何申请借书证"等资料,还有一本关于图书馆的涂色书、一本可以记录阅读的笔记本和一份书单。资料袋非常受欢迎,很快就被读者领取完毕。第二年该馆为2—5年级的儿童制作不同阅读主题(如探秘、宠物、科幻、体育等)的工具包。分主题的工具包广受好评而供不应求,该馆在后来的暑期项目中开发了更多不同主题的工具包。1981年另一个名为"BookBuddy"的SPR向孩子们提供包含书签、手工制作、活动和阅读列表的数据包。相比发宣传单,发放资料的方式对SPR起到了更大的宣传作用。

(3)宣传对象的改变。1997年,洛杉矶公共图书馆通过一项研究发现,大多数孩子参加SPR源于孩子们父母鼓励,而不是因为孩子们的自主选择。为此,该馆不再把传单寄送学校,以便孩子们能把它带回家给家长,而是将 SPR 的宣传面向学生父母,把相关推介资料邮寄给父母们,提醒他们暑期阅读的重要性。

2.4.3　融合新兴技术

1983 年,SPR 首次与"计算机"相连。内布拉斯加州林肯市的 SPR 中孩子们每读五本书就可获得一张"电脑使用许可票",有一半的孩子获得使用许可,同时还可获得当地书店的折扣券、麦当劳的餐券。1985 年,电脑再次出现在加州的 SPR 中,孩子们可在电脑上注册并记录阅读情况。1991 年,一项 SPR 中青少年可以在在线社区对阅读的书籍进行评价或留言,但是需要支付一定的费用。同年,俄亥俄州代顿市的公共图书馆使用电脑记录参加 SPR 的儿童的情况,记录参与者的学校、年级、地址和阅读书籍数量等信息,建立暑期读者数据档案。1997 年,互联网正式走进世界发展舞台。匹兹堡卡内基图书馆利用本馆官网向项目参与者发放评价调查表,由于是匿名评价,使该馆收到许多最客观、真实的评价和建议。同年,SPR 第一次登上网络平台。俄克拉荷马州图书馆与俄克拉荷马日报合作将全州范围的暑期阅读项目放到网上,包含报纸的网络链接、各图书馆链接、图书清单、该州 SPR 的历史回顾等,通过图书网站的链接引导孩子们进行网上阅读,该网站被 ALA 授予公共关系奖。埃德蒙顿公共图书馆在 SPR 网站上进行"互动故事"的活动,孩子们在网站上提交一段话,图书管理员每隔几天就选择一段续写故事。佛罗里达州州立图书馆开发了他们自己的 SPR 网站;印第安纳州门罗县公共图书馆使用电子邮件宣传他们的 SPR。2001 年,SPR 管理实现自动化。孩子们刷借书卡或输入卡号就可以注册参加暑期阅读项目。SPR 放到网上,孩子们无论身处何方,所有的阅读记录都保存在网上,不仅方便孩子们随时阅读,也可减少图书馆员统计暑期阅读数据的时间。在亚利桑那州的线上 SPR 中青少年被要求每读一小时就要在网上提交电子纸条,五小时后他们就有资格赢得一张电影票。

2.4.4　构建协作联盟

20 世纪 80 年代,全国层面图书馆合作联盟(CSLP)成立。该联盟自 1987 年起,对每年 SPR 的各个环节进行统筹与规划,如制定年度主题、宣传资料、编制活动手册与指南。联盟减轻了各地图书馆策划 SPR 的成本,联盟成员可向联盟购买宣传资料。目前,全美 50 多个州加入了 CSLP。90 年代,出现了地区和州层面 SPR 的协办组织。伊利诺伊州图书馆协会成立了一个委员会,旨在推进图书馆的 SPR。该项目委员制定了暑期阅读计划指南,介绍如何宣传、推广和实施。指南中包括 SPR 的主题、游戏和活动的想法。在华盛顿特区,一个名为"夏季探索"的组织已经发展起来,包括九个辖区的 100 多个图书馆共同致力于 SPR。该组织每年会编制年度主题册供图书馆使用,但也同样鼓励图书馆设定自己的主题,宣传资料、奖品、活动均进行统一规划与实施,促进 SPR 的标准化发展。

2.4.5　社会资本增强

社会资本对 SPR 的扶持继续增加,例如图书销售商给当地公共图书馆提供图书优惠券、打折券。1983 年,B·道尔顿捐赠 4400 美元用于托莱多的 SPR,1985 年又捐款 5400 美元用于新泽西州图书馆构建地区性图书馆合作社共同开展 SPR。休斯敦的汉堡连锁店也为 SPR 的参与者提供食物优惠券。社会资本对 SPR 的支持在 90 年代也受到了一定的质疑。1995 年的一篇文章总结了十多年来私营企业对公共图书馆暑期阅读项目的支持情况,认为私营企业的支持主要体现在阅读奖励上,这不仅使私营企业树立了良好的形象,还使 SPR 成为企业产品的广告平台。SPR 获得商业资本支持是一种趋势,公共图书馆在资金紧张的情况下很难拒绝这类商业赞助,因此,如何与商业伙伴关系保持良好的关系,仍然是图书馆面临的难题。这一阶段 SPR 志愿者队伍出现。纽约州日内瓦市将暑期阅读与篮球夏令营相结合,该项目不仅获得了资金捐赠还得到了志愿者的支持。这些志愿者主要是篮球爱好者与体育教练,志愿者们不仅带领项目参与者打篮球,还参与阅读活动,带领参与者阅读体育故事、篮球运动员传记和报纸文章。这一项目的参与率很高,广受老师和家长的好评。

2.4.6 馆外服务出现

SPR 的服务空间向外拓展。缅因州约有 30 万人很少或无法进入图书馆,为此,1995 年该州立图书馆通过邮件开展 SPR,孩子们向图书馆提交自己的"阅读清单",图书馆承担图书邮寄的所有费用,这个项目旨在促进机会平等,让 30 万人有同等阅读机会。田纳西州谢尔比县有很多孩子从来没参加过或根本不知道 SPR,当地公共图书馆在 1997 年与暑期学校、托儿所合作,将暑期阅读服务带到孩子们身边,开展图书讲座和故事时间。在罗切斯特、纽约和特雷豪特等地,图书馆员经常到基督教青年会和学龄前学校为孩子们讲故事。一位图书管理员给俄勒冈州少年拘留所的青少年带去了暑期阅读课程。

2.4.7 服务对象扩展

CSLP 从 2010 年起,开始关注成人暑期阅读,在每年的阅读主题制定上除了常设的儿童、青少年阅读主题之外,还设置了成年人阅读主题。例如:Make your mind—Read(2010)、Novel Destination(2011)、Between the covers(2012)、Groundbraaking reads(2013)、Literary element (2014)、Escape the Ordinary、Exercise your mind(2016)[11]。2017 年开始阅读主题不再按年龄区分,不论是幼儿、儿童、青少年还是成人均设置同一主题。例如:Build a better world(2017)、Libraries rock(2018)、Universe of stories(2019)[11]。

2.4.8 暑期学习转向

《2016 年美国图书馆协会白皮书》指出,为应对儿童和青少年需求的变化,暑期阅读正在向暑期学习转变[12]。美国青少年图书服务协会发布《采用暑期学习方法增加影响力:YALSA 立场文件》,帮助和指导图书馆重新规划青少年暑期项目与服务。美国 SPR 开始向暑期学习转变。在具体项目中是将单一阅读活动发展成培养青少年科学、技术、工程、数学和艺术以及数字化学习兴趣复合型项目;注重知识输出能力及创新思维开辟创客空间或思想实验室。美国暑期学习学会肯定了公共图书馆开展暑期学习活动的成效,认为不仅促进了阅读而且培养了暑期读者的批判性思维以及在科学、技术等领域的阅读、动手、研究能力[13]。

综上,通过对美国公共图书馆 SPR 发展脉络的梳理以及对其几个阶段不同表现特征的分析,笔者认为,政界重视、统一规划、理论建构、反思修正、多方合作等因素是美国暑期阅读项目的优良传统,对 SPR 项目的本土化发展具有借鉴意义。第一,应加强对我国学生暑期阅读对学力影响的研究为暑期阅读开展提供理论支撑,要在实践中加强对阅读项目的调查与评估丰富我国阅读学的理论研究与实证研究。第二,在实践中应注重反思与创新。美国公共图书馆界、教育界对 SPR 不断进行反思,从萌芽时期追求图书流通量到反思时期注重对阅读快乐的追求,从修正时期强调阅读兴趣到成熟时期注重综合能力的培养,这些变迁却反映出暑期阅读项目是以人的发展为根本宗旨。因此,我国公共图书馆开展暑期阅读项目也应处理好图书馆业务量增长与人的发展之间的关系,真正关注个人阅读兴趣的培养与能力的构建。另外,还应根据时代的发展利用现代信息技术不断创新服务模式拓展服务内容,项目开发应关注个人综合能力的培养。第三,加强业界联动着力打造持续性暑期阅读品牌。构建全国或区域性暑期阅读联盟,联合教育界、出版界加强"好书"推荐,推出适合各阶层阅读的"阅读清单""阅读数据包",也可制定每年的阅读主题,各级、各类图书馆按照上述内容策划年度暑期阅读项目,塑造全员参与暑期阅读的新风尚。

参考文献

[1] Services and resources for children and young adults in public libraries[EB/OL]. [2019 – 03 – 17]. http://nc-es. ed. gov/surveys/frss/publications/95357/.

[2] 王铮,左阳. 美国公共图书馆夏季阅读项目:动因、实践及启示[J]. 图书馆建设,2015(11):52 – 57.

[3] COOPER H,NYE B,CHARLTON K,et al. The effects of summer vacation on achievement test scores:a narrative and meta analytic review[J]. Review of Educational Research,1996(3):227 – 268.

[4] BARRETT M J. The case for more school days[J]. Atlantic Monthly,1990(11):78 – 106.

[5] ELAM S M,ROSE L C,GALLOP A M. The 28th annual Phi Delta Kappa/ Gallop Poll of the public's attitudes toward the public schools[J]. Phi Delta Kappan,1996(1):41 – 59.

[6] KARWEIT N. Should we lengthen the school year? [J]. Educational Researcher,1985(6):9 – 15.

[7] MAZZARELLA J A. Longer day,longer year:will they make a difference? [J]Principal,1984(5):14 – 20.

[8] Why is summer reading so important? [EB/OL]. [2019 – 03 – 17]. http://www. summerreading. org/about. html.

[9] 攻克暑期学力下滑诅咒[EB/OL]. [2019 – 03 – 17]. http://www. sohu. com/a/240439052_280010.

[10] MCDOWELL K. The culture origins of youth services librarianship,1876 – 1900[D]. Urbana:University of Illinois at Urbana Champaign,2007.

[11] 30 + years of CSLP history[EB/OL]. [2019 – 04 – 05]. https://www. cslpreads. org/programs/years-of-cslp-themes/.

[12] 美国图书馆协会. 2016 美国图书馆协会白皮书[J]. 图书情报研究,2016(3):3 – 14.

[13] 牛波. 美国公共图书馆"暑期阅读"活动向"暑期学习"活动转变的启示[J]. 图书馆学研究,2017(8):98 – 101.

生态学视野下的儿童阅读教育与图书馆服务创新

任 伟(西安电子科技大学图书馆)

知识经济时代,儿童阅读的重要性正日益受到大众的关注,加之政府近年来自上而下的持续倡导和大力推进,我国的儿童阅读推广工作取得了显著成效。然而由于起步晚,我国的儿童阅读在理论和实践方面还存在着一些问题。本文从儿童这一群体的特殊性出发,对我国图书馆开展的儿童阅读教育工作进行分析研究,并力图从生态学的角度,结合儿童身心发展的特点和阶段,开展针对我国图书馆儿童阅读教育创新性服务实践的积极探索,以期将我国儿童阅读教育工作不断向纵深推进。

1　我国图书馆儿童阅读教育的现实问题

1.1　阅读环境趋同

为儿童量身定制的低层书架,塑胶或地毯覆盖的地面,舒适的座椅、懒人沙发、抱枕、靠垫、毛绒玩具,绘满墙面五颜六色的卡通、动物、花草图案,随处可见的各种精美绿植……这些,是我国公共图书馆儿童阅览区、儿童绘本馆以及书店儿童图书区等以儿童为服务对象的阅读区域的标配。在确保安全的情况下,成人通过自己所理解的儿童世界对儿童的阅读环境进行不遗余力的布置和装饰,努力营造符合儿童喜好、能够吸引儿童注意力、并适合儿童阅读的外部环境。成人的出发点是好的,但也因此造就了国内儿童阅读区域环境布置的过度雷同和欠缺新意。

1.2　阅读材料品种不足

国内外经典儿童著作、手工制作类图书、初级简笔画、绘本、画册、连环画等纸质图书,占据了国内儿童阅读区域阅读材料的主体地位,个别儿童阅览区也会偶尔设有一些益智类玩具,而其他诸如视听资源、手工制作材料、科学小实验器材、种植工具及材料等非书类资源却少之又少。我国的儿童阅读推广工作,为阅读材料品种不足的现状所局限,这对于儿童阅读兴趣的培养和综合阅读能力的提升是极其不利的。

1.3　阅读教育的片面应试化宣传

阅读兴趣是一种主观的、发自内心的对于阅读的喜好,而阅读能力更是一种伴随终生的综合学习能力。然而,在全社会日渐关注儿童阅读的今天,我国仍有部分教育机构、民间组织以及家长,将阅读目的定位为应试,将阅读能力等同为语文考试得高分,并以此对儿童的阅读开展"诲人不倦"般的宣传和教育。借助微信、自媒体等平台的杜撰和转载,借助家长群体对于儿童未来生存条件的群体性焦虑,我国的儿童阅读教育正日益被应试化宣传和应试化教育导入歧途。

2　原因分析

2.1　重客体轻主体的主观偏差

皮亚杰认为,主体的发展程序存在一种"必经途径","每一必经途径各有其自身的日程表",而所谓的"必经途径"实际上是由遗传信息抽象地规定着。皮亚杰在承认"必经途径"的同时也承认存在着"演化性调节"或"流动平衡"的干涉,他认为:"流动平衡按着这样的方式起作用:如果某一外界影响使发展中的机体离开某一必经途径,那么,马上就会引起一种流动平衡的反作用,把它又导还到正常顺序里,或者,如果这样失败了,就把它导入另一新的但与原来相类似的途径里。"[1]刘晓东说:"不要轻视儿童的本能和无意识的精神根茎的发育,一旦出现差错可能会使个体日后产生各种精神症状。"[2]

儿童阅读教育,是针对儿童开展的教育。在此过程中,儿童是阅读教育的主体,儿童阅读推广人员或阅读教育相关人员则是客体。然而,我国图书馆的儿童阅读教育却常常以客体的意志和喜好设计,不考虑或不注重主体、即儿童这一特殊阅读群体的身体发育、心理发展、认知、情绪、情感、能力以及社会性等因素所处的阶段以及该阶段的具体特征,仅从客体的角度对作为主体的儿童生长发育阶段由遗传信息所规定的"必经途径"进行强行"调节"。这种成人客体视角对儿童固化和片面的理解以及因此而采取的一些不当阅读教育方式,全然违背了儿童生命个体生长发育的自然规律,轻者会经由儿童机体的"流动平衡"将这种外力"导还"或者"导入另一条新的类于儿童机体原有生长路径"的替代路径,后通过机体的自我调节和适应,将危害和破坏降到最低;重者当儿童的机体无法化解时,不仅达不到儿童阅读教育的基本效果,反而会对儿童机体健康生长产生"揠苗助长"的破坏作用。

2.2　儿童教育与儿童阅读教育的人为割裂

哈佛大学心理学家费希尔指出:"儿童的发展是若干个领域的整合,这些领域之间相互作用,相互影响,同时保持着平衡的状态,如果对其中某个领域施加刺激(比如强化训练),尽管在短期内可以引起儿童在该领域的进步,但是破坏了整体的平衡,使整体的发展脱离平衡状态,产生某种弥散性效应,并使原先受到刺激的领域,最终不能达到更高的水平。"[3]我国著名教育家陈鹤琴先生在论述儿童课程设置的时候指出:"因为儿童的生活是整个的,所以教材也必须是整个的、互相联结的,并以自然、社会常识为中心,使得各门功课互相连成一片,整个地进行教学,从而把儿童所应该学的东西整个地、有系统地教给儿童。"[4]

儿童教育是一个系统工程,儿童阅读教育是儿童教育不可或缺的重要组成部分,然而现实之中,我国的儿童阅读教育却被人为拆分开来,仅保留了"儿童阅读",而忽略了"教育"。这貌似不经意的忽略,却将儿童阅读教育推向了一种可有可无的境地,若非一些家长尚且能够意识到阅读可以帮助孩子提升阅读能力、扩大词汇量进而在考试中取得高分等"直观价值",儿童阅读教育恐怕早已被丢到了历史的故纸堆中。这种违背儿童整体发展观,将阅读教育从儿童体系化教育中生硬割裂出来的意识和行为,不但会造成人们对于儿童阅读教育的不了解和不理解,更会危及儿童未来的全面均衡发展。

2.3　对于儿童阅读教育深层次意义的认知缺失

虞永平在总结我国教育存在的弊端时指出:长期以来,教育被视作一种工具,"把'教育'理解为社会借此可以保存、延续、进步,个体借此得以获得某种素质而在未来过上'幸福''完满'的生活的工具"[5]。这种对于教育认知的工具主义价值取向,完全忽视了儿童阅读教育对于儿童个体以及未来人类社会演进所具有的更深层次意义。

儿童阅读教育,在于通过教育,使儿童从小对阅读产生兴趣,掌握阅读技巧,具备自主阅读能力,为其终身阅读、终身学习以及自我实现等打下坚实的基础。对于教育的片面理解,导致了人们对于儿童阅读教育的短视化,而伴随着应试教育的浪潮,阅读量和阅读面这种抽象的概念就被形象的描述成考高分、上重点大学、出国留学、赚大钱等直观的、世俗的、表象化"成就"。对于儿童阅读教育的深层次意义缺乏正确认知,终将造成儿童阅读教育的肤浅化以及儿童生命完整性的缺失。

3　生态学视野下的儿童阅读教育

儿童处在人类发展的特定阶段,其生理、心理等方面的发展都有别于成人。儿童时期所接触到的事物、生活的环境以及所受到的教育等,对于人的一生至关重要。布朗芬布伦纳等人首先提出了人类发展生态学概念,并将其界定为"对不断生长的有机体与其所处的不断变化着的环境之间相互适应进行研究的一门学科,且有机体与其所处的即时环境之间的相互适应过程受各种环境之间的相互关系以及这些环境赖以存在的更大环境的影响"[6]。我国图书馆为科学深入推进儿童阅读教育及服务创新工作,可以借助生态学的相关理论,在尊重儿童生长发育及发展规律的基础上,从如下五个方面重点开展工作:

3.1 阅读教育环境自然化

在蒙台梭利提出"新教育"理念之前,"旧的教育"只包括教师和儿童两个要素,也即教育教学仅仅被视为教师与儿童之间的事情,而她的新教育理念则包括了教师、儿童和环境三个要素。她在论述"新教育"理念时指出:"我们的教育体系的最根本特征是对环境的强调,在新的教育体系中,除了教师和儿童发生关系外,教师和儿童都要和环境发生关系,虽然幼儿心理的发展是受其内在本能引导的,但外部环境为幼儿心理的发展提供了必需的媒介,只有给儿童准备一个适宜的环境,才能开创一个教育的新纪元。"[7]环境作为当代儿童阅读教育的必备因素之一,已经得到包括图书馆在内的从事儿童阅读教育不同机构及个人的普遍认可,但因为对于阅读教育环境的自然化缺乏明确的定义或规范,因而出现了上述重复、单一、欠缺自然性与创新性的儿童阅读教育整体环境。

自然孕育了生命,生命在自然中不断发展壮大。生命在漫长地形成和演化历程中,时刻与自然发生着种种交互,在"物竞天择、适者生存"的进化法则下,那些适应自然的物种方能生存下来,并且通过从自然界中持续学习和自我改进得以繁衍生息。儿童阅读教育,针对的是儿童这一个体生命的初级生长阶段,其身心发展都有着特殊需求,因而对其开展教育的时候,首先应定位其为源于自然的"生命体",其次才是人类。图书馆在开展儿童阅读教育的时候,应该从自然环境与生命发展的角度,努力为儿童阅读教育营造"自然"场景和条件,即:阅读环境的装修装饰、书架设备采购等应以环保为前提,以满足儿童生命健康成长和安全阅读的基本要求;阅读内容应符合人类生命体视觉、听觉、触觉等感官能力的发育次序,食物、水、空气、风雨雷电、冷暖、关怀、安全、社交等人类在自然界中客观的感知顺序以及在此过程中逐渐扩大和提升的认知需求和认知能力;阅读地点应尽可能地融入自然,布满绿植的庭院、自然光充足的露台、供人休憩的风雨亭,甚至是田间、山林、草地等户外场所,但凡能够让儿童亲近自然、快乐阅读并积极思考的良好儿童阅读教育空间,是不会拘泥于宽敞明亮的空间,璀璨绚烂的灯光,抑或是绘满墙壁的动画图案和挂满屋顶的塑料牵牛花。

3.2 阅读教育材料维度化

袁爱玲在论述幼儿园教育环境创设的时候指出,教育材料应注重身体和心理发展平衡、智力因素与非智力因素平衡以及各个感官发展平衡等,在考虑材料丰富性的同时也应注意材料的平衡性[8]。陈兢在论述儿童阅读与日常生活融合的时候指出,丰富阅读素材,让阅读无处不在;提到"阅读",大家往往就想到书,但事实上,"生活中处处有儿童阅读的机会和阅读的内容","将散步、参观、游玩时好看的风景和有趣的事件直接变为幼儿讲述的材料,可以实现阅读材料与生活经验的连接"[9]。

无论是从儿童的认知发展特点,还是教育环境构建,抑或是阅读素材的选择而言,都强调了阅读材料不仅要有文字、图像、声音等狭义载体,而且要有味觉、触觉、嗅觉等感官体验,更要有可供亲手种植、亲自制作、亲身体验等广义材料。儿童阅读教育材料的多维度,既符合人类接收不同外部刺激,发展各项机体机能,接受多种外部信息,不断进行知识积累的生命成长及知识增长自然顺序;又符合儿童因个体身心发展快慢及学习偏好差异、对于不同阅读载体所承载知识学习效果不同,而对阅读载体多样性提出更高要求的客观事实。

3.3　阅读教育环节游戏化

席勒曾经指出:"只有当人是完全意义上的人的时候,他才游戏;只有当人游戏时,他才是完人。"[10]英国政府2000年颁布的《基础阶段课程指南》提出了"精心设计的游戏"这一概念,认为"精心设计的游戏活动是儿童在基础阶段学习的主要方式,这种游戏中的学习带有愉悦性和挑战性"[11]。我国学者刘晓东指出:"游戏之于儿童既是一种必然,又是一种必须。"[12]北京大学教育学院尚俊杰博士更总结出游戏的三层核心教育价值,即:游戏动机、游戏思维和游戏精神,他指出:"利用游戏的趣味性可以激发学习者的学习动机;可以在游戏中学到各种知识;可以培养手眼互动等基本能力;可以培养问题解决能力、协作能力、创造力等高阶能力;可以促进情感、态度、价值观的培养;可以促进体验式学习、协作学习、研究性学习等学习方式;可以用来构建游戏化的学习环境。"[13]

人类生命在最初的成长阶段,总是经由机体简单本能的翻滚、坐、爬行,逐渐发展到语言、互动、直立行走等复杂的能力;经由听、看、触摸,发展到阅读、思考、交流。这是一个从被动接受到主动试探,从茫然无知到逐渐了解的学习过程。在此过程中,游戏作为学习的主要形态,在激发机体学习兴趣和欲望的同时,不断增长和丰富着机体的各种能力。阅读教育环节游戏化,是指在开展儿童阅读教育的时候,充分尊重儿童生命体身心成长和学习的自然规律,将阅读教育融入游戏,通过游戏环节的设置、游戏氛围的营造、游戏过程的引导乃至后游戏阶段的拓展,吸引、激发儿童主动参与阅读,经由各种游戏阅读环节的重复和强化刺激,催生儿童阅读兴趣和需求,并最终形成伴随机体整个生命期的良好阅读习惯。

3.4　阅读教育指导融入化

柯南指出,幼儿虽然可以通过视觉直接感知图画书某些画面的意义,但是要独立读懂图画书却是困难的,这不只是指图文并茂的图画书中那些文字他们还不认识,更是要准确地读出图画所描述和表达的内容也是不容易的,所以幼儿欣赏和接受图画故事仍然需要大人的帮助[14]。心理学家普遍认为,阅读理解的过程与结果主要受读者的认知能力、语言知识、阅读材料背景知识的影响[15]。不同的孩子由于认知能力、语言知识、阅读材料背景知识的不同,对于阅读的感受与理解会不同。因此,在孩子们根据经验读出了自己的故事之后,教师有必要让他们就自己最感兴趣、看得懂的画面内容,或看不懂的地方,展开讨论和交流,其中,针对个别儿童的问题还可以请其他幼儿代为解答[16]。

发展儿童独立阅读的意识与技能是教育的重要目标。基于儿童认知发展和早期阅读能力的培养是经由听故事、参与阅读、集体阅读、分享阅读这个过程后,儿童的独立阅读意识、技能以及阅读需求才有可能会逐步得到强化。无论是家长、学校、图书馆,还是阅读推广团体或阅读推广人,要想真正开展儿童阅读教育,就必须做到"融入",即:融入儿童的世界,了解儿童阶段身体心理发展的特点,学会用儿童的视角看待外部世界,尊重儿童的本能需求和自然反应,在确保儿童安全与他人安全的前提下,尽可能地满足儿童对于未知世界的种种"尝试和探索";融入儿童阅读的世界,用儿童的习惯去阅读,用儿童的思维去理解,用儿童的眼睛去发现阅读材料表面以及背后的意义,抛掉"成人""教育者"这些身份和心理的束缚,成为儿童中的一员,与儿童一起阅读、一起讨论、一起复述内容、一起表演故事;融入儿童阅读的教育,借助前面已经构筑的"儿童"身份,将专业的儿童阅读教育经验及理论,渗透到一起阅读和分享的过程中,不拘泥于教学的严密与过程的完整,摒弃课堂式的"师""生"概念,以"玩伴"的身份,通过参与、示范以及榜样的力量,开展儿童阅读教育,身教胜言传,润物细无声。

3.5 阅读教育目标溯本化

1999 年至 2000 年间,哈佛大学教育研究院国际著名儿童语言学家凯瑟琳·斯诺提供了一份名为《在早期预防儿童阅读困难》的研究报告,从预防阅读困难的角度提倡科学的早期阅读。她指出,儿童要成长为成功的阅读者,可能会遇到三重障碍:第一重障碍在阅读习得的起始阶段就已经产生,即在理解与运用书面语言规则方面有困难;第二重障碍是不能把口语理解技巧转移到阅读中,不能获取阅读所需要的新策略;第三重障碍将强化前两个障碍,即缺乏或失去最初的阅读兴趣,或不能很好地体会阅读所得到的回报[17]。我国于 2001 年公布的《幼儿园教育指导纲要(试行)》中指出,早期阅读教学目标的定位应体现为早期阅读的价值取向和所期望达到的教育目的,它应依据早期阅读的内容、教育功能、幼儿学习特点及身心发展水平等多方面因素进行确立,从教学的一般原则看,教学活动的目标应具有整体性和全面性,应体现情感、认知及能力等三大维度的要求[18]。此后,我国幼儿教育工作者努力学习并开展了各种各样的早期阅读研究,但是以"早期阅读"之名而推行"早期识字"的教学材料也纷纷出现。由于不理解或者不完全理解"早期阅读"的基本概念,许多教师和家长将早期阅读视同为早期识字,将识字量、阅读量等作为衡量儿童阅读教育效果的标准,并借助考高分、上名牌大学等错误的口号去"激励"正处于阅读习惯养成期的儿童。这种对于儿童阅读教育目标的误解,使得当代儿童阅读教育的结果与目标背道而驰。

儿童阅读教育的重点是激发儿童的阅读兴趣,学习阅读的基本方法,进而具备自主阅读的能力。儿童阅读教育的目标是促使儿童由被动到主动,逐步养成终身阅读的特质。研究发现,人的阅读学习大致可分为两个层面:一是获得阅读能力的学习,二是通过阅读获取信息的方法和能力的学习。8 岁以前应当掌握的是基本的阅读能力,唯有成为自主阅读者,儿童才算真正具备了基本的阅读能力[19]。基于凯瑟琳·斯诺提出的成功阅读者的三重困难,是基于儿童时期是一个人阅读爱好和阅读能力形成的关键期,我国图书馆在开展儿童阅读教育的过程中,必须摒弃那些一味强调识字、片面追逐超前教育以及过早培养儿童遣词造句甚至是作文能力等有可能导致儿童对阅读产生抵触甚至厌烦情绪的错误思想和错误行为,顺势而为、精心呵护、科学教育,使阅读在儿童心中生根发芽、茁壮成长,使阅读成为儿童生命中不可分割的有机组成,并成就儿童丰满充盈的人生。

朱永新先生在《我的阅读观》一书中指出:一个人的精神发育史就是他的阅读史。儿童阶段是人类生理与心理快速发育的重要阶段,而儿童的精神成长更是儿童健全成长的决定因素。生态学视野下的儿童阅读教育,是在我国大力推进全民阅读、共同构建书香社会的号召下,在各个图书馆促进儿童阅读的进程中,汲取生态学以及生态教育等学科知识,积极转换视角,在更为广阔的领域中所做的一次大胆探索,希望借此将我国图书馆儿童阅读教育和创新性服务工作导入科学发展的广阔前途。

参考文献

[1] 皮亚杰. 皮亚杰发生认识论文选[M]·上海:华东师范大学出版社,1991:14.
[2] 刘晓东. 解放儿童[M]. 南京:江苏教育出版社,2008:6.
[3] 曹紫杨. 让儿童拥抱自己的世界——基于"儿童过度社会化"现实的反思[J]. 教育导刊(下半月),2015(4):10 – 13.
[4] 江苏省陈鹤琴教育思想研究会编. 陈鹤琴教育思想研究文集[M]. 北京:人民教育出版社,1997:49.
[5] 虞永平,张辉娟,钱雨,等. 幼儿园课程评价[M]. 南京:江苏教育出版社,2005:23.
[6] BRONFENBRENNER U. The ecology of human development:experiments by nature and design[M]. Cambridge, MA:Harvard University Press,1979.
[7] 蒙台梭利. 童年的秘密[M]. 梁海涛,译,上海:上海人民出版社,2005:48.
[8] 袁爱玲. 幼儿园教育环境创设[M]. 北京:高等教育出版社,2010:12 – 13.
[9] 林凤姐. 促进亲子阅读的指导策略[J]. 学前教育研究,2014(3):70 – 72.
[10] 席勒. 审美教育书简[M]. 冯至,范大灿,译,北京:北京大学出版社,1985:80.
[11] 曹能秀. 全人发展的幼儿教育——世界幼儿教育的发展趋势之一[J]. 学前教育研究,2008(3):33 – 36.
[12] 刘晓东. 儿童精神哲学[M]. 南京:南京师范大学出版社,1999:45.
[13] 尚俊杰. 游戏化学习的价值及未来发展趋势[J]. 上海教育,2016(10):47 – 49.
[14] 柯南. 图画书:幼儿文学的现代形式[J]. 浙江师范大学学报(社会科学版),1994:7 – 10.
[15] [17] 周兢. 早期阅读发展与教育研究[M]. 北京:教育科学出版社,2007:6 – 10.
[16] 李桂芹. 幼儿阅读能力培养策略[J]. 学前教育研究,2010(2):70 – 72.
[18] 教育部基础教育司.《幼儿园教育指导纲要(试行)》解读[M].(第二版),南京:江苏教育出版社,2002:44.
[19] 颜晓燕. 早期阅读教学的特征[J]. 学前教育研究,2009(1):49 – 52.

幼儿绘本阅读教师指导现状与策略研究

——以昌吉市第一幼儿园为例

赵　燕(新疆维吾尔自治区图书馆)

阅读能力是一切学习的基础。苏霍姆林斯基曾说:"孩子的阅读开始越早,阅读时思维过程越复杂,阅读时对智力发展就越有益。七岁前学会阅读,就会练就很重要的一种技能,边读边思考边领会。"[1]心理学研究也表明,人的语言发展存在关键期,1—2 岁是口头语言获得的关键期,3—4 岁是词汇快速发展的关键期,5 岁半左右是幼儿掌握语法、理解抽象词汇及综合语言能力开始形成的关键期,若能在关键期对孩子的语言进行适当培养,则会起到事半功倍的效果。由此可见,早期阅读作为孩子增长知识、开阔眼界、陶冶情操的重要途径,对孩子的成长进步可谓影响深远,被称为"终身学习的基础,基础教育的灵魂"[2]。近年来,早期阅读的重要性日渐凸显,亦引起了广大家长、教育及图书馆工作者的广泛关注,他们通过寻求各种途径来培养孩子的阅读兴趣与能力,绘本阅读即为其中的一种重要方式。

绘本,是以简练生动的语言和精致优美的绘画紧密搭配而构成的儿童文学作品[3],也是孩子接触最早的文学作品形式,其所具备的贴近孩子生活、艺术性和文学性的相互配合、文字绘画和谐共处等特点,适合孩子的心理发展特点及年龄特征,能唤起幼儿阅读的欲望,对他们的成长有着独特不可替代的教育价值,故其成为最适合幼儿阅读的图书形式。当前,幼儿园作为孩子绘本阅读的主阵地之一,主要通过教师开展绘本阅读活动来有效培养其阅读兴趣、阅读习惯,提高其阅读能力,促进幼儿个性发展及幼儿园语言的素质教育,加之此阶段也是幼儿语言及阅读发展的关键时期,可以说是除家庭亲子阅读及图书馆幼儿阅读推广外阅读培养的一个有力补充。相关调查发现,很多教师在幼儿绘本阅读指导中存在一些问题,如对绘本阅读的解读、绘本指导的方式方法不清晰、不规范等,不利于幼儿的阅读发展。鉴于此,本文通过问卷法、访谈法等了解教师对绘本的认识、对绘本自身的解读以及绘本阅读指导现状,通过探究问题原因来提出相应策略,以期为公共图书馆开展园馆合作、加强绘本阅读推广提供借鉴。

1　幼儿绘本阅读教师指导现状调查分析

1.1　教师基本情况统计

本文采用访谈法与问卷法,以新疆昌吉市第一幼儿园教师为研究对象,调查教师对绘本的认识、绘本阅读的开展以及绘本阅读指导实际情况等。其中,访谈教师 7 名,发放问卷 95 份,实收 92 份,有效问卷 88 份。

表 1　访谈教师基本情况统计表

	性别	民族	教龄
A 教师	女	汉族	5 年以上
B 教师	女	汉族	3—5 年
C 教师	女	回族	5 年以上
D 教师	男	维吾尔族	5 年以上
E 教师	女	汉族	3 年以内
F 教师	女	汉族	3—5 年
G 教师	女	汉族	5 年以上

表 2　问卷调查幼儿教师基本情况统计表

		人数	百分比
教龄	3 年以下	22	25%
	3—5 年	27	30.68%
	5 年以上	39	44.32%

		人数	百分比
学历	中专	57	64.77%
	大专	23	26.14%
	本科	8	9.09%
	研究生以上	0	0%
任教班级	小班	32	36.36%
	中班	28	31.82%
	大班	28	31.82%
民族	汉族	52	59.09%
	少数民族	36	40.91%

从上表可以看出,汉族教师居多,教龄5年以上的占44.32%,3—5年的占30.68%,3年以下的占25%,教师以老教职工为主,也陆续招入年轻教师。从教师学历上看,以中专为主,占全体教师的64.77%,本科学历教师只占9.09%。

1.2 教师对绘本的投放情况

1.2.1 教师绘本投放现状统计

表3 教师绘本投放统计表

	人数	百分比
凭感觉投放	44	50%
依据幼儿已有的阅读经验	28	31.81%
依据幼儿的年龄特点	13	14.77%
依据幼儿的认知特点	3	3.42%

调查发现,教师在投放绘本的过程中,基本是凭感觉投放,较少关注幼儿的年龄特点、阅读经验以及认知特点。访谈中A教师提出:"绘本的投放有些是幼儿从家里带的,有些是之前班级留下的,还有些则是园所提供的,甚至部分都不是绘本也掺杂在其中。对于绘本投放的参与并不多,不知道如何做好绘本投放环节的准备工作。"可见,教师对绘本的投放缺乏计划性,现状不容乐观。

1.2.2 教师绘本投放种类及数量现状统计

由图1所示,教师选择故事型绘本的比例占到79.55%,而科普型、童话型、散文型、诗歌型等绘本所占比例很少,绘本的投放种类过于单一。在绘本的投放数量方面,62.50%的教师为幼儿提供1本以内的绘本,21.59%的教师能为幼儿提供1—3本绘本,仅有10.23%的教师能为本班幼儿提供3—5本绘本。绘本投放数量严重不足,根本无法满足幼儿的阅读需要。访谈中B教师提出:"班内绘本数量及种类在一定时间段内相对有限,同一个绘本重复多次阅读指导,幼儿对于绘本本身已没有了好奇心,对于故事和情节也都熟知,再次阅读就失去了阅读的兴趣。"其他教师也提出:"期望园所多提供不同种类的优秀绘本图书,丰富绘本资源。"

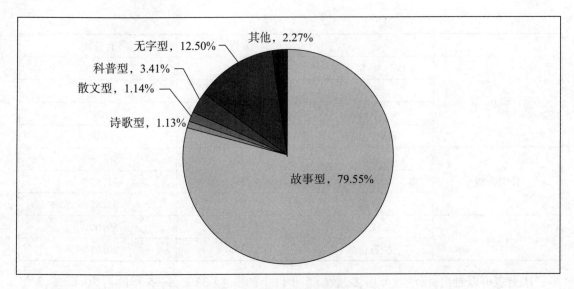

图1　教师绘本投放种类统计图

1.2.3　教师对绘本认识的情况

绘本并不是简单的文字与图画结合,它还包含着作者的信息、绘本的背景、色彩的关联,图文关系、主旨、线条、表达内容等方面,因此教师需要对绘本有全面的认识和解读[4]。

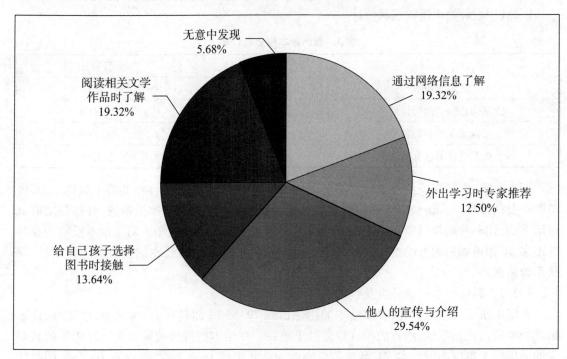

图2　教师初步认识绘本途经情况统计图

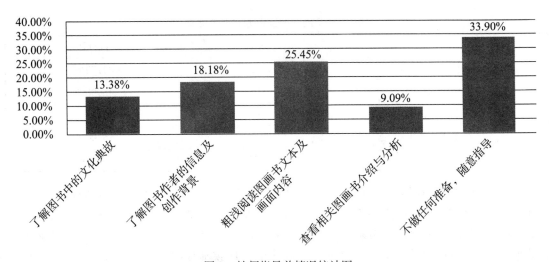

图3 教师指导前情况统计图

研究发现,教师初步对绘本的认识多来自于网络、他人的宣传,其认识大多停留在表面,没有深刻的解读。对所指导的绘本13.38%的教师能了解图画书中所蕴含的文化典故,18.18%的教师了解图画书中作者的信息及创作背景,25.45%的教师会粗浅地阅读图画书文本及画面内容,仅有9.09%的教师会查看相关图画书介绍与分析,33.9%的教师在阅读指导前不做任何准备,随意指导。由此可见,很多教师在绘本阅读指导前并没有对绘本进行过仔细研究,只是对故事内容和图片信息有大致了解。大部分教师不能准确把握绘本的图文信息、深层内容,只能简略对幼儿进行指导,做着浅层次的解读。

1.2.4 教师绘本指导的情况

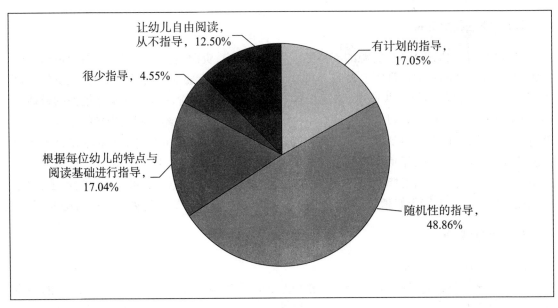

图4 教师绘本阅读指导情况统计图

表 4　教师绘本阅读指导方法统计表

	人数	百分比
由教师讲述故事	42	47.72%
根据内容提问	14	15.90%
师生讨论内容	16	18.18%
幼儿表演故事	14	15.90%
其他	2	2.30

幼儿在阅读方面有其共性也有其特性,随着年龄的增长,认知发展水平有所提高,但也存在个体差异。调查显示,绝大多数教师的指导方式是自己讲述故事,缺少绘本内容的引导过程,忽视了幼儿的主体地位。访谈中 C 教师提出:"自己在绘本阅读指导中多采用生动活泼的语言吸引幼儿注意,然后给幼儿大致讲述一遍故事。"D 教师提出:"班级指导在离园前 20 分钟,幼儿静坐在座位,自己在前面展示给幼儿阅读。"由此可知,教师在绘本指导过程中大多随机指导,无计划性,缺少绘本阅读的指导方法,这对于幼儿的阅读发展是非常不利的。

此外,教师对于本班幼儿的绘本阅读指导开展次数也较少。访谈中大多数教师提出:"对于绘本阅读的指导主要是在语言课上进行,单独的绘本指导很少,一周最多指导两次,形式大都为教学指导,时间上不超过 20 分钟。由于绘本资源的缺乏,大部分班级都以 PPT 形式来展示绘本。"这就出现了绘本教学与绘本指导的糅杂,教师将绘本指导当成课程来上,没有真正意义上为幼儿的绘本阅读进行指导,缺乏绘本指导的实践性。

2　幼儿绘本阅读教师指导现状原因分析

2.1　缺乏园所支持

绘本指导若想取得成效,资源的支持必不可少。其中,资源包括绘本投放、阅读环境创设、组织教研活动、教师相关培训等。调查分析发现,幼儿园对于绘本阅读是支持的,但支持力度并不大,只是在班级中投放些绘本,缺乏具体、有效的计划与实施措施,也缺乏相关的教研活动、观摩课展示以及培训学习。问卷调查中,大多数教师认为影响绘本阅读指导的主要因素中就有园所支持,且最希望得到园所的支持。访谈 E 教师提到:"幼儿园中,儿童除在语言课可接触读物外,其他仅能依靠每个班的图书角了。由于园所教室的大小限制,图书角最多容纳五人阅读,甚至只有一个书架摆在门口,想看的幼儿就搬凳子去看,也没有可以放书的桌子,致使幼儿在随机翻看中不能很好地培养阅读兴趣。所以,绘本阅读指导环境的创设很有必要。"

2.2　教师自身

2.2.1　教师专业素养

绘本指导的顺利进行离不开教师,而教师专业素质的高低又决定了幼儿绘本阅读的满意度。从教师基本信息中可以看出,园所教师多是 5 年以上教龄的老教师,对于绘本这种近年来兴起的新型读物接受度以及学习欲望并不高;在绘本阅读指导现状中,教师大多随机指导,缺乏科学合理的指导方式方法,如访谈中 B 教师提出:"由于外部环境的约束,对于绘本指导多是讲述,不知道如何创新指导。"在绘本投放方面,大多数教师未关注本班幼儿的阅读特点,仅是凭感觉投放,这与教师自身的专业知识、素养离不开。幼儿是鲜活的个体,遇到突发问题时,需要教师有随机应变的能力,但实际情况却不容乐观。

2.2.2 教师缺少系统、专业的绘本阅读知识

从"教师对绘本的认识"现状调查发现,很多教师对绘本的解读并不明确,缺乏相关的文学素养和专业知识。由于日常工作量大,教师自身阅读绘本的机会很少,也缺乏主动阅读的意识,对于绘本的阅读仅停留在读的层面,并未对每本绘本从文本的形式、图画的细节表现、绘画风格、色彩运用等进行细致解读[5]。访谈中了解到,大多数教师在阅读指导中都存在同样的困惑:"如何能让幼儿充分理解绘本;提高幼儿对绘本色彩的感知;用什么样的方式能提高幼儿的情节连贯性及图文结合能力。"而这些都需要教师进行相关系统、专业的学习与培训,才能提高自身对绘本解读的水平,从而提升绘本阅读指导效果。可见,绘本阅读是一种学问,更是一种艺术。

2.3 教师对绘本认识提升缺乏自觉性

在繁琐的工作环境中,许多教师逐渐出现了职业倦怠,学习意识淡薄,重复的工作使其缺少了探究外界信息的主动性、反思与创新。面对绘本这种新的教育资源,缺乏主动了解和学习的想法。调查显示,教师加强对绘本认识的途径更多是通过网络介绍、观摩教学以及相关书籍等,很少有教师是利用外出培训学习等机会来加强对绘本的认识。大多数教师虽然也能意识到自己在绘本阅读指导方面能力的不足,但却缺乏主动提升自身对绘本阅读指导素养与能力的自觉性,直接影响到幼儿绘本阅读的指导效果。

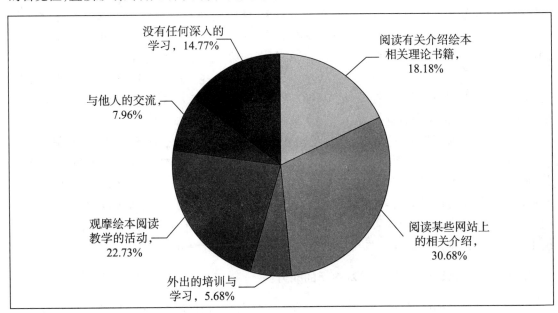

图 5　教师加强绘本认识方式统计图

3　幼儿绘本阅读教师指导策略

通过了解幼儿绘本阅读教师指导现状和存在的问题,分析问题存在的原因,笔者认为应从

源头入手,提出切实可行的解决对策,从而达到较好的绘本阅读指导效果,提升幼儿的阅读能力。

3.1 提高幼儿园对绘本阅读的有效支持力度

园所支持不再是有限的、低效的,而是应确实落实到每个班级、每位教师身上,有效提高支持力度。访谈中 B 教师提出:"园所在绘本投放上采取同年级班班流动的形式,既解决了班级绘本的单一性,也发挥了绘本的最大利用价值。"F 教师提出:"希望幼儿园能将支持付诸行动,而不单单是一定的绘本投放。"因此,幼儿园在投放绘本资源的同时,可有计划地组织年级教师开展座谈会,对一定阶段绘本阅读指导中出现的困难进行探讨,以获得专业有效的解决方案;创设良好的绘本阅读环境,以此来指导阅读;园所每年安排教师外出学习,集中培训,让绘本指导更专业,同时也可对不同层次教师进行有针对性的培训;大力支持幼儿教师进行绘本阅读指导的相关研究,组织观摩课程相互学习,共同提高。

3.2 科学投放绘本,增加绘本投放数量

教师在绘本的投放上要适合幼儿的认知、情感与阅读能力水平,全面了解各个年龄阶段幼儿的生理、心理、兴趣、理解力、阅读力等特点,只有这样才能准确把握什么样的绘本适合哪些幼儿阅读。访谈中 F 教师提出:"贴近幼儿生活的绘本在进行指导时更有利于幼儿理解。"对于幼儿来说,选取贴近幼儿自身生活的绘本,更有利于幼儿对内容的熟识和认知,从而实现对绘本的科学选择。具体如下:3—4 岁的幼儿,应投放情节简单、短小的,内容上符合孩子生活实际的绘本。绘本的画面要清晰优美,色彩要鲜艳,能吸引幼儿的眼睛,画面要突出主体并且形象可爱,每幅图配有简短的文字;4—5 岁的幼儿,处于认知发展的良好时期,绘本的投放可侧重图文并茂、情节连贯、比较前一年龄阶段略复杂的绘本。如各种童话类、简单科普类、品格培养类的绘本都是不错的选择;5—6 岁的幼儿,为满足这一阶段孩子逻辑思维能力发展的需要,教师可以选择投放篇幅比较长、情节较复杂、想象空间比较大的绘本故事。内容选择上可以考虑一些科普类、生命教育类、传记类、亲情类和励志类的绘本故事[6]。

幼儿正处于阅读发展的关键时期,在科学选择绘本的基础上,教师还要为幼儿投放充足的绘本以供幼儿阅读。至少要保证班级每位幼儿都有一本以上的绘本,如果一个班里有 35 名幼儿,那阅读区至少要提供 35 本以上的绘本进行阅读。在保证人手一本的基础上,还要注意绘本在内容与类型方面的丰富多样性,相同的绘本提供 2—3 本即可,重复太多,幼儿会失去阅读的兴趣。对于新书,可适当在数量上多投放一些,满足幼儿对新书的阅读兴趣与需求。因此,绘本的投放数量也是保证教师顺利开展绘本阅读指导的关键一环。

3.3 提升教师把握与解读绘本内涵的能力

了解绘本内涵的前提首先是对绘本背景的了解,教师可在绘本投放过程中对所投放的绘本背景进行解读,以此来提高自身对绘本背景的把握能力。其次,在绘本内容上,教师要了解绘本中的图文关系。通过访谈发现,多数教师会注重图文关系的解读。可以说,如果图片是绘本的灵魂,那么文字就是绘本的眼睛[7]。幼儿对于图片的接受能力要高于文字的接受能力,他们都能看懂图片,但不一定理解文字的内涵,脱离了文字的绘本解读不能掌握绘本的全部信息,因此,教师应注意提高图文关系的解读能力,重视绘本细节的解读,才能更好地理解绘本

内容。

在充分理解绘本内涵的基础上,如何使其让幼儿全面体会,是摆在教师面前的一大难题。教师要掌握讲述技巧,用生动有趣的方式帮助幼儿理解绘本内容,解决其认为听不懂的地方。访谈中有教师提出困惑:"幼儿大概能明白故事的内容,但是对于画面的细节、色彩所折射出的内容与情感却不明确。"对于这类问题教师不知道如何让幼儿在色彩的感知上更好地理解人物以及绘本内容,这就要求教师自身要提高绘本色彩感知度,平时也注意培养幼儿这方面的能力,彼此共同提升才能在指导中更得心应手。

3.4 多种方式方法,提升幼儿阅读绘本的能力

幼儿是阅读的主体,教师在绘本指导的过程中仅是幼儿阅读的引导者,不是一味地灌输与讲解,还要注重方式方法:

(1)通过幼儿自主阅读提高幼儿的阅读能力。教师应给幼儿自由阅读的时间,阅读初期让他们自己选择感兴趣的绘本,有了阅读的意愿,才会对绘本有思考意识,就如访谈中 E 教师提出:"幼儿的思维具有跳跃性,在前期阅读会产生自主构建意识,让其自主阅读会比教师一开始就指导阅读效果更好。教师适时介入对幼儿的阅读发展有一定的促进作用。"

(2)仔细看图、大胆猜测提升幼儿解读图画的能力。绘本阅读中,教师要引导幼儿观察画面,让其意识到书中的图画都代表一个信息,有它存在的必要意义,当幼儿不明白其内在与暗示的内容时,教师可根据实际情况适时引出绘本中的主人公和重点人物,让幼儿通过观察动作、表情、场景等要素展开想象,将多幅画面连贯地组成一个完整的故事,重构故事场景,大胆表述自己看到的内容[8]。当然,由于幼儿的发展阶段不同,也要综合考虑各班级幼儿的阅读特点,通过引导其仔细观察,大胆猜测,从而深入解读绘本内容。

(3)有效交流提高幼儿的图文结合能力。幼儿主要以形象思维为主,抽象思维的发展还处在萌芽状态,此时他们对绘本中图文结合的因果关系理解是不到位的,因此,需要教师在该过程中通过表情、语调、动作等方式为幼儿形象阐述,并细致观察幼儿的阅读回应,从生活出发对幼儿进行引导,有效提高他们对绘本内容的阅读理解能力[9]。当然,除此以外,幼儿之间的交流也是有必要的,可以让理解了的幼儿指导不理解的幼儿,他们可以阐述自己的所见所想,引起思考,这不仅能促进幼儿的观察力与理解力,同时增进幼儿对图文结合关系的进一步认知。

(4)开展生动有趣的活动提高幼儿对人物情感的理解力。生动有趣的活动对幼儿具有一定的吸引力,具体可通过游戏、欣赏动画、角色扮演等方式组织,将幼儿在阅读中遇到的问题总结,在幼儿自主阅读之后进行,以便更好地让其感受绘本人物的情感[10]。访谈中 F 教师提出:"角色扮演很受幼儿欢迎,教师通过创设情境,让幼儿扮演绘本中的人物,亲身感受人物的性格特点,有助于幼儿理解绘本人物的情感,同时锻炼幼儿表达能力。对于年龄较大的幼儿,也可让他们自己对故事部分改编进行表演,提升幼儿对绘本人物性格的理解力。"还有教师提出可以根据绘本内容编排绘本剧或童话剧,从而增强幼儿的人物情感理解力。总之,教师只有根据本班幼儿的发展特点,合理运用多种方式指导,才能提高幼儿的绘本解读能力和感知人物情感能力,让幼儿在绘本阅读过程中受益。

3.5 加强图书馆、幼儿园、家庭三方合作,共同推动幼儿阅读发展

提升幼儿绘本阅读能力单靠幼儿园教师一方的力量是无法完成的,应加强图书馆、幼儿园

与家庭三者之间的紧密联系,通力合作,充分发挥各自阵地作用,共同推动幼儿阅读发展。①以公共图书馆培训为契机,聘请专业幼儿阅读指导老师开展专题讲座,为家长、幼儿教师科学讲授幼儿绘本阅读中需要注意的问题、阅读指导方法等内容,避免阅读误区;②利用"4.23世界读书日"或"六一儿童节"等重要节庆日,以幼儿早期阅读或绘本阅读为切入点,开展内容丰富、形式多样的幼儿阅读活动,同时争取社会多方力量参与,邀请绘本知名创作者现场讲述幼儿阅读相关事宜,营造良好的阅读环境与氛围;③在全区开展"百日阅读计划"活动的基础上,图书馆可根据片区挑选试点,设置并建立家庭及幼儿园阅读档案,及时了解两者的阅读需求、阅读情况及阅读中出现的问题。对做得好的家庭或幼儿园可在图书馆开展活动时予以评奖,进而带动更多的家庭与幼儿园参与其中,共享阅读之乐;④充分发挥图书馆的社会教育职能,推介优秀幼儿图书资源。图书馆可根据实际情况成立幼儿园分馆或呼吁藏书多的家庭成立家庭图书馆,通过分馆定期更换图书、图书漂流或互换等方式提高图书或数字资源的最大利用率。

阅读,作为最基本的文化权利之一,是最普遍和持久的文化需要。2018年,李克强总理代表国务院在十三届全国人大一次会议所作《政府工作报告》中,明确表述"倡导全民阅读,建设学习型社会"的重要内容,这是自2014年起,"全民阅读"连续第五次写入《政府工作报告》,它不仅表明党和政府对全民阅读的高度重视以及深入推动全民阅读新的时代要求,也为全民阅读持久、有效的开展奠定了坚实基础。全民阅读应从娃娃抓起,我们要从小将阅读的甜蜜印刻在他们的心灵,让其有书香陪伴的一生。当前,早期绘本阅读在提升幼儿阅读能力、培养阅读习惯方面已初显成效,但仍存在些许不足。因此,我们要遵循幼儿的语言阅读、身心发展特点,不断提升自身素养,运用科学的方式方法对幼儿进行绘本指导,加强图书馆—幼儿园—家庭的三方联动,在实践中不断探索行之有效的模式,提升幼儿绘本阅读能力,养成良好的阅读习惯,全力推进"书香新疆"建设!

参考文献

[1] 姚雪娇.儿童绘本教学现状研究[D].杭州:杭州师范大学,2011.

[2] 李桂芹.幼儿阅读能力培养策略[J].学前教育研究,2010(2):70-72.

[3] 徐虹.抽象的图画:解读佩里·诺德曼的图画书符码分析理论[J].江苏教育研究,2012(28):19-21.

[4] BLAKE J,MACDONALD S,BAYRAMI L,et al. Book reading styles in dual-parent and single-mother families [J]. British Journal of Educational Psychology,2006(76):501-515.

[5] BRACKEN S S,FISCHEL J E. Family reading behavior and early literacy skills in preschool children from low-income backgrounds[J]. Early Education and Development,2008(1):45-67.

[6] 尹国强.父亲参与幼儿早期阅读的个案研究[D].重庆:西南大学,2010.

[7] 史大胜.美国儿童早期阅读教学研究[D].长春:东北师范大学,2010.

[8] 王林.图画书教学的行走之道[J].人民教育,2007(Z2):70-71.

[9] 梁筠.不同阅读方式下3—6岁幼儿图画书阅读的比较研究[D].天津:天津师范大学,2012.

[10] 夏媛媛.幼儿绘本阅读指导常见误区及改进策略[J].高教学刊,2015(18):106-107.

亲子阅读：香港小学图书馆的经验

马辉洪(香港中文大学图书馆) 陈敏仪(香港蓝田循道卫理小学图书馆)

本文从政策及支持两方面介绍香港教育局的亲子阅读，并以蓝田循道卫理小学图书馆亲子阅读奖励计划的实践为样本，探讨本计划的总体思路、具体做法、成效与影响，最后说明本计划的挑战与反思。

1 香港教育局推动的亲子阅读

自 2001 年香港推行教育改革以来，一直提倡"从阅读中学习"的政策，为实现"提升整体的学习能力，达到终身学习和全人发展"的目标，推动校长/副校长、课程统筹主任、学校图书馆主任、教师、家长和学生等全员参与学生阅读的培养，一起推广从阅读中学习的策略。这项政策除了强调师长的重要性，亦特别指出家长在子女成长初期，特别是在培养子女良好的阅读习惯方面扮演重要的角色，并以全球学生阅读能力进展研究(PIRLS)的结果说明"家长常跟子女进行家庭阅读活动，例如，看书、说故事和唱歌，对子女将来的阅读能力有正面影响"[1]。良好的阅读习惯，既能够发展子女的语文能力，又有助于其确立人生观和世界观。对家长来说，如何协助子女达到"从阅读中学习"的目标呢？香港教育局提出十点可行的建议：

①以身作则，在家里经常阅读。

②订立一个固定的阅读时间和子女一起阅读，例如每天半小时。

③确保有一个安静而舒适的阅读环境。例如，关掉电视、提供足够的空间和充足的光线。

④多赞赏，并肯定子女的阅读表现，鼓励子女阅读和分享阅读经验。

⑤可以自行或与子女一起，为家中选购丰富而多样化的读物，如杂志、报纸、故事书、参考书及电子书。

⑥认同阅读书籍，包括电子文本，是家课之一。

⑦参与由学校或公众团体所举办的阅读活动，学习有关的技巧和策略，以帮助子女更有效地阅读。

⑧安排多元化的家庭阅读活动，例如，到图书馆借书、逛书店、参与阅读或文化讲座、与孩子分享故事及阅读电子书。

⑨与学校合作，引起子女阅读的兴趣，指导他们如何阅读，以丰富他们的知识和想象力，并增强他们的语文能力。

⑩利用日常生活中的真实情境，帮助子女阅读，例如，阅读公园的指示、公众地方的规则、商品的说明、港铁路线图。[2]

香港教育局具体而微地提出各项建议,目的在于让家长随时随地透过阅读培养子女学习。除了制定政策外,香港教育局还推动亲子阅读活动,出版两种支援亲子阅读的资源套,分别为《亲子阅读乐趣多——给 0—9 岁孩子的家长》(2009 年)和《亲子阅读动起来:家长导航》(2018 年)。《亲子阅读乐趣多——给 0—9 岁孩子的家长》包括三本小册子,按不同年龄组别提出亲子阅读活动的建议,目录详列如下[3]:

	0—3 岁孩子	3—6 岁孩子	6—9 岁孩子
目录	一、胎儿懂得阅读吗? 二、幼儿阅读从聆听和说话开始 三、幼儿可以读什么? 四、从"玩"书开始 五、阅读习惯从小开始培养 六、家长锦囊 附录:家长参考网页	一、幼儿阅读有什么好处? 二、亲子共读有何策略? 三、怎样为幼儿选书? 四、怎样创建家庭阅读环境及文化? 五、家长锦囊 附录:家长参考网页	一、孩子为什么要阅读? 二、孩子需要什么阅读活动? 三、孩子应该读什么? 四、怎样创设良好的阅读环境? 五、怎样协助孩子养成阅读习惯? 附录:参考网页

《亲子阅读乐趣多——给 0—9 岁孩子的家长》指出亲子阅读有三方面的效果:第一,带给孩子喜悦和智慧;第二,互相分享读书的感受和乐趣;第三,父母与孩子共同学习,一起成长。至于《亲子阅读动起来:家长导航》的出版,旨在"让家长明白亲子阅读的意义和重要,认识亲子阅读的技巧和方法,懂得为孩子营造一个理想的家庭阅读环境,让孩子从小建立良好的阅读习惯,培养阅读兴趣。"[4] 该书由前香港教育学院中国语言学系副教授张永德博士撰写,分为下列各章:引言:动的联想;一,开动亲子阅读的列车;二,有趣生动童书请进来;三,好玩亲子阅读大行动;四,动手搭建阅读的桥梁;后话:在童书里感动再感动/附录:亲子阅读资源介绍。作者"以轻松活泼的手法向家长介绍童书,谈谈亲子阅读,推广利用童书进行亲子阅读的方法,更重要的是他希望父母通过亲子阅读,与孩子建立亲密的关系,共享阅读乐趣"[5]。《亲子阅读动起来:家长导航》全书的构思以"动"字符串连起来,即亲子阅读需要"起动"、亲子阅读是一个"活动"、亲子阅读可以让人"感动"、亲子阅读可以帮助孩子学会"主动",以及亲子阅读是一项"运动"。

2 亲子阅读奖励计划:香港蓝田循道卫理小学图书馆的经验

2.1 计划目的

从培养孩子阅读兴趣及习惯来说,父母有不可取替的重要角色。亲子阅读对年幼的小孩子来说尤其重要,他们可以在父母陪伴下愉快地进入童书世界,与父母一起学习新事物,探索新知识。从 1998 年开始,蓝田循道卫理小学全力推动亲子阅读活动,并获得优质教育基金资助,推行"亲子阅读奖励计划"至今逾 20 年,广受学生及家长欢迎。"亲子阅读奖励计划"有以下四项目的:

2.1.1 奠定终生学习的基础

透过"亲子阅读奖励计划",师长鼓励学生自发地阅读课外书籍及浏览网站,积极提升他们的阅读兴趣,从而培养良好的阅读习惯。"终生学习"是 21 世纪学习者应有的态度,而良好的阅读习惯就是终生学习的必备条件。

2.1.2 家校合作活用资源

在学校和家长合作的前提下,学生学会善用校内及社区资源,不仅在学校图书馆及家居附近的公共图书馆借阅图书,还可以参加图书馆举办的活动,增加从阅读中学习的乐趣。

2.1.3 增进亲子沟通

透过家长与学生共同参与,阅读计划提供更多沟通机会,从而加强亲子关系,建立良好的家庭生活。

2.1.4 鼓励学生进行阅读分享

鼓励学生进行课堂分享、同侪分享及与教师分享,提升学生口语表达能力,增加学生自信心。

2.2 计划具体做法

每年暑假前,图书馆主任和教师在图书组和课室图书组会议上,修订《亲子阅读奖励计划记录册》,邀请学生设计封面,并且安排印刷公司处理印刷事宜。开学后,图书馆主任随即向全校学生派发制作精美的《亲子阅读奖励计划记录册》,作为日常阅读书籍资料的纪录、阅读报告及图书课堂笔记。《亲子阅读奖励计划记录册》详细胪列各级学生适用书目建议、校内及社区资源及其使用方法,校内图书馆相关活动的推介,让学生和家长灵活运用学校及社区资源,从广泛阅读中学习。图书馆主任定时检视学生阅读数量及阅读情况,调节校内阅读资源及活动,并与科组教师每年检讨工作成效,做出修订。在学期终结前,家长就全年观察所得,在记录册上撰写"家长鼓励"部分,给予孩子适当赞赏及支持,增加他们积极学习的动力。

2.2.1 计划覆盖时段

"亲子阅读奖励计划"由每年九月开始,至翌年六月结束,期间学生每月阅读一本图书或浏览一个网站后,将图书或网站的内容,以及感兴趣的要点与父母分享,并将有关资料记录在记录册,再由家长每页签署,证明学生曾经阅读该书籍或浏览该网站,并跟父母分享阅读心得。

2.2.2 计划配合不同阅读活动

除了安排全校学生逢星期五进行十五分钟的早读活动外,在当天的校园电视台早会活动的"书评乐缤纷"中,班主任邀请每班一位学生代表,在校园电视台向全校同学作口头报告,分享阅读心得。在图书课堂上,每位学生轮流作阅读分享,并填写"图书阅读分享评估准则"以及"图书课阅读分享评估"两部分,鼓励学生在课余时间跟同学、教师及家长分享阅读心得,完成后在记录册上记下相关记录。此外,为了加强学生对生命教育的认识,特设"读出彩虹天:生命故事阅读报告",鼓励学生在图书馆专柜内挑选生命教育书籍,与家长分享后完成阅读报告。

2.3 计划成效与影响

从学生的角度而言,"亲子阅读奖励计划"鼓励学生自发、自主、自由地阅读,潜移默化地养成良好的阅读习惯,从而打好终生学习的基础。学生在教室的故事分享时段中,与同侪及教师作口头童书汇报,分享阅读心得,提升说话及沟通能力,并增强自信心。从亲子关系的角度来说,"亲子阅读奖励计划"鼓励家长与子女进行亲子共读,让子女在父母的陪伴下进入童书世界,与父母一起经历故事情节,从而提升语言能力,学习人情世故,增加生活体验,认识各地文化,在阅读过程中建立良好亲子关系,营造和谐家庭气氛。

学者指出,阅读习惯应由年幼的小孩开始建立[6-7]。“亲子阅读奖励计划”是蓝田循道卫理小学“从阅读中学习”策略性计划之一,对低年级年幼小学生来说尤其重要。学校除了推行“亲子阅读奖励计划”外,还举办多元化的阅读活动,营造良好校园阅读气氛,每位学生每年平均阅读量逾 250 本,成绩令人鼓舞。媒体在报道中更绘形绘声地描述了学生在校内阅读的实况:“不论是走廊,还是操场,甚至是午膳时间,交谈的小朋友,基本上都拿着图书,甚至争相分享自己阅读中的故事。”[8]

2.4　计划特色亮点

“亲子阅读奖励计划”的推行,巧妙地融入长假期(包括农历新年、圣诞节、农历新年、复活节等)的阅读计划当中,鼓励同学享受悠长假期之余,不忘进行有意义的阅读学习。此外,图书馆主任在放假前与中英文科主任协作,安排学生阅读中英文图书的数量,并鼓励学生完成阅读报告后,进行中英文创作,久而久之,学生便会渐渐爱上阅读,喜欢写作。

3　挑战与反思

在信息发达的 21 世纪,孩子更加需要家长指引,在瞬息万变的时代中提升学习能力,从而达至终生学习的目标。毫无疑问,家长在推动阅读上的角色十分重要,除了经常与孩子进行阅读活动,亦应鼓励孩子独自进行的阅读活动,只要家长对阅读有积极而投入的态度,孩子同样会投入阅读之中。除此以外,家长应掌握信息科技的相关知识以及如电子书、电子数据库等相关资源,借此丰富孩子的阅读资源。因此,学校需要为家长推行一系列的阅读讲座,提升家长伴读的能力与技巧,让他们能够在亲子阅读的活动中发挥最理想的效果。

本文除了简介香港教育局推行亲子阅读的政策及建议外,还以蓝田循道卫理小学图书馆“亲子阅读奖励计划”为例子,说明亲子阅读有助奠定终生学习的基础,亦能够增进亲子沟通,透过家校合作善用阅读资源,从而鼓励学生阅读。本计划成效显著,不仅提高学生的阅读量,还培养学生喜爱阅读的态度,达至“从阅读中学习”的目标。

参考文献

[1][2] 从阅读中学习:基础教育课程指引——聚焦·深化·持续(小一至小六). [EB/OL]. [2019 - 03 - 25]. https://cd. edb. gov. hk/becg/tchinese/chapter3B. html#s3. 1.

[3] 亲子阅读乐趣多. [EB/OL]. [2019 - 03 - 25]. https://www. edb. gov. hk/tc/curriculum-development/major-level-of-edu/primary/materials/parent-child-reading/index. html.

[4][5] 亲子阅读动起来:家长导航. [EB/OL]. [2019 - 03 - 25]. https://www. edb. gov. hk/attachment/tc/curriculum-development/kla/chi-edu/resources/primary/lang/Parents_Booklet_on_Reading. pdf.

[6] KRASHEN S. The power of reading:insights from the research[M]. 2nd ed. Westport;Portsmouth:Libraries Unlimited. 2004.

[7] TSE S K,LAM W I,LOH K Y,et,al. Progress in international reading literacy study 2011:international report:Hong Kong section. [EB/OL]. [2019 - 3 - 25]. https://www. hku. hk/press/news_detail_8975. htm.

[8] 小学生年读 250 本书　爱上阅读竟与父亲陪同到兰桂坊有关? [EB/OL]. [2019 - 03 - 25]. https://www. hk01. com/社会新闻/132539/小学生年读 250 本书 - 爱上阅读竟与父亲陪同到兰桂坊有关.

本科生图书馆利用与学习成绩的关系:研究综述

亢　琦　　仇博裕(包头师范学院图书馆学系)

　　高校图书馆作为高校高等教育的重要组织,同时也是文献信息服务中心,承担着为学校科研教学提供服务的重担,是学生学术交流、学习和研究的重要场所。高校图书馆所处的环境长期以来一直很复杂,高校图书馆在努力平衡收缩预算与成本增加之间存在着压力。与此同时,许多研究表明,随着网络信息时代的到来,信息资源数字化快速发展,并且电子资源凭借其传播速度快、不受时空限制、多样化的阅读体验等优势使人们的阅读习惯正在发生变化。许多大学生在阅读时,更倾向于通过互联网或在线电子期刊获取的电子资源。因此,高校图书馆的传统图书流通业务受到了越来越多的质疑。但是,高校图书馆的图书借阅量虽然在下降,却远未消亡,其仍是图书馆重要的业务工作,在学生教育方面仍旧能起到较大作用,是影响学生学业成绩的因素之一。

　　国外对于图书馆借阅率对学生成绩的影响的相关实证研究成果较多。大多数研究成果表明图书馆的相关利用对学习成绩有积极影响。在我国,相关研究起步较晚,但近年来随着高校图书馆在高校高等教育的重要作用被越来越广泛的认识到,相关的实证研究成果也有所增长,将国外的实证研究成果进行梳理、总结、学习并且应用到我国的实践中。就总体而言,我国高校图书馆对于高校高等教育的贡献尚未得到充分的肯定,这可能是造成高校图书馆建设得不到重视,事业发展缓慢的原因。同时,国内现有的相关文献系统性、全面性较强,从多个方面阐述图书馆利用对于学生成绩的影响,且评述性文章较少,以实证居多。有鉴于此,笔者认为有必要针对国内外有关本科生借阅率对学生成绩的研究做系统、针对性强的综合论述,从而将国内外针对本科生图书借阅率对其学习成绩的影响的研究方法和研究维度做一个综合论述,为我国的研究人员提供参考。

　　本文关注包含本科生图书借阅率对学生学习成绩的影响的中外文文献,在收集文献过程中,外文文献主要采用 learning outcomes、library usage、academic library、Grade Point Average (GPA)和 book lending 进行组合搜索,对检索时间不加限制,在 PQDT、Emerald、JSTOR 等数据库以及 Google Scholar 中进行检索,检索时间为 2019 年 3 月 13 日,最终搜索到 89 篇相关文献;中文文献采用图书馆利用、图书借阅、本科生、高校图书馆、学业成绩和绩点进行组合检索,对检索时间不加限制,在中文四大全文期刊数据库(清华同方《中国期刊全文数据库》、重庆维普的《中文科技期刊数据库》、万方数字化期刊、中国人民大学书报中心)中进行检索,经过筛选和对检索结果中的参考文献进行回溯性检索最终搜索到 20 篇相关文献。

1 研究回顾

1.1 国内在本科生图书借阅量与学习成绩的关系研究上的研究现状

国内的研究开展相对于国外较晚,但许多学者已经开展了一些研究。

1982 年盖世田通过分析本校学生的相关数据,已经意识到学生的图书借阅量和其成绩有关,同时感到高校图书馆必须加强对学生阅读图书的研究调查[1]。1991 年刘喜对本科生四年全部平均成绩与中文图书、中文期刊借阅量的相关性进行了研究[2]。1996 年邹声威随机抽取了西南工学院(现西南科技大学)两个班的学生作为调查对象,研究发现图书馆借阅频次和其学习成绩之间存在同向变化关系[3]。2010 年徐云对桂林医学院两个年级毕业学生进行问卷调查,通过采用相关分析、聚类分析方法对三者之间的关系进行分析,她认为图书馆利用内容、满意度是促成图书馆利用向学习成果转化的重要因素[4]。2013 年,杨新涯等利用统计专业软件 SPSS 证明借阅行为与成绩等级有着较高的相关性[5]。2014 年,刘欢将图书馆通道数据与学生的绩点和创新学分数据相结合,他认为学生对实体图书馆的访问仍较为频繁并具有一定可以探究的规律,并且对学生的学习成绩和科研实践成果均具有显著正向影响[6]。2015 年,刘桂宾对南开大学选定的研究生和本科生进行抽样问卷调查,采用广义线性回归模型与偏相关分析对图书馆利用和学生学习成果进行分析,得出整体利用图书馆对本科生的创新能力有很强的正向影响的结论[7]。2017 年,吴旭东等人通过调取学校 2005—2017 年的图书馆数据库中的借阅数据库、学工处的学生管理数据库和教务处的教务管理数据库利用数据挖掘所涉及的若干主要分析方法,通过算法找出图书借阅行为与学习成绩之间的关系[8]。

1.2 国外在本科生图书借阅量与学习成绩的关系研究上的研究现状

在国外,图书馆利用与学生学业成果关系的研究开始于 20 世纪 60 年代。

1961 年美国特拉华大学图书馆就开始研究本科生对图书馆的利用,共调查了五所学校的各个年级、不同专业、不同性别的学生,因为当时各种因素所限,其研究结果表明学生学分成绩(Grade Point Average,GPA)与借书量无显著相关[9]。1965 年 P. Barkey 对东伊利诺伊大学图书馆 1962—1963 年的学生数据进行统计,提出学生的学习成绩与图书借阅量之间存在直接关联[10]。1966 年,莱恩在《大学生对大学图书馆的利用评估》一文中提出针对图书馆的相关研究不应该仅限于投入量(例如:图书馆预算、馆藏数量等),更应该关注图书馆的利用对学生成绩的影响。20 世纪 80 年代美国高等教育遭遇公众信任危机,各个高校都通过分析学生的成绩以此来展示自己的教学,图书馆作为高校的组成部分也需要证明其对高校高等教育所做的贡献,受此影响,图书馆利用对学生学习成果影响的相关研究开始急增。1986 年 J. E. Hiscock 试图建立图书馆利用与学生学习成果的关联性,但研究结果并不理想[11]。1995 年 J. Wells 对选修几门课程的一、二年本科生对图书馆的利用和课程成绩之间的关系进行研究,结果显示为本科生到馆频次、在馆总时长都与课程成绩有正相关关系,但不显著[12]。2013 年英国哈德斯菲尔德大学承担的一项图书馆影响数据项目,研究对象覆盖英国 8 所大学,研究结果证实了图书馆利用和学生取得的学习水平之间具有统计学意义上的关系[13]。2016 年 J. K. Stemmer 和 D. M. Mahan 提出了投入—环境—产出模型,并对贝拉明大学图书馆多年的学生调查问卷进行回归分析,发现学生如何利用图书馆、是否愿意调整去适应新环境很大程度上决定了图书馆与学生学业成果(在校率、GPA、毕业率)是正向还是反向关系[14]。

2 相关研究使用的研究方法

研究方法指研究过程中科学行为方式及手段的总和,是具有一般化趋势的方法[15]。作为学科体系的重要组成部分,具有系统的、成熟的研究方法是一门学科成熟的标志之一[16]。丰富的研究方法与创新是促进学科发展的积极因素,在学科体系建设方面具有重要意义。随着图书馆学的研究方法和研究工具的不断丰富与发展,现今的图书馆学情报学研究方法中定性与定量兼顾、理论与实证并重,但总体上偏向实证趋向,因而在研究方法上多采用实证研究方法。通过收集、整理、阅读、归类国内外的相关论文,针对本科生图书馆借阅量与学习成绩的关系研究这一主题,本文选取和总结了针对流通数据的统计分析方法、问卷调查法、访谈法以及文献分析法四种研究方法在本科生借阅量与学习成绩的关系研究的应用情况,并以表格的方式呈现。

2.1 针对流通数据的统计分析法

统计分析法主要是指通过对研究对象的分析研究,揭示与认识事物之间的变化规律、相关关系与发展趋势,据此达到对所研究事物的正确认识与理解的一种研究方法,是自然科学与社会科学研究中不可或缺的研究方法。针对流通数据的统计分析法在图书馆学研究中的应用由来已久,由于其方法简单、工作量小的优点而被广泛使用。笔者通过对本科生图书馆借阅量与学习成绩的关系研究的相关文献进行梳理后,发现国外的相关文献应用此方法的数量很少;国内较早的相关文献喜欢应用此方法,较晚的相关文献并不喜欢应用这一研究方法。

笔者认为,国外这方面的研究开始时间与国内相比而言较早,已经形成完整成熟的论文写作体系与模式,针对流通数据的统计分析法虽然方法简单、工作量小,但是相较于其他研究方法其统计资料只是反映了历史情况,并不反映现实条件的变化对研究对象的影响,因此国外的相关文献采取这种研究方法的数量较少。就国内而言,相关研究开始的时间较晚,前期属于探索阶段,针对流通数据的分析方法优点十分突出,便于更快速地得出研究成果,因此受到很多研究学者的欢迎;后来随着研究的不断深入,逐渐认识到这一研究方法的缺点,从而减少了这一研究方法的应用,但由于其应用时间较早,因此累积应用的文献数量比重仍旧很大。

2.2 问卷调查法

这类方法在国内外关于本科生图书借阅量与学习成绩的关系研究上应用较为广泛,也是目前国内外社会调查所广泛使用的一种方法。它通常由封闭式问题组成,提供备选答案。研究者以设问的方式表述问题,从而搜集到可靠的资料,所获得的反馈与数据为统计和调查所用,常常与观察法、访谈法等综合使用。为了评估大学图书馆在本科学生的学业成果方面的有效性。

问卷调查法由于其自身的多个优点,因而在众多研究方法中脱颖而出。其节省时间、人力、物力和财力,调查结果更容易量化、统计处理和分析。近年来,由于互联网的快速发展,使问卷调查法的优势进一步增加,越来越多的研究人员开始采用问卷调查法。可以说在图书馆学研究领域应用问卷调查法的文献数量也在增多,但由于涉及本科生图书馆借阅量与学生成绩的关系研究的文献数量本身就少,因此无法发现这一规律,但我们仍可以通过应用这一方法的文献数量在总数量中的比重认识到其在本科生图书借阅量与学习成绩的关系研究这一方面的地位。

2.3 访谈法

访谈法又称晤谈法,主要是指访员通过和受访人面对面地交谈来了解受访人的心理和行为的心理学基本研究方法。其与问卷调查法、网络调查法等同属于调查研究法,研究人员通常将访谈法与其他研究方法相结合进行研究。访谈法虽然有运用面广,可以方便快捷地收集多方面的分析资料等优点,但是其局限性也不容忽视。首先访谈法的成本比较高,与问卷调查法相比,访谈法往往要付出更多的财力、物力和人力,与高投入相比其所获得的样本量往往较少;其次采用访谈法时访谈内容记录困难,通常无法很完整地将访谈内容记录下来,往往会遗漏很多内容;再次对于访谈法的访谈结果处理有一定难度,被访者的回答多种多样,因而标准化程度低,很难做定量分析。由于本科生图书借阅与学习成绩的关系研究这一研究将研究范围限定的很小,因此并没有找到国内有应用此研究方法的相关文献,在国外的相关研究文献综述也仅发现两篇只采用这一研究方法的文献。国外研究学者采用这一研究方法对本科生图书借阅与学业成绩之间的关系做定性研究,通过访谈以了解图书馆在他们的日常生活中有何影响;图书馆的资源是否满足其日常学习生活需要;其日常图书借阅量等方面,分析其行为,对其图书借阅行为与学业成绩之间的关系做定性研究,最终得出结论图书借阅量与学业成绩之间存在正相关的关系。

2.4 文献分析法

文献分析法在科学研究中的作用和价值无须多言。针对学生图书借阅量与其学业成绩关系的研究已经经过了多年的发展积累,有了一定量的研究成果。在这一基础上,已经有研究学者开始对已有的成果进行整理、总结和介绍。由于国外开始研究的时间要早于国内,且研究成果已经达到一定数量,相关模式、研究模型已经健全,因此许多国内学者开始系统梳理与介绍国外的研究成果,希望可以为我国学界开展这一领域的研究提供一些方法和帮助。

国内仅有的三篇在本科生借阅量与学习成绩的关系研究上应用文献分析法的文献,分别为刘桂宾在 2015 年发表的《国外图书馆利用对高校学生学习成果影响的研究综述》[17];肖奕在 2017 年发表的《国外高校图书馆对学生学业影响研究综述》[18];吴英梅在 2013 年发表的《国外高校图书馆对学生学业影响的评估研究》[19]。三篇文献的内容均是针对外国相关研究成果的梳理介绍。以期通过梳理介绍外国研究成果,让我国的相关研究人员对国外先进的研究理念、研究方法以及发展趋势有系统且深入的了解,以提高我国相关研究成果的质量,为我国开展相关研究提供一定的帮助。

就国外而言,由于其研究开始时间早、研究成果较多,应用文献分析法的文献数量相较于国内仅有的 3 篇针对国外研究成果的文献而言是比较多的。与国内相关研究学者喜欢总结国外的研究成果不同,国外许多研究学者喜欢在本国原有的基础上进行研究,但也不排除部分研究学者会归纳、整理、总结别国的相关文献。在丰富研究成果基础上国外的研究学者构建了许多理论模型,并且这些理论模型的建立也为我国的相关研究起到了很好的帮助作用。

3 研究维度

3.1 入馆次数

国内外许多学者将学生的入馆次数作为研究图书借阅量与学生学习成绩之间关系的研究维度之一。可以说入馆次数可以一定程度反映出学生的图书借阅量,因为学生要借阅图书馆的图书其必定需要到馆进行借阅,因此将入馆次数作为研究图书借阅量与学生学习成绩之间的研究维度之一是有依据的。针对美国一所大型公立大学的研究显示81.9%的一年级学生至少使用过一次图书馆服务。通过对调查数据的分析,结果显示使用过学术图书馆服务或资源的学生,与未使用图书馆的同龄人相比,平均保留率和GPA更高;四种图书馆使用方式,包括图书借阅、数据库登录、电子期刊登录和图书馆工作站登录的数据与学生的GPA呈正相关[20]。

3.2 外借量(续借量)

外借量是图书借阅率与学生学业成绩相关研究所涉及的主要内容。针对外借率的研究是证明图书借阅率与学生学业成绩之间的有力依据。国内外许多学者的相关研究都将其列为研究维度之一。悉尼大学针对251名学生进行的研究调查中也涉及这一维度,其将学生对图书的利用分为了较高使用率(41%)、中等使用率(37%)和轻量使用率(22%),研究发现大约一半的学生不再依赖书籍借阅而使用数字资源,但是在问卷调查中其所使用的数字资源都是期刊文献的索引。研究结果表示经常借阅数书籍的学生也经常使用图书馆目录,总体而言图书的外借量与学生学业成绩之间为正相关。H. Brazier和R. Conroyz针对爱尔兰皇家外科医学院(the Royal College of Surgeons in Ireland)的医学本科生进行了图书借阅数量的统计,发现借阅量最高的大学一年级医学本科生其学业成绩也最好[21]。

3.3 入馆时长

在研究图书借阅量与学生学业成绩之间关系时对学生的入馆时长进行研究,可以从时长上反映出学生到达图书馆后"借"的量和"阅"的量,时间短"借"的可能性较大,时间长"阅"的可能性较大。悉尼大学通过对251名学生的研究得出研究结果显示大多数学生(76%)每次访问平均花费半小时到两小时。王子腾等人通过提取校园一卡通数据库中图书馆的相关数据,将学生的入馆时间作为指标,分析学生学业成绩与图书馆利用情况之间的关系;研究发现不同学生个体间的入馆时长有明显差异,并且考试前的入馆时长要大于通常情况下的入馆时长[22]。

3.4 借阅类型

3.4.1 不同专业本科生的借阅量

笔者通过阅读文献发现不同专业的本科生的借阅量还是有一定差异的,总体而言偏文科专业的本科生借阅量要大于偏理科专业的本科生借阅量。存在这种借阅量差异的主要原因是偏文科的专业除了课堂上所学知识以及教科书上所涉及的内容外还要通过阅读大量的课外读物来增强自己的专业素养和知识含量,而偏理科的专业其课堂上所学知识以及教科书上所涉及的内容已经可以基本满足其日常学习研究的需求,因此他们对于课外读物的需求量要小于偏文科的专业。如 K. Jager 在 1997 年发表的论文中认为社会科学与历史学的学生对图书的利用和其学业成绩正相关,但这种关联性在经济学学生方面并不明显。

3.4.2 不同学习阶段本科生的借阅量

从上大学到毕业,本科生要经历不同的学习阶段。初上大学时,对于自己所学的专业处于懵懂阶段,需要对本专业的基础性知识进行学习,了解学科发展历史以及已有的研究成果。这时图书馆所拥有的馆藏纸质资源就可以提供很多的信息了,而且所提供的信息大多数是已经成熟的、经过多方验证的、严谨的、科学的信息。经过很长的一段学习之后,学生对自己所学专业有了更深一步的了解,在有了一定的专业基础后,有些发展速度比较快的专业就有了了解学科发展前沿的阅读需求,例如医学、计算机等专业,此时由于图书馆馆藏纸质文献更新速度慢,这些学生就会选择其他获取文献资料的途径,导致他们在高年级时的图书借阅量会下降。但是这一趋势在有些专业并不明显,例如历史学、考古学等。

3.4.3 不同学制本科生的借阅量

由于目前高校所能提供的学制多种多样,国内外针对同样的内容有不同的叫法。针对这一复杂问题,笔者将其进行简单归类。首先根据所颁发的受到权威机构认可的学历证明将学制简单分为两个大类:全日制和非全日制;其次再将全日制分为全日制本科(一般学习时长为4年)和专升本全日制(一般学习时长为5年)。通过简单分类和阅读大量相关文献后,笔者综合许多学者的研究结果发现了不同学制本科生借阅量之间的差异。综合来说,在全日制与非全日制这方面,全日制学生的借阅量要大于非全日制学生的借阅量;在全日制本科生和专升本全日制这方面,全日制本科生的借阅量要大于专升本全日制学生的借阅量。如 Aoife Murray 根据自己所在的爱尔兰圣安吉拉学院麦基翁图书馆(McKeown Library, St. Angela's College, Lough)内的数据对攻读爱尔兰圣安吉拉学院国际护理学士学位(BNI)学习时长为一年的学生图书借阅量进行分析,发现其与其他本科生的图书借阅量存在较大差距[23]。

3.4.4 不同性别本科生的借阅量

经许多研究学者经过相关的研究发现,高校本科的女生普遍比同年级同专业的男生在入馆次数、借阅量、续借次数等方面要高,同时通过数据的收集分析发现女生的学习成绩要高于男生,又一次佐证了图书馆借阅量与学习成绩之间存在正相关的关系。如王凌对首都医科大学的 622 名本科生进行调查发现女生无论是学习成绩还是图书借阅量上都要高于男生[24]。有研究发现男性一般比女性更加积极,更喜欢冒险,更容易出现阅读能力缺陷。这可能是造成女生图书借阅量要高于男生的原因之一。因此我们可以根据男生生理、心理特点,提供多样化的机会及可利用的资源,为他们更多更好地利用图书馆、发展和完善自己创造有利的环境与条件。

4 相关研究的不足与展望

国内针对本科生图书借阅量与学习成绩之间关系的相关研究可以追溯到 20 世纪 90 年代,但是研究数量较少,针对性不强。近年来,有些国内学者针对图书利用与学习成果的影响进行了较为系统、科学的实证研究,其中涉及本科生图书借阅量对学生学习成绩的影响,可以说对相关领域产生了重要影响。但总体而言,我国在这一领域的研究与国外发达国家相比还有很大差距和明显的不足。首先,文献的研究内容要么研究范围较小、研究结果不具有代表性,要么就是学习借鉴外国的研究模式,缺少针对我国学生情况的研究模型。其次,无论是针对国外还是针对我国已有的文献所进行的研究较少,综述类文献数量较少,尤其是针对国内的综述类文献。最后,就这一研究领域的文献总体数量而言,我国与国外发达国家存在很大差距,其中涉及专门研究图书借阅量与学习成果的文献少之又少。

针对上述不足做出如下展望:

(1)扩大调查规模,提高针对性。由于我国的相关研究研究范围较小,许多都是仅针对本校的实证研究,而且常常忽视很多影响因素,因此研究结果的可信性、代表性和可推广性就比较低。国外的相关研究的范围很多都是跨学校、跨国家、跨语言的,其覆盖面十分广,而且充分考虑了各种影响因素,形成了规范、严谨、科学的研究体系。

(2)加强对国内已有研究结果的归纳总结。目前我国进行相关研究的学者仅仅将研究的目光投向国外的研究成果。虽然国外相关研究的开始时间要早于国内,研究成果也比较丰富,但是国内的相关研究领域经过了几十年的发展也有了一定的研究成果,因此应加强对国内已有研究结果的归纳总结,形成针对我国学生特点的研究模型。

(3)加强对传统纸质图书与学生学习成绩之间关系的研究。传统纸质资源是图书馆资源的重要组成部分,是构成图书馆实体的重要组织。现阶段的研究由于数据收集的困难而忽视了许多对学生学习成绩有影响的因素,如:线上学习、图书馆的数字资源使用等。在这一方面需要制度推进和学者研究共同填补这一研究领域的空白,健全研究体系。

参考文献

[1] 盖世田,霍灿如.高校图书馆应该加强对学生读书的调查研究——从我校七七届毕业生四年读书分析谈起[J].黑龙江图书馆,1982(S2):176-177.

[2] 刘喜.我校学生学习成绩与书刊借阅量的相关分析[J].图书与情报,1991(4):62-66.

[3] 邹声威,俞培果.高校图书馆为教学服务效果的研究[J].图书馆建设,1996(5):44-45.

[4] 徐云,莫军成,莫岚.大学生图书馆利用和学习成果的关联性实证研究——以桂林医学院为例[J].图书馆,2010(1):74-78.

[5] 杨新涯,袁辉,曾佐伶.高校学生成绩与借阅行为关系的初步研究——以重庆大学为例[J].数字图书馆论坛,2013(9):23-26.

[6] 刘欢,卢蓓蓉,任友群.数字化时代学生图书馆访问行为与学习绩效的关系[J].现代远程教育研究,2014(4):80-88.

[7] 刘桂宾.利用图书馆对高校学生学习成果的影响——以南开大学为例[J].大学图书馆学报,2015(6):25-35.

[8] 吴旭东,陈正军,冯璐远,等.大数据环境下的图书借阅与学生成绩的相关性研究[J].电脑知识与技术,2017(34):4-5,11.

[9] LANE G. Assessing the undergraduates' use of the university library[J]. College & Research Libraries,1966(4):277-282.

[10] BARKEY P. Patterns of student use of a college library[J]. College & Research Libraries,1965(2):115-118.

[11] HISCOCK J E. Does Library Usage Affect Academic Performance? [J]. Australian Academic & Research Libraries,1986(4):207-214.

[12] WELLS J. The Influence of Library Usage on Undergraduate Academic Success[J]. Australian Academic & Research Libraries,1995(2):121-128.

[13] STONE G,RAMSDEN B. Library impact data project:looking for the link between library usage and student attainment[J]. College & Research Libraries,2013(6):546-559.

[14] STEMMER J K,MAHAN D M. Investigating the relationship of library usage to student outcomes[J]. College & Research Libraries,2016(3):359-375.

[15] 李承贵. 当代人文社会科学研究方法的三大变革走向[J]. 社会科学管理与评论,2000(2):24-28.

[16] 赵勇,高思嘉,武夷山. 见微知著:一位优秀科学计量学家采用的研究方法之分类编码分析[J]. 情报学报,2017(5):443-451.

[17] 刘桂宾. 国外图书馆利用对高校学生学习成果影响的研究综述[J]. 图书情报工作,2015(21):139-148.

[18] 肖奕. 国外高校图书馆对学生学业影响研究综述[J]. 图书情报工作,2017(19):135-145.

[19] 吴英梅,何璨. 高校图书馆对学生学业科研影响的实证研究——以北京师范大学为例[J]. 图书情报工作,2014(20):73-77,90.

[20] TEWELL EAMON C. Use of library services can be associated with a positive effect on first-year students' GPA and retention[J]. Evidence Based Library & Information Practice. 2015(1):79-81.

[21] BRAZIER H,CONROY R. Library use and academic achievement among medical students[J]. Medical Education,1996(2):142-147.

[22] 王子腾,宗红桃,孟宪伟. 大学生课程成绩与图书馆利用率关联性分析[J]. 辽宁科技学院学报,2019(1):30-33.

[23] Murray A,Preston H. Empowering international nursing students to become effective library users[J]. Health Information & Libraries Journal,2016(3),239-243.

[24] 王凌. 大学生利用图书馆与学习成绩的关联性实证研究——以首都医科大学为例[J]. 图书情报工作,2017(24):39-44.

试探新中国成立七十年来公共图书馆学术研究的特征与趋势

——基于 38 种图情领域期刊文献计量分析

李振雪(南京图书馆)

我国的文献计量学研究始于 20 世纪 60 年代,经过几十年的不断发展,现在逐步成为图情领域较为活跃的研究方向。文献计量是以文献为研究对象,采用数学和统计学等定量方法研究文献的分布结构、数量关系、变化规律等内容,并进而探讨科学技术的某些结构、特征和规律的方法[1]。公共图书馆作为图情界的重要组成部分,其学术研究工作对于政策制定、事业发展以及图情学的发展都起到了至关重要的作用,全面地考察我国公共图书馆界学术的理论研究成果,对于准确地理解公共图书馆学术发展的历史、演变、作用和影响具有非常重要的意义。笔者在中国知网数据库以"公共图书馆 + 文献计量"为关键词进行检索,与之相关的结果共有134 篇,但普遍集中在对某一主题内容进行研究,而对于公共图书馆界学术文献计量研究非常少。其中胡军等人就我国 16 个省会城市公共图书馆 2010—2014 年发表的共 381 篇学术文献进行了研究,认为公共图书馆在核心期刊上发表文献较少,并通过计量分析认为长沙市图书馆、郑州市图书馆、合肥市图书馆学术文献较多[2]。樊浩对我国公共图书馆 2001—2010 年在

420

10 种期刊上发表的共计 4813 篇学术文献进行计量分析后认为,国内公共图书馆的研究总体呈稳步上升趋势,研究主要集中在公共图书馆服务和管理两个方面[3]。以上学者研究的样本数量以及时间跨度都非常有限,不能全面体现出公共图书馆学术研究的状态。恰逢新中国成立七十周年之际,我国当代公共图书馆事业也走过了七十年历程,笔者拟基于中国知网数据库 38 种图情领域期刊,对其中公共图书馆发表的学术文献进行计量分析,试图探究我国公共图书馆学术发展的特征与趋势,同时也为图情领域其他研究提供可参考依据。

1 研究对象与方法

1.1 研究对象

公共图书馆学术研究属于图书情报学范畴,在 1949—1956 年间图情领域除杜定友编撰的《新图书馆手册》之外,并无其他可查询成果。1957 年由北京图书馆主办的《图书馆学通讯》(现已更名为《中国图书馆学报》)创刊,为学术发展提供了理论舞台[4]。本文从中国知网数据库图书情报学类别中选取 1957 年之后发行的且具有影响因子的中文期刊 38 种,将其中新闻、通知、公告等内容剔除,共获得学术文献 268746 篇。通过软件程序获取文献的作者、单位、关键词、分类号、引文等信息,最终将收集到的数据进行清洗,得到作者单位为公共图书馆的学术文献共 38198 篇,以此作为本文研究的对象。随着历史变迁,许多期刊名称发生了变化,本文中表述的期刊均使用现有名称,具体数据如表 1 所示:

表 1　38 种图书情报学期刊刊载文献统计表

序号	期刊名称	期刊发行时间(年)	总数(篇)	公共图书馆(篇)	占比
1	中国图书馆学报	1957	3209	739	23.03%
2	大学图书馆学报	1983	4374	111	2.54%
3	图书与情报	1980	3817	561	14.70%
4	图书情报知识	1983	4011	287	7.16%
5	国家图书馆学刊	1977	2587	1286	49.71%
6	图书情报工作	1980	13535	980	7.24%
7	情报资料工作	1980	4138	164	3.96%
8	情报杂志	1982	12224	225	1.84%
9	情报理论与实践	1964	6682	93	1.39%
10	图书馆杂志	1982	7813	1825	23.36%
11	图书馆论坛	1981	8706	2141	24.59%
12	情报科学	1980	8695	93	1.07%
13	情报学报	1982	1801	24	1.33%
14	图书馆建设	1978	9562	2719	28.44%
15	图书馆学研究	1980	9402	1452	15.44%
16	数据分析与知识发现	1980	5188	216	4.16%
17	图书馆	1973	6626	1729	26.09%

序号	期刊名称	期刊发行时间(年)	总数(篇)	公共图书馆(篇)	占比
18	图书馆工作与研究	1979	6630	1939	29.25%
19	现代情报	1980	13568	522	3.85%
20	中华医学图书情报杂志	1991	5385	114	2.12%
21	高校图书馆工作	1981	4582	229	5.00%
22	信息资源管理学报	2011	420	2	0.48%
23	新世纪图书馆	1980	6501	2046	31.47%
24	图书馆研究	1971	5423	1786	32.93%
25	图书馆理论与实践	1979	6946	1424	20.50%
26	图书馆学刊	1979	9990	3510	35.14%
27	大学图书情报学刊	1983	3631	160	4.41%
28	情报探索	1987	7625	335	4.39%
29	四川图书馆学报	1979	3321	1042	31.38%
30	图书馆界	1980	3164	1143	36.13%
31	农业图书情报学刊	1983	12760	1341	10.51%
32	山东图书馆学刊	1981	4247	1285	30.26%
33	晋图学刊	1985	3681	521	14.15%
34	河南图书馆学刊	1981	7160	2419	33.78%
35	河北科技图苑	1988	4563	530	11.62%
36	数字图书馆论坛	2005	910	66	7.25%
37	图书情报导刊	1991	44261	2753	6.22%
38	数字与缩微影像	1982	1608	386	24.00%

1.2 研究方法

本文主要通过文献计量方法对已获取公共图书馆发表的学术文献相关信息进行分析研究,找出其中的特征与规律并进行归纳总结。文献计量法是图情学科常用的研究方法,经过几十年的发展,在经典的"洛—布—齐"定律上衍生出聚类分析、共词分析、内容分析、引文分析法等[5]。本文所使用软件工具为 Python3.6 + pyecharts + MariaDB,所涉及的全部数据均来自中国知网数据库中38种期刊的互联网可访问信息。使用 Python 程序对获取到的数据采用数学、统计学等计量方法进行定量分析,并对关键词、引文等信息采用聚类分析、内容分析相结合的方式进行定性分析。通过对获取信息外部特征的研究,将结果采用可视化图表方式展示,以便更加直观地了解文献分布结构、数量关系以及变化规律。

2 计量分析

2.1 年代分析

对所有文献的分布年代进行可视化展示,将1957—2018年公共图书馆文献与图情期刊全部文献的产量中进行比较,结果如图1所示。受期刊数量及历史原因的影响,1957—1977年的图情领域并没有太多的学术成果出现。1978年十一届三中全会成为重要的历史转折点,之后图情领域学术文献不断快速增长,并在2007达到顶峰,全年学术文献产量达到15919篇。2012年十八大之后又呈现出下降趋势,这与期刊主动减少每期论文发表数有关。例如《图书情报工作》在2009年全年发文量达到831篇,到2016年全年发文量降为411篇,降幅达50%。《中国图书馆学报》《情报学报》等期刊的论文发表数也出现了不同程度的下降。1957—1978年共发表223篇学术论文,其中公共图书馆发表数为139篇,占比高达62.33%,1978年之后产出占比逐渐减小。据图1可知,公共图书馆历年论文发表数呈现出以下特征:第一,公共图书馆学术文献数量随着图情学科的发展占比不断减少,2012年之后占比略有回升。第二,公共图书馆学术文献数量跟随总论文数量波动,但幅度相对平稳且波动幅度较小。2012年之后图情学科学术成果数量下降时,公共图书馆并没有立刻出现下降态势,在2010—2015年间保持了相对平稳的发展。第三,公共图书馆学术文献产量略迟滞于图情学科整体,2002年图情领域学术研究大爆发之后,公共图书馆的论文发表数量反而出现了小幅度下降,产出最高峰出现在2010年,达到1922篇。

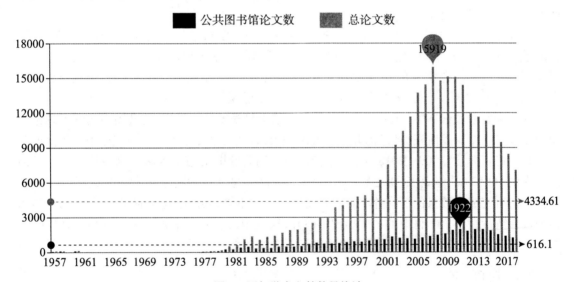

图1 历年学术文献数量统计

本文数据涉及近七十年时间跨度,为了能够更准确地掌握发展趋势,根据其年代数据波动情况,笔者以十一届三中全会作为重要转折标志,并将1978年之后每十年作为一个时期,将前后近七十年的时间大致分为五个阶段:萌芽初始阶段(1957—1978年),起步发展阶段(1979—1988年),稳步增长阶段(1989—1998年),快速爆发阶段(1999—2008年),理性修正阶段(2009—2018年)。具体数据如表2所示:

表 2　各阶段文献数量统计

时间阶段	总数（篇）	公共图书馆（篇）	占比
1957—1978	223	139	62.33%
1979—1988	10678	2995	28.05%
1989—1998	33898	6776	19.99%
1999—2008	108951	11636	10.68%
2009—2018	114996	16652	14.48%

萌芽初始阶段（1957—1978 年）。1957 年《中国图书馆学报》的前身《图书馆学通讯》创刊，为学者们发表研究成果提供了平台。受到历史原因限制，这个时期并没有太多的学术研究成果出现。这期间多家由公共图书馆主办的学术期刊创刊，例如《国家图书馆学刊》《图书馆》《图书馆研究》《图书馆建设》，占这一时期图情领域期刊总数的八成以上。而情报学在 1958 年全国科技情报工作会议后才开始出现简单的情报述评和分析等文献，造成了这一时期在学术期刊上研究成果较少[6]。虽然这一阶段图情领域总体研究成果不多，但公共图书馆研究成果占比达到了 62.33%，成为图情学术研究主体机构。

起步发展阶段（1979—1988 年）。十一届三中全会的召开，拉开了我国改革开放的序幕，各行各业都将工作重心转移到经济建设当中，图情学科也在这一时期迅速发展。1979—1988 年间有 28 种图情学科期刊创刊，成为图情学科真正意义上的起步发展阶段。公共图书馆的学术研究也在批判与探索中前行，图书馆学的重铸成为业界研究的重点[7]，这一时期，新兴技术也在公共图书馆展开了研究与应用。

稳步增长阶段（1989—1998 年）。1990 年年底，图情学科最核心的期刊《图书馆学通讯》正式改名为《中国图书馆学报》，名字的改变似乎预示着学术理论研究进入了新的起点。随着计算机技术的不断普及，给公共图书馆带来的既是机遇也是挑战，数字图书馆研究逐步成为业界持续关注的方向，该阶段公共图书馆学术成果不断涌现。

快速爆发阶段（1999—2008 年）。伴随着图情学科学术的大发展，公共图书馆学术理论成果也出现了一个爆发阶段，经过前几个阶段的积累，公共图书馆学术理论研究迎来了黄金期。

理性修正阶段（2009—2018 年）。尽管这一时期公共图书馆学术研究成果数量达到了前所未有的 16652 篇，但 2013 年之后，仍然出现了下降趋势，应当说这是在爆发期之后的一次理性修正。研究成果数量的下降并不意味着研究质量的下降，相反在这个时期，公共图书馆学术研究成果数量在整个学科中的占比出现了回升，这意味着公共图书馆正努力减小与高校图书馆以及科研机构之间的差距，研究成果也得到了图情领域的广泛认可。

2.2　期刊分布

图情领域期刊按主办单位类分为公共图书馆、高校图书馆、科研机构三种。相较于高校与科研机构，公共图书馆主办的期刊创刊较早。通过表 1 中的数据可以看到，在 1978 年之前共有 6 种期刊创刊，其中由公共图书馆主办的达到了 5 种。在本文分析的 38 种图情领域期刊中，有 16 种期刊为公共图书馆主办，占比超过四成。本文列出了公共图书馆学术文献占比前十位的期刊，如图 2 所示。其中占比最高的《国家图书馆学刊》，公共图书馆作者的发文量达到 49.71%，排在前十位的均为公共图书馆主办的期刊。图 2 显示了公共图书馆学术文献总量期刊分布,占比最高的期刊是辽宁省图书馆主办的《图书馆学刊》,总发文量3510篇,总占比为9.19%。前十位的期刊中只有《图书情报导刊》是由山西省科学技术情报研究所主办的期刊,其余均为公共图书馆主办。前十位期刊总量占比超过了50%。期刊分布特征明显,公共图书馆作者更倾向于将学术成果发表在公共图书馆主办的期刊上。

表2 公共图书馆学术文献在期刊中的占比

序号	期刊名称	总数(篇)	公共图书馆(篇)	占比
1	国家图书馆学刊	2587	1286	49.71%
2	图书馆界	3164	1143	36.13%
3	图书馆学刊	9990	3510	35.14%
4	河南图书馆学刊	7160	2419	33.78%
5	图书馆研究	5423	1786	32.93%
6	新世纪图书馆	6501	2046	31.47%
7	四川图书馆学报	3321	1042	31.38%
8	图书馆工作与研究	6630	1939	29.25%
9	图书馆建设	9562	2719	28.44%
10	图书馆	6626	1729	26.09%

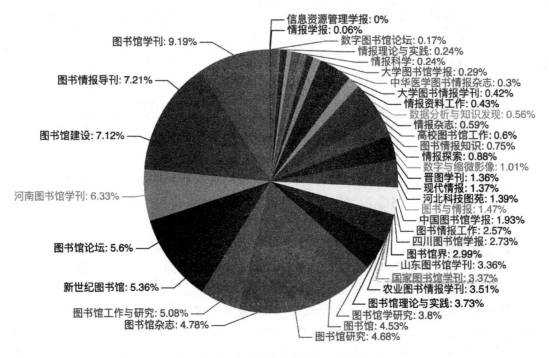

图2 公共图书馆学术文献在期刊中的分布

2.3 机构分析

通过对机构发文总量分析,可以了解该机构在全国范围内的学术影响力。将38198篇学术文献作者所在机构进行统计并排序,前20位的结果如表3所示。可以看出,国家图书馆的研究成果数量达到2829篇,占比达到7.41%,总量超过排在第二位的上海图书馆有一倍之多。可以说,国家图书馆的业界学术地位优势明显。机构发文量呈现以下特征:第一,从机构级别来看,发文量与机构级别成正比,国家图书馆作为全国唯一的国家级图书馆,研究成果数量显著高于其他机构,省级图书馆高于市级图书馆。第二,从地区分布上来看,京津冀、江浙沪、珠三角地区图书馆研究成果数量较多,由此可以看出机构研究成果与地区经济发展成正比。第三,东北三省并不属于国内经济发达地区,但从表3中结果显示,哈尔滨市图书馆、沈阳市图书馆这样的省会图书馆研究成果也较多,这与该省有主办自己的学术期刊有关,黑龙江省图书馆主办的《图书馆建设》,辽宁省图书馆主办的《图书馆学刊》创刊都比较早,这为该地区的学术发展提供了很好的平台,有助于推动地区范围内的学术发展。

表3   论文作者机构分布

序号	单位名称	学术文献(篇)	序号	单位名称	学术文献(篇)
1	国家图书馆	2829	11	江西省图书馆	598
2	上海图书馆	1410	12	广州图书馆	585
3	南京图书馆	1218	13	吉林省图书馆	579
4	辽宁省图书馆	1216	14	深圳图书馆	552
5	首都图书馆	869	15	浙江图书馆	493
6	湖南图书馆	857	16	重庆图书馆	452
7	广东省立中山图书馆	854	17	山西省图书馆	424
8	黑龙江省图书馆	820	18	哈尔滨市图书馆	363
9	天津图书馆	797	19	山东省图书馆	359
10	河南省图书馆	613	20	沈阳市图书馆	322

2.4   高产作者分析

本文分析的38198篇文献共有作者17873位。研究成果数量前20位作者统计如表4所示,其中最多的是上海图书馆王世伟,共有学术文献119篇。根据普赖斯定律:

$$N \approx 0.749 \sqrt{Nmax}$$

Nmax为单个作者最大研究成果数量,发表N篇以上的就属于核心区作者,即119的算术平方根乘以0.749,约为8.17篇,即研究成果数≥8篇的作者即为核心区作者,符合条件的有788位,核心区作者共发表研究成果9788篇。对高产作者进行统计分析,呈现以下特征:第一,从作者所属机构来看,高产作者所属机构与机构发文量排序并不相统一,上海图书馆的学者具有很强的业界引领性,而诸如国家图书馆、南京图书馆、辽宁省图书馆的高产学者并不十分突出,同时市县级图书馆的作者中也能够在其中占据一席之地。第二,笔者对高产作者的职务进行了查询,结果显示高产作者多数担任过公共图书馆馆长职务,研究成果数量与职务存在一定正相关。第三,核心作者产量占比仅为25.62%,未能达到总量的一半,核心区作者仍需要进一步提高研究成果转化量。

表4　高产作者统计

序号	作者	作者单位	以第一作者	以其他作者	总数（篇）
1	王世伟	上海图书馆	118	1	119
2	吴建中	上海图书馆	79	2	81
3	韩继章	湖南图书馆	58	18	76
4	黄俊贵	广东省立中山图书馆	73	2	75
5	莫少强	广东省立中山图书馆	42	2	44
6	刘炜	上海图书馆	26	17	43
7	陈天伦	浙江图书馆	31	12	43
8	刘尚恒	天津图书馆	39	0	39
9	张欣毅	宁夏回族自治区图书馆	35	2	37
10	程亚男	深圳南山图书馆	35	1	36
11	鲁海	青岛市图书馆	36	0	36
12	卢子博	南京图书馆	35	0	35
13	姜岳	丹东市图书馆	31	4	35
14	王宗义	上海图书馆	33	1	34
15	张勇	湖南图书馆	27	7	34
16	张炜	国家图书馆	17	17	34
17	杨挺	牡丹江市图书馆	33	0	33
18	刘少武	天津市汉沽区图书馆	25	8	33
19	段洁滨	国家图书馆	32	1	33
20	刘冰	辽宁省图书馆	32	1	33

2.5　被引分析

通过对文献被引频次的统计分析,可以挖掘出某一领域具有较高价值和学术影响力的文献,显示出该领域当前的研究主题和研究水平,为未来的研究提供参考[8]。公共图书馆学术文献篇均被引3.24次,平均被引半衰期为4.41年。表5列举出被引次数最高的30篇文献,其中被引量最高的两篇文献均来自深圳南山区图书馆程亚男,内容均与图书馆服务相关,可以看出公共图书馆业界对服务工作的关注度非常高。表5被引排序结果分析呈现出以下特征:第一,从年代来看,高被引文献基本产于1999—2008年快速爆发阶段,这个阶段应当属于公共图书馆学术创造的黄金期。第二,从高被引文献作者来看,与高产作者有着高度的契合,这些作者即是公共图书馆界学术大咖,多关注这些作者的学术成果可以找到公共图书馆学术研究的趋势与方向。第三,《中国图书馆学报》作为国内顶尖的图情学科期刊,在高引量前30的文献中占8篇,发挥了顶级图情学科期刊的学术引领作用。第四,高被引文献中,关于信息技术方面的研究论文达到了6篇,可以看出信息技术是在图书馆服务之后另一个重点关注的研究方向。

表5　高被引论文统计

序号	作者	篇名	期刊	期号	被引
1	程亚男	再论图书馆服务	中国图书馆学报	2002 年 04 期	295
2	程亚男	图书馆服务新论	图书馆	2000 年 03 期	248
3	吴建中	21 世纪图书馆员的使命	图书馆杂志	1999 年 03 期	243
4	吴建中	开放存取环境下的信息共享空间	国家图书馆学刊	2005 年 03 期	212
5	孙继林	图书馆改革要重视人力资源管理	图书馆论坛	2002 年 05 期	206
6	刘炜	图书馆需要一朵怎样的"云"？	大学图书馆学报	2009 年 04 期	205
7	刘炜,葛秋妍	从 Web2.0 到图书馆 2.0：服务因用户而变	数据分析与知识发现	2006 年 09 期	201
8	王海泉	以人为本：现代图书馆发展的新理念	中国图书馆学报	2002 年 04 期	182
9	蒋永福,付军	图书馆服务五原则	中国图书馆学报	2003 年 03 期	179
10	吴建中	中国图书馆发展中的十个热点问题	中国图书馆学报	2002 年 02 期	175
11	王世伟	从"读者第一"到"图书馆员第一"——知识经济带给图书馆管理的思考之一	图书馆杂志	1999 年 02 期	171
12	于良芝,邱冠华,许晓霞	走进普遍均等服务时代：近年来我国公共图书馆服务体系构建研究	中国图书馆学报	2008 年 03 期	169
13	黄俊贵	图书馆服务理念琐谈	图书馆	2001 年 02 期	168
14	茆意宏,吴政,黄水清	手机图书馆的兴起与发展	大学图书馆学报	2008 年 01 期	168
15	中国图书馆学会	图书馆服务宣言	中国图书馆学报	2008 年 06 期	159
16	李亮,朱庆华	社会网络分析方法在合著分析中的实证研究	情报科学	2008 年 04 期	155
17	刘炜	关联数据：概念、技术及应用展望	大学图书馆学报	2011 年 02 期	148
18	叶爱芳	移动图书馆在我国的发展现状与展望	图书与情报	2011 年 04 期	128
19	蒋永福	人文图书馆学论纲	中国图书馆学报	2002 年 04 期	123
20	朱淑华	论网络环境下图书馆的信息服务工作	图书馆论坛	2001 年 01 期	121
21	陈盈	微信公众平台及其在图书馆移动服务中的应用与研究	图书馆学研究	2013 年 20 期	120
22	刘彩虹,杨玉红	论图书馆文献信息服务的创新	图书馆工作与研究	2002 年 01 期	119
23	王世伟	论中国图书馆职业资格证书制度的建立	图书情报工作	2003 年 01 期	119
24	王天泥	知识咨询：大数据时代图书馆的知识服务增长点	图书与情报	2013 年 02 期	115
25	王世伟	服务是图书馆存在的理由	图书馆论坛	2002 年 05 期	111
26	蒋永福,陈丽君	图书馆人本管理：含义与原则	图书馆建设	2003 年 04 期	103

序号	作者	篇名	期刊	期号	被引
27	邹荫生	"入世"后图书馆人才资源开发与人才素质要求	图书馆论坛	2002 年 05 期	103
28	韩继章	中国图书馆发展的人文化趋势	图书馆	2000 年 01 期	101
29	吴建中	图书馆 VS 机构库——图书馆战略发展的再思考	中国图书馆学报	2004 年 05 期	101
30	洪文梅	公共图书馆在全民阅读活动中的作用与对策探讨	图书馆理论与实践	2009 年 07 期	99

2.6 关键词分析

关键词通常是文章的核心切入点,分析文献关键词可以推断出公共图书馆研究热点和方向。关键词分析属于内容分析法,本文将采用高频词分段分析与共词分析方式。对所有数据检索发现,第一次有关键词的文献出现在 1987 年 4 期《国家图书馆学刊》中,所有含有关键词的文献共 25770 篇,共有关键词 89183 个。本文将关键词的词频按年代阶段进行了统计,并将"图书馆"与"公共图书馆"这两个词进行了剔除,表 6 显示了各阶段的高频关键词,通过阶段划分可以看出公共图书馆学术研究的演变发展趋势。共词分析方法属于内容分析的另一种方法,它主要是对一组词两两统计它们在同一篇文献中出现的次数,以此为基础对这些词进行聚类分析,从而反映出这些词之间的亲疏关系,进而分析这些词所代表的主题结构变化[9]。本文取得前 100 位高频关键词,利用 Python + pyecharts 对关键词进行初步处理形成关键词共现网络,以此作为共词分析的基础,结果如图 3 所示。

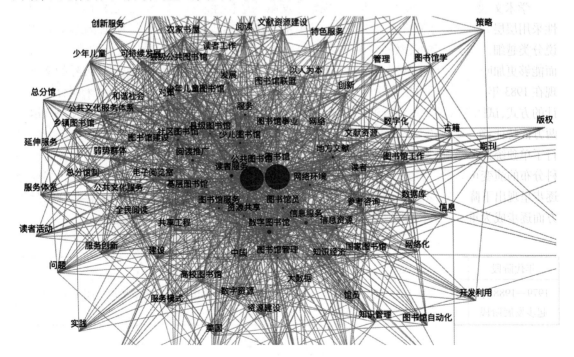

图 3　高频词共现网络

关键词分析呈现出以下特征:第一,信息服务、数字图书馆在各阶段中始终是研究热点主题,但随着时间推移,研究热度逐步被其他主题超越。第二,根据阶段分析可以看出,各阶段研究主题具有强烈的时代特征,例如在 1989—1998 年间"市场经济""改革"成为研究热点;2009—2018 年间"阅读推广""全民阅读"成为研究热点。第三,高频词共现网络显示,读者服务、信息服务、阅读推广、地方文献、数字图书馆等是公共图书馆研究的最热门主题。

表6　高频词统计

年代阶段	关键词(以关键词聚合数量排序)
1979—1988 年 起步发展阶段	图书馆工作　自动化　分类主题　计算机应用
1989—1998 年 稳步增长阶段	信息服务　图书馆自动化　图书馆学　市场经济　图书馆工作　图书馆管理 信息　图书馆事业　资源共享　乡镇图书馆　管理　信息资源　开发利用　地方文献 中国　改革　期刊　计算机
1999—2008 年 快速爆发阶段	数字图书馆　信息服务　读者服务　网络环境　地方文献　图书馆员　服务 资源共享　社区图书馆　图书馆管理　图书馆服务　信息资源　管理　少儿图书馆 网络　数据库　知识经济　建设
2009—2018 年 理性修正阶段	阅读推广　读者服务　数字图书馆　信息服务　图书馆服务　地方文献 少儿图书馆　服务　全民阅读　服务创新　国家图书馆　图书馆员　农家书屋 基层图书馆　县级图书馆　免费开放　资源建设　对策

2.7　学科分布

学术文献中给出的分类号从内容上规定了文献的学科性质,由于分类法是根据学科的包容性采用层层展开的层累制来揭示学科之间的关系,多篇文献具有的相同分类号的级次越高,或者说分类越细,它们之间的关联性也越强[10]。通过对分类号的分析,可以看出文献的学科分布,从而能够更加明确的了解公共图书馆学术研究的方向。本文分析数据中第一次有分类号的文献出现在 1983 年 2 期的《图书馆论坛》,有分类号的文献共 31655 篇。分类号分析依然采用分阶段统计的方式,试图能找出学科演变的过程与趋势,各阶段分类排序结果如表7所示。具体体现以下两方面特征:第一,读者工作是各阶段研究的重点,结果与高频词分析相契合。笔者将该分类进行了单独统计,共有 5253 篇文献分类内容属于读者工作,占比达到 16.59%。第二,从各阶段学科分布的演变可以看出公共图书馆业务研究的转变方向,图书馆学传统的文献分类、编目等业务逐步呈现出下降趋势,不再是研究的重点。少儿图书馆、参考咨询以及图书馆社会化活动指导等方面逐步成为重点业务研究范畴,这些都与公共图书馆的职能转变有着密切联系。

表7　学科统计

年代阶段	学科分布(以分类号聚合数量排序)
1979—1988 年 起步发展阶段	分类目录与分类法　文献标引与编目　图书馆自动化设备　文献工作　图书馆事业史 地方图书馆　藏书组织

年代阶段	学科分布(以分类号聚合数量排序)
1989—1998 年 稳步增长阶段	图书馆学　图书馆事业　读者工作　图书馆管理　地方图书馆事业　图书馆工作者　公共图书馆　图书馆自动化、网络化　图书馆藏建设与组织　各类型图书馆　文献标引与编目　期刊　文献工作　市县级图书馆　乡镇图书馆　分类法　图书学　图书馆事业史　文献学　高校图书馆
1999—2008 年 快速爆发阶段	读者工作　公共图书馆　图书馆自动化、网络化　图书馆学　图书馆事业　图书馆管理　图书馆工作者　地方图书馆事业　数字图书馆　文献编目　少儿图书馆　参考咨询　文献工作　数据库建设　地方图书馆文献学　分类法　网络资源开发与利用　期刊
2009—2018 年 理性修正阶段	公共图书馆　读者工作　图书馆自动化、网络化　图书馆藏建设与组织　图书馆管理　图书馆事业　数字图书馆　阅读辅导　图书馆工作者图书宣传　少儿图书馆　地方图书馆事业　文献编目　古籍善本　高校图书馆　参考咨询　图书馆学　文献学　乡镇图书馆

本文仅从文献计量学的角度对新中国成立七十年来公共图书馆学术文献进行了梳理总结,试图探究其中的特征与趋势,研究结果会存在一些局限性,但与以往研究相比,本文研究样本的时间跨度、种类、数量均有显著提升。时间跨度从 1957—2018 年,样本数量包含了 38 种期刊中的 38198 篇文献。同时,本文在研究的内容与方式上具有一定突破,采用定量与定性相结合方式,分析公共图书馆学术发展中呈现的特征与趋势,并根据相关历史事件作为节点,创新性地提出了公共图书馆学术发展五阶段:萌芽初始阶段(1957—1978 年),起步发展阶段(1979—1988 年),稳步增长阶段(1989—1998 年),快速爆发阶段(1999—2008 年),理性修正阶段(2009—2018 年)。本文最终得出以下结论:

从历史来看,公共图书馆学术研究起步较早,与公共图书馆机构社会化属性相同,长期以来公共图书馆主要研究方向从未发生重大改变,始终围绕在公共图书馆服务方面,但次要研究内容却受到外界政治、经济、人文等环境因素影响,并随之变化。可以说公共图书馆学术研究具有一定的跨界性,与其他学科融合度较高,这也体现了公共图书馆服务范围的多样性。

从区域分布来看,北京、上海、江苏、广东、湖南等地区的省市级公共图书馆是学术研究的主要机构,从地区分布可以看出公共图书馆发展对经济基础依赖程度较高,作为公益性机构,必须要有足够的经济投入才能保证社会效益的产生。同时,学术期刊对区域范围内学术研究起到了明显的推动作用。

从横向比较来看,公共图书馆学者学术研究能力与图情领域其他机构相比存在一定差距,随着时间的推移,目前的差距正有逐步减小的趋势。同时,核心区域作者产量总体偏少,公共图书馆学者合作研究程度较低,未来可以加强作者间、机构间的合作,形成公共图书馆学术研究的核心力量。

从内容分析上来看,信息技术的发展对公共图书馆学术研究的影响较大,但主要集中在理论方面,如大数据、云计算等这些具体应用研究相对较少,加强应用型研究对实际推动信息技术在公共图书馆的应用将是未来一段时间内的重要研究方向。

综上所述,历经七十年的变迁,我国公共图书馆学术研究仍处于不断发展的阶段,成熟度有待提高,核心研究内容明确,但研究边界不明显,且具有很强的融合性。不论其内涵与外延如何发展,公共图书馆始终是图情学科学术研究的重要组成部分。

参考文献

[1] 李爱群,黄玉舫,邱均平.我国学术期刊文献计量评价体系的客观性与评价结果的准确性探讨[J].中国科技期刊研究,2009(4):609-613.

[2] 胡军,唐晔,杜朝东.我国16个省会城市公共图书馆(2010—2014)发文分析[J].科技文献信息管理,2015(3):23-27.

[3] 樊浩.中国公共图书馆领域文献的计量研究[J].图书馆界,2012(1):65-68.

[4] 范并思.图书馆学理论道路的迷茫、艰辛与光荣——中国图书馆学暨《中国图书馆学报》六十年[J].中国图书馆学报,2017(1):4-16.

[5] 朱亮,孟宪学.文献计量法与内容分析法比较研究[J].图书馆工作与研究,2013(6):64-66.

[6] 谌敏.我国图书情报学研究的演变初探[D].南京:南京农业大学,2014.

[7] 张晓林.应该转变图书馆研究的方向[J].图书馆学通讯,1985(3):57-64.

[8] 王曰芬,张柏瑞,周玜宇.知识服务研究状况及在大数据环境下的研究趋向[J]数字图书馆论坛讯,2018(3):12-19.

[9] 魏瑞斌,蒋倩雯,张瑞丽.基于文献共被引和共词分析的研究方法的比较研究——以共词分析和内容分析为例[J].情报杂志,2019(2):36-42,4.

[10] 王曰芬.文献计量法与内容分析法的综合研究[D].南京:南京理工大学,2007.

高校图书馆员职业能力校内合作培养模式研究

——基于网络问卷调查的分析与探索

马　波(江苏财经职业技术学院)

据教育部发布的《2017年全国教育事业发展统计公报》称,全国共有普通高等学校2631所,其中,本科院校1243所,高职院校1388所,且数量还在逐年增加[1]。面对如此蓬勃的发展趋势,高校图书馆也紧随高校建设的步伐,无论是馆舍面积还是文献资源购置经费,均得到了较快的发展。然而在取得成绩的同时,也暴露出了许多不足之处。根据《2016年862所高校图书馆在编职工人数统计表》[2]与《2016年高校图书馆发展概况》[3]的数据来看,高校图书馆工作人员的职业能力还有着相当大的培养空间。而随着大数据时代的来临,高校图书馆也将直面读者对服务层次提高而带来的服务方式变革,因此针对图书馆员的职业能力的培养便显得迫切而必要。

1 国内外研究文献综述

1.1 国外相关研究文献概述

Naeema H. Jabur(2010)认为图书馆职业能力可简单划分为专业能力和个人能力[4]。所谓专业能力即是狭义上的职业能力,也是本文的研究范畴,而个人能力更多是指个人的综合素质。关于高校图书馆工作人员职业能力的研究呈现出国内外迥异的局面。国外针对这方面的研究数量众多,受学科馆员制度普及等因素的影响,目前国外的研究大多基于学科馆员制度来开展,即便是单独涉及职业能力的研究,也主要围绕以下两方面进行。其一是通过提供助理岗位以培养学生的能力,比如 Mimi Benjamina 和 Theresa McDevitt(2018)认为,许多大学生需要社会实践,而图书馆提供了一个校园岗位,使得这些学生可以从实践中获益,并发现这种制度对培养学科馆员工作有所帮助[5]。显然这是针对在校生的研究,研究对象并非是在职馆员。其二是图书馆员的传统技能受信息环境的影响以及信息环境对高校图书馆员技能的新要求。如 Jenny Bronsteina(2015)将所要分析的 49 个图书情报学(Library and Information Science,LIS)技能分为四个不同的集群:提供信息服务、信息组织、技术技能和个人能力,结果显示传统的 LIS 技能在今天仍然适用,但要求从业人员能适应不断变化的、以基于用户的信息环境为中心的服务理念[6]。由此可以看出,其研究对象是职业能力本身的内涵,并没有涉及能力如何培养与培养。因此,国外针对高校图书馆是否具有承担培养馆员职业能力的职能以及如何培养馆员们的职业能力是缺乏相关研究的。

1.2 国内相关研究文献概述

国内的相关研究乏善可陈。根据 CNKI 的搜索结果,与图书馆员职业能力及图书馆职业化相关的论文仅有 52 篇,除去研究国外图书馆的 5 篇,剩余的 47 篇中涉及实证性研究的仅 1 篇,顾健(2016)通过对高职院校图书馆馆长的调查问卷,揭示了高职院校职业化的现状,分析了有利因素及不利因素,提出加强职业准入门槛等措施[7]。美中不足的是,一是该研究只针对高职院校,对于广大本科院校并未涉及,学校类型代表性不够;二是只从图书馆领导的角度分析问题,馆员群体代表性不够;三是没有涉及如何对在职馆员的培养。CNKI 中与图书馆员培训相关的论文有 154 篇,其中也不乏实证性研究,然而这些文章提出的对策与改进措施,要么很笼统,如加强培训制度建设,缺乏具体的做法,要么提出的措施过于松散而缺乏系统性,在具体实践运用时可操作性不强。究其原因,一方面是学科馆员制度普及不够,很多高校图书馆自身的功能与服务水平受客观环境的制约,并未有对馆员能力的提高有迫切的要求;另一方面,很多文章的作者过分偏好基于宏观视角分析问题,微观视角的分析要么不够要么干脆没有,显得不够全面。而且前期调研缺乏与基层馆员的沟通,对广大高校图书馆员群体的现状与诉求缺乏了解。因此有必要设计一个调查问卷来充分了解这些情况。

2 高校图书馆员职业能力培养的调查问卷设计及发放回收情况

2.1 设计思想

因为面向的是全国高校图书馆,所以笔者采取了制作匿名网络调查问卷的方式。由于网站问卷设计方式受限,无法实现不同选项自动跳转后面相应题目的智能方式,因此问卷设计只能采用逐题回答方式;又考虑到兼容问题,因此在设计时增设了与此题内容相左的选项以达成跳过该题目的目的;在题型选择上大多数题目采取的是单选题,少量题目为排序题,极个别题目为多选题,题目之间存在着明显的关联性,主要是希望答题者认真作答,保证回答质量,避免胡乱作答干扰后续分析结果。答题者如对选项都不赞成或都不符合,因无法设置自主填写项目,因此在选项设计时尽可能兼顾到主要情形或主要因素。

问卷题目共 17 题,但因为技术性问题,个别题目及选项没有在问卷中显示出来,因此与答题者见面时的问卷变成了 16 题,好在选项设置较为合理,没有对调查造成太大的影响,缺失的题目相关信息也可从其他题目的答案中得到佐证,在后文分析时会有说明。题目主要分为三个类别:第一类题目共 6 道,主要涉及答题者本人的基本概况,包括所在单位层次、学历、所学专业等,主要目的是将图书馆员按照相同属性进行归类,进行群体共性分析;第二类题目共 4 道,主要涉及岗位变动情况、所在单位开展能力培养的途径等情况,主要目的是分析各大高校针对图书馆员职业能力培养的现状;第三类题目共 6 道,主要涉及答题者本人针对职业能力培养的诉求和意愿,主要目的是了解图书馆员们的思想倾向,为后面的模式研究打下基础。

2.2 调查问卷的发放回收情况

笔者于 2018 年 6 月 14 日在问卷星网站发起了《高校图书馆员职业能力培养的调查问卷》(ID:25113322),利用数个同行微信群及 QQ 群(如图人堂)投放、网站自动回收的方式,兼顾答题质量与效率。调查问卷从 6 月 14 日开始投放,至 7 月 19 日截止,共回收有效答卷 468份。从样本的规模来看,具备成为研究基础的条件;从参加问卷调查人员的地理位置来看,除西藏、海南及港澳台地区外,其余省份均有涉及,因此样本具有相当的代表性,其调查结果可以代表国内大部分地区的高校图书馆现状及馆员们的诉求和意愿。

3 调查问卷结果的数据统计与分析

3.1 馆员群体信息的调查结果与分析

3.1.1 样本符合程度分析

本次调查将答题者所在的高校进行分类,分为 985、211、双一流高校;本一院校;本二院校;高职高专院校四种类别,以便分析不同高校图书馆存在的不同问题。统计结果显示,四种院校图书馆参与答题的人数分别达到了 92 人、131 人、115 人和 130 人,人数分布较为平均,可以说此次样本涉及单位的类别分布达到了较为理想的状态。

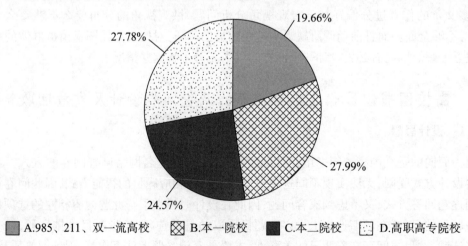

图 1　样本所在单位类别分析图

由于研究对象为基层馆员,因此通过调查问卷答题人属于何种类型的职工以及是否在馆内担任职务,便可以得知调查对象是否符合预期。题目将职工类型分为合同制人员,无职务的事业编/人事代理的正式工,部门领导,馆领导四种来开展调查,从结果来看,对应的人数分别是 42 人、230 人、155 人和 41 人,基层馆员人数居于多数,显然符合研究对象群体的要求。

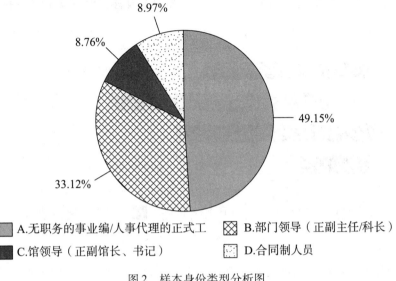

图 2　样本身份类型分析图

3.1.2　专业背景及学历结构分析

将学校层次与工作人员的学历学位结合起来看,各学校差异不大,其原因多由历史原因造成,多年来高校图书馆专业人才尤其是高层次专业人才培养规模受限,加上高校自身对图书馆的人才队伍建设重视程度不够,引进的人才学历层次偏低,显然高校图书馆馆员的职业能力要适应大数据时代的要求还有很多工作要做。

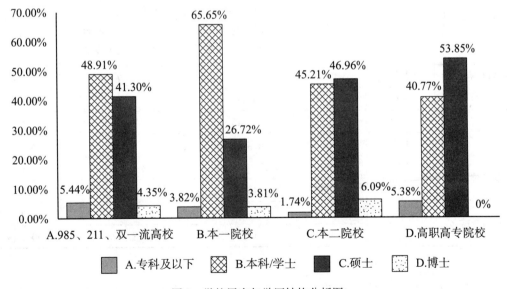

图 3　学校层次与学历结构分析图

而将答题者的年龄与学历学位层次放在一起进行交叉分析,可以看出目前高校图书馆青年馆员中的本科学历与硕士学位者占多数,符合《2016 年高校图书馆发展概况》阐述的现状,而且36—45岁这个年龄段硕士人数明显多于本科学历人数,说明近年来随着各大高校图书馆的招聘条件在不断提高,不少高学历人才进入了馆员队伍,而且这些人员加入馆员队伍对于原有的馆员也是一种促进,促使他们努力提高学历,客观上改善了馆员学历结构的。

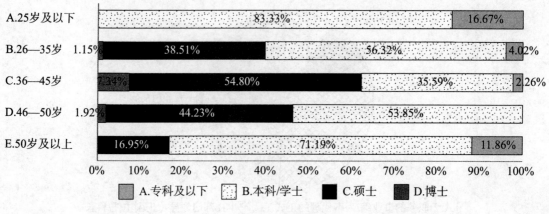

图4 年龄与学历结构分析图

为了更加深入了解图书馆员的专业背景变动情况,因此设计了答题者所学专业是否为图书馆学专业的问题,学科馆员本身就是复合型人才,要求馆员本人既要具备图书馆专业能力,又要明晰对接学科的行业态势,从调查结果来看,本科院校大多数馆员接受过对图书馆学及相关专业的学历教育,而高职高专院校正好相反,对专业的培养亟待加强。

表1 图书馆员专业背景变动情况表

院校类别	人数/占比	一直是	以前不是,后来是(如本科为其他专业,硕士博士为图书馆学或情报学专业)	以前是,后来不是(如本科为图书馆学或情报学专业,硕士博士为其他专业)	一直不是
985、211、双一流高校	人数	29	12	7	44
	占比	31.52%	13.04%	7.61%	47.83%
本一院校	人数	47	45	6	33
	占比	35.88%	34.35%	4.58%	25.19%
本二院校	人数	31	18	13	53
	占比	26.96%	15.65%	11.30%	46.09%
高职高专院校	人数	24	16	11	79
	占比	18.46%	12.31%	8.46%	60.77%

3.1.3 职称结构分析

最初设计的题目中有问及答题者已取得的职称级别,可惜未能显示,不过从另一道题目的答案里可以看出端倪,该题目问的是答题者的职称属于何种系列,设计目的是了解馆员的职称晋升路径。因为职称常与待遇挂钩,因此评职称往往成为人自身培养的欲望与动力之一。从结果来看,首先大多数馆员已取得职称,其次大部分馆员参评的是图书资料系列职称,这表明大部分馆员有着较强培养相关工作能力的欲望。

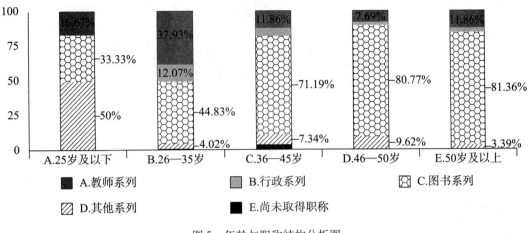

图5 年龄与职称结构分析图

3.2 高校图书馆员职业能力培养现状分析

3.2.1 工作经历与变动情况分析

高校图书馆在学校里是一个相对独立的部门,平时与教学部门的联系并不紧密,这点在高职高专院校身上体现得尤为突出,因此有必要了解下馆员们的工作经历,可以从侧面得知他们的平时工作与教学科研工作的接触程度。从结果得知,馆员们多数是一参加工作或者一进入本校就在图书馆工作,也就意味着他们对学校其他的工作并不熟悉。

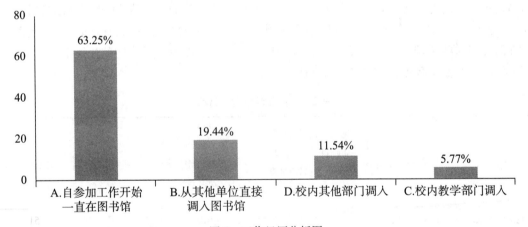

图6 工作经历分析图

对于有工作变动情形的馆员,什么样的因素促使他们来到图书馆,也是值得关注的问题。题目选项在设计时已经考虑到变动原因千差万别,只能通过选项设计观察是消极因素还是积极因素起主导作用,可喜的是多数馆员的选择是积极因素,也就是说他们自身有着积极的因素作为从事图书馆工作的动力,因此针对他们工作能力的培养就有了良好的前提。

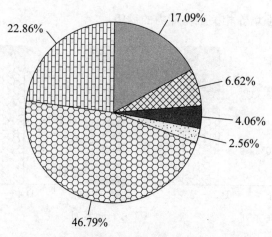

17.09%

22.86%

6.62%

4.06%

2.56%

46.79%

■ A.中层干部轮岗   ⊠ B.原岗位人员过多，按学校要求进行分流

■ C.原岗位工作繁重，想换个轻松的岗位   ⊡ D.图书系列职称评审条件宽松，教师系列竞争太激烈

⊞ E.没有调动   ⊞ F.其他原因

图 7   工作变动原因分析图

3.2.2 馆员任教情况分析

而下一个问题的回答结果就显得耐人寻味了。这道题问的是馆员本人的任教情况。众所周知,教学工作是一所高校的中心工作之一,图书馆是否参与其中、参与程度有多高,决定着馆员对于专业设置、课程体系建设、人才培养方案的理解程度。笔者认为图书馆员应有能力任教图书情报专业的专业课、人文素养课程或与图书馆直接相关的公共课程(如文献信息检索课程)。令人诧异的是,在 985、211、双一流高校中有任教经历的馆员占比居然远低于其他院校,一方面说明这些院校人才储备量大,人力资源丰富;另一方面也说明这些院校图书馆与本校教学工作联系的紧密程度还有提高的空间。

表 2   馆员任教情况统计表

院校类别	人数/占比	在二级院系兼任基础课或专业课（包括图书馆学或情报学专业）	任教文献检索等与图书馆相关的公共课	其他课程	无任教经历
985、211、双一流高校	人数	15	19	7	51
	占比	16.30%	20.65%	7.61%	55.43%
本一院校	人数	72	28	5	26
	占比	54.96%	21.37%	3.82%	19.85%
本二院校	人数	12	49	11	43
	占比	10.43%	42.61%	9.57%	37.39%
高职高专院校	人数	23	28	29	50
	占比	17.69%	21.54%	22.31%	38.46%

3.2.3 高校针对图书馆员能力培养方式分析

为了了解各类高校针对本校图书馆员提供了哪些能力培养方式,笔者在设计问卷之前通过查阅相关文献、电话或网络询问部分馆员等形式进行了梳理,列举了最常见的几种培养方式,如学历教育、校内外培训、学术会议或学术访问等。多数高校图书馆员最能接触到的培养方式为学术会议、学术访问以及校内外的短期培训。学术会议也好,短期培训也罢,这些形式对于馆员能力的提高需要所有馆员长期而深入的参与,撇开单次培养的实际效果不谈,让所有的馆员都能持续参加会议或者培训这件事本身绝大多数高校图书馆都很难做到,因此设计一种人人能参与的职业能力培养模式看来是很有必要的。

表3 高校针对图书馆员能力培养方式统计表

院校类别	人数/占比	学历教育	校内自行培训	校内承办培训	校外短期培训（一个月以内）	校外长期培训（一个月以上）	学术会议、访问等对外交流	其他形式
985、211、双一流高校	人数	37	42	24	30	12	58	22
	占比	40.22%	45.65%	26.09%	32.61%	13.04%	63.04%	23.91%
本一院校	人数	82	68	16	34	11	46	15
	占比	62.60%	51.91%	12.21%	25.95%	8.40%	35.11%	11.45%
本二院校	人数	35	41	9	58	15	91	24
	占比	30.43%	35.65%	7.83%	50.43%	13.04%	79.13%	20.87%
高职高专院校	人数	39	41	17	77	13	97	36
	占比	30.00%	31.54%	13.08%	59.23%	10.00%	74.62%	27.69%

3.3 高校图书馆员职业能力培养意愿分析

3.3.1 图书馆员对职业能力认可程度分析

大数据时代带给图书馆的变革是全方位的。目前各大高校图书馆都在加紧智慧图书馆建设,客观上要求图书馆员的职业能力朝着信息化、综合化方向发展,因此问卷列举了几种能力,分别代表着不同的能力方向,通过让答题者排序,以了解图书馆员们对于相应职业能力的认可程度与认知水平。图书情报获取与分析能力代表着图书馆传统工作能力;学科分析与评价能

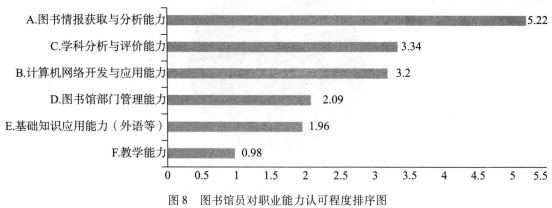

图8 图书馆员对职业能力认可程度排序图

力代表着学科馆员工作能力;计算机网络开发与应用能力代表着智慧图书馆工作能力;图书馆部门管理能力代表着行政管理能力;基础知识应用能力代表着馆员自身基本学识能力;教学能力代表着教学工作能力。

从结果看,大多数答题者对图书馆员应具备教学能力认可度最低,说明大多数馆员并未意识到图书馆与教学工作联系的重要性,更未意识到学科馆员制度背景下参与教学工作对馆员职业能力锻炼的重要性,这点很值得今后各类高校图书馆的关注。

3.3.2 图书馆员对现有培养方式的参与意愿分析

针对前文所述的能力培养方式,了解图书馆员的参与意愿,有助于进一步认识现状,因此题目设计了"愿意且条件允许""愿意但条件不允许""条件允许但不愿意""条件不允许同时也不愿意""不清楚"五个选项。不幸的是,又因为技术故障,只显示了前两个选项,好在后面一道题的选项同样涉及此问题,因此可结合起来看。

首先,从本题的结果来看,大多数馆员对现有的培养形式有参与意愿,而且意愿倾向也是积极的。其次,后一道题问及如果学校为您指派一位老师采取"手把手教徒弟"的形式,本人能否接受。从调查结果来看,绝大多数馆员并未持反对态度,由此可以推断,大多数馆员对现有的形式也是欢迎的。

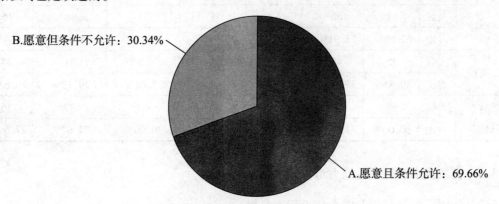

图9 馆员针对现有职业能力培养形式意愿分析图

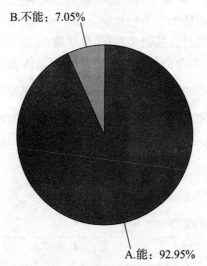

图10 馆员针对新的职业能力培养形式安排意愿分析图

3.3.3 馆员参与现有培养方式的影响因素分析

既然大多数馆员愿意参与职业能力培养,那么是什么原因促使他们作出这样的决定,而不愿意参与的情况下又是哪些原因导致的,这是一个值得了解与研究的问题。因此笔者设计了两道题目分别列举了相应原因,通过让答题者排序,以期了解这些因素对馆员的影响。从答题者的反馈来看,工作阻力与自身能力不匹配的紧迫感成为最能影响培养动力的积极因素,而中青年馆员对获得更高等级职务职称的愿望也在促进他们的成长。同时,工作任务繁重成了职业能力培养意愿最大的拦路虎,但也要注意由此不少馆员产生了离开图书馆工作的念头,随年龄增长而产生的职业懈怠感是重要的消极因素。这些因素成为在设计新培养模式时应注意的几个问题。

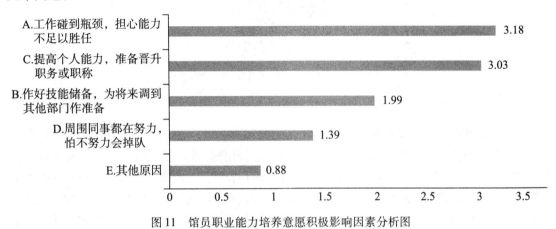

图 11 馆员职业能力培养意愿积极影响因素分析图

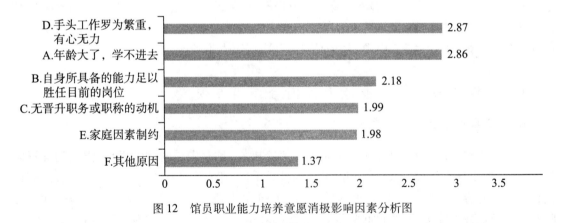

图 12 馆员职业能力培养意愿消极影响因素分析图

3.3.4 馆员对新模式参与意愿倾向性分析

新培养模式的设计必然涉及时间分配和形式安排,因此最后两道题涉及的便是馆员们对于新模式在时间和形式两方面的接受程度,综合反映出高校图书馆员对新模式的接受意向。调查结果是令人鼓舞的,大多数馆员对新形式都能够接受除此之外,对于新的时间安排也是接受的,而且接受程度更高,也就意味着新模式具备被广大高校图书馆员认可和积极参与的基础。

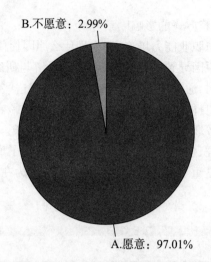

B.不愿意：2.99%

A.愿意：97.01%

图 13 馆员针对新的职业能力培养时间分配意愿分析图

3.4 综合分析

从之前的阶段性分析结果我们可以得知,无论是何种类型的高校图书馆,其馆员主要以取得了本科学历或硕士学位的中青年群体组成。他们或因自身要求在职务职称等方面需要有所收获,或因实际工作中遇到困难需要解决,都有着强烈的自我培养的需求。他们虽面临繁重的工作任务,但也深知培养职业能力对改变图书馆服务方式以适应大数据时代读者需求变化的重要性,然而目前高校所能提供给他们的培养方式还有不足之处。他们对时间分配灵活、开展方式新颖的职业能力培养模式持接受态度,渴望以最小的时间精力代价得到最大的培养效果。这就意味着,应该设计一种满足中青年馆员群体需要的、在他们接受范围内的、实际工作中便于开展的、惠及面广的高校图书馆员职业能力培养模式,才能真正把高校图书馆员职业能力培养工作做出实效来。

4 高校图书馆员职业能力校内合作培养模式

4.1 必要性分析

从实际工作情况来看,高校本身就是人才培养机构,具有先进的教学思想、强大的师资队伍、完善的教学设备、丰富的教学资源、灵活的教学手段,那么为什么不首先依靠本校资源而要把目光放在外界身上呢? 外界对于本校图书馆的现状和需求了解得有本校师生透彻和精准吗? 培养馆员职业能力的同时加强了本校资源的利用,促进图书馆与其他部门的接触与了解,何乐而不为之?

从开展效果方面来说,学术会议最大的弊端在于信息传递的单向性,往往是多数人聆听专家学者的报告,即使能与专家学者开展交流,无论是人数还是时间,都是有限的,况且不说这些报告对于大多数馆员来说实际效果如何,保证每个馆员都有机会去参加学术会议本身就是难以做到的;而学历教育与实际工作需求相脱节早就不是什么新鲜事,也是各大高校时至今日仍在努力改变的问题,况且学历教育往往意味着该名馆员要较长时间离开工作岗位,万一这个岗位一时找不到合适的替代人选怎么办;能力培养是一件长期的工作,短期培训能否达到预期效果,值得商榷。

从成本花费方面来说,外出参加学术会议、学术访问或者培训,本身就是要挤占办公经费的,综合性大学经费充足这固然没有什么大问题,可大量的高职院校呢? 图书馆在学校不是核心业务单位,学校经费充裕时也往往是最后一批增加预算的单位,一旦经费不足却往往第一批被削减预算。按照现有的培养方式,又能有多少人有机会参加呢? 就算轮流参加的话,一个轮回又需要多长时间呢? 这样一来,培养效果能保证吗?

4.2 校内合作培养模式综述

4.2.1 设计思想

大数据时代的图书馆学科早已不当年那个只针对纸质文献的传统学科,而是成为具有了学科服务、信息化服务、学科交融等鲜明特征的交叉学科,无论是时间、空间还是形式上,均实现了全面跨越与交融,这就要求从业者具备多种跨专业的工作能力,而这些能力的培养只依靠图书馆自身是难以企及的,高校自身的学科门类相对齐全,图书馆员的能力培养在校内基本上能找到相应部门作为合适的培养对象,而且馆员在校内跨部门工作,本身就是在深度参与学校工作,对学校的工作尤其是教学科研工作会有深入的了解,何况馆员并未离开本校。根据笔者此前(2012)的一项研究,校内合作的最大优势在于克服了地理距离相隔缺陷,且完全针对本校实际工作,其合作形式更有可操作性,效果更具有针对性[8]。因此参照此项研究框架,设计出针对高校图书馆员的职业能力校内合作培养模式。

4.2.2 具体内容

为方便叙述,故采用前文所述的几种职业能力为例,尝试列举出部分核心职业能力,按模块化分类,来说明模式的具体内容,由于各大高校各自开展的服务不尽相同,可根据自身需要进行修改。

首先,图书馆应对照自身的建设需求,列举出本馆馆员应具备的职业能力。可以模块化形式分类列示,如下表:

表4 高校图书馆员校内合作培养部分职业能力参考表

职业能力模块	具体职业能力	合作培养部门
基础工作能力模块	文献采编能力	馆内、总分馆、相关二级院系
	古籍修复能力	
	图书情报获取与评价能力	
	咨询服务能力	
	……	
信息化工作能力模块	数据库开发与管理	相关二级院系
	服务器管理	
	网络设计与管理	
	程序开发	
	……	

续表

职业能力模块	具体职业能力	合作培养部门
学科分析与评价能力模块	学科动态跟踪	相关二级院系
	课程体系建设	
	人才培养方案建设	
	……	
教学能力模块	教学方案设计	教务处
	备课资料编写	
	课件制作	
	新媒体应用	
	教学评价	
	……	
科研能力模块	科研选题	科技处
	文献搜集	
	论文写作	
	课题申报	
	……	
部门管理能力模块	党务工作	相关行政处室
	纪律监察	
	行政事务	
	财务报账	
	固定资产管理	
	……	
其他能力模块	……	……

其次,图书馆应梳理本馆馆员职业能力现状及现有的工作岗位设置情况,确定在今后一段时期内需要增设的工作岗位或工作任务,并结合馆员本人的具体情况确定培养方向,并且制定出职业能力培养计划。

再次,在征求馆员本人意愿后,图书馆应根据上表内容并经学校协调后联系合作培养部门,可由合作培养部门委派培养人驻馆指导,也可由图书馆将馆员委派至合作培养部门参与部门工作。可一人带一人,也可一人带多人,甚至多人带一人。形式可根据培养内容决定,如定期开讲相关课程、集中专题讲解、工作技术指导、共同完成工作任务等。

最后,分阶段进行考核评价,确定馆员是否达到培养目标,在此基础上决定该名馆员是否进行下一项职业能力培养,或者延长本项职业能力,或者进行项目调整。

4.3　优势分析

4.3.1　实现自力更生，节约培养经费

本模式完全依靠高校自身拥有的各项资源，最大限度地减少了对外部资源的依赖，在一定程度上避免了资源浪费，充分发挥本校的资源优势，同时节约了培养经费，具有较高的费效比。

4.3.2　加深部门接触，实现灵活抽调

本模式一改以往高校图书馆成为本校"独立王国"的不良现象，使图书馆工作者走进院系工作、走近师生生活，促进了高校图书馆员与广大师生的相互认知相互了解，克服了以往图书馆员对师生生活一知半解、师生对图书馆员工作一无所知的现象。同时，做到了"离岗不离校"，万一本部门有重要工作或紧急事务，派出的人员可及时召回协助工作。

4.3.3　实现嵌入式培养，保证全员参与

本模式完全依照高校图书馆的现实与需求开展，以人为本、以馆为根、以事为基、以能为真，在馆员自身需求与本馆实际情况之间寻求最佳平衡点，避免了盲目培养。以工作指导代替培训，把职业能力培养与具体工作合为一体，实现了嵌入式培养。同时，最大限度地保证了馆员都能参与其中得到锻炼。

4.3.4　普及学科馆员制度，提高整体工作水平

目前虽不少高校建立了学科馆员制度，但仍要看到，大多数高校尤其是高职院校，在学科馆员制度方面还处于空白状态，通过本模式的开展，锻炼了馆员队伍，培养了相应的职业能力，为将来普及学科馆员制度扫除了最大障碍，提高了全国高校图书馆的整体工作水平，避免了"木桶效应"。

5　高校图书馆员职业能力校内合作培养模式实施要点

5.1　做好前提规划与调研

开展高校图书馆员职业能力校内合作培养的首要条件就是要弄清楚本馆在未来一段时期内的定位，只有明确了定位，才能弄清楚需要开展哪些服务，同时调查了解清楚目前具备开展哪些服务的条件，与目标差距有多大，需要从哪些方面入手对馆员开展职业能力培养，做到有的放矢。

5.2　学校的有力支持与组织协调

高校图书馆作为高校的组成单位，要服从于学校的整体安排，因此首先应由馆领导出面向学校方面陈述利害，以取得理解与支持。既然涉及校内部门的分工合作，那么实际工作中就会有各种各样的矛盾显现出来，这时就需要学校方面的组织安排与协调平衡，甚至可以专门成立一个校内合作管理部门[9]，统筹规划、协调事务、提升效率。

5.3　树立相应的激励机制

高校应出台相应的鼓励政策与措施，激励馆员参与到职业能力培养工作中来，分析他们的工作内容，合理安排工作分工，减轻一些馆员尤其是重点培养对象的工作负担，使其能有时间精力参与，努力提高他们的待遇与晋升机会，尽力消除职业懈怠，稳定图书馆员队伍。

5.4 建立配套的考核评价机制

既然可能涉及人员派出,那么如何进行考核评价就是一个需要好好解决的问题,一般来说是人属于哪个部门归哪个部门考核,此模式下涉及的相关人员恐怕会陷入所属部门不清楚、所在部门管不着的尴尬境地,为避免这种情况的发生,可以改为馆员或培养人派出期间的工作绩效由工作所在部门代为考核或由学校统一考核,考核内容即为培养内容,考核形式可以多样化,如考试、工作实绩展示、能力比赛等。

5.5 与其他模式联合运用,打好"组合拳"

任何一种模式都不是万能的或是不可替代的,高校图书馆员职业能力校内合作培养模式也是如此,在实际工作应注意与其他模式或现有的形式联合使用,或分阶段进行,或结合进行,一切以各高校图书馆的实际情况来决定,只有打好"组合拳"才能最大程度避免模式缺陷,使馆员队伍得到最大程度的锻炼,达到高校图书馆员职业能力培养的预期目的。

在图书馆职业化呼声不断提高的今天,面对着智慧图书馆建设步伐的不断加速,高校图书馆遇到了前所未有的机遇和挑战,馆员队伍职业能力培养这样的问题既由来已久又显得尤为紧迫。在这样的环境下,通过校内部门合作培养高校图书馆员的职业能力未尝不是一个实用性强、参与面广、效果明显的解决方案。希望在不久的将来,这一培养模式能在各大高校图书馆普及开来,实现高校图书馆员职业能力的嵌入式培养,锤炼出一支肯干、能干、稳定、积极的馆员队伍,为今后在所有高校普及学科馆员制度,贡献出自己的力量。

参考文献

[1] 中华人民共和国教育部. 2017 年全国教育事业发展统计公报[EB/OL]. [2018 - 07 - 19]. http://www. moe. edu. cn/jyb_sjzl/sjzl_fztjgb/201807/t20180719_343508. html.

[2] 教育部高等学校图书情报工作指导委员会. 2016 年 862 所高校图书馆在编职工人数统计表[EB/OL]. [2018 - 07 - 19]. http://www. scal. edu. cn/sites/default/files/attachment/tjpg/201801. pdf.

[3] 教育部高等学校图书情报工作指导委员会. 2016 年高校图书馆发展概况[EB/OL]. [2018 - 07 - 19]. http://www. scal. edu. cn/sites/default/files/attachment/tjpg/20180100. pdf.

[4] JABUR N H. Measuring omani information professionals' competencies[J]. The Electronic Library,2010(2): 263 - 275.

[5] BENJAMINA M,MCDEVITT T. The Benefits and challenges of working in an academic library:a study of student library assistant experience[J]. The Journal of Academic Librarianship,2018(44):256 - 262.

[6] BRONSTEINA J. An exploration of the library and information science professional skills and personal competencies:an israeli perspective[J]. Library & Information Science Research,2015(2):130 - 138.

[7] 顾健. 高职院校图书馆职业化的调查和分析[J]. 图书情报知识,2016(5):30 - 38.

[8][9] 马波,张媛媛,仲斌斌. 高校校内合作办学模式新探——以会计信息化专业为例[J]. 财会通讯,2012 (4):36 - 37.

"校、企、圕"联动推进高校"四育五层"信息素养教育模式与实践研究

吴慧华(上饶师范学院图书馆)

信息素养是评价一个人的综合素质的重要考查指标,已成为提升整个社会内涵的核心素养,其教育的重要性也被越来越多的高校和学者所认知[1]。近年来,我国信息素养教育取得了长足的发展,积累了丰富的教学经验,形成了独立的教学体系和多种的教学模式[2],为信息素养教育改革注入了新的活力。但地方高校信息素养教育仍未从根本上解决师资力量匮乏、教学形式单一、教学内容难以深入拓展,难以满足学生全程化、阶段化和个性化的需求等诸多问题。作为信息素养教育主要承担者的高校图书馆越来难以胜任和完成新时代重任和职责。

本文基于在高校信息素养教育中所遇的实际问题以及多年从事信息素养教育的实践,提出构建"校、企、圕"联动推进高校"四育五层"信息素养教育模式,形成从普及到拓展再到深入,层层推进的信息素养教育机制,以期让每位学子接受最适合自己的信息素养教育,成为具备终身学习能力、解决问题能力和批判性思维能力的创新性人才。

1 "校、企、圕"联动推进"四育五层"教育模式内涵

"四育五层"("四育"是指入馆教育、课程教育、拓展教育和嵌入教育;"五层"是指基础层次、通识层次、专业层次、个性层次和研究层次)信息素养教育模式是指通过高校专业教师、数据库商名师和学科馆员联动推进,因应大学生信息需求而进行的多层信息素养教育的教学实践活动(如图 1 所示)。总体上实现从契合学生基本层次需求、拓展契合专业层次和个性需求层次、再深入契合研究层次这样层层递进的信息素养教育目标。

建立"校、企、圕"联动推进"四育五层"信息素养教育模式的意义是:①可建立一个"校、企、圕"联动合作师资保障体系。②可以弥补大学生分层学习不足的问题。③可满足大学生信息素养教育全程化、个性化学习和生活信息需求,实现"以人为本"的教学理念。

2 信息素养教育模式构建与实践

2.1 "校、企、圕"合作推进模式构建与实践

信息素养教育呈现泛在化、数字化、协作化、融合化等新变化,具有跨学科、跨专业的特点。学校图书馆难以独立支撑当前大学生信息素养教育培训活动,迫切需要调整。因此,开展合作教育已成为国内外信息素养教育领域的共识,美国于 20 世纪 80 年代就提出了"为信息素养而合作""信息素养:合作就是力量"的观点。调查显示,美国 96% 的图书馆在信息素养教育中与教师开展了合作。美国、澳大利亚、芬兰、英国、丹麦、挪威等国在信息素养合作教育实践方面

已成功探索出了全方位、多层次、多形式的合作模式[3]。

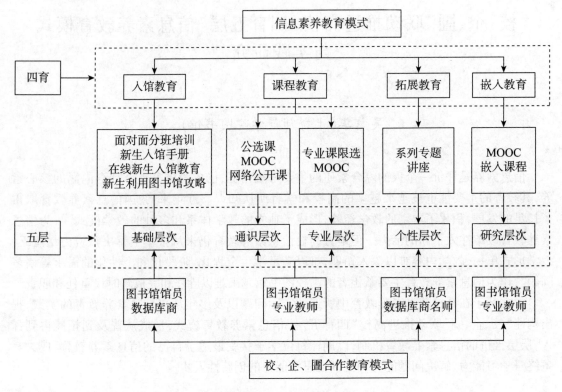

图1 "四育五层"信息素养教育模式示意图

国内的信息素养合作教育起步晚,缺少法律和合作组织的支持[4],合作培养研究基本停留在微观层面交流合作。在武汉大学图书馆、华东理工大学图书馆做了积极的探索,打破地域、机构、校际壁垒,组织打造精品 MOOC 课程,在师资、课程、平台等方面达成合作共建意向,有效整合优质信息素养教育资源,如武汉大学黄如花教授的"信息检索"课程团队拥有 200 多名助教,都是全国各高校信息管理专业的教师、图书馆员及硕博士研究生等,他们负责解答学习者们在学习过程中遇到的问题[5],其实践经验值得学习借鉴。

上饶师范学院在这方面做了积极探索,通过研讨明确了信息素养是高水平、综合性创新人才成长的必要条件,逐步形成信息素养合作教育理念和共识,提出"图书馆引领指导,学院企业参与建设,职能部门协同,学生积极实践"的行动方案,通过校院联动,职能部门协同构建了以学校专业教师、数据库商和图书馆学科馆员联动合作推进的多层信息素养教育模式。具体做法是:学院每学期有博士、教授、副教授为本科生讲授文献检索课;图书馆有两位专任教师坚持每星期两场"一小时讲座"及公选课的教学,协助学院教师到图书馆实习训练;图书馆两位阅读推广专岗长年与学校教师以及数据商如 CNKI、超星、新东方、智信数图、库客、研迅飞的名师联动进行系列针对性阅读推广活动,以营造多元浓郁的书香文化氛围,推进信息素养养成。技术部与参考咨询部协同数据商制作"在线信息素养教育"课程;图书馆办公室利用报告厅及技术资源协同学院、科研处、教务处、学工处主办"名师讲坛",使"校·企·圈"联合始终保持在信息素养实践教学活动的最前沿。

2.2 "四育五层"信息素养教育模式与实践

现今,信息生态系统呈现海量、密集、无过滤、无定性信息源特点,大学生如何合法、规范并善于从浩瀚的网络信息中挑选出最适合的内容,分层教育和培养不可或缺。因此在教学的过程中,我们实施了"四育五层"教学模式:

(1)以多元化教育形式开展新生入馆教育,以培养基础层面的信息素养

入馆教育目的是让新读者快速熟悉学校图书馆的资源和服务,提高他们对图书馆资源获取、工具使用、空间利用的能力,它普及面最广,是图书馆引导、培养用户的入门指导,它对培养和提高学生的信息素养和学习能力具有非常重要的作用[6]。上饶师范学院采用"面对面"的小班集中培训模式;每年给新读者发放"新生利用图书馆指南"小册子;利用学校公众号发布"新生利用图书馆攻略";在图书馆网站中发布"新读者在线入馆教育培训"课程,并设计"闯关达人"有奖游戏满足学生学习的需要。

(2)以公选课、网络公开课、MOOC、微课等形式培养学生通识信息素养

利用公选课开展通识信息素养教育是高校图书馆的一贯做法,上饶师范学院开设了公选课"大学生现实问题与信息解决策略""文献信息检索""信息素质教育"等课程供学生自由选择。

MOOC 开放式、大规模的特性与信息素养教育的通识性、广泛性、互动性特点十分吻合[6],能适应新技术环境下对信息素养教育的各项要求,是解决大学生通识教育、师资和课程资源不足的有效路径[7]。倡导自主学习也是未来信息素养教育的主要方向。引导并推荐大学生突破时空限制选择利用网络公开课、MOOC 课程是我们的任务之一,如黄如花的"信息检索";周建芳的"信息素养:效率提升与终身学习的新引擎";潘燕桃等的"信息素养通识教程:数字化生存的必修课";罗绍锋的"文献管理与信息分析";马费成、宋恩梅的"信息管理学基础",肖明的"网络信息计量与评价"等课程就很值得推荐学习。

(3)以限选课、名师讲坛、博士推荐书目培养专业信息素养教育

传统信息素养教育主要是以图书馆为主导进行,师资力量不足是信息素养教育开展不利的主要因素。这方面可用相关院系的教学资源来弥补,如上饶师范学院生命科学学院开设了"生物学文献检索";化学与环境科学学院开设了"文献检索与科技写作""文献检索与科研导论";文学与新闻传播学院开设了"中文工具书""信息检索与利用";历史地理与旅游学院开设了"文献检索""经典文献导读"。这种细分型课程教学有利于解决学生专业信息需求,使信息素养教育更具有针对性和侧重性,有效弥补了以往专业信息素养教育的不足,提高课程教学深度,深受学生喜爱。

(4)以拓展性教育实施个性化信息素养培养

讲座作为信息素养拓展性教育的一种形式,可及时匹配师生不同阶段所需。上饶师范学院图书馆持续 13 年每星期二、三定期开讲"图书馆一小时讲座",讲座培训内容涉及五个主题:一是图书馆资源获取与利用;二是关注大学生生活需求,如"大学生恋爱能力培养""如何利用免费资源提高生活质量""如何有效利用网络进行人际沟通";三是关注职业信息需求,在这方面尽可能充分照顾不同群体的不同毕业走向和定位需求,开设了"考研资料获取与利用""如何利用 CNKI 选择导师""公务员考试资源获取与利用""求职面试技巧""英语等级考试获取与利用";四是毕业论文写作。如"如何高效获取毕业论文写作参考资料""毕业生论文选题指导""毕业论文写作与图书馆资料利用""如何撰写文献综述"等;五是各类学习软件工具的

培训使用。每场讲座都通过大学生辅导员、微信公众号、海报等形式进行推广。听讲座的学生时有爆满,效果突出,每个主题规划承前启后,从易到难,层层递进。

通过"请进来"的方式,开办"名师讲坛"202 场,以扩大学生学术视野,培养学专业信息素养。

(5)嵌入公共课程、研究机构进行信息素养教育,培养用户的研究思维

信息素养教育只有嵌入学科课程之中,才能赢得旺盛的生命力和空间。但要在实施嵌入课程之前,须先思考这一学科是否具有开展信息素养教育的潜质。信息素养教育具有开放性、实践性、探究性和创造性等特点,选择课程需与之相吻合。因此,我们选择了覆盖面广的公共课程"大学语文""先进理论概论"课程进行嵌入信息素养教育,以实现信息素养教育的深入。

(6)全过程非标学业评价

在学业评价过程中,实施开放式命题非标准答案考试。考核强调"四结合":标准与非标准、灵活考查与基础考查、动态与静态、个人与团队。在学业评价中全程推行课程论文、检索报告、课程讨论、竞赛奖项等"多元"学业评价,以真实反映学生能力和水平。

3 教学效果

经过多年的教学研究和教学实践,完成了"校、企、圕"联动推进"四育五层"大学生信息素养教育模式和实践构建,达到了一定效果。

(1)参加人数多,受益面广,师生信息化应用水平和信息素养普遍提高。多年来图书馆一共为四万多新生提供入馆教育,并主动开展各种信息素养主题培训。各类数使库浏览量、下载量逐年递增,以中国知网下载量为例:2016 年为 206140 次,2017 年达到 234934 次,2018 年达到 17778291 次。图书馆的借阅量从 2016 年的 80441 册,2017 年的 126740 册,增长到 2018 年的 150953 册。有关毕业论文写作、考研、考公务员、求职、恋爱、英语考级等系列讲座常常爆满。

(2)课堂活跃度和学业竞争竞赛挑战度显著提升

由于满足学生的多样化需求,教育从"重知识传授为中心"向"能力达成为中心"转变,加上师生互动探讨增强了课堂吸引力,形成了教师"爱教、善教、乐教",学生"勤学、悦学、会学"的良性氛围。学生参加全国全省各类竞赛获奖数逐年增加,从 2013 年获奖 6 项,2016 年获奖 31 项,2017 年获奖 40 项到 2018 年获奖 69 项。

(3)教学和实践研究成果丰硕。十年间,教学团队成员主持完成省级、校级课题 7 项,在国家一级出版社出版学术专著《高校信息素养教育理论与实践研究》一部;论文《信息素养教育嵌入课程教学的实践与启发——以大学语文课程为例》发表在《图书馆建设》2016 年第 9 期(CSSCI),《基于实践问题解决的体验式教学设计研究——以信息素质教育课程为例》发表在《新世纪图书馆》2014 年第 1 期(CSSCI 扩展版),《流体验视角的信息素质教育游戏整合地图设计》发表在《图书馆论坛》2017 年第 1 期(CSSCI)。教学研究论文在全国高校信息素养教育研讨会获一等奖和三等奖,在中国图书馆年会获一等奖 3 次和二等奖一次,在高校图书馆发展论坛获三等奖,在江西省高校文献课教学研究会获一等奖 3 次,在江西省图书馆学会获二等奖和优秀奖各一次。科研成果得到同步推广,促进了专业实践教学的发展。2018 年上饶师范学院图书馆被授予"华中地区 CASHL 宣传推广突出贡献奖",项目负责人吴慧华被 CASHL 华中

区域中心评为"先进个人"。在 2018 年 CASHL 华中区域"新时代、新 CASHL、新服务"学术交流会上被推荐做经验交流。2018 年上饶师范学院图书馆被评"全民阅读先进单位"。

（4）研究成果得到国内各级专业机构团体重视和推荐。研究成果得到教育部高等学校图书情报工作指导委员、江西省高校图书馆工作委员会的重视和大力推荐。教改研究论文《医学专业教育与信息素质教育课程整合研究——以人体解剖学为例》在 2010 年全国高校信息素养教育研讨会被推荐为重点案例分享，其教改思路写进会议综述发表在《大学图书馆学报》作为经验推广。《基于实践问题解决的体验式教学设计研究——以信息素质教育课程为例》在 2013 年中国图书馆学会年会"图书馆用户教育与信息素养教育新模式"会场被作为重点案例分享推广，发言课件发布在中国图书馆学会网站上交流推广并在会议简讯提名。《大学生网络阅读文化负效应及其教育路径》在 2009 年中国图书馆学会年会第二分会场宣读并在会议简讯提名，会议简讯在中国图书馆年会网站发表，论文发表在《公共图书馆》2009 年第 4 期。《高校图书馆网络休闲功能拓展与实现》在 2012 年江西省图书馆学会年会被推荐为主题报告，并在第二届江西省科协学术会议简讯中提到。教改研究论文《论信息素质教育学习与整合早期科研训练模式》《信息素质教育：在认知与体验间整合》《大学生信息素质能力构建》等分获 2009 年、2011 年、2013 年江西省高校文献课教学研讨会一等奖，被大会推为重要案例分享，会后代表纷纷索取教学课件探讨学习。

校、企、圕"联合推动"四育五层"信息素养教育模式引发教学方法和学习方式的巨大变革。这一模式突破传统信息素养教育主要由图书馆独立承担的局面，开拓性吸纳整合专业教师、数据库商和学科馆员等组成教师团队，实现信息素养多层多元的教育，充分赋予学生丰富、多元、可选择的教育资源、教育环境，探索出一条人才个性化培养的有效途径。图书馆创建"处处能学，时时可学"的实践教学环境，形成助推信息素养养成的文化氛围，形成良性的互动育人格局。

参考文献

[1] 刘颖."互联网＋"时代信息素养教育的新趋向与新思维[J].图书馆界,2017(2):5-7.

[2] 张丹.MOOC 环境下我国信息素养教育研究综述[J].图书情报工作,2016(11):143-148.

[3][4] 高洁,彭立伟,陈晨.国外大学图书馆在线信息素养合作教育模式及其启示[J].高校图书馆工作, 2015(6):8-13.

[5] 刘颖.基于学习者和图书馆员双重视角的信息素养 MOOC——以武汉大学黄如花教授"信息检索"MOOC 为例[J].山东图书馆学刊,2015(4):47-49.

[6] 张丹.MOOC 环境下我国信息素养教育研究综述[J].图书情报工作,2016(11):143-148.

[7] 都平平.自助式新生入馆教育的理念与系统实现——以中国矿业大学自助式新生入馆教育平台为例 [J].大学图书馆学报,2016(5)103-107.

美国公共图书馆创客教育模式构建及启示

夏　晶(福建医科大学图书馆)

　　近年来随着全球创客运动的蓬勃发展,全球正掀起一股旨在培养具有创新意识、创新思维、创新能力的创新型人才的创客教育热潮。公共图书馆作为重要的公共文化和社会教育机构,开展创客教育,不仅是构建开放创新服务体系、加强自身资源转化的内在需要,更是满足不同文化层次教育需求、提升公众参与度、实现生态重构的重要途径。

　　美国公共图书馆作为发展较早、体系成熟的创客教育实施图书馆之一,在创客教育诞生阶段与国家政策协调有序发展创客教育,在创客教育传播阶段注重整合地方资源以共建方式发展创客教育,通过以创客为符号的沉淀发展,积累了许多克服不利因素、避免无效资源浪费的发展经验。对于我国目前公共图书馆创客教育所存在的发展瓶颈,美国的实践经验可以为我国公共图书馆提供许多具有参考价值的解决方案,来优化现有的发展配置,解决实践中存在的问题。

1 美国公共图书馆创客教育的内涵

　　创客教育是创客运动兴起的产物。美国作为创客运动的发源地,其实践成果为创客教育的理论发展提供了坚实基础。美国是政府高度重视创客教育的发展,于 2009 年 11 月发起了教育创新(Education to Innovate)运动,随后,启动"创客教育计划"(Maker Education Initiation)[1]。2014 年,白宫首办创客嘉年华(Maker Faire),美国教育部等机构与 150 多所大学、130 多个图书馆以及 Intel、Autodesk 等企业达成合作,一同参与美国各地创客空间建设,为学生提供创客教育授课与创新实践机会[2]。2016 年美国政府投入创新教育方面的资金预算达 30 亿美元,同比上年增长 3.6%[3]。在经济转型发展需求推动下,创客教育迅速蔓及全球,掀起一波教育变革热潮。同时在全美创客教育浪潮的推动下,美国众多公共图书馆相继开展了创客教育实践,取得了显著成效,已发展成为美国面向普通民众实施创客教育的最主要机构之一。

　　为了更好地了解美国公共图书馆在职馆员关于创客教育的内涵理解,笔者除了在研究现状中通过相关文献的汇总,总结创客教育概念,笔者还通过 Email、Facebook 等社交软件对数名美国公共图书馆在职人员进行简单的访问,询问其关于创客教育的理解,共收到 21 所公共图书馆馆员关于创客教育的理解反馈,具体情况见表 1。从表 1 中我们可以发现,创客教育作为美国公共图书馆的一项教育服务,对于馆员而言,其概念也是比较普及的。虽然不同地区的公共图书馆对于创客教育的范畴有所不同,既有将其作为 STEM 教育的衍生,又有纯技术领域的理解,但在不同的馆员眼中,"创造"都是创客教育的主要内涵。此外,还有不少馆员提到了项目在教育过程中的地位。

表1 美国公共图书馆馆员创客教育理解汇总

就职公共图书馆	职位	创客教育理解
圣塔莫尼卡公共图书馆（Santa Monica Public Library）	项目经理	在理解项目运作的过程中，培养好奇心与自信心的教育
莫里切斯中心公共图书馆（Center Moriches Free Public Library）	咨询馆员	通过创建开放的创客空间，提供相关资源、工具、材料及技术指导，使得图书馆用户能够运用各种媒介创造蕴含艺术、技术元素的创新事物
圣塔莫尼卡公共图书馆（Santa Monica Public Library）	项目经理	在理解项目运作的过程中，培养好奇心与自信心的教育
辛辛那提汉密尔顿县公共图书馆（Public Library of Cincinnati and Hamilton County）	未知	公众获取各种学习资料去实践创造的过程
旧金山图书馆（San Francisco Public Library）	部门经理	建立对 STEM 技能理解的手工创造过程
凯霍加河公共图书馆（Cuyahoga County Public Library）	项目经理	基于项目学习与问题探究，以团队协作形式开展，解决现实问题的经验学习
韦斯特维尔公共图书馆（Westerville Public Library）	成人服务	在空间中创造物理或电子工程项目
沃辛顿图书馆（Worthington Libraries）	部门经理	用户聚集在一起创造、学习新事物的创客空间或创客项目
霍华德县图书馆系统（Howard County Library System）	馆长	图书馆提供指导，资源和设备，让所有用户能够通过实践项目创造，发明和学习的教育
纽波特里奇公共图书馆（New Port Richey Public Library）	馆长	以调查、反复实践、创造为基础的互动式学习体验
伯文斯公共图书馆（Provincetown Public Library）	成人服务	3D 打印等技术教育
卡姆登公共图书馆（Camden Public Library）	信息技术部部长	鼓励人人成创客，人人能创新的教育
圣保罗公共图书馆（Saint Paul Public Library）	青年服务	创客教育是指学生通过获得必要的资源，工具和指导，追求他们兴趣的过程
威尔金森公共图书馆（Wilkinson Public Library）	馆长	在创客空间里使用科技工具进行创造的过程
堪萨斯城公共图书馆（Kansas City Public Library）	馆长	除了学习工具的使用外，还要成为使用工具的创造者
普林斯顿公共图书馆（Princeton Public Library）	项目经理	创客教育是提供创客课程，材料、技术、设备，鼓励人们创造与探索教育过程

就职公共图书馆	职位	创客教育理解
斯科基公共图书(Skokie Public Library)	未知	一种非被动的自主学习模式
波基普西公共图书馆(Poughkeepsie Public Library District)	未知	允许用户创建他们可以想象的任何东西
安娜堡公共图书(Ann Arbor District Library)	馆长	做中学的教育模式
内珀维尔公共图书馆(Naperville Public Library)	未知	基于问题意识,以项目为基础,通过协作手段,在实践中学习 STEM 技能的教育模式
阿灵顿高地纪念图书馆(Arlington Heights Memorial Library)	项目经理	在我们的图书馆,认为任何创造与创作的项目都可以成为创客教育项目,包括艺术、技术、科学实验项目

为了更好地分析美国馆员理解的创客教育内涵,笔者通过 BliueMC 工具,对收集到的馆员创客教育理解进行词频分词后,进行关键词提取,得出如下结论:美国公共图书馆员对创客教育的理解是:基于项目主导,使用工具进行创造学习教育过程。第一,突出项目主导。创客教育是一种以项目为主导的创新教育技术形式,区别于传统教育注重知识灌输,轻视应用的教育模式,项目驱动能够激发用户自主学习潜力,促进创客知识与创新意识的有机结合,体现造物的精神。第二,使用工具学习。创客教育既包括传统的手工工具,也包括 3D 打印、电子套件等新兴技术工具,通过教育提升用户的创客技能,造就一批具有数字、科学等素养的新兴人才。第三,创造学习教育过程。创客教育学习是一种动态学习的过程,重视其创造的过程与创造知识的思考,注重做中学、互动学习的理念,是用户终身学习、激发大脑潜能的一种思维与技能的训练。从调查中也可以看出,创客教育对于公共图书馆来说,并不是一个陌生的名词,图书馆馆员在日常工作中,能够与社会同步发展,同时意识到技术素养与创新素养对于知识社会的重要性。

2 美国公共图书馆创客教育现状

由于美国公共图书馆数量较多,若全面调查,则数据庞大;若以随机形式调查公共图书馆,可能造成调查样本的代表性不足。因此,为保证调查对象具有代表性和全面性,本文通过以下两种途径选取调查对象:美国《图书馆杂志》(*Library Journal*)2017 年评选的五星、四星级公共图书馆;选取 Learning Labs 计划中的全部公共图书馆。为了调查上述图书馆创客教育的开展情况,笔者首先登陆各大公共图书馆图书馆官网,在检索栏中输入"Maker Education""Makerspace""Maker Learning",在"Library Site"中查找关于该公共图书馆有关创客的相关内容,在搜索结果中,逐条筛选出有价值的内容。接下来,通过浏览网页中的活动日历(Calendar)了解该公共图书馆所开展的活动,将与创客教育有关的内容收集汇总。在搜寻过程中发现,许多公共图书馆未在其网站上充分揭示其创客教育开展的详细情况,部分公共图书馆的网页无法打开收集有效信息,排除此类公共图书馆后,共收集 69 家公共图书馆关于创客教育的材料。其中 62 家公共图书馆都开展了与创客教育有关的项目,其中 39 家公共图书馆设有创客空间,占总数的 55%。笔者通过网站中提供的网页咨询服务方式,与该馆的馆员取得联系,咨询相关创客教育问题。此外,笔者还利用 Facebook、Twitter 等社交媒体,在该公共图书馆开设的社交媒体平台中,收集活动信息,咨询相关问题。

此外,笔者还结合 ALA 等图书馆协会网站、"The White House"等美国政府网站、*Library Journal* 等美国图书馆期刊及美国较大的报纸网站的相关报道,了解其他公共图书馆创客教育实践案例,结合美国公共图书馆的教育开展特征,归纳总结美国公共图书馆开展创客教育的实践情况。

2.1 美国公共图书馆创客教育项目分析

美国公共图书馆创客教育项目种类丰富且具有扩展性,如表 2 所示,许多项目工具之间可以相互连接形成新的项目主题。

表 2　美国公共图书馆创客教育项目

类型	项目	创客教育内容
建构类	乐高	围绕主题乐高套件创意构建
技术电路类	电子开源、电路设计、机器人	以电子开源套件或电线等简单配件为主体的电路相关制作及编程嵌入设计,学习机器人的建立、运作机制等
计算机类	软件编程、动画设计、游戏设计、音频视频设计等	通过软件进行编程、动画等计算机类的创意设计,此外,还包括一些计算机硬件的创意使用
生活类	创意烹饪、创意手工制作、纸板工艺等	与手工、日常生活有关的创意项目,呈现趣味性、工艺性、低成本、高创意的特征
3D 打印类	3D 打印、3D 建模	利用 3D 建模、打印技术,将创意变为实体物件的教学项目

除了表中所述的美国公共图书馆创客教育项目外,我们通过对项目进行汇总可以发现,美国创客教育项目的顺利开展得益于其内嵌的几个元素,具体如下:

(1)游戏形式。美国公共图书馆的创客教育项目主要以纸牌、书本、乐高等简单辅助材料组成的游戏包作为载体开展活动,特别是生活类、建构类与 3D 打印类,以基本材料为基点,通过游戏或竞赛形式组队进行多轮探讨,启发思维,提升参与者的创造能力与团队合作能力,增强教育活动的趣味性。

(2)编程学习。无论是建构类、技术电路类、计算机类,其活动都可以进行开源编程设计,来提升项目的可玩性与扩展性。开源软件的使用是创客教育的主流课程项目,随着编程技术的发展与普及,开源软件也日趋低龄化。像 Scratch、Squeak、Lego 等针对儿童的编程软件,让儿童不用掌握复杂的计算机语言就可以上手简易编程,为公共图书馆这种以青少年为服务主体的创客教育提供了切实可行的开源工具。

(3)创意设计内核。创意设计内核也是创客教育的灵魂,体现"人人创造"的开放理念。其培养模式以兴趣为主,通过与节日、文化、公益等主题的链接,以"玩中学"的模式,在潜移默化中,掌握技术要领。该课程对运用的技术工具也有特定的要求,要简单易学且具有实用性。多媒体项目开发、3D 打印、轻工艺制作、乐高工具的使用等项目的精髓都为创意设计。

(4)项目推进教育进程。创客教育多以项目形式进行,利用场所提供的材料与设备,通过一系列项目开发,学习项目知识,构建项目工程。对于这种项目模式,创造、发明、制作并不是重点,它更多是一种体悟式的教学,通过将抽象的、死板的物理、数学、科学等原理,生动地展示出来,让学生聚集在轻松活泼的环境中学习知识技能。这种模式常常采用导师制的形式,聘请志愿者担任导师,教授相应知识,已经完成某项目学习的学生还可以将所学习的知识传授给其他学生。导师对学生负责,引领项目进程。

2.2 美国公共图书馆创客教育成效分析

创客教育的开展是美国公共图书馆深化社会服务、适应知识创新需求的重要举措。随着政府和社会资金的投入,通过实践的不断摸索与项目内容和范围的不断拓展,美国公共图书馆创客教育在实践中取得了一定成效:

(1)扩大社会影响。据美国《图书馆杂志》(Library Journal)2017年最新调查表明,美国有超过80%的公共图书馆提供创客教育项目,其中50%以上公共图书馆创客教育项目参与人数持续增长。创客教育实践规模的扩大,使美国公共图书馆的社会影响力、用户吸引力也随之提升。

(2)缩小教育鸿沟。通过深化社区教育职能,让无法通过学校途径学习创客知识、技能的教育弱势群体,如低收入群体、非裔美国人等享受到同等的创客教育资源,提升创新素养。

(3)教育成果服务社区。许多创客教育产物成为公共图书馆所在地改善居民生活的一大要素。像弗里曼图书馆(Freeman Branch Library)分馆创新实验室通过3D打印技术,为左手发育不全的社区女孩提供开源义肢,解决了女孩生活困扰[4]。纽约公共图书馆(New York Public Library)不仅为参与者提供创客技能培训,还进行创意产品销售指导,组织创意产品拍卖,增加参与者的职业收入[5]。公共图书馆创客教育成为社区融合、发展、创意孵化、健全福利的催化剂。

3 美国公共图书馆创客教育资源建设

公共图书馆的创客教育水平、活动丰盈度,往往受其模式载体的资源构建限制。创客教育资源的优缺,体现了一个公共图书馆对于创客教育的重视,影响其图书馆创客教育的实践。

3.1 硬件设施建设

公共图书馆开展创客教育,其实在实践空间上,很多图书馆并没有单独开设创客空间,而是在已有的青少年活动空间或者其他日常活动空间中加设一些与创客教育有关的硬件设备,如果需要活动的话,任何空间都可以灵活调配使用。其硬件设备主要包括各种电器设备、电子套件、打印工具等。图书馆的创客教育的主要设备包括3D打印设备、多媒体设备、电子开源、手工制作相关设计及焊接等工业车间设备等,这里的设施设备不包括简单的手工工具、拼接玩具等。

(1)3D打印设备及多媒体设备

3D打印设备是创客教育项目的主流设备,常见的设备包括3D打印机(3D Printer)与3D打印笔(3Doodler)等。3D打印机通过3D设计软件构造图形,以树脂、石膏等材料通过机器喷射堆积打印成为3D实物。3D打印笔(3Doodler),则是一种简易的立体物体打印工具,与普通笔的运作原理相似,只是将墨水转换为固体打印材料,在电压作用下,将固体材料软化,通过笔尖喷射出软质的打印材料,通过一段时间后,会自动固化,使用者可以在没有任何 3D 设计基础上,通过材料点线面运作的形式,绘画出 3D 造型的物体。从调查的情况来看,95% 的公共图书馆配有 3D 打印机,40% 的公共图书馆购买了 3D 打印笔。目前,民众对于创客项目的认知,多与 3D 打印有关,所以大多数公共图书馆都购买了 3D 打印机。3D 打印笔,作为 3D 打印机的补充,与 3D 打印机相比,功耗较低,使用便捷,适合低龄无设计基础儿童,成本较低,克服了 3D 打印机价格偏高的问题。公共图书馆通过配置 3D 打印机与 3D 打印笔,并合理地分配给适用人群,让各个年龄层次都能有效合理地利用工具,进行 3D 产品创造。

多媒体设备包括 Audio Equipment(音频设备)、Camera/Video Equipment(照相机、摄录机)、Music Production Wquipment(音乐制作设备)等。美国许多公共图书馆都设有与多媒体制作等有关的具有录音、视频编辑功能的创客空间,主要是创意音频与视频的制作。用户在公共图书馆不仅可以学习与音乐、视频有关的创客教育课程,还可以自主使用视频、音频、动画等制作工具制作创意视频。公共图书馆鼓励用户将所制作的创意视频、音频上传至社交媒体,作为用户分享、交流、学习创客知识的途径,同时也可以侧面宣传公共图书馆创客空间与创客教育项目,提升图书馆的创客教育品牌影响力。

(2)电子开源工具

电子开源工具不需要较大的活动空间,可以缓解公共图书馆空间不足的问题。作为一种横跨多等级用户的创客工具,电子开源工具是与教育结合最为紧密,将科学、创意、数学等技能集成最有效、合理的工具。

Arduino 是一款便捷灵活、方便上手,基于 AVR mcu 的开源电子原型平台。作为一种自主设计、实现创意的工具,其特点就是易学、可玩、传播快。简单地说,就是通过各种电子传感装置、马达等来进行自由拼接,内置微控制器以 Avr 语言编写程序来形成创意产品的一整套配件。Arduino 的学习主要也是以项目开始的,现在也逐渐走入低幼人群,通过项目展开,了解基本编程语言及硬件拼接,就可以实现一些小型的创意制品,比如会唱歌的小黄人、自动开关机器人、迷你小飞机等,用户极具自由度。Arduino 有良好的社区构建,可以分享作品,增强交流度。

Beebot 是一种积木无人飞行器。定位为孩子的无人飞行机,安全性是其突出的特性,六角形设计,全木质结构,避免旋转螺旋意外伤害到儿童,同时,木块以磁铁形式联结,通过拼接积木,特别适合无基础的儿童小玩家。同时,Beebot 的试剂盒还可以自行涂色,可以锻炼幼儿的绘画水平,提升美术素养,增强可玩性,是一项充满乐趣的电子制造产品。

Lego Mindstorms,中文翻译为乐高机器人,是一套可编程的积木机器人。利用 RCX Code 可视化编程工具,将不同的程序积木在屏幕中堆积,就可以完成 RCX 的编程工作。Lego Mindstorms 适合 12 岁以上青少年使用,其套件包括可视化的编程主机、马达、传感器、齿轮等电子积木。用户在解决了编程程序后,只要按照创意堆积,就可以形成电路与机械完美结合的机器人产品。乐高套件其材料的安全性在同类产品中也是比较突出的。

LittleBits 也是一种开源的电子套件,类似于电子版的乐高,用磁性拼接各种电子配件创客工具。Littlebits 目前也在开发嵌入编程体系的电子套件,还可以在电子套件安装位上镶嵌乐高积木安装位,与乐高积木配合使用,提升制作延展性。

MaKey MaKey 是一款万能创意键盘,由麻省理工学院媒体实验室开发,由三个部分组成:主板、弹簧夹、数据线。用户利用 MakeyMakey 万能键盘,通过线路的搭建,可以将任意物品转化为鼠标、键盘,从而搭建个人的电脑输入设备系统,配合电脑软件,就可以实现如扫把变吉他、橡皮变游戏机手柄等创意玩法。

Ozobot 是一款智能游戏机器人,机器人可在 Ipad 上识别不同颜色的路线,对简单的色码做出相应,还可以通过简单的编程扩展 Ozobot 的玩法,是一种具有简洁与拓展性的创造小工具。

Raspberry Pi 简称树莓派,树莓派是一种基于 Linux 的单板机电脑,能够代替普通的计算机,实现文字处理、媒体播放、游戏等多种功能,容易上手,售价便宜。Raspberry Pi 是一个 DIY 能力很强的编程玩具,具有完善的社区建设,是教会孩子学习编程的终极利器。

上述电子开源工具中,MaKey MaKey 是美国公共图书馆配备最多的设备,其次是 Arduino 与 Raspberry Pi,再次是 littleBits 、LEGO Mindstorm 与 Ozobot,也占了总数的 36%,Beebot 仅有一家配备。59% 的公共图书馆配备有 Makey Makey,这与公共图书馆的游戏属性有关,也与 Makey Makey 激发创意,简单有趣的属性有关,值得注意的是,Mkakey Makey 的开发团队就是 Scratch 软件开发商,相信在日后,该设备会开发出越来越多与简易编程有关的玩法。Arduino 与 Raspberry Pi 都是开源编程的电子设备,在电子 DIY 界,Arduino 与 Raspberry Pi 都是拥有较多用户的电子设备,不同的是 Raspberry Pi 是具有完整计算机功能的单片机,Arduino 是一个微型控制器,Arduino 的开发环境学习比 Raspberry Pi 系统简洁易懂,Raspberry Pi 的软件支持则优于 Arduino,二者在教育实践中,可以互为补充。LittleBits 目前也推出了支持 Arduino 的模块,让无须编程的电子套件也拥有了编程的属性,相信未来,其成本上的优势,会成为越来越多公共图书馆的选择。

(3)手工制作及其他设备

过塑机(Laminator)、激光切割机(Laser cutter)、缝纫机(Sewing machines)、机器车间(Shop equipment)、刻字机(Vinyl cutter)、纸板工具(Makedo)、布料打印机(Cricut)都是作为手工制作的设备。缝纫机是公共图书馆最常设有的机械,59% 的公共图书馆空间都设有此项动手操作,能够很好地满足青壮年与老年阶层的需求。过塑机、刻字机、激光雕刻机增加了手工材料的可操作性,功能区分,层次分明,约有31%的公共图书馆设有这类机械。布料打印机与纸板工具的普及度不高,仅占18%。纸板工具是让纸艺创客更加便利的工具,由切割工具和拼接塑料螺丝组成,是一个简单易用的开放式系统的创意纸板制造工具,可通过二次利用纸板来构建富有想象力和有用的创客作品。

美国公共图书馆配置了多种工具,开展 3D 打印、编程、电子机械、手工创意等活动项目,每个图书馆都有各自的使用规则与活动频率。值得注意的是,这 22 家公共图书馆中,开设图书馆创客空间的有14家,占总数的 63%,仍然有 8 家公共图书馆没有开设创客空间,却具备了创客空间的创客设备。这说明,创客教育的开展并不是创客空间的附属品,而是具有一定独立性的,公共图书馆只要有相关的设备、教育项目、教育师资,就可以开展创客教育,用户利用这些设备,在教育与项目学习中,学习电子编程、3D 打印等技术设计。各公共图书馆并没有将所有的创客工具作为公共图书馆的必备工具,而是根据自身的活动需求、用户年龄层次与自身发展,采购相关的设备。

3.2 计算机软件资源建设

美国公共图书馆对于创客软件的资源建设一般都与其创客教育项目有关,使用创客软件来支持创客教育项目开展。一般来说,软件资源类型主要包括 3D 建模软件、编程软件、多媒体软件及其他游戏软件等。在美国,相关计算机软件开发比较成熟,许多普遍使用的创客方面软件,都出自美国,相对而言,资源丰富,选择较多。如 3D 建模软件方面,Autodesk、MakerBot Desktop 等 3D 设计软件,是公共图书馆最常使用的,也是 3D 建模入门必须考虑的软件,Autodesk 界面友好,操作简便且具有扩展性,非常适合初学者使用。编程软件方面,Scratch 是儿童编程软件学习的首选,在公共图书馆中也备受欢迎,图形化的编程软件,对于儿童、青少年建立初步的编程逻辑思维有着很好的功效。多媒体软件方面,包括一些图形、视频、音频设计软件,像 Adobe Creative Suite 等,便于进行创客视频、音频的制作。游戏设计软件方面,包括 GameMaker Studio 等,用于游戏设计项目操作。

目前,美国公共图书馆的创客教育计算机软件建设有如下几个特点:首先,坚持简单易用,适合青少年、儿童群体使用,以用户为主导,将趣味性与便捷性作为建设软件选择的首要因素。其次,具有开放性与包容性,为广泛地合作与项目开展提供可能性,软件建设尽可能地保留多样性。最后,立足更广阔的视野,将用户需求与软件建设联系起来,根据公共图书馆的活动特色来提供资源,同时控制相关成本,将资源整合摆在优先位置。

3.3 信息资源建设

公共图书馆在开展创客教育硬件和计算机软件建设的同时,还要注重数字化信息资源与纸质信息资源的建设,以确保公共图书馆的虚拟空间与实体空间均可获得与创客教育有关的信息资源。

数字化信息资源建设方面主要是网页的导引与数据库的建设。费耶特维尔公共图书馆在实现创客教育的过程中,建立了良好的创客电子资源。网页导引方面,通过平台设计突出创客教育模块,结构化支架串联教育资源。平台设计方面,首页一级标题建立明确联结,创客教育索引功能,区域划分清晰,帮助用户快速导航所需版块;资源页二级左侧树显示内容及拓展链接,右侧树显示学习活动模块,让用户了解创客教育的知识背景,反映个性需求。指示标识移动到创客课程名称时,可即时显示课程内容简介,这种隐藏式设计,保证页面信息整体性,避免页面冗杂,强调一站式学习。结构化支架方面,费耶特维尔公共图书馆网上用户可以利用的资源形成结构式支架。从创客教育的基本内容阅读,包括课程简介、开展意义、合作伙伴、教育新闻等材料,然后下方呈现创客教育资源,这一阶段的材料包括 Informal Science、Star Net、Make It 等创客教育资源外链。在学习的最后,通过该图书馆购买的衍生数据库版块,阅读与题材相关的优秀书籍和视频等材料,进一步巩固学习效果,最大限度地突出了网络用户在学习中的延展性。

纸质资源建设方面,主要为创客活动配套相关的书籍资源。在教育活动开始之前,公共图书馆一般会进行活动的提前宣传,包括书目推荐,用户可以在图书馆中借阅相关书籍以提升创客项目技能。芝加哥公共图书馆在开展创客周活动之前,进行了活动预演的网页制作。在活动预告中,对与该创客项目相关的阅读书籍进行推荐,包括编织、手工制作等与主题有关的书籍,用户可以在公共空间中对相应项目的创客书籍进行借阅,同时该网页还具有社交功能,用户在阅读之后还能在过网页社区进行交流。通过这种数据库与实体书资源整合,来保证用户获取资源的持续性与信息资源供应链的完整性。

4　美国公共图书馆创客教育模式

美国公共图书馆不仅配备优质的创客教育资源,还根据不同用户需求,强调项目主导,引入导师参与制度,将阅读嵌入其中,边玩边学,以灵活多变的创客教育项目形式,提升公共图书馆的教育实践竞争力。

4.1　项目主导模式

项目主导的方式是在对用户进行创客教育的培养中,摒弃传统以教为主的教育模式,采用项目形式进行,在制作项目的过程中,学习创客技能,培养学生的自主学习能力、创新能力。项目主导方式的创客教育实施流程如下:

(1)储备知识。在开展创客教育项目之前,要求学员提前预习掌握相关知识是提高创客教育项目开展效率的有效方式。学员先掌握基础知识,这样对于项目的开展就已经有一定把握,能够更好地、更快速地融入创客实践氛围中,同时也避免了因学员技能程度不同造成的项目拖延情况。有些公共图书馆在开展创客教育项目的活动,根据活动等级规定,会对学员有基本的知识储备要求。如内珀维尔公共图书馆(Naperville Public Library)在完成万圣节创意服装的活动中,就要求参与儿童必须有图书馆缝纫课程经验或完成缝纫 101 课程[6]。

(2)建立项目。确认教育需求与学习任务,利用教育工具,以激发创意的教育活动为项目,探索实践中激发兴趣,深化技能理解。安娜堡公共图书馆(Ann Arbor District Library)活字印刷实验室在项目开始之前,要求用户了解相关凸版印刷的基础知识,在图书馆馆员与客座教授的引导下,构建小型的凸版印刷项目,通过撰写、制定、执行印刷项目,学习古代活字印刷术[7]。此外,该图书馆的儿童机器人实验室每周以不同项目主题打造乐高套件与其他机器人套件的创客教育活动,如机器人接力赛等,儿童用户在专业人士的指导下,通过编程、拼接等指令,完成项目主题。

(3)团队合作。在建立了主题项目后,以团队合作形式交流学习、协同工作、执行项目,达成既定目标。团队合作为用户提升沟通技能、自主学习能力打下了坚实的基础,有利于通过集体的力量,激发想象力,拓宽学习视角与空间。克劳德·吉尔默纪念图书馆(Claud H Gilmer Memorial Library)的青少年用户参与了沃思堡科学与历史博物馆的远程学习课程,该课程的学习目的是构建一个交互式的机器人。在学习中,用户需要以团队形式合作、设计简单的电路,通过拼接配件、测试模块、组建机器人[8]。帕克公共图书馆(Parker Public Library)的保护鸡蛋趣味创意活动,以保护鸡蛋为目的,儿童用户被分为几个团队,设计与搭建物品来保护鸡蛋不受破损,通过一个小实验,来学习建筑学与物理学基础知识[9]。

4.2　导师制模式

美国公共图书馆的创客教育还会采取导师制的形式来进行活动展开,导师模式大致包括两种,即"团队 + 导师"与"指导 + 学习"模式。

(1)"团队 + 导师"模式:针对公共图书馆参与的创客教育活动,由公共图书馆负责组织,提供导师、工具等,让用户组成团队,导师承担参赛任务的教育活动模式。堪萨斯城公共图书馆(Kansas City Public Library)自 2016 年起,组建团队参加机器人技术挑战赛(First Tech Challenge Robotics Program),该项目针对 7—12 年级青少年,10 名以上参赛者组成团队,设计、编程及创作机器人作品,在成年导师的指导下,学习发展创客技能,实践工程原理,启发创意、分享学习[10]。堪萨斯城公共图书馆(Kansas City Public Library)连续 3 年通过建立合作伙伴、图书馆用户招募形式,组建参赛团队,在图书馆导师带领下,参与比赛,进行创客教育,培养青少年用户创新、协作及科学技能。

(2)"指导 + 学习"模式:这里的导师其实就是对项目负责的教师,通过在创客教育项目中的指导,让学生在项目开展过程中提供相关知识技能的辅导。导师的主要职能就是指导学习、激发创意。匹兹堡卡内基公共图书馆(Carnegie Library of Pittsburgh)每个创客教育项目都有固定的导师,由外部聘请导师或内部馆员担任。以下将通过该公共图书馆创意孵化实验室的导师在摄影月创客教育项目中的实践流程(见表 3),来了解导师在创客教育项目中的作用与教学模式[11]。从表 3 中我们可以看到匹兹堡卡内基公共图书馆导师在创客教育项目中的职能主要有以下几个方面:

①负责项目的规划。该图书馆的创客教育项目由导师们通过研讨会的形式制定包括周、月活动详细计划。从表中的摄像月活动可以看出,活动安排分为三个层次,依次递进,最终产生创意孵化。

②负责创客知识技能培训。目的在于提高用户的创客技能,为后期的创客作品打下坚实的基础。活动前期主要以传统的引导讲授为主,配合教育技巧,维持用户的项目兴趣点与注意力。

③引导项目展开,激发创意。导师以现场演示、鼓励、分享等方式方法,引导用户开发创意技能,将学习成果投入创客项目实践中。值得注意的是,公共图书馆对于导师是有一定的业务技能要求的,导师通常是从事相关领域工作的专业人士,在聘用之后,会定期通过博客等途径进行经验分享,总结活动中的优缺点,及时改进。同时,匹兹堡卡内基公共图书馆还会提供相应的技术课程,供导师学习,以提升业务水平,更好地服务于用户群体。

表 3　匹兹堡卡内基公共图书馆摄影月创客教育项目教育流程

教学活动	活动目的	导师教育引导详析
呈现课程内容,开题引导	提供本课时主题,激发学生探究兴趣; 引入问题,分析过程呈现; 保持节奏,突出层次性	为了激发用户的探索欲,导师选择针孔相机作为活动项目开题引导,将重点放在历史悠久的"相机迷幻"上,目的是使青少年用户感受到这个概念背后的神秘感
提供历史脉络,说明技术渊源	以浅白的方式详细解释; 配合多媒体工具,将材料与线性方式呈现	导师阐述了摄影对人类的深远影响。 谈论 Eadweard Muybridge 和他的运动摄影研究。从早期幻灯片投影照片(涉及双重曝光)到现代摄影技术和技术。随后,我们通过手机摄像头来联系实际。技术上,使用灯光效果,保持青少年用户注意力

教学活动	活动目的	导师教育引导详析
深化中心,实践互动	建立事实与已有结论联系,表达学者所倡导的理解; 情感的共鸣,提供沟通的基础	在现场展示了如何冲洗胶卷照片。 在图书馆中运用胶卷摄像机拍摄不同角度的照片,使用暗袋、显影液等工具冲洗照片,等待晾干显影。为下一次的教育课程奠定伏笔,同时鼓励青少年用户现场进行网络社交媒体分享
创建简单项目,注重实践	在创客项目的创意进程之前,提供简单项目实践,将过程与实际结合,营造一种轻松的氛围	下周开展"创建自己的街景视图"项目,用户将从周边的一端到另一端连续拍摄一系列照片。然后将其合并到 Photoshop 中,生成一幅全景图像。这将使学生有机会练习使用数码相机,定向自己和各种设置,然后了解 Photoshop 的基础知识。鼓励参与者与自己或其他人交流,融入风景,摆放肖像风格,甚至构成 Google 街景视图中的路人
进阶项目,开启创客模式	体现终极创客教育项目,注重与图书馆资源的结合创造; 重视交流与汇报; 整体有效性评定	开启"重建名人照片"项目,鼓励用户利用图书馆的资源,寻找他们喜欢的历史性或标志性的画像,重新创作。鼓励受训者在相机上玩光圈和快门速度,以便通过景深和长时间曝光来调整焦点,以使背景虚化。用户可提交作品至旁边的 Carnegie 艺术博物馆,有机会成为 13 个灵感展品中的一幅

4.3 基础教育嵌入模式

公共图书馆的教育职能相对于学校教育,更适合作为终身教育的开展场所,它的服务范围不受年龄、学识局限,是课堂学习的衍生,同时也是弥补课堂学习受众局限性的重要场所。美国公共图书馆的创客教育,不仅仅是激发创意的技术教育,作为课堂的衍生,它还能通过技术手段,服务于课堂,承担基础教育的普及与深化工作。

(1)启蒙教育

国外发达国家在教育领域具有很强的延续性,已经形成了一种教育传统。但是由于地域发展的不平衡,知识贫乏问题在低收入地区尤为突出,而知识贫乏问题又进一步造成物质贫困,社会矛盾在这种恶性循环中,逐步突出。因此,许多公共文化教育机构,开始承当儿童启蒙教育的工作,比如识字教育等,来缓和社会矛盾,平衡教育资源。在这种模式下,美国公共图书馆创客教育项目也嵌入儿童启蒙教育之中,服务于当地社区的适龄儿童。

在低收入地区,米尔维尔社区图书馆(Millvale Community Library)创客教育项目利用创客教育与图书馆的联结,促进该区儿童识字教育的开展。该图书馆开发了 15 本儿童读物,将其嵌入创客制作项目,通过创客制作激发儿童阅读读物的兴趣,以此来辅助识字等基础教育,此种做法被该图书馆称为"书籍创客"。如绘本图书《温布利的担心》(*Wemberly Worried*),是一本关于儿童情绪管理的绘本,讲述小老鼠温布利经历的与担忧、快乐有关的成长故事,该图书馆在此图书馆封面中附上制作忧虑娃娃的具体方法,希望通过娃娃制作,缓解儿童成长焦虑问题;根据《白雪公主与七个小矮人》(*Snow White and the seven Dwarfs*)开发了低成本的创客教育制作项目,由社区提供书中提到的制作工具与材料。绍辛顿公共图书(Southington Library)在有限的预算中,以阅读项目作为创客教育的开始契机。"你有封信"(You've Got Mail)项目在《请回信》(Please Write Back)这一儿童阅读读本中插入纸质明信片,儿童用户在收到信件后对明信片进行装饰与邮寄,邮局的志愿者会对信件中的问题进行回答及汇总。此外,在艺术创客项目中,用户在阅读抽象艺术家的代表书籍后,制作抽象艺术品,同时图书馆会使用一种水彩机器人机器(Water Color Bot)制作同类艺术品,然后将二者汇总,进行一个对比与评判[12]。

这种阅读与启蒙教育结合的创客教育项目多以儿童自主学习儿童读物的形式开展,不同的书籍背后有不同的手工提示,项目的目标是在创客学习与儿童识字教育中构建联结,让二者相互扶持,相互促进。图书馆通过这种创客教育项目来提升用户的阅读理解能力与识字能力,加深儿童用户对于书籍的理解。

(2)通识教育

青少年在学业生涯中,能够接触到的教育环境大致包括学校教育、家庭教育与社会公共文化机构教育。公共图书馆作为公共文化服务体系的一部分,通过整合资源,结合项目活动,以探究式教育模式,为青少年用户的通识教育提供外力支持,同时吸引用户融入图书馆创客教育项目,获取创新能力。

许多公共图书馆都试行了结合创客教育与通识教育的项目。森特里奇中部公共图书馆(Middle Country Public Library)针对3—5年级的青少年用户,通过3D打印与设计工具教学和演示数学概念,如因素、对称性等。用户可以通过立体的模型构建,聚合数学理念,更好地理解相关概念的含义与运用[13]。西安普敦公共图书馆(Westhampton Free Library)开展二进制码钥匙扣的创客制作活动,教授青少年用户如何将英文名字字母转化为二进制代码,在此代码模式中学习制作手链或钥匙扣,让用户学习数学二进制的相关概念。瓦格纳纪念图书馆(Wagnalls Memorial Library)2016年起开设疯狂数学俱乐部活动,将创造、运动、音乐、游戏等元素融入数学学习中,在创意制作中,学习几何学、概率学等原理,参与者还可以将制作的创意作品带回家中[14]。美国公共图书馆通过创客制作项目与数学基础知识的结合,以生动有趣的形式弥补传统数学教学中平面化的局限。除了数学学习外,其他通识教育也在创客活动中开展。克劳德吉尔默纪念图书馆(Claud H Gilmer Memorial Library)为K-2年级学生设计了与鸟类知识有关的创客教育项目,通过观察不同的鸟类,了解其鸟类特征与物种区别,发现鸟喙种类,并使用材料创造属于自己的"鸟喙"[15]。

美国公共图书馆借助开发创客教育项目,将图书馆作为提供活动与阅读的场所,构建了一个以传播基础教育为导向的知识传播机构,通过整合阅读资源,开发涵盖基础知识的创客项目,为社区教育的开发与构建,提供一个新的发展模式。这种以自主学习、动手造物为教育纽带的活动形式为儿童、青少年用户知识的获取提供了额外的乐趣。

4.4 比赛模式

美国公共图书馆还会通过比赛形式加强知识的联系,运用认知策略,学习者可以自我调节学习的节奏、时间与强度,达到既定的目标。将比赛形式融入公共图书馆创客教育不仅要面向用户需求,强调用户的参与,更要引入全面管理理念和方法,坚持不懈地改进组织中每项工作的质量,通过实施全面管理保证创客教育的可持续发展。

芝加哥公共图书馆(Chicago Public Library)利用有关活动的整合,开展创客教育项目比赛。用户可以切实运用各种资源,通过创意工具加工,深化对专题的理解,生成某种新的构思,提升学习效力,这种精细化加工和整合的方法,再加上一定的重复学习,能提高学习的效率。"在迷你派对中炫耀你的房子"(Show Off Your Really Tiny House at the Really Tiny Block Party)是组织青少年、儿童用户参与,将创客教育书籍、课程成果结合的一种活动形式。通过这场活动将其形式定义为以创意为核心,以制作为基础,将游戏融入其中,为创客文化特性融入提供信息处理的灵活性,来维持用户对于创客教育的活动黏性。比赛系统大致包含表4中所列的几个要素,通过这种有效地规划比赛,以直观的方式深化创客教育进程,也许就是创客教育最好的"格物致知"了。

表4 芝加哥公共图书馆创客教育比赛项目要素

比赛核心要素	说明
用户导向	注重用户的年龄层次问题及掌握的创客技能类型,挖掘用户兴趣点,以用户为中心展开比赛活动流程
管理规划	优先考虑比赛规模、策略规划,突出活动的趣味性与可行性
物料准备	保证比赛活动中的相关广告宣传产品、奖品等物料的供应,以符合用户需求为目的
全程控制	通过各部门的过程管理,全程控制活动,保证活动的组织成本、时间进程、创客教育质量的优质进行
改进优化	根据活动情况,及时调整活动规划,为下一次的创客教育比赛活动提供改进优化的策略与建议

　　基于创客教育模式的比赛设计,需要充分考虑到用户多维性与教育课堂活动的同时性,以活动成效为目标,形成"先期预热—比赛实施—成果展示"的开展工作阶段。下面以芝加哥公共图书馆"在迷你派对中炫耀你的房子"作为实施案例,对美国公共图书馆创客教育比赛形式进行分析说明。

　　(1)先期预热。对于一个比赛的成功开展,前期的预热占据是十分重要的。"迷你房子"(Tiny House)项目源于西北大学(Northwestern University)的学生团队设计建造的微型房子项目,旨在服务于西北社区及其他地区的可持续发展策略[16]。芝加哥公共图书馆在此基础上开发相关书籍书目,提供关于房子制作的创客教育课程,让用户在实验室学习技巧,创造迷你房子[17]。

　　(2)比赛实施。要在有限时间里,将各个教学元素充分融合,使得学习者在注意力集中的状态下,对于学习成果形成比赛成果有更加深入的了解,通过交互式建构,让创客活动更具感染力。用户在学习完相关课程后,使用上课的模板与指南与图书馆提供的材料,制作 12 × 12cm 尺寸创意房子,并将其提交给图书馆。

　　(3)成果展示。比赛完成后,图书馆会评选出获奖作品并进行展出,举行比赛后小派对,来庆祝用户在该系列活动中所学到的设计和建筑技巧,获奖者将获得前面提到的微型房子参观权及两份美味的午餐。通过对用户的课程学习成果加以有效的评定,运营团队对教育成果的有效性进行及时的检查,得到有用的反馈信息,以帮助团队改进教学机制,适应用户需求。一个成功的反馈机制,还能可以让教学过程变得有效,提高学生学习的积极性。

5　对我国公共图书馆创客教育项目模式的启示

目前,我国公共图书馆创客教育项目已经出现一些针对我国文化特色的特色主题活动。比如,云南省图书馆开展红色文化主题月暨快乐暑期创客文化训练营,制作 3D 红军帽等;铜陵图书馆开发主题创客教育项目,以新形式展示铜陵铜文化等。但总体来说,我国的公共图书馆创客教育还是主要偏重于技术层面,过度依赖创客空间的构建,忽略了公共图书馆本身的阅读服务机制与物理空间特色资源。我国公共图书馆应充分利用公共图书馆元素,开发多主题创客教育项目,形成与社会创客教育组织的差异化,以起到激发创意与阅读推广的作用。

5.1　融合书籍元素,嵌入阅读推广

我国公共图书馆可以学习美国,借助"阅读—创客"、"书—创客"、"文化—阅读—创客"的活动模式,将阅读推广、创意、亲子互动等元素有机地结合起来,通过多种活动主题,引导用户形成阅读意愿,激发创新潜能,提高科学素养,提升机械制造、数字建模等方面技能。例如,与书籍制作有关的拆拼接、创意折纸等,选择一些剔旧书本作为创意折纸原材料,在书页中进行折纸创意教学,将书籍变成立体折纸的创意制品。通过书籍的拆拼接教学,了解书籍的原始构造,培养用户与书这一主体的密切关系,深化用户对于纸质书籍的理解概念。此外,还有与书籍内容相关的创意制作。例如在书籍中嵌入与故事发展有关的乐高建造项目,培养儿童的动手能力与创造意识;与书籍内容相关的风俗主题制作项目,结合阅读引导,实现创造对阅读的启迪作用,这种方式对于低幼儿童的阅读推广特别是绘本阅读的推广有着很好的促进作用,可以配合移动创客工具包外借使用。

5.2　植入人文关怀理念,弘扬图书馆的大爱精神

我国公共图书馆在引进西方先进的服务模式与技术中,也存在着一些问题。过于依赖技术的发展而忽略技术领域内人文因素,背离实际的应用环境,无法满足用户的真正需求,也偏离图书馆技术发展的初衷。我国的公共图书馆,在学习美国图书馆的先进技术,引进高新设备的同时,还应关注我国国情,关注人文因素,体现图书馆的社会关怀。随着 3D 打印技术的日益成熟,新时期的创客产物,已经逐渐走向低成本、高效率的制作模式。我国公共图书馆可将人文关怀这一主题融入创客教育的实践中,从创客教育的材料、模式、成果应用等角度,植入人文关怀理念,弘扬图书馆的大爱精神。比如回收废纸、废弃家电等进行二次创造或维修,通过纸板工具将废纸变为创意制品,通过维修或拆装废弃家电使之与开源设备相结合,形成能够投入使用的创客小家电;将创客成果服务于社会低收入和残障群体;以创客活动积分换取图书馆承诺的慈善捐赠等方式。此外,还可以通过宣传途径,吸引失业、低收入人群进行创客技能的培训,提升其社会职业竞争力,改善该群体的生活质量。

5.3　开展充满趣味的通识主题,发挥互补优势

美国公共图书馆创客教育之所以能够蓬勃发展,与其社会的联动有着密切的关系,特别是公共图书馆与学校的相互补充作用,充分发挥了公共图书馆的教育职能,使之成为国家创客教育项目发展中不可缺少的一环。我国公共图书馆的创客教育也应充分发挥其教育职能,特别

是在通识教育方面，创客工具有着直观、趣味性的教学优势。如利用电子开源工具学习计算机编程的基本逻辑思维与数学概念；利用3D打印机来进行幼儿的识字教育，以"做中学"的方式调动儿童用户的学习热情，让公共图书馆成为幼儿用户的启蒙学习与创造的天堂。

准确地说，趣味主题应该贯彻公共图书馆创客教育的始终。美国公共图书馆创客教育项目充满乐趣与想象力。比如：面团可以导电，可以变为花草图案的创意挂饰；壁画可以预埋电路，变成通电的发光壁画；纸板可以与电子开源套件拼接，变成有趣的电子机器人；薯片罐可以变成有声调的吹奏乐器等。这些蕴含简单原理与操作的创客教育项目实际上并不需要较复杂的学习过程与技术工具，只是通过创意的联结，使其变成了富有趣味且可以便捷投入使用的教育项目。我国公共图书馆在设备与经费有限的现状下，让项目变得有趣、让教育富有创造性就成为低技术创客教育开展的一条可行道路。

5.4 构建低成本高创造性教育项目，推动教育普及

经费短缺是困扰公共图书馆开展创客教育的一大问题。就美国公共图书馆而言，经费不足也是限制很多公共图书馆开展创客教育的因素。美国公共图书馆针对创客设备经费问题，采取的是开源与节流的办法。事实上，创客教育作为一种激发创意、提倡造物精神的教育模式，其走向有两个流派，即低科技与高科技流派。一些发展规模较小、预算较低的公共图书馆往往采用低科技创客教育的形式。公共图书馆的创客教育所需要的空间，并不是一个充满机械设备的传统创客空间，而是一个充满想象力的创造空间，其设备配置只要能够满足基本的创造需求就可以了。在节流方面，公共图书馆创客教育配置预算可以遵循如下几个原则，来降低硬件成本。

（1）可重复性。例如，LittleBits 的基础包售价 100 美元左右，但其可以反复使用，其使用成本随着时间的推移逐渐降低。

（2）可拓展性。LittleBits 和 Hummingbird Robotics 可以作为机器人学习的基础工具，具有很强的拓展性。它们可以和乐高玩具拼接，可以和纸板工具连接，其过程充满乐趣与可玩性。

（3）可改造性。一些工具的选用可以与公共图书馆改造类的创客手工项目结合，比如makedo 纸板工具及一些电子拆装工具。公共图书馆将废弃的纸板回收作为创客教育材料，通过纸板工具创造成为新的艺术作品。用户使用电子拆装工具让一些废弃的电子产品元件拆装成遥控机器人、手电筒等新的电子物品。

（4）低成本性。许多高技术配备的创客空间也会开展手工艺制作的创客项目，一些低成本的手工制作同样具有启发思维和解决问题的教育功能[18]。

如前所述，美国公共图书馆创客教育的经费来源主要有政府拨款、合作伙伴资助、公共图书馆协会资助、众筹等。通过这种多渠道的经费筹集，使公共图书馆在创客教育硬件设备的购置经费方面得到保障。

5.5 创新教育模式，形成品牌项目

我国大多数公共图书馆在创客教育方面还处于试水与观望状态，创客教育项目的开展频次基本保持在一月一两次或者更低的频次，教育模式主要以讲座为主，这不利于公共图书馆创客教育的推广与品牌项目的构建。构建一个创客教育品牌除了要有核心的特色项目，还要保持一定的活动频次，开发多种形式的教育项目，如导师制度、比赛制度的植入，这样可以避免重

复的项目开展,来提升其教育的社会影响力与教学吸引力。公共图书馆可以通过馆员培训、志愿者培训、机构合作等方式加强创客教育师资队伍的建设,通过师资队伍的扩大来提升创客教育活动的创造性与形式的多样性,从而增强活动的影响力。同时,公共图书馆每年可以设立创客教育活动周,以一个统一、集中的项目周形式,集中宣传公共图书馆的创客教育,激发用户的参与热情,同时吸引更多地相关组织合作方来资助公共图书馆的创客教育项目,扩大项目的用户覆盖面。创客教育周项目还可以作为一年创客教育项目的成果展览与下一年相关项目的活动预告,借助图书馆展览模块,充分宣传公共图书馆创客教育项目活动。

参考文献

[1] The White House Office of the Press Secretary. President Obama to announce major expansion of "educate to innovate" campaign to improve science,technology,engineering and math (STEM) education[EB/OL]. [2018 - 09 - 16]. https://obamawhitehouse. archives. gov/the-press-office/2010/09/16/president-obama-announce-major-expansion-educate-innov-ate-campaign-impro.

[2] Fact Sheet. President Obama to host first-ever White House maker faire[EB/OL]. [2018 - 10 - 18]. https://www. whitehouse. gov/the-press-office/2014/06/18/fact-sheet-president-obama-host-first-ever-white-house-maker-f-aire.

[3] The White House. Investing in America's future:preparing students with STEM skills science,technology,engineering,and mathematics(STEM) education in the 2016 budget[EB/OL]. [2018 - 12 - 11]. https://www. whitehouse. gov/sites/default/files/microsites/ostp/stem_fact_sheet_2016_budget_0. pdf.

[4] ClARE S. Young girl goes to the library and gets a 3D printed prosthetic hand[EB/OL]. [2019 - 07 - 19]. https://3dprint. com/146813/kately-nvinick-3d-printed-arm/.

[5] TYLER K. Shapeways partners with the New York public library to help teach 3D printing entrepreneurship[EB/OL]. [2019 - 03 - 16]. https://3dpri-nt. com/138874/shapeways-new-york-public-library/.

[6] Naperville Public Library. Star Wars 3D printing[EB/OL]. [2018 - 09 - 09]. https://naperville-lib. evanced. info/signup/EventDetails? EventId = 44333&lib = ALL&ag = Adult&backTo = % C3% A6% C5% 93% CB% 86%20&startDate =2017/09/01.

[7] Ann Arbor District Library. Letterpress lab[EB/OL]. [2019 - 02 - 09]. https://aadl. org/node/356168.

[8] Gilmer Memorial Library. STEM in action:scribblebots[EB/OL]. [2019 - 01 - 19]. https://www. facebook. com/pg/CHGLibrary/photos/? tab = album&album_id = 1766661226683293.

[9] Gilmer Memorial Library. Build a better world[EB/OL]. [2018 - 08 - 09]. https://www. facebook. com/e-vents/1577850462285029/.

[10] First Inspires. Your support makes those dreams a reality[EB/OL]. [2019 - 01 - 09]. https://www. firstin-spires. org/.

[11] Library Asincubator Project. The labs @ carnegie library of pittsburgh[EB/OL]. [2018 - 06 - 09]. http://www. libraryasincubatorproject. org/? p = 8976.

[12] SHAFFER L. How libraries can turn stories into maker projects[EB/OL]. [2019 - 02 - 09]. https://www. kqed. org/mindshift/48764/how-libraries-can-turn-stories-into-maker-projectss.

[13] Middle Courtry Public Library. Math 3D print[EB/OL]. [2017 - 08 - 18]. http://mcpac. mcpl. lib. ny. us/search/P(Math%20in%203D)&SORT = D.

[14] The wagnalls memorial[EB/OL]. [2018 - 01 - 18]. https://www. facebook. com/pg/thewagnallsmemorial/posts/? ref = page_internal.

[15] Gilmer Memorial Library. Bird is the word:battle of the beaks[EB/OL]. [2017 - 11 - 19]. https://www. face-

book. com/events/311948992552305/.

[16] Tiny house[EB/OL]. [2018 - 09 - 19]. https://evanstonenvironment. org/tiny-house/.

[17] Chicago Publib. Really tiny houses on display at HWLC[EB/OL]. [2018 - 11 - 09]. https://www. chipublib. org/news/really-tiny-houses-on-display-at-hwlc/.

[18] Jensen K. 5 tips for makers on a budget from a teen librarian[EB/OL]. [2018 - 05 - 21]. https://www. slj. com/2017/08/technology/5-tips-for-makers-on-a-budget-from-a-teen-librarian/#_.

长沙图书馆"声音图书馆"案例
——融媒体时代传承"声音"典籍

肖　祎(长沙市图书馆)

1　声音图书馆开展背景

麦克卢汉认为,媒介是人体的延伸。用户需求衍生传播媒体,印刷物成为构建图书馆业务的基础,书本成为图书馆最基本文献形式。图书馆作为保存各民族文化财富的机构而存在,保存人类文化典籍是其最古老的职能。随着信息网络日趋融合,文化典籍的形式不再局限于书本,2015 年 10 月发布的《中共中央关于制定国民经济和社会发展第十三个五年规划的建议》提出了"推动传统媒体和新兴媒体融合发展,加快媒体数字化建设,打造一批新型主流媒体"。融媒体时代到来,信息资源日益成为重要的生产要素和社会财富,长沙图书馆在 2016 年申报并正式启动"声音图书馆"项目,搭载融媒体传播渠道,跨媒体合作向读者共享共建数字文化资源,搭建数字信息平台。"声音图书馆"不同于传统文献形式,此项目以"声音"为文献形态的数字文化资源库,借助融媒体时代的高时效、零距离、深入性、开放性,以"数据库"为中心,以"用户"和"服务"为基本点,呈现出传统文献不可比拟的优势,以期以多样化文献样态不断创新服务模式、扩大读者群体。

2　融媒体时代声音图书馆建设措施

2.1　硬件建设

在长沙图书馆一楼大厅设置朗读亭,直接源数据搜集第一手声音资源;在长沙图书馆三楼电子阅览室专门设置专业的高清影视室、听音室、录音室、电子音乐欣赏区,让读者的阅读体验立体化,音视听全面结合。

2.2　内容建设

声音图书馆主要囊括以下几大主题:自然之声、城市之声、生活之声,具体的呈现形式有有声读物、音效库、声音作品等。目前较为活跃的主题和内容包括:

468

听长沙——关于长沙城市记忆的口述、日常生活的讲述以及市井街巷的叫卖声。

乡音读诗——以富有浓郁生活气息的各地方言,朗诵短小活泼、俏皮诙谐的现代短诗或古典诗词,给读者带来轻松、亲切的体验。

吟咏长沙——邀请播音主持协会的专业人士朗诵历代名人咏长沙诗词经典作品,为读者带来一场传统文学听觉盛宴,诗词句读之间,湖湘历史画卷徐徐展开。

读写湖湘——邀请湖南本土著名作家献声,朗诵个人代表作品经典选段。

老照留声——个人和家庭的老照片里的故事。

亲子共读——长沙图书馆少儿部微电台品牌"堡主驾到",以绘本为主要内容,提供多样化的阅读方式,邀请小朋友和家长来录制节目,让读者既能亲身参与阅读活动,也能随时随地享受阅读之美。

2.3 大事记

2016 年 5 月,湖南广电旗下的"芒果配音圈"得知声音图书馆的想法后第一时间响应,在主持人、播音员、配音师等专业群体中号召发动,将他们的声音作品入藏声音图书馆。湖南卫视频道声丁文山老师等"金嗓子大咖"加入,积累了第一批优质种子用户和素材。

2016 年 7 月,声音图书馆联合故事长沙、况且声音艺术工作室、FM975 电台结合广播、网络与新媒体平台共同打造一个以搜集"长沙声音"为核心的线上分享平台,推出"城市留声计划",面向各界人士征集各种以声音为载体,以"长沙"为主题,人、事、物内容不限的音频资料,精选有价值的故事、方言讲述等在电台播出。

2016 年 8 月,声音图书馆"口述长沙"项目获得长沙市文化引导资金扶持。

2017 年 1 月,获得全国文化信息资源共享工程 2017 年度地方资源建设项目立项。2017 年 4 月,长沙图书馆正式启动乘读·地铁书香"摇一摇"数字阅读推广行动,在地铁、公交的站台和车厢部署 Ibeacon 设备,市民在乘车等车的时候,只要打开手机蓝牙,在"摇一摇"周边就能收到图书馆推送的数字阅读内容。经过精心遴选和编辑的优质图、文、声、像等内容推送到读者眼前,引导他们亲近阅读,为书香城市建设增添一道亮丽的风景线。其中声音图书馆的"乡音读诗"专题受到热捧。

2017 年 5 月,央视"朗读者"栏目线下活动"朗读亭"最后一站落地长沙图书馆。声音图书馆结合朗读,开展最美中国话朗诵艺术与声音形象等系列专题活动,录音室常年为读者免费开放,吸引更多人加入有声阅读的行列。

2017 年 6 月,声音图书馆联合长沙关爱老兵志愿服务队、抗日战争纪念网、故事长沙等启动抗战口述项目。

2017 年 7 月,声音图书馆举办全国首个声音气味展,"雪域天籁——藏地声音气味展"。展览突破传统地方文献的记录形式,采用声音与气味呈现和保存藏地文化,从而丰富藏地文献载体形式。通过视觉、听觉、嗅觉、触觉使读者参与展览的互动,给予读者多维度深层次的藏地文化阅读体验,从中直观了解藏民族的生产、生活和劳动。

2017 年 10 月,声音图书馆联合同去开启记录街道——城市留声机计划,第一期为记录麓山南路,项目召集一批热爱长沙、愿意记录长沙的声音志愿者。本项目创新了图书馆资源建设的方式。

2017 年 11 月,声音图书馆发起方言讲述人志愿者活动。用专业的听音室、录音室作为采集、加工的场所,在中心机房配置 100TB 容量的磁盘阵列和高性能服务器,作为声音资源的存储场所。让热爱长沙方言的市民朋友们,不仅可以感受到专业的设备和服务支持,而且可以为长沙文化留下自己的声音。

2017 年 12 月,声音图书馆与况且声音工作室合作,收录一批声音资源丰富声音图书馆馆藏资源,留存长沙的市井之音。

2018 年 3 月,声音图书馆招募志愿者,收录濒临消失的长沙本土方言——长沙番话,留住消失的长沙方言。

2018 年 4 月,声音图书馆与湖南交通音乐 FM91.8 合作推出《页页星光》栏目,让阅读的种子通过声音在每一个读者的心中发芽生根。

2018 年 6 月,长沙黑话记录进声音图书馆,进一步丰富长沙口述历史的文献内容。

2018 年 8 月,朗读亭被引进图书馆,朗读亭抖音宣传点击量达 1.5 万次,多媒体平台宣传让朗读成为一种习惯,致力于将阅读普及大众,让书香的种子散播在城市每一个角落,长沙图书馆也正是秉承全民阅读的宗旨,让每一个读者体会多样的阅读形式,丰富读者阅读体验,致力于让书香全面渗透进读者心中。

2018 年 12 月,朗读亭搭载国家图书馆“网络书香过大年”平台,线上线下同步独家定制专属新春贺年卡,提供个性化用户服务,尝试多种服务实践,让读者通过信息数字化技术传递最具声情的专属定制祝福。

3　声音图书馆跨媒体合作典型案例

3.1　页页星光

2018 年 4 月 23 日,长沙图书馆与 FM91.8 湖南交通频道联手重点打造文化类节目《页页星光》。此次跨媒体合作旨在运用广播媒体融合新媒体平台,媒体平台多管齐下,对文化数据资源进行展示与宣传,创新图书馆服务模式,零距离服务读者用户,以“书本”为中心,拓宽读者用户获取信息资源渠道,以立体化、全方位数字文化服务为长沙市民提供文化资源内容,创新借阅服务,不仅提供纸质资源在架信息,同时引流读者借阅电子书等数字资源信息。

节目于 2018 年 4 月 23 日—5 月 22 日 23:30—00:00 播出,时长 30 分钟,每期深度分享一本好书,选取名家读后感进行赏析,让受众感受声音与文字融合从而丰富阅读体验。节目于 25 分钟时间点,主持人走访一间阅读空间,了解读者需求,接收读者信息反馈。长沙图书馆公众号每周定期推送《页页星光》节目,整理文本稿件,引导读者用户阅读,将相关书籍在架信息以及电子书数据资源展示于文本,同时附加节目音频以及线上互动,充分运用融媒体手段提升资源建设和服务能力。

页页星光所在平台为 FM91.8 湖南电台交通频道,收听高位稳定,连续 15 年稳居中国省级广播收听冠军。全时段竞争优势凸显,7:00—23:00 全部为同时段收听第一。牢牢锁定主流车载人群,是高端用户聚集的高价值平台。至 2019 年 4 月,《页页星光》总期数为 112 期,在湖南交通频道夜间市场收听份额高达 39%,最高时段达到 42.3%。每周定期在多媒体平台投放推送,设置专属节目二维码,直达有声资源。喜马拉雅、车载等有声媒体平台直播,长沙图书馆微信公众平台转播回顾并设置线上互动,读者留言点赞即可获取奖励,其目的在于延长其传播的时效性,加深用户印象,扩展信息覆盖面。

长沙图书馆跨媒体合作中共建设音频数字文化资源 20GB,书本信息资源传递 112 册,长沙图书馆每期推送读者回馈留言达 20 余条,2018 年 4 月 23 日—5 月 22 日互动奖励读者共计200 人。运用融媒体传播手段与读者共建数据资源平台,以期达到全民深度共享的服务模式。

3.2 星城旧影

2018 年 10 月,长沙图书馆联手湖南电视台公共频道《帮女郎》栏目组面向受众共建共享"星城旧影"特色老照片"口述长沙"资源库。此次跨媒体平台合作,运用融媒体手段进行资源融合,通过多种媒体宣传投放,搜集整理受众老照片资源及口述有声资源,运用媒体权威性同时向广大机关单位进行老照片搜集整理。长沙图书馆内设置专业扫描及数字资源建设硬件设备,配备专业人员进行修复及老照片信息资源整理,并与有声资源相结合,后期将口述资源与图片资源结合,建立"口述长沙"有声老照片资源库,深度挖掘资源价值,共享资源服务读者用户,建立长沙特色历史文化"典籍",让老照片背后的故事"活"起来。此次特色资源库旨在围绕"资源 + 融媒体 + 服务",充分发挥数字图书馆资源优势全覆盖读者用户。

节目于 2018 年 9 月开始,进行宣传片投放,频道常态化播出 306 次,宣传微片 1 分 25 秒于新媒体、线下推送。《帮女郎》节目专题报道播出时长 8 分钟—10 分钟,播出平台为湖南公共频道、芒果 TV 及腾讯网络平台,"帮女郎"与"长沙图书馆"公众号平台轮番重播。节目共播放 15 期,相关视频转载量超过 10 万。

此次"口述长沙"星城旧影老照片资源库共建,跨媒体合作播放平台《帮女郎》栏目公众号拥有 5 万粉丝,阅读量点赞一直位居湖南微信影响力排行榜电视新媒体前十名。其中,内容官方合作媒体有"今日头条""搜狐""企鹅号""腾讯网""梨视频""抖音"等多媒体平台,其中"今日头条"曾创下 6 小时 199 万播放量,抖音号总榜前 50 名,单条点击量为 2000 多万。此次跨媒体合作,全面运用融媒体传播手段,资源多元化融合,构建专属深度资源服务模式。

长沙图书馆此次合作时长两个月(2018 年 10—12 月),收集单位及个人达百余家,共征集老照片资源库 10000 张,长沙图书馆老照片素材资源收集圆满收官,音频素材共计 20GB。长沙图书馆公众号与媒体融合,分发短视频 15 期,链接点播渠道,引发读者用户互动讨论,将文化资源直接链接到读者用户。2019 年下半年,资源库宣传建设将音视频资源结合策划"口述长沙——老照片"音像展,并打造线上展览平台,创新资源库建设模式,多媒介宣传服务,将"星城旧影"数字资源库作为数字文化资源建设的新亮点。

4 声音图书馆经验总结

4.1 资源通融

跨媒体合作,实现资源共建。传统的资源建设方式是图书馆自建数据库供读者使用,相当于一个封闭的自循环。声音图书馆创新图书馆资源建设方式,跨媒体资源融合,缩短资源库建设时间,拓宽资源库来源素材,深化资源库整合。《页页星光》及《星城旧影》栏目的数据资源库高效建设和整合,意味着图书馆数据库建立有利于信息时代图书馆资源建设的创新发展。

4.2 宣传互通

融媒体传播渠道,打通"图书馆"与"读者"传播壁垒。声音图书馆若只是单向性传递,受众信息无法反馈,资源共建融合将遭受阻碍。实现信息资源的跨媒介同步发布,《页页星光》及《星城旧影》跨媒体宣传互通,充分调动用户参与建设积极性,有利于数字化资源建设的协同推广。宣传互通将数字资源"建"与"用"传播壁垒打通,资源库将更加全面覆盖至用户,实现"用户与用户""用户与图书馆"的多向信息交流。

4.3 用户服务融合

融媒体时代,为"读者"所有,为"读者"所用。融媒体时代,"以用户为中心"在图书馆信息服务中得以充分体现,以"数据库"为中心,"用户"与"服务"为基本点,信息时代图书馆的用户和服务就是读者,构建人性化服务成为目标导向,融媒体时代读者更加重视个性化定制服务,要做到数字资源库为读者所有,为读者所用。让读者利用数据库定制个性化服务系统,即可自行进行信息资源整合,充分为用户着想,跨媒体服务就是运用融媒体技术手段为用户服务。

跨部门挖掘馆藏故事,融媒体传播湖湘文化

——《湘图典藏》广播节目案例分析

匡籽衡(湖南图书馆)

1 活动背景及目的

湖南图书馆始建于 1904 年 3 月,是我国第一家以"图书馆"命名的省级公共图书馆,也是全国古籍重点保护单位。湖南图书馆馆藏宏富,实体文献 450 余万册(件),其中图书 308 余万册(件),古籍线装书 80 余万册(件),不少是稀世的善本、谱、牒、字画和手札等,尤以丰富的地方文献著称。这些珍贵古籍和地方文献的征集、入藏、保护和修复工作,体现着一代代图书馆员薪火相传的敬业精神和职业操守,其中不乏妙趣横生或艰辛波折的故事。

然而,在阅读推广工作中我们发现,虽然业界同人对这些珍贵而具有地方特色的馆藏故事并不陌生,但广大读者对它们的知晓度和认同度有待提升,对图书馆工作和事业的专业性更是欠缺了解。随着《中华人民共和国公共图书馆法》的施行,新时代的公共图书馆事业正处于蓬勃发展的时机,我们为了创新性开展阅读推广、古籍保护和地方文献资源利用等工作,讲好馆藏故事,打造老百姓喜闻乐见的优质文化服务项目品牌,通过跨部门的合作,借助多个社会媒体平台,以提升湖南图书馆的传媒影响力和社会美誉度为目的的,策划了本次节目。

2 活动内容

《湘图典藏》是一档湖南图书馆与湖南人民广播电台旅游频道 FM106.9 年代音乐台共同制作的广播线上节目,主要内容是介绍湖南图书馆的特色馆藏故事。该节目制作形式为:湖南

图书馆负责节目文案撰写,年代音乐台负责节目的录制、剪辑和包装设计,双方共同编辑制作成适合播出的播音稿和相应的线上内容,其中节目内的馆员采访原声录制由湖南图书馆工作人员完成。该节目作为湖南图书馆阅读推广品牌活动"湘图讲坛"在广播电台的延伸,同时以线上微讲座的形式呈现。《湘图典藏》每期时长约 3 分钟,共播出 60 期,播出时间为每周一至周五的 1:30、4:40、7:30、15:30 和 20:30 五个时间档位,每天播出一期不同的内容,周六周日的这 5 个时间段,对上周节目进行滚动重播。其中,每期节目最后一句话,都是对湖南图书馆当周讲座的活动预告。湖南图书馆微信公众号每天都推送一条当日播出节目的音频、文字稿和书影。年代音乐台微信公众号每周推送一次本周节目内容。作为一个极具地方特色的广播线上节目,无论是和其他广播节目相比,还是和其他阅读推广活动相比,《湘图典藏》的内容和制播都有许多创新之处和鲜明特点。

2.1 策划周密,结合重大事件热点

《湘图典藏》策划于 2017 年 10 月,2017 年 12 月与年代音乐台签订相关合同,2018 年 6 月中旬节目正式播出,2018 年 9 月中旬节目播出结束。该节目的策划缘起于 2017 年,湖南图书馆近 40 年来坚持举办的公益讲座"湘图讲坛"因讲座场地消防安全改造施工无法开放,暂时停止了馆内讲座活动。为了突破讲座的空间和时间限制,也为了满足时下读者喜爱快节奏和趣味性的获取信息方式,我们计划打造一个能够在多个媒体传播并让读者喜闻乐见的线上微讲座。考虑到城市上班族早晚高峰通勤时间长,私家车使用者越来越多,以及制作成本可控,我们在长视频、短视频、传统广播电台和音频分享平台中,选择了与传统广播电台合作。

节目播出前,为了吸引听众注意,我们先策划了一组《湘图报时》。自 2018 年 6 月 11 日起,特邀请湖南省作协主席、湖南图书馆理事会理事王跃文先生,著名作家浮石先生,湖南省湘剧院院长王阳娟女士,著名旅美画家、李自健美术馆创建人、馆长李自健先生,长沙市文联主席、著名儿童文学作家汤素兰女士,著名清史学者谭伯牛先生等,在年代音乐台以个人的阅读宣言＋整点报时的形式,为《湘图典藏》预热。例如,王跃文先生的报时内容为:"大家好,我是湖南省作家协会主席、湖南图书馆理事会理事王跃文。我在年代音乐台为湖南报时。作为作家,我始终做到认真地生活,真诚地写作,始终对生活和文学怀有敬畏。"

同时,每期节目的播出日期都不是随机安排,而是结合了重要日期或重要事件,以达到在重要节点纪念重要人物和事件,宣传湖湘文化的目的。例如,在 2018 年 6 月 29 日播出节目中,介绍了湖南图书馆所藏第一版中译本《共产党宣言》,以纪念中国共产党建党 97 周年;在 2018 年 7 月 14 日《湘江评论》创刊 99 周年纪念日当天,播出节目介绍了重要地方文献馆藏《湘江评论》背后的创刊故事;在 2018 年 7 月 19 日太平天国运动失败纪念日,播出节目介绍了《湘军志》的节目内容等。

2.2 内容丰富,深具湖湘文化特色

《湘图典藏》首次策划播出 60 期内容,然而与馆藏数量相比,这些内容简直是沧海一粟。如何选择有特色、有意义的内容作为节目制播工作的重点。我们依据以下方针确定了播出内容。

第一,文献类型丰富。节目介绍的馆藏资源类型多种多样,包括善本古籍、家谱、字画、扇面、手札、地图、照片、报刊、连环画等,让听众和读者打破思维定式,充分感受到湖南图书馆入

藏类型丰富。

第二,文献内容全面。在节目中,我们介绍了《说文解字》《大智度论》等具有历史意义和版本价值的古籍,也介绍了《徐特立藏书》《叶德辉藏书》等藏书故事,还介绍了《济生拔粹方》征集由来等征集故事,以及《湘乡颜氏克复堂账簿》等修复故事。我们特别注重突出了对湖湘名人、湖湘文化、湖南图书馆对当代湘籍作家的影响以及他们与湖南图书馆之间关系的介绍。例如,节目中介绍了晚清四大名臣曾国藩、左宗棠、彭玉麟、胡林翼四位杰出湖湘名人代表的手札故事,湖湘学派奠基者周敦颐的《濂溪集》,唐浩明与湖南图书馆等。

第三,文献时间跨度大。节目中介绍的出版最早的馆藏是公元5世纪的敦煌写经《大智度论》,出版最晚的馆藏是由湖南图书馆退休研究馆员沈小丁先生撰写,2018年8月才出版的《一个城市的记忆——老地图中的长沙》,期间涵盖了古籍、近代、现代和当代各个时间段的珍贵文献。

3 活动经验及效果

3.1 通过跨部门合作和多媒体融合,提升公共文化服务效益

《湘图典藏》节目的成功制作和播出,在社会产生了比较强烈的反响,从多个角度体现了跨部门合作的益处,并在多个维度实现了工作创新。

首先,它体现了公共图书馆与社会媒体的合作。公共图书馆具备社会教育职能,但在宣传方面一直处于弱势地位,针对有关活动的新闻稿件因不具备持续性,不容易给受众留下深刻印象。广播线上节目这种形式把公共图书馆馆藏资源以简短而极具趣味性、广大群众喜闻乐见的方式制作成公共文化产品,在短期内持续而密集地向社会投放,并依托微信推送这一新媒体进行二次传播,产生了广泛而持久的活动效益。

其次,它体现了公共图书馆内多个业务部门的合作。古籍保护和地方文献资源利用都是公共图书馆具有较强专业性的工作,普通读者不甚了解,也不容易产生兴趣,从事该项工作的工作人员大多都是研究型人才,也不擅长向普通读者进行推广和宣传。而面向社会大众的阅读推广活动工作人员对古籍馆藏保护状况和地方文献收集等相关工作也并不了解,这使得活动和业务部门之间泾渭分明,难以打通壁垒。《湘图典藏》的撰稿成员有5位,来自4个不同的部门,其中4位是湖南省古籍保护中心工作人员和地方文献专家,1位是阅读推广活动工作人员。节目内容先由专业人士撰写初稿,再由阅读推广工作人员改写成适合广播节目播出的播音稿。这样就使得节目内容既具备专业性,又具备通俗性,真正让古籍中的文字和故事活起来,使之成为思想性、艺术性和观赏性有机统一的优质文化服务项目。节目配音工作人员近30位,来自12个不同的部门,在通力配合中,也展现了图书馆员的文化底蕴、团队合作和精神风貌。

最后,它体现了传统媒体与新媒体形成合力的融合创新。《湘图典藏》每期节目播出后,当日都会以微信推送的线上形式,配合展示节目内容。广播节目只有声音,而且无法回听,微信推送可以展示书页照片、节目文字内容和反复收听音频,从形式上形成了互补。另外,传统媒体与新媒体的年龄受众不同,通过广播播放提示如何关注新媒体,再通过新媒体提示如何收听广播,形成良性互动,将两种媒体的传播效果叠加放大,扩大了该节目的宣传效果。

3.2 收到媒体界、社会和读者的良好反馈

节目播出后,受到了上级领导、广播业界和普通听众的各方好评。湖南人民广播电台宣管部门两次在内部平台对该节目给予高度评价:"湖南图书馆这组文化名人报时,每一档原声报时都颇含深意,如作家浮石:在迷茫与困顿中坚持,一点一滴的改变,这是每个成功者必然的经历与必修的功课。这些铿锵的言辞,无不凸显这些文化名人对创作、对生活、对事业严肃、认真、坚持、奉献的态度,而通过频道全天候循环播出的报时,也让文化名人们榜样的力量传播更广、影响更大、更深远。节目听评为这组充满了浓浓的文化味和满满正能量的文化名人报时系列点赞。""难能可贵的是,每期节目中所呈现的每份文献资料都有清晰的来龙去脉、对应的历史观照,都折射、还原了彼时湖湘某个时间节点的历史场景,十分可听。同时,每一期还都有来自省图相关专家、馆员的受访原声,使得每个历史片段更显真实、权威、可信。"经常有读者在湖南图书馆和年代音乐台的微信公众号留言,表达对这档节目的喜爱。该节目除了传播知识,还软性宣传了湖南图书馆一代代馆员为守护湖湘地方文献、传播湖湘文化所做出的努力和收获的成果,全面提升了湖南图书馆的社会知名度和美誉度,扩大了文化影响力。

3.3 具备一定的可复制、可推广性

中国文化历史悠久,公共图书馆界的藏书故事也佳话颇多。如今图书馆界繁荣的工作状态离不开国家法律和政策的支持,也同样离不开图书馆人的辛勤付出。可以说每家图书馆都有自己的馆藏故事,均可与当地具备文化情怀和较强实力的社会媒体合作,宣传馆藏故事,进一步让古籍中的文字、地方文献中的故事通过声音和图像活起来。"湘图典藏"的制作模式和推广思路,具备较强的可复制性、可推广性。

集智慧于大成,共同促进基层亲子阅读纵深发展
——大朗镇"朗读亲子馆"亲子阅读推广案例

梁丹婷　陈志良　叶霭帆(东莞图书馆大朗分馆)

"朗读亲子馆"是大朗图书馆于2014年6月推出的亲子阅读推广品牌,其主要面向12岁(含)前儿童家庭开展亲子阅读、亲子互动专题活动,致力于带动更广泛的家庭重视亲子阅读并积极开展有效的亲子阅读。经过多年的发展,"朗读亲子馆"亲子阅读推广已形成文化、教育、妇联等多部门共同合作、专业阅读推广人与民间阅读推广志愿者共同开展亲子阅读活动的良好局面。

在近十年里,随着国外绘本的引进,越来越多的家长开始认识和重视亲子阅读,我国的亲子阅读推广逐渐成为社会的热点问题,绘本市场上不管是引进国外绘本或是我国原创绘本都呈现一片欣欣向荣的景象。亲子阅读推广前所未有地成为公共图书馆炙手可热的活动项目。

除公共图书馆外,教育以及妇联等部门也逐渐认识到了亲子阅读的重要性,同步策划开展了各类亲子阅读活动。此外,无论是出于公益性还是营利性目的,某些培训机构、公益组织、企业等民间机构也逐渐成为亲子阅读推广中不可忽视的重要助力。另一方面,许多家庭因为家长工作忙或是其他原因,并未接触到绘本或是对亲子阅读不够重视,或已有开展亲子阅读的意识,却因缺乏科学的阅读技巧和先进理念,成效并不理想,因此需要公共图书馆等机构加以引导和提供专业的指导。

然而,我国基层公共图书馆普遍存在经费短缺、场地简陋、设施设备落后、人员不足等问题。大朗图书馆开放利用面积不足 1000 平方米,馆库设施陈旧,紧靠本馆馆舍难以满足亲子阅读推广活动所需的场所需求,因此需要与小区、企业等多方合作,延伸活动场所,打破固有空间的束缚,同时也能更广泛地宣传亲子阅读。而且,大朗图书馆目前仅有工作人员 12 名,每人均需兼顾多项工作,在用人方面常常是捉襟见肘。此外,基层图书馆人员队伍业务水平有限,而亲子阅读推广需要丰富的理论与实践经验,因此,联合各部门、民间机构的人才资源,或邀请专业阅读推广人和组织民间阅读推广力量参与亲子阅读推广活动,有助于提升活动的专业性以及吸引力,使活动效果最大化。

1 主要内容

"朗读亲子馆"是大朗图书馆 2014 年 6 月推出的以亲子阅读为主线的专题活动馆,是一个宣扬亲子共读、亲子互动,倡导家长与孩子共同成长的亲子阅读推广公益项目。该活动以大朗图书馆为主阵地,以社区(村)图书馆(室)为活动推广站点,每两周进入社区(村)图书馆服务点或指定场所开展一次活动。亲子馆主要面向 12 岁(含)前儿童家庭,通过讲座、座谈、故事会等多种形式开展亲子阅读、亲子互动专题活动,致力于为每一个家庭培养一位专业的亲子阅读妈妈,引导、启发孩子阅读的兴趣,从而使他们养成良好的阅读习惯。"朗读亲子馆"主要模式为现场亲子阅读演示、亲子阅读心得交流、才艺表演、亲子游戏、好书推介、抽奖活动、现场图书馆借阅等。每期设立特色主题,如在母亲节讲述爱和感恩,在父亲节来场爸爸专场讲座,在国庆节宣扬爱国激情,在春节传扬传统民俗等。5 年来,策划举办了亲子阅读讲座近 30 场,各种形式的活动 300 多场,在朗镇引起强烈反响,凝聚了一批热切参与亲子馆活动的忠实粉丝。

2 主要做法与措施

2.1 多方联动形成合力,共推全镇亲子阅读

在行政单位里,与亲子阅读最为相关的是教育、文化、妇联,他们也相对比较重视亲子阅读,鉴于此,大朗镇的"朗读亲子馆"项目在设计时则提出形成由镇宣传文体局(含文化)、镇教育局、镇妇联共同主办,大朗图书馆承办,各社区(村)、服务点协办的"力量格局"。"朗读亲子馆"目前全年开展活动 80 场次,每场活动得以顺利开展是"文化、教育、妇联"三方联动的结果,从活动的组织策划、活动的形式内容、活动的开展提升,都是三个部门联动策划,一起组织发动,使每场活动座无虚席,人气爆满。各社区(村)、分馆(服务点)作为活动推广的分站点,他们的积极配合是"朗读亲子馆"活动得以扩面的最好保证。大朗图书馆在"朗读亲子馆"活

动推广的第一年制订好全年工作方案,并指派专门工作人员分点指导各服务点文化管理员、图书馆管理员开展,大朗图书馆为每个点提供奖品扶持。2016年起,社区(村)的亲子阅读活动由其自行策划、组织、开展,大朗图书馆配合开展宣传发动和奖品支持。

2.2 组建阅读推广队伍,形成多层次参与格局

"人"的因素在我们工作中始终是关键,因此,我们考虑到提升镇馆工作人员亲子阅读推广水平、培育和壮大阅读推广人队伍、鼓励并规范社会力量的广泛参与,将是提升阅读推广水平的重要途径。因此,项目实施以来,我们同步建立和培养志愿亲子阅读推广人队伍和村一级阅读推广队伍。一是培养村一级文化管理员为区域阅读推广人。2012年起,东莞市各社区(村)均配有1位文化管理员,而大朗镇共配有26位,他们主要工作职责是负责社区(村)的文化工作。大朗镇以此为契机把该支队伍培养成专业图书馆管理者,为他们开展各类亲子阅读推广培训,提供加强工作的交流的机会,让他们成长为所在社区(村)的专业阅读推广人。二是创设"智朗团"故事爸妈队伍。2017年大朗图书馆创新成立"智朗团"志愿故事爸妈团队,在全镇召集一批热心公益的市民,组建一支民间阅读推广精英队伍。镇财政拨付5万元专项经费支持"智朗团"开展系列培训、交流等活动,把这支队伍打造为"朗读亲子馆"活动讲故事团队和在全镇推广少儿阅读的专业的、公益的民间力量,策划开展更多更有趣的读书活动,带动影响更多的人热爱阅读和享受阅读。目前,"智朗团"已招收和培育了第三批志愿故事爸妈,共有90位热心公益、能讲述精彩故事的爸妈开展少儿阅读推广。三是推动青少年阅读推广志愿服务。在寒暑假期间,根据学生需要提供社会实践和锻炼的岗位以及针对年龄较小的孩子白天主要由爷爷奶奶陪伴的情况,我们萌发了创设"朗读天使"的项目,招募和培养青少年阅读推广志愿团队,为到馆的孩子们朗读绘本故事,同时通过奖励措施引导和鼓励老人们带上孩子逛图书馆。四是与培训机构合作助力阅读推广。各种培训机构有很好的教师人才资源,与之合作将会事半功倍,在丰富了阅读推广内容的同时,一定程度上减轻了图书馆的工作量。"朗读亲子馆"项目还开设了英语故事会,我们则是与两家英语培训机构合作,由他们定期策划和开展英文绘本故事会。

2.3 延伸阅读服务空间,实现基层遍地开花

大朗图书馆的空间非常受限,而且仅在图书馆范围内开展活动,其受面窄、影响力不高。因此,"朗读亲子馆"活动定格于以大朗图书馆为主阵地,将社区(村)图书馆作为活动推广分站点,每年每个分站点至少开展两场亲子阅读活动。经过几年的发酵,目前举办亲子阅读活动已成为社区(村)图书馆的自发行为,活动数量逐年递增。此外,一些社会机构成为图书服务点,正好可以利用这些社会力量铺设阅读服务空间,延展阅读服务面。而且,我们还将活动地点延伸至其他商家、小区、企业甚至是户外中去,或是根据不同主题需要在不一样的空间里开展推广活动,以期通过各种渠道,吸引更多家庭积极参与,实现亲子阅读活动遍地开花。比如,2018年,端午节"黏"上了父亲节,"朗读亲子馆"在大朗YE'S咖啡小院举办了"粽子有书香,我和爸爸共品尝"亲子故事会,参与的家庭在亲子阅读交流之余,还可以享受咖啡馆免费提供的精美食品,让阅读与美食同时飞扬,通过亲子交流互动同时也激发了孩子对爸爸的敬爱之情。不仅如此,我们除了在镇馆里创设亲子阅读区,在其他的社区(村)图书馆也创设缤纷有趣的少儿阅读空间。如2010年求富路分馆建设了大朗镇首个独立亲子阅读区,配置了主要以

绘本为主的少儿图书 4000 多册;2018 年,在长塘社区建设了大朗镇首个以绘本馆命名的推广亲子阅读的图书馆——长塘绘本馆,配置了绘本近 5000 册;大朗镇的第二家绘本馆——巷头绘本馆也于 2019 年 1 月开馆;其他社区(村)相应设置绘本专区,配置 500 册左右的绘本。

2.4 利用融媒体宣传,提升亲子阅读传播力

在基层,图书馆一般是从属于镇文化站,并与宣传部门同在一个系统里。在大朗镇,图书馆和电视台一样,是镇文广中心的一个部门,镇的公众微信"荔香大朗"也是属于文广中心管理,同时纸媒体《大朗周刊》属于宣传文体局管理。镇的融媒体其实和图书馆是"一家人"。因此,我们经常找到镇内的这些媒体,讲下我们的想法,和他们碰撞下思想,促进我们项目活动的宣传,进一步提升"朗读亲子馆"的知名度,扩大"朗读亲子馆"的社会影响力,吸引更多群众参与。据不完全统计,"朗读亲子馆"项目开设以来,《大朗周刊》共报道了相关内容 16 条,电视台报道了 28 条,"荔香大朗"微信经常报道。此外,"大朗图书馆"公众微信以及各社区(村)的公众微信都是我们宣传媒介。

3 项目实施效果

大朗图书馆"朗读亲子馆"项目推出的将近 5 年中,图书馆组织举办亲子阅读专题讲座、亲子阅读交流会、亲子故事会、亲子故事比赛等活动 300 场,吸引了 5000 多组家庭近 2 万人次参与。首先,"朗读亲子馆"活动以绘本为载体,用图文并茂、五彩斑斓的画面,吸引孩子走进"朗读亲子馆",让孩子感受到读书的满足感和幸福感。每年图书馆通过"朗读亲子馆"赠送给孩子近两千册精美绘本,带动广大家庭认识绘本、开展亲子阅读,以绘本这把金钥匙开启他们的心志,培育温馨亲子关系,引领亲子幸福阅读,促进孩子健康快乐成长。其次,近 100 名的故事爸妈因为我们的活动,成长为更棒的爸爸妈妈,有了更充实的人生。再次,我们持续开展"朗读亲子馆"阅读推广活动,它在大朗已广为人知,社会影响力不断扩大,并且正在悄悄地改变着生活在这里的人的观念。"朗读亲子馆"活动新颖有趣,富有吸引力,每场名额均被秒杀,黏住了一大批忠实的粉丝。"朗读亲子馆"用亲子阅读的力量为孩子一生的幸福奠基。因项目效果不错,大朗镇的"朗读亲子馆"分别于 2018 年 7 月和 10 月,在东莞电台《叶纯知声》栏目里两度空中传递。

4 项目的分析与总结

"朗读亲子馆"能持续地开展了 5 年并不断发展壮大,发展成为如今影响深远的亲子阅读推广品牌,离不开各方面力量的共同参与,得益于集体智慧的协助。我们的启示与思考如下:

一是充分发挥集体力量,广泛利用各方力量。有句话说得好:功不必在我。基于这个思想,我们主动联系教育、妇联相关部门,请他们和宣传文体局共同主办该项目,大朗图书馆承办,同心协力共同推进项目发展。有了教育和妇联相关部门的加入,我们在组织发动上能直接传达到学校里去,更好地到群众身边去。我们在组建民间阅读推广人时,教师力量是我们很重要的一个资源。

二是储备阅读推广人才资源,发挥众人拾柴的力量。在大朗镇图书馆有限人力的情况下,

"朗读亲子馆"项目能坚持下来,主要的一方面原因是我们在人员的储备和培训上花了大力气,社会上有足够的储备力量协助我们开展亲子阅读推广。目前,在大朗镇已形成镇馆员—村文化管理员—民间阅读推广人的亲子阅读推广服务人才阵营。同时,我们积极寻求社会机构的合作,主动利用他们的人才资源。

三是不固守一方,主动把活动带出去。"朗读亲子馆"项目打破固有空间的束缚,我们以"基于图书馆,走出图书馆"的推广思路,大胆地延伸活动开展范围。活动以镇图书馆为主阵地,社区(村)为分站点,也曾进过企业、培训机构、咖啡店,也到过户外,范围广泛,遍至全镇各个角落。

四是以品牌理念运营和管理活动,培养受众忠诚度。我们以一系列的"朗"字包装的品牌活动科学规划营销策略,如"朗读亲子馆"项目、"智朗团"项目、"朗读天使"项目,并以项目作为专项争取财政支持,提高项目的可计划性和持续性,培养受众忠诚度,使亲子阅读推广更深入民心,从而推动亲子阅读成为更多亲子家庭的普遍认识和共同行动。

打造城市文化名片

——佛山市图书馆"南风讲坛"的品牌塑造与创新发展实践

顾　月　温树凡　蔡　畯(佛山市图书馆)

1　引言

悠悠珠江水,千百年来不舍昼夜,冲刷出岭南大地厚重的文化积淀;绵延不绝的窑火,锻造出"四大名镇"灿烂的文明成果。佛山,这座因粤剧、陶瓷、武术、美食、纺织而享誉世界的历史文化名城,改革开放四十年来,以兼容并蓄的风范,创新激活了历史的灵性……

然而,二十四年前,这座受商业文化影响极深的南方沿海城市,由于缺少大学、研究机构和大型文化机构,使得人才资源相对稀缺,造成了市民的精神文化生活相对贫乏,文化欲求受到抑制。用第一位登上讲坛的主讲人、著名作家安文江先生的话来说就是:"佛山这地方去娱乐场所的人多,去商场的人多,去酒家的人多,去图书馆的人却很少。"

面对如此情形,佛山图书馆人开始对图书馆的功能与定位进行了重新思考,努力寻求一个突破口,试图以此打开公共服务的大门。于是,1995年,处于中国改革前沿地区的佛山市图书馆发扬佛山人敢为人先的特有品质,率先创办了面向全体公众的公益免费讲座,并一诺千金,咬着牙把公益讲座坚持了下来。从经营到守望,从发展到创新,如今,2005年被正式冠名为"南风讲坛"的公益讲座已经走过了二十四个春秋。

起步之初,步履维艰。由于资金有限,人手不足,讲坛的组织者就像"沿街叫卖的小贩"一样四处贴海报、电话游说、发传单,许多市民并不相信天下还有免费的午餐,公益讲座的听众寥寥无几。经过两年的辛苦努力,讲座迎来了第一个春天。1997年,公益讲座作为"读书节"的内容之一,连续举办了6场讲座,每场都做了充分准备,只有326个座位的会场每场都爆满,有时多达 600 多人。

而与此同时,在全国开展此项业务的公共图书馆仍屈指可数。此后若干年,各地讲坛应运而生,援请名人、专家、学者前来开讲,已是一种常规手段。在功利与利益的驱动下,不惜重金打造文化形象工程,以丰厚的讲酬来吸引主讲人的做法,也屡见不鲜。然而,二十四年来,一直行进在创新之路的佛山"南风讲坛"却以其诸多的不同,仍然在全国图书馆公益讲座中独树一帜,绽放着异彩。

2 "南风讲坛"的品牌塑造实践之路

2.1 创新服务理念,体现讲坛敢为人先的品质

改革开放初期,佛山人就体现出了敢为人先的特有品质,佛山市图书馆"南风讲坛"的创办再一次印证了这种精神。据调查,除国家图书馆和上海图书馆外,佛山市图书馆成为最早举办公益讲座的地市级公共图书馆。长期不间断地举办纯公益性讲座,佛山是全国地级市的首例。

2005 年 12 月,"全国农村公共文化服务工作经验交流会议暨文化馆改革与发展座谈会、公共图书馆讲座工作会议"在佛山隆重召开。时任佛山市图书馆馆长的王惠君向与会代表做了"佛山市图书馆公益讲座经验交流"报告。文化部副部长周和平对佛山市图书馆近 10 年来,主办的公益讲座坚持免费入场,坚持纯文化讲题十分赞赏,他说,图书馆是公共文化服务体系的一个组成部分,佛山市图书馆讲座有特色,应该坚持下去! 这足以证明,佛山市图书馆"南风讲坛"所取得的成绩已得到文化部和全国同行的充分认可,成为佛山文化的形象代表和名片。

几年来,不断有来自海南、陕西、贵州、广西、湖北的讲座同仁前往佛山市图书馆借鉴学习,并对"南风讲坛"的成果称赞有加。2008 年,佛山市图书馆受中国图书馆学会委托,编著出版了《图书馆公益讲座》一书,为基层图书馆开展讲座工作提供了理论指导和实践参考。

"南风讲坛"在致力于基层服务的同时,也催生出周边传媒、大学、中学、企业、妇联、区、镇级文化站以及各市区讲坛的诞生与发展。这些新生讲坛大多以"南风讲坛"为依托,进行选题策划及主讲人邀请等工作,不仅使讲座资源得以更好地循环利用,同时形成了全社会对讲座这种便捷、生动而有效的自我学习和自我提升方式的热爱与认可,使讲坛文化蔚然成风。

2.2 创新纯公益,坚持二十四年

作为全国最早举办公益讲座的地市级公共图书馆,佛山市图书馆正是借着对文化的执着和其强烈的事业心、社会责任感,二十四年来,佛山市图书馆长期不间断地举办纯公益性讲座,从一开始的一年举办几场,发展到近几年的每年 100 多场,至今已举办了内容涉及文学、历史、哲学、艺术、教育、经济、科学等众多学科领域和社会话题的讲座 2000 余场,惠及 100 多万直接听众,实现了"大家、大学、大众"与"百姓、百家、百科"的良好效应,被媒体喻为"显示当代佛山人文化追求的夺目的风景线""观察佛山品位的最好窗口"。曾有听众动情地表示:留在佛山的理由,就是因为这里有"南风讲坛"。春风化雨,润物无声,讲坛在营造书香社会、培育现代市民社会的实践中发挥了显著作用,它的影响力早已超越佛山本地,形成了品牌效应、辐射效应和示范效应。成为辐射周边地区、广东省乃至全国的知名公益讲座品牌。

开办之初,佛山市图书馆的公益讲座就坚持免费入场,坚持纯文化讲题,尽管在公益讲座举办的前几年,一直靠图书馆仅有的一点活动资金艰难地维持着,仍尽己所能,邀请国内著名

学者专家前来开讲。讲座请名人的方式很简单,讲酬也很低,只区区几百元。有的主讲人甚至就在办公室吃住。

即便如此,受邀来佛山市图书馆讲学的名人仍然不少,"凡是十几年内来过广东的名人,一般都来讲过学"。教育家王泽钊先生就说过:"佛山讲学现场气氛太好了。"

二十四年来,不计时间与报酬,因良好的口碑相传而纷纷前来的主讲嘉宾不胜枚举:王蒙、梁晓声、周国平、梁文道、林清玄、钱文忠、曹景行、阮次山、葛剑雄、邓晓芒、钱理群、钱谷融、王富仁、谢冕、王守昌、袁伟时、孙玉石、商友敬、刘申宁、白先勇、钱纲、鄢烈山、蔡朝东、陈思和、许子东、郭沂、杨东平、许纪霖、赵林、於可训、梅子涵、李昌平、胡明、黄修己、邹元江、邱紫华、欧阳康、樊星、莫砺锋、冯天瑜、孙立群、刘醒龙、马鼎盛、宋晓军、金灿荣、张宏梁、黄纪苏、王晓波(台湾)、胡因梦(台湾)、素黑、沙叶新、王泽钊、余杰、摩罗、王尚文、李中莹、徐延明、解聘如、郭齐家、简肇强、姚锡娟、马明达、胡明、胡南开、都本基、应天齐、应天常、殷罡、庄礼伟、唐昊、时殷弘、杨早、杨欣、陈扬、李乐诗、彭辉、麻天祥、单世联、金敬迈、陈永锵、李邦禹、王兆鹏、张结海、郑心伶、陈侗、庞伟、曾来德、朱子庆、唐浩明、苏智良、王三山、郭齐勇、傅光明、李燕杰、颜永平、鲍昆、伍迪、尚重生、孙云晓、陈子善、张鸣、胡思远、罗大伦、梅墨生、行者、朱大可、哈希·扎西多杰、任剑涛、孙立平、秦晖、雪珥、孙郁、蒙曼、萧功秦、陈漱渝、赵忠心、方素珍、陈村、龚隽、袁岳、叶辛、王余光、王东华、古远清、朱寿桐、商传、苏牧、张家声、周孝正、孙家洲、方明、王志、彭敏等名家的到来为听众带来了连连惊喜。

我们忘不了已是耄耋之年的旅美篆刻家孔平孙先生说过的话:我最大的愿望就是能在"南风讲坛"为家乡人讲上一课。我们也忘不了强忍着病痛的作家梁晓声先生是如何辗转着来赴这场心灵之约,还有史学家苏智良先生的由衷赞叹:走过那么多的讲坛,佛山听众素质最好,"南风讲坛"多年的坚守,功不可没。

每场讲座中,我们总能收到听众诚挚的感谢,他们有的称赞:讲坛的社会影响力越来越大,在佛山市民心目中的分量越来越重;也有人说"南风讲坛"功德无量、功在千秋;还有一个初中起就跟着讲坛一同成长的大学生表示:"南风讲坛"让他树立了坚定的人生观和价值观,而他也已经影响了身边一个又一个迷茫的同龄人;文化评论员则说:"南风讲坛"日兴,佛山品位渐升……

2.3 创新品牌定位

2.3.1 以"文化自觉性"为策划先导

任何文化品牌的打造和文化内容的传播,都涉及如何提高品牌吸引力和影响力的问题,品牌形象自然成为文化传播中不可或缺的一环。对此,我们对内精选主持人,对外遴选主讲人,通过主持人的"穿针引线",将主讲人和观众连为一体,从而使整个讲座的文化形象得以彰显。

多年来,"南风讲坛"对主讲人的要求非常严格,基本标准是:要在各自的领域对推动社会文明建设有突出贡献;具有良好的思想品质与公众形象的名人名家、知识分子、业界翘楚等。因此,"南风讲坛"在甄选主讲人时花费了大量时间和精力。讲坛坚持讲座的公益性,也表达了传播文化的社会责任。很多名人都不计报酬,自愿前来,向社会传递正能量,甚至充当起了讲坛的"义务联络员",为我们引进了更多优质的主讲人资源。

内容设计上,首先突显地缘特色,努力挖掘佛山作为中国"四大名镇"之一独特的历史遗产和文化积淀,经常性地举办"家在佛山""佛山记忆""认识佛山"等系列讲座,内容包括最能反映佛山本地传统文化的古镇历史、佛山名人和陶艺工艺,从而映衬出岭南文化的独特魅力。

此外,讲坛既着力于守正,亦注重出新,不断推出能够引领城市文化潮流的讲题,使讲座拥有丰富的个性和魅力。选题上既贴近生活,面向大众,围绕市民普遍关心的话题,又注重保持文化品位,受到了社会大众的追捧。每逢妇女节、儿童节、世界读书日、中秋节等节日时,"南风讲坛"就会为听众举办"量体裁衣、度身订做"的专题讲座,给听众带来非凡的文化享受。

除了长期开展的系列主题,还在时效性上关注热点,及时发声。每当有国内或国际的社会热点或重大事件发生时,"南风讲坛"就适时而动,以最快的速度举办相关讲座,促进市民对社会现象、重大事件的认识,提升其思考力与判断力。自 2000 年以来,我们举办了连续十几年的"环球视野"时政系列讲座,对国际风云、海内外大事件进行深度剖析,与市民近距离互动,受到了广大市民的喜爱。2015 年股市大涨之时,围绕股票、金融投资等话题举办专题讲座,受到市民青睐。

2.3.2 以独特的理念与整体包装强化品牌形象

2005 年,在回顾总结讲座十周年之际,佛山市图书馆首次面向社会举办"为讲座冠名"活动,活动消息上网的短短两个月期间,就吸引了来自包括青海、内蒙古、黑龙江等全国各地的 210 位读者,读者们为讲座献上了 1000 余个名称。最终,讲座正式冠名为"南风讲坛"。

佛山地处岭南,是岭南文化的发祥地和重镇之一,"南风"暗含着地理的寓意,而且希望讲座如风,影响到一个地区一个城市的文化品格和精神趣味;而"南国陶都"佛山石湾的南风古灶,是国内保存最完整、至今灶火不熄的自建龙窑,这 500 年薪火相传的象征给了讲座最大的启示。"重铸书香社会,共建精神家园",既是讲座的主题精神,也体现了佛山市图书馆积极履行公共文化服务职责,保障公众平等文化权益的坚守和执着。讲坛既有了自己的名,也有了鲜明的 LOGO 标示,一抹清雅的水墨衬底的背景加深了听众的品牌认同度。

2.3.3 以倡导人文精神为目标,以体现人文关怀为主色

从开坛之初,"南风讲坛"就坚持以社会效益为出发点,以倡导人文精神为目标,以传播先进文化为己任,为"阐求真理,传播新知,构建公共舆论空间,培育现代市民社会"而孜孜以求。

在品牌立意上,坚持人文关怀和价值导向;在内容立意上,结合城市精神的凝聚、市民文化的熏陶和地方特色的彰显职责,以人为本,弘扬真善美,提倡正能量,让高雅、向上、积极的主流文化引领人们的思想走向。如"在生命的斜坡上""诗歌与人的美丽邂逅""阳光穿透叛逆的青春"等话题,无不渗透着对人生命成长的殷殷关怀、对生命价值的纵深思考。

近年来,为提升讲坛的引导性,工作人员用心倾听读者所需,根据听众层次,结合讲坛特色,联系国家时政,完善了讲坛定位。"百姓、百家、百科,打造最贴近老百姓生活的大众讲坛"成为讲坛设立的新的基准线,并以此作为讲题策划及主讲人甄选的依据。这种独特的人文气息让很多人在此感到身心的自由和精神世界的满足,使讲座积累了一大批固定的听者群,除了知识分子、企业家、学生外,也有普通的外来务工人员,讲坛传播的思想已在无形中影响了一批人,使其成为佛山人的精神家园。正如《公共图书馆宣言》所期许的那样:人们在此较为自由地演说、聆听和交流,让论坛这种高雅的文化形式下嫁于草棚百姓家,让百姓接受直接的启蒙,聆听心灵的对话,为彼此的精神建立起沟通的桥梁,让相互隔离的人们在这里理解交流,相识相扶,并提供了各种表演艺术文化展示的机会,促进了不同文化之间的对话,保证了公民获取各种社区信息,发展了一般公众的公民意识,提高了民众的生活能力与情感发展水平。

2.4 创新丰富多样的讲座形式,保障讲坛的可持续发展

2.4.1 讲座类型的创新

从 2001 年开始,我们对讲坛进行了整体规划,使其更贴近佛山市民的生活和需要。新的讲座由"系列精品讲座""流动讲座"和"移动讲座"三大板块组成,并充分利用互联网＋的优势,开通了部分讲座的现场直播和交流互动功能,充分开发讲座资源的二次利用功能,在佛山市图书馆官网、佛山市图书馆公众微信号、喜马拉雅等公共平台上提供精剪后的线上讲座资源。

在系列化讲座中,我们先后推出了"中华文化传统""鲁迅系列""认识佛山""影像可可西里""粤剧知识与欣赏""文化东方""艺术的春天""温馨家庭""志愿行动""关注成长""和谐人生""名家解读名著""环球视野""与健康同行""言语生活""在路上""凤凰名嘴佛山行""禅城说禅""享书会""艺林墨香""对话科学家""六走进""启航明天""大家谈"等几十个系列。其中,年已七旬的余福智教授,十年来风雨无阻,开设了"中华文化传统"系列公益讲座,包括"中华元典""唐诗""宋词""古文选""论语选"等达 180 场,它的成功举办使讲座"系列化、专题化"的理论得到了印证。

2004 年,以图书馆为主阵地的讲座走出了图书馆,深入基层乡镇、社区、学校、军营和企业,将优质的科学与人文知识送到百姓身边;此外,讲座还移动到了机关礼堂和大型剧院等公共舞台,吸引了更多行政机关干部和市民参与,与社区文化建设互连互动互补,形成了更广大的规模效应。此外,讲座深入企业、学校、军营等阵地的过程,也是主流文化对大众文化进行浸染和熏陶的过程。

2016 年,插上互联网翅膀的"南风讲坛"子栏目《南风悦读》,在喜马拉雅平台上开播仅三个多月,听众点击量即达 136 次之多,《佛山日报》对此进行了专门报道。

2.4.2 创新讲座形式,以新的认知方式提升讲坛的体验价值

提升讲座的关注度和影响力,离不开讲座形式的创新。"公共图书馆应该有针对性地设计出不同类型、层次、内容的讲座,针对不同类别的人群开展不同类别的讲座,从而吸引更多居民群体走进来"。

"南风讲坛"因人制宜、因时制宜,改变了传统的"主讲人演讲、听众提问"的讲座模式,将对话、访谈等形式运用到讲座中,融"知识性与趣味性"于一体,以"讲和演"结合、"用耳朵阅读"等新的认知方式,为听众带来更多趣味和良好的体验,调动了听众的参与热情。

在"魅力佛山·2004 琼花粤剧艺术节"期间,我们应时而动,举办了"粤剧知识与欣赏"系列公益讲座。由多名粤剧演员以粤剧行当角色的扮相粉墨登场,配合主讲人做表演示范。打破了一般"讲坛授课"与"学术研讨"的枯燥模式,用"聆听与观赏结合""台上讲、演、答与台下看、学、问结合"的赏析式形式,使原本枯燥的讲座变得生动活泼、妙趣横生。

2014 年的一场关于自然的讲座"自然笔记:开启奇妙的自然探索之旅",将讲座分成了两个部分:第一节先通过丰富的图片展示,带领听众认识自然;第二节走出报告厅走向大自然,让自然爱好者们在导师的指引下,把所见所感用图片和文字记录下来,这种新颖的讲座形式给听众带来了独特的体验。

此外,讲坛还打破一位主讲人主讲到底的传统模式,采用圆桌论坛或访谈、对话、艺术赏析等形式,既让观众欣赏到了一场精彩的谈话式讲座,同时领略了多位主讲嘉宾的风采与见地,或是现场观赏到高水准的艺术表演,抑或醉心于铺满玫瑰花瓣与摇曳烛光的现场氛围,令人印

象深刻。这些讲座模式之所以如此受欢迎,正是源于策划人充满爱与关怀的丰富创意。

2.5 创新组织方式,培育忠实的听众群

为了便于听众更快捷更准确地获知讲座信息,"南风讲坛"自 2006 年起,开通了短信平台发送讲座信息的方式,同时发送讲座问卷表,根据不同听众的情况,划分了听众结构,为不同听众的需求提供针对性服务,得到普遍好评,也由此保证了讲座的上座率。

之后,讲坛还设立了听众邮箱以弥补短信篇幅受限的不足,QQ 群的使用进一步拓展了信息发布渠道,佛山公众论坛 C2000 上的信息公告使讲坛的影响力得以更广泛传播,还通过新浪官方微博与官方博客、微信公众号、微信群等与市民分享讲座后的所思所想,使讲座真正成为平等对话、智慧碰撞的平台。

2.6 创新多媒体整合的宣传渠道,扩大讲坛的社会影响力

佛山市图书馆除充分利用宣传栏、图书馆网站、短信、博客、QQ 群、报纸、电台、电视台、佛山在线、佛山数字电视信息频道、微信等传播媒体外,还积极策划多种互动形式,扩大讲座影响。如制作了介绍讲座和主讲人格言等信息的书签和配套卡片,并供现场听众无偿领取收藏。独具匠心、别出心裁的设计和以书签为媒的创新方式,受到了听众和主讲人的赞赏。

2008 年,佛山市图书馆通过馆内大幅宣传海报、在各公共场所免费派发的宣传手册《佛图风向标》,介绍"南风讲坛"的活动内容,加大了宣传力度,提高了讲座的受众率。2009 年,通过佛山市图书馆网站,开通了讲座资源数字化点播服务,为更广泛的网络读者提供服务,也使讲座的传播更为迅速而广泛。

此外,除了邀请媒体对部分主讲人进行采访或专访之外,讲坛还特别对王蒙、胡因梦、梅子涵、梁文道、李燕杰、林清玄、方明等名家进行了一个多小时的录音、录像专访,留存了大量宝贵的音视频资料。

2.7 创新文化品牌,构建公共文化服务体系

多年来,佛山市图书馆还利用讲座的优势和品牌效应,主动参与本市政治、经济、文化建设,积极参加本地公共文化服务建设,构建公共文化服务体系。

2004 年佛山市政府举办"魅力佛山·2004 琼花粤剧艺术节",佛山市图书馆承办了 11 场"粤剧知识与欣赏系列公益讲座",走进基层,走入民间,为整个艺术节增添了一抹亮色。2005年,在佛山市举办的第七届亚洲艺术节期间,"南风讲坛"又精心策划和举办了 8 场"文化东方系列讲座",利用公益讲座品牌优势为艺术节助威、呐喊,成为第七届亚洲艺术节主题节目之一。

在佛山市历年来的读书推广活动中,"南风讲坛"的"阅读春天"系列讲座也突显了在整个活动中的龙头作用,使书香、墨香氤氲禅城;在佛山市"阳光成长计划 文化志愿者服务活动——同在蓝天下"助学活动中,我们的巡回讲座渗透到了各中小学校;汶川大地震后不久"南风讲坛"即开讲"非军事行动与救灾";在党的十七大召开之际,即开展"和谐文化"等市民关心、政府关注的课题,受到了市民观众的欢迎,更得到了佛山市政府的一致好评;在党的群众路线教育实践活动中,讲坛又深入到社区、农村、学校、企业、部队、机关等单位和地区,充分发挥了讲座的普及教育功能,提高了"南风讲坛"服务效益的社会性。

2.8　创新合作模式，开辟讲坛的共赢新天地

2.8.1　经济的合作

近几年来，佛山市图书馆通过寻求多方力量，联合举办讲座，与兄弟讲坛分摊费用，有效地达成了资金投入少，却能举办出相当成功的讲座活动的目的。

2005年，佛山市委宣传部的介入，增强了讲坛的综合实力；2008年6月至2009年6月间，佛山市图书馆还曾与广东移动佛山分公司签订阶段性合作协议，企业的资金支持使"南风讲坛"具有了举办更多高品质讲座的条件，同时也有效提升了参与企业的社会形象，达到了文化传播与提高企业文化品位的双赢效果。

2.8.2　资源的共享

为扶持和推动本地区及周边讲座资源较为匮乏的图书馆的发展，"南风讲坛"积极提供主讲人信息，甚至主动引见，通过资源共享进行讲座服务输出，使有限的公益讲座资源得到充分利用，形成连锁社会效益，使讲座服务得到更广泛的延伸。

2005年以来，除了每年阵地讲座70余场外，佛山市图书馆每年都将50多场公益讲座和主讲人推广到市属各区图书馆及广州、中山、东莞、肇庆、深圳等周边城市。2009年之后，每年更是将100余场公益讲座和主讲人推广到周边市区，乃至湖北、陕西、内蒙古、海南等省市。

2006年10月，"南风讲坛"与全国重点大学武汉大学合作，精心策划举办了历时半年的"佛山/珞珈山：市民与学者对话"大型系列巡回讲座共38场，将讲座辐射到了南海区"有为讲坛"、高明区"高明讲坛"、中山市"香山讲坛"及各市区的中、小学校和部分企业。名校名师牵手市民、学子，成了该年度讲坛最响亮的声音。这种充分利用高校的师资力量，把大学课堂延伸到图书馆讲坛的模式，使大学优质的人文资源得到了更为广泛的发挥，研究成果得以更广泛的传播。听众不无欣喜地说：真没想到，我们在家门口就可以享受博导的亲自指导，当一个编外"博士生"了。"南风讲坛"真正成了市民终身学习、心灵成长的最佳课堂。

此外，讲坛还加强与外埠的联合，与浙江"人文大讲坛"、上海图书馆"城市教室"、武汉图书馆"名家论坛"的资源互动也取得了良好的成效。2013年，又与国家图书馆携手，精选部分主讲人的精彩讲座，输送至国家图书馆"文化共享工程"资源库，同时开设"南风讲坛·国图名家"系列，构成更为庞大的资源互动网络。

2.8.3　服务的合作

品牌影响力的逐渐扩大吸引了佛山市许多部门主动与图书馆合作，利用该公益讲座平台向大众传播信息、收集民意、了解民情。佛山市图书馆与市司法局合作多年的"法律讲坛"系列讲座，几乎成了市民法律援助"现场会"；与佛山市汾江河（佛山水道）综合整治指挥部办公室合作举办的"汾江河该如何治理"论坛、佛山市政府办公室委托举办的"我看'两会'"等专题讲座，充分地问政于民，成为市民积极发声的良好渠道。

创建文明城市、全国博物馆日、国防知识宣传、"两会"论坛、教育论坛、法律讲坛、廉洁读书月、"六走进"流动讲座等"度身定制"的话题，开拓了图书馆新的服务领域和服务项目，使得社会资源集聚，并赢得了政府对讲座的支持与重视，扩大了讲座的社会发展空间。

2.8.4　宣传的联动

佛山电台、佛山电视台、《佛山日报》《珠江时报》《南方日报》《南方都市报》等媒体也对讲坛进行了多次报道，或对讲坛主持人、听众等进行专访，有的还利用"南风讲坛"的主讲人资源

制作了专题节目:如"南风讲坛"主讲人刘明武先生,在开讲"中华元文化"系列讲座后,即赴"传媒讲坛"录制了"刘工说易"系列讲座;周国平、胡因梦、梁文道、王三山、张家声等人在"南风讲坛"赴讲后,也曾先后做客电视台或电台直播间接受专访。

3　念念不忘,必有回响

如今,"南风讲坛"风雨无阻,已连续举办了 2000 余场阵地讲座,直接听众高达百余万人次,即便是在财力、人力匮乏的困境下,仍不屈行进从未间断,以独特的思想和文化魅力吸引着各行各业、各层次的听众和读者,不仅在业界形成了广泛深入的影响,受到众多主讲嘉宾及兄弟讲坛的交口称赞,更得到了佛山及周边市民的好评和追捧。随着"南风讲坛"的社会影响力越来越深远,它在佛山市民心目中的分量也越来越重,并在新时代图书馆社会教育的创新发展之路上,持续发挥着独特的引领作用。

2005 年,佛山市图书馆十年公益讲座得到时任市委书记多次在全市会议上的表扬,认为佛山市文化名城建设的品牌之一就是佛山市图书馆十年公益讲座,公益讲座已成为佛山地方政府打造文化名城的重要名片之一。

2005 年,在佛山举行的全国农村公共文化服务工作经验交流会召开之际,佛山市图书馆公益讲座受到文化部副部长周和平的高度评价,认为佛山市图书馆讲座对全国具有示范作用。

2009 年,讲坛入围第三届文化部创新奖评选。

2010 年 10 月,时任佛山市委书记陈云贤在视察"南风讲坛"时提出:这是一个"历史久、名人多、效果好"的讲坛,应该进一步提升"南风讲坛"的影响力和辐射力,保障"南风讲坛"的可持续发展。

2011 年 10 月,佛山市图书馆因"南风讲坛"成果丰硕,被广东省社科联授予"广东省人文社会科学普及基地"牌匾,成为首批 23 个广东省优质人文社科普及基地之一。

2012 年 1 月,佛山市图书馆"南风讲坛"公益讲座荣获首届"广东省图书馆情报创新服务奖"。

2013 年 1 月 23 日,在佛山市图书馆新馆展示性开放会上,市长刘悦伦在"南风讲坛"展板前驻足赞赏:"这些都是真正的文化大师。"

2014 年 9 月,"南风讲坛"荣获教育部成人教育协会颁发的 2014 年全国十大特别受百姓喜爱的"终身学习活动品牌",中央电视台也对其进行了专题报道。

2014 年 10 月,"南风讲坛"荣获中国图书馆学会阅读推广委员会、中国新华书店协会、韬奋基金会、中国出版集团公司颁发的 2014 年全民阅读年会阅读案例一等奖。同时,佛山市图书馆更因举办"南风讲坛"活动,成为中国图书馆学会阅读推广委员会讲坛与培训专业委员会挂点单位。

二十四年来,从小到大,从少到多,从当初的局促到今天的顺畅,从当时的默默无闻到今天的卓有口碑,讲坛如春风化雨,润物无声,一步一个脚印地夯实着一个城市的文化底蕴,提升着一个城市的人文精神。

二十四年来,正是讲座的开创者、持守者、忠实听众和主讲人一如既往的坚守与诚意,使之共同形成了一个文化共同体,塑造了进取的文化体系和文化精神,在当今社会竖起一杆风向标,从而映衬出佛山人的精神,而正是这样的精神实实在在地促进着一座城市的发展与进步。

486

二十四年的孜孜以求,与其说我们在创新着,不如说我们在用心着! 与其说我们在行动着,不如说我们在感动着! 在这片由图书馆人用心血与汗水经营和组织的舞台,台上、台下、台前、台后,都有我们的用心和执着守望。无怪乎一谈到佛山市图书馆,人们就会自然地想到"南风讲坛"这个共同的精神家园。

如今,随着城市的升级转型,佛山市正在全力打造文化导向型城市。"南风讲坛"将坚持"以倡导人文精神为目标,以体现人文关怀"为主色,秉承"重铸书香社会,共建精神家园"的宗旨,以高品质的文化产品引领市民的精神走向,为使"南风讲坛"这张文化名片更加闪亮璀璨而继往开来,不懈努力,成为佛山市实现"文化导向型城市"目标的载体之一。

我们坚信,这个已走过二十四年历程的文化品牌所释放的认知力、影响力、渗透力、创造力,必将在新时代社会主义精神文明建设过程中持续发挥巨大的作用,同时也必将以其独特的历史文化价值,载入佛山史册。

深圳图书馆未成年人社会教育系列项目创新实践案例

戴晓颖　王海涛　田燕红(深圳图书馆)

1　案例背景

1.1　外在的形势和动力

1.1.1　政策支持

未成年人是国家的未来和民族的希望,我国历来十分重视对未成年人的教育、引导和保护,致力为其健康成长创造良好的条件和环境。据《中华人民共和国未成年人保护法》《公共图书馆宣言》《中国儿童发展纲要(2011—2020)》的要求,未成年人的各项权利应该受到社会的保护,公共图书馆作为保障未成年人文化权利和肩负社会文化教育的服务机构,应主动承担起未成年人阅读推广的重任,培养未成年人的阅读意识,提高未成年人的阅读兴趣,开阔未成年人的阅读视野。我国《全民阅读"十三五"时期发展规划》也提出,将全民阅读提升到国家战略高度,要推动全民阅读深入基层、深入群众,进家庭、进学校,强化公共图书馆等公益性文化单位在全民阅读工作中的重要作用。

1.1.2　社会学习需求高涨

深圳作为全国性经济中心和国际化城市,以创新性享誉国际,尤其是2015年3月5日,李克强总理在《政府工作报告》中指出,把"大众创业,万众创新"打造成推动中国经济前行的"双引擎"之一。曾经的"文化沙漠"的历史也逐步在被改写。随着特区经济腾飞,人文素养的提高也成为市民的迫切需求,全民阅读氛围浓烈。

1.1.3　开展社会教育是公共图书馆自身发展的必然要求

服务读者,促进阅读是公共图书馆的职责所在,也是体现公共图书的价值所在,而未成年人是主要的服务对象之一。公共图书馆通过开展丰富多彩的未成年人阅读推广,增进全社会对未成年人阅读的重视,提高未成年人阅读的兴趣,吸引未成年人走进图书馆,充分利用馆藏文献信息资源,才能让公共图书馆立足长远发展,发挥功能,提高社会认同感,促进公共图书馆科学、良性、有序的发展[1]。未成年人社会教育对建设"学习型社会"具有重要意义,是公共图书馆全民阅读推广的重中之重。

1.2 自身资源优势

1.2.1 文献资源优势

2014 年深圳图书馆依托经典阅览室"南书房",策划推荐《南书房家庭经典阅读书目》,计划用 10 年时间,每年推荐 30 种经典图书,并于"4·23"世界读书日当天发布。从 2014 至 2019 年,该书目已连续发布 6 期,推荐 180 种古今中外经典图书,在引领深圳乃至全国的阅读风气等方面发挥了积极实效。

1.2.2 空间优势

作为全民阅读的重要阵地,深圳图书馆专注于文明传承与文化耕耘,以创新理念持续打造第三文化空间,以空间再造搭建公共思想文化平台。近年来,深圳图书馆倾力打造了南书房、创客空间、讲读厅、深圳学派文献专区、世界文化区等 12 个新型文化空间,每年举办针对未成年人社会教育活动近 400 场。其中创客空间成为未成年创客爱好者的大本营,讲读厅定位为培训类活动的主阵地,南书房是集阅读引领、思想交流与图书馆服务宣传展示等功能于一体的新型家庭书房式阅读空间。各类型空间的打造为阅读推广活动提供了稳固的硬性条件支持。

1.2.3 阅读推广从量变到质变

深圳图书馆作为全民阅读孵化平台,"深圳读书月"的倡导发起单位之一,每年开展大量阅读推广活动,从 2012 年的 400 场/年、2015 年的 1000 场/年,目前维持 1500 场/年。大量的阅读推广活动经验积累告诉我们应紧跟社会发展需求,逐步从量的积累转向对质的追求。深圳图书馆的未成年人社会教育项目在 2015 年开始明显转型,从传统以理论单向教授为主、灌输性学习改变为以引导性阅读、注重实践为主,通过平台搭建,引导未成年人主体能动性发挥,提高学习兴趣,激发其独立思考与创造精神。

2 主要内容

深圳图书馆在未成年人社会教育工作方面逐年创新,特色案例有:2015 年首次提出"暑期缤纷季"的概念,开展小学生"暑期公益培训课",已连续开展 4 年,课程总数达 200 余场,成为深圳图书馆暑期缤纷季特别策划的最具影响力活动之一;2016 年开辟创客空间,针对未成年人用户开展"青少年创客成长培养计划",目前已连续开展 275 场;2018 年 10 月,携手深圳实验学校高中部建立第一个"深圳图书馆青少年阅读基地",目前已完成基地建设两个,未来将在深圳市中小学逐步铺开。

2.1 暑期公益培训课

深圳图书馆秉承"再教育"的理念及定位,自 2015 年 1 月讲读厅正式启用以来,为提高阅读推广活动的辨识度,将公益培训类活动均调整至讲读厅进行,其中最具代表性的就是针对未成年人社会教育的"暑期公益培训课",该培训课已连续 4 年在深圳图书馆举行,活动从策划到组织实施完全由深圳图书馆主办,培训课实行全免费、公开、平等原则,面向所有6—14岁的小学生,并且不含任何商业宣传行为。开课时间贯穿7—8月整个暑期,每年开设8门课,每门课8个课时,每课时2小时,课程内容穿插式进行。目前开课内容已囊括乐器学习、朗诵培训、书法入门、美术训练、手工制作、快速阅读等各方面,丰富多样的课程设置,为少儿读者提供兴趣爱好启蒙和深入学习的平台。

暑期公益培训课

2.2 青少年创客成长培养计划

为实现公共图书馆教育属性多元化,培养青少年用户的创新精神与实践能力,满足市民对公共智慧资源日益增长的需求,2016年深圳图书馆针对未成年用户开展"青少年创客成长培养计划",打造"学习、探索及开拓思维"创意交流与实践平台,从创意设计制作、作品展示、研究学习、讨论交流等方面引进一整套创客文化体系,包括3D打印、手工机床、机器人实训等,并融合STEAM(科学、技术、工程、艺术、数学)课程内容,充分实践青少年创客教育。

青少年创客成长培养计划

2.3　建立"深圳图书馆青少年阅读基地"

中小学校是弘扬优秀文化、培养阅读习惯的重要场所。《公共图书馆服务发展指南》提到,公共图书馆最重要的机构关系之一就是与当地社区的学校和教育系统的关系[2]。为进一步鼓励青少年了解经典、走进经典、爱上经典,培育"读书种子",深圳图书馆自 2018 年启动"青少年阅读基地"建设项目,与深圳市各类中学合作,为其打造专属"经典阅读空间",设置《南书房家庭经典阅读书目》专架,针对性开展讲座、沙龙、朗诵等经典主题阅读活动,比如特别策划"文化学者高端对话"进校园,办理师生"借阅证"和"励读证",利用大数据开展青少年阅读行为分析,提供针对性阅读指导。2018 年 10 月,首个"深圳图书馆青少年阅读基地"在深圳实验学校高中部成立。2019 年 3 月,第二个阅读基地在深圳市第二高级中学揭牌,这意味着深圳图书馆与学校共建阅读基地,探索全民阅读社会化合作新模式进一步向全市推广。

"深圳图书馆青少年阅读基地"揭牌仪式

3　具体实施

3.1　暑期公益培训课

3.1.1　项目背景

深圳是一个新兴的移民城市,外来务工人员超过 800 万,约占总人口的 65%。每个暑期,都是本市学生和大量来深留守儿童对阅读活动需求的爆发期,有受众群体数量大、跨度时间长的特点。基于公共图书馆在少儿阅读推广中所承担的重要使命,2015 年深圳图书馆首次提出"暑期缤纷季"的整体项目规划,经过 3 年的不断探索和发展,已逐步形成"3 + N"活动开展模式,即三大重点活动"暑期公益培训课""暑期专场讲座""暑期实践体验"和多项常态化特色服务。其中"暑期公益培训课"是该项目的核心活动之一,旨在丰富少儿读者的假期生活,扩展兴趣爱好、激发阅读兴趣、提高阅读能力,引导少儿读者充分利用图书馆文献资源,同时也为广大市民提供暑期亲子陪伴的公益平台。

3.1.2 课程设置

每年五月开始策划课程设置,在"5·26"公共图书馆服务宣传周之际设立活动专项服务窗口,面向社会招募优秀讲师志愿者和活动服务志愿者,建立资料库。具体课程落实主要考虑三方面因素:

(1)保证教师质量:综合评估教师水平与教学质量,筛选在专业领域有所成就的专家讲师,机构派遣或讲师个人名义均可,签订合作协议,以确保课程质量与活动持续进行。

(2)读者期待度调查:每年活动过程中,图书馆会对课程做问卷调查收集,从内容质量、教师的授课水平与该课程期待度进行评估,根据调查结果,筛选出读者最受期待的老师与课程,作为来年活动开展的重要依据。

(3)特色主题设置:每年根据热点主题不同,设置非学校课堂教授内容,打破传统培训课应试教育框架,形成深圳图书馆培训课的特色。比如魔方 & 九连环、尤克里里、创意手工、朗诵培训、自然课堂、急救安全知识等课程的开展,受到广泛关注。

表1 "暑期公益培训课"活动总体情况(2015—2018 年)

年份	课程	场次	参与人次
2015 年	声乐入门、创意写生、吉他入门、英语口语、自然教育、益智魔方	35	3000
2016 年	尤克里里、声乐入门、硬笔书法、朗诵培训、麻吉英语口语、创意写生、魔方 & 九连环	42	3200
2017 年	朗诵培训、快速阅读、尤克里里入门、书法入门、创意手工制作、英语拼读、硬笔书法、古筝入门	56	3500
2018 年	朗诵培训、走进尤克里里、创意美术学堂、书法入门、童声声乐课堂、急救安全知识、自然课堂、硬笔书法	54	4500

3.1.3 激励机制设计

为充分鼓励小读者们的深度参与,真正学到知识,感受到学习的快乐,图书馆每年在课程设置和互动环节上推陈出新,比如采用趣味化签到制,特制课程小勋章,或者是课程签到集卡制度,这些措施很好地激励了小朋友们的"斗志"。除此以外,根据课程内容的不同,图书馆还为表现优异的小朋友精心准备了结业证书和礼品,让孩子们更多地体会到学习的快乐与实实在在的收获。

3.1.4 志愿者服务

"暑期公益培训课"以中小学生为主,开放式课堂秩序维护与安全保证尤为重要。为了保障活动有序进行,图书馆每年会提前从多渠道招收活动志愿者近20余名,并对他们进行培训。志愿者负责问卷调查、统计、课堂秩序维护、影像资料收集及部分主持工作,这样可大大减少馆内工作员人力与时间投入。

3.1.5 有节奏的媒体宣传报道

为了保证活动的热度及广度,需实时对活动进展发布热点消息。宣传主要分为前期预热、中期活动跟进和后期总结回顾。前期主要是通过微信、报纸、馆内宣传海报等形式宣传,起到告知与准备作用;中期以媒体进行跟踪式报道为主,通过现实画面吸引读者持续加入;后期对全部活动回顾,为来年活动做好预告准备。

3.1.6　活动特点

（1）充分发挥暑期节点优势

有青少年阅读研究认为：暑假疏于学习可能使学童丧失高达25%的阅读及数理演算能力[3]。这一研究表明，暑期是青少年阅读的一个重要时期。世界各国公共图书馆常常利用暑期大力开展阅读推广活动，如"暑假阅读运动""暑期阅读之乐""夏季阅读站""夏日100册"等活动，都有效利用暑期加强并引导孩子们的阅读兴趣，引导他们爱上阅读。因此，将暑期作为一个重要节点，开展青少年阅读推广活动意义重大。

（2）定位精准，针对性强

培训课主要针对6—14岁中小学生，这类群体求知欲旺、好奇心强、兴趣广泛、容易被有趣好玩的事物吸引。这些特点对培训课课程设置、教师授课方式起到了非常重要的决策作用，有针对性的集中式授课是能持续引导活动对象深度学习的重要原因。

（3）内容与形式不断创新

"暑期公益培训课"以打造深圳图书馆"第二课堂"为目的，紧扣青少年读者需求，每年在活动内容与形式上不断创新，注重课程中的互动体验，比如"创意美术课堂""自然课堂""急救安全知识"等课程的设置，没有"填鸭"式的教学，而是注重小读者的创造力与动手能力，在玩乐中学习，在学习中玩乐。

（4）专业领域教师授课，保证课程教学质量

受邀老师必须有专业的资格认证以及3年以上相关领域的教学经验，除了自身专业技术知识过硬，还需有丰富的少儿教学经验，在经费允许的情况下，我们择优选用。

3.1.7　社会反响与读者反馈

读者热情高涨，人气逐年攀升。经过近几年不断优化课程内容和形式，培训课吸引众多少儿读者参与，开课期间座无虚席，孩子们的热情极其高涨，家长纷纷表示：就连一向爱睡懒觉的孩子一想到不能集齐所有的胸章，都能立即起床出门；签到卡也被作为纪念品珍贵保存。深圳台风天气多，有一个家离图书馆较远的小朋友，为了能参加活动，每天驱车近30公里，风雨无阻。

吸引读者深度参与。许多参与读者表示，参加活动的过程中不但拓展了孩子们的视野，丰富了他们的课余生活，更是促进了成长，让他们能够深入挖掘、进一步发展其潜在兴趣点，活动还促进了家长与孩子的沟通，营造良好的亲子互动交流氛围。

媒体报道显著提升。通过活动本身的社会影响力，吸引16家纸质媒体争相报道，电视媒体《深圳第一现场》黄金时间新闻播报、《城市发现》栏目全程跟踪式报道，报道篇幅从刚开始碎片式、小篇幅报道转变成长篇幅连载式，都验证了该活动社会影响力逐年攀升。

3.2　青少年创客成长培养计划

3.2.1　实施概况

深圳图书馆于2016年4月23日即世界读书日当天启动的"青少年创客成长培养计划"，拉开了深圳图书馆青少年创客教育实践的序幕。"青少年创客成长培养计划"以创客空间为阵地，倡导最新STEAM教育理念，开展了一系列面向青少年读者的创客公益活动。深圳图书馆的青少年创客教育主要面向6—15岁的读者，基本涵盖小学到初中阶段的受众群，项目按年度进行整体课程的排序和设计，每月安排特定的课程主题。项目至今开展创意课程与活动近300场次，参与人次超过4000人次，有效培育与传递创客精神，激发用户创新思维。该活动首创英国利物浦创客节国际连线和交流活动,并举行暑期青少年 Python 编程特训营,深受青少年读者的欢迎。

表 2 深圳图书馆青少年创客教育活动主题内容(以 2018 年为例)

(数据来源:深圳图书馆官网报名中心)

承办/合作单位	创客教育主题	活动内容	参与人次
编玩边学 教育科技公司	Scratch 语言	1. Scratch 编程之"猫和老鼠"(2018 - 1 - 6) 2. Scratch 编程之"公鸡下蛋"(2018 - 3 - 3) 3. Scratch 编程之"Flappy Steve"(2018 - 4 - 14) 4. Scratch 编程之"水果忍者"(2018 - 5 - 5) 5. Scratch 编程之"田野酷跑"(2018 - 6 - 9) 6. Scratch 编程之"太空之战"(2018 - 7 - 7) 7. Scratch 编程之"打地鼠"(2018 - 8 - 4) 8. Scratch 编程之"极度心算"(2018 - 9 - 1) 9. Scratch 编程之"记忆游戏"(2018 - 10 - 13) 10. Scratch 编程之"钻石迷宫"(2018 - 11 - 3) 11. Scratch 编程之"魔法药水"(2018 - 12 - 1)	953 人 33 场
新东方在线	手工制作 DIY	1. 红外警报器(2018 - 1 - 13) 2. 硬币分拣机(2018 - 2 - 3) 3. 风动力小车(2018 - 3 - 24) 4. 幸运大转盘(2018 - 4 - 21) 5. DIY 净水器(2018 - 5 - 26) 6. 怪兽盒子(2018 - 6 - 30) 7. 饮料机(2018 - 7 - 28) 8. 火山喷发(2018 - 8 - 25) 9. 手工小台灯(2018 - 9 - 22) 10. 巴克球(2018 - 10 - 27) 11. 地震报警器(2018 - 11 - 24)	513 人 43 场
小码教育	Dash 机器人课程	1. Python 编程特训营(入门级)(2018 - 8 - 14) 2. 达奇机器人课程之"初识达奇"(2018 - 9 - 8) 3. 达奇机器人课程之"耳目一新"(2018 - 10 - 20)	120 人 12 场

3.2.2 具体做法

公共图书馆作为创客空间的载体具有先天的优势,其社会公益属性直接降低了青少年创客教育活动开展的门槛。受制于经费、体制等因素,图书馆高薪招聘青少年创客教育授课讲师、投入大量经费购置创客教育设备等显然不合实际。因此,深圳图书馆通过"合作"与"引进"结合的方式来应对这一挑战。

围绕课程主题,寻求商业资本的介入与支撑。基于师资、经验以及组织活动能力等几个方面进行洽谈、沟通、遴选,最终选定编玩边学教育科技公司,新东方在线以及小码教育三家公司作为合作方。随后以深圳图书馆前期引进的青少年创客教育硬件资源为基础,融合合作方丰富的教育资源、培训拓展经验,尤其是完整新颖的课程大纲与教学体系,构建出立体的青少年创客教育实践与培训方略,实现公共图书馆教育服务效能与商业机构创新实训平台的完美融合。

3.2.3 亮点特色

充满科技感。深圳图书馆青少年创客教育活动以全新打造的"创客空间"为阵地展开。创客教育聚焦于程序语言、自动控制、机械设计、材料成型、人工智能等与创客文化及理念高度契合的科学技术领域前沿,结合最新的STEAM课程内容,为青少年受众迅速构建起充盈科技感的学习氛围。

符合时代发展需求。2015年起,深圳市民创客热潮高涨,为满足市民对公共智慧资源日益增长的需求,深圳图书馆打造独立创客空间,实践未成年创客社会教育职能,为培养青少年用户的创新精神与实践能力起到无可替代的作用。

内容和形式丰富、新颖。活动除了引入优秀创客教育项目,形成了STEAM创意制作、Scratch创意编程、机器人三大模块,教学方式生动。比如在Scratch语言编程活动版块,以游戏为切入点,通过游戏开发引入编程、算法、底层数据链等概念,建立寓教于乐的学习模式,切合了青少年读者的创客教育个性化需求,受到小读者的追捧和认可。

注重业界交流,强化品牌知名度。与各类社会组织和机构进行多样化合作,比如开展"暑期青少年编程集训营",快速提升青少年读者的编程水平;组织"创客教育国际连线与交流",与英国、德国有关机构交流分享创客教育的经验,有效提高了深圳图书馆"创客"教育的知名度。

3.2.4 活动效果评价

自"青少年创客成长培养计划"实施至2018年底,深圳图书馆创客空间共开展各类创客活动275场,参与人次4715人。图书馆的创客活动免费、开放,每场活动一经发布,即引起市民读者的广泛关注,咨询活动内容和报名程序的读者络绎不绝,报名过程也相当火爆,每场名额均在两分钟左右即被秒完。大量读者反映报不上名,希望增加名额。

通过现场了解和微信群沟通,读者普遍对创客教育项目和活动表示认可,不少未成年人通过深圳图书馆的创客活动,第一次接触到可视化编程、3D打印、编程机器人等创客内容,并激发了对于科学、创新、创意的兴趣和爱好,形成了一批忠实粉丝。

自媒体平台发布相关图文报道70余篇。《深圳特区报》报道深圳图书馆全新打造创客空间面向市民开放,《图书馆报》报道深圳图书馆"创客教育"进课堂,中国图书馆学会报道英国利物浦创客节连线活动在深圳图书馆创客空间成功举办。

3.3 深圳图书馆青少年阅读基地

3.3.1 实施背景

2014年,深圳图书馆启动"南书房家庭经典阅读书目",该项目旨在鼓励家庭阅读经典,主要内容包括书目推荐与推广活动两大方面。其中书目推荐主要是向广大读者推荐适合当今中国家庭阅读与收藏的经典著作,打造每个家庭"够得着的经典",为家庭阅读提供参考,并计划用10年时间,每年推荐30种经典图书,从而使每个家庭拥有一般经典书架的基本容量。截至2019年,已推荐180种古今中外经典图书,在引领深圳乃至全国的阅读风气等方面发挥了积极实效。

资源储备条件就绪,如何让优质资源惠及更广泛群体?在竭力倡导经典阅读的当下,家庭阅读推广是推动全民阅读向纵深发展,推动未成年人经典阅读教育,培育"阅读种子"的重要途径。伴随着"图书馆＋"的概念在图书馆界的逐步深入,跨界合作的意识导向已经形成,与此同时,学校对未成年人阅读习惯的培养越来越重视,文化资源成为迫切所需,我们需要打破跨界壁垒,实现资源嫁接。鉴于此,跨界合作成为必然。

3.3.2 总体思路

"青少年阅读基地"是公共图书馆与学校教育建立长效合作机制、深入推进全民阅读的有益实践,目的在于通过促进优质文化资源的共建共享,为学生阅读学习、健康成长提供智力支持。深圳图书馆以 2018 年 10 月成立深圳实验高中为首个深圳图书馆"青少年阅读基地"为起点,自 2019 年起,每年新增 2 ＋ N 个实验基地为目标,同步"南书房家庭经典阅读书目"发布,3 年为一期,在全深圳市完成 10 ＋ N 个阅读推广基地建设,基地数量增设无限期复制,后期根据实际操作情况与资源配置做调整。以每个基地年输送阅读推广活动 1—2 场,基地自主开展阅读推广活动 3—5 场为任务目标,通过社会影响力的不断提升,将该项目打造成为深圳图书馆未成年人阅读推广品牌项目。

3.3.3 具体做法

(1)对全深圳市中小学开展情况摸底,对基地建设设置硬性条件,出台"深圳图书馆青少年阅读基地"共建协议书和集体外借协议。

(2)为了便于基地模式在各学校复制,需制定基地建设规范流程:校方递交申请表—核实信息—座谈交流—实地考察—基地筹备—基地挂牌—活动输送与合作。

(3)根据项目所涉及的业务部门,包括书刊借阅、采编、网络、行政、活动、媒体宣传等各部门,确定负责人制,成立项目工作组。

(4)配合校方进行基地空间布置,举行揭牌仪式,同时围绕"经典"这一主题开展讲座、朗诵等活动进校园活动。

(5)根据校方需求与馆内资源配置进行相关业务交流与活动输送。

3.3.4 "深圳图书馆青少年阅读基地"建设内容

(1)设置《南书房家庭经典阅读书目》专架

提供自 2014 年推出的《南书房家庭经典阅读书目》推荐图书 150 种,以后每年"4·23"世界读书日增加新推出的 30 种图书,预计共提供经典图书 300 种。逐步扩展获奖图书专架,后期陆续提供"国家图书馆文津图书奖"、"茅盾文学奖"、"鲁迅文学奖"、深圳读书月"年度十大好书"等获奖图书,为师生推荐优质阅读资源。

(2)为师生办理读者证

面向教职工办理教师读者证。免押金,可享受纸质文献资源外借(中文文献 10 册/件及外文原版图书 1 册/件)服务,可馆外使用深圳图书馆丰富的数字资源(包括 80 余种国内外大型数据库、270 余万册电子期刊、148 万册中英文电子图书及相关视听文献)。面向老师办理"借阅证",学生办理"励读证"。由学校统一申请办理,需学生本人及监护人签字;免押金;可外借 5 册中文文献;可馆外使用深圳图书馆丰富的数字资源。

(3)开展青少年阅读行为分析研究

通过学生借阅数据分析阅读行为,激发阅读兴趣,培育阅读习惯,跟踪研究学生阅读与学习、阅读与成长的关联性。

(4)"五个一"服务

深圳图书馆阅读推广活动提供"五个一"服务:一场讲座、一场活动、一次教学、一场培训、一场展览,每个基地每年可选其中 1—2 项开展活动,同时也鼓励校方参与到活动中来,比如参加一次比赛或者征文,自主联名深圳图书馆在基地开展与阅读相关的活动,但要在活动后提供活动相关文字、图片资料。

3.3.5 项目亮点

（1）跨界合作模式创新

"图书馆＋学校"的模式成为深圳图书馆通过社会化合作推进全民阅读的又一次有益实践,同时也是探索公共图书馆与学校教育长效合作机制的关键一步。与校园的合作共融,不仅在组织形式上突破空间限制,实现馆内馆外结合、线上线下结合,同时也实行图书馆阵地宣传推广"走出去",通过促进优质文化资源的共建共享,创建科学化、规范化、常态化的馆校联运机制,合力推进青少年阅读的纵深发展,共享阅读之美,构建书香社会。

（2）实现成果再次转化,图书馆资源惠及更广泛未成年人群体

《南书房家庭经典阅读书目》中的图书作为深圳图书馆重点文献资料,每年图书馆会围绕年度书目配套开展多种类型的推广活动。基地成立后,图书馆将依托基地与学校共享的公共图书馆优秀的文献资源,以图书馆品牌项目为载体,针对性开展经典阅读、科普讲坛、征文竞赛等各类活动,进一步推进青少年课外阅读,支持学校素质教育,促进优质文化资源流向基层单位,实现资源共享,为青少年阅读学习、健康成长提供智力支持。

（3）利用大数据共同开展青少年阅读行为分析

助推未成年人阅读习惯分析进入大数据时代。未来,跟踪研究学生阅读与学习、阅读与成长的关联性,进行大数据分析,将为管理者和教育工作者提供全面有力的数据支持,使未成年人教育事业进入良性循环的发展轨道。

（4）高端对话,引发师生及家长思考与共鸣

特别策划"文化学者高端对话"进校园活动,每次都会特别邀请重量级嘉宾入场,比如2019 年基地进驻深圳市第二高级中学,邀请到教育部高等学校图书馆学教学指导委员会主任、北京大学信息管理系教授王余光,南京大学信息管理学院教授、中国图书馆学会阅读推广委员会副主任徐雁等文化学者,进行近距离座谈,向 1000 余名学生和家长传授了经典阅读的方法、经验和乐趣,拉近青少年与文化学者、青少年与经典阅读之间的距离。

4 分析与总结

深圳图书馆在践行未成年人社会教育职能的道路上不断前行,保障社会大众共享社会教育资源的权利。经过近几年的不断创新发展,未成年人社会教育呈现分级部署、全面覆盖的推进势态,在扩大服务对象、拓展服务空间、延长服务时间、服务内容形式多样化以及服务手段现代化等多方面做出了诸多研究部署。面临新媒体对传统服务模式的冲击,我们意识到机遇远多于挑战。文化载体在不断创新,但是文化的本质不变,我们能做的是不断提高业务能力,转变固化思维模式,顺应时代所需,为文化传播提供更多的可能性。

4.1 做好优势分析,注重文献资源积累

图书馆作为政府公共文化服务单位,有统一的文化标签,但因为地域历史文化背景不同、图书馆承载体量不等、图书馆层级水平不一等多方因素影响,每个图书馆都拥有自己的特色与

优势。好的活动开展一定建立在图书馆资源能力可控的基础之上,发现自身优势,挖掘优质资源,顺应社会大众所需,创新活动内容形式成为图书馆人在具体阅读推广过程中必须考虑的条件因素。深圳图书馆未成年人社会教育项目的实施,从自身资源挖掘到社会发展需求都给予了充分的考量与研究。

此外,文献既是图书馆的根本业务,也是阅读推广活动开展的源泉,不论形式如何千变万化,最终落脚点还是要回到引导阅读上来。"深圳图书馆青少年阅读基地"项目的成型,就是从多年的文献资料积累与提炼中发展演变而来的,成为深圳图书馆"南书房家庭经典阅读书目"项目成果转化的经典案例之一。

4.2　搭建共融平台,构建立体合作模式

图书馆从来都不是孤立于世的个体,一定是与整个社会共融的一部分。国外在推进全民阅读的过程中,庞大的国内外阅读推广合作网络使得活动从经费来源、资源引进、项目策划、宣传、组织实施都得到强而有力支撑的案例数不胜数,扩大了图书馆自身力量的同时,更扩大了阅读的影响范围。近年来,深圳图书馆以"图书馆 +"的思维积极探索公共服务发展新模式,"图书馆 + 机构"成就"创客"教育,"图书馆 + 学校"成功打造"深圳图书馆青少年阅读基地",未来图书馆在这种新思维的引导下,业务拓展的道路将越走越宽。

4.3　注重未成年人心理研究,进行有针对性的阅读推广

无论哪一种阅读推广活动,目的之一都是让青少年热爱阅读。有调查显示,在校青少年中,增长知识是他们阅读的主要动力,在所调查的群体中有 24% 以上的学生把增长知识放在首位。排在前三位的阅读动机为增长知识、开阔视野和完成学业[4]。

未成年人的心智与对世界的认识还处于逐渐成熟期,环境的引导显得尤为重要,不同时期的未成年人又呈现出不同的特质,这要求我们在阅读推广模式上分层级设计,抓住他们的兴趣点做有效的引导。比如"暑期公益培训课"主要对象是中小学生,在课程设计与活动策划上就更偏向于他们的认知水平,包括老师授课的风格也要求生动有趣,用他们能接受的语言和沟通方式;"创客"教育注重思考与动手能力,在活动参与的过程,把思考转化为实际操作,通过这个过程满足他们的成就感,从而引发进一步的学习欲望;"青少年阅读基地"项目主要针对的是中学生,所以在活动开展的选择上我们偏向于建议性、探讨性、可供选择性的沟通方式。比如"文化学者高端对话——中学生应该读什么样的经典"也是以一种开放、平等的座谈形式展开,专家提出自己的见解与分析,学生们自行思考与选择,甚至可以反驳,充分尊重他们的自主意识,同时又通过高维视角给予积极正面的引导,从而达到阅读推广的最终目的。

4.4　重视对阅读推广效果评估

未成年教育事业是一个长期可持续事业,任何一个项目的成立、发展都会遇到各种问题,评估机制是活动可持续发展的一种必要手段,重要性不言而喻。"暑期公益培训课""青少年创客成长培养计划"创设至今,活动效果评估已经成为整个活动开展的"无形路标",为活动开展提供强有力的事实依据与指引。目前,还没有一份专业系统的评估体系可供业界参考,因此图书馆在活动开展的同时,应重视收集关于活动质量效果、读者满意度等方面的反馈信息,深入总结,及时提出改进措施与方案,同时对活动过程中的亮点与成功经验进行成文推广,让整

体阅读推广事业进入一种良性循环状态。

参考文献

[1] 徐双定,陈淑霞,张雪梅.公共图书馆未成年人阅读推广[M].兰州:甘肃人民出版社,2017:258.

[2] 吉尔.公共图书馆服务发展指南[M].林祖藻,译.上海:上海科学技术文献出版社,2002:42-43.

[3] 聂卫红.美国公共图书馆暑期阅读研究及启示[J].图书馆学研究,2009(11):85-87.

[4] 葛明贵,赵媛媛.青少年阅读动机的差异分析与培养策略[J]。图书馆学研究,2011(2):68-74.

巧用"设计思维",开展"定向挑战,乐在'图'中"品牌活动

陈剑晖　陈佩湘　唐雪利(广东省立中山图书馆)

1　开展背景

图书馆的发展虽说已有数百年历史,但从未有像现在这样合适的时期来强调图书馆在社会教育领域的重要作用。尽管图书馆在社会教育领域的重要性不言而喻,但是很多图书馆面临预算与资源捉襟见肘的问题,给图书馆开展社会教育方面的工作带来困难,图书馆员也面临许多复杂、多样的挑战。在如今信息爆炸的年代,图书馆馆员亟须新的应对之道。

设计思维是一种创新的手段,能够帮助图书馆员为图书馆设计有意义的解决方案的一系列步骤。我们巧用"设计思维"的方法,根据广东省立中山图书馆自身的特点,通过一系列的访谈、洞察、制作原型、迭代,最终构思并举办了"定向挑战,乐在'图'中"活动。

1.1　用户访谈

用户访谈就是与人交谈,这里并不包括调查问卷。根据马丁·林斯特龙所说:"找到痛点,不用研究几百万名顾客,只要研究十个人就够了。"我们对以下四个类型的读者(共10名)进行了访谈:①普通成人读者;②极端/特殊读者(老年读者或者行动不便的读者);③家长;④专家读者(图书馆馆员)。

(1)访谈问题主要包括:

①请谈谈您对图书馆的看法。

②您在图书馆学到了什么?

③您觉得图书馆服务在哪些方面还可以做得更好?

④您最希望能在图书馆里参与的活动是什么?

⑤您最希望图书馆在社会教育方面举办什么活动?

(2)访谈注意事项:

①列问题提纲并记录信息;

②问中性和开放性问题,不要问"是不是"等有预设答案的问题;

③不要问通常情况下的问题,问具体场景下的问题;

④关注受访者的身体语言;

⑤过程中可以适当沉默,给受访者时间组织语言。

(3)访谈后,整理要点如下:

①成人读者希望图书馆举办更有创意的社会教育活动,对于你讲我听、你放我看的活动兴趣没有以前大。

②老年读者希望图书馆多举办一些关于科普类的社会教育活动,他们渴望与时俱进。

③家长需要图书馆举办更多关于传统文化(比如唐诗和成语)的教育类体验活动。因为他们有时候很难跟孩子解释为什么要学传统文化。如果在游戏的过程中,让孩子感受传统文化的魅力会更容易让孩子爱上学习传统文化。

④图书馆馆员希望图书馆活动能更多地注重读者阅读意识的培养,活动需要与阅读推广和社会教育的结合更紧密一点。

1.2 洞察

洞察指看穿,观察得很透彻。洞察是发现内在的内容或意义,挖掘访谈内容的本质。

我们通过洞察得出:为了创新社会教育方法,引导读者自主探索、自主学习、自主思考,同时与阅读推广相结合,我们希望开展"阅读 + 趣味 + 定向"的主题活动,以新颖的形式、活泼的内容,让读者主动感受图书馆、了解图书馆,提高社会教育成效,养成阅读习惯,同时愉悦身心,体验阅读的乐趣。

1.3 打造原型

将洞察变成现实,我们需要打造"原型",便于我们与读者分享自己的创意、获得反馈意见并了解如何进一步完善优化。原型解析(见图1):

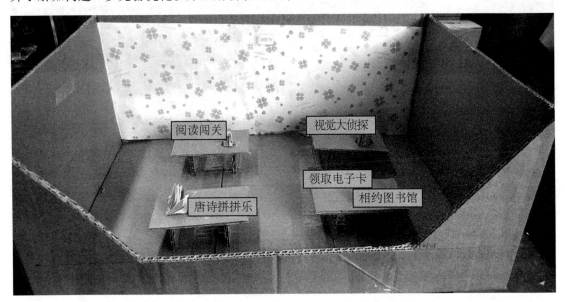

图1　原型解析图

上面的原型是模拟"定向挑战,乐在'图'中"活动现场。每张桌子代表一个闯关区域,每张标签代表一个闯关主题。闯关主题分别是:唐诗拼拼乐、阅读闯关、视觉大侦探、领取电子卡和相约图书馆。每组参加的读者根据派发的任务卡和地图标识,到达指定地点完成任务后可获得一枚印章,集齐所有印章的队伍将获得证书一张。

馆员拿着原型,访问读者,以便得到读者的反馈。馆员分工如下:

①一位馆员负责访问读者;
②一位馆员负责记录访问内容;
③一位馆员负责拍照;
④一位馆员负责展示原型。

1.4 迭代

迭代是重复反馈过程的活动,其目的通常是为了逼近所需的目标或结果。每一次对过程的重复称为一次"迭代",而每一次迭代得到的结果会作为下一次迭代的初始值。馆员针对读者的反馈意见,对原型进行了两次迭代,最终效果如图2:

图2 迭代原型解析图

迭代原型解析:

①增加活动的闯关环节(特别是传统文化和科普知识的环节),让活动内容更丰富,更有吸引力。迭代原型的闯关环节包括:阅读闯关、知识大挑战、寻宝大作战、相约图书馆、领取电子卡、看图猜成语、唐诗拼拼乐、视觉大侦探、趣味填色。

②增加书架和图书,营造阅读氛围。

③增加活动现场的环境布置。

2 主要内容

"定向挑战,乐在'图'中"活动是广东省立中山图书馆开展的一项读者服务活动,"定向挑战":活动用趣味性的游戏模式替代传统枯燥的单一模式来实现社会教育职能;乐在"图"中:读者在参与活动过程中收获了乐趣。活动带领读者主动学习图书馆的基本知识、馆藏概况、规章制度、各项功能服务等,增进读者对图书馆各项业务的了解,提高读者的文献检索能力和信息表达能力,强化读者的信息意识。读者通过完成一系列定向任务获知图书馆使用知识,在轻松娱乐的游戏过程中收获知识,获取乐趣。

区别于传统的单一读者教育方式,"定向挑战,乐在'图'中"活动的定向挑战任务环节多样,活动游戏策划者根据信息素养能力标准设计不同的游戏任务,以确保读者在相应的游戏关卡中提高相关信息素养能力。"知识大挑战""视觉大侦探""寻宝大作战""相约图书馆""阅读闯关"等多样丰富的活动环节满足了不同年龄层次读者的不同需求。此外,活动将传统文化、经典名著、益智游戏、新书荐读等列入读者教育内容,大大提升了社会教育和阅读体验环节的趣味性。

图书馆能及时高效地收集反馈信息,考察读者在活动过程中的情感体验和心灵需求,获取读者参与活动后的真实意见和真诚建议,根据读者的阅读轨迹和阅读习惯为其设计最贴合性的用户活动,从而提升图书馆读者服务活动的针对性。活动的策划组织者会根据每期收集的活动反馈,把握时下热点,及时调整活动方案,设计新的游戏环节,不断升级挑战任务,以适应读者日益变化的游戏口味。

"定向挑战,乐在'图'中"相比传统的社会教育方式,让读者更有参与感和积极性,培训效果更为理想。活动围绕"以读者为中心"的教育理念,强调读者参与感与体验感,采用定向挑战游戏的创新读者教育形式以及多样弹性的活动环节,应用新媒体技术、Beacon 等多元化新技术手段,营造交流共享的社会教育社交化氛围,实现了公共图书馆传统社会教育与新时代阅读推广的有机结合。

3 活动过程

3.1 流程设置

每组参赛者根据派发的任务卡和地图标识,到达指定地点完成任务后可获得一枚印章,集齐所有印章的队伍将获得纪念品一份和证书一张。

各个环节设在图书馆具有特色的不同地点,如广东省捐赠换书中心、中文图书借阅区、新书推荐展览区、导读台、孔子像等。读者在完成任务的同时可以接触到图书馆悠久的历史文化、先进的电子设备、精彩的特色活动等,同时收获各类知识,提升个人素质。

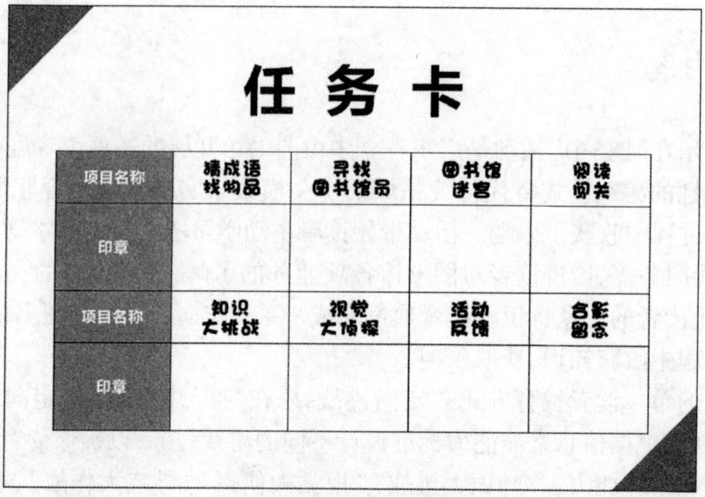

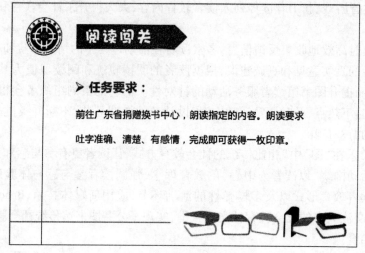

图3 活动任务卡示例图

图4 挑战卡示例图

3.2 环节设置

表1 活动各环节设置表

环节类型	环节名称	环节内容和设置目的
图书馆知识	寻宝大作战	要求读者按照提示在指定的书架寻找"宝物",从而让读者熟悉图书的分类排架规则
	相约图书馆	要求读者按照提示在图书馆内找到相应位置并合影留念,从而让读者在寻找的过程中了解图书馆的馆舍分布和特点
	知识大挑战	要求读者根据回答关于图书馆、传统文化、科普知识等问题,让读者在答题过程中收获知识
	领取电子卡	要求读者现场办理电子阅读卡或利用电子卡办理图书借阅,引导读者更好地利用馆藏资源

环节类型	环节名称	环节内容和设置目的
阅读体验	看图猜成语/唐诗/粤语歇后语	要求读者通过漫画海报,猜对应的成语、唐诗、粤语歇后语,从而让读者在竞猜的过程中感受博大精深的中华文化和独具特色的岭南文化
	阅读闯关	要求读者使用电子书或实体书打开指定的文本,声情并茂地朗读,然后根据文本内容回答工作人员的提问,从而培养读者的阅读理解能力和记忆力
	视觉大侦探	以漫画的形式描绘经典名著的故事情节,让读者在游戏过程中感受经典名著的魅力,激发阅读兴趣
	唐诗拼拼乐	要求读者在规定时间内完成一首唐诗拼图,了解诗句大意,朗读诗词,提升读者对于传统诗词的阅读兴趣,收获知识
	成语大连线	要求读者在规定时间内完成成语色块连线,游戏难度适中,帮助读者了解中华成语的魅力,增长知识
趣味体验	名画连线	读者通过数字连线和涂色,发挥自己的想象力,完成属于自己独特的画作,从而提高读者专注力,培养读者欣赏美、创造美的能力
	趣味涂色	
活动反馈	摇一摇,答一答	利用 Beacon 技术,引导读者使用微信摇一摇,填写调查问卷,从而有效获取读者活动反馈,更好地改进活动

4 读者反馈与社会反响

4.1 活动反馈情况

"定向挑战,乐在'图'中"项目自 2017 年 6 月起正式启动,在广东省立中山图书馆以每月一期活动的形式举行,反响热烈。截至 2019 年 3 月,活动已举行 23 期,共吸引 713 人次报名(包括线上提前报名和现场报名,每期活动控制人数 40 人以内),实际参加者为 624 人次,完成所有任务的参加者为 608 人次,完成者所占的比例为 97.4%,这说明参与的用户大部分都能感兴趣、并且坚持完成所有用户教育和阅读体验环节,活动取得一定成效。

活动反馈作为"定向挑战,乐在'图'中"活动的最后一个环节,参赛队伍要想完成所有任务必须要填写调查问卷,因此活动的调查问卷回收率高,有利于对活动进行有效评价、及时发现问题并提出改进策略。23 期"定向挑战,乐在'图'中"活动共回收调查问卷 394 份,其中有效问卷 357 份(问卷以参赛小组为单位进行填写,每组人数 1—4 人)。

4.1.1 参与用户基本信息分析

在回收的 357 份有效问卷中,男性为 248 人次(占 40.8%),女性为 360 人次(占 59.2%),反映出到馆参与活动的女性读者较多。

从年龄段看,15 岁以下的为 217 人次(占 35.7%),16—24 岁的为 89 人次(占 14.6%),25—40 岁的为 153 人次(占 25.2%),41—50 岁的为 39 人次(占 6.4%),51—60 岁的为 42 人次(占 6.9%),61 岁及以上的为 68 人次(占 11.2%),由此反映出到馆参与活动的读者以 15 岁以下和 25—40 岁这两个年龄段居多。从实际情况来看,参与者中确实是以家庭为单位参加活动的较多。图书馆向来是广大市民周末休闲放松、增长知识、陶冶情操的好去处。"定向挑战,乐在'图'中"活动的举办时间通常为每月第三个星期六或者星期天早上 10:00—11:30。因此,活动吸引了不少爸妈带着小孩一同参加,深受青少年欢迎。

4.1.2 用户了解"定向挑战,乐在'图'中"活动途径分析

表2 用户了解活动途径表

途径	次数	比例
本期活动的宣传海报	182	51.0%
图书馆每月的活动推介手册	121	33.9%
图书馆的线上宣传(包括微信推送和官网公告)	206	57.7%
亲朋好友之间的宣传	132	37.0%
来图书馆正好碰到这次活动开展	115	32.2%
之前参加过该活动	83	23.2%
其他	27	7.6%

由表2可知,大部分读者是通过图书馆的线上宣传(包括微信推送和官网公告)和活动的宣传海报了解到"定向挑战,乐在'图'中"活动,这说明项目应用以来,"线上 + 线下"的推广思路正确并取得一定成效。同时,也有不少用户是通过亲朋好友之间的宣传了解到"定向挑战,乐在'图'中"活动,这说明活动的效果受到用户的肯定,参与过的用户愿意主动向其他人宣传、推广。其中,也有一小部分读者是之前参加过该活动的,由此说明活动具有吸引力,用户参与活动有所收获,愿意再次参加。

4.1.3 "定向挑战,乐在'图'中"活动评价分析

为了更准确地了解用户对"定向挑战,乐在'图'中"活动的评价,方便收集用户提出的意见和建议,调查问卷中设置了一道对活动的总体评价选择题和三道开放性问题。活动总体评价结果如表3所示。

表3 活动总体评价表

评价	次数	比例
非常有用	168	47.1%
基本有用	181	50.7%
基本没用	8	2.2%
完全没用	0	0.0%

由表3可以看出,没有读者选择"完全没用",选择"基本没用"的仅占 2.2%,这说明大部分读者认为"定向挑战,乐在'图'中"活动对读者认识图书馆是有帮助的。但选择"基本有用"的比例大于"非常有用",说明"定向挑战,乐在'图'中"活动仍需要改进。

4.2 社会反响

4.2.1 活动品牌化,提升图书馆的认知度

"定向挑战,乐在'图'中"活动自开展以来,通过"阅读 + 趣味 + 定向"的主题活动,以新

颖的形式、活泼的内容,吸引用户主动感受图书馆、了解图书馆,结合线上、线下的立体宣传模式,全面打破了参与活动读者的年龄界限,最大限度地吸引老少中青人群的广泛参与。随着越来越多的读者参与,活动效果日益显著,逐渐形成品牌,把一些潜在用户和短期用户培养为图书馆的长期用户,加深了广大读者对图书馆的认识和了解,有助于提高图书馆馆藏资源的利用效率,完善图书馆服务体系,充分发挥图书馆的知识服务职能。

4.2.2 激发读者阅读兴趣,提升读者阅读素养

"定向挑战,乐在'图'中"活动促使读者主动学习图书馆的基本知识、馆藏概况、规章制度、各项功能服务等,增进读者对图书馆各项业务的了解,提高读者的文献检索能力和信息表达能力,强化读者的信息意识。此外,活动寓教于乐,采用新颖的游戏化形式,将传统文化、经典名著、益智游戏、新书荐读等列入用户教育内容,大大提升了用户教育和阅读体验环节的趣味性。读者在参与"定向挑战"活动的过程中,除了了解图书馆馆藏资源,熟悉图书馆借阅规则之外,还可以充分体验阅读的魅力。由活动反馈数据得出,活动深受老中青读者尤其是青少年读者的欢迎,通过参与活动,读者的阅读兴趣得到激发,信息素养得到提升,综合素质得到提高。

4.2.3 立足本馆平台,实现多方合作

立足于广东省立中山图书馆的宣传平台,"定向挑战,乐在'图'中"活动的影响力日益增加,逐步实现了与本馆其他品牌活动以及社会团体力量的联动合作。"定向挑战,乐在'图'中"与本馆"中图悦读会""荐书园""书香暖山区""中图享读朗读会"等活动相互合作,实现本馆活动资源利用率最大化。此外,"定向挑战,乐在'图'中"活动还借助多方社会团体力量,积极走出本馆,实现资源共享,多方共赢的局面。例如,2017年起,连续两年联合由广东省文明办、广东省文化厅主办,广东省文化志愿者总队共同举办的广东省"志愿童行"亲子文化艺术公益夏令营活动,来穗探亲的留守儿童、异地务工人员子女、特困家庭子女等21个家庭共计38人参加了活动;联合荔湾区芦荻西小学等教育机构共同举办"芦荻西小学定向挑战,乐在'图'中"专场活动,带领孩子以及家长共同开启图书馆之旅;联合文石公司BOOX电子阅读器开展阅读闯关活动,推动电子阅读的普及,激发读者阅读兴趣,实现了合作共赢。

5 活动经验总结

5.1 学以"计"用,这是巧用设计思维的产物

设计思维是一种创新的手段,能够帮助图书馆员为图书馆设计有意义的解决方案的一系列步骤。我们巧用"设计思维"的方法,根据本馆自身的特点,通过一系列的访谈、洞察、制作原型、迭代,最终构思并举办了"定向挑战,乐在'图'中"活动。活动是"以人为本"的,是受读者欢迎的。

5.2 多样化,灵活的活动形式

"定向挑战,乐在'图'中"活动采用"定向挑战"的游戏形式,替代传统枯燥的教育模式,读者通过完成一系列定向任务获得知识,在轻松娱乐的游戏过程中培养阅读习惯,增强自我提升意识。相比传统的社会教育模式,定向挑战游戏让读者更有参与感和积极性,效果更为理想。活动游戏策划者根据信息素养能力标准设计不同的游戏任务,以确保读者在相应的游戏

关卡中提高相关信息素养能力。游戏环节灵活多变,充分激发用户的学习兴趣,提升读者参与感和体验感,提高活动的效率和质量。

5.3 多元化新技术手段的应用

传统的社会教育方式往往忽略读者在参与过程中的社交化交流需求,采用"传授者—读者"的单向输出模式,降低了读者社会教育活动的参与深度。"定向挑战,乐在'图'中"活动重视读者的社交需求,利用微信新媒体技术,营造出交流共享的用户教育社交化氛围。通过微信公众号、微信交流群等方式,增加了活动的开放性,为知识传授者与读者、读者与读者之间搭建了一座平等交流、充分互动的平台,读者与知识传授者之间实现及时有效的沟通,读者与读者之间实现知识经验共享。

5.4 有效的用户反馈机制

用户的反馈信息是图书馆改进服务的重要指南,及时有效地收集用户的反馈信息是图书馆能够更好地为用户服务的前提。"定向挑战,乐在'图'中"活动首次创新性地使用 Beacon 技术,将反馈环节——"摇一摇,答一答"内置于游戏任务之中。参与活动的读者只需打开手机蓝牙和网络,通过"摇一摇"的方式即可获取一份关于用户教育活动满意度的电子调查问卷,填写问卷即完成该环节任务。以此运用 Beacon 技术高效收集用户教育活动的反馈信息,考察读者在活动过程中的情感体验和心灵需求,获取读者参与活动后的真实意见和真诚建议,根据读者的阅读轨迹和阅读习惯为其设计最贴合性的用户活动,从而提升图书馆活动的针对性。

5.5 实现公共图书馆传统社会教育与新时代阅读推广结合

"定向挑战,乐在'图'中"活动实现了传统社会教育与新模式阅读推广的有机结合,创新图书馆社会教育方式的同时实现了阅读推广模式的新探索。例如,活动的多个游戏环节采用中华成语、唐诗宋词、四大名著传统文化元素,读者在有趣的游戏体验之中感受到传统文化的魅力;"阅读闯关"环节让读者通过阅读电子书的方式,暂别纸质书的厚重,体验电子阅读的新鲜;"朗读亭体验"环节引导读者进入朗读亭朗读,激发读者阅读兴趣;"亲子一起读"环节号召父母和孩子共读一本书,为父母创造与孩子交流的机会,共同分享读书的乐趣。

5.6 总结

"定向挑战,乐在'图'中"项目,从传统定向活动受到启发,摒弃传统公共图书馆履行社会教育职能的具体方式,例如讲座、培训等活动形式,通过组队完成游戏任务,让读者自己去探索图书馆,自觉主动地使用图书馆资源;同时,在游戏的过程中,激发用户阅读兴趣,提升阅读体验,培养阅读习惯,增强用户的自我提升意识,让参与读者爱上阅读,爱上图书馆,把一些潜在用户和短期用户培养为图书馆的长期用户,提高图书馆资源的利用率,让图书馆成为民众终身学习的场所,实现和保障民众基本文化权益,履行社会教育职能。

"定向挑战,乐在'图'中"活动自开展以来,积极借助本馆及多方社会团体力量,实现资源共享,多方共赢。全面打破了参与活动读者的年龄界限,最大限度地吸引老少中青人群的广泛参与。随着越来越多的读者参与,活动效果日益显著,逐渐形成品牌,加深了广大读者对图书馆的认识和了解,有助于提高图书馆馆藏资源的利用效率,完善图书馆服务体系,充分发挥图书馆的社会教育职能。

别样课堂　书香十年　甘之如饴

——首都图书馆开展北京市中小学生社会大课堂实践活动案例

左　娜(首都图书馆)

首都图书馆作为北京市大型公共图书馆,拥有丰富的馆藏文献资源。同时首都图书馆作为"北京市中小学生社会大课堂"资源单位,借助其自身优势,通过开展公益性读书活动来吸引中小学生的阅读兴趣,培养少年儿童良好的阅读习惯。长期开展适合中小学生生理心理特点、满足少年需求、符合社会需要、寓教于乐、形式多样的公益性读书活动,发挥图书馆社会教育职能作用。

为了更好地为北京市中小学生服务,鼓励各中小学校组织在校学生到首都图书馆开展探究性学习,使广大中小学生通过阅读活动增长知识,开阔眼界,培养创新精神和实践能力,提高未成年人的综合素质,展现新时期青少年的精神风貌。自 2008 年 9 月以来,首都图书馆陆续迎接本市各中小学校组织在校学生到图书馆,并通过一年多的经验积累与磨合,于 2010 年正式开展"别样课堂在首图"专场。十年来,活动依据学校特点、挖掘社会资源、积极开展面向未成年人举办的讲座、培训、展览等各种活动,关注特殊读者、弱势群体的服务,有针对性地策划相应的特色阅读课程,开辟首都图书馆别样课堂,以"书香暖童心,阅读促成长",长期开展丰富有益的校外教育特色活动。其中涵括快乐阅读——少儿借阅图书、少儿视听上网,体验阅读——走进图书馆、认知图书馆,亲近阅读——书香首图　书影共读,爱上阅读——成长课堂名家讲座、阅读故事发现会,分享阅读——童心舞台、童心影视窗等阅读活动。活动至今,首都图书馆领导责成有关部门具体落实工作,有计划、有步骤、有总结地开展工作,共接待如和平里一中、芳草地小学等 40 余所中小学校师生,累计参与人数近 3 万人次。

在北京市教委和北京教育科学研究院基础教育科学研究中心的带领下,首都图书馆与朝阳区劲松第四小学紧密配合,围绕着适合中小学生阅读体验的馆内资源,开发了一系列适合中小学生的校外实践"1＋1＋1"课程,编辑出版《书香首图　悦读阅美——首都图书馆校外活动实践课程》。学校可以结合自身的特点,选择适合不同年级的活动内容,极大程度地满足学校的社会活动需求。通过开展一系列丰富多彩、生动新颖、寓教于乐的阅读活动,首都图书馆活跃全民读书的社会氛围,搭建学生活动平台,努力营造和谐的育人环境,促进青少年学生的健康成长,在社会教育职能中发挥着重要作用,成为未成年人不可或缺的校外教育基地。

1　快乐阅读——同在一片蓝天下感受阅读的力量

少儿借阅图书:为 0 至 16 岁、少年儿童及教育工作者提供读者服务,开架文献约 3 万册,其中报纸、杂志1000余种。

少儿视听上网：为16岁以下少年儿童免费提供网上阅览、多媒体阅览、视听阅览、数据库查询等服务。

2 走进阅读——认知图书馆 提升学生的信息意识

"走进图书馆"活动，通过授课及参观形式，聆听工作人员介绍各部门的功能，学习在图书馆检索信息，查找自己所需要的图书。从而帮助青少年认知图书馆，利用图书馆。以和平街一中参与"品书香墨韵 畅数字首图——图书馆教育实践活动"为例，活动首先为同学们介绍了首都图书馆概况和北京记忆数据库情况，然后在馆员的带领下有秩序地参观图书馆独具特色的地方文献中心，让学生身临其境地感受首都图书馆的墨韵书香，体味中国悠久的历史文化。同学们参观首都图书馆文化品牌项目"世界走廊"，以及少儿英文阅览室，感受首都图书馆的现代气息和文化传播功能。随后来到了采编中心，工作人员为大家介绍图书文献到馆后，经过一系列的整理加工，才分送到各流通部门，供读者借阅的过程。同学们最后来到青少年多媒体空间里亲自上机实践，感受数字首图，领略多媒体图书馆。通过实践活动，图书馆旨在让学生全方位、多角度、亲临其境地品味首都图书馆的墨韵书香，体味中国悠久的历史文化。感受图书馆的信息环境，了解图书馆的信息从获取、整理到加工、流通的过程，提升学生的信息意识。

3 亲近阅读——同沐书香 "童"享阅读 传颂经典

中国传统文化讲读在读、记中国传统文化的同时，重点结合相关典故，理解、体会中国传统文化精髓。活动内容形式丰富多样，在有限的时间内，有别于校园课堂，以特色的安排、生动的语言，使参与者各取所需，各有所获，活动涵盖语文、益智游戏等，使小读者爱上课余生活中的别样课堂，以愉悦的心情在首都图书馆读书的同时，收获新知，结识书友，得到乐趣，在阅读中成长。

为更好地为广大少年儿童搭建优质的文化服务平台，首都图书馆挖掘社会资源，与学苑出版社合作，在2018年9月启动"'童'看非遗 匠人初心"——"别样课堂在首图"校外实践系列活动，非物质文化遗产是人类在历史上创造并传承至今的具有重要历史价值、艺术价值、科学价值、文化价值的具有知识性、技艺性和技能性的文化事项。活动将以展、讲、做、读等生动活泼的形式，吸引少年儿童走进"非遗"，走入"匠人"课堂，在活动里体会认知、感受与传承带来的力量。

4 爱上阅读——成长课堂 知识储备站

改善全民阅读状况势必从孩子做起，在当下的阅读环境中，不仅需要给孩子提供好的读物，更重要的是引导孩子发现并阅读这些好书。为了让中小学生可以通过图书馆亲身与作家直接交流，与文学专家和儿童文学图书编辑进行面对面的互动交流，获得课外阅读方面的专业指导和帮助，并且更多地了解课外阅读与儿童成长方面的知识。活动以讲座的形式，帮助未成年人树立正确的人生观和价值观、指导正确的学习方法、解答在成长道路上遇到的问题和困惑。根据少年儿童成长的规律,有针对性地设计讲座的内容。主要有:儿童文学欣赏与写作、走近艺术、知晓法律、新闻采写、科普体语、心灵驿站、家教指导、青春期防护、名师谈话等内容。担任成长课堂的老师既有社会知名人士、艺术家、少儿教育工作者、儿童文学作家、儿童心理专家等。以"朝阳区劲松第四小学别样大课堂——童心对话名家"为例,葛冰、葛竞这对中国儿童文学知名父女作家向小读者传授写作妙招,分享阅读的快乐。将父女作家的互动教育和写作心得一一与小读者共同分享,一个个高招、妙招让老师、同学受益匪浅。

5 分享阅读——读书成果展示 共度书香时光

4月2日是安徒生诞生的日子,同时也是"国际儿童图书日"。2007年,国际儿童读物联盟中国分会,中国儿童读物促进会在教育部和团中央的共同支持下,将"国际儿童图书节"引进中国,并设定每年4月2日为"中国儿童阅读日",首都图书馆(北京市少年儿童图书馆)被授予"中国促进阅读示范图书馆"。"别样课堂在首图"活动在纪念日之际邀请来自芳草地国际学校国际部58个国家和地区的700余名外籍小学生们参加系列读书活动,在书海中度过一个难忘的"国际儿童图书日"。此次系列活动包含童心对话名家、认知图书馆、红红姐姐讲故事、书海寻宝、童心影视窗、巧巧手美劳加工厂等6个项目,让到馆的孩子们全身心地感受首都图书馆创造的文化之家,尽情地享受这个有益的阅读时光。其中,最受欢迎的莫过于"书香首图 阅读接力"童心对话名家讲座。著名儿童文学作家、《淘气包马小跳》系列图书的作者杨红樱女士来到这群国际小读者中间,与他们一起聊读书的故事。"杨老师,马小跳是不是现实中的人物呀?""现实生活中真的有马小跳吗,我想和他成为朋友。""杨老师,我觉得您的作品特别贴近我们的生活,你是怎么知道那么多我们的事情呀?"热情的同学们争相提问,以"破解童心"为平生最大愿望的杨红樱,在娓娓道来中,为孩子们营造出一个开阔、多彩的童心王国。其他的阅读活动同样聚拢了不少小读者:"认知图书馆"让他们了解到公共图书馆的历史,也学会了如何在图书馆获得自己需要的图书;"红红姐姐讲故事"带领小读者从阅读故事开始走进阅读世界,学会聆听、学会理让、学会关爱,一起分享阅读的快乐;"童心影视窗""巧巧手美劳加工厂""书海寻宝"等活动,为小读者提供了多样的阅读选择。丰富多彩的活动结束后,参与的各国小朋友们纷纷表示:在图书馆里阅读真快乐。希望在日后能够常来图书馆结交新朋友,参与更多有意思的读书活动。

首都图书馆致力于开展丰富多彩的公益性读书活动吸引孩子的阅读兴趣,培养少年儿童良好的阅读习惯,为孩子制作精良美好的文化礼包,诠释"在活动中学习,在参与中提高"的服务理念。

6 体验阅读——"童"系梦想,冬奥之音

2022年北京冬奥会,承载着实现"三亿人参与冰雪运动"的目标,圆体育强国之梦,推动世界冰雪运动发展,为国际奥林匹克运动做出新贡献。2019年5月,首都图书馆与北京校外教育协会共同策划举办"童系梦想,冬奥之音"——2019别样课堂在首图系列活动,分为"冬奥历史""志愿之光""运动员故事"等篇章,让孩子们了解奥运、参与奥运,在活动中体现少年儿童对于奥运会的向往和热情,并在活动中展现北京青少年的风采。通过举办系列讲座、实践活

动,更加鲜明地在广大少年儿童中进一步宣传奥运知识,普及奥运礼仪,弘扬奥运精神,向全国乃至世界展示北京儿童心向奥运、参与奥运的积极向上的精神风貌。

首都图书馆的未成年人工作始终以贯彻落实《中共中央国务院关于进一步加强和改进未成年人思想道德建设的若干意见》为核心,始终把对未成年人的思想道德教育和综合素质培养作为策划落实活动的宗旨和目标,收到明显效果,得到社会的广泛好评。首都图书馆作为北京市公共图书馆的中心馆,为未成年人搭建一个走近阅读、培育阅读、学会阅读的平台,通过不同的内容和形式,组织开展平面式、实践式、互动式、立体式阅读,提高未成年人的阅读兴趣,培养未成年人的阅读习惯,让未成年人在温馨的书海中健康快乐地成长。

借力少儿数字阅读推广,弘扬中华优秀传统文化

——"童音诵古韵·经典有新声"全国少儿诗词在线诵读活动案例

刘　溪　毛嘉瑞(国家图书馆)

如何在信息技术飞速发展的新时代弘扬中华优秀传统文化,是当今公共文化建设的一个重要命题。原数字图书馆推广工程(现属于公共数字文化工程,以下简称"推广工程")充分利用图书馆优质传统文化数字资源,通过移动互联网新媒体渠道,在全国策划开展"童音诵古韵·经典有新声"全国少儿诗词在线诵读活动(以下简称"活动"),以数字阅读服务推广的形式面向少儿群体开展活动,实现优秀传统文化的传承与弘扬,同时也推广了相关优质数字资源,提升了推广工程在全国的服务效能。

1　活动背景

1.1　外部因素

1.1.1　政策背景

党的十八大以来,以习近平总书记为核心的党中央高度重视国家文化建设,多次强调中华优秀传统文化的重要性。习近平总书记指出:"中华优秀传统文化是中华民族的文化根脉……要把优秀传统文化的精神标识提炼出来、展示出来,把优秀传统文化中具有当代价值、世界意义的文化精髓提炼出来、展示出来。"中华优秀传统文化对坚定中国特色社会主义"四个自信"也意义重大,它与社会主义先进文化共同构成"文化自信"的内容,而"文化自信"又是"更基本、更深沉、更持久的力量"。由此,如何在当代公共文化服务体系建设中传承和弘扬中华优秀传统文化,是每个公共文化服务机构和建设者面临的重要课题。

俗话说"从娃娃抓起",揭示了少年儿童是任何事物传承的关键对象群体,中华优秀传统文化也不例外。推广工程作为我国公共数字文化工程的建设主体之一,也承担着弘扬中华优秀传统文化的责任。原文化部于2017年7月出台的《文化部"十三五"时期公共数字文化建设规划》明确提出:"完善少儿图书馆数字化服务,构建中华优秀传统文化网络教育平台,向青

少年儿童推送经典文化资源,提供健康绿色的数字图书馆服务。"[1]2018 年元旦正式施行的《中华人民共和国公共图书馆法》也规定"公共图书馆……坚持以社会主义核心价值观为引领,传承发展中华优秀传统文化……开展面向少年儿童的阅读指导和社会教育活动",因此作为推广工程在全国实施主体的各级公共图书馆也有着同样的工作要求和服务内容。

1.1.2 技术背景

自进入 21 世纪第二个十年起,我国互联网建设和发展走上了高速发展的"快车道",而移动互联网更是发展迅猛。2018 年,中国移动互联网接入流量消费达 711.1 亿 GB,较"十三五"开年的 2016 年增长了约 6.6 倍[2];在互联网接入设备中,网民使用手机上网的比例高达 98.6%,分别高出使用台式电脑和笔记本电脑上网的比例 50.6 和 62.7 个百分点;在手机上网使用的各类 APP 中,微信等即时通信类 APP 的用户使用时间最长,占比为 15.6%,且用户使用时间分布较为均衡,与网民日常作息时间关联度较高[2]。

移动互联网信息技术的发展,也极大改变了人们的阅读习惯。据新华网、亚马逊中国联合发起的《2018 全民阅读调查报告》结果,主要阅读电子书的人群比例为 19%,超过主要阅读纸质书人群比例 7 个百分点[3]。数字阅读的意愿有所上升,数字阅读推广有了更广泛的受众群体。

1.2 内部因素

1.2.1 工作需求

开展数字图书馆服务推广活动,一直是推广工程除平台搭建和资源建设以外的重要工作内容。为落实《文化部"十三五"时期公共数字文化建设规划》中提出"加大特殊群体服务力度""通过网站、手机、手持阅读器、数字电视、电子数据库等多种模式向青少年提供数字图书馆服务"[4]的工作要求,推广工程有面向包括少儿在内的特殊群体策划"订制化"服务推广活动的工作需求。

1.2.2 开展优势

自 2011 年正式启动以来,推广工程在全国已形成了"国家图书馆—省级馆—市级馆"的三级实施网络。截至活动首次开展的 2016 年,全国共有 40 家省级公共图书馆(含少儿馆和新疆生产建设兵团文化中心)、482 家市级公共图书馆成为推广工程的实施单位。县级公共图书馆虽未正式纳入推广工程的实施单位中,但在各地省、市级馆的影响带动下,也在推广工程的服务范围内。遍布全国各省的实施网络,是推广工程开展全国性活动坚实的组织基础,此前,推广工程已利用这一全国网络,在全国成功开展"网络书香过大年"春节活动、"我心中的数字图书馆"少儿绘画大赛和"网络书香·掠美瞬间"微视频大赛等活动,积累了丰富的全国性活动策划、开展经验。

1.2.3 资源优势

资源是数字阅读推广活动策划筹备的一大关键因素,也是活动开展的核心意义所在。推广工程依托国家图书馆和自身的优质数字资源,为活动开展提供了充分的条件。国家图书馆"文津经典诵读"栏目(http://www.nlc.cn/new_wjjdsd)自 2012 年 8 月 1 日正式推出以来,在国家图书馆官方网站和手机 APP 上每天向读者推送一首古诗词和传统美德格言的文字内容及朗诵音频,这些古诗词的创作年代上溯先秦,下至明清,内容包含诸多广为传诵、脍炙人口的经典之作。就推广工程自身而言,其建设的数字图书馆移动阅读平台(http://m.ndlib.cn)和推广工程资源库群（http://www.ndlib.cn/tggczy）中也有大量适合少年儿童群体的电子书、音视频等资源，都可借助活动进行有针对性的推广。

1.3 活动基本情况

在充分调研、分析并综合考虑上述背景因素的基础上，推广工程在"十三五"建设开局的2016年，正式决定策划开展活动。活动的基本情况如下：

活动名称："童音诵古韵·经典有新声"全国少儿诗词在线诵读活动。

活动时间：6月至8月，"六一"儿童节当天启动，开展至8月中旬左右结束。

活动对象：全国6至12岁的少年儿童。

参与方式：主要基于微信端线上开展，PC端和线下活动辅助开展。

活动目的：以国家图书馆"文津经典诵读"古诗词音频资源为载体，通过在微信端在线诵读的形式，面向全国少儿群体弘扬以古诗词为代表的中华优秀传统文化，同时推广数字阅读方式、宣传数字图书馆理念，推送来自推广工程的相关少儿数字资源，提升少儿群体的人文与信息素养，共同推动全民阅读和书香社会建设。

活动频次：每年1次，2016至2018年已开展3次。

组织机构：推广工程主办，全国各级公共图书馆协办。

2 活 动 内 容

2.1 活动要点

如前所述，自2016年至今，活动已成功举办了3次；每次活动的主要内容都在往年基础上有所调整、改进。活动开展全过程的各阶段和要点如表1所示：

表1 活动各阶段及相应要点一览表

年份 阶段	2016年	2017年	2018年
筹备 （5月）	面向全国各级公共图书馆开展活动需求调研		
	开发基于微信端上传诵读音频的页面程序		开发上传诵读音频的微信小程序
	从"文津经典诵读"栏目中精选10首古诗词	将精选出的古诗词按题材分类，数量增加至50首	将精选出的古诗词按题材分类，数量调整为20首
	设计活动主视觉元素及易拉宝、折页等各类宣传品		
	—	拍摄活动预热先导片视频	拍摄上年活动体验感受的街访视频
	向推广工程全国省级实施馆下发活动正式通知函，启动活动各馆报名，并回收汇总各馆参与回执		
	—	为参与活动的地方馆开设独立的微信活动链接入口，策划"图书馆寻宝"加分环节	

年份 阶段	2016 年	2017 年	2018 年
开展 (6 月)	活动程序绑定推广工程微信公众号上线,面向全国少儿正式开展诵读作品上传,期间推文配合活动进行宣传		
	大众对上传作品点赞		
	—	新增"亲子诵读"视频上传	新增"集体诵读"视频上传
		新增专家解读、点评和诵读技巧讲解,以及上年"诵读小状元"访谈推文	
			新增诵读诗词赏析类推文
评审 (7 月初 至中旬)	上传截止,开始作品初筛		
	作品复筛		
	专家终审,评选出"诵读小状元""诵读小达人"和"诵读小诗童"		
表彰 (7 月 中下旬 至 8 月初)	推广工程通过官微推文公布评审结果		
	寄发礼品		
	获评"诵读小状元"荣誉称号的小朋友来京参加培训等活动	为"诵读小状元"制作个人专属 H5 荣誉页面	—
总结 (8 月 中下旬)	总结活动参与数据		
	设计活动反馈问卷,进行满意度调研		
	—		对活动组织开展突出的参与馆寄发感谢信表彰

2.2　活动创新之处

2.2.1　"移动互联网 + 古典诗词",优秀传统文化传承的新尝试

活动最大的创新之处,就是将"弘扬中华优秀传统文化"与当前移动互联网发展趋势、推广工程开展数字阅读推广的工作需求相结合,通过用户调研分析以及自身新媒体宣传工作实际,选择微信端作为活动切入点,开发与推广工程官方微信公众号绑定的线上程序及微信小程序,开展在线古诗词诵读活动。通过将图书馆自建的优质传统文化数字资源("文津经典诵读"栏目音频)迁移到有着广泛用户基础、日常高频使用、具有最大传播效应的移动端即时通信类 APP 上,让优秀传统文化借助移动互联网的技术优势和用户习惯,真正"走进千家万户",实现"质量"与"流量"的"强强联合"。在微信端开发活动程序,也为让活动参与体验更加便捷流畅,让优秀传统文化资源更加"触手可及",以喜闻乐见、寓教于乐的方式面向参与活动的孩子和家长进行推广。

2.2.2　线上活动引导线下参与,提升各参与馆服务效能

与其他数字阅读推广活动相比,活动的一大特点在于坚持线上部分与线下部分的有机关联、相互引导。尽管微信端是活动的主要开展阵地,但在全国开展的具体过程中,推广工程十

513

分注重活动对各级参与图书馆起到的积极作用,在完成"规定动作"之余,给予各馆充分的自主性,鼓励它们结合当地实际情况,配合活动策划相关线下活动,从而吸引更多读者到馆参与,提升本馆在当地的服务效能。比如,在活动开展的第二年新增"图书馆寻宝"加分环节,引导参与活动的孩子们走进所在地公共图书馆。

2.2.3　以统一设计元素贯穿始终,强化活动品牌效应

活动十分注重视觉元素的设计,加之开展对象是少儿群体,就更需要在设计方面别出心裁,以吸引孩子们来积极参与。基于此,推广工程在活动开展首年设计推出了"小诗童"和"小诗妹"的主视觉卡通形象,用这对兄妹代表全国参与活动的孩子们,并将之运用于活动的易拉宝、专题页面和线上程序古诗词的诵读页面中。活动开展的第二年,推广工程又为"小诗童"和"小诗妹"做了形象调整,并为他们设计了"爸爸妈妈"的卡通形象,让"小诗童"有了一个完整的家,强调活动"全家参与"的引导方向,既呼应活动形式的创新,也强化家长在孩子参与活动过程中的陪伴、引导角色。"小诗童一家四口"的主视觉卡通形象依然贯穿活动的各个环节,并应用到宣传折页、先导片视频和自主设计的文创礼品中,更加凸显活动的辨识度,强化活动的品牌效应。

图1　活动主视觉卡通形象变化

514

2.2.4　不断创新活动形式,吸引更多用户参与

在活动开展至今的三年来,推广工程也在活动"在线诵读"这一关键形式上不断创新:在2016 年首发时的单人诵读基础上,2017 年新增"亲子诵读"视频上传环节,鼓励父母陪伴孩子共同参与活动;2018 年又新增"集体诵读"视频上传环节,引导参与馆对活动进行线下延伸,丰富活动内容和展现形式。此外,在音频上传基础上新增视频上传环节,也顺应了当前 Web2.0时代社交媒体网络上短视频传播热潮,有利于扩大活动影响力,提升活动参与热度。

2.2.5　与参与馆正向互动,从组织上保障活动的全国开展

利用自身的实施馆体系开展活动,是推广工程举办活动的一大组织优势。在活动的每个阶段,推广工程都注意与参与各馆保持正向互动,确保活动在全国的顺利开展。在筹备活动时,推广工程会向各省级馆调研活动需求,主动了解它们对活动的需求和意见;在活动开展过程中,推广工程会密切保持与参与馆的沟通联络机制,及时解答相关疑问,同时注意在活动宣传上进行联动;活动结束后,根据各馆参与活动情况,为表现突出的参与馆寄发感谢信,以推广工程的名义对各馆为活动做出的工作表示肯定,在机制上鼓励地方馆在未来更加积极地参与、承办其他数字图书馆服务推广活动。

3　活动过程

活动的整体架构分为活动筹备、作品征集、作品评审、活动表彰和总结评估五个阶段,并辅以活动宣传和效能评估两大运营保障。在开展过程中考虑每个环节的安排与推进,使之得到充分论证,力求使各个环节架构层次分明、思路清晰,为活动提供必要遵循,以取得良好的预期效果。

3.1　活动流程

3.1.1　活动筹备

(1)策划活动方案

推广工程服务推广品牌策划可以有效提升其在业界的影响力,使受众群体了解品牌的文化内涵。活动宗旨与活动主题是策划活动的前提条件,需要以此为中心策划活动方案,才能保证每个环节都体现活动的作用和意义,进而有效地组织整个活动流程并凸显活动成效。在策划活动方案时,需要确定 7 个重点因素,即活动主题、活动宗旨、组织结构、服务群体、参与方式、活动时间以及实施步骤。

(2)制定活动规则

活动规则需要表达明确且条理清晰,以便读者可以清晰地判断出如何参与活动、提交作品等。例如活动点赞方面,要求读者在点赞期每天可为每个作品点赞 1 次,以防止恶意刷票行为;评选方面,默认选取每个参与者赞数最高的 2 个作品进入评选;"亲子诵读视频",要求上传亲子共读的视频内容,时长 1 分钟左右,每位用户可上传 3 条视频,成功上传 1 条视频即可点亮勋章获得加分;"图书馆寻宝",到馆扫描海报或者宣传页上的各省专属二维码,即可点亮勋章获得加分;"集体诵读",鼓励地方馆上传组织活动的视频,可作为各馆活动组织的奖励依据之一。

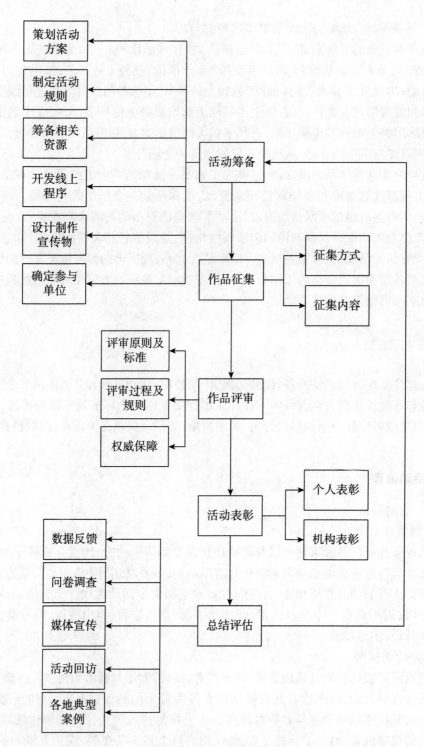

图2　活动全流程架构示意图

（3）筹备诵读及延伸资源

　　为引导全国少年儿童利用数字图书馆优质资源,激发其对中华传统文化经典的阅读学习兴趣。活动前期,主办方对国家图书馆相关资源库包括"文津经典诵读""国家少儿数字图书馆千家诗""领航卡通动画资源库(幼教、小学)——古诗文诵读""天方有声数字图书馆""地方馆少儿资源"等进行深入调研,结合资源适用度、使用方式,少年儿童的兴趣偏好、接受程度等因素,最终确定从"文津经典诵读"资源库中遴选适用资源开展活动。此外,为引导孩子爱上阅读,提倡亲子共读,活动还精选了100余册电子书,包括儿童读物、诵读技巧、家庭教育等资源,主办方特别将这些资源设计到作品页中,便于参与者随时阅读与传播。为少年儿童拓展知识储备、培养阅读兴趣起到一定推动作用,同时有效促进了家庭阅读素养的稳步提升。

(4)开发设计线上程序

活动策划之初,需要先对程序提出功能及性能需求,以满足活动需要。少儿诵读活动开发的主要内容包括:移动端用户征集系统、征集作品分享系统、点赞功能页面、视频上传与展示功能开发、各省参与度排名功能开发、微信小程序内容开发以及活动总结H5页面设计制作等。主要用于实现诗词的示例朗读,用户诵读音频、视频上传,以及生成用户诵读背景音乐、合成封面,实现用户点赞分享,用户榜单,个人主页等功能。从开展效果看,该程序为活动的有序开展提供强有力的技术支撑和网络支撑。

(5)设计制作宣传物

活动筹备阶段的宣传物设计,首先是要设计主视觉,活动主视觉是活动第一传达给人的信息,在一定程度上直接影响着参与者对活动的第一印象。同时活动的所有宣传物都将在主视觉的基础上进行延伸设计,所以在活动筹备阶段主视觉设计是重中之重。设计依据主要有两点考虑:一是活动的主题,以及推广工程服务推广活动的品牌调性。二是由此延伸出的各类宣传品创意,包括易拉宝、宣传折页、宣传视频等。在2017年活动中,推广工程特别拍摄制作了"活动宣传片",一方面是为活动预热;另一方面通过新增"亲子诵读视频"上传,推出"亲子诵读"理念,向全社会发出"陪伴孩子一起诵读经典"的倡议,建立和谐温馨的家庭关系。

(6)确定参与单位

推广工程组织的服务推广活动一般采用"以点带面"的形式,由工程主办,联合全国各级图书馆共同开展,以带动各地图书馆积极开展公共数字文化服务活动,提高各地筹办活动的积极性、扩大工程影响力。活动主要通过向地方发放通知函的方式,由地方馆自愿申报参加,工程通过回收回执,确定主要参与对象,掌握相关参与信息及需求,以便活动在全国得到更好地推广。此流程主要包含:下发通知、各地申报、汇总回执、反馈信息等。

3.1.2 活动征集

(1)征集方式

活动的作品上传主要在数字图书馆推广工程官方微信平台上进行,其中,2016、2017年采用活动微信端链接开展,2018年采用微信小程序"诵读小助手"开展。参与者进入活动界面后,可按照步骤进行操作,首先从诗词素材中选择一首开始录制,录制页面可试听、重录,确认后上传,填写个人信息后提交,一个诵读作品即可完成上传。微信端开展有效地降低了活动参与门槛,让更多的读者可以随时参与到活动中来。同时有效增加了推广工程微信公众号和各地官方微信公众号的关注度和活跃度。活动还保留了传统的专题页面,但只用于网站宣传推广和用户导流。

(2)征集内容

活动征集的内容主要是诵读音频,其次是自愿上传的"亲子诵读视频"。活动诗词全部选自国家图书馆"文津经典诵读"栏目,2016年精选10首,2017年精选50首,2018年精选20首。诗词选择的主要考虑是,题材和内容适合少儿群体学习、理解,创作时间尽量覆盖更多朝代。"亲子诵读视频"要求小读者与家长共读一首完整的古诗词,诗词内容由参与者自行选择。

3.1.3 活动评审

(1)评审原则及标准

评审原则:活动评审秉持"公平、公正、公开、坚持标准、全面考核"的原则。

评审标准:结合专家意见制定,主要从语音、语速、语调、感情、创新等各方面综合进行评审。标准分数100分,其中语音(30分):吐字清晰,发音正确,并能准确把握停顿和重音。语调和语速(30分):运用适合于所读诗词的恰当语调,适中语速,诵读流利,无读断、读破现象。感情(25分):正确理解诵读诗词的思想感情,并能通过诵读将这种感情准确表达出来。创新(15分):能正确理解诗词含义,诠释方式与众不同,给人耳目一新之感;无模仿迹象。

(2)评审过程及规则

评审过程:主要分为初筛、复审、终审三轮评审。三轮评审均在后台评审系统上进行。初筛:由数字图书馆推广工程工作人员初步筛选出500位参与者(每人1首作品),所挑选音频须清晰完整,无干扰杂音,有一定质量保证;复审:由数字图书馆复审工作人员从初筛作品中选出200首晋级作品;终审:各位专家登录后台系统,按评审标准规范,对遴选出的复审晋级作品进行在线打分,各位专家分数加总取平均,为单个作品的专业分。最后按评审规则核算总分,并整理排名。

评审规则:规定每个作品按照大众点赞数(10%)、扫码成功用户(10%)、视频审核成功用户(10%)与专家评审(70%)四项的权重计算总分。其中"大众点赞"因每人每天可为每个作品点赞一次,实际数量差异较大,故按票数统计结果,给出赞票区间分,即1至100票90分,101至500票92分,501至1000票95分,1001至9000票97分,10000以上票100分;参与"图书馆寻宝"扫码成功的参与者,将为其作品总分增加10分;参与上传"亲子诵读视频",且视频审核成功的参与者,将为其作品总分增加10分;专家评审主要是按照评审标准,以百分制为每一个作品进行打分。最终按四项权重分配计算总分,并为每位参与者保留一个最高分数的作品,整理最终排名名单。

(3)权威保障

为确保评审的公平、公正和专业性、权威性,主办方特邀古代文学、现代播音和艺术表演等相关领域资深专家,组成专家评审团,对作品进行终审。每届3至4位,历届评审团专家包括:

李山:北京师范大学文学院教授,博士生导师,中国诗经学会常务理事。主要研究方向为中国古代文学史、中国文化史等。央视《百家讲坛》"春秋五霸"、"战国七雄"系列主讲者,著名学者启功先生、聂石樵先生弟子。

朱卫东:中央人民广播电台播音指导、国际诗歌艺术活动"为你读诗"艺术指导、红领巾中国模范学生展示活动播音顾问。

张百灵:中国艺术研究院话剧研究所研究员,中国戏剧表、导演艺术研究学会秘书长,北京市关心青少年协会理事。中央电视台银河艺术表演班主讲教师,传媒大学表演专业教授。曾任昆明军区国防话剧团主要演员。

刘纪宏:中央军委政治工作部话剧团国家一级演员、编剧、导演。北京语言学会朗诵研究会常务理事,中国戏剧家协会会员,中国电影家协会会员。广电部授予的"全国十大优秀演播艺术家"。

曲敬国：中国戏剧家协会会员、中国电视艺术家协会会员。资深配音演员，解放军艺术学院戏剧系台词教研室主任、教授。曾受聘于中央戏剧学院、北京儿童艺术剧院、总政话剧团。

曲凌超：国家图书馆业务骨干。曾担任中国海峡之声广播电台主持人，黑龙江电台特约主持，国家图书馆艺术节主持人等。

3.1.4 活动表彰

（1）个人表彰

个人奖项：活动按级别设定三类奖项，包括"诵读小状元""诵读小达人""诵读小诗童"。其中活动排名1至10名为诵读优异者，由国家图书馆授予"诵读小状元"称号，颁发证书及精美纪念品；活动排名11至60名为诵读优秀者，由国家图书馆授予"诵读小达人"称号，颁发证书及赠送精美纪念品；诵读小诗童根据当届参与人数，在参与者中随机抽取若干名，赠送主办方提供的精美纪念品。其中2016年抽选200位，2017年抽选300位，2018年抽选600位。

特别奖励：其一，优秀作品展示。活动将每届"诵读小状元"和部分"小诗童"的优秀作品，发布在推广工程官方微信上，让这些脱颖而出的优秀诵读作品得到更好的传播和展示。其二，"诵读小状元"来京培训。2016年"诵读小状元"受邀到北京参观国家图书馆，接受国家级专业朗诵培训，并赴中央人民广播电台进行录音实践活动、参与中国之声《小喇叭》栏目录制。通过培训和实践，开拓参与小读者的视野，提高诵读水平。其三，小状元专属荣誉H5页面。其中包含写给"诵读小状元"的一封信，表扬其在活动中的优异表现；评审专家老师专门录制的对"诵读小状元"作品的点评意见。这些特别奖励极大鼓舞了孩子们的自信心，也促进了他们对中华传统文化和诗词诵读兴趣。

（2）机构表彰

活动的顺利开展离不开各级公共图书馆的积极配合和精心组织，所以在活动结束后，推广工程特别对组织活动的各级单位采用"感谢信"的形式进行表彰。表彰的衡量依据主要包括各馆参与人数、提交作品数量、获奖作品数量、"图书馆寻宝"扫码数量，以及积极组织当地群众开展线下推广宣传活动情况，提交集体诵读视频情况等。对这些数据做出整体排名和综合考量后，确定表彰对象，并寄发"感谢信"以作鼓励。

3.2 活动运营保障

3.2.1 活动宣传

（1）微信宣传与运维

数字图书馆推广工程微信公众号不仅作为活动的主要参与入口活动，也是活动的宣传出口。在活动开展期间，微信的宣传与运维贯穿四个活动阶段，包括：预热启动阶段、作品征集阶段、称号授予阶段和活动总结阶段，推广工程微信公众号是活动参与者获得活动进展消息、获取诗词及诵读知识、分享诵读体验最重要的渠道。据统计，活动期间在公众号上发布的有关少儿诗词诵读活动的消息共计38期85条，阅读量超过12.5万人次。其中，2016年11期28条，2017年13期29条，2018年14期28条。

（2）媒体宣传报道

广泛的媒体宣传报道是获得更多媒体和用户的关注，以及提升活动的影响力和覆盖面的重要途径。一方面是主办方的自我宣传，包括内部宣传，即活动开展前准备新闻通稿，发布在《国家图书馆通讯》上；活动结束后准备活动简报，发布至《国家图书馆简报》，在文化和旅游部系统内宣传活动成效。同时将专题活动页面外挂至官方网站头条,同时通过网站发布活动最新新闻动态,引导更多网络用户关注活动。外部宣传,即联系光明网、新浪网等战略合作媒体,以及其他媒体资源,向其提供新闻通稿宣传,或在其网站推送活动入口等。另一方面是借助全国各级参与馆的力量开展的宣传,主要通过地方主流媒体进行宣传报道,或在各馆官方网站及地方媒体网站开设活动通栏入口等。同时要注意紧密结合活动的各个推广阶段,及时予以报道,才能更好地达到活动宣传效果。

（3）线下宣传

由推广工程设计策划统一的活动宣传物料,使地方馆在实施时可以整体复用,也可在此基础上做特色加工处理。这样既有较强的可操作性,也更易于实现整体宣传。少儿诵读活动的线下宣传物料主要包括:易拉宝、海报、折页等,他们的特点是风格统一、主题突出、内容简洁。在各地方馆配套使用时,可以整体烘托活动氛围,激发用户参与热情。此外,为了强化品牌价值,推广工程还设计制作了一批带有浓厚品牌形象的文创产品,例如根据主视觉人物设计的文件袋、书签、壁纸,以及带有奖项名称的创意书签等,这些产品有效地提升了用户对活动品牌的认知度,增强公众体验,促进了活动品牌价值的传播。

3.2.2 效能评估

（1）数据反馈

通过对比 2016 至 2018 年活动的参与馆数量、独立链接数量、参与人数、上传作品数、"亲子诵读视频"数量、通过地方馆入口上传作品数、点赞数、"图书馆寻宝"数量 8 项数据,可以看出,数据呈现逐年上升趋势,且 2018 年各项数据更是呈现跨越式增长,其中参与人数增长 220.4%,作品数量增长 132.6%,点赞数增长 604.9%,"亲子诵读视频"数量增长 5.4 倍。活动开展三年来,形式更加多样、覆盖面更广、参与度更高、品牌特色更加彰显,服务效能得到有效提升,重点突显活动的专业化、品牌化、精品化特点,是创新公共数字文化服务新业态的一次有益尝试。

表2   2016 至 2018 年活动开展情况主要数据

年份 数据项	2016 年	2017 年	2018 年
参与馆数量（家）	202	297	437
独立链接数量（个）	/	270	360
参与人数（人）	2956	7273	23300
上传作品数（首）	4980	9721	21733
"亲子诵读视频"数量（个）	/	222	1206
通过地方馆入口上传作品数（个）	/	3750	5156
点赞数（人）	107689	205893	1451430
"图书馆寻宝"数量（人）	/	1021	2789

（2）问卷调查

每届活动总结阶段都会针对用户开展满意度调研,以期获取用户反馈,积累更多经验,为下一次活动的设计与执行,提供充分的参考依据。以 2018 年活动满意度调研为例。问卷调查自 2018 年 8 月 17 日开始,到 2018 年 8 月 27 日结束,通过在线问卷调查网站"问卷星"面向社会公众发放活动调研问卷,历时 10 天,回收问卷 189 份。经过对数据的审核、整理及提炼,保证调研资料的真实、准确、完整、有效。问卷共调研 17 个问题,现对部分内容进行展示分析。

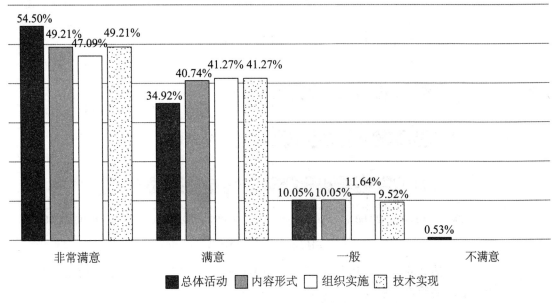

图3 活动客观满意度评价结果

用户对活动的客观满意度评价。活动从总体情况、内容形式、组织实施、技术实现 4 个方面综合收集用户满意度。其中内容形式主要涉及少儿诗词选题、视觉内容、开展线上活动形式等方面;组织实施主要涉及活动主办方的组织能力和实施力度;技术实现主要涉及在录制、点赞、分享等技术层面的用户体验效果。从调研结果看,这四个方面的用户满意度基本趋同,且占比较高,显示出用户对活动的充分肯定。

用户获取活动信息的主要渠道。从调查来看,用户主要通过图书馆网站、微信、微博途径了解活动信息,这些也是活动宣传的主要途径。未来,我们会继续创新传播手段,积极拓展信息传播渠道,让更多用户参与到活动体验中来。

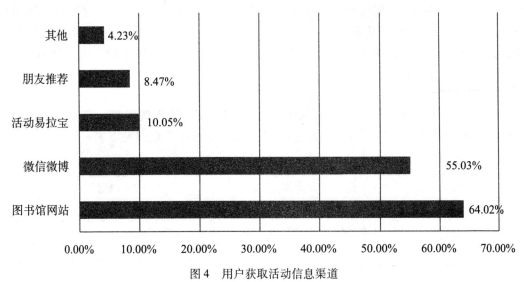

图4 用户获取活动信息渠道

用户最喜爱的活动环节。从调研数据来看,用户普遍对"亲子诵读"更为偏爱,"图书馆寻宝"和"微信福利礼包"也受到了用户的肯定。未来,将考虑增加更多精彩环节,满足用户日益增长的多样化需求。

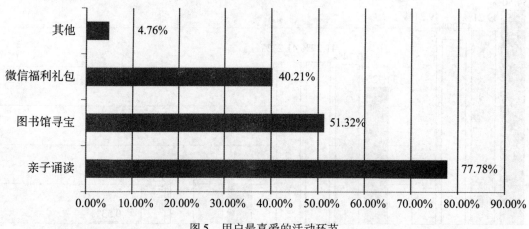

图5　用户最喜爱的活动环节

用户参与下届活动的意愿。其中有87.3%的用户确定"肯定会参加"下届活动。在一定程度上说明了活动的受欢迎程度。

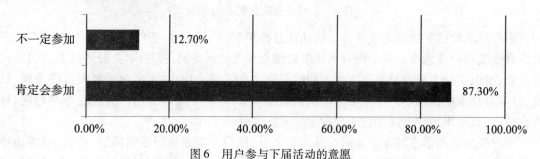

图6　用户参与下届活动的意愿

用户对活动看法。部分参与用户对活动给予了充分肯定:"公平、公正、公开,形式简洁易于操作,孩子也喜闻乐见,积极参与""不以点赞拉票的数量为主要指标,而是注重孩子的朗读与领悟,值得参与者信赖""能锻炼儿童的胆量。独创、真切、实在、难忘""参与活动十分方便,成绩一目了然,还可以回放收听"。还有对活动提出的建议:"希望按年龄段设置分组""线上组织专家辅导""增加诵读类型"等。

(3)媒体宣传

活动充分利用现有宣传渠道,开展基于多平台、多终端的线上线下统一宣传,以及传统媒体和新媒体的融合互动。在活动媒体宣传中,主要合作的媒体及形式见下表:

表3　活动媒体宣传情况

形式	媒体	栏目
通栏链接	新华网	首页(文化/悦读)
		悦读频道通栏
		"书香中国"全民阅读官方网站

形式	媒体	栏目
	光明网	国图播报
	文化部网站	首页
		热点专题
	掌上国图	首页通栏
	国图网站	首页通栏
	推广工程网站	首页通栏
网站/报纸新闻	国图资讯	国图新闻
	《人民政协报》	休闲周刊
	CNTV	青少栏目

此外,搜狐网、新浪网、网易、凤凰网等主流门户网站,以及《长沙晚报》、齐鲁网、《楚天都市报》、阜阳新闻网等地方媒体都对活动进行了广泛的宣传与持续报道,最大限度地增强了活动的曝光率,提高了活动知名度和参与度。

(4)活动回访

在2017、2018年两届活动开展过程中,主办方特别对上一届参加活动的"诵读小状元"及其家长进行邮件和电话回访,通过访谈我们了解到小读者和家长在参加完活动后的成长和改变。连续两年获得"诵读小状元"的魏国峥小朋友表示:"收获很多,不管是古诗词还是现代文想要学好,必须要先了解作者的写作背景,作者要抒发的感情等。"雍毅杰小朋友跟我们谈道:"我学会了如何读古诗并读出古诗的韵律,比以前更喜欢读古诗,有时还会主动问爸爸妈妈诗中的一些字词的意思,在学习上变得更加积极主动了。"同时,"诵读小状元"的家长们也在孩子的身上看到了变化:黄子墨妈妈提到:"参加前后孩子身上最明显的变化就是对诗词的学习兴趣更浓厚了,朗诵的技巧也有了很大的提高。"张瑜秀妈妈认为:"活动让孩子对古诗词有了更加深刻地理解,诵读起来更有韵味了。"通过参与我们的活动,让孩子们更加有自信、对古诗词更加感兴趣、眼界更加开阔,也掌握了更多学习古诗词的方法。对于家长,通过活动让他们认识到培养孩子诵读,以及培养他们对中华传统文化兴趣的重要性,也让他们更加积极地看待数字化阅读给孩子带来的影响。这些也是我们的活动想要传递给广大公众的理念,也是作为活动主办方最有意义的收获。

(5)各地典型案例

为配合少儿诵读活动的开展,各地公共图书馆线上积极配合、线下主动响应,按照推广工程活动要求,结合地方特色,为小读者组织了各种形式的培训、讲座、汇报演出、诵读比赛和互动活动,涌现出许多优秀的典型案例。活动的辐射面之广、影响力之大、社会关注度之高、社会参与程度之深,体现出活动积极的影响力。活动经过三年在全国的开展,已在各地开花结果,为线上线下服务推广活动、"数字阅读 + 传统文化"服务开展的新模式实践提供了成功案例。下面以2018年最新一届活动为例,汇总展示各地开展情况。

四川省眉山市图书馆举办在线诵读活动指导会,活动邀请来自大北街小学等的小读者参加,并邀请专业老师为孩子们传授诵读技巧,还有上一届的"诵读小状元"为大家做展示。

四川省巴中市通江县图书馆举办了少儿诗词诵读活动启动仪式暨参赛实践辅导课,邀请语言艺术培训学校的老师进行现场指导。同时,还联合通江县实验小学、通江六小、通江县语言培训艺术学校共同开展活动,对通江六小全校 30 余名语文老师进行了参赛实践辅导。

福建省图书馆选拔出一批热爱朗诵、热爱诗词的"小书童",并邀请专业的朗诵老师对孩子们进行指导和培训,他们身着传统书童服,用昂扬的姿态、洪亮的声音朗诵千古流芳的名篇佳作,为市民们呈现了一场传统与时尚相碰撞的诵读嘉年华。

四川省图书馆为配合线上少儿诗词诵读活动的开展,分别在成都市双流实验小学与成都市高新区锦晖小学举办线下诵读活动,并在现场与同学们进行"诗词接龙""诗词擂台赛""诗词朗诵"等诗词互动游戏。老师和学生们都积极参与其中,整个活动现场热闹非凡。

天津和平区图书馆于 6 月 10 日举办在线诵读活动启动仪式,邀请专家老师现场讲解如何读好古诗词及诵读的技巧。天津和平区图书馆还联合天津和平阅读会共同策划一系列线上线下结合的诗词诵读活动,给孩子们创造更多学习和展示的机会。

山东省莱西市图书馆邀请莱西知名主持人为孩子们进行少儿诗词线下朗诵培训,同学们朗诵了唐诗、宋词等国学经典,生动诠释了中华诗词的意境美、节奏美。整个活动现场热闹非凡。

河南省淅川县图书馆联合淅川县第一小学共同举办了在线诵读活动的启动仪式。同学们先后表演了诗朗诵、诵读经典、快板、童话剧等精彩节目,整个现场热闹非凡。活动结束后,主办方为优秀学生颁发了荣誉证书及国学经典书籍。

江苏省扬州市宝应县图书馆积极筹划组织少儿诵读活动,携手宝应县实验小学、城南小学、望直港镇中心小学进行宣传推广,开展诵读视频上传培训、"飞花令"诗词比赛及现场朗诵等活动,受到了老师及家长的一致好评。

重庆图书馆于 6 月 8 日启动少儿诵读活动,邀请来自沙坪坝区高滩岩小学三个年级的学生参与,还将诵读活动带到脱贫攻坚村,邀请重庆市"12335 青少年服务"台首席专家来到涪陵区凉水村小学宣传活动,现场与同学们一起朗读《出塞》《饮酒》,整个活动现场热闹非凡。

重庆铜梁区图书馆在活动开展前期,通过微信平台及馆内 LED 屏、展架进行活动宣传并引导来馆读者参与。同时与铜梁玉泉小学联合,通过主题班会形式开展活动进校园。此外,铜梁区图书馆还通过现有朗读爱好者社会平台开展家庭在线诵读。

4 活动分析

4.1 活动举办的主要经验

4.1.1 "找准对象,选对方式"是中华优秀传统文化当代传承弘扬的关键

通过活动三年来的成功举办,可以看出传承和弘扬中华优秀传统文化关键要做好两方面工作:"找准对象"和"选对方式"。具体说来,所谓"找准对象"就是要确定好活动的目标受众群体。之所以选择少儿群体作为活动的开展对象,一是因为任何文化的传承弘扬都是"从娃娃抓起",让少儿群体接受优秀传统文化的培养熏陶本身就是教育的题中之意;二是面向少儿群体策划活动,符合推广工程面向社会特殊群体开展服务推广活动的工作要求。而"选对方式",主要指的是准确把握当下移动互联网迅猛发展的信息社会潮流,选择最适合、最有利于活动参与、宣传的线上途径;通过在微信端开展活动,让经典古诗词资源搭上新媒体的"快车",使广大微信用户能便捷访问诗词资源、参与诵读活动,从而真正让优秀传统文化资源走

入大众的日常生活。此外,"选对方式"也意味着优秀传统文化资源与数字阅读推广的结合,既丰富了后者的活动内涵,也为前者提供了在新时代传承弘扬的新思路。

4.1.2 注重并不断改进活动参与体验,让活动保持吸引力

对任何面向公众举办的活动而言,用户参与过程中的体验感受都至关重要。具体说来,活动在两方面涉及参与体验:一是贯穿始终的设计元素,包括活动的线上程序页面设计、线下宣传的易拉宝、折页以及最终发放的文创礼品等;二是线上活动程序使用的具体流程。对此,推广工程一方面通过设计"小诗童一家人"的主视觉元素,让活动在宣传和包装形象上更加贴近孩子们的生活,具有一定的角色代入感,拉近活动与受众间的心理距离;另一方面不断完善线上参与程序,从最初的微信页面程序升级为微信小程序上传诵读音频,让用户参与过程更加便捷流畅,由此保证活动始终对受众具有吸引力。

4.1.3 绑定微信端开展,强化活动全程的新媒体宣传

作为活动开展保障的重要组成部分,媒体宣传工作对活动的成功举办也十分重要。由于活动绑定推广工程官方微信公众号开展,因此以微信推文为代表的新媒体宣传成为活动宣传的主要形式。相比较传统媒体和网络媒体宣传,微信推文宣传对活动而言有几个优势:其一,推文与活动的开展主阵地微信密不可分,使活动线上参与和宣传不会割裂,用户使用微信参与的同时,就能同步看到推文宣传内容;其二,推文宣传能有效覆盖绝大部分活动参与人群,能够以高效率和精确度来在活动不同阶段发布相关信息,确保参与者不错过任何活动相关内容;其三,推文便于转发,可通过活动参与群体进行更广范围的宣传。

4.1.4 通过线下活动进行相关延伸拓展,全方位丰富活动内涵

在线诵读诗词并上传音频,并不是活动的全部。推广工程在活动开展过程中,鼓励全国各级参与馆根据自身情况,策划其他相关的线下活动:如朗诵技能培训、典籍文化讲座、古诗词学习与鉴赏和传统历史文化体验课程等。这些线下活动并不仅仅是对线上参与部分的"锦上添花",而是在少儿群体中弘扬优秀传统文化的重要组成部分。"在线诵读诗词"是引导孩子们探索学习传统文化的一个起点、一把"钥匙",参与活动的全国各级图书馆可以此为契机,将本馆的优秀传统文化资源通过线下活动推广出去,让孩子们全方位体验传统文化的魅力,从而丰富活动内涵。

4.1.5 引入专家参与,提高活动的专业性和权威性

推广工程根据活动"古诗词 + 诵读"的内容特点,邀请来自中国古典文学和播音两大专业领域的专家参与到活动中去。他们不仅对活动作品进行终审,也在活动首年为"诵读小状元"进行专题培训,并在之后两届活动中接受访谈,分享关于朗读的专业技巧,为参与活动的孩子们提供专业指导。通过活动后期调研和参与者反馈,可以看出不论孩子还是家长都对专家的介入十分认可,孩子们从各位老师的言传身教中学到了知识和技能,家长们则认为专家终审能确保活动的专业性和权威性。

4.1.6 活动未来可进一步提升的空间

通过三年来活动的开展,推广工程不仅积累了上述有益的工作经验,也发现活动有三个可继续改进提升的空间:

(1)在活动筹备阶段,可继续加大对诵读诗词资源的"精加工"和挖掘力度,使资源在活动中发挥更大作用,让孩子们通过参与活动学到更多优秀传统文化知识内容;

(2)在评审阶段,面对活动参与热度的逐年攀升,作品初筛机制应继续完善,确保在规定

时间内公平筛选出进入复审的优秀诵读作品;

（3）在活动开展的全过程中,可尝试与公共图书馆以外的其他社会机构开展合作,让更多专业、优质的社会力量参与到活动中,从而提升活动的整体服务效能。

4.2　地方馆举办活动的建议

推广工程面向全国各级公共图书馆举办活动,已经起到了一定示范效应;为利于各级地方图书馆自主开展类似的传统文化类阅读推广活动,我们总结相关经验,提出如下建议:

4.2.1　充分发挥本馆资源优势,做好活动资源筹备工作

各级地方馆一方面应紧跟国家公共文化建设领域的最新形势,同时也要在策划活动前,充分发挥当地文化特色,对本馆特色资源进行深度挖掘。资源筹备是成功开展活动的坚实基础,本馆资源的情况也将极大影响活动开展的具体内容和形式。站在数字阅读推广活动的立场上,各馆应将活动开展视为一次对本馆资源宣传推介的大好机会。资源内容和形式并不拘于一格,只要能代表本地文化特色,都能为活动提供坚实的开展基础。

4.2.2　综合考虑,精心打磨,做好活动线上程序的开发工作

作为数字阅读推广活动,线上参与的环节不可或缺,这就直接对线上程序的开发设计提出了要求。在开发程序之前,各馆应先进行活动需求调研,了解活动面向群体的使用偏好和需求,再结合活动内容和推送资源形态,通盘考虑后进行设计。除具体技术因素外,程序开发过程中各馆还需充分照顾到用户体验和使用习惯,应对参与流程进行反复确认,保证过程流畅,逻辑清晰,使用便捷。

4.2.3　活动启动需找准时机,以求更好的开展效果

各馆在正式启动活动时,一定要结合活动内容"找准时机",选择最适宜的节庆、纪念日等时间点推出活动。比如,推广工程选择每年的"六一"儿童节启动活动,就是充分考虑到少儿是活动的参与群体,而每年6至8月又逢小学生暑假,孩子们有充足的课余时间来练习并参加活动。活动启动的时机选择得当,将对开展后的参与、宣传等环节产生直接的正面影响。

4.2.4　线上线下环节相互引导,全面扩大活动影响

任何数字图书馆的服务推广活动在举办过程中都应做到线上线下的联动开展。其中,线上环节主推活动资源,线下活动侧重到馆参与;线上环节是活动开展的主要阵地和重点内容,线下环节是对活动的补充和内容拓展。线上环节通过参与培训、活动预告和活动宣传等形式引导至线下,线下环节可通过现场扫描二维码等方式引导回线上,通过线上线下的结合,最大程度丰富活动内容,扩大活动影响力。

4.2.5　善于利用新媒体,做好活动宣传

地方各馆在开展活动的过程中,一定要注意运用好本馆的微信、微博账号进行新媒体阵地的全流程宣传。相比于网站等传统网络媒体,以"两微"为代表的新媒体用户基数和黏性更大、易于互动、宣传灵活性强,且在移动端便于使用,更符合移动互联网时代数字阅读推广活动的宣传需要,因此一定要善于利用,最大程度发挥宣传为活动带来的正向作用。

4.2.6　引入馆外机构参与,加强社会化合作

"众人拾柴火焰高",在当前公共数字文化工程融合发展的新背景下,地方各馆在举办活动时,更应注意与图书馆以外的其他公共文化机构、教育机构乃至社会机构进行合作。各馆可根据活动主题和设想,主动寻找在相关领域更具专业或资源优势的机构开展合作,从而避免活

动出现短板,进一步优化提升活动质量,增强活动对公众的吸引力。

新时代,新使命。中华优秀传统文化的传承发扬,绝非一朝一夕之功,需要一代代人的共同努力。推广工程以面向少儿群体开展数字阅读推广活动为契机,将图书馆优质传统文化数字资源进行加工利用,让传承千年的经典古诗词,通过孩子们的童音诵读,在移动互联网高度发展的信息时代重焕生机活力。在活动过程中,图书馆的传统文化资源实现"资源下沉",走进公众的日常生活;数字图书馆建设的相关资源借活动得以推广,数字阅读理念广泛普及;孩子们通过参与,熟悉了经典诗词内容,学习到诗词文化、朗诵技巧等方面的知识技能,为进一步探索学习中华优秀传统文化打下了良好基础;全国各馆通过承办和宣传,吸引家长和孩子们到馆参与活动,既提高了本馆在当地的服务效能,也收获了举办类似活动的宝贵经验。

"图书馆 + 中华优秀传统文化"是顺时,"移动互联网 + 数字阅读推广"是应势。通过连续三年成功举办活动,推广工程已在"数字图书馆借少儿活动弘扬中华优秀传统文化"方面做出了开拓性工作。全国各级公共图书馆将紧密协作,继续在少儿数字图书馆服务方面进行相关业务探索,为坚定新时代"文化自信",传承中华民族伟大的精神瑰宝,为实现中华民族伟大复兴的"中国梦"的重要精神支撑做出应有贡献。

参考文献

[1] 文化部关于印发《文化部"十三五"时期公共数字文化建设规划》的通知.[EB/OL].[2019 – 04 – 20].http://zwgk.mct.gov.cn/auto255/201708/t20170801_688980.html.

[2] 第 43 次《中国互联网络发展情况统计报告》[R/OL].[2019 – 04 – 20].中国互联网络信息中心官方网站.http://www.cnnic.net.cn/hlwfzyj/hlwxzbg/hlwtjbg/201902/P020190318523029756345.pdf.

[3] 2018 全民阅读调查报告:逾半读者年阅读量超 10 本[N/OL].新华网.http://www.xinhuanet.com/book/2018-04/18/c_129853370.htm.2018 年 4 月 18 日.

[4] 文化部关于印发《文化部"十三五"时期公共数字文化建设规划》的通知[EB/OL].[2019 – 01 – 20].http://zwgk.mct.gov.cn/auto255/201708/t20170801_688980.html.

移动音频阅读的实践与探索

——以上海少年儿童图书馆为例

沈　珺(上海少年儿童图书馆)

少年儿童图书馆,是对广大少年儿童进行社会教育的重要基地,是提供课外阅读服务的主要阵地。少儿移动音频的产生改变了传统阅读所要求的时空条件,少儿移动音频利用伴随式的可移动空间与可整合的碎片化时间,不仅满足了不同环境下少年儿童的阅读需求,而且增强了阅读的吸引力,激发他们对阅读的浓厚兴趣。因而利用少儿移动音频的阅读方式深受儿童家长喜爱。为顺应传统阅读与新载体阅读深度融合的发展趋势,上海少年儿童图书馆与时俱进,利用移动音频新技术,探索服务新模式,深化阅读推广工作内涵,提升公共文化服务效能,现从以下两个实践案例做一些说明:

1 亲子朗读声音档案大征集活动

1.1 活动背景

亲子朗读声音档案大征集活动,是上海少年儿童图书馆的大型阅读活动之一。活动始于 2015 年,被列为上海市民文化节"播撒阅读的种子"亲子阅读推广计划之一,成为上海市公共文化重点活动项目。

该项活动由上海少年儿童图书馆、知名亲子阅读微信公众号魔法童书会以及各区文化(广)局三方联合主办。活动的初衷是希望通过为 100 个家庭建立阅读声音档案,用音频记录下转瞬即逝的孩子的声音,记录下不可多得的亲子共读时光。移动音频阅读让在移动互联网时代长大的孩子们感受儿童文学的魅力,以书为纽带,构建书香氛围下的亲子关系,营造全社会的阅读新风尚。

1.2 活动内容

亲子朗读声音档案大征集活动利用移动互联网技术,通过少儿图书馆微信公众号发布活动信息及宣传报道,用线上征集的方式收集家庭亲子阅读的音频。参与者以家庭为单位,只需通过手机、电脑或录音笔,朗读、演绎优质亲子阅读文本(特别是中国原创童书),录制成开头结尾统一格式的音频文件,上传至国内知名亲子阅读推广平台"魔法童书会"。

此外,在国内最为知名的两家网络电台荔枝和喜马拉雅开设专业频道,将征集的优秀音频制作后上传,让读者可以突破时间和空间的限制,随时随地在移动端进行收听,真正让亲子阅读深入家庭。在每年 8 月的上海书展和 11 月的上海国际童书展上组织线下展演活动,将亲子阅读的气氛推向高潮。

1.3 活动模式

亲子朗读声音档案大征集活动采用"点面"结合的方式开展。在每年"4·23"世界读书日,活动由上海少年儿童图书馆启动,依托"1+16"少儿图书馆三级服务网络,即以市级少儿馆为核心,整合市教委、市出版机构等社会主体资源,以 16 个区少儿馆为中心,以街道(乡镇)少儿馆为发起点,市区联动、协同发展。

通过各区和街镇图书馆,亲子朗读声音档案大征集活动形成"面"上的广泛发动,上海少年儿童图书馆每年与一个区文化(广)局联合主办,与区级的阅读推广活动相结合,邀请专家深入社区示范指导,在"点"上深入开展。在历届活动中,图书馆先后与原闸北区、嘉定区、虹口区和闵行区联合开展活动。在 2018 年的"点"上活动,还跨地区辐射到南通、云南、贵州等地区,使"长三角"地区与上海对口援建城市之间的公共文化交流更具延展性,进一步扩大阅读的影响力与感召力、深化活动品牌效应。

1.4 活动效果

1.4.1 营造全社会良好的阅读氛围
亲子朗读声音档案大征集活动更容易为少儿接受,孩子在同一盏灯下、在温暖的怀抱里听父母讲故事,这种体验对当下的孩子尤为宝贵。父母的讲述有感情,父母的声音有温度,在共读中,孩子的情感感染父母。亲子朗读优质童书,生动地传递社会主义核心价值观。

亲子朗读声音档案大征集活动开展以来,参与人数逐年递增,4 年累计收到 4.8 万余个音频资源。每年还优选 100 个家庭亲子阅读声音制成光盘,建立声音档案,免费派送至全市所有区和街道(乡镇)图书馆,使阅读变得有声有色。

1.4.2 提升少儿图书馆服务效能

上海少年儿童图书馆顺应传统媒体与新媒体深度融合的时代要求,利用移动音频传播快、成本低、互动性强的特点,服务从阵地转向网络,完善了服务体系,实现服务与宣传效能的新突破,进一步提升公共文化服务效能。从 2015 年"亲子朗读声音档案大征集"活动开展以来,2015 年参与活动的家庭为 6000 余个,2018 年累计增加到 48000 余个(见图 1),市少儿图书馆的馆藏图书利用率,从 2015 年的 43.28%,提高至 2018 年的 46.26%(见图 2)。

今后,上海少年儿童图书馆将继续积极运用移动新媒体技术,开展阅读推广活动,把亲子朗读声音档案入驻新馆的"声音阅览室",进一步丰富公共文化数字资源的共建共享。

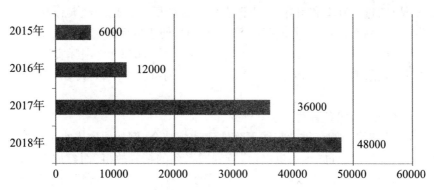

图 1　2015—2018 年亲子朗读声音档案累计参与人数

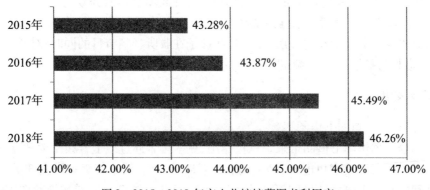

图 2　2015—2018 年市少儿馆馆藏图书利用率

2　小书虫电台

2.1　项目背景

"小书虫电台"开播于 2018 年,是依托上海少年儿童图书馆微信推荐栏目"少图小书虫"开设的移动音频电台。它以"优质内容推荐、馆员能力挖掘"为出发点,以项目制、跨部门协调合作为基础,将对文献资源的开发与图书推荐相结合,由馆员全程策划选题,组稿编排、演绎制作馆藏资源,从而打通线上线下壁垒,扩大外延,提高效能。

"小书虫电台"项目将功能设定为"好书推荐、精品导读",强调亲子阅读的重要性,旨在推荐适合小读者阅读的优质书的同时,提高馆藏利用率。以提高亲子间的互动阅读体验为前提,在不替代亲子阅读前提下,让小读者及其家长在阅读中共同享受文字魅力、体验家庭时光。

2.2 项目内容和方式

2.2.1 专题类线上音频推送

区别于目前市场上形式单一的音频阅读,"小书虫电台"以主题丰富、版本优质为原则,根据少儿兴趣、成长发展特点及家长教养的需求,以中外文优质经典绘本为基础,通过音频、文字、图片等形式综合介绍作品信息、作品内容、作者资料,并且附上内容解析、书虫导读以及文末彩蛋等,由活动经验丰富、朗读感染力强的优秀馆员进行精彩的导读和演绎,并结合幼儿心理发展和成长特征,进行互动和引导,与小读者们一起聆听大师们的经典作品,并以专题形式集结成辑,增强用户黏性,使读者养成阅读习惯的同时,便于以后成套书的索引与推荐。

自 2018 年推出至今,"小书虫电台"共推出 14 期,包括 2018 年"国际安徒生大奖"系列特辑共 9 期、春节特别版 1 期及 2019 年"这就是作家"系列特辑 4 期,每月以不同专题的形式定期推荐。

2.2.2 丰富的线下配套活动

"小书虫电台"将线上阅读推荐与线下阵地活动相结合,例如原本未报上名参加低幼部热门活动的读者,现在可以通过"小书虫电台"听到同系列的精彩故事,而参加完活动、意犹未尽的小朋友也可以在网上听故事。对于复本量有限的图书,"小书虫电台"通过阵地活动形式让参加活动的小朋友有机会聆听。此外,音频节目生成的二维码信息可贴于图书馆相配套的实体书中作为馆藏,方便读者线上收听,扩大活动外延,提高图书馆服务效能。2019 年,"小书虫电台"还与低幼部"这就是作家"系列活动联合,从纸质宣传手册、海报宣传栏、二维码张贴、再到周末馆内绘本阅读分享活动的开展,让家长和孩子在收听音频节目的同时,对照绘本进行画面阅读,便于家长与孩子沟通交流、进行个性化亲子阅读。

2.3 项目效果

2.3.1 提高图书馆图书借阅率

音频阅读给图书馆图书借阅带来了积极作用,更多读者通过线上音频阅读推荐图书,走进图书馆借阅纸质图书,"小书虫电台"第一期节目开播后,推荐绘本当天就被全部借完,比节目开播前的借阅量翻了 5 倍,呈明显上升趋势(见图 3)。图书馆已采取增加推荐图书副本量来满足更多读者阅读需求。

2.3.2 提升低龄读者阅读兴趣

移动音频作为声音的输出,是一种依靠耳朵的听读行为,母语学习的顺序是先语音输入后文字输入。一方面,儿童视觉神经尚未发育健全,音频阅读能避免长时间用眼导致的眼睛疲劳,减少近视概率;另一方面,少儿识字能力、理解能力有限,通过收听的信息接收方式,可以逾越字词的认知障碍,是阅读的一种重要补充方式,尤其适合浅阅读、碎片式阅读,并让阅读行为更轻松有趣,符合儿童发育的生理和心理特征,适应低龄化的阅读趋势。

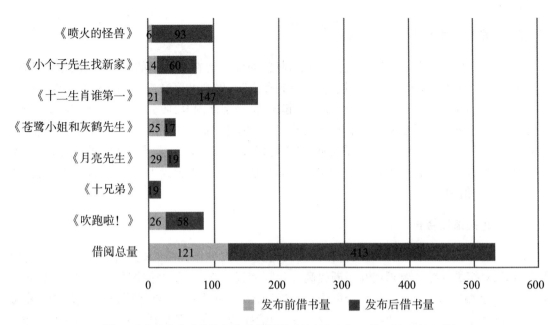

图3　"小书虫电台"发布前后借阅量对比(2018年1月—2019年2月)

图中纵轴项目:《喷火的怪兽》6 93;《小个子先生找新家》14 60;《十二生肖谁第一》21 147;《苍鹭小姐和灰鹤先生》25 17;《月亮先生》29 19;《十兄弟》19;《吹跑啦!》26 58;借阅总量 121 413

横轴:0 100 200 300 400 500 600

图例:■ 发布前借书量　■ 发布后借书量

2.3.3　促进阅读资源共享互赢

图书馆作为作家、出版商、与读者的桥梁,通过移动音频阅读,可以推动多方共同发展,达到一举多赢的效果。移动音频推荐可以让更多的读者了解优秀作家,并以更生动、立体的音频形式,拉近作家与读者的距离,使读者更直观更系统地了解作家作品,激发阅读的欲望。出版商则可以通过读者的点击率及馆藏借阅量,获取出版图书的欢迎程度,对出版市场起到正面、有益的促进作用。这充分体现了第三代图书馆交流和共享的特点。

3　分析与思考

移动音频阅读是一种新型的阅读方法,相对传统阅读更方便、更有吸引力,在推广移动音频阅读的同时仍有几点需要思考。

3.1　精选阅读资源

移动互联网使得丰富的资源触手可得,但目前市场上移动音频内容同质化程度较高,通常只是纸质内容的重新演绎,且过于商业性,甚至存在不适宜的题材,因而少儿图书馆在选择音频资源时应注意选择优质读物,以弘扬主旋律作品为主,尤以国内外获奖图书作为重点,并结合专业推荐。以2018年4月推送的马克斯·维尔修思的《喷火的怪兽》为例:上海少儿图书馆共收录了该作品的两个版本,包括大陆引进版的《喷火的怪兽》(由安徽少年儿童出版社出版)及台湾地区繁体版的《怪兽发电厂》(由阁林文创出版),两者译名不同,前者因复本较多可供外借,后者因复本量少仅供阅览。在"小书虫电台"特别版中,将《怪兽发电厂》和《喷火的怪兽》融入其中,既有《怪兽发电厂》的音频又有《喷火的怪兽》的故事梗概,使读者对故事的全貌以及作者有了更深的了解。同时,这些质优量少的资源效用也得以有较大提高。

3.2 指导阅读方法

由于音频阅读容易使读者对内容理解不到位,因此读者在听音频的过程中需要图书馆给予适当指导。图书馆应鼓励读者从粗听、细听到反复听,做到循序渐进、精准阅读,并启发读者听写结合,知行结合,将听力、记忆、实践统一起来,正确把握内容,收到良好的阅读效果。相对于音色优美、多彩丰富的音频内容,家长结合自身情况引导孩子共同成长更为重要,毕竟真正的家庭教育并非一个收音机、一个手机或 PAD 可以取代。读者在感受声情效果的同时,应配合纸质读物阅读,并通过想象使抽象的文字生动起来,从而产生感染力,升华阅读情感,培养社会主义核心价值观。

3.3 挖掘馆员特长

新时期少儿图书馆馆员面对的群体跨度大,包括广大少年儿童、家长以及教育工作者、教研人员等,对馆员的综合要求也在不断提高。音频阅读工作,更要挖掘馆员潜能,提升馆员语言表达、文字编辑、阅读推广等复合能力。如"少图小书虫"项目,要将擅长书目整理的采编部、熟悉读者喜好的一线流通部、善于活动推广的辅导部的馆员串联到一起,发挥各部门所长,通过不同岗位转换思考方式、拓宽思考维度,通过项目合作增强团队协作能力。类似头脑风暴的例会制度也为项目带来了新的灵感,使得组员们了解不同部门、不同岗位的工作内容,对业务能力的提升大有好处。在自主录制音频时,馆员要经过播音主持、戏剧表演等专业人员指导及培训,声情并茂,以达到最佳效果,才能激发儿童聆听的兴趣,提高音频阅读的质量,这促进了馆员业务能力的提升,为培养优秀阅读推广人打下坚实基础。

综上所述,移动音频阅读的推广运用,是上海少年儿童图书馆为顺应新时代读者需求,提供多元化阅读推荐服务的尝试。在移动互联网时代,如何实现现代科技手段和图书馆服务的融合,如何结合数字网络技术拓展服务渠道和方式,提高服务效能,更好地为读者服务、为社会服务,需要我们孜孜不倦地实践与探索。

"阅陪伴,悦成长"
——扬州市少年儿童图书馆"亲子读书之家"阅读推广案例

张文君(扬州市少儿图书馆)

1 案例概述

扬州市少儿图书馆"阅陪伴,悦成长"亲子读书之家阅读推广组织于 2012 年 6 月 1 日正式成立。该组织面向全市 0—12 岁少儿读者家庭,以招募会员的形式,加强重点读者发展和培养,密切读者与少儿图书馆的联系,以书交友会友,切磋分享读书成果,共同开展亲子阅读活动,并吸纳适龄少年儿童参与阅读服务,甄选优秀家长志愿者成为故事妈妈参与"亲子绘本讲堂"活动,促进少年儿童健康快乐成长,教会家长朋友科学选择、智慧阅读。

亲子读书之家成立以来,经过7年的发展,共有会员家庭300余个,得到各级领导和社会各界的广泛关注,形成较为完善的方案和计划,易于推广,便于形成有效的、持续运作的模式。2018年11月,扬州市少年儿童图书馆"亲子读书之家"阅读服务向社区延伸,全市首个社区"亲子读书之家"在瘦西湖畔锦旺社区童乐驿站正式揭牌,锦旺社区亲子读书之家的成立,有效扩大了扬州市少年儿童图书馆的服务范围,满足了广大家长的现实需求,确保低幼儿童家庭就近阅读、方便阅读,既增强社区文化服务功能,同时也解决家长后顾之忧,丰富社区居民的文化生活。

2 案例背景

2.1 政府和社会对亲子阅读的重视程度越来越高

第十五次全国国民阅读调查成果显示,在0—8周岁儿童家庭中,超过70%的家庭有陪孩子读书的习惯。2018年,为全面贯彻党的十九大精神,坚持立德树人根本任务,落实家庭教育工作"十三五"规划,各地妇联在广大家庭中大力倡导开展"书香飘万家"亲子阅读活动,亲子阅读被越来越多家庭重视起来。

2.2 亲子阅读效能低下,家长急需专业阅读指导

家长作为孩子的第一位老师,如何培养孩子的阅读兴趣和引领少儿的阅读品味,是众多家庭面临的棘手问题。随着亲子阅读越来越被重视,社会上各种民营亲子阅读、绘本阅读机构泛滥,从业人员资质良莠不齐,难以起到阅读指导效果。

2.3 单独的家庭阅读不便于合作和交流,忽略了分享的快乐体验

传统的亲子阅读仅在亲子之间进行,或者是零散的故事分享活动,而"亲子读书之家"的群体相对固定,会员入会后,集体阅读氛围的感染性、阅读活动的多样性和少儿图书馆阅读服务的专业性使得"亲子读书之家"在亲子阅读推广活动中有能力建立起儿童与家长、儿童与儿童之间的互动交流平台,满足儿童的交往需求及同伴之间分享合作的快乐体验。

2.4 图书馆阅读推广人员数量不足,服务内容受限

随着少儿图书馆服务项目的不断拓展,各类读者活动贯穿全年,导致图书馆的工作量大增、工作人员紧缺。因此,来自各行各业的家长读者志愿者及少儿读者志愿者,是补充亲子阅读推广的最佳力量。志愿者既可以减轻少儿图书馆人手方面的压力,又可以优化少儿图书馆员工的知识结构,丰富阅读服务内容。作为广大读者中的一员,他们能够展现出自然而然的亲和力,现身说法亲子阅读,更具有说服力,更具吸引力。

2.5 图书馆与读者沟通交流不足,接收读者反馈途径单一

一直以来,图书馆把目光集中在图书馆藏建设上,而忽略读者的需求是长期存在的问题。得不到读者的反馈,接收不到读者的需求,自然无法满足读者,更谈不上服务读者。

3 实施要点

3.1 会员招募和剔除

"阅陪伴,悦成长"亲子读书之家阅读推广组织面向全市0—12岁少儿读者家庭,每年5月发布新会员招募公告,过去一年图书借阅量和阅读需求较高的、积极参与图书馆举办的各项活动的读者可以自愿填写申请表,经审批后,享有会员权利。同时根据老会员阅读效果数量及参加活动的场次进行审核和剔除。

这些读者拥有大于普通读者的借阅量,并对实时新书较为敏感,对图书的时效性更加关注;同时也对图书馆更为了解,对图书馆日常工作较为熟悉,能够为优化服务工作提供可行性建议;对图书馆的需求不只借阅图书,更多的是对亲子共读技巧和效果的提升,还有多元化的自我提升。

3.2 会员管理:馆员一对一模式,线上线下个性化管理

每年6月1日前后,"亲子读书之家"举办新会员入会仪式及老会员联谊活动。一方面,对会员家庭建立读者档案,与馆员建立一对一跟踪模式,了解读者兴趣,满足读者需求,收集会员读者的意见、建议,及时了解其阅读需求信息,调整思路,改进工作,为会员定制个性化亲子阅读指导服务,扩大服务的广度和深度;另一方面,把各种信息、规章制度通过"亲子读书之家"会员QQ、微信交流群传递给读者,这种交流增进了读者与图书馆间的了解,利于形成共识、达成默契,使读者积极参与、配合图书馆的管理。

3.3 专设"亲子读书之家"活动场所

"亲子读书之家"于2012年成立后,为会员家庭提供了专门的阅读和交流空间,亲子阅览室、绘本馆、低幼儿童图书借阅室成为"亲子读书之家"项目实施的主阵地,室内的装饰充满童趣,为孩子们营造了一个赏心悦目、多姿多彩的阅读空间。同时,扬州市少年儿童图书馆每年划拨专项经费采购亲子阅读类和绘本图书约2000多种8000多册,给予"亲子读书之家"会员额外借阅图书12册、定期参与新书选购等优惠待遇。目前全馆共有亲子阅读类图书80000册,馆藏图书及馆舍面积领先全国同类机构和组织。

3.4 "亲子读书之家"阅读推广队伍的培养和组建

目前馆内共有5名馆员从事"亲子读书之家"阅读活动的策划组织工作。2014年,有3人在中国图书馆学会主办的全国图书馆馆员绘本讲读大赛中获得三等奖。2014年,图书馆外派2人参加北京"全国图书馆员绘本讲读高级研修班",2015年,外派2人参加天津"全国图书馆少儿经典阅读培训班",2017年和2018年外派5人参加阅读推广人培训并取得资质,五年时间内,图书馆组织相关人员参加专业培训10次,15人取得"阅读推广人"证书。同时,"亲子读书之家"全年在馆内和锦旺社区设立"亲子绘本讲堂"志愿者活动项目,固定在每周六、周日下午开展活动,从"亲子读书之家"会员中甄选优秀志愿者,成为故事妈妈或者故事爸爸,为其他读者带来高品质的志愿活动,如阅读经验分享、经典导读、书友沙龙、手工绘画等,目前已发展志愿者100多名(市关工委颁发了聘书)。7年来"亲子读书之家"共举办活动260多场次,

参与读者 5500 多人次,收到了很好的亲子阅读推广效果。

3.5 鼓励会员深度阅读,展示会员阅读成果

为鼓励少儿读者家庭深度阅读,"亲子读书之家"要求会员每年底提交阅读成果每个家庭每年不少于 12 篇,优秀阅读成果推荐发表至《扬州少图通讯》,激发儿童阅读兴趣。

3.6 促进少年儿童自主服务,打造学习型组织

每年 7—8 月,"亲子读书之家"吸纳会员中的适龄青少年儿童作为暑期雏鹰小服务队员,以主人翁的姿态向同龄人做推广阅读,担任故事小达人和绘本剧主讲人,同时参与馆内服务,达到自主管理的效果。扬州市少年儿童图书馆定期对小服务队员进行岗前知识培训,对图书分类规则、协会规章制度、绘本讲读及朗读技巧等进行细致讲解。7 年来,累计参与儿童 700 余人次,服务时长 1400 个小时。

4 活动版块设计

扬州市少儿图书馆是江苏省规模最大的专业少儿图书馆,2016 至 2018 年,连续三年获得"全国十佳绘本馆"荣誉称号,2018 年初成为妇联命名首批全国家庭亲子阅读活动体验基地。利用少儿图书馆专业人才优势,"阅陪伴,悦成长"亲子读书之家阅读推广项目设立了丰富多彩的亲子阅读活动版块,定期为会员开展定制版活动。

4.1 名师名家与志愿者共同打造"亲子绘本讲堂"

亲子读书之家创建伊始,除了家长志愿者讲故事读绘本以外,扬州市少年儿童图书馆认真收集会员读者的意见和建议,有针对性地聘请专家定期为会员家庭开展亲子阅读指导专题讲座。著名教育专家知心姐姐卢勤、北京师范大学教授王晓华、学前教育专家夏晓红、《由图画书爱上阅读》作者余耀、扬州市电台《童心碰碰车》栏目主持人叶楠、扬州市幼儿园教育专家和小学语文骨干老师等每年为儿童举办 20 余场"'爱心姐姐'读绘本"亲子阅读指导活动,8 年来共计举办活动近 200 场次。同时,扬州市少年儿童图书馆先后邀请著名童书作家秦文君、曹文轩、方素珍、王巨成、殷健灵、饶雪漫等一大批名人名家做客讲堂,培养家长阅读指导理念,指导孩子们如何开展阅读。共举办"倾听孩子的心声""开心读绘本、创意写作文""婴幼儿早期教育——天才宝贝养成记"等大型亲子阅读指导讲座 180 场次,在全市少儿读者和家长中反响热烈,《图书馆报》《扬州晚报》《扬州日报》等新闻媒体纷纷予以宣传和报道。

4.2 创意阅读活动

4.2.1 开展亲子绘本阅读分享活动

活动由阅读推广人、少图馆员等主讲,每年举办 40 场。以互动、体验式的亲子绘本阅读方式,引导孩子和家长通过读绘本、讲绘本、演绘本、做绘本等立体多维的形式,加强亲子互动,使孩子爱上绘本,爱上阅读。同时,为孩子们提供探索、想象、创作的空间,鼓励小朋友们使用不同的工具来进行衍生艺术创作,培养小读者的艺术灵感。

4.2.2 开展"外教进社区,快乐学英语"活动

此项活动针对锦旺社区"亲子读书之家"举办,每年邀请吉的堡幼儿园专业外教老师为小朋友和家长们举办特色主题趣味英语亲子阅读活动20余场。为小朋友们选择经典英文原版动画电影,带小朋友们看动画、学单词、演片段,让英语学习"活"起来。同时,针对学前儿童进行英语学习启蒙教育,如自然拼读法,常用小单词科普等,给孩子提供一个课外充电、趣味盎然的基地。

4.2.3 开展"悦读有声"图书朗读交流活动

活动采取朗读欣赏、话剧演练、共读交流、影视配音、课外课堂等多种形式,配以扬州市广播电台播音员及各学校优秀专业教师们的详细点评指导,旨在以儿童更喜欢的多元方式,在儿童更能接受的轻松氛围下提高其朗读能力、阅读效率。每年举办活动12场。

4.2.4 开展"科学实验屋"科普系列亲子活动

小游戏中蕴含着无数的科学原理,每月定期开展的"科学实验屋"科普系列亲子活动,引导孩子通过观察和实验,解开科学的神秘面纱,探索自然世界中的奥秘。"无处不在的声音"、水面"飞行"的气垫船、"颜色变变变"、"探秘水精灵"、"吸管变风笛"等有趣的游戏结合科学的实验原理,将儿童带进活泼新鲜的科学体验之旅,体会探索与发现的乐趣。每年举办活动12场。

4.2.5 开展航模科技课堂活动

航模科普实景课堂让儿童及家长通过航模设计制作、编程、户外飞行等,培养孩子对航模的兴趣,让少年儿童对飞机航天有更深入的了解,也让孩子在航模制作中与飞机有更亲密的接触。

5 项目的延伸

亲子读书之家成立以来,经过7年的发展,共有会员家庭300余个,得到各级领导和社会各界的广泛关注。2018年11月,"阅陪伴,悦成长"亲子读书之家阅读服务触角向社区延伸,全市首个社区"亲子读书之家"在瘦西湖畔锦旺社区童乐驿站正式揭牌。

锦旺社区位于市区北面瘦西湖畔,小区住宅密集、地域广阔,低幼少年儿童人数近千名,是建立社区亲子读书之家较好的选择。经过多次考察和洽谈,在社区设置"童乐驿站"作为"亲子读书之家"项目实施的主阵地,并由少儿图书馆配置首批图书资源1000册,为会员家庭提供一个专门的阅读和交流空间。在具体运作上,扬州市少年儿童图书馆主要负责活动计划和实施、业务人员培训、效益评估等,社区主要承担亲子读书之家会员招募和日常管理等工作。同时,图书馆与社区签订协议,确保管理人员相对稳定;与低幼儿童的家长签订协议,确保儿童由家长陪同看护,保障儿童安全。

锦旺社区"亲子读书之家"的成立,有效扩大了本馆的服务范围,适应了广大家长的现实需求,确保低幼儿童家庭就近阅读,方便阅读,既增强社区文化服务功能,同时也解决家长后顾之忧,丰富社区居民的文化生活。

6 案例分析和活动效果

6.1 创新及亮点

(1)"悦陪伴,阅成长"亲子读书之家担负着推广亲子阅读的工作

少儿图书馆的服务对象多是青少年儿童,亲子阅读是少儿图书馆阅读推广工作中的重中之重。亲子阅读怎么读,读什么,是现今推广亲子阅读工作的难题。"亲子读书之家"通过旗下的阅读推广活动,邀请知名学者专家等为会员开展亲子阅读讲座活动,纠正错误理念,为亲子阅读提供科学的方式方法。

(2)注重以读者带动读者,关注少儿的自主服务,打造学习型组织

项目帮助家长和孩子,从会员,从项目的受益者,成长为志愿者和阅读推广人,带领其他家长和孩子一起进行绘本共读,交流阅读感悟,探讨阅读方法,在家长、儿童、图书三者之间形成良好的互动循环关系,使孩子成为最终受益者。

家长志愿者和少儿志愿者在馆内服务过程中,以读者服务读者,读者带动读者的形式形成的"读者推广",故事妈妈现身说法,相互交流,比馆员的阅读推广更有成效,在会员内部形成读书、爱书的良好风气,有效地制止不良行为和习惯。会员通过参与服务和活动,认识到图书馆管理离不开读者的积极参与、支持与配合,图书馆需要大家来共同建设。

6.2 服务效果

"亲子读书之家"建立了图书馆与少儿读者家庭之间的纽带,密切少儿读者与少儿图书馆之间的联系,并为推动亲子阅读提供科学的方式方法,通过优质读者、积极读者的推广阅读,为打造学习型组织贡献力量。

(1)量化收集会员阅读成果,为图书馆与少儿读者家庭搭建联系的桥梁

"亲子读书之家"定量收集会员读者的意见及阅读效果每人每年至少12份,及时了解其阅读需求信息,6年来共向少图通讯推荐优秀阅读成果282篇,激发儿童阅读兴趣;根据读者的需求有针对性地开辟新的服务领域,扩大服务的广度和深度。另一方面,把馆内的活动信息、规章制度通过"亲子读书之家"组织传递给读者,这种交流增进了彼此间的了解,利于形成共识、达成默契,使读者积极参与、配合协会的管理。

(2)发展故事妈妈志愿者,打造学习型组织

7年来,一批经验丰富的老师、医生、大学生作为成人志愿者,发扬志愿精神,为儿童公益事业添砖加瓦。累计工作时长459个小时,参与人次达145次,独立组织和协助组织公益活动68次,包括健康教育讲座、绘本讲读、手工制作、趣味英语、儿童游戏、儿童绘画等,每一位志愿者老师都深受读者的喜爱。

(3)促进少年儿童自主服务

吸纳亲子读书之家中的适龄青少年儿童作为暑期雏鹰小服务队员,以主人翁的姿态向同龄人做推广阅读,做故事小达人和绘本剧主讲人,同时参与馆内服务,达到自主管理的效果。6年来,累计参与儿童700余人次,服务时长1400个小时。

楚童杯"读书汇"

　　武汉市少年儿童图书馆(以下简称"少儿馆")是湖北省唯一单设省级少儿图书馆。多年来,本着让好书伴随少年儿童健康成长的初心,希望通过阅读让少年儿童树立正确价值观,成长为合格接班人,我们以"让阅读无处不在"的理念进行阅读推广。其中,影响最大、参加人数最多、活动内容最丰富、持续时间最久的推广活动是"读书汇"。

1　活动背景

　　少儿馆成立于 1958 年。建馆之初,图书馆有义务小小管理员,除负责图书的借还外,还在阅览室开展一些讲故事活动,深受孩子欢迎。这是少儿馆举办讲故事活动的发端。"文革"期间,这项活动被迫停顿。

　　1982 年,国家教委等四部委联合倡导,在全国中小学生中开展"红领巾读书读报奖章活动",少儿馆热烈响应,将原来仅在馆内的讲故事活动推向社会,命名为"故事大王",让更多孩子参加。这个举动,得到各区图书馆的响应与加入,他们在各区也开展相应的讲故事活动。于是,少儿馆与 13 个区图书馆联合起来,在全市共同推动这项活动,层层进行。经过多年努力,活动逐步发展、完善、成熟,形成规模,成为武汉市少年儿童系列读书活动的传统品牌"故事大王",在全国有一定影响。

　　随着多媒体时代到来,少年儿童课外阅读方式越来越多,如课本剧、音乐剧、集体朗诵、诗词吟诵等,这些活动比起单个儿童在台上讲故事更能吸引孩子参加,也可以吸引更多孩子前来助阵观赏。于是,在 2013 年,传统的"故事大王"活动推出升级版。升级版"故事大王"吸取学校、社区群众文化活动中常见的曲艺、课本剧、情景剧、家庭读书秀等新的读书活动形式,用多种形式讲故事,以"读书汇"为活动总命名。各区图书馆热情支持,他们开展活动,创新形式,选拔优胜者参加少儿馆组织的比拼活动,受到普遍称赞,特别是少年儿童,他们更喜欢这些接地气的形式。这个改革,让少儿馆的讲故事活动更加受到少年儿童喜爱。活动逐渐吸收了很多其他形式的文化和读书活动,使"读书汇"形式更加丰富,参加活动的少年儿童成千上万,引领武汉地区少年儿童阅读推广活动。

2　活动过程

2.1　加强领导

　　"读书汇"活动在全市进行,范围大,人数多,涉及范围广,武汉市采取了联合领导的方式进行。每年,由市文化局、市文明办、市关工委、团市委、市妇联等单位联合发文,部署全年读书活动,重中之重的工作就是"读书汇"。各区相应的也有由区文体局、区文明办等联合组成的领导小组,活动得到各级领导支持。

少儿馆负责活动的具体承办工作,与13个区图书馆每年召开联合办公会议,研讨活动的内容与方式、范围与步骤,各区图书馆深入基层,与街道、社区、学校合作,形成网络,将活动落实。

2.2 好书推荐

活动中向学生推荐优秀读物时,把推荐引导少年儿童追求真善美、传播先进科学文化知识、体现中华优秀传统文化等优秀图书放在显著位置,如红色主题、环保主题、中国梦系列,是近年来读书活动主旋律,少儿馆举办过《党在我心中》《寻伟人足迹》《我的中国梦》等活动。孩子们阅读好书,吸取精神力量,从中悟出人生真谛,树立正确价值观。

2.3 基层活动

读书活动不是选秀,也不是只培养尖子人才,我们一直面对全体少年儿童,从提高整体素质着手。为这个目的,我们开枝散叶,通过13个区公共图书馆,活动下社区,进学校,最后落实到班级或家庭,比较好地解决了面向全体少年儿童的问题。特别是对特殊儿童,如盲聋哑儿童、未成年犯管教所学员,还有进城务工人员子女及留守儿童、西藏中学的藏族孩子,活动给予特殊照顾,使他们都能参加。任何想读书、想参加活动的孩子,都能找得到"读书汇",零门槛进入,这也是活动能持久进行的原因。

2.4 全市汇集

金秋十月,各区活动稳扎稳打地进行后,进入展示阶段,各区图书馆向全市人民汇报一年来的读书活动成效。

展示方法多样,如展览、讲座、读书赶集会等,其中,最突出的是在少儿馆举行的"读书汇"决赛,"读书汇"以新型讲故事方式:课本剧、情景剧、曲艺、家庭读书秀进行。如,近年以红色阅读为主,各区"读书汇"中,红色阅读节目特别突出,形式多样,有集体诗歌朗诵《纪念抗战七十周年》、有情景剧《松花江上》等。活动中,孩子们受到一次生动的爱国主义教育。"读书汇"还包括经典阅读这一重要板块,如,孩子们诵读古诗《静夜思》、表演课本剧《晏子使楚》《木兰诗》等。活动让更多孩子知晓祖国的历史与文化,产生热爱中华传统之情。

3 活动内容

3.1 广泛阅读 形式多样

"读书汇"活动目的在于阅读,以读为本。少儿馆是本地区少儿文献中心,作为牵头馆,年年向全市少年儿童推荐好书。各区图书馆、学校不断购进新图书、报刊,区馆少儿室精心布置,各有特点,环境适合儿童阅读,学校各班级都建有图书角,学生捐献自己的藏书,增加班级藏书数量。每个班级文化墙都有关于"读书汇"的板块,校园走廊墙壁上悬挂着有关读书的名人名言和经典书籍推荐。各区自主开展各种读书活动,涌现不少新的活动形式,让孩子在阅读中获得乐趣,精神得到升华。我们逐级进行指导和总结,发现健康活泼新颖的读书形式,易于推广,受到学生欢迎,便予以肯定。通过几年实践,活动逐步形成四大类:故事、朗诵、话剧、曲艺等,孩子喜闻乐见,都主动要求参加。

3.2 各校组织 家长参加

各区图书馆辅导干部、学校语文教师和班主任结合学生的年龄特点和兴趣爱好,给学生推荐课外读物,围绕读书主题开展各具特色的主题班会、读书会、校园读书日等活动,如每周安排一节"同读一本书"等,指导学生广泛涉猎科普、文学、漫画、故事等各种读物,如《一百个中国孩子的梦》《窗边的小豆豆》《西游记》等。图书馆和学校向家长介绍适合学生阅读的书籍、亲子共读书籍,同时推荐优秀家庭教育书籍,让家长在"读书汇"中受到教育,再教育孩子。学校、社区诚邀家长参与学生的读书活动,利用家长力量,带动学生读书,指导学生选好读物,让家长与孩子同读一本书,同诵一首诗,同吟一首词,同演一个精彩片断……家长兴致高,孩子兴致更高,年底到少儿馆参加"家庭读书秀"成为很多家庭的读书梦想。

3.3 孩子热爱 家校支持

学校、家长也都支持多种形式的阅读活动,认为这些活动有益于孩子成长,而且他们也积极参与其中。少儿馆与《武汉晚报》合作,从"读书汇"活动中推出"相阅经典"暑假读书活动,活动中有写作讲座,咸宁地区的30多位家长闻讯带着孩子集体包车来听,少儿馆不得不临时将另一教室设置成视频分场。2017年"读书汇",各区带来的节目都精彩,少不了家长在背后的支持。为了取得好成绩,参加诵读《诫子书》的孩子在排练期间住在学校里,家长陪同孩子排练。诗歌剧《浩浩中华魂 山水诗画情》的表演者是来自玫瑰园小学一个班集体的50个孩子,他们在放学后排练,晚上也在排练,学校领导、老师亲自陪同。通过活动,全班同学都提高了阅读兴趣,扩大了眼界,他们愿意更加努力地读书,渴望有更大的舞台表现他们的读书成果。这些活动,让孩子文化生活得以更丰富,也使我们积累了推动中华经典读诵读的经验。

4 活动分析

4.1 接地气

"读书汇"注重导向性,有鲜明的主题,符合时代主旋律和价值取向,切中社会热点,是不断努力捕捉少年儿童的阅读需求和他们喜爱的活动形式的结果,我们力求贴近实际、贴近儿童、贴近生活。因此,"读书汇"活动的鲜明特征是接地气,如举行"作家与读者见面会""相阅经典"等新的品牌读书活动,吸引了大批少年儿童踊跃参与。同时,我们追求活动贴近家长,指导家庭教育。如,少儿馆与武汉广播电视台"掌上武汉"合作打造讲座"陪孩子一起成长",以亲子活动为亮点,讲座现场有互动环节,让孩子做游戏、唱歌、跳舞、演剧、演小品、动手做小手工、绘画。讲座不仅有专家学者主讲,也邀请普通家长上讲堂,借亲身经历、借当前热点,讲家风、讲成长,以鲜活的事例感染听众。

4.2 花样多

兴趣是孩子参加活动的重要动力,孩子喜欢翻花样,喜欢生动活泼、丰富多彩的读书形式,因此活动的多样性是我们的追求。我们尊重孩子的特点,活动中动手又动脑,以读、写、画、诵、听、看、演等儿童喜闻乐见的形式,引领阅读,还引领他们走向户外、走向社会、走向大自然,进行创意活动。孩子参加"读书汇",不仅可以讲故事、演课本剧,还可以体验老手艺等活动,如剪纸、手编、泥塑、风筝、汉腔汉调唱儿歌等特色活动,符合他们追新求异、乐于探索、崇尚个性的心理特点,使阅读变得更有乐趣。

4.3 形式新

我们除对传统的讲故事、朗诵诗歌部分保留外,还增加了情景剧、童话剧、诗歌剧、家庭读书秀以及相声、快板、双簧、湖北评书等新形式,有舞台、灯光等,美轮美奂,吸引孩子观赏,进而促使他们参与。每年的决赛重在展现成果,评委着重考察少年儿童的表达力、想象力、创新精神以及集体节目中的团队合作精神,并对于新生类型节目给予鼓励。"读书汇"的节目,论故事,作品主题明确,题材新颖,构思新巧;论演剧,人物性格鲜明,情节生动;论曲艺,语言鲜活,生动传神;论朗诵,有激情;论演讲议论,有理趣。个个皆具吸引力。于是,"读书汇"作为少儿馆的新兴活动形式,被各区开展活动时普遍采用并时有创新,最终,在全市形成品牌。

5 活动总结

5.1 周密策划

少儿馆领导颇具前瞻眼光,各项活动的策划意识都很强。既综合考虑少年儿童的需求和活动特色,又考虑活动的可操作性。经过周密策划,方案的执行有条不紊,对活动进程、活动效果、参与人群了然于心。

在活动过程中,不仅要考虑不同年龄层次的少年儿童特点,还要考虑弱势群体的儿童,如在未成年犯管教所开展活动,在盲童学校开展活动,在留守儿童多的学校开展活动,在进城务工人员子弟集中的学校开展活动,都在少儿馆策划书中,也因策划得周密,每场活动都达到预期目的。久而久之,活动发展稳步向前。

5.2 大力宣传

在做好策划的前提下,还要做好配套的宣传推广工作,充分发挥宣传媒体的导向、激励作用,扩大阅读活动的社会影响力。利用网站或制作宣传横幅与宣传版面进行活动内容与形式的展示,印制推荐书目宣传单进行宣传。这一系列的宣传推广活动有利于形成多读书、读好书的良好氛围。

少儿馆还特别注重活动走出馆门,如举行武汉地铁阅读快车活动,设立创意车厢,悬挂各类图书、明信片、书签、贴纸,利用童书里的角色和插画场景为素材,推介经典儿童书籍。在地铁站设立主会场,"读书汇"的优秀节目在这里上演,全市各级图书馆、绘本馆、书店、出版机构集体在这里展示儿童阅读特色图书,宣传本地区少儿读书活动。

2018年,少儿馆又举办"大美武汉·童话地铁"绘画作品联展和中外少儿创意季启动仪式,读书汇中的"小领读者""中华好童声"经典诵读活动也在地铁站举行,多家媒体报道,市民争相围观,树立了图书馆良好形象。

5.3 走进校园

少儿馆的"读书活动校园行"活动第一站就走进盲童学校。图书馆不仅投放了数千册盲文图书，还举办了一场别开生面的"读书汇"分享会，关工委、市妇联、团市委、文化局领导出席了分享会，鼓励我们继续探索新的儿童阅读模式，在更大范围内抓好少年儿童的课外阅读。"读书汇"走进武东八铺街、汉阳江欣社区、晴川阁小学，走进咸宁桂花镇、江夏五里界等边远、贫困地区的小学，孩子们加入"读书汇"活动行列，讲故事、表演节目，在阅读中开阔视野、增长知识、陶冶情操。

"读书汇"汇集了优秀图书，汇集了多种读书活动形式，汇集了少年儿童，让他们热爱阅读，从小养成阅读习惯，深得武汉少年儿童喜爱。为了让阅读无处不在，"读书汇"还有可挖掘的形式与内容，有待继续努力。

阅读风帆，婴幼起航

——广州少年儿童图书馆婴幼儿早期阅读推广案例

吴翠红　　何　琳(广州少年儿童图书馆)

1　案例背景

科学研究表明，0—6岁是人类脑部发展最重要的时期，人的声音、环境等刺激，都会促进脑细胞的联结，有利学习。3岁之前，幼儿脑神经的联结速度相当惊人，如果这种联结在日常生活中不断地重复出现，就会形成脑部永久的轨迹。人与书并非天然吸引，如果这个时期，多刺激幼儿脑部，让他们多看图画，增加经验，就能让脑部产生更快速的联结，对阅读产生兴趣。因此，许多研究者都支持幼儿学习阅读，因为错过这个机会，想再培养阅读习惯，就会事倍功半了。随着社会的发展和教育水平的提升，越来越多的年轻父母意识到幼儿早期教育的重要性，阅读习惯及能力的培养应从小抓起，成就"终身阅读"的良好习惯已成共识。他们不再满足于为孩子提供良好的居住、饮食环境，而开始重视对孩子开展早期阅读，同时更渴望能找到陪伴孩子阅读的方法。

2007年国际图联发布的《婴幼儿图书馆服务指南》指出：每个儿童都有平等享受充分发展其潜能，自由获取信息，文化设施及文化活动等权利，面向婴幼儿群体的图书馆服务至关重要，图书馆为婴幼儿的服务应该与为成人的服务同等重要。华东师范大学的范并思教授说过：图书馆的阅读推广服务目标是让不喜欢阅读的人喜欢阅读，让不会阅读的人学会阅读，让阅读有困难的人跨越障碍。图书馆肩负阅读推广的天然使命，必须承担起对这一群体服务的责任。

2015年广州少年儿童图书馆新馆全面开放，建立了童趣馆、绘本馆、文学馆、科普馆、历史馆等十大主题馆；在同期编制的"十三五"规划中确立了针对未成年人开展"分龄分层精细化服务，建立0—18岁全覆盖的阅读推广产品线"的业务发展目标。童趣馆的服务目标人群定位于0—5岁的学龄前婴幼儿，通过环境再造、书籍储备、馆员调配等一系列准备，2016年7月正式启动0—3岁的婴幼儿阅读项目——"阅读起步走"婴幼儿早期阅读推广计划。截至2019年2月，该项目研发了婴幼儿阅读活动包，举行了124场婴幼儿早期阅读活动，参加活动人次达

4590 人,为家长推荐书目 920 种,7931 册。

2 案例概况

"阅读起步走"婴幼儿早期阅读推广计划是广州少年儿童图书馆新馆开放后重点打造的项目之一,由资深业务高管带领童趣馆馆员进行活动研发。项目以 0—3 岁婴幼儿各阶段的生理特点及认知能力为依据,通过适龄玩具书、图画故事书、童谣儿歌、手指谣等,让"阅"与"玩"相结合,使孩子对书产生好奇与兴趣,从而开启婴幼儿的阅读之门。阅读活动让家长体验并感悟到如何陪伴孩子玩阅,提供提升阅读兴趣的方法;为家长推荐适龄图书,鼓励并指导亲子阅读,营造良好的家庭阅读环境;让孩子们在婴幼儿时期就爱上图书馆,爱上阅读。从项目实施过程中,我们看到了婴幼儿早期阅读项目所带来的社会效益,以及图书馆阅读推广服务的新方向。

3 项目实施

3.1 建立符合低幼儿童审美心理,动静相宜的阅读空间

2016 年童趣馆以国内知名动画形象"喜羊羊"为主题装饰进行升级改造,使原本老旧的大开间转变为功能分明、特色鲜明、宁静与活泼并存的亲子空间。童趣馆由阅读区、玩具区、活动区三部分组成,既能满足婴幼儿活泼好动的天性,又能满足亲子阅读需要保留的安静。玩具区以玩具车的造型设计,迎合婴幼儿对车的喜爱,巧妙体现玩具区域的功能。白色疑问号造型书架,喻示着婴幼儿的好奇与探索,一排排白色的书架陈设着色彩丰富、图画美丽的幼儿读物,阅读空间明亮、宽敞而不失宁静感。2018 年童趣馆荣获广东省文化厅颁发的广东省十大"最美粤读空间"。

3.2 配置适龄的低幼读物及玩具,设置分龄、主题图书推荐专架

为开启婴幼儿阅读之门,童趣馆精选 9 万多册国内外婴幼儿图画书、玩具书等书籍,玩具馆配置构建空间、自然科学、数学逻辑、艺术音乐等玩具 700 余件,每周定期举办"阅读起步走"婴幼儿早期阅读活动、玩具亲子主题活动,开展每月一主题图书推荐。图书按分龄、主题排架,设有"0—3 岁婴幼儿阅读荐书专架""学龄前幼儿书架""父母阅读成长专架""体验式荐展书",方便家长为婴幼儿找到适龄的书籍。此外,还在入口的大屏幕循环播放推荐书的封面,激发读者借阅兴趣。开展活动时,把主题推荐图书设置成活动背景与装饰,供婴幼儿父母活动后挑选,与孩子一起进入亲子共读的好书世界,借此帮助读者选好书、用好书。

在阅读推广活动中,除了推荐图书,项目组还定期进行图书利用分析,根据读者的需求与采编部门及时沟通,将最新最热门的图书购入。童趣馆的图书从开馆之初的 6 万多册图书至今已增加至近 10 万册,每年图书利用率高达 467%。童趣馆丰富的馆藏资源与阅读活动紧密关联,在活动中让孩子体验玩阅图书的趣味,指导家长运用图书进行亲子互动阅读。

3.3 研发阅读活动包

3.3.1 确定活动的定位与服务目标
婴幼儿阅读项目的策划在内容、形式上有别于普通的早教活动。活动紧紧围绕活动用书

开展,强调"阅中玩,玩中读",以玩具、故事、影视、律动为媒介,每个环节紧扣"书"中元素进行,引导婴幼儿接触书,爱上书,达到"阅"的终极目标。此阶段的婴幼儿虽然不能自主阅读,但他们有最棒的阅读伙伴——父母,他们会在父母的怀抱中共同完成阅读。这不仅让孩子通过阅读活动,培养了观察力和专注力,提高了认知水平,更是促进了他们与父母之间的亲子关系。因此,活动的设计注重亲子阅读互动方法与方式,让父母体验及掌握如何进行亲子阅读。

3.3.2 阅读活动策划与实施

在馆领导的大力支持、指导、推动下,项目建立了"一位高级馆员 + 两位馆员"的执行团队。馆员在业务高管的带领下经过三年探索,精心研发设计出多种形式的"分龄阅读包"。"分龄阅读包"根据婴幼儿的认知能力的发展规律将 0—3 岁的婴幼儿分为两个组别,并分别对两个组别的孩子采用不同形式的阅读活动。大小龄段阅读活动隔周交替进行,每场活动时间定为 30 分钟以内。

(1)小龄段婴幼儿(6—18 个月)阅读活动

此年龄段的婴儿对周围的事物充满好奇,对声音、图像、符号等较敏感。随着视觉的发育,他们在 6 个月时可以辨识熟悉的人脸,并对色彩鲜艳的大图有明显的兴趣,会凝视。而他们的听觉则发育得更快,能快速捕捉声音的来源,会辨别声音,因此他们对色彩鲜艳的图画书和发声书会产生浓厚的兴趣。此外,孩子们喜欢用小手去触摸图书,甚至用嘴啃尝书、用手抠书、撕书;他们还很容易喜新厌旧,而且对一本书不能保持持久的兴趣。认知和感知是这个年龄段的婴幼儿最需要开发的能力,为此,我们在设计阅读活动内容时,选用的活动用书以趣味性玩具图书、认知图书为主,例如发声书、面具书、触摸书、简单立体书、童谣儿歌书等,此类的玩具书既是图书又是"玩具",容易引发他们的好奇和关注。阅读手段则结合玩具、阅读小工具等吸引他们,例如阅读活动《咚咚咚》,馆员根据绘本里的内容,运用发声玩具小鼓、铃铛作为阅读小工具,吸引宝宝的阅读注意力,大大增强了孩子阅读兴趣,活动过后家长纷纷拿起绘本《咚咚咚》与宝宝快乐阅读。

(2)大龄段婴幼儿(18—36 个月)阅读活动

此龄段的孩子随着月龄的增长,他们的大脑皮层新陈代谢更加活跃,各方面的理解力、认知力、想象力、表达能力都有明显的发展,也是语言能力发展的黄金时段。他们开始喜欢听故事,并喜欢重复听一个故事,专注力有明显的延长,因此我们要充分利用这个最佳的引导阅读时期,以听、读、动的形式发展孩子的理解力、语言能力。这个年龄段的阅读活动设计注重孩子的体验,通过讲故事、读儿歌童谣、韵律操、手指谣,将阅读内容与生活事物及日常行为习惯相关联,让他们跟说、读,帮助理解和认知,促进孩子们语言能力、表达能力、行为能力的发展。例如,认知阅读系列的《油亮亮的茄子》活动包中,馆员运用律动儿歌"瘦瘦的茄子走走走,胖胖的茄子扭扭扭,圆圆的茄子滚滚滚,茄子茄子戴帽子,茄子茄子笑嘻嘻嘻",让宝宝通过手舞足蹈地听和咿呀学唱,认知了茄子,学会了说话,并通过实物触摸让孩子感受和辨别茄子的特点,将故事立体化呈现。这样的阅读活动方式不但将阅读与游戏有效结合,还与生活中的食物相关联,符合此年龄段婴幼儿的认知特点,达到他们对故事内容的理解,对真实世界的认知。

3.3.3 分龄阅读包的设计

阅读包的设计要点在于挖掘书中的趣味性、游戏性,通过"阅"与"玩"相结合丰富拓展婴幼儿的视野,激发他们的认知力,调动他们的阅读兴趣,积极主动参与到阅读中。

分龄阅读包的内容包括:

（1）主题核心活动用书；

（2）活动课件（PPT）；

（3）活动道具：玩具、玩具书、故事衣、手偶、布偶、纸本小剧场、各类主题实物等；

（4）配套主题阅读推荐书单及专架；

（5）活动读者评价表、自评分析；

（6）活动方案、图片、总结、报道等档案资料。

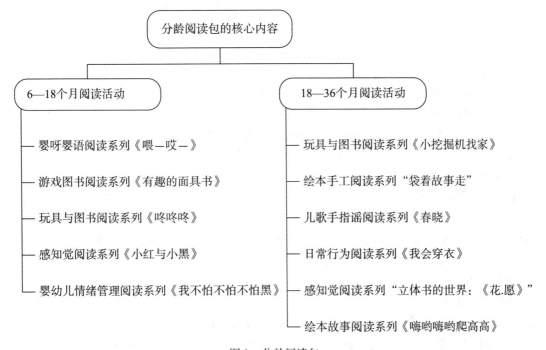

图1　分龄阅读包

目前,已研发阅读包 11 个,其中小龄阅读包(6—18 个月)5 个,大龄阅读包(18—36 个月)6 个。

阅读包在内容设计上,注重创意引阅。创意引阅是在引导阅读过程中体现创意,使阅读变得更有趣、对婴幼儿具有持续的吸引力。引阅中,我们大胆地将玩具元素融入阅读中,并根据各类图书内容选择相关玩具,使玩具成为连接阅读的桥梁,将故事变得立体、生动。例如,在大龄段阅读活动《我会穿衣》中,引阅手段加入乐高玩具搭建的小熊衣架和小熊布偶,通过孩子给玩具穿衣,让故事更立体、真实。从中,我们发现玩具的运用使宝宝更愿意亲近图书,对故事内容有更形象的理解,从而对图书产生好奇和兴趣,激发宝宝的创造力和想象力。对玩具的引阅设计,我们重点把握书与玩具的关系,以书为主,玩具为辅。

3.3.4　联合媒体宣传,扩大品牌活动影响力

"阅读起步走"婴幼儿早期阅读推广项目立足于通过系统化、科学化的引导,让孩子们从小爱上阅读,与书为伴。好的项目需要有好的宣传。为树立品牌形象,我们利用场馆设备及自媒体进行宣传,同时深挖亮点,吸引媒体关注,利用媒体的力量对项目进行宣传。《羊城晚报》《广州日报》《信息时报》、广州电视台新闻频道、触电网等多类本地知名媒体对项目进行了多次专题报道,通过宣传让更多人知道,从而使活动具有持续性和推广性,扩大品牌影响力。

4 成效

经过阅读训练的婴幼儿在行为能力上会表现出对阅读的兴趣。我们对5对经常参加阅读活动的家庭进行回访，家长反馈如下：

（1）小龄段婴儿阅读情况反馈

①7个月大的婴儿能自主翻书，对色彩丰富的图书和发声图书产生浓厚的兴趣；

②不论是在活动中还是在家里，孩子对老师及家长所念的儿歌和故事等能有很好的回应；

③能主动触摸图书，对翻翻书、洞洞书等玩具书表现出明显的喜爱。

（2）大龄段婴幼儿阅读情况反馈

①在家人的陪伴下能安静持续地聆听家长阅读故事；

②2岁半的孩子能运用简单的语言看图说话，尝试自己讲故事；

③2—3岁的孩子对图书画面能表达并加入自己的想象；

④阅读时长能控制在1小时以内；

⑤主动要求到图书馆借阅图书，会取阅书架上的图书；

⑥会背阅读活动中所学的儿歌童谣。

项目经过3年的实施，吸引了4000多名婴幼儿及其父母走进图书馆，使他们成为图书馆的阅读生力军。实践证明，通过科学化、系统化的引导，婴幼儿会对阅读产生兴趣，形成阅读的习惯，从而为建立自主阅读能力打下扎实的基础，家长则学习、体验了培养孩子养成阅读习惯的方法和技巧。

项目的实施大大促进了馆藏资源的利用率。童趣馆从正式开馆到现在，每年的图书外借量都有显著的提升，2018年全年外借量达到42.75万册，借书达51579人次。

"阅读起步"婴幼儿早期阅读推广项目在馆领导的推动下，项目组持续开展上百场活动，初步建立了早期阅读推广的服务品牌，并形成了可供同行参考、借鉴的分龄阅读包。

"阅读起步走"婴幼儿早期阅读推广项目的开发，极大鼓励和激发馆员的工作、学习热情。通过实践实战，培养了一支具备活动策划能力、宣传、活动创意的优秀馆员队伍，从而促进和推动婴幼儿早期阅读的发展。

5 案例反思

婴幼儿早期阅读推广在我国还处于萌芽期，在实施项目过程中有以下几点反思：

由于社会对婴幼儿早期阅读能力培养不重视，关注度不够，可用和可借鉴的社会资源有限，馆员应该更积极主动地学习婴幼儿心理学、行为学知识和幼教知识，参考、借鉴国外同行的经验，在实践中应用及创新。

选择核心活动用书是关键。图书必须符合婴幼儿年龄段的生理与认知发展水平，同时要注重可读性和互动性。有些图书内容具有较强的游戏性，但内容空洞、可读性欠缺，不适合作为活动用书。优秀的出版社可为我们提供符合要求的、有质量的婴幼儿读物，如乐乐趣出版的《奇妙洞洞书》《过年啦！》；少年儿童出版社的《我爱蔬菜系列》；北京联合出版有限公司的《我不怕不怕不怕黑》；二十一世纪出版社的《小鸡查理系列》等。

阅读活动的设计要明确清晰阅读与游戏的主和次关系,不可为追求活动的热闹和游戏形式的丰富而忽略图书阅读,使阅读活动失去本身的意义成为普通的游戏早教课。

　　婴幼儿早期阅读活动需对家长进行系统的阅读陪伴指导,使家长成为孩子阅读启航的领路人。家长陪伴孩子从0岁起参与项目,至3岁退出,经过3年的陪伴,已有一批宝宝长大,退出了我们的项目,但他们立刻成为我们绘本馆"七色花亲子绘本故事会"(4—6岁)的忠粉。

　　婴幼儿早期阅读是培养孩子"终身阅读"的起点。在图书馆和阅读推广人的共同努力推动下,婴幼儿早期阅读培育的理念将深入家庭,让每一个孩子享受到优质的公共资源,让书成为孩子身边最好的玩具。